The Sleepwalkers

How Europe Went to War in 1914

梦游者

1914年，欧洲如何走向“一战”

克里斯托弗·克拉克（Christopher Clark）◎著
董莹　肖潇◎译

中信出版社·CHINACITICPRESS ·北京·

图书在版编目（CIP）数据

梦游者：1914 年，欧洲如何走向“一战”/ 克拉克著；董莹，肖潇译.—北京：中信出版社，2014.9（2023.3重印）
书名原文: The Sleepwalkers
ISBN 978–7–5086–4699–2
I. 梦··· II. ①克··· ②董··· ③肖··· III. 第一次世界大战—史料 IV. K143
中国版本图书馆CIP数据核字（2014）第 155959 号

梦游者：1914 年，欧洲如何走向“一战”

著 者：克里斯托弗·克拉克
译 者：董 莹 肖 潇
策划推广：中信出版社（China CITIC Press）
出版发行：中信出版集团股份有限公司
（北京市朝阳区东三环北路 27 号嘉铭中心 邮编 100020）
（CITIC Publishing Group）
承 印 者：唐山楠萍印务有限公司

开 本：787mm × 1092mm 1/16　　印 张：29.5　　字 数：545 千字
版 次：2014 年 9 月第 1 版　　印 次：2023 年 3 月第 11 次印刷
京权图字：01–2013–6741
审 图 号：GS（2021）6367号　　书 号：ISBN 978–7–5086–4699–2/K · 402
定 价：69.00

1914 年的这些主角们就是一群梦游者，他们悬着一颗心，但又视而不见，他们被自己的梦困扰着，却没有一个人睁开眼去看看，他们将带给这个世界的是一场怎样的灾难。

——本书作者

献给约瑟夫和亚历山大

The Sleepwalkers
How Europe Went to War in 1914

目 录

第二部分 | 欧洲的分裂

第十二章 最后的日子

北
挪威
瑞典
北海
丹麦
哥本哈根
英
国
都柏林
易北河
大西洋
泰晤士河
海牙
荷兰
柏林
伦敦
莱茵河
波茨坦
布鲁塞尔
列日市
德国
比利时
卢森堡
马恩河
巴黎
卢瓦尔河
塞纳河
伯尔尼
瑞士
法国
波河
葡萄牙
马德里
里斯本
罗马
西班牙
大
意
地中海
西属摩洛哥
法属阿尔及利亚
法属摩洛哥
法属突尼斯
0
300 英里
0
400 千米
1914 年的欧洲

芬兰
圣彼得堡
斯德哥尔摩
爱沙尼亚
拉脱维亚
库兰
莫斯科
俄国
罗的海
立陶宛
东普鲁士
尼曼河
坦嫩贝格
白俄罗斯
顿河
兹南
华沙
哈尔科夫
基辅
第聂伯河
顿涅茨河
波兰
维斯瓦河
加利西亚
乌克兰
维也纳
布达佩斯
敖德萨
奥匈帝国
塞巴斯托波
罗马尼亚
黑海
布加勒斯特
斯尼亚
贝尔格莱德
拉热窝
塞尔维亚
保加利亚
哥维那
黑山
索非亚
君士坦丁堡
阿尔巴尼亚
奥斯曼帝国
希腊
爱琴海
雅典
塞浦路斯英属基地区
意属利比亚
英治埃及

推荐序

丘吉尔说，“一战”史最有意思的部分是“一战”的开始，因为谁都不知道“一战”是怎么开始的。著名历史学家霍布斯鲍姆说：“自 1914 年 8 月至今，大家从未停止讨论‘一战’的起因。为了回答这个问题所用掉的墨水、所制造的纸张、所牺牲的树木以及为此忙碌的打字机，比回答历史上任何其他问题所用的都多。”

传统观点是，德国蓄意发动了“一战”。这一观点在“二战”之后非常流行，主要代表作是弗里茨 · 费希尔（Fritz Fisher）在 1968 年出版的《“一战”中的德国目标》（*German's Aims in the First World War*）。但后来的历史学家大多倾向于认为德国确实最轻率鲁莽，但谈不上有事先周密的计划。克里斯托弗 · 克拉克的《梦游者》是最近两年关于“一战”最畅销的作品之一，他的观点是“‘一战’的爆发是一场悲剧，但不是一桩罪行”。

“一战”的导火线是奥匈帝国皇储斐迪南大公在萨拉热窝遇刺，但克拉克认为巴尔干的问题由来已久。冰冻三尺，非一日之寒。

1903 年 6 月 11 日，28 个塞尔维亚军官闯进了贝尔格莱德的皇宫，亚历山大一世国王和德拉加王后被乱枪击毙，两人的尸体被叛军刀砍斧剁，然后从窗户抛下花园。这场血腥谋杀结束了自塞尔维亚独立后一直统治国家的奥布雷诺维奇王朝。新的国王佩塔尔一世在哗变军官的拥戴下登基。自此之后，塞尔维亚的民族主义势力大涨，策划刺杀亚历山大一世的军官德拉古廷 · 迪米特里维奇（Dragutin

Dimitrijević）后来成了塞尔维亚的军事情报部门主管。他是一个狂热的塞尔维亚民族主义者，组织了一个地下组织，叫“统一或死亡会”（外界则称之为“黑手会”）。在贝尔格莱德的咖啡馆，热血青年们可以公然讨论暗杀、动乱的计划。枪杀斐迪南大公夫妇的凶手普林西普也是这个组织的成员。普林西普和其他两位恐怖分子都是从塞尔维亚偷渡到波斯尼亚的，他们的手枪和炸弹也是塞尔维亚军方提供的。

当斐迪南大公夫妇遇刺的消息传到维也纳，人们感到的是惊愕，而不是悲痛。没有人喜欢傲慢无礼的斐迪南大公，但奥匈帝国的鹰派人物认为这正是一个报复塞尔维亚的绝好借口。奥匈帝国的鹰派之所以如此蛮横，不是因为他们强大，恰恰相反，是因为奥匈帝国已经江河日下。正如自卑的人自尊心格外强一样，奥匈帝国对国家的尊严也更为敏感。鹰派认为，如果不利用萨拉热窝事件大做文章，挫败塞尔维亚对外扩张的野心，一劳永逸地解决令人头疼的巴尔干问题，就再也没有机会了。奥匈帝国的国内政治局势也需要一场对外战争。奥匈帝国有很多少数民族，各种分裂主义的声音越发响亮。战争，只有一场战争，才能像一剂强心针，把奥匈帝国从衰亡和分裂的困境中拯救出来。

奥匈帝国在筹划入侵塞尔维亚时，几乎没有考虑俄国出兵的可能性，他们一厢情愿地认为俄国是不会出兵援助的。这是他们最大的失算。俄国一直把巴尔干视为自己的势力范围。俄罗斯人和巴尔干民族都属于斯拉夫民族。19 世纪，泛斯拉夫主义在巴尔干地区逐渐流行，而俄国一直是其背后的支持者。尤其是，沙皇尼古拉二世原本觊觎的是中国东北，他幻想能够建立俄国的远东帝国。但日俄战争失败之后，俄国转而加紧经营巴尔干半岛。奥匈帝国对塞尔维亚宣战，无异于是到俄国的后院放火。俄国这次再也输不起了。而就在奥匈帝国向塞尔维亚递交最后通牒时，俄国已经秘密地开始集结部队。在巴尔干地区，奥匈帝国和俄国就像两辆迎面行驶的列车，终于相撞了。

如果德国不参战，那么奥匈帝国和俄国之间的矛盾将引发第三次巴尔干战争，但这也只是一场局部冲突。

德国统一之后，有“铁血宰相”之称的俾斯麦一直奉行“韬光养晦”的外交政策。为了遏制法国，德国和所有欧洲大国都保持了微妙的平衡关系。德皇威廉一世去世之后，老臣俾斯麦失去了政治靠山。29 岁的威廉二世继位。威廉二世性格暴烈，对俾斯麦的外交政策充满鄙视。新人新政策，德国很快就提出了“世界政策”的主张。德国人说：“我们不想把任何人置于阴影之下，但是我们也要在阳光下有自己的位置。”但究竟什么是世界政策？没有人知道。在世界政策的外交道路上，德国越走越窄，最后几乎连一个朋友都找不到。

奥匈帝国和俄国在巴尔干地区势不两立，德国必须在这对冤家中选择一个。德国选择了奥匈帝国。对应地，俄国选择了法国。德国曾试图拉拢英国，但这两个国家的气场就是不对。英国有英国的傲慢，德国有德国的自负。1896 年，英国在南非入侵德兰士瓦共和国，威廉二世冒冒失失地发给德兰士瓦总统克鲁格一封电报，表示祝贺，英国觉得这是一种羞辱。另从 19 世纪 90 年代起，德国开始扩充海军，英国觉得这是一种挑战。1904 年，英法正式签订协约，达成了关于海外殖民地的谅解。英德从此成陌路。

此前曾提到，过去主流认为，“一战”是德国预谋已久的计划。巴黎和谈的时候，英国首相劳合·乔治和法国总理克里蒙梭曾经讨论过，到底在哪里审判和绞死威廉二世。其实，直到最后一刻，威廉二世还在犹豫。他对主战的军官们说，我给了你们想要的，你们可不要后悔啊。“一战”结束之后，威廉二世流亡荷兰。他在回忆录里写道，是犹太人和共济会阴谋发动了“一战”。

德国走向“一战”的真正原因是，这个后起之秀迫切地想要成为世界上说一不二的帝国，但一点儿也不知道该如何成为帝国。

如果英国不参战，那么德国的介入会引发一场席卷整个欧洲大陆的战争，但这还称不上是世界大战。

英国最后选择和法国、俄国站在一边，怎么看都是一种奇怪的选择。英国和德国本来是天然的盟友，但和法国、俄国却是长期的对手。德国和英国都是君主国，德皇和英王还有亲戚关系。德国和英国都是新教国家，不像法国，是个无神论和天主教的国家，也不像俄罗斯，是个东正教的国家。法国和英国是宿敌：在英国称霸世界的过程中，遇到的最强劲的对手就是法国。两个国家从 17 世纪末到 19 世纪，打了 100 多年的仗。在争夺非洲殖民地时，英国最大的竞争对手也是法国。为了埃及，法国和英国差一点儿没打起来。英国和俄国在巴尔干、土耳其海峡、阿富汗、波斯以及中国都有面对面的冲突。大英帝国的璀璨明珠是印度，但俄国恰恰能够扼住英国通向印度的咽喉。英国和法国、俄国的结盟不是因为绵绵不绝的爱，而是因为旷日持久的恨。1904 年英国和法国之间的协议实际上是两个国家都感到累了、烦了，才达成的谅解备忘录；1907 年英国和俄国的交好，也是出于羁縻的考虑，英国邀请俄国一起分享世界霸权，这样才能避免出现两败俱伤的决斗。

当德国同时对俄国和法国开战的消息传到伦敦，英国议会陷入了混乱。英国在最后一刻才下定决心参战。从表面上看，英国参战的理由是德国入侵比利时，破坏了 1839 年欧洲各国签署的《伦敦条约》。这个条约承诺，要保护比利时永久中立。普鲁士也是签字方之一。从英国的角度来看，如果德国占领比利时，然后又占领了法国，那么就可能从比利时或法国的沿海进攻英国。但这一推测是建立在一系列“如果”的前提下的。假如德国真的打败了法国和俄国，或许会有一天向英国发起挑战，但在 1914 年，德国两头作战已是应接不暇，怎么可能会想到去打英国呢？历史学家尼尔 · 弗格森说，英国参战的真实原因是国内政治。以赫伯特 · 阿斯奎斯为首的自由党政府没能制止这场战争，他和他的内阁成员们本来是应该集体下台的，但参战拯救了自由党。自由党当然害怕改变自己的立场，但他们更害怕保守党上台。当战争刚刚爆发，人们都兴高采烈。欧洲人早已习惯了战争，战争将带来新的生机。人人都觉得自己很快就能赢得这场战争。威廉二世对即将出征的将士们说，到秋天叶落，大家就能回家。俄国将领满心希望在 6 周之内打到柏林。如果有谁说 6 个月，大家就会觉得他太悲观了。只有英国名将基钦纳（Horatio Herbrt Kitchener）说，这场战争至少要打三年。大家都觉得他简直是莫名其妙。然而，到 1914 年 11 月，西线就已经进入胶着状态，双方的士兵只能躲在战壕里，只能困守，无法进攻。“一战”时期最重要的新武器机枪其实是一种防守型的武器，而不是进攻型的武器。只要战壕加上铁丝网，同时在战壕前面清理出一片开阔地带，就根本不用担心敌人的进攻，就像一个德国机枪手回忆的那样：“敌人几百人几百人地往前冲，我们根本不用瞄准，直接照着人群扫射就行。”1916 年 7 月 1 日的索姆河会战仅仅在一天时间内，就有两万名英国士兵惨死在德国的机枪下。“一战”夺去 1 000 多万士兵的生命，2 000 多万士兵负伤，欧洲几乎十室九空。

著名军事史学家约翰 · 基根（John Keegan）说：“‘一战’是一场不必要的悲剧。”斐迪南大公遇刺并非“一战”爆发的真正原因。“一战”的背后也没有不可告人的阴谋。短视和贪婪、自私加懦弱、平庸与激情，所有要素糅合起来，突然产生了剧烈的化学反应。在最晴朗的艳阳天，陡然来了一场暴风雨。

克拉克在书中说道，皇帝、外交官、将军都懵懵懂懂、莽撞自负、懦弱多变，犹如一群梦游者，最终使整个欧洲卷入史无前例的浩劫。当奥匈帝国向塞尔维亚递交最后通牒时，塞尔维亚总理帕希奇还在外地参加竞选活动。听到这一消息，他想到的不是在第一时间回去商量对策，而是想能不能化名到国外度假。在转折点上，历史确实是由少数人决定的，但他们远远谈不上是英雄人物，他们可能只是一群缺乏智慧和胆识，既没有责任心，又没有牺牲精神，只是出于巧合和偶然被放在舞台中央的平庸者。

、

何帆

中国社会科学院世界经济与政治研究所研究员

前 言

1914年6月28日是个星期日。这天清晨，当弗朗茨·斐迪南大公（Archduke Franz Ferdinand）偕夫人索菲·霍泰克（Sophie Chotek）抵达萨拉热窝火车站时，欧洲大陆还是一派和平的景象。然而，37天之后，这里却燃起了战火。这个多事之夏爆发的冲突导致欧洲成为6 500万兵力厮杀的战场，三大帝国卷入其中，造成1 000多万士兵和平民死亡，2 000多万人受伤。这场浩劫宣告了降临在20世纪欧洲的恐怖的开始，正如美国历史学家弗里茨·斯特恩（Fritz Stern）所说，它是“20世纪所有灾难的开始，此后各种灾难便接踵而至了”。战争爆发之前，人们就开始对战争为何会发生这一问题争论不休，时至今日，战争爆发的原因也未有定论。这一事件还催生了数量空前、内容翔实、流露出强烈道德情感的历史文学作品。此外，1914年发生的事情仍是那些国际关系理论研究者们津津乐道的政治危机，由于它们过于错综复杂，以至于任何的假设和猜想都能够自圆其说。

研究“一战”起源的历史学家总会碰到一些问题。首当其冲且最显著的一个问题就是研究资料的过剩。每个交战国都有卷帙浩繁的官方外交文件，搜集的档案资料也数量庞大，而其中有些文件是否真实地还原了历史还有待商榷。两次世界大战期间公布的官方文件大都带有致歉并反思的意味。长达57卷的《德国外交部档案》（*Die Grosse Politik*）将15 889份文件归纳在300个主题下，但它本质上并不具备纯粹的学术客观性，人们只是希望能够通过曝光战前的档案来反驳《凡尔赛条约》(*Treaty of Versailles*)加之的“战争罪名”。法国政府也不例外。外交部长让·路易·巴尔都(Jean Louis Barthou)于1934年5月指出，战后出版的文献“充满浓厚的政治色彩”。其目的在于“根据《凡尔赛条约》，在德国发起的这场战争中维持秩序”。1926年出版的8卷合集《奥匈帝国外交政策》(*Österreich-Ungarns Aussenpolitik*)的其中一位编者路德维希·比特纳(Ludwig Bittner)在维也纳指出，他们之所以出版该合集，是未雨绸缪，及时出版官方资料，防止某些国际机构(很有可能是指国际联盟)迫使奥地利政府在情况并不乐观时出版。抱着将法国要求赔付战前贷款这一事实合法化的希望，苏联早期的出版物在一定程度上旨在证明：是独裁的沙皇及其盟友挑起了战争。在英国，人们高调呼吁学术公正，《英国关于战争起源的文件》(*British Documents on the Origins of the War*)也应运而生。尽管如此，之后的文件记录仍有偏颇和疏忽，这也使得关于1914年战争爆发前夕英国的所作所为的描述并不中肯。总而言之，尽管有着不可否认的学术价值，但正如德国军事历史学家伯恩哈德·施韦特费格(Bernhard Schwertfeger)在其1929年的批判研究中所言，欧洲的文件记录俨然在为“历史文件领域的世界大战”提供军火。

对于那些致力于洞悉通往战争之路的人来说，尽管政客、指挥官以及其他关键决策者的回忆录有着不可或缺的重要性，但它们同样疑点重重。对于人们热切关注的问题，很多文件却保持出奇的缄默。在此举三个例子：德国首相特奥巴登·冯·贝特曼·霍尔维格(Theobald von Bethmann Hollweg)于1919年出版了《对世界大战的反省》(*Reflections on the World War*)，实质上对他自己及其同僚在1914年“七月危机”时的行动只字未提；俄国外交大臣谢尔盖·萨佐诺夫(Sergei Sazonov)在其回忆录中对自己在关键事件中的表现轻描淡写、敷衍了事，丝毫没有什么有价值的信息；法国总统雷蒙·普恩加莱(Raymond Poincaré)的10卷回忆录记录了他的执政时期，但它的宣传作用却超过了其启发性——普恩加莱关于危机时期的“回忆”与他当时匆匆记下的日记(这些日记并未出版)之间存在明显的矛盾之处。英国外交大臣爱德华·格雷爵士(Sir Edward Grey)那言辞温和的回忆录也只是隔靴搔痒地解释了一个敏感的问题：他在1914年8月之前对协约国的承诺以及这些承诺在他处理危机时所起的作用。

芝加哥大学的一位名叫伯纳多特·埃弗利·施米特(Bernadotte Everly

Schmitt）的历史学家曾于20世纪20年代末造访欧洲，并采访了一些经历过战事的政治家。让他感到惊讶的是，受访者对自己的作为从未感到怀疑（但也有一个例外——那就是格雷，他“直率地承认”，在“七月危机”发生时，在通过柏林与维也纳协商的过程中，他犯了一个战术上的错误。但他提到的这个错误并不重要，同时这种口吻也折射出一种英国特有的自我贬低的官方话语方式，因此这并不是对其应负责任的认真反省）。其他人的回忆同样漏洞百出。施米特追踪访问了俄国前财政大臣彼得·巴克（Peter Bark），他现在是伦敦的一名银行家。1914年，巴克参与了一系列会谈，会议上做出了许多至关重要的决定。然而当施米特与他对话时，巴克却坚持说他“不记得那一时期发生的事情了”。幸运的是，这位前大臣当时的笔记给我们提供了更真实的信息。1937年秋，一位名叫卢西亚诺·马格里尼（Luciano Magrini）的研究者来到贝尔格莱德，对每一位与萨拉热窝阴谋有关系的幸存者进行了采访。他发现，有些人为一些他们并不知道的事情作证，有些人“保持沉默，或对他们所知的事情给出错误的解释”，还有一些人“夸大事实或是一味专注于自我辩解”。

此外，我们现有的了解仍旧匮乏。许多与关键人物的交流只是口头进行的，并没有被记录下来——它们都是通过间接的或者后来的证据来重现历史的。与萨拉热窝事件相关的塞尔维亚的组织异常警惕，并没有留下书面证据。涉嫌参与行刺弗朗茨·斐迪南大公的关键人物——塞尔维亚军事情报部门主管德拉古廷·迪米特里维奇定期焚毁他的文件。很多人对维也纳和柏林在最早关于如何应对萨拉热窝事件的讨论的确切内容一无所知。记录6月20~23日在圣彼得堡举行的俄法首脑会议的文献对理解危机的最后阶段具有潜在的巨大重要性，然而它们却无迹可寻［俄国的会议记录可能早已丢失，而委托编辑《法国外交文件》（*Documents Diplomatiques Français*）的团队也没能找到法方的版本］。苏联曾经的确出版过许多关键的外交文件，以此来揭露帝国主义列强的阴谋，但这些文件对时间段的划分并不规范，没有按照一定的顺序编纂；此外它们还普遍存在片面聚焦某些事件的问题，比如俄国对博斯普鲁斯海峡的企图。有些文件（其数量不明）在内战时期混乱的运输过程中丢失，苏联也从未有系统编纂成卷的可与英国、法国、德国和奥地利的原版相匹敌的文档记录。时至今日，俄方出版的记录仍然处于未“竣工”的状态。

另一个明显的问题是“一战”危机内幕的繁杂精细。古巴导弹危机虽然已经足够复杂了，但它所涉及的仅有两大阵营而已（美国和苏联），无非再加上那些“代理者”和“追随者”。与此相反，要研究“一战”的起因，必须要弄清楚实力居于同等地位、相互独立的5大竞争对手之间的互动和影响，它们是德国、奥匈帝国、法国、俄国和英国，如果我们加上意大利的话，这一数字就变成了6个；此外，其他一系列具有重要战略意义且拥有独立主权的方面同样可以考虑在列，如奥斯曼帝国和巴尔干半岛的诸国——后者在战争爆发前的几年内政治局面高度紧张且动荡不安。

参与战争的国家的政策制定过程往往并不透明，这是研究“一战”起源遇到的另外一个问题。我们可以想象，1914年的“七月危机”表现出“国际化”特征，它波及一大批民族国家，这些国家联系紧密，又是独立而离散的单一实体——就像台球桌上的台球。但是危机期间负责政策制定的权力机构却并不统一。在多个执行单位中，我们甚至不能确定究竟谁是真正的政策制定者；此外，那些所谓“政策”（或至少是那些影响政策走向的不同的主观意愿）并非必然出自国家的高层系统，它们或许出自外交组织的外围机构、军事指挥官、部门的官员，抑或来自职权范围常常包括政策制定的大使们。

由此看来，现存的资料中，关于承诺、威胁、计划和预言的内容相互交错，毫无头绪，如此具有迷惑性的卷帙浩繁的解读使得战争爆发的原因变得捉摸不定。实际上，任何观点都能够在现有的资料中找到证据支持。正是因为关于“一战”起源的解读囊括了太多的维度，因此任何一位历史学家（甚至一位能够驾驭多国语言的出色学者）历尽一生都无法阅尽它们——根据20年前的统计，当时就已经有2.5万份相关的书籍和文章了。其中一些将战争责任归罪于某个充当“害群之马”的国家（公认的是德国，但实际上其他国家都难辞其咎），另一些将原因聚焦于“体制”的缺陷。总之，问题的复杂性并没有终止人们的讨论。历史学家试图解开战争罪责或是独立机构和体制约束之间关系的问题，他们的辩论又延伸到对国际关系全局把握的宏观视野上，其中包括关系中的威慑、缓和与疏忽，或是诸如平衡多方、协商和顺应时局的普适机制。尽管这些辩论已经持续了将近一个世纪，但仍然没能找到突破口。

尽管人们对这些辩论已不陌生，但这一主题却历久弥新。实际上，与二三十年前相比，它对我们的现实意义更为重要。时代和世界的改变让我们以新的视角重新审视1914年。20世纪60~80年代，人们越发普遍认为1914年爆发的战事散发着神奇的魅力，并很容易将欧洲“最后的夏天”那场灾难想象成爱德华时期的一场古装剧。在现代人的头脑中，那个仍然以世袭皇权为统治的世界，那个追求奢华的年代中苍白的礼节和华而不实的服饰已经离去，那些故事的主人公似乎来自另一个已经消失的世界。这些设想在潜意识中坚信，如果这些主人公的帽子上插着俗丽的鸵鸟毛，那么他们的思想和动机也一定是如此滑稽且荒唐的。

然而对于一位了解1914年“七月危机”爆发始末、身处21世纪的读者来说，他会对危机中展现出的原始的现代性感到震惊。事件以车队和自杀式袭击开场。在萨拉热窝事件背后，分明是一个崇尚献身、死亡和复仇的恐怖组织，但是这一恐怖组织并没有固定的活动区域，没有明确的地理或政治归属，它只是分散在政治边界的小股势力，人们无法对其做出界定，因为它只是间接与其他政权相联系，想要从组织外围觉察出其隐秘的存在是相当困难的。诚然，人们还是完全有理由认为1914年7月离我们没有那么遥远，与20世纪80年代相比，它呈现出更清晰的轮廓。自冷战结束以来，全球两极化的体系日益明显，各种力量前途未卜，帝国走向衰落，新兴大国正在崛起——与1914年7月发生的一系列事件形成鲜明的对比。这种视角的转换让我们重新反思战争是如何在1914年降临到欧洲的。接受这项挑战并不意味着对流于俗套的现代主义的默许（这种现代主义将历史的解读建立在满足现代需要的基础上），而是利用现代的优势去认可过去以及历史中的人物。

首先，我们要讨论的是战争的开端，即巴尔干地区的背景。塞尔维亚是关于“七月危机”的史籍中的盲点之一。很多人将萨拉热窝事件仅仅当作一个托词，与最终发起战争的真正列强相比，它实际上无足轻重。近期对于1914年战争爆发的一个精彩的解释提到：“（萨拉热窝）行刺事件本身并没有什么意义。真正让这些国家走向战争的是人们对这次事件的利用。”“七月危机”中，从宏观的巴尔干地区的维度来看，对塞尔维亚的边缘化引燃了事件，成为萨拉热窝事件的导火线，并一发不可收拾，进入地缘政治阶段；随着事态的发展，塞尔维亚的重要性也逐渐被淡化。

其次，我们的道德罗盘同样发生了偏转。以战胜国姿态出现的塞尔维亚族居于主体的南斯拉夫，似乎隐晦地为1914年6月28日那位打响第一枪的人做出了合理辩解——这是南斯拉夫当局的观点。为了纪念“象征迈向南斯拉夫之自由的第一步”的刺杀事件，在事发地点，他们用铜质记号和徽章作为标记。在那个国家概念方兴未艾而颇受欢迎的时代，人们普遍对南斯拉夫的民族主义抱有感性的怜悯，而对多元化联邦形态的哈布斯堡帝国却表现出刻板的冷淡。20 世纪 90 年代的波黑战争让我们深刻感受到巴尔干民族主义的杀伤力。斯雷布雷尼察大屠杀①和塞尔维亚人包围萨拉热窝引爆战争的事实，很难让人将塞尔维亚想象成受大型政治集团摆布的棋子或受害者，从而证实了这种塞尔维亚民族主义自身就是一股历史的推动力。从欧盟的角度来看，对于业已消失的混合帝国——哈布斯堡帝国，我们现在表现出更多的同情，或至少不再那么蔑视它。

最后，如今以下这种观点或许越发得不到支持——我们应当对萨拉热窝事件更宽容，它只不过是并不具有真实因果重要性的小事故而已。2001 年的“9 · 11”事件就很好地印证了单一的、象征性的事件（不管它陷入历史洪流的程度有多深），确实能以该种方式不可逆转地改变时局，它能以始料不及的紧迫感摒弃旧的观点，催生新的观点。将萨拉热窝以及巴尔干地区重置于事件的中心并不是要将塞尔维亚人及其政治家妖魔化，也不是让我们摆脱解读其他力量的责任，只是在各种力量之中，塞尔维亚的政治家、官员及激进主义分子的行为和决定奠定了萨拉热窝事件的结果。

因此，本书致力于以现代视角来解读 1914 年的“七月危机”——这或许是迄今为止最复杂的现代事件。重点不在于战争为何爆发，而是其以何种方式呈现。在逻辑上，二者是密切相关的，但是两个截然不同的研究方向。“战争以何种方式呈现”这一问题需要我们按照一定顺序深入研究产生既定结果的列强之间的互动。与此相反，“战争为何爆发”这一问题则需要研究那些细微而绝对的原因：帝国主义、民族主义、军备竞赛、国家联盟、财政问题、对待国家荣誉的看法以及动员机制。尽管后者能够通过分析具备一定的明确性，但其中仍有曲解之处，因为人们会产生一种基于逐渐建立的因果思维的假象；各种因素相互推挤，重重地压在事实上；政客们

---

① 斯雷布雷尼察大屠杀是于 1995 年 7 月发生在波斯尼亚和黑塞哥维那的斯雷布雷尼察的一场大屠杀。屠杀持续 11 天，大约 8 000 名当地穆斯林男性被塞尔维亚族军官枪杀。斯雷布雷尼察大屠杀是第二次世界大战之后发生在欧洲的最严重的一次屠杀行为。——译者注

成为某种力量的执行者——这种推动力早已成形并超出了人们的可控范围。

与此相反，本书的内容更关注各种机构。关键的决策者（国王、外交官、大使、军事指挥官以及众低等官员）以小心翼翼、精明算计的步履逐渐逼近危险。战争的爆发是一系列决策不断积累的产物，而这些决策正是政治家有意而为的。在掌握了最佳信息之后，他们通过自我思考和反省，明确了诸多可供选择的方案，继而形成最佳的判断决策。诚然，民族主义、军备竞赛、国家联盟以及财政问题的确是事件的组成部分，但它们只有被嵌入促使战争爆发的决策中，才具有实际的解释价值。

保加利亚一位研究巴尔干战争的历史学家最近发现："只要我们提出'为什么'的问题，便不自主地聚焦到罪责的问题上。"在战争打响之前，关于战争爆发的罪行和责任的问题就已然出现了。所有的资料和文件都充斥着对罪行的归咎和谴责（侵略性的意图在这里总是被理解为敌意的，而抵御性的意图才是合理的）；《凡尔赛条约》第231条奠定了"战争罪"问题持久而突出的显赫地位。相反，对战争"如何发生"的探讨却是另外一种解读方式：纵观事件始末，并非旨在完成一个针对某个国家或个人的档案记录，而是为了定义引爆战争的决策，理解其背后的理性及情感支撑。这并不意味着完全抛开责任的问题，相反，它是在对"如何发生"的理解的基础上，帮助我们更好地解决"为什么"的问题。

因此，本书重在讨论战争是如何在欧洲大陆点燃的。通过多角度的叙述来追踪、还原这条战争之路，包括对维也纳、柏林、圣彼得堡、巴黎、伦敦和贝尔格莱德的关键决策中心的分析，此外还简单地囊括了罗马、君士坦丁堡和索非亚。本书共有三部分。第一部分重点关注两大死对头——塞尔维亚和奥匈帝国，它们之间的争端是战争的导火线，因此我们需要追溯二者直至萨拉热窝事件前夕的互动和交往。第二部分仍以叙事的手法，回答以下4个问题：欧洲的两极分化是如何形成相互对立的联盟阵营的、欧洲国家的政府外交政策是如何制定的、处于欧洲权力和财富中心外围的巴尔干地区是如何成为具有重大意义的危机爆发源头的，以及表面上做出绥靖姿态的国际体系最终如何倒向了战争。第三部分聚焦萨拉热窝事件和"七月危机"，探究主要决策中心之间的互动关系，分析将危机不断向前推动的考量、误解以及决策。

因此，本书的中心论点在于，只有准确追踪和阐明关键决策者是如何一步一步形成自己观点的，1914 年 7 月所发生的事情才有意义。要完成这项工作，我们不仅需要简单地回顾战争爆发前的国际“危机”，还需要了解它们的过程，以及它们是如何构成人们的观点、激励人们的行动的。那些将欧洲送上战争之路的人为何会做出这样的反应？人们可以从许多资料中体会出当事人的恐惧和对灾难的预测，但这些情感又是如何在同样的人身上与傲慢、狂妄相互交织的？战前，为何那些看似具有异国情调的地方会如此举足轻重——正如“阿尔巴尼亚问题”和“保加利亚借贷问题”，它们与大国列强又有何干系？当决策者们谈及国际环境以及外部威胁时，他们是否洞见了真相，还是为了向其对手展现自己的忧惧和愿景，还是两者兼有？因此，本书的目的就是尽可能生动地还原战前以及战时关键当事人所经历的高度动态化的“决策环境”。

大部分最近出版的关于战争的有趣作品认为，实际上，战争不是不可避免的，而是“未必会发生的”——至少在它真正爆发之前。由此可知，冲突并非是长期恶化的局面积累到一定程度的爆发，而是短时期发生的，对国际体系具有一定震撼力。不管我们对这种观点接受与否，至少它开始了对战争的偶然性因素的关注。当然，我在本书中探讨的问题似乎确实在 1914 年发生了，但仍存在一些不同的发展矢量，将事情引向不同的、未曾出现的结局。正是意识到这一点，我致力于展现因果关系的碎片是如何在合适的时机汇聚到一起并引发了战争的，但我并不会将结局绝对化。我试着提醒自己，书中出现的那些人、那些事以及那些推动力本身都可能改写历史与未来——或许它们不是那么糟糕。

The Sleepwalkers

How Europe Went to War in 1914

第一部分

通往萨拉热窝事件之路

第一章　塞尔维亚的幽灵

贝尔格莱德刺杀

1903 年 6 月 11 日，时间刚刚过了凌晨两点，28 名塞尔维亚军官集结在贝尔格莱德皇宫的入口处。一阵交火后，在这栋建筑前站岗放哨的卫兵被逮捕并缴械。谋反者从值班的卫兵队长那里获得了钥匙，之后闯入了接待大厅，迅速登上楼梯、穿过走廊，直奔王寝。最终，他们发现了国王的卧室。卧室被两扇厚重的橡木门保卫着，谋反者用一箱炸药进行了爆破。爆破的冲击力使得大门从墙体脱落，撞向室内的前厅，藏在后面的王家副官无一幸免。爆炸同样让皇宫的供电系统瘫痪，因此整栋大楼陷入了一片漆黑。但入侵者们并没有因此停止行动。他们从附近的房间找到了一些蜡烛，闯进了国王的卧室，却发现亚历山大国王（King Alexander）和德拉加王后（Queen Draga）早已不见踪影。但王后阅读过的法国小说还在床旁边的桌子上倒扣着，格外引人注目。有人摸了一下床单，感受到床单上还有余温——他们两人似乎刚刚离开。在卧室进行了一番徒劳的搜索后，入侵者们手持蜡烛和左轮手枪，对皇宫里的房间进行了逐一排查。

一间，两间……军官们不断向储藏柜、挂毯、沙发和其他可能的藏身之处开火。而此时，亚历山大国王和德拉加王后正在楼上与卧室相连的狭小的侧楼里瑟瑟发抖，平时，王后的仆人常在这栋侧楼给她熨烫、缝制衣服。搜查进行了将近两个小时，这期间，国王趁机悄悄地穿上了一条裤子和一件红色的丝绸衬衫——他可不想赤身裸体地被敌人发现。王后也穿上了一条白色丝绸质地的裙子以蔽体，还套上了一只黄色的长袜。

在贝尔格莱德，其他受害者也遭到搜查和杀害：王后的两个被人普遍怀疑觊觎、图谋继承塞尔维亚王位的兄弟被引诱出王后的住所，然后“被带到皇宫附近的一个警卫室，在经过一番羞辱后被残忍地刺死”。杀手同样闯进了总理迪米特里捷·辛卡尔–马尔科维奇（Dimitrije Cincar-Marković）和军政大臣米洛万·帕夫洛维奇（Milovan Pavlović）的住所，两人皆遇难。当时帕夫洛维奇藏身于一个木柜中，遭到25轮射击。内政大臣贝利米尔·西奥多洛维奇（Belimir Theodorović）也遭到了枪击，但侥幸活了下来。其他大臣均被逮捕。

让我们再把视线转回皇宫。王家第一副官拉扎尔·彼得罗维奇（Lazar Petrović）已缴械投降，在一阵交火后被抓，并由谋反者们引导着穿过昏暗的门厅，被迫对着每扇门呼叫，以找到国王的藏身之处。进行第二轮搜查时，谋反者们终于在帐帘后面发现了一个隐藏的入口。当他们中的一位准备用斧子将墙砸穿时，彼得罗维奇感到已回天无力，便答应劝国王出来。在与外面一墙之隔的距离，国王询问来者姓名，他的副官答道：“是我，您的拉扎尔，请为您的军官们打开门吧！”国王说：“我还能相信我的军官们的誓言吗？”谋反者们佯装顺从。于是，这位戴眼镜的胖国王穿着不协调的红色丝绸衬衫出现了，他的臂弯里搂着王后。之后，这对夫妻被冰雹般的、毫无方向的子弹射杀了。彼得罗维奇抽出藏着的手枪，进行了最后的、绝望的反抗，以保护他的陛下（之后人们才得知这一细节），却也被乱枪打死。这种暴行越发肆无忌惮，甚至演变成一场狂欢。事后，国王的意大利理发师（他被命令对尸体进行处理，给它们穿上衣服，以便举行葬礼）证实，尸体被利剑刺穿，被刺刀撕裂，部分已经被剖开，遭到斧子的砍击，直到它们四分五裂、无法辨认。这位理发师因此也受到了心理上的极大刺激。他们将王后的尸体顺着卧室的窗台扔了下去，这具赤身裸体、血肉模糊的尸体直接落到了花园里。据说，当谋反者们也对亚历山大国王做出上述举动时，他的一只手在一瞬间死死地扒住了窗台。一位军官操起军刀向这只手砍去，几根手指被砍下来，国王的身体坠落到了地上。

当谋反者聚集在花园里抽烟并对他们的“工作成果”进行检验时，天空开始飘雨。

1903 年 6 月 11 日发生的事件掀开了塞尔维亚政治史的崭新一页。作为一个独立的现代国家，塞尔维亚的历史十分短暂，而统治权几乎占据这个年轻的国家大部分历史的奥布雷诺维奇王朝现在荡然无存了。短短几个小时的刺杀行动后，谋反者们敲响了奥布雷诺维奇王朝的丧钟，佩塔尔·卡拉乔尔杰维奇（Petar Karadjordjević）作为继任者，登上了塞尔维亚的王位（当时，此人正流亡瑞士）。

佩塔尔·卡拉乔尔杰维奇一世

（来源：Coris 图库）

奥布雷诺维奇王朝究竟是如何引来如此残忍的杀身之祸的呢？塞尔维亚的君主政体从未形成稳定的局面。问题的根源部分在于与王朝分庭抗礼的家族的存在。在使塞尔维亚从奥斯曼帝国的魔爪中解放的斗争中，奥布雷诺维奇家族和卡拉乔尔杰维奇家族渐行渐远。那位皮肤黝黑的领袖——“黑乔治”（Black George）彼得罗维奇（Petrović）是卡拉乔尔杰维奇家族诞生的第一位风云人物。1804 年，正是他率领部队起义，成功将奥斯曼人驱逐出塞尔维亚，使塞尔维亚在若干年内都没有遭到侵略；但到了 1813 年，当奥斯曼部队蓄势发动一次反攻并获胜时，这位英雄却被迫流亡奥地利。两年后，在米洛什·奥布雷诺维奇（Miloš Obrenović）的带领下，塞尔维亚爆发了第二次起义。但米洛什是一位易妥协、顺从的政治家，他与奥斯曼政权达成共识，承认了塞尔维亚的公国性质。当彼得罗维奇重返塞尔维亚时，米洛什下令对其行刺，帮凶就是奥斯曼帝国。在了结了政敌之后，米洛什被授予塞尔维亚王子的头衔。奥布雷诺维奇家族的成员在塞尔维亚以公国身份归属于奥斯曼帝国的大部分时间内（1817~1878 年）实施统治。

同时存在的两大对立阵营，地处奥斯曼帝国和奥匈帝国之间，小农经济为主体形成的争强好胜的政治氛围，这些因素结合在一起使得这个国家形成了火药味浓重的君主体制。让人感到震惊的是，19 世纪塞尔维亚的摄政王没有几人因为自然死亡而结束统治。公国的元勋米洛什·奥布雷诺维奇王子是位残酷的独裁者，他执政期间频频出现反叛事件。1839 年夏，米洛什出于对长子继承王位的考虑而退位；长子米兰（Milan）当时因患麻疹健康状况每况愈下，继位 13 天后便离开人世，直到死他都没有意识到父王让自己继承王位的意图。小儿子米哈伊洛（Mihailo）的统治也因为 1842 年的一场谋反戛然而止，这就为另一位卡拉乔尔杰维奇家族的后人——“黑乔治”的儿子亚历山大的夺权留下了余地。然而在 1858 年，亚历山大也被迫退位，米哈伊洛在 1860 年重新问鼎王座。但在他第二次执政期间，他不再像第一次那样受欢迎了；8 年后，他和一位女性表亲一同遇害，据说，卡拉乔尔杰维奇家族正是这起阴谋的支持者。

米哈伊洛的继任者——米兰·奥布雷诺维奇四世的漫长的执政期（1868~1889 年）终于保持了政局的连续性。1882 年，即柏林会议授予塞尔维亚以独立国家地位 4 年后，米兰宣称塞尔维亚王国成立，自己当仁不让地成为国王。但政局的极度动荡仍然困扰着这个新成立的国家。1883 年，政府尝试解除塞尔维亚东北部民兵使用武器的权力，这引发了一场声势浩大的地方起义——蒂莫克叛乱。米兰对起义者采取了残忍的镇压手段；在贝尔格莱德，那些被怀疑与起义有牵连的高层政治人士都遭到了迫害。

19 世纪 80 年代早期，塞尔维亚的政治环境发生了改变——现代的政党制度出现了（同步诞生的还有体现现代政治特征的报刊、政党会议、宣言、竞选策略和本地委员会等）。这些新生事物成为公共生活中的不可抗力，但国王对此却采取独裁的手段加以钳制。1883 年的选举结果显示，塞尔维亚议会中的大多数人都对现存体制持反对态度。国王拒绝从占主导地位的人民激进党中委任政府幕僚，而是选择成立一个官僚内阁。法令允许设立议会，却又在 10 分钟之后将其取消。关于 1885 年那场与保加利亚的血战，王室做出的执行决策既没有咨询部长的意见，也没有询问议会，米兰与纳塔莉王后（Queen Nathalie）的唇枪舌剑和离婚丑闻也进一步侵蚀着君主专制统治。当米兰在 1889 年退位时（当时他只希望能够迎娶他的私人秘书——一位年轻貌美的女子），他的离开似乎只是时间早晚的问题。

奥布雷诺维奇家族管理塞尔维亚事务的摄政时期（此时米兰的儿子亚历山大

王子尚幼）持续了4年。1893年，年仅16岁的亚历山大以一场奇怪的"政变"结束了该家族的摄政阶段：内阁大臣都被邀请参加晚宴，当大家热情地举杯时，国王亲切地告知所有人，他们都被捕了；年轻的国王宣布了当政的意图，声称自己拥有"完整的王权"；关键的部级大楼和通信部门已被军队占领。当贝尔格莱德的居民第二天醒来时，他们发现大街小巷都贴满了告示，通知众人亚历山大已经获得了实权。

实际上，上任国王米兰仍然在幕后处理政事。米兰批准了摄政时期，而代表儿子发动"政变"的也是他。在当代欧洲很难找到如此怪诞的家族伎俩——退位的父亲成为继位的儿子的首席幕僚。1897~1900年，这种"米兰—亚历山大"共政的局面一直持续着，米兰被委任为塞尔维亚军队的最高指挥官，成为掌握军政大权的第一公民。

亚历山大的统治成为奥布雷诺维奇王朝的末路。在他父亲的协助下，亚历山大很快将在登基典礼上人们赋予他的希冀挥霍一空。他将塞尔维亚宪法中相对自由开放的条款统统删去，取而代之的是新专制主义的内容：民主选举被取消，媒介自由被废止，并停办了报纸。当人民激进党首领们提出抗议时，却被剥夺了政治权利。亚历山大以手握生死大权的独裁者的姿态，恣意对宪法进行废除、篡改和中止。他从不尊重司法公正，甚至密谋对高层幕僚的暗杀活动。亚历山大和他的父亲米兰两人一同鲁莽地操纵着这个国家，更别提亚历山大的母亲纳塔莉了（尽管与米兰的婚姻走到了尽头，但她仍然是幕后的一位重要政治人物），这些都对奥布雷诺维奇王朝产生了毁灭性的影响。

亚历山大决定迎娶一位名不见经传的工程师的遗孀，这样的结合当然并没有改善局面。1897年，他第一次遇到了德拉加·马欣（Draga Mašin），当时她是国王母亲的一位女仆。德拉加比国王年长10岁，在贝尔格莱德声名狼藉——人们都知道她已经没有生育能力，而且据说她的私生活十分不检点。在王家委员会召开的一次言辞激烈的会议上，部长们纷纷劝阻国王不要与德拉加结婚；内政大臣乔尔杰·根契奇（Djordje Genčić）提出了一个有力的论点："陛下，您不能和她结婚。她可能会成为任何一个人的情妇——当然也包括我。"这种耿直得到了大家的支持——根契奇之后也成为谋反行刺的军官之一。其他的高级军官也有类似的看法。在一次群情激昂的内阁会议上，代理总理甚至提议在皇宫中逮捕国王，或是将其五花大绑，

亚历山大国王和德拉加王后（约 1900 年摄）

（来源：Getty Images 图库）

强行驱逐出国境。幕僚上下反对德拉加的呼声过于强烈，以至于国王发现一时间内根本不可能再提拔合适的高级官职候选人。亚历山大和德拉加订婚的消息本身就足以导致全体内阁成员辞职，国王不得不勉强集合了一帮乌合之众，组成婚礼上的“内阁”。

对这段婚姻的争议同样使国王和他父亲之间的关系变得紧张起来。米兰因德拉加即将成为自己的儿媳妇而勃然大怒，辞去了军队最高指挥官的职位。在一封于 1900 年 6 月写给他儿子的信中，他称亚历山大“正将塞尔维亚推向深渊”，并在结尾处警示他：“在你做了这般蠢事之后，如果有哪个政府把你驱逐出境，那我将是第一个拍手称快的人。”但亚历山大非但对这些意见充耳不闻（他和德拉加于 1900 年 6 月 23 日在贝尔格莱德完婚），还利用他父亲辞职之机，加强自己对军队的绝对控制权。之后，米兰的同党和德拉加的敌人被逐渐从军事高层和行政部门中清除，国王的父亲处于被持续监视的状态，接着他被勒令离开塞尔维亚，之后又被下令永远不得返回境内。米兰定居奥地利，并于 1901 年去世——这对于那对夫妻来说不可谓不是一种解脱。

1900 年年底，这段君主专制统治也曾拥有一段短暂的受欢迎时期——王室宣称王后怀孕了，这引发了公众的同情。但 1901 年 4 月，有人称王室宣称德拉加有身孕只是安抚舆论的诡计，这又使得民愤四起（首都大街小巷都在流传，王室以“假婴儿”的把戏来稳固塞尔维亚王位的继承权，但最终还是暴露了）。但亚历山大对这些糟糕的征兆并不在意，仍大肆宣传，鼓吹对王后的盲目崇拜——斥巨资举办公共活动来庆祝她的生日，将军团、学校，甚至村庄都以她的名字命名。同时，他对宪法的践踏更加猖獗。1903 年 3 月，国王借机在深夜中止宪法，对新式媒体和组织进行压迫的法律条文也在匆忙草拟中，45 分钟之后，宪法内容被更换。

直至 1903 年春，塞尔维亚举国上下大多数人都团结起来，共同抗议亚历山大国王和德拉加王后的统治。在 1901 年 7 月的选举中，人民激进党获得了数量占绝对优势的议会席位，他们对国王的独裁控制愤恨不已。在最具影响力的商业和银行业家族中（特别是那些业务涉及牲畜和食物出口的家族），很多人都看清了奥布雷诺维奇王朝亲奥匈帝国的外交政策——他们将塞尔维亚的经济禁锢在奥匈帝国的垄断之下，剥夺和封锁了这个国家的资本主义者进入世界市场的权利和途径。1903 年 4 月 6 日，贝尔格莱德爆发了一场游行示威，抗议者谴责国王恣意篡改宪法，但这次示威活动被警察和宪兵残酷地镇压了，18 人殒命， 50 人受伤。尽管被捕者几天之后就被释放了，但还是有百余人（其中不乏军官）被逮捕并监禁。

在不断加剧的对立中，塞尔维亚军队也成了反对者的中坚力量。19 世纪与 20 世纪之交，军队是塞尔维亚社会中最活跃的组织机构。在这样一种仍旧以极不景气的乡村经济为主的经济体制中，想升职可谓步履维艰，但成为一名军官正是能够获得地位和影响力的不二之选。这种优越性在米兰国王那里得到了强化——他慷慨地拨款给军队，扩大军官队伍，其代价就是削减了本来就短缺的国家高等教育资金。但自从 1900 年，米兰突然被驱逐之后，军官这一美差就迎来了它的末日：亚历山大国王削减了军事预算，军官的薪水逐月减少，甚至还出现了拖欠。此外，还通过了一项任人唯亲的政策：国王及其妻子的朋友和亲戚能够被晋升到关键职位。人们普遍相信一个事实（尽管官方出面否认），那就是国王没有一位血缘上的继承人，他计划将塞尔维亚王位传给德拉加王后的兄弟尼科迪耶 · 伦耶维卡（Nikodije Lunjevica），这激化了人们的愤怒情绪。

1901 年夏，塞尔维亚军队中一位相当有天赋的年轻中尉酝酿了一场军事谋反行动（该中尉在 1914 年发生的事件中也起到了举足轻重的作用）。他的名字叫德拉古廷 · 迪米特里维奇，因为他拥有强健的体格，令他的崇拜者联想到肩膀宽阔的古埃及公牛神“阿匹斯”，他也因此获得了这样一个绰号。在塞尔维亚军事学院毕业后不久，他就在参谋部谋得了一个职位。由此可见，他的上级相当器重这个年轻人。迪米特里维奇天生就是政治阴谋领域的佼佼者。他的行动极其诡秘，他能够绝对地投入军事和政治工作；他的手段非常毒辣，在危机时刻表现得出奇的冷静。迪米特里维奇不是能够统领声势浩大的群众运动的领袖，然而他却具备十足的能力，能在小群体和私人交际圈中令对方信服，向他的信徒传达一种使命感，并消除质疑、煽动极端行动。他的一位合作者对其如下描述："他是一种神秘力量，我在他的命令面前完全顺从，尽管我的理智告诉我这样做并不合理。"另外一位谋反者同谋甚至对"阿匹斯"能够具有如此大的影响力感到困惑：他并不聪颖过人，又不具有雄辩能力和口才，他的想法似乎也不能自圆其说；"然而，他的确是我们之中唯一一位仅仅依靠他的出现就能将我的思路带到他的方向上的人；他只用最普通的方式道出寥寥数语，我就会完全臣服，成为他的意志的忠诚执行者"。迪米特里维奇从小生长在男权占绝对统治地位的社会环境中，这是他上述高人一等的能力的根源。在他成年后，妇女只是被边缘化的存在，他对她们从来没有性欲。他的居所杂乱无章，他所有策划阴谋的地点都是烟雾缭绕、全体成员皆为男性的世界——贝尔格莱德的咖啡厅。曾经这是些非常私密的场所，但现在，人们在这里的对话并不需要确切被对方听见，人出现即可。在他最广为人知的一张照片上，这位谋反者魁梧、强壮，留着髭须；他身旁还有两个同谋，摆出一副明显心怀不轨的表情。

迪米特里维奇原本计划在 1901 年 9 月 11 日贝尔格莱德市中心的一次舞会上谋杀这对王室夫妻（当天是王后的生日）。这项计划似乎出自伊安 · 弗莱明（Ian Fleming）①的小说——两位军官被委派袭击多瑙河发电站（该发电站为贝尔格莱德提供电力），而还有一位的任务是摧毁为舞会场地提供电力的稍微小一点儿的公电站。一旦陷入黑暗，4 名出席舞会的刺客就趁乱点燃窗帘，敲响警报，然后逼迫国王和他的妻子服毒自尽，了结两人的性命（这一方案巧妙地避免了混乱之中寻找武器的可能）。他们在一只猫身上成功检验了毒药的毒性，但这缜密的计划最终还是失败了。发电站由重兵把守，无法进入，并且王后最终并未出席舞会。

他的其他计划也都失败了，但他并不气馁。这些谋反者在接下来的两年中"兢兢业业"，试图扩展政变的范围。他们"招募"了百余名军官，其中不乏年轻人。1901 年年底，有些公民政治领袖也加入进来，当中的一位便是前内政大臣乔尔杰 · 根契奇——在反对国王的婚姻一事上直言不讳的那位。1902 年秋，谋反组织正

① 伊安 · 弗莱明（1908—1964），英国小说家，最广为人知的"007"——英国特工詹姆斯 · 邦德，就出自他的笔下。——译者注

式有了自己的秘密誓约。其构思者便是迪米特里维奇，他将组织的目标直截了当地提出来："我们预感国之将陷……罪魁祸首便是国王和他的情人德拉加 · 马欣；我们立誓要将他们除掉，以践行我们的宗旨。"

1903 年春，谋反组织的成员扩大到 120~150 人，计划在皇宫内刺杀这对王室夫妻的方案已经完备。如要执行计划，则需要周密的准备；然而，国王和他的妻子深知自己不得人心而草木皆兵，因此对于安保措施近乎偏执，增强了他们的安全防卫。如果没有一帮侍从跟随，国王从不单独出现在城里；德拉加王后因为过于担心发生意外，曾将自己禁足在皇宫长达 6 周。皇宫内和周边区域的安保力量增加了一倍。一时间，关于一场即将到来的谋反暴动的谣言风行，1903 年 4 月 27 日的《泰晤士报》还援引了贝尔格莱德的"匿名信息来源"，称"针对王室的一个军事谋反组织发展得如此壮大，以至于国王和政府都不敢采取措施与之对抗"。

对线人的征募（包括皇宫护卫队的军官和国王的随从副官）确保了刺客们能够顺利在哨兵把守的地方杀出一条路，进入皇宫内部。谋反的日子在行动的前三天

贝尔格莱德刺杀（法国*Petit Journal*画报，1903 年 6 月 28 日）

才确定——当得知所有的关键谋反者能够各就各位时。这项计划应该是以最快的速度完成的，之后立刻被广而告之，以防止警方或是国王政权的残余势力的介入和破坏。谋反者在大功告成的一瞬间急于宣扬自己的行为，这或许也解释了为何国王和王后的尸体被从卧室窗户扔出。"阿匹斯"本人也在突围进入皇宫的刺杀小分队中，但他没能坚持到最后的胜利。在皇宫主入口处与卫兵的交火中，他中弹了，身负重伤，失去了知觉，倒在地上，差一点儿就因为失血过多而一命呜呼。

"不负责任的因素"

"城市悄无声息，人们也普遍无动于衷。"1903 年 6 月 11 日晚，英国驻塞尔维亚大使乔治 · 博纳姆爵士（Sir George Bonham）向伦敦发出了言简意赅的消息。消息称，塞尔维亚的"革命"使得首都居民"欢欣鼓舞"，凶手们将第二天（1903 年 6 月 12 日）"改为节假日，街道上到处装饰着国旗"。人们"完全没有流露出该有的后悔之情"。根据博纳姆在维也纳的同事弗兰西斯 · 普伦基特爵士（Sir Francis Plunkett）所称，塞尔维亚悲剧中"最让人震撼的特点"是"在这样一场惨绝人寰的谋杀案面前，人们表现得出奇的平静"。

对此感到反感的观察者洞悉到了这种稳定情绪背后的原因：对于一个长期浸淫于暴力和弑君传统的国家来说，这种冷酷似乎并不奇怪。实际上，贝尔格莱德的公民有十足的理由为谋反者喝彩——谋反者立即将统治权转移到一个超越党派的临时政府。议会也被迅速重建。佩塔尔 · 卡拉乔尔杰维奇结束了在瑞士的流亡，重返塞尔维亚，并被议会推选为国王。带有强烈民主色彩的"1888 年宪法"（现更名为"1903 年宪法"）在被稍微调整之后恢复权威。两大敌对的塞尔维亚王朝之间历时已久的纷纷扰扰瞬间成为过去。一生大部分时间都在法国和瑞士度过的卡拉乔尔杰维奇是约翰 · 穆勒（John Stuart Mill）的追随者，他年轻时甚至将穆勒的《论自由》（*On Liberty*）翻译成塞尔维亚文，这激励了那些具有自由意识的人。

更让人感到宽慰的是，佩塔尔在他的流亡生活结束后不久向公众声明：他准备成为一位"真正以宪法为准则的塞尔维亚国王"。塞尔维亚自此成为一个实实在在的议会制国家，徒有君主之名，国王并不具有实际的统治权。在对冷酷无情的总理辛卡尔–马尔科维奇（他是亚历山大的追随者）实施谋杀的行动中释放了强烈的信号：从今往后，政治权力将掌握在大众以及各党派手中，而不是集中于国王手中。政党可以光明正大地开展工作，不必担心受到打压。媒介也最终摆脱了奥布雷诺维奇王朝严酷的审查制度。这些转变昭示着国家的政治生活更重视大众的需求，更契合舆论。塞尔维亚的政治形态正以全新的面貌进入一个新纪元。

但是如果说1903年的政变革除了积弊，它同时也带来了一些新问题——这些问题在1914年显得尤为突出。总而言之，谋反组织并没有在成功除掉这对王室夫妇之后解体，而是继续强势存在于塞尔维亚的政治和公众生活中。行刺事件发生后的第二天便成立的临时革命政府中就有4名谋反者（4人中有军政大臣、公共事务大臣以及经济大臣）和6名政客。仍然处于康复阶段的“阿匹斯”受到了来自议会的正式表彰，成为民族英雄。事实上，这个建立在血腥谋反和夺权基础上的政权，以及对于仍然阴魂不散的暗杀组织的恐惧，使得公开批判步履维艰。政变发生10天后，新政府的一名部长向一名报纸记者坦言，他认为刺杀行动“很可悲”，但“在这种情况下却无法公开地表达意见，因为军队中可能没有人会认同，而王权和政府都是以军队为支撑的”。

纵观整个宫廷，刺杀组织的影响力格外巨大。英国使者威尔弗雷德·塞西杰（Wilfred Thesiger）在1905年11月从贝尔格莱德发出的消息中称，“截至目前，谋反的军官已经成为国王举足轻重、独一无二的支持力量”，如果没有他们，国王“将会陷入孤立，届时，没有任何一个政党的忠心甚至友情是国王可以信赖的”。因此，当佩塔尔国王在1905年冬为他的儿子乔尔杰王子寻找一位陪同他一起游览欧洲的人时，“阿匹斯”成了不二人选。这时“阿匹斯”刚刚从一段漫长的康复期中走出，但他的体内仍然存留着三颗子弹——行刺当晚击中他的那三颗。这位弑君行动的首席策划师也因此被赋予新的任务——照料下一任卡拉乔尔杰维奇的国王，直至他受教育阶段的结束。然而乔尔杰最终还是没能成为国王：1909年，因为将贴身男仆活活打死，他亲手葬送了自己的前程。

奥匈帝国驻塞尔维亚公使认为，尽管国王是由议会选举产生的，但本质上仍然是将其送上王位的那些人的“囚徒”——这种言论实际上并不夸张。1905年11月底，奥匈帝国外交部的一位高级官员总结道：“国王就是傀儡。”谋反者只是利用国王作为政治杠杆，谋求和确保他们自身的军事和政治地位。新委任的副官全部来自谋反者团队，管理军火的军官以及军务处邮政部门的官员同样如此。这些曾经的谋反者同样有能力影响军事方面的人事变动，包括控制高层指挥的职务。利用他们在君主那里的便利，他们还影响着关乎国家大事的政治问题。

谋反者的阴谋并非到此为止。新任政府承受着从与他国伙伴关系中撤出的外部压力——特别是与英国之间关系的紧张（英国已经撤回了军事全权大使，公使馆被交到了临时代办塞西杰手中）。直到 1905 年秋，欧洲大国的代表们仍然对贝尔格莱德具有象征意义的重要事件表示谴责，尤其受到谴责的是其司法系统。在军队内部，以米兰 · 诺瓦科维奇（Milan Novaković）上尉为首的“反叛国”军事组织在要塞城市逐渐壮大队伍，米兰还草拟宣言，呼吁取消 68 名“杰出”叛军的领导权。诺瓦科维奇迅速遭到逮捕，在经过了一番激烈的自我辩护之后，他和他的同伴被军事法庭判定有罪，并被判处监禁。两年后他离开监狱，却“重操旧业”，继续他公开反对这些谋反者的事业，因此又重返牢房。1907 年 9 月，传言称他和一位男性亲属试图逃跑，于是在一种莫名其妙的情况下被杀害，这一传闻激起了议会和自由媒介的愤慨。因此，军队和民间权威之间的糟糕关系在 1903 年暗杀行动之后一直没有得到缓和——这一系列因果关系也解释了塞尔维亚在 1914 年的举动。

在不断发起挑战的诸多民间组织中，挑大梁的当属人民激进党领袖尼古拉 · 帕希奇（Nikola Pašić）。帕希奇在瑞士获得了工程学硕士学位，是暗杀事件后国王的得力助手和幕僚。1904~1918 年，他位居十任内阁之首长达 9 年。作为处于塞尔维亚权力顶峰的人，在最终引发“一战”的 1914 年萨拉热窝事件发生时（包括发生前后），帕希奇都是其幕后主要的决策者之一。

毫无疑问，帕希奇是现代欧洲历史上一位显赫的政治家，这不仅表现在他从政的时间长（他在塞尔维亚政坛上活跃了 40 年）还因为在极端危险的情况下，他一次又一次地化险为夷，获得胜利。尽管他名义上是工程师，但他兢兢业业为之奉献的还是政治——这也是为什么他直到 45 岁依旧单身的原因之一。从一开始，他就全身心地投入塞尔维亚的独立事业。1875 年爆发了一场反对奥斯曼帝国在波斯尼亚统治的民族起义，作为《民族自由报》（*Narodno Oslobodjenje*）的记者，年轻的帕希奇前往前线，冒着危险报道战况。19 世纪 80 年代初，他便对人民激进党的现代性问题予以关注——这也使得该政党成为塞尔维亚政坛上最具影响力的力量，直到“一战”爆发。

人民激进党由选举产生，它融合了自由宪政的理念，呼吁塞尔维亚扩张以及巴尔干半岛塞尔维亚族区的领土统一。政党最坚实的基础（同样也是保持其选举成功的关键）是这个国家大多数人口主导的小农经济。作为代表农民利益的政党，人民激进党主张平民主义的多元化，并与俄国境内的泛斯拉夫主义有密切联系。他们对专业化的军队建构表示怀疑，不仅因为他们对维持军队所产生的财政负担感到不满，还因为他们认为民兵组织是最佳且最纯粹的军队组织。1883 年蒂莫克叛乱爆发时，人民激进党与拿起武器的农民并肩战斗，反抗当局。政府先对叛乱进行了镇压，之后又将矛头对准了人民激进党的领袖们。帕希奇是嫌犯之一，为了逃避抓捕，他及时出逃，但在本人未在场的情况下被宣判死刑。在流亡岁月里，他与俄国一直保持联系，他本人也成为泛斯拉夫圈中炙手可热的红人，因此，他的政策总是与俄国的政策亦步亦趋。1889 年，米兰退位后，对帕希奇的宣判被取消，而他也在流亡期间成长为一名激进运动的英雄。回到贝尔格莱德后，他在一片赞许声中被选举为部长主席，之后又成为首都的市长。但是他第一次的总理任期（1891 年 2 月至 1892 年 8 月）的结束，是由于对米兰和摄政者持续操控宪法感到不满而辞职。

1893 年，因反抗摄政者，帕希奇以特命全权公使的身份被亚历山大派往圣彼得堡。这一举动目的在于消除帕希奇的政治野心，同时让其离开贝尔格莱德。帕希奇致力于建立深入的俄国—塞尔维亚关系，并且对于一点毫不怀疑，即塞尔维亚未来的民族解放事业最终还将仰仗俄国盟友的支持。但米兰重返贝尔格莱德政坛阻碍了这项工作的开展。人民激进党受到侵扰，并被从行政部门中清除，帕希奇本人也被召回。在米兰—亚历山大联合执政期间，帕希奇遭到了严密监视，与权力失之交臂。1898 年，当局借口他在公开场合侮辱米兰，对其实施了 9 个月的监禁。1899 年，当举国为谋杀米兰的笨拙阴谋感到震惊时，他还在服刑期间。人民激进党再度被怀疑是谋反者的同谋，尽管他们与波斯尼亚青年之间的关系之前并不明朗，现在也尚未明朗。亚历山大国王要求将帕希奇判决为刺杀计划的同党，但由于奥匈帝国政府紧急出面，这位人民激进党领袖的性命最终才得以保全（如果从后来事情发展的角度来看，这足够讽刺）。亚历山大的统治一向以阴谋论著称，帕希奇也被告知他与其他几位人民激进党同僚将被国王处决，除非他承认自己对刺杀事件负有道德上的责任。由于不知道奥匈帝国的干预足以挽救他的性命，他屈从并承认了。文件得以公开，他也免于牢狱之灾，但公众普遍怀疑他为了苟活于世而出卖了自己的政党。虽然帕希奇还活着，但至少在同一时刻，他的政治生涯结束了。在亚历山大政权的风烛残年，他完全在政治舞台和公众视野中消失了。

王权的更迭成为帕希奇政治生涯的转折点，他东山再起，进入政治鼎盛时期。他和他的政党成为塞尔维亚政坛的中流砥柱。这位对权力向往已久的人终于如愿以偿，他是如此适合成为一名掌权者，因此他迅速适应并扮演起国父的角色。贝尔格莱德的知识分子和精英阶层对他并没有好感，但他在农民群众中却享有盛誉。他浓重的乡下口音被许多人讥笑。他的谈吐并不流畅，多带有旁白性质的嘀咕和感叹词，这也成为人们在他身上挖掘到的趣闻。当被告知著名的讽刺作家布拉尼斯拉夫 · 努希奇（Branislav Nušić）1908 年在镇上发动了一场示威游行以抗议对波斯尼亚和黑塞哥维那的吞并，并骑马闯入外交部时，据说帕希奇当时做出了如下回应："呃……你们瞧……我知道他写的书很棒，但是，嗯……他的骑术也这么棒，这是我没想到的……"帕希奇并不是个出色的演说家，但极其善于与人沟通，特别善于与占塞尔维亚大多数选民人数的农民进行沟通。在他们的眼中，帕希奇的言论低调内敛、朴实无华，却让人回味无穷；更别提他那浓密而充满阳刚之气的胡子，好像它们是近乎出神入化的谨慎、前瞻性和智慧的象征。他的朋友和支持者称呼他为"Baja"，这个词意为一个人拥有非凡的气质，他不仅受人尊敬，而且被人所爱慕。

曾被判处死刑、多年流亡国外，以及长期处于被监视情况下而形成的偏执症状——所有经历都在这位政客的举手投足和气质形象上留下了烙印。帕希奇谨小慎微、行为诡密、秘而不宣。多年后，他曾经的秘书回忆道，在传达想法和做出决策时，他并不想将这些信息付诸纸笔，甚至不想口头表达出来。他习惯定期焚烧文件，不管是公文还是私密文件。在暗含潜在冲突的情境中，帕希奇习惯于被动处理，不到最后关头绝不摊牌。他务实到了一定程度，在他的对手眼中，他全然缺乏原则性。所有这些特征又与其他个性相互交织：他对舆论极其敏感，他希望通过自己的努力和工作，让塞尔维亚这一民族达到自己理想的状态，并以此为自己的事业。在谋反行动开展之前，帕希奇就已被告知；虽然他保守了秘密，但拒绝加入该行动。当皇宫血案的具体执行计划送到他面前时，他最特别的反应是携家带口乘火车来到亚得里亚海岸，等待最后的结局。

帕希奇的成功仰仗确保他自身以及政府的独立性，而同时又能与军队及其内部的谋反者联盟建立稳定而持久的关系——对此他心知肚明。这并非单纯关乎那 100 名临时参与阴谋行动的人的问题；在谋反者看来，这些年轻的军官（他们的人数在持续增长）身上承载着的是塞尔维亚的民族意志。然而事实上，帕希奇最为强劲的政敌，独立激进党（他们于 1901 年从帕希奇领导的政党分裂出去，独立成为一个派系）试图与谋反者联手，前提条件是后者要对帕希奇政府进行破坏行动。这使得问题变得复杂而棘手。

在这种微妙的情境中，帕希奇处理起事情来却精明而游刃有余。他与谋反者们单独会面，向他们提出意见，目的是为了阻止反政府联盟的形成。尽管受到了来自人民激进党同僚的反对，他还是为成立军队提供了慷慨的一揽子资助，用以弥补米兰退位后军队丧失的福利和好处；他公开承认 1903 年政变（这对于谋反者来说具有极大的象征性意义和重要性），并反对将谋反者绳之以法的企图。然而，他同时也在持续向他们施加压力，削减他们在公众视野中的出现频率。当谋反者们计划在政变事件一周年纪念日举行庆祝舞会时，由于帕希奇（以及外交大臣）出面干预，这一庆祝日期被推迟到 1904 年 6 月 15 日，即新国王选举登基纪念日。1905 年，谋反者们的政治势力已经得到加强，媒体和议会对此表示关注。帕希奇警示议会，在宪法权威框架以外进行操控的那些“并不可靠的人”已经对民主秩序造成威胁。这很好地契合了激进民众和普通士兵的想法，他们憎恶军官团充满政治野心的、“罗马禁卫军”式的特点。1906 年，帕希奇巧妙地借助与大英帝国重修旧好的契机，以退休的名义解除了几位谋反者的军官职务。

这些精明的举动产生了相互矛盾的结果。一方面，谋反者中最为杰出的人被革除了职务，因此在短期内，他们对国家政权的影响得到了抑制。另一方面，帕希奇并没能成功抑制谋反者组织在军队内部的发展势头，也阻止不了民众对其的认同感；谋反行动赢得了这些民众的认可，他们甚至持有比最初的同谋者更极端的观点。最重要的一点是，让大多数谋反者高官从公众视线中淡出的举措让勤勉的“阿匹斯”趁机成为群龙之首。“阿匹斯”一直是政变周年庆典上的重量级人物。在这样的庆典上，谋反者军官们在贝尔格莱德市中心国家剧院附近一个小公园里的餐馆里欢聚一堂，举杯相庆。在下面这件事情上，“阿匹斯”比任何一位谋反者都要用心：招募一批极端民族主义者，全力支持以实现凝聚所有塞尔维亚人，使之形成统一体为目标的事业。

意念蓝图

对“凝聚所有塞尔维亚人”这一观念的强化，是塞尔维亚人的精神构想，它与19世纪和20世纪之交巴尔干地区的政治地图并无干系。对此，最有影响力的政治表达见于1844年内政大臣伊利亚·加拉沙宁（Ilija Garašanin）为亚历山大国王起草的一项秘密备忘录。这份备忘录即为1906年出版的“草案”，其中记载了加拉沙宁对“塞尔维亚国家及外交政策规划”的设想。该文件对几代塞尔维亚政治家产生的影响毋庸赘述——它最终成为塞尔维亚民族主义的“大宪章”。加拉沙宁开篇明义，认为塞尔维亚“虽然是小国，但必须走出当下的局面”。他指出，塞尔维亚政策的首要戒律必须是“国家统一原则”，这一原则要求在塞尔维亚国家地域范围内所有塞尔维亚人的统一：“只要有塞尔维亚人居住的地方便是塞尔维亚。”塞尔维亚国家地位的扩张主义可以在历史中找到原型，那便是中世纪斯特凡·杜尚（Stefan Dušan）统治时期的塞尔维亚：它广袤的疆域囊括了现在塞尔维亚共和国的大部分领土，此外还包括现在阿尔巴尼亚的所有领土、马其顿共和国的大部分领土，以及希腊中部和北部地区；有意思的是，它并不包括波斯尼亚。

在科索沃地区与土耳其人一战败北后，塞尔维亚于1389年6月28日遭到了毁灭性打击并分崩离析。但加拉沙宁认为，这次败北并没有削弱塞尔维亚作为国家的正统性，它只不过是历史中的一个断点。因此，团结所有塞尔维亚人、实现大塞尔维亚的统一并不是什么创新之举，而是对既定现实的“修整”，是自古以来的传统意识和历史权力。“他们不能指责我们是在毫无头绪地另辟蹊径，也不能诬陷我们是在谋划一场革命或是动乱。每个人都需要了解并认同，我们这样做有政治需求和合理性，这种观念在前辈的时代已经被树立，它深深扎根于塞尔维亚人的政治和国家生活中并被传承下来。”由此可见，加拉沙宁的观点将一段历史时期戏剧性地拉近，这种情况也经常出现在关于融合性民族主义的讨论中。此外，它建立在这样一种想象之上，即统治者杜尚在中世纪制定的格局迥异、种族多元的综合性政策，能够与文化和语言上都同质化的民族国家的现代观念融会贯通。塞尔维亚的爱国者们在这一点上并没有发现不一致的地方，他们认为，事实上这些国家的所有居民在本质上都是塞尔维亚人。武克 · 卡拉季奇（Vuk Karadžić）[现代塞尔维亚—克罗地亚文学语言的缔造者、著名的民族主义文章《塞族人无处不在》（1836年）的作者]就谈及了一个拥有500万使用“塞尔维亚语”的塞尔维亚人的国家，它从波斯尼亚和黑塞哥维那开始，延伸至泰梅什堡的巴纳特（当时位于匈牙利东部地区，今在罗马尼亚西部）、巴奇卡地区（该地区范围从塞尔维亚北部到匈牙利南部）、克罗地亚、达尔马提亚，以及从的里雅斯特到北阿尔巴尼亚的亚得里亚海岸。然而，这些地区当然有许多人“很难承认自己是塞尔维亚人（尤其是克罗地亚人），但似乎很有可能他们会逐渐习惯这一身份”——卡拉季奇做出了如此让步。

对统一的规划和渴望使得塞尔维亚的国家组织不得不与两大强势的陆上帝国做长期抗衡——奥斯曼帝国和奥匈帝国，它们的存在成为塞尔维亚民族主义实现的拦路虎。1844年，奥斯曼帝国仍然控制着巴尔干半岛的大部分地区。“塞尔维亚必须坚持不懈地努力，以逐步脱离奥斯曼帝国的束缚，之后再将独立的部分整合，利用固有的塞尔维亚帝国的良好根基和积淀，建立起一个新的大塞尔维亚国家”，奥匈帝国同样注定成为其敌人。在匈牙利、克罗地亚—斯拉沃尼亚和伊斯特里亚—达尔马提亚的塞尔维亚人（更不用提那些并不承认塞尔维亚血统的克罗地亚人）恐怕都期待着从哈布斯堡王朝统治下获得解放，并以贝尔格莱德为中心团结在一起，实现统一。

直到1918年，这些目标都业已实现，加拉沙宁的备忘录仍旧是塞尔维亚统治者制定关键政策的蓝图。这些目标已经通过民族主义的宣传手段，逐渐渗透到了广大普通民众中。发起宣传的人有的来自贝尔格莱德，有的来自媒介内部的爱国组织。由此看来，大塞尔维亚的设想已经不仅限于政府的政策中，也成为宣传的内容。这种思想融入了塞尔维亚人的文化和民族认同之中。杜尚关于宏大帝国的回忆尤其能够从人们耳熟能详的史诗歌曲中得到体现，这也是这个民族鲜活而独特的传统。这些歌谣由单弦民族乐器古斯勒琴演奏出的忧郁曲调为伴奏，歌者和听者能够同时陷入对塞尔维亚历史的回忆和沉思。在塞尔维亚境内的村庄和市场，这些歌谣能够将诗歌、历史和民族认同非凡地融合在一起，形成独特的民族气质。一位对此早有洞悉的观察者是德国历史学家利奥波德·冯·兰克（Leopold von Ranke），他在1829年出版的一本关于塞尔维亚史的书中提到："这个国家的历史由诗歌来体现，这也转化成它独特的民族资本，并深深镌刻在它子民的回忆中。"

镌刻在人们回忆中最深刻的当属塞尔维亚人民奋勇抗击外来统治者的传统和记忆。人们铭记在心的是1389年6月28日科索沃战场上塞尔维亚人被土耳其人打败的屈辱。经过几个世纪的润色，这场中世纪发生的原本并不具有决定意义的战争，逐渐演变成塞尔维亚反抗异端外敌的象征性事件。围绕这一事件，出现了一些鲜活的人物。他们有在民族危难之际力挽狂澜、实现塞尔维亚大一统的风采无限的大英雄，也有摒弃了共同事业或是向敌人出卖国家的背信弃义的叛徒。诸多的虚构人物包括英雄刺客米洛什·奥比里克（Miloš Obilić），歌谣中记载了他在战斗打响的那天潜入奥斯曼帝国的指挥部，割开了苏丹的喉咙，之后他被逮捕，奥斯曼帝国卫兵砍掉了他的头颅。行刺、殉道、牺牲以及以死者的名义进行复仇，这些成为这个民族的核心主题。

理想中的塞尔维亚承载着神话般的过去，在它的歌谣文化中这个国家富有无穷生机。1875年，反抗奥斯曼帝国统治的起义打响了。英国考古学家阿瑟·埃文斯爵士（Sir Arthur Evans）观看了这段时期波斯尼亚的塞尔维亚人的史诗歌表演。他感到极其震撼，感慨这些歌曲"让波斯尼亚的塞尔维亚人在光荣的传奇中忘却了他们国王的狭隘传统"、让他们认为与所有塞尔维亚"同胞"拥有共同经历的力量，这种力量"颠覆了地理学家和外交家们的一切虚伪言辞"。诚然，这种口传史诗文化在进入19世纪后逐渐衰落——它们逐渐被印刷品所取代，但英国外交官查尔斯·艾略特爵士（Sir Charles Eliot）于1897年来到塞尔维亚，听取了德里纳河山谷的市场上游吟歌手演唱的史诗后，不禁感慨："歌手们以单调的吟唱，在单弦吉他的伴奏下道出这些溢美之词，但它们是如此真实的表达，因此整体效果非常有感染力。"在很多情况下，武克·卡拉季奇编纂和出版的有关塞尔维亚史的诗集都具有广泛而重要的影响力，在文学出版物种类越发繁多的时期，也能够保持很好的销量。此外，史诗集的数量也在增加。1847年，黑山王子主教佩塔尔二世，彼得罗维奇–涅戈什（Petrović-Njegos）出版的经典之作《高山花环》（*The Mountain Wreath*），向推翻暴政的谋反者以及民族烈士米洛什 · 奥比里克表达了崇敬之情；此外，该书还呼吁将反抗外部势力统治的斗争进行到底。《高山花环》成为塞尔维亚民族经典诗歌，并流传至今。

面对收复“失去的”塞尔维亚国土的承诺，以及面对两大强势的陆上帝国、在夹缝中求存的窘境中，塞尔维亚的国家外交政策呈现出一系列特点。首先是地理边界的不确定性。大塞尔维亚的原则和承诺没有问题，但这项收复国土的工作从哪里开展？从匈牙利王国的伏伊伏丁那开始，还是从人们熟知的“旧塞尔维亚”——当时为奥斯曼帝国所辖的科索沃开始？从波斯尼亚开始（该地从未被纳入杜尚的帝国范围，但居住着大部分的塞尔维亚人），还是从马其顿向南拓展（这片区域仍在奥斯曼帝国的掌控下）？关于“大一统”的理想遭遇了现实中塞尔维亚国家经济和军事资源的匮乏，显得格外苍白。这意味着贝尔格莱德的决策者毫无选择，只能对巴尔干半岛风起云涌、瞬息万变的局势做出随机应变的反应。因此，1844~1914 年，塞尔维亚外交政策的目标如罗盘针一般飘忽不定，这种踌躇的逻辑还时常伴随着无动于衷。1848 年，在伏伊伏丁那的塞尔维亚人抗议匈牙利革命政府提出的匈牙利化政策，加拉沙宁向他们伸出了援手，为他们提供来自塞尔维亚公国的必需品和志愿军。1875 年，黑塞哥维那成为人们瞩目的焦点，因为塞尔维亚人在那里发起了反抗奥斯曼统治的起义。在第一时间赶往战场浴血奋战的人中，就有帕希奇、军事指挥官以及未来的国王佩塔尔 · 卡拉乔尔杰维奇（他使用化名加入部队）。1903 年后，在一场反抗土耳其人的起义失败后，人们对解放奥斯曼马其顿的塞尔维亚人的愿望更加强烈。1908 年，当奥地利人正式吞并波斯尼亚和黑塞哥维那时（自从 1878 年，奥地利人便开始对该地区实行军事占领），这一地区成为议事日程上的首要问题。然而到了 1912 年和 1913 年，马其顿又成了人们优先讨论的话题。

塞尔维亚的外交政策不得不在一种矛盾中左右为难：一方面是渗透在国家政治文化中的、理想中的民族主义，另一方面却面临着巴尔干地区复杂的种族问题。科索沃处于塞尔维亚神话体系的中心位置，但从种族关系方面来看，它却并非确凿地归属于塞尔维亚的领土。至少回溯到 18 世纪，该地的绝大部分人是说阿尔巴尼亚语的穆斯林。武克 · 卡拉季奇口中的达尔马提亚和伊斯特里亚的塞尔维亚人实际上很多都是克罗地亚人，他们并没有加入大塞尔维亚国家的意愿。历史从未记载波斯尼亚是塞尔维亚的一部分，虽然该地居住着许多塞尔维亚人（1878 年，这些人占据波斯尼亚和黑塞哥维那 43% 的人口，当时这两个地区处在奥匈帝国的统治下），但他们并不是唯一的居民，除此以外还有信奉天主教的克罗地亚人（约占 20%）以及波斯尼亚的穆斯林（约占 33%）。（波斯尼亚的穆斯林成为该地的独特之处，而在塞尔维亚，在经历了长期争取民族独立的斗争之后，大部分穆斯林被迫移民、被驱逐出境或是惨遭杀害。）

而马其顿的情况更为复杂。在当时的巴尔干政治版图中，我们所称为马其顿的地理区域不仅包括之前的前南斯拉夫马其顿共和国，还包括沿塞尔维亚南部和阿尔巴尼亚东部地区边界地带、保加利亚西南部的一大片区域，以及希腊北部的大片领土。至今，关于马其顿确切的历史边界仍具争议（单从雅典和斯科普里之间对“马其顿”的名称使用的争端便可看出[①]），同时，这片地区是否拥有或在什么程度上拥有独特的文化、语言或民族认同也值得商榷（时至今日，世界上除了塞尔维亚、保加利亚和希腊，所有的语言学家都承认马其顿语的存在）。1897 年，当查尔斯 · 艾略特爵士旅行至塞尔维亚，他讶异地发现他的塞尔维亚陪同者“不允许马其顿出现保加利亚人”，而是 “坚持认为那个国家的所有斯拉夫居民皆为塞尔维亚人”。16 年后，当卡耐基基金会派遣委员会到该地，调查在第二次巴尔干战争中这里所发生的暴行时，该委员会成员发现住在马其顿的人们无法在种族问题上达成共识；当这些问题被谈及时，人们的观点十分极端，甚至在大学里也是如此。委员会当年出版的报告中提及该地区拥有两种种族观点而非一种，这两种观点分别是索非亚和贝尔格莱德各自持有的。一方面，马其顿的西部和北部充斥着渴望与祖国实现统一的塞尔维亚人；而另一方面，这一地区似乎是保加利亚的中心地带。19 世纪最后的几十年里，塞尔维亚人、希腊人和保加利亚人都在马其顿境内设置了高度活跃的宣传机

---

① 斯科普里：马其顿共和国首都。雅典和斯科普里之间的名称之争缘自：“马其顿”是古希腊时期希腊北部国家的名称。由亚历山大大帝统治的马其顿帝国曾征服小亚细亚、波斯和埃及等地，把希腊文明传播到中东各地，至今，希腊仍将其北部地区称为马其顿。希腊认为，由斯拉夫民族（马其顿斯拉夫族）建立的国家无权使用属于希腊的名称作为国名，因此提出抗议。由于以上原因，马其顿独立初期，希腊雅典等地曾举行大规模示威，抗议马其顿共和国使用“马其顿”一名。——译者注

构，目的是使本地的斯拉夫人皈依于他们各自的民族大业。

理想中的民族建构以及种族现实之间的不匹配，使得塞尔维亚国家目标的实现注定是个充斥着暴力的过程。这不仅体现在其他大小势力虎视眈眈的地区层面，还体现在属于争议领土的城镇和村庄中。一些政治家为了应对这种挑战，试图以一个更为慷慨的“塞尔维亚—克罗地亚”政治视域（即多元种族合作的观点）将塞尔维亚的国家目标纳入其中。其中一人便是尼古拉·帕希奇，他在19世纪90年代曾以长篇大论指出，塞尔维亚人和克罗地亚人应当联合起来，因为这是时代的需求，小国的出路就是要团结起来。然而这种浮夸的言辞背后，首先是基于塞尔维亚人和克罗地亚人在本质上是同胞的假设，其次是塞尔维亚人将在这一过程中起主导作用，因为相比信奉天主教的克罗地亚人，塞尔维亚人是更为纯正的斯拉夫民族，前者长期处于“外来文化的影响之下”。

作为地处两大陆上帝国之间、资源匮乏的小国，塞尔维亚无力在全世界面前追寻它的目标。因此，仍旧是相邻国家或帝国国民的塞尔维亚人关于“解放”的渴求便掺杂了一些隐秘性。1848年，在伏伊伏丁那起义爆发期间，加拉沙宁道出了这项义务。“伏伊伏丁那的塞尔维亚人，”他写道，“正期待所有的同胞施以援手，以战胜他们的传统宿敌，取得胜利……但由于一些政治因素，我们不能公开帮助他们，我们只能在私下对他们进行秘密援助。”这种对于隐秘行动的青睐同样出现在马其顿。1903年8月，在一场针对土耳其人的马其顿人暴动失败后，新登上历史舞台的卡拉乔尔杰维奇政权便开始在该地区实行积极的政策。他们建立了委员会，协助在马其顿开展行动的塞尔维亚游击队队员，此外他们还在贝尔格莱德举行会议，招募人马并为战士们供给必需品。当在贝尔格莱德面对奥斯曼帝国大臣时，塞尔维亚外交大臣否认政府对此进行干涉，并反对那些无论如何都是非法召开的会议，因为它们“并没有对共同体的形成起作用，而是单纯为了敛财，以及向边界以外拥有同样宗教信仰的人表达同情”。

谋反者们同样积极地参与了这场跨国界活动。谋反者军官和他们在军中的同僚在贝尔格莱德召集了一个非正式的民族委员会，他们还为运动提供帮助，并指挥了许多志愿军军队。严格来说，这些军队并非塞尔维亚的正规军，但志愿者军官立刻被要求听从军队调遣的事实，证明了官方在很大程度上对此给予支持。民兵组织开展的活动也在规模上稳步扩大，塞尔维亚游击队员和保加利亚志愿军军团之间也爆发了数次暴力冲突。1907 年 2 月，英国政府要求塞尔维亚停止这种行为，这似乎也使塞尔维亚和保加利亚的战事一触即发。塞尔维亚再次推卸责任，否认开展游击队活动，宣称这样“不会阻止人民抵御外侮”。但政府对这项事业的支持破坏了这种姿态的正确性，1906 年 11 月，议会已经筹集了 30 万第纳尔来援助旧塞尔维亚和马其顿地区进行抗争的塞尔维亚人，之后又“为极其昂贵的开支和保家卫国的民族利益”提供了“秘密贷款”。

如此一来，领土收复主义也带来了一些风险。将游击队送往战场并不困难，难的是一旦派出人马，便无法对其实施控制。到 1907 年冬，在马其顿的一干塞尔维亚勇士在没有任何监督的情况下独立发起了行动，来自贝尔格莱德的一位特使费尽周折才对其重新施加控制。因此，“马其顿纠纷”也传递出了一种模棱两可的教训，这对 1914 年的事件有着关键的影响。一方面，控制权向激进分子（他们中的大多数人来自谋反组织）的偏移也带来了这样的危险：对塞尔维亚国家政策的控制权可能正在从政治中心转移到外围并不可靠的成员手中。另一方面，1906~1907 年的外交行动显示，塞尔维亚政府和其他那些被委任传播民族统一主义政策的组织之间模糊而非正式的关系，可能会使政治责任从贝尔格莱德分离，并且使政府操控的空间和机会最大化。贝尔格莱德的政治精英们开始习惯于一种矛盾思想（这种矛盾思想来源于时不时出现的借口）：塞尔维亚的官方外交政策与国境外的民族解放事业是两码事。

分裂

加拉沙宁曾在 1844 年写道：“对塞尔维亚来说，与奥匈帝国达成一致并和谐相处在政治上是不可能的事情。”然而直到 1903 年，贝尔格莱德和维也纳之间爆发公开冲突的可能性仍很小。从贝尔格莱德方面看来，它在这两个国家共享的那条漫长的国境线上并无防御能力。塞尔维亚的首都气派地坐落于多瑙河和萨瓦河汇流处，距离奥匈帝国的国境线只有很短的车程。塞尔维亚的出口物资大多数运往奥匈帝国，大多数进口物资也来自那里。该地区地理上的规则在俄国的政策里得到了加强。在1878年的柏林会议上，俄国向保加利亚伸出援手，帮助其在奥斯曼帝国之外形成了一个大的国家实体——其目的还是想让保加利亚依附于自己。由于已经预见到有朝一日保加利亚和塞尔维亚将会在马其顿的领土问题上产生分歧，当时的米兰王子（也就是之后的国王）面对这一威胁，积极寻求与维也纳建立密切的关系。因此，正是俄国对索非亚的帮助，将塞尔维亚推向维也纳的怀抱。只要俄国继续用保加利亚作为筹码推行其巴尔干政策，维也纳和贝尔格莱德的关系似乎就会和睦。

1881年6月，奥匈帝国和塞尔维亚达成了一项商业协议。3周后，双方又追加了一项秘密协议——该协议由米兰王子亲自协商并签署，其中规定了奥匈帝国不仅要承认塞尔维亚王国的地位，还要支持塞尔维亚兼并马其顿领土的事业。塞尔维亚方面则同意不会破坏奥匈帝国在波斯尼亚和黑塞哥维那的地位。该项协议中称，塞尔维亚"绝不允许任何发端于自身领土的政治的、宗教的抑或其他的针对奥匈帝国的阴谋，包括波斯尼亚、黑塞哥维那以及新帕扎尔的桑扎克"。米兰更是力图加强这种联盟关系：在咨询奥匈帝国之前，塞尔维亚不会与任何第三方签署"任何形式的条款"。

毫无疑问，这些共识小心翼翼地建立起了奥匈帝国和塞尔维亚之间良好的关系，但它并不是坚不可摧的：它并没有涉及塞尔维亚公众敏感的生活层面——他们从骨子里是反奥匈帝国的，双方之间的经济依赖关系越发让塞尔维亚的民族主义者感到无法接受；此外，缔结关系的是一位古怪的、越发不受人欢迎的塞尔维亚君主。但是只要米兰·奥布雷诺维奇在位一天，他们就至少能够保证塞尔维亚绝对不会与俄国联手共同对付奥匈帝国，且塞尔维亚的外交政策也将一直直指马其顿，以抗衡有朝一日与保加利亚的冲突，而不是指向波斯尼亚和黑塞哥维那。1892年，双方签署了一份新的贸易协议。1889年，秘密协议又续签了10年，尽管它继续成为塞尔维亚对奥匈帝国政策的有效纲领，但之后它还是被废止了。

1903年王权的更迭重置了这一关系。奥匈帝国很快便承认了卡拉乔尔杰维奇的政变，部分原因是佩塔尔曾向奥地利人保证，他会继续保持塞尔维亚亲奥的姿态。但不久后，塞尔维亚的新任领导人却表现出将塞尔维亚的经济和政治推向独立的意图。1905~1906年，贸易政策、军备订单、复杂的财政情况以及地缘政治相互错杂，使得双方出现了危机。奥匈帝国试图实现三重目标：确保与塞尔维亚的商业协议，确保塞尔维亚的军备订单继续流向奥匈帝国的工厂，以及向塞尔维亚提供巨额贷款。但三项目标中没有一项达成，这使得两位邻居之间的关系疾速冷却，这件事的结果对奥匈帝国来说也是个十足的灾难。塞尔维亚的军备订单被法国的施耐德-克勒索公司接收，而这家公司正是奥匈帝国公司——波西米亚的斯柯达的竞争对手。奥地利人迅速做出反应，中止了与塞尔维亚之间的猪肉贸易，消费者为此抗议，引发所谓的“猪肉战争”（1906~1909年）。但这项举措却带来事与愿违的结果，塞尔维亚很快发现了其他的出口市场（特别是德国、法国和比利时），并开始建造大规模的屠宰场，借机从长期依赖奥匈帝国的加工过程中解放出来。最终，塞尔维亚完成了一项大额借贷，而且贷款方不是奥匈帝国，而是法国（这也算是对塞尔维亚军火订单寻求法国卖主的“礼尚往来”）。

说到这里，我们应当停下来，思考法国提供贷款背后的故事。正如所有新兴的巴尔干国家，塞尔维亚常常举借外债，完全依赖于此，大部分借款是为军事扩张和基础设施建设提供资金。在米兰国王统治时期，奥地利人情愿作为贝尔格莱德的债主。但自从这些贷款超过了贷款方的资金，它们不得不借助多种多样的抵押：一定的税收或是铁路特权。来自铁路、印花税和酒水的被抵押的收益应当由塞尔维亚政府以及债券持有人代表联合控制下的特殊国债来支付。这一举措使得塞尔维亚在19世纪八九十年代一度陷入动荡，并且丝毫没有对贝尔格莱德政府的财政挥霍起到限制作用，这导致直到1895年，债务额累积超过了3.5亿法郎。破产的脚步逐渐逼近，贝尔格莱德又谈成了一笔新贷款，通过这一举措，所有的旧债被合并，并按较低的利息来计算。抵押的收益被置于分管之下（其中一部分管理者是债权人代表）。

换言之，诸如塞尔维亚这样脆弱的借方（同样的情况也发生在其他巴尔干国家以及奥斯曼帝国）只有在同意财政控制特许的情况下，才能得到理想数额的贷款。这种财政特许意味着主权国家职能的部分担保契约。主要出于这一原因，该地区的国际贷款成为最重要的政治事件，当中不可避免地涉及外交手段和强权政治。法国的国际借贷高度政治化。有些国家的政府政策被认为是违背法国国家利益的，法国从不会让贷款流入这些政府，只有在获得经济或政治特许的情况下，贷款才得以进行。有时，它也会勉强为一些并不可靠但在策略上十分重要的客户提供贷款，以防他们另寻其他出路。它在寻求潜在客户的过程中表现出攻击性和强硬的态度。以塞尔维亚为例，塞政府于1905年夏被告知，如果他们在贷款方面不给予法国优先权，法国面向塞尔维亚的资本市场将全部关闭。在意识到策略和财政之间的关系之后，法国外交部于1907年将商务部门和政治部门合并。

在这样的背景下，塞尔维亚1906年的贷款事件便成了一个重要的转折点。借用一位研究战前金融情况的美国分析家的话，法国与塞尔维亚的财政关系“变得更加亲密和重要”。塞尔维亚3/4的债务来自于法国，这对于塞尔维亚来说是一笔巨额的义务——偿还计划已经规划到1967年（实际上，1918年以后，塞尔维亚就一直没有对债务的大部分进行偿还）。这笔资金中很大一部分被用于购买军火（尤其是大炮），而这些交易大部分是在法国完成的，这不仅让奥匈帝国感到恼火，英国的外交官和军火供应商同样十分头疼。1906年的贷款使得塞尔维亚不惧怕奥匈帝国的商业压力，并且帮助它开展一场旷日持久的关税战。1906年，驻塞尔维亚的英国使节报道：“帕希奇先生抵制奥匈帝国要求的事件无疑取得了成功，这标志着塞尔维亚的经济和政治解放迈出了重要一步。”

然而，在金融领域的成功并不能掩盖塞尔维亚经济整体呈现出不景气局面的事实。这个国家的经济下滑态势与其说与奥匈帝国的关税政策脱不了干系，不如说它深深根植于其历史背景和土地结构。塞尔维亚的成立和后续的扩张同时伴随着剧烈的逆城镇化过程，大部分穆斯林城镇已经饱受数十年的骚扰和驱逐，人口锐减。取代奥斯曼帝国周边地区相对城镇化甚至世界性大城市的帝国结构，是一个完全由信奉基督教的小农生产者组成的社会和经济体；造成这一局面的部分原因是塞尔维亚本地贵族阶层的缺失。此外，王朝阻止大庄园进行合并，以防止出现新兴的统治阶级。城市不断缩水，而人口增长率却狂飙突进；年轻的家庭对成百上千公顷的边缘土地进行开拓，社会对于婚姻和生育并无限制。自19世纪中叶到1914年“一战”爆发之前这段时间，这种人口恣意的增长丝毫没有改进和逆转塞尔维亚经济的颓势和衰落。19世纪70年代初至1910~1912年，农业的人均产值下降了27.5%，部分原因是人们对于耕地的过度开发导致了大规模滥伐森林。因此，养猪业赖以发展的牧场数量锐减，而养猪业是塞尔维亚传统农业中利润最大、最高效的产业。到19世纪80年代，舒马迪亚地区美丽的野生森林景观（同时也是适宜养猪业发展的不二之选）几乎消失殆尽。

如果单从商业和工业部门的增长来看，事态发展会不会更乐观一些？这些领域的情况仍然不容乐观。塞尔维亚的企业很少产生于对国内生产制造商品的需求。农村人口很难接触市场，基础工业十分落后。与此相比，塞尔维亚的邻居保加利亚靠纺织厂为工业增长提供了驱动力。在这种情况下，塞尔维亚的经济发展不得不依靠对内投资，布达佩斯一家食品加工公司最先让塞尔维亚的梅子果酱得以包装、出口；19 世纪对丝绸和葡萄酒的高需求同样也是国外企业家带动的。但是这种对内投资十分缓慢，当外国公司试图在塞尔维亚开展业务时，排外主义、官僚腐败和低劣的商业伦理等多方面的影响使得它们放慢了脚步。有些地方的政府制定政策鼓励投资，但即便如此，当地豪强对外国公司的阻挠仍旧是不可小觑的问题。

对塞尔维亚人力资本的投入同样欠缺：1900 年，塞尔维亚国内只有 4 家师范学校，小学老师中有一半并没有接受过教育学的训练，大多数学校班级并不是在专门的教学楼上课，并且只有大概 1/3 的孩子是真正来上课的。所有的弊端暴露了这个国家农村人口教育意识的薄弱，在他们眼里，学校只是政府设立的陌生机构。1905 年，为了批准一项新的收益来源，议会决定向教科书征税（议会大多数是由农民构成的），而家庭蒸馏工艺甚至都不在税收范围内。这一结果导致文盲的比例大幅攀升：该国北部地区的识字率为 27%，而东南部地区仅有 12%。

这种糟糕的“没有发展的增长”在许多方面产生了影响，它意味着塞尔维亚社会在社会经济和文化方面仍然保持着异乎寻常的同质性。乡村生活与农民的口述文化传统（如那些非凡的神话故事）之间的纽带从未切断，甚至连贝尔格莱德（1900 年，其识字率仅有 21%）也仍然只是一个农村流动人口聚集的城市，这个“农民城市者”的世界深深地受到传统乡村社会的文化与血缘关系的影响。在这样的环境中，现代化意识的发展并不是来自对世界的开创性认识，而更像是以一种与现代思维相互抵牾的方式，仍然沉迷于传统的信仰和价值观。

经济和文化之间的特殊联系的现实解释了战前塞尔维亚表现出的几大明显特征。在如此缺乏有抱负、有能力的年轻人的经济体中，军队难免成为主角。这也反过来证明了在面对来自军事指挥机构的挑战时，民政系统为何不堪一击——这也是影响 1914 年夏天席卷塞尔维亚那场危机的关键因素。然而，对正规军队保持警惕的农民文化，使得非正规的民兵组织以及游击队系统的党派冲突成为家常便饭，这也是塞尔维亚成为独立的主权国家以来所面临的中心主题。对于一个军国文化不断扩张且缺少与一个庞大而有力的受过良好教育阶层的有机联系（这种联系加强了 19 世纪其他国家的议会系统）的政府来说，民族主义成为唯一的、最有力的政治工具和文化传统。这个国家几乎普遍对兼并土地抱有热情（这些土地至今都未成为塞尔维亚的国土），这种热情根植于流行文化中对神话的崇拜，同时也来源于对土地极度渴求的农民——他们自己的土地已在不断缩水，变得越来越低产。在这种情况下，如果说塞尔维亚的经济困境是奥匈帝国惩罚性的关税制度造成的，或是由于来自奥匈帝国的束缚，那么这种论点虽然可疑，但或许也会得到最热烈的赞同。商业和工业发展相对落后的局面使得塞尔维亚的统治者们不得不依赖国际金融，为了寻求积极的外交政策，他们需要为军队筹集资金。这也是为什么 1905 年之后塞尔维亚与法国之间的交往越来越密切，从金融和地缘政治上来看，这是塞尔维亚迫切的需要。

升级

1903 年后，塞尔维亚的民族主义者将其重点主要放在了塞尔维亚、保加利亚和奥斯曼帝国三国在马其顿的争端问题上。1908 年，当波斯尼亚和黑塞哥维那被奥匈帝国吞并时，事情发生了转机。由于这两个奥斯曼帝国的行省已经处于奥匈帝国的统治下长达 30 年，因此人们对于这种转变并没有多大异议——从占领到直接吞并，这种名义上的改变似乎无伤大雅。但塞尔维亚人并不这么认为。声明“使得人们爆发出史无前例的憎恶，群情激昂”。人们召开了“各种会议”，会上，发言人“吵嚷着要对奥匈帝国宣战”。超过两万名群众参加了在贝尔格莱德国家剧场举行的集会，独立激进党领袖柳巴 · 达维多维奇（Ljuba Davidović）在集会上发表演讲，声称塞尔维亚人民必须誓死与吞并行为斗争。“我们要坚持抗争，直到胜利，但如果我们失败了，我们也要尽我们最大的努力。我们要知道，我们不仅在捍卫所有塞尔维亚人的尊严，我们也在捍卫整个斯拉夫种族的尊严。”几天后，冲动的王太子乔尔杰在首都一万名听众面前发表演讲，表明他正计划率领一支武装起来的塞尔维亚革命军收复被吞并的行省：“我是一名军人，我为此感到极度的自豪；我将因成为你们的领袖感到骄傲，塞尔维亚同胞们。这场绝望的抗争关乎生死，关乎我们的国家和我们的荣耀。”连塞尔维亚人民激进党首领尼古拉·帕希奇（当时他还没有任部长委员会主席一职，因此发表言论时更自由一些）都认为，如果吞并行为得不到纠正，塞尔维亚必须为解放之战做好准备。俄国自由主义者帕维尔·米留可夫（Pavel Miliukov）1908年拜访塞尔维亚时，为该国公众的激烈情绪和冲动意向大为震惊。他回忆道，参加与奥匈帝国的战争成为“人们的意愿，胜利似乎是容易而肯定的”。这种观点很普遍，没有人会提出质疑——“与他们对此进行争论毫无用处”。

塞尔维亚的政策和意图背后的思维方式又一次趋于明显。1909年4月27日，驻贝尔格莱德的英国大臣在一篇报道中称，塞尔维亚人由于吞并而激起的情感只能通过下面的事实来理解：

> 对每一个对政治感兴趣或身体力行的爱国者来说，塞尔维亚这个国家不仅仅是国王佩塔尔意志的体现，还包括所有其他在种族和语言上一致的同胞们的意志。因此，人们期待大塞尔维亚的最终实现，它能够囊括这个国家的所有不同部分，而这些部分现在尚处于奥匈帝国和奥斯曼帝国的统治之下。……基于这一观点，无论是从地理位置还是民族论上看，波斯尼亚都是大塞尔维亚的核心部分。

在一本同时代的关于危机的小册子上，尼古拉·帕希奇在国家问题上最为得力和最有影响力的智囊团成员、著名的民族志学家约万·斯维伊奇（Jovan Cvijic）认为：“波斯尼亚和黑塞哥维那是塞尔维亚问题的关键，其在塞尔维亚—克罗地亚种族的民族志中处于中心位置。如果没有它们，那么大塞尔维亚便无从谈起。”在泛塞尔维亚政治家的观念中，波斯尼亚和黑塞哥维那属于“处于外国统治之下的塞尔维亚领土”，其构成人口“在种族和语言上完全属于塞族”，包括塞尔维亚人、塞尔维亚—克罗地亚人以及“塞尔维亚—伊斯兰教徒”，当然，还包括少数民族的“暂住居民”以及奥匈帝国在过去30年中安插的“剥削者”。

在这股愤怒的推波助澜下，为了追求民族目标，一个新的群众组织成立了，即塞尔维亚民族自卫组织。它招募了来自分布在塞尔维亚城市和农村的220多个委员会，以及作为援军、来自波斯尼亚—黑塞哥维那的数千名成员。在马其顿争取民族统一的斗争还在如火如荼地进行，人们的视线突然转向了被兼并的行省：民族自卫组织组织游击队成员招募志愿者，建立在波斯尼亚的间谍系统，并说服政府采取更激进的民族政策。在马其顿战场上厮杀过的老兵，如“阿匹斯”的亲密盟友沃亚·坦科西奇（Voja Tankosić），就在波斯尼亚的前线严阵以待。在那里，他们训练了数千名新兵，以迎接即将到来的战争。一时间，塞尔维亚似乎马上就要向它的邻居发动一场自杀式攻击。

贝尔格莱德的领导人一开始是鼓励这种激进行为的，但他们在不久后发现，塞尔维亚根本不可能阻止兼并行动。这种清醒态度的关键来自俄国，它并没有鼓励塞尔维亚进行抵抗。这不足为奇，因为兼并发起人正是俄国的外交大臣亚历山大·伊兹沃尔斯基（Alexander Izvolsky）——至少在原则上可以这么说，他向他的奥匈帝国同行阿洛伊斯·埃伦塔尔（Alois Aehrenthal）提出了这样的计划。伊兹沃尔斯基甚至就兼并事宜，提前向塞尔维亚外交大臣米洛万·米洛瓦诺维奇（Milovan Milovanović）发出警告。在马林巴德的一次会议上，伊兹沃尔斯基有所退却了。这位俄国外交大臣告知他的塞尔维亚同行，尽管圣彼得堡将巴尔干诸国当作“俄国的孩子们”，视如己出，但无论是俄国自己，还是其他列强，面对兼并行动都无能为力。（伊兹沃尔斯基并没有向他的塞尔维亚听众提及他自己向奥地利人提议兼并两个行省的事实，而这项提议的目的在于确保俄国的战船能够在土耳其海峡更自由地出入。）在圣彼得堡期间，塞尔维亚的外交大臣之后还被警告说，塞尔维亚无论如何都不能向奥匈帝国进军，“因为一旦行动，必然会孤立无援，因为整个世界都向往和平”。

外交大臣米洛瓦诺维奇是一位温和的政治家，他曾对帕希奇处理1905~1906年奥塞危机的方式进行了批判，但在1908年，他惊奇地发现，他本人也在支持战争。现在，他正身处一种微妙的境地。在直接和伊兹沃尔斯基商谈过后，他发现联合欧洲列强反对兼并并没有带来什么好处。他不得不限制塞尔维亚国内出现的民族主义狂躁，同时，他还需要以一种温和的“国家”政策，将议会与政治精英联合起来——两项目标实际上是不可调和的，因为塞尔维亚公众能以任何理由指责他是站在奥匈帝国立场上的民族利益的“背叛者”。他的两难境地还包括人民激进党和其之前的党派同僚独立激进党之间的矛盾和敌对。人民激进党领导人之间的派系斗争，如帕希奇派和围绕在米洛瓦诺维奇身边的官僚激进分子，又将事情复杂化、不确定化。在这种情况下，米洛瓦诺维奇兢兢业业地追寻一种温和政策，该政策主要聚焦确保有限的领土补偿，以及忍耐处理来自泛塞尔维亚媒体的诽谤和中伤。然而在公共场合，他采取强硬的措辞，决不妥协，激化国内人民的情绪，并激怒奥匈帝国的媒体。在近乎疯狂的掌声中，他于 1908 年 10 月在议会做了演讲："塞尔维亚的民族进程需要波斯尼亚和黑塞哥维那的解放！"他声称，由于对实现这一目标进行阻挠，奥匈帝国已经使得"整个塞尔维亚准备与其展开生死较量"势在必行了。

米洛瓦诺维奇的窘境正是这一时期塞尔维亚决策者们面临诸多压力的真实写照，这位聪明而谨慎的人清醒地认识到塞尔维亚地理位置和目前状况的局限性。1908~1909 年的冬天，所有列强都在敦促塞尔维亚做出妥协、接受现实。但米洛瓦诺维奇同样知道，一个负责任的官员绝对不可能公开否认塞尔维亚统一的民族进程。无论如何，米洛瓦诺维奇本人就是对这一进程的狂热和忠诚的拥护人。他曾说过，塞尔维亚永远不能停止实现统一的事业。"从塞尔维亚的立场来看，塞尔维亚的国家利益与其他塞尔维亚同胞的利益并没有什么不同。"这又能投射出政治和种族义务背后的思维方式。关键的一点在于，如米洛瓦诺维奇这样温和的人（甚至还包括帕希奇，他最终动摇了呼吁战争的立场）与那些极端民族主义者之间的根本区别仅在于如何处理国家所面临的困境的方式。他们并没有也不希望去否认民族主义进程。从国内方面来看，极端主义者总是占据言论上风，因为发起争论的正是这些人。在这样的环境中，温和派如果想让自己的声音被接受是很难做到的，除非他们也采用极端主义者的语言和口吻表达观点。由此，外部观察者若想分辨政治精英们的态度变化也是非常困难的。这种动态的政治文化非常危险，1914 年 6 月和 7 月，它同样影响了贝尔格莱德。

最终，奥匈帝国还是得手了，贝尔格莱德被迫于 1909 年 3 月 31 日公开放弃了自己的声明。历尽千辛万苦，政府终于扼制住这种狂热。贝尔格莱德答应维也纳解除武装，并与"志愿军及其他组织"脱离干系。民族自卫组织被剥夺了其发动反抗的权利和战争补助，该组织转变为（至少是从外部发生转变）一个和平的泛塞尔维亚宣传和信息机构，其运营与一系列其他民族主义联盟有着紧密的联系，比如 Soko 体育社团，及一些旨在通过文学作品、公共教育和青年工作加强塞尔维亚文化的组织。

塞尔维亚或许并没有改变兼并结局，也没有获得米洛瓦诺维奇要求赔偿的领土，但这件事同样带来了两大变化。首先，这次危机促成了贝尔格莱德和两大列强之间的关系进入蜜月期。一位新俄国公使的上任加强了其与圣彼得堡的联系，他就是尼古拉·哈特维希男爵（Baron Nikolai Hartwig）。他热情鼓吹泛斯拉夫主义，持亲塞立场。直到1914年战争爆发前夕暴毙，他的影响力一直居于贝尔格莱德的政治生活的中心地位。除此以外，与法国的金融和政治关系也得以加强，这表现为法国贷出的一笔巨额贷款，目的是要实现塞尔维亚军队的扩张，并提高其战斗力。

其次，1908~1909年的愤怒和失望使民族主义者的思想变得更加激进。在兼并的问题上，尽管政府的一系列措施削弱了他们的势力，但他们并没有放弃自己的主张和野心。政府和民族主义者之间也由此出现了裂痕。身在马其顿（塞尔维亚在该地仍与保加利亚处于冲突状态）的一位民族激进主义者波格丹·拉登科维奇（Bogdan Radenković）会见了马其顿前线的军官们（他们中的一些人是1903年的谋反者），共同商讨成立一个新的秘密团体。商谈的结果便是1911年3月3日在贝尔格莱德一间公寓内成立的“统一或死亡会”，也就是人们所知的“黑手会”。在当天出席成立会议的7个人中，“阿匹斯”（现在是军事学院的战略学教授）便是一员，他得到了无可动摇的领导地位，带领着一群年轻的谋反者队伍及其同僚。毫无疑问，黑手会的规章宣称了其目标为“大塞尔维亚的统一”。其他条款同样规定了所有成员要对政府施加影响，让他们接受“塞尔维亚是所有塞尔维亚人，当然还是所有南斯拉夫人的核心”这一观点。为了宣传组织的职责和意志，他们还创立了刊物。这一新的举动假设了无所不包、处于支配地位的大塞尔维亚概念。为了时刻准备着为大塞尔维亚的实现进行暴力抗争，整个社会需要在所有塞尔维亚人居住的领土内开展革命性的工作。在塞尔维亚国境线以外的地区，人们同样需要采取一切手段与明显的敌人斗争。

在完成“国家事业”的过程中，这些人逐渐发现，自己越发成为塞尔维亚民主议会体制的敌人，尤其是人民激进党——他们将人民激进党的领导人称为“国家的叛徒”。在黑手会内部，塞尔维亚军方对人民激进党一直以来的憎恶仍在持续。其中可以发现类似法西斯主义的思维方式：他们的任务并不仅仅是要更迭国家主权所有者（1903年，他们达成了这一目标，但对塞尔维亚来说并没有带来值得称赞的好处），还要彻底对塞尔维亚的政治和社会进行洗牌（“使这个堕落退化的种族获得生机”）。

他们同样对神秘仪式表现出狂热的态度。成员在加入时必须举行仪式，该仪式是由一位名叫约万诺维奇–丘帕（Jovanović-Čupa）的内部委员会成员（同时也是共济会成员）设计的。新加入的人要在一间漆黑的屋内，在一个蒙面的塑像前发誓，表明自己完全服从组织，无论痛苦或死亡的决心。

> 我（名字），即将加入“统一或死亡会”；在普照我的阳光下，在滋养我的土地上，在上帝面前，在祖先的鲜血前，我以我的名誉和我的生命担保，从这一刻起，直到死亡，我都将忠实于这个组织的纪律，我将时刻准备着为此做出牺牲。
>
> 我在上帝面前发誓，以我的名誉和我的生命担保，我将执行所有命令，义无反顾，毫无疑义。
>
> 我在上帝面前发誓，以我的名誉和我的生命担保，我将终生保守组织的秘密，直至将秘密带入我的坟墓。
>
> 如果我对誓言有所背叛，愿上帝和我同组织的战友们成为我的审判者。

但该组织并没有书面纪录，其成员没有正式的登记名单，管理机构松散，每个成员是一个独立的单元，因此对组织的规模以及活动并没有全面的把握和认识。因此，该组织究竟发展到何等规模，仍然无人知晓。截至1911年，成员数量增长至2 000~2 500人；巴尔干战争爆发期间，成员数出现了明显的增长，根据一位曾当过逃兵的人提供的数据，这一人数达到10万~15万人，但这种依靠回忆的估量显然夸大了事实。无论确切的人数究竟是多少，黑手会的确很快融入了塞尔维亚的官方机构：从它在军队的机构开始，逐步渗透到边境部队的官员和海关军官中，尤其是在塞尔维亚和波斯尼亚的边界地区。在波斯尼亚，仍然有大批间谍机构招募的新成员为民族自卫组织工作，尽管该组织曾在1909年表面上解散。他们开展的活动中，有一项是维持恐怖主义训练营的存在。在那里，成员们接受射击术、投掷炸弹、炸毁桥梁和间谍活动训练。

老练的阴谋家“阿匹斯”为组织设立了标准，对神秘主义的狂热与他的性格相吻合。组织的官方标志同样说明了这一点：一个圆形的图案中，具备了头盖骨、交叉的腿骨、一把匕首、一个装满毒药的玻璃瓶和一颗炸弹的元素。之后，当被问及为何他和他的同僚们采用这些标志物时，“阿匹斯”回答道，对他来说，“这些象征看起来并不骇人、并不消极”。毕竟，这是所有抱有民族主义观念的塞尔维亚人的任务——“用炸弹、匕首和枪支保卫国家”。他还回忆道：“当我在马其顿时，人们就已经使用毒药了。所有游击队员都要随身携带，其目的不仅仅是攻击敌人，还在于解救落入敌手的战友。这就是为什么这样的标志出现在组织的徽章中，这是大家视死如归气概的象征。”

但在公众眼中，黑手会的神秘性却充满矛盾。流言蜚语接踵而至，称政府和媒体已经觉察到了它的存在，甚至还有证据表明，接替放弃权力的哥哥乔尔杰位子的亚历山大王子被提前告知了这个新组织的存在，并对其活动予以支持。（王子本人是一小撮资助方中的一员，在这些人的资金帮助下，该组织创立了自己的刊物。）其招募新成员的过程并不正规，通常是半公开性的；成员对于组织的爱国工作很少参与，许多官员加入组织之后便相安无事了。贝尔格莱德的咖啡馆里却经常举办晚餐和宴会，届时，“阿匹斯”也会与会并主持，他坐在长桌边，挤在一群持民族主义观点的学生中。当贝尔格莱德的指挥官米洛什·博扎诺维奇（Miloš Bozanović）向他的部下科斯蒂奇少校（Major Kostić）询问关于黑手会的信息时，科斯蒂奇充满疑惑地回答：“您真的不知道吗？这人尽皆知啊。他们在咖啡馆和酒吧时都会谈及这个组织。”或许对于一个像贝尔格莱德这样的城市来说，这是不可避免的结果，在这里，人们相互认识，在咖啡馆而不是家里进行他们的社交生活。但是黑手会这种引人注意的秘密状态或许同时也在满足一种情感上的需求：如果无人知晓你是一个秘密组织，那么这个所谓秘密组织的特征是否失去了它的意义？被人们目睹在桌前和其他共谋者举杯同饮、共进晚餐会让他们意识该组织的重要性；对那些名义上不在组织内但知情的人来说，这样会让他们形成震撼人心的共谋之感。对于一个声称代表了塞尔维亚国家沉默的大多数的组织来说，这是很重要的。

但如果该组织的存在是人尽皆知的，那么对于组织的目的则出现了五花八门的解读。帕希奇的观点代表了许多人民激进党领导人的想法，他们认为黑手会行动的主要目的是从内部推翻塞尔维亚国家——似乎将组织的极端民族主义色彩仅仅当作颠覆国家的幌子。这种误解也被写入了许多外交报告中。例如，消息一向很灵通的驻塞尔维亚的奥匈帝国公使在其 1911 年 11 月的报告中写道，黑手会作为爱国团体的主张和在塞尔维亚国外开展行动以团结所有塞尔维亚人的行动，“仅仅是种伪装，其真实目的在于干涉国内事务”。在 1914 年危机爆发时，奥匈帝国当局始终被这种误解所蒙蔽着。

在波斯尼亚和黑塞哥维那境内，黑手会以及民族自卫组织的行动与当地本土泛塞尔维亚激进者组织相互交织，后者中最重要的当属波斯尼亚青年党。波斯尼亚青年党并不是一个统一的组织，它更像是在该地开展活动的革命青年团体和个人的集合（约从 1904 年开始），其聚焦的塞尔维亚地区与黑手会和民族自卫组织相比，范围要小得多。因为他们的行动正是在奥匈帝国警方的眼皮底下开展的，因此这些波斯尼亚青年采取了一种以小圈子为基础的隐藏的、灵活的组织形态，这些圈子仅通过指派的中间人相互联系。1910 年，波斯尼亚青年党的活动进入鼎盛期，其中一位成员向在波斯尼亚的奥匈帝国总督发起了自杀式袭击。1910 年 6 月 3 日，趁波斯尼亚议会成立的契机，来自黑塞哥维那的塞尔维亚学生波格丹 · 热拉伊奇（Bogdan Žerajić）向总督马里扬 · 瓦雷沙宁（Marijan Varešanin）开了 5 枪。这几颗子弹都没有命中目标，热拉伊奇打出了第 6 发，也就是最后一发子弹——朝着自己的脑袋。他以无名者的身份埋葬在专门为罪犯和自杀者而设的萨拉热窝公墓，但他的坟墓不久后变成了塞尔维亚地下组织的圣地，他的行为也受到贝尔格莱德民族主义媒体的吹捧。

没有人对热拉伊奇荣誉的赞扬能比得上他在波斯尼亚青年党的同伴弗拉迪米尔 · 加契诺维奇（Vladimir Gačinović）。加契诺维奇曾离开波斯尼亚，到贝尔格莱德读高中，之后在那里读大学；刚读了一个学期，他便赢得了去维也纳大学就读的政府奖学金。1911 年，他同时参加了黑手会和民族自卫组织。在他回到萨拉热窝之后，他在这座城市成立了一个激进者组织。但加契诺维奇这个名字被人们熟知则是由于他写的一本歌颂热拉伊奇的生与死的小册子。《英雄之死》（*The Death of a Hero*）对这个饮弹自尽的杀手的描述是“行动果敢、充满力量、满载生之荣耀的人，他是新纪元的开拓者”，并在书的结尾提出了非常具有煽动性的问题：“年轻的塞尔维亚小伙，你们愿意成为这样的人吗？”加契诺维奇的小册子作为违禁作品在波斯尼亚广泛流传，并成为泛塞尔维亚恐怖主义者之流最热衷的作品，它也将行刺和牺牲的主题付诸实践，这种方式很容易让人联想到科索沃史诗。热拉伊奇的行动标志着系统使用政治恐怖主义打击哈布斯堡王朝政治家的开端：从热拉伊奇的死一直到 1914 年 6 月 28 日萨拉热窝决定命运的枪击案发生，在王朝辖区的南斯拉夫行省内，类似事件发生了 7 起，并有十几起阴谋被扼杀在摇篮中。

三次土耳其战争

1911 年 9 月末，在黑手会成立仅 6 个月时，意大利对利比亚发动了一场侵略战争。这场对奥斯曼帝国所辖范围内地区平白无故的袭击使机会主义者抓住良机，因此引发了对奥斯曼帝国在巴尔干控制地区内的一连串袭击。巴尔干国家之间也形成了松散的联盟（塞尔维亚、黑山、保加利亚和希腊），向奥斯曼帝国辖区同时发动了攻击，第一次巴尔干战争爆发（这次战争始于 1912 年 10 月，1913 年 5 月结束）。战争的结局是巴尔干同盟取得了暂时性的胜利，将奥斯曼帝国的势力逐出了阿尔巴尼亚、马其顿和色雷斯。在第二次巴尔干战争期间（1913 年 6~7 月），交战国又为第一次战争赢得的战果而反目：塞尔维亚、希腊、黑山和罗马尼亚与保加利亚争夺马其顿、色雷斯和多布罗加。

这两场战争所带来的结果我们将在第五章中详述。在这里，我们只需要了解，战争中最明显的受益者正是塞尔维亚：它获得了瓦尔达尔中部地区，包括奥赫里德、比托拉、科索沃、什蒂普和科查尼，此外还包括奥斯曼帝国行政区新帕扎尔的桑扎克东边的部分（西部被黑山占有）。塞尔维亚的领土从 1.86 万平方英里①扩张到 3.39 万平方英里，人口数也至少增加了 150 万。举国上下皆大欢喜，因为他们获得了科索沃地区——这片塞尔维亚民族史诗中的神秘土地。由于扩张后的塞尔维亚在西面与黑山接壤，通过与其邻居结成政治联盟，塞尔维亚被认为获得了通往亚得里亚海岸的永久权。此外，塞尔维亚的参战似乎表明这几年法国用于塞尔维亚军事投资的贷款并没有白白付出（1913 年 9 月，法国银行的财团又为其提供了一笔大额资金贷款）。在第一次动员令下达之后，3 周内便有 30 万兵力在国内集结。一位国

① 1 平方英里≈2.59 平方千米。——编者注

外观察家记录道，当时，塞尔维亚的军力已经“成为不得不被重视的力量”，且这个国家也成为该地区的主要角色。驻贝尔格莱德的英国公使戴雷尔·克莱肯色普（Dayrell Crackanthorpe）记录了人民高涨的情绪：“可以这样说，塞尔维亚发觉自己已经获得了想要的大部分，并且能够遵循自己的意志制定国家政策了。”举国上下的政治精英都在“经历一个极端自我满足的阶段”，媒体和舆论铺天盖地地谈论着塞尔维亚在战场上的胜利，同时也时刻将这种胜利与奥匈帝国外交的失败做对比。

对于有些生活在贝尔格莱德新征服的领土的人来说，强加在他们之上的塞尔维亚法规带来的却是烦恼和压迫。1903 年塞尔维亚宪法规定并保证的组织、集会和媒介自由（分别为第 24、25 和 22 项条款）并没有被带到这些新扩张的领土上，同样，第 13 项条款（废除对政治犯的死刑）也不适用于这些地方。此外，这些居民没有投票权。换言之，一时间，新征服的土地带有一种殖民地的色彩和特征。对此，政府对这些决定做出了以下的解释：新扩张领土的居民的文化水平过低，赋予他们自由会危及国家安全。实际上，他们主要的考量是，将一个以非塞尔维亚人为主体的地区排除在国家政策之外。诸如*Radičke Novine*和*Pravda*这样的反对派媒体很快便讽刺道，实际上，这些“新塞尔维亚人”在塞尔维亚统治下享受的政治权利远不如土耳其人统治的时期。

对塞尔维亚来说，这场战争带有二元性，它不仅包括正规军集团的作战，还有（和过去发生的战争一样）游击队组织及其他自由作战的勇士。在新扩张的领土上，官方和非正规集团的联手作战导致了惊人的后果。他们对奥斯曼帝国的建筑，例如学校、澡堂和清真寺，进行恣意的损毁。英国领事绞尽脑汁将这种损害降到最低，他劝说当地的塞尔维亚军事指挥官，称某些建筑物可以追溯到斯特凡·杜尚的年代，因此这些建筑是塞尔维亚的国家遗产。这种策略成功了，其中一个案例就是在马其顿斯科普里的一座美丽的 16 世纪土耳其式古桥。

1913 年 10 月和 11 月，英国在斯科普里和莫纳斯提尔的副领事们报道了塞尔维亚在所吞并领土上的行为：一贯地胁迫、恣意地扣押、殴打、强奸、焚烧村庄以及大屠杀。莫纳斯提尔的副领事格雷格（Greig）称：“已经有足够的证据表明，塞尔维亚对其统治下的穆斯林进行定期的大屠杀和驱逐。”11 天后，他又发了另一篇报道，警告“在塞尔维亚军队异乎频繁、野蛮至极的大屠杀和烧杀抢夺下，保加利亚几个地区内的人口，特别是穆斯林人口，濒临灭绝的危险”。到月底，“塞尔维亚军队伙同那些狼狈为奸的人以另外的形式进行的抢掠、谋杀和凌辱”，已经陷入近乎无政府的状态。根据副领事在 12 月的报道，阿尔巴尼亚人和其他的穆斯林人、保加利亚人、弗拉其人以及犹太人非常担心自己将被一个“不名一文的国家”所统治，这个国家“以它自己的存在方式将每个团体榨干，直至回归奥斯曼帝国统治时期最黑暗的日子，而这种黑暗程度还无人知晓”。这位英国副领事从南部靠近希腊边界的比托拉进行报道称，原来的地方官员已经被一伙腐败的“塞尔维亚前宣传人员”组成的新队伍取代，这个罪恶团伙的头目们“曾经做过理发师，或塞尔维亚的特工和间谍，或是从事过让人羞于启齿的工作的当地塞尔维亚人”。格雷格总结道：“对于塞尔维亚的敌人来说，没有什么比这帮人建立的恐怖组织更能令他们欢欣鼓舞的了。”

这些报道的耐人寻味之处并不仅仅在于其令人不安的内容，还在于那位明显带有亲塞情绪的英国公使克莱肯色普对此持有的怀疑态度。克莱肯色普关于那些被吞并地区发生的事件的报道，最重要的信息来源仅是“一位熟知的塞尔维亚军官”；他仅从字面意思上就接受了贝尔格莱德政府的官方否认，并试图通过说服外交部消弭格雷格发自莫纳斯提尔的报道的影响力——这位副领事上了那些歇斯底里的难民以及他们荒谬言语的当。当然也有人会说，联盟体系中的国家会从地缘政治的视角审视发生在巴尔干地区的事件，塞尔维亚因此成为在一场与其可怕的邻居奥匈帝国之间的蔚为壮观的抗争中以友好姿态奋斗的国家。只有那些来自被吞并地区（以及罗马尼亚、瑞士和法国）的官方报道才会越来越激烈地向英国外交部力陈马其顿暴行不应当被视为奥匈帝国的宣传手段。

与此同时，塞尔维亚政府丝毫没有兴趣阻止未来可能发生的暴行，也没有兴趣对已经发生的事件进行调查。当英国警告帕希奇发生在比托拉的事件时，他只是简单地回复称，他私下里并不认识那里的地方行政长官，因此不做评论。他关于派遣一位专员到南方进行进一步调查的提议从未得以实施。在君士坦丁堡，当有塞尔维亚公使告知他穆斯林显贵们的不满时，他声称，这些来自移民的故事将他们的遭遇夸大其词，而这样做的目的是让他们的新同胞更容易接受自己。当卡耐基委员会（该委员会由一群精挑细选的、公正无私的国际专家组成）来到巴尔干地区，执行他们的任务，即调查发生在争议地区的暴行时，他们实际上并没有获得来自贝尔格莱德的任何帮助。

一时间，战争似乎缓和了贝尔格莱德执行机构之间的紧张情绪。在这段时间里，地下组织、正规军、各个党派以及内阁部长都在国家问题上统一了战线。在塞尔维亚 1912 年发动入侵之前，“阿匹斯”被委派到马其顿，负责执行军队的秘密行动。1913 年与阿尔巴尼亚酋长们的协商中，黑手会实际上在贝尔格莱德扮演了外交部的武装力量的角色。在对南部新征服地区的平定中，不仅牵扯到正规军，还涉及志愿者队伍，后者由沃亚 · 坦科西奇等黑手会人员领导，而这位坦科西奇正是杀害德拉加王后两个兄弟的谋反活动的监督者。1913 年 1 月，“阿匹斯”被提拔为陆军中校，并在 8 月被委任为总参谋部情报机构的头目（这一角色使他控制了在奥匈帝国内部广泛开展的塞尔维亚民族自卫组织的活动），这标志着黑手会的势力得到了空前的加强。

巴尔干战争一结束，原来的统一体便呈现分裂的态势——关于新征服地区的管理问题使得军民关系遭遇了毁灭性打击。一方是塞尔维亚军方以及来自独立激进党反对派的追随者，另一方是占据内阁大部分剩余席位的人民激进党领导人。争端集中在新土地的管理模式问题上：帕希奇内阁意图依法建立一个临时的人民管理体系；与此相反，军方仍坚持军事化统治。仰仗着最近取得的胜利，军事领导人拒绝出让被吞并地区的统治权。这已经不仅仅是控制权的问题，而上升到了政治的高度，那些强硬派分子坚信，只有靠一种稳固和狭隘的管理方式，塞尔维亚才能够在多元种族兼存的地区施加控制。当激进派内政大臣斯托扬 · 普罗蒂奇（Stojan Protić）在 1914 年 4 月正式将军队归属行政当局时，一场酝酿已久的危机终于爆发。新领土的官员们拒绝遵守法律条例，军事派使军队团结议会中的独立激进反对派，正如 1903 年的谋反者们所为。甚至还有传言称，一支由“阿匹斯”率领的贝尔格莱德独立军团会开赴皇宫，逼迫佩塔尔国王退位，并对人民激进党内阁成员实行暗杀。

直到 1914 年 5 月，贝尔格莱德的形势不得不依靠外国势力进行干预，才能阻止帕希奇政府的倒台。俄国在贝尔格莱德的公使出人意料地公开宣称俄国的巴尔干政策需要保留帕希奇的执政才得以开展。法国政府也对他表示支持，暗示如若帕希奇政府倒台，而由独立派和军事集团成员继任的话，那么法国将中止自 1905 年便开始的对塞尔维亚慷慨的国家金融投资。这种情况似1899年事件的拙劣重现，当时老谋深算的人民激进党领导在奥匈帝国公使的干涉下得以自保。而此时，"阿匹斯"选择从争吵中抽身而退——显然这是高人一等的做法。面对威胁，帕希奇寄希望于即将到来的1914年6月大选，来巩固自己的地位。

在这场并不透明的政治斗争中，丝毫没有什么能够让身在维也纳的塞尔维亚事务观察员感到宽慰。正如戴雷尔·克莱肯色普在1914年3月指出的，激进派内阁提出的"更为节制和谨慎的观点"以及受到黑手会影响的"军事政党"的意见，都或多或少地相信奥匈帝国不久后会分崩离析，塞尔维亚将成为这片广大国土的继任者，大家都在等待着大塞尔维亚的实现。分歧在于采取的方式不同：军事政党坚信"当这一时刻到来，应当采取侵略战争，国家已经蓄势待发"，而更为温和的人们则认为"奥匈帝国的瓦解终归会实现，但这并不是外力使然，而是源于帝国内部"，因此他们认为应当做好准备迎接这一事件的到来。此外，从制度上看，塞尔维亚官方的温和派与强硬的民族主义者之间还有千丝万缕的联系。军方的高层及其情报机构（以及在波斯尼亚和黑塞哥维那的情报系统）、海关总署、内政部门以及其他政府组织皆为网状系统，这个网状系统又深深地渗透于国家当中。

阴谋

若要对弗朗茨·斐迪南大公在萨拉热窝的遇刺案的细节进行重构，实际上是非常困难的。刺客自己使出浑身解数使贝尔格莱德摆脱干系：幸存的参与者拒绝透露内幕，其他人或夸大其词、轻描淡写或是用模棱两可的语言来掩盖事情的真相，这导致了证据的混乱和相互矛盾。对于这场阴谋，并没有现存的参考资料，事实上，所有参与者都习惯于保守秘密。塞尔维亚究竟有没有蓄意和刺杀行动的组织相勾结？这一鬼祟的勾当并没有真实的文件记载。因此，关于这次阴谋的编史工作只能靠一些战前的回忆录、证词和口供等拼凑在一起来开展，而这些证据都是在威逼利诱的情况下取得的，有些还建立在已销毁的或是零星残存的文件来源所声称的内容的基础上，它们大多数甚至与阴谋的计划和执行并无直接联系。尽管如此，关于这次刺杀行动背景的资料仍然是纷繁复杂的，历史学家们对几乎每一个细节都做了详尽而充满分歧的研究。因此，需要在冗杂、失真和充满偏见的材料和二手文献中披沙拣金，总结出一个具有“最大合理性”的结果，拨云见日。

在这场行动背后，“阿匹斯”是其总设计师，但这个行动创意本身或许真正来自他的助手拉德·马洛巴比奇（Rade Malobabić）——一位出生在奥匈帝国的塞尔维亚人。马洛巴比奇是一位间谍，为民族自卫组织效力多年，搜集关于奥匈帝国防御工事和军队动向的情报，并把它们交给塞尔维亚的边防军官（这些军官同样是黑手会的成员），通过他们再递交给塞尔维亚的军事情报机构。马洛巴比奇身为特工，具有超凡的奉献精神和聪明才智，他对边界地带了如指掌，数次从奥匈帝国当局的逮捕中成功脱身。据说，为了将情报报告给塞尔维亚的接头军官，有一次他横渡了近乎冰点温度的德里纳河，他出现时身上挂满了冰碴。马洛巴比奇很可能是将弗朗茨·斐迪南大公（这位明显的奥匈帝国继任者）1914 年 6 月到访萨拉热窝的消息告知“阿匹斯”的第一人。

我们很难了解“阿匹斯”为何迫切敦促刺杀大公行动的开展，因为并没有关于他的动机的直截了当的解释。1914 年年初，波斯尼亚当地的激进分子主要将其敌意聚焦在管辖波斯尼亚的奥匈帝国地方官奥斯卡·波蒂奥雷克（Oskar Potiorek）身上，他同时也是瓦雷沙宁（1910 年 6 月，热拉伊奇对其行刺未遂）的继任者。随着仇恨的目标被转移到弗朗茨·斐迪南大公身上，“阿匹斯”挥舞起手中的政治指挥棒。对于一位地方官员的行刺当然会闹得满城风雨，但这件事很容易被定性为由地区统治导致的区域性事件。与此不同，在哈布斯堡王朝现任皇帝已经 83 岁高龄时，对该王朝继任者的刺杀则注定被视为动摇其生存根基的毁灭之举。

需要强调的是，斐迪南大公之所以成为目标，并不像宣称的那样，其对奥匈帝国内的塞尔维亚少数民族采取敌对措施。恰恰相反，如果借用杀手普林西普的话说，“作为未来政坛的首领，他将通过一定的改革手段阻止我们实现统一。”普林西普暗示着斐迪南大公对君主政治改革方案表示支持，而这将赋予斯拉夫民族更强的自治性。许多塞尔维亚的民族统一者认为此举对于统一大业来说将是潜在的威胁。如果哈布斯堡王朝按照联邦制原则实现成功转型，将整体一分为三，使维也纳、布达佩斯和萨格勒布（一个与布达佩斯处于同一地位的首都城市）共同统治，那么这对塞尔维亚来说是危险的——它将会丧失其作为南斯拉夫领导者的地位。因此，将斐迪南大公作为打击对象成为恐怖行动的典型逻辑，即温和的改良者比激进的敌人和强硬派更值得担忧。

那些被挑选执行行刺斐迪南大公任务的人都来自民族统一主义组织。三名将要作为刺杀核心力量被送往萨拉热窝的波斯尼亚塞尔维亚青年皆由沃亚·坦科西奇招募而来。当特里夫科·格拉贝日（Trifko Grabež）、内德利科·查布里诺维奇（Nedeljko Čabrinović）和加夫里洛·普林西普被坦科西奇这位伯乐选中时，他们都只有19岁。他们彼此是好友，经常相互来往，尤其是在各自的公司里。格拉贝日是帕莱地区一位正统神父的儿子，他的家乡位于距离萨拉热窝东部12英里[①]的地方，他来到贝尔格莱德以继续完成高中学业。查布里诺维奇在他14岁时就辍学了，之后就在贝尔格莱德的一家专门出版无政府主义文学作品的公司当印刷员。像格拉贝日一样，普林西普也是为了求学才来到贝尔格莱德的。他们三人都出身贫寒，且家庭并不幸福。格拉贝日和查布里诺维奇在他们早年的生活中，都饱受父亲独裁一样的压制。在审讯过程中，查布里诺维奇告诉法官，当他还在家的时候，他的父亲曾经虐待他，原因是他在萨拉热窝的学校读书时的表现平平，这个男孩最后因为打了他的一位老师的耳光而被学校开除。来自家庭的压力逐渐恶化，查布里诺维奇之后甚至成为一名为奥地利人服务的警察卧底——这也是这位男孩希望抹杀的污点，因此他积极投身于民族事业。格拉贝日同样被图兹拉的文法学校开除，因为他给了他的教授一拳。当时维持生计是非常困难的，只有普林西普有定期收入，这来源于他的父母微薄的收入，但这些钱通常用于与朋友们一起挥霍，或是借给贫穷的熟人。查布里诺维奇之后回忆道，初来贝尔格莱德时，他曾有几天都拖着行李箱（这是他所有的家当）流落街头，大概是因为无处栖身。因此，这些男孩的健康状况并不理想，这并不奇怪。他那时或许是得了痨病，疾病迫使他早早地离开了萨拉热窝的学校。根据审讯的备忘录，他被描述为“一个个头很小、很脆弱的年轻人”。

这些男孩并没有沾染上恶习。他们在阴郁的环境中长大，却又年轻气盛；他们颇有些理想主义，却又缺乏经验。这些品质正是现代恐怖活动滋生所需要的养分。他们对饮酒没有嗜好。尽管他们也向往浪漫的恋情，但他们并没有沉迷于异性

① 1英里≈1.609千米。——编者注

加夫里洛 · 普林西普（年轻时）

内德利科 · 查布里诺维奇

交往。他们阅读民族主义的诗歌、报纸和小册子。这些男孩充分地了解塞尔维亚国家的苦难遭遇，他们谴责所有人，除了塞尔维亚人，他们深切感受到自己的同胞所遭到的蔑视和侮辱。一个不断被提到的话题是，奥匈帝国统治下的波斯尼亚经济萧条（这种抱怨掩盖了一个事实，实际上，与大多数塞尔维亚中心城市相比，波斯尼亚在工业化和人均收入水平方面是处于领先地位的）。自我牺牲精神是他们一再强调的，甚至成为一种偏执的思维。普林西普甚至还抽时间全文背诵《高山花环》——彼得罗维奇-涅戈什的一部情绪昂扬的史诗，它赞美了一位自私的谋反者米洛什 · 奥比里克。普林西普在审判中向法官陈述，在行刺前的几日，他照例去了自杀式袭击者波格丹 · 热拉伊奇之墓——这已经成为他的一种习惯："我通常日夜守候在那里，思考我们民族的境遇、我们糟糕的处境，和他本人（热拉伊奇），之后我决心执行这项刺杀任务。"同样，查布里诺维奇也声称自己在抵达萨拉热窝之后不久就去凭吊了热拉伊奇的墓。当发现这座墓已经被遗忘之后，他还献上了花（奥地利人关于该审讯内容做出了一个颇具嘲讽意味的注脚：这些鲜花被附近墓地的扫墓人偷走了）。查布里诺维奇称，就是在拜谒热拉伊奇安息之地的过程中，他形成了这样的念头：像热拉伊奇那样死去，并且付诸行动。"无论如何我都清楚，我不会苟活。自杀的念头时刻萦绕在我的心头，我对其他任何事情都不在乎了。"

竟然有人徘徊在一位自杀者的墓前，这是十分有意思且意味深远的。这位自杀的刺客非常符合科索沃英雄的特征和举止，并且象征着狂热的泛塞尔维亚民族主义者的意识觉醒——他们的期刊、日记和通信中无不充斥着自我牺牲的字眼。就连袭击事件本身似乎都是热拉伊奇行为的翻版，因为普林西普原本计划将地点准确地定在热拉伊奇当时的行动地点——国王大桥，他说："我想与已故的热拉伊奇一样，从同一个方位射出子弹。"

对于所有刺客来说，贝尔格莱德就像一个温床，将他们的政治观点激进化，并把这些观点同塞尔维亚的统一大业紧密相连。审判纪录中，查布里诺维奇口述他是如何在1912年病得无法继续在塞尔维亚工作，并且决定返回家乡时，来到贝尔格莱德民族自卫组织的办公室，被告知，波斯尼亚塞尔维亚人经常能够得到回萨拉热窝的旅费。瓦西奇（Vasić）上校在办公室接待了他，他是当地民族自卫组织的秘书。瓦西奇给了查布里诺维奇钱和爱国文献，还没收了他的莫泊桑短篇小说集，并告诉他这些被没收的东西并不值得牵扯一位年轻的塞尔维亚爱国者的精力，瓦西奇鼓励他，要时刻做"一个优秀的塞尔维亚人"。对于这些饱受男性权力煎熬而成长起来的年轻人来说，以类似的会见对他们进行重塑是十分关键的。在民族主义的组织中，前辈们不仅准备在金钱上帮助这些迄今为止明显缺乏经验的年轻人，给他们提供建议，同时还表现出真情实感和尊重，好让他们知道他们的生命是有意义的，他们属于这历史性的一刻，他们是这项伟大而光荣的任务的参与者。

对于民族运动来说，前辈对年轻人的关怀，并介绍他们加入组织，是民族运动取得胜利的关键因素。当从贝尔格莱德返回萨拉热窝时，查布里诺维奇发现自己与以前接触的社会主义观念环境格格不入了；当意识到他的世界观已经转变后，社会主义政党的同志们谴责他为塞尔维亚的煽动者和间谍，并将他驱逐出该政党。1913年重返贝尔格莱德时，查布里诺维奇已经不再是一名"左翼"的革命派，而是"混入民族主义成分的无政府主义者"。普林西普也经历了类似的事情：在1912年5月离开萨拉热窝之后，为了完成中学教育，他来到贝尔格莱德，同样遇到了孜孜不倦的贝尔格莱德民族自卫组织的瓦西奇上校。当第一次巴尔干战争爆发时，瓦西奇协助普林西普前往奥斯曼帝国边境，签署成为志愿兵的协议，但当地的司令员（无独有偶，这位司令员正是沃亚·坦科西奇）拒绝了他，理由是他"个头太矮，体型瘦弱"。

与瓦西奇这样的激进分子和民族自卫组织的宣传的接触同样重要的是咖啡屋里的社交环境，它为漂在贝尔格莱德年轻的波斯尼亚塞尔维亚青年提供了一种归属感。查布里诺维奇经常去的咖啡屋有“榛子花环”、“绿色花环”和“小金鱼”，根据他之后的回忆，他在这些地方听到了“各种方式的谈吐”，那里还混杂着“学生和排版工人”，但最多的还是波斯尼亚的塞尔维亚青年。这些年轻人在这里用餐，他们吸着烟，谈论着政治，争论着报纸上报道的内容。正是在“榛子花环”和“绿色花环”咖啡馆，查布里诺维奇和普林西普第一次思考了刺杀奥匈帝国继承者的可能性。为这些年轻人提供勃朗宁手枪和子弹的黑手会高层人员成为“贝尔格莱德咖啡馆圈子中的风云人物”。在这样的地方，人们普遍的政治立场是极端的民族主义和反奥匈帝国情绪。审判纪录中的公开纪录证实了这一点：当时法官询问普林西普，格拉贝日究竟是如何树立了极端的民族主义观念的。普林西普直截了当地回答道：“他（格拉贝日）重返贝尔格莱德后，也接受了相同的原则。”在获悉了他的言外之意后，法官继续发问：“也就是说，只要来到贝尔格莱德，你们就能够成功向别人灌输这样的观点了？”当发现自己被看透之后，普林西普拒绝做任何评论。

米兰 · 齐加诺维奇

（来源：Roger Viollet / Getty Images 图库）

在这场刺杀计划尚处于萌芽阶段时，策划者们就力图确保自身与贝尔格莱德当局没有任何表面上的关系。管理这伙刺客的是一名叫米兰 · 齐加诺维奇（Milan Ciganović）的人，他是波斯尼亚的塞尔维亚人、黑手会成员，曾在坦科西奇麾下的游击队与保加利亚人作战；当时，他是塞尔维亚国家铁路的员工。他向坦科西奇汇报情况，后者则直接与“阿匹斯”接头。所有的命令都是口头传达的。

刺客的训练活动在塞尔维亚的首都开展。在游击队学校时，普林西普便已经掌握了射击技巧，他是三个人中枪法最准的。1914 年 5 月 27 日，他们拿到了武器——来自位于塞尔维亚克拉古耶瓦茨的军工厂的4支手枪和6枚手榴弹（每枚都不足2.5磅[①]）。此外，他们每人随身携带一只用棉布包裹的小瓶，里面是氰化物毒药。在行刺成功实施或者失败之后，他们必须吞食氰化物自杀。这是在采取预防措施，防止疏忽的举动或是严刑逼供使得塞尔维亚和这件事扯上关系。更何况对这些年轻气盛、迫切地想为国捐躯并将这种行为视为殉道的年轻人来说，这样做再符合不过他们的意愿了。

在黑手会和与他们沆瀣一气的塞尔维亚海关的帮助下，这三名刺客成功潜入波斯尼亚。5月30日，查布里诺维奇在黑手会地下铁路特工（这些特工中有几名中学教师、一名边防警察、一位市长秘书等）的协助下，成功通过了玛利沃尼科的边境检查站，并由此踏上了去往图兹拉的路。在那里，他将与他的朋友们汇合。普林西普和格拉贝日则在塞尔维亚边境官员的指引下来到莱捷斯尼卡，并于5月31日出现在德里纳河上位于塞尔维亚和波斯尼亚领土交界的一座植被葱郁的小岛上。这个藏身之处经常出现走私者，它很好地保护了他们，躲过了奥匈帝国边防警察的巡查。当次日夜幕降临时，在一位为地下铁路组织工作的业余走私者的指引下，他们进入奥匈帝国的领土。

尽管他们使尽浑身解数试图躲过奥匈帝国边防警察或者军官，但这三位刺客以及帮手们却在与他们的塞尔维亚同胞们打交道时表现出极度的轻率。比如，在将普林西普和格拉贝日带到一位波斯尼亚的塞尔维亚农民米塔尔·凯罗维奇（Mitar Kerović）家后，那位身为地下铁路特工的教师喝白兰地喝得酩酊大醉，他对那位农民大吹特吹："你知道这些年轻人是谁吗！他们将要去萨拉热窝，向马上到来的斐迪南大公投掷手榴弹把他炸死。"出于一种鲁莽的逞强劲头，普林西普也加入进来，炫耀起他的手枪，并讲解藏在裤子里的手榴弹是如何操作的。因为他们的愚蠢，凯罗维奇家族（这些大字不识一个、丝毫不关心政治，并且对这些男孩的行为仅一知半解的人）也付出了沉痛的代价。内乔·凯罗维奇（Nedjo Kerović）因为驾驶他的马车将这些男孩运送到图兹拉，之后被判通敌罪，因为成为杀人犯的同伙而被判处死刑（之后改为20年监禁）；他的父亲米塔尔被判处终身监禁。在1914年10月对

① 1磅≈0.453千克。——编者注

刺客的庭审现场，他们的供词为整个严肃的审讯过程带来一丝罕见的幽默。当主审法官问到其年龄时，已经是 5 个孩子的父亲的内乔 · 凯罗维奇回答，他自己也不能准确地说出自己的年龄，这得问他的老父亲。而当米塔尔被问到男孩们抵达他家的那晚，他究竟喝了多少酒时，他回答："在我喝酒的时候，我并不会统计自己喝了多少，我能喝多少就喝多少。"

到达波斯尼亚后，这些男孩身边又多了一个四人集团，这一集团是由波斯尼亚的塞尔维亚人、黑手会成员达尼洛 · 伊利奇（Danilo Ilić）招募而来的。伊利奇 23 岁，是他们中年纪最大的。他曾获得奥匈帝国政府奖学金，被培养成一名中学教师，但在大病一场后，他抽身而退。他是波斯尼亚青年党成员，私下与加契诺维奇是朋友——也就是那位对热拉伊奇高歌赞扬的人。与其他人一样，伊利奇在 1913 年来到贝尔格莱德，在那里，他经常光顾咖啡馆，被招募进入黑手会，并在 1914 年 3 月重返萨拉热窝之前（之前他在萨拉热窝一家当地的报社当审校员和编辑）赢得了"阿匹斯"的信任。

第一个被伊利奇招募进刺杀队伍的是"左派"革命者——一位名叫穆罕默德 · 穆罕默德巴希奇（Muhamed Mehmedbašić）的黑塞哥维那穆斯林木匠。1914 年 1 月，他们在法国与沃亚 · 坦科维奇会面，计划行刺波蒂奥雷克，但他们的行动失败了。在火车上，穆罕默德巴希奇看到一群身着制服的警察，惊恐万分，将那装着毒药的小瓶子扔进了厕所（连行刺的匕首也被他扔出了窗外）。另外两名被招募进来的萨拉热窝人是波波维奇（Cvijetko Popović），他是一名优秀的 18 岁的在校生，以及瓦索 · 丘布里洛维奇（Vaso Čubrilović），那位带领他们来到凯罗维奇家的中学教师是他的哥哥。丘布里洛维奇只有 17 岁，是这里面最小的男孩。在所有人被整合成一支队伍之前，他从未见过伊利奇；这两位当地的男孩同样只有在行刺行动中，才第一次见到普林西普、穆罕默德巴希奇、查布里诺维奇和格拉贝日。

乍一看来，伊利奇选拔的行刺者队伍十分奇怪，其中一人在执行高度危险的任务时已经暴露出他的笨拙和胆小，而另外两人完全还是毫无经验的中学生，但这种看似疯狂的举动背后却有它的策略。萨拉热窝当地的第二组人马的任务实际上是对行刺活动进行掩护和毁灭证据。在这种情况下，穆罕默德巴希奇是个不错的选择，虽说能力欠佳，但他干劲儿十足，而且不是塞尔维亚人，因此可以为贝尔格莱德小组提供有效的支持。作为黑手会成员，伊利奇和普林西普可以轻易选择自杀，或至少在事件之后保持沉默。萨拉热窝男孩无法对此作证，原因很简单：他们对其背后更大的阴谋一无所知。因此，该行为可以名正言顺地被定性为一个地区性事件，而与贝尔格莱德毫无干系。

尼古拉 · 帕希奇的反应

尼古拉 · 帕希奇对刺杀弗朗茨 · 斐迪南大公的阴谋究竟了解多少？他会采取什么措施阻止事情的发生？实际上，帕希奇对该计划或多或少也有所了解。这种判断有若干证据支持，但大多数有说服力的证据都来自柳巴 · 约万诺维奇（Ljuba Jovanović）——帕希奇政府的教育大臣。根据约万诺维奇的回忆（1924 年出版的回忆录残篇，但也可能写于更早的时期），帕希奇告知塞尔维亚内阁，“在 5 月底或是 6 月初”，“有人计划来到萨拉热窝行刺弗朗茨 · 斐迪南”。包括他本人在内的所有内阁成员都认为，总理应当向德里纳边界的军官下达指令，防止有人穿越边境。其他文件和零星的证据（这些证据都是 1918 年帕希奇自己整理的，他整理这些文件的原因很奇怪且不详）。但是他是如何知道此事的？根据间接证据猜想，给他提供消息的人最有可能是塞尔维亚铁路雇员、黑手会特工米兰 · 齐加诺维奇。他很可能是总理本人的私人特工，他的任务就是时刻关注社会活动的动向。如果这些都成立，那么帕希奇便掌握了所有细节和行动的具体时间表，不仅是行动计划本身，还有参与者及其背后的组织。

塞尔维亚官方当然没有留下关于三位刺客的任何纪录。他们在 5 月底进入波斯尼亚。无论如何，他们都不会是 1914 年夏非法携带武器跨越边境的唯一一批人。6 月的前半个月，来自塞尔维亚边防的报告证实，被隐瞒的越境活动还有很多。6 月 4 日，波德里涅区区长警示内政大臣普罗蒂奇称，有军官正伙同边防人员预谋“利用我们在波斯尼亚的人，转移一批数量可观的炸弹和武器”。这名区长考虑将武器查封，但因为装着它们的箱子已经到达波斯尼亚境内，他担心追回箱子可能牵连并暴露边防军队的行动。更多的调查显示，在波斯尼亚一方负责接洽这批武器的人正是拉德 · 马洛巴比奇。

据一位当地的官员所说，这些行动耸人听闻的是，它们并不是简单地在相关当局不知情的情况下进行的，而是“在光天化日之下”大摇大摆开展的。再加上犯罪者正是“政府官员”，很容易给人留下这样的印象：“我们欢迎这样的行动。”帕希奇和内政大臣普罗蒂奇深谙这个道理。如果帕希奇在计划尚未出炉就已经知晓，我们将期待他尽一切可能撇清它与贝尔格莱德政府的关系。6 月 10 日，边境地区当局确实得到风声，要求“制止所有类似的活动”。

而这些相关地区的公务人员是否当机立断地禁止这些行动则是另一码事儿了。赖科 · 斯特潘诺维奇（Raiko Stepanović）是边防警卫的一名警官，他走私了一只装满枪支和炸弹的箱子越境，但当他被传讯向区长解释自己的行为时，他却直接拒绝露面。在 6 月中旬的一次会议后，民政当局收到官方命令，要求严查向波斯尼亚非法运送武器和人员的事例；4 名边防警卫的领导收到一封简短的告示，“建议”他“停止从塞尔维亚向波斯尼亚输送武器、军火以及其他爆炸物”。但这些信息都被当作耳边风，无人回应。后来的事情显示，边界军事人员从他们上级那接受了严格的指示：不理会民政方面的有关问题。

换言之，塞尔维亚边界的军事力量已经不再受贝尔格莱德政府的控制。当军政大臣上书总参谋部，质疑并要求告知关于军队在波斯尼亚的暗中行动时，这一请求先是被呈上至行动指挥部，该方称对这些事情一概不清楚；之后，军事情报处的头目便知悉了此事，这个人不是别人，正是“阿匹斯”本人。在向行动部门递交的一篇冗长的、毫无诚意且言语并不坦率的反馈中，“阿匹斯”为马洛巴比奇的纪录和此人的声誉辩护，坚称任何经他手的枪支纯粹是为了支持塞尔维亚在波斯尼亚开展的特工行动。关于那些炸弹，他声称一无所知（3 年后，他却信誓旦旦地说，他私下委托马洛巴比奇，为他的刺杀计划提供装备和支持）。他说，如果边境地区出现了安全风险，则不能归咎于谨慎而必要的军事行动，而是那些政府官员和特工的问题——他们傲慢地要求对边界进行巡查和监督。简而言之，错就错在那些人试图干预敏感的军事行动，而这又超过了他们的能力和理解力。这一回复被呈到了塞尔维亚总参谋部，接着在 6 月 23 日由总参谋部部长整理、签署，递交到了军务部。民政当局和军事领导之间的鸿沟进一步加深，从德里纳河岸到贝尔格莱德当局无不如此。

“阿匹斯”以及总参谋部语气强硬的反馈使得帕希奇十分恼火和紧张。6 月 24

日，他采取行动，下令对边防警卫的活动进行全面调查。在一封写给军务部的顶级机密信件中，他写道，根据“多方”了解，“军官们”从事着一些不但很危险，而且具有叛国性质的活动，“因为其妄图在塞尔维亚和奥匈帝国之间制造冲突”。

> 如果塞尔维亚所有的盟友和伙伴知道我们的军官和警官的所作所为，他们不仅会弃我们而去，还会站在奥匈帝国那边，允许它惩罚那个浮躁的、靠不住的邻居。因为它唯恐天下不乱，并要在邻国的领土内开展行刺活动。从塞尔维亚的国家利益出发来考量，我们必须清醒地认识到，在这危急存亡之秋，任何挑唆与奥匈帝国发生冲突的事情都应当终止，因为我们需要韬光养晦、休养生息，和平对我们来说非常重要。

信末还附加了一道命令，要开展一项“严肃的调查”，弄清楚究竟有多少军官牵扯到这种荒唐而鲁莽的行为中，希望能够对反抗的势力进行“清除和镇压”。

但是在一定程度上，悬崖勒马为时已晚，因为那些年轻人已经在5月底成功穿越了边境——这距离帕希奇采取行动关闭边界已经过去了两个星期。很难想象，在行刺这件事上，为何这位总理的反应如此迟缓。他肯定已经认识到，下达给边防警卫的命令一定会被当作耳边风，因为他们当中很多人都是黑手会的成员。或许是因为他担心激怒这位强大的对手——“阿匹斯”，招致可怕的后果。尽管他下达了“严肃调查”边境人员的命令，但“阿匹斯”仍然不为所动，自始至终都稳坐塞尔维亚军事情报部门的第一把交椅。他并没有因此被革职，甚至当调查结果出来之后，他竟成功逃脱了责任。我们很容易联想到1914年5月那场给塞尔维亚带来沉痛打击的政治危机。帕希奇成功地在那场危机中幸存了下来，但也只是凭借运气罢了，何况还有对塞尔维亚具有重大影响力的两大列强的大使助他一臂之力。因此，甚至有人怀疑他是否真的想要对“阿匹斯”开展的活动进行干预。或许帕希奇担忧一场公开的对峙可能会招致黑手会的憎恶，引来杀身之祸，尽管这并不太可能，因为他在5月的危机中毫发无损。另外，我们不能忘记，无论如何，这位塞尔维亚总理仍然是整个国家权力最大的人，是一位拥有出色能力的政客，也是党魁——他的党派成员仍然占据着国家议会的大部分席位。因此，更有可能的是，在这几个星期里，帕希奇又才重拾自己的老作风——这是他在久经塞尔维亚混乱政局的考验之后形成的，即始终保持低调，不要硬碰硬，让矛盾自行消除，以无为的姿态等风暴过去。

然而，帕希奇手中仍然有一张王牌：他大可以私下警示维也纳这场刺杀行动，同时明哲保身。人们热议的问题是，他究竟有没有这样做。在这件事情上很难找到证据，没有人愿意承认提供或者收到过事前的警示。1914 年 7 月接受一家匈牙利报纸的采访时，帕希奇自己也否认了这一点。他也不能这样做，因为如果承认提前告知，那么他和他的同僚们相当于刺杀事件的从犯。战前为塞尔维亚辩护的人也是同样的理由，他们认为战争爆发前塞尔维亚当局是无辜的，他们的理论是：塞尔维亚政府完全没有参与任何阴谋策划。同样，奥匈帝国当局也不可能收到这样的警示，因为如果被告知存在这样的阴谋，为何他们没有采取更好的措施保护他们的王位继承人呢。7 月 2 日，维也纳一家半官方报纸《异闻报》(*Fremdenblatt*) 发表评论，否认了这些流言，称关于这即将到来的危险，奥匈帝国外交部没有收到任何告知。

尽管如此，还是有足够具有说服力的证据表明，类似的警示是存在的。最可靠的一个证据来源是法国外务部副秘书阿贝尔 · 费里 (Abel Ferry) 7 月 1 日的日记；在日记中，他记录了老朋友，塞尔维亚驻巴黎公使米伦科 · 韦斯尼奇 (Milenko Vesnić) 来访。在他们的谈话过程中，韦斯尼奇曾提到塞尔维亚政府“提醒奥匈帝国政府，他们听到了一些关于刺杀计划的风声”。驻维也纳的塞尔维亚军事专员在 1915 年对意大利历史学家马格里尼说，帕希奇曾向塞尔维亚在维也纳的公使馆发电报，称“有信息泄露出来，塞尔维亚政府已经掌握消息，在大公访问波斯尼亚期间，有人策划要置他于死地”，奥匈帝国政府最好将到访的日期推迟。

大量的证据为我们提供了这样一种可能：重现塞尔维亚驻维也纳公使约万 · 约万诺维奇 (Jovan Jovanović) 是如何采取行动的。6 月 21 日中午（也就是帕希奇从贝尔格莱德发来电报之后的第三天），他会见了奥匈帝国财政大臣利昂 · 比林斯基 (Leon Biliński)，试图转达这一信息，告知对方如果大公出访波斯尼亚将会出现的后果。但他在表达时却拐弯抹角：大公如果选择在科索沃战争周年纪念日到访，那么肯定会被对方视为挑衅行为。在那些为奥匈帝国服役的塞尔维亚青年当中，“可能就会有人把他们的步枪或手枪上膛……”比林斯基并不认同这样的观点，他“并没有意识到这场谈话的重要性”，只是简单地回复对方：“就让我们期待什么事情都不会发生吧。”在之后的几年里，比林斯基拒绝向记者或是历史学家谈及这一情节。

显然，他当时并没有把这种警告当真。对方的表达如此含糊，因此更容易被理解为一种恫吓，仿佛是这位塞尔维亚公使在做一次毫无理由的尝试，试图通过向奥匈帝国的高级官员进行模棱两可的威胁，来干涉帝国的内部事务。因此，比林斯基认为不需要将这些信息上报给奥匈帝国外交大臣贝希托尔德伯爵（Count Berchtold）。

也就是说，确实有类似的警告被传达给对方，但没有一个人的行为真正起了作用。回顾这个过程，所有人似乎都在遮遮掩掩。约万诺维奇应当直截了当、开门见山地向对方提出警告，告知对方准确的信息。同样，帕希奇也应当直接告诉奥地利人他们所面临的危险，而不是迂回地通过约万诺维奇来传达。他大可开展一次针对刺杀行动的调查，这会危及他的政权，但会确保他的国家的和平与安全。可事实总是更为复杂、受到很多限制。一方面，约万诺维奇不仅是塞尔维亚外交系统的工作人员，更是一个泛塞尔维亚激进分子，他的职业生涯无不带着极端民族主义的色彩。约万诺维奇之前是“科米塔吉”的成员，在1908年兼并之后，他在波斯尼亚参与制造骚乱，甚至还亲自坐镇指挥游击队。1914年夏，如果帕希奇政府倒台，他还差点儿以黑手会成员的身份成为外交大臣的候选人。确实，就连奥匈帝国也曾因为这位塞尔维亚大使的泛塞尔维亚情结向塞尔维亚提议，如果这一职位由一名更温和的人来担任，他们会非常欢迎。这也是为什么约万诺维奇选择比林斯基，而不是直接会晤贝希托尔德伯爵——后者十分不待见他。

同样，帕希奇的行为也是出于诸多考量。一方面，作为人民激进党的领袖，他担心黑手会一干组织会将这种通风报信的行为视为赤裸裸的叛国，他们一定会采取行动。他只能希望萨拉热窝行动以失败告终。最重要的是，他清楚地知道这个国家的政权自始至终与民族主义组织纠缠不清。这不仅仅事关塞尔维亚的国家团结，这种团结是通过国家机构和各种能够渗透到邻国的志愿组织缔结而成的；同样，这还关乎国家的未来。塞尔维亚在过去需要这样的民族主义团体，在未来的某一时刻——收复波斯尼亚和黑塞哥维那的时刻，这个国家同样需要它们。

这个老道而有趣的政客深刻地了解，如果塞尔维亚试图在巴尔干战争的血的教训之后重振雄威，和平发展是首要前提。新兼并地区的统一（实际上，这一过程是暴力和痛苦的）方兴未艾，强迫选举迫在眉睫，但是最聪明的政治家的特质不正是在于他能够同时应对不同程度的制约和挑战吗？帕希奇渴望和平，但他同时相信——他从不掩盖这一点，塞尔维亚扩张的攻坚阶段必须通过战争来赢取。只有一场诸列强都参与其中的欧洲大冲突，才能够扫清横亘在塞尔维亚“大一统”道路上的强大障碍。

或许帕希奇还记得1908~1909年兼并危机期间，伦敦外交部常任副大臣查尔斯·哈丁（Charles Hardinge）对驻伦敦的塞尔维亚公使格鲁伊奇（Grujić）的警告。哈丁在1909年1月对这位公使说，只有塞尔维亚受到来自奥匈帝国的攻击，俄国和协约国家才会向它伸出援手；如果塞尔维亚先发制人，那么任何的援助都免谈。帕希奇之所以可能考虑到这一点，是因为1914年初春，他和俄国沙皇进行会晤，他向沙皇请求如果遭到奥匈帝国攻击，请俄国提供支持。如果刺杀行动成功，那么塞尔维亚就成为挑衅的一方，这一请求必然被回绝，但是帕希奇相信奥地利人不会把刺杀行动（如果行动成功的话）和塞尔维亚政府联系起来，因为在他看来这样的联系并不存在。奥匈帝国如果反击，那么俄国和它的同盟必然会相助，塞尔维亚便有了靠山。在帕希奇看来，这并不是说俄国和塞尔维亚的关系有多么紧密，而是俄国在巴尔干政策中符合逻辑的体现。帕希奇对这种补偿机制十分有把握，这种执着甚至遭到了嘲笑。6月中旬，他收到了来自圣彼得堡的塞尔维亚公使的报告，为了可能出现的“对西面国家的侵犯”，俄国重新调整了东部防线，以部署更多军事力量。这些消息使得帕希奇对这位盟友的支援更加深信不疑。

这并不是说帕希奇在刻意寻求一场大规模的冲突，或是说挑唆奥匈帝国进攻的想法直接促成了他的行为。事实上，或许他在考虑，在这样历史性的时刻，一场战争对于塞尔维亚的独立来说是很必要的，所以在为时已晚之前，他暧昧的举动丧失了阻止刺杀行动的机会。在面对如何处理萨拉热窝阴谋的时候，这些想法肯定时刻萦绕在他的脑海中，使得他放缓了行动的步伐。

历史的遗留以及1903年以来塞尔维亚王国的发展，都在1914年夏使贝尔格莱德背上了沉重的包袱。这个国家的民主是如此原始和脆弱，它的政治决策者们一直处于被动的守势：在军队和各个密谋组织之间夹缝求生，控制议会的人民激进党的领导人毫无决断力。两次巴尔干战争使得这个国家呈现出空前高涨的民族主义情绪。国家和非官方的民族主义机构（无论是国内的，还是国界线以外的）相互渗透，存在千丝万缕的联系，这使得政府的监督管理寸步难行。这种独特的政治文化对其领导人提出了巨大挑战，在与奥匈帝国的关系上，这些特点也不断造成压力。常驻柏林的塞尔维亚公使米洛什·波奇舍维奇（Miloš Bogičević）说："对于那些非塞尔维亚人而言，在众多以实现大塞尔维亚理想的国家组织之间找到一条出路是非常困难的。"各种行动背后各国家机构之间错综复杂的瓜葛，使得人们要想分清楚究竟它的性质是官方的还是非官方的，无异于无稽之谈，就连那些老道的外国观察家都云里雾里。

如果站在尼古拉·帕希奇的角度来看，1914 年夏所积攒的各种压力已经达到临界点。在两次艰苦的战争后，财政和军事都呈现出疲态，新兼并的地区军事暴动此起彼伏。此外，针对那位强大却很不宽容的邻居发动的刺杀行动也以失败告终。但帕希奇，这位势必要力挽狂澜应对 1914 年 6 月 28 日的行动所引发的危机的人，自身也是这种政治文化的产物：行事遮遮掩掩，小心翼翼地几近怠惰。这些都是将近 30 年的政治生涯对他的塑造。这些特质帮助他在狭隘而混乱的塞尔维亚政界生存下来。但如果要应付恐怖分子在萨拉热窝制造的危机，这些特质恐怕还远远不够。

第二章　无个性的帝国

冲突与制衡

在过去的半个世纪中，哈布斯堡王朝的生存轨迹可以由两场军事灾难来定义。1859 年，法国和意大利的皮埃蒙特军队在索尔费里诺打败了奥地利的 10 万大军，这也吹响了意大利成为单一民族国家的号角。1866 年，普鲁士人在克尼格雷茨摧毁了奥地利的 24 万军队，将奥地利驱逐出统一的民族国家的德国。这些接二连三的打击改变了奥地利的命运。

在军事打击的重创下，新专制主义的奥地利逐渐演化成奥匈帝国。根据 1867 年的协议，奥地利和匈牙利两大国家（即西边的德国人和东边的匈牙利人）之间实现权力共享。旋即出现的是一个统一的政体，就像一只双黄的鸡蛋：匈牙利王国和奥地利领土中称为“内莱塔尼亚”（意为“利斯河一侧的地方”）的部分在哈布斯堡王朝双君主制的外壳下融为一体。两大实体都拥有自己的议会，但它们没有共同的首相和共同的内阁。只有在外交事务、国防和国防相关的财政事宜上，两者才通过对帝国直接负责的“共同部长”统一处理。奥匈帝国共同利益不能通过议会会议来决定，因为这样做的话就会暗示匈牙利王国仅仅是一个更大帝国实体的附庸。相反，两者之间经常派“代表”相互切磋（代表团由 30 人组成，分别来自双方），他们定期在维也纳和布达佩斯碰头。

这种双边协议达成后，便招致了许多批评，也树敌不少。一方面，那些强硬的匈牙利马札尔民族主义者认为这是否认匈牙利应有的国家独立性的自我出卖。有些人还称，奥地利仍然在利用匈牙利王国，让它变成自己的农业殖民地。引起争议的是，维也纳拒绝出让武装部队的控制权，拒绝创建一支独立、平等的匈牙利军队——关于这一问题的宪法危机在1905年扰乱了帝国的政治局面。另一方面，奥地利的德国人认为，匈牙利人会蚕食更为发达的奥地利经济，他们应当为此承担更高份额的经费。这种体制势必导致分歧，因为协议要求"合二为一"的两大帝国每隔10年就关税同盟进行重新协商（收益和征税是二者共同享有的）。每次协商之后，匈牙利人的要求都变得越来越大胆。协议中同样没有说明，这两大"优等民族"中究竟是谁对其他少数民族拥有政治监管权。协议签署后的第一任匈牙利总理久洛·安德拉希（Gyula Andrássy）向他的奥地利同事建议："您看护好您那边的斯拉夫人，我们管好我们这里的。"战争爆发前的几十年里，帝国的11大官方民族之间关于民族权利的抗争逐渐成为主旋律，包括日耳曼人、匈牙利人、捷克人、斯洛伐克人、斯洛文尼亚人、克罗地亚人、塞尔维亚人、罗马尼亚人、罗塞尼亚人、波兰人和意大利人。

两大帝国之间分别有自己的措施来应付这些挑战。在处理民族问题上，匈牙利人主要是睁一只眼闭一只眼来冷处理。王国的选举权仅仅覆盖人口的6%，且最富裕的阶层马札尔人拥有最有利的财产资格。这样就导致尽管马札尔代表仅占人口的48.1%，却控制了90%的议会席位。300万的特兰西瓦尼亚公国的罗马尼亚人是整个国家人口最多的民族，占人口的15.4%，但在400余个匈牙利议会席位中，他们仅占5个。此外，从19世纪70年代起，匈牙利政府便开展了雄心勃勃的"马札尔化"运动。教育法强行规定各个州和不同信仰的学校都使用马札尔语，甚至那些上幼儿园的孩子也要服从这一规定。同时要求教师能够熟练掌握马札尔语，如果他们被认为"对匈牙利国家抱有敌意"，则会被解雇。针对少数民族激进分子的严格措施助长了语言权的退化。来自南部伏伊伏丁那的塞尔维亚人、来自北部的斯洛伐克人和特兰西瓦尼亚公国的罗马尼亚人常常联起手来，为少数民族的权利抗争，但收效甚微，因为他们手中的权力实在是太小了。

与此相反，在奥地利的内莱塔尼亚，政治体系进行了一系列的改动，以符合少数派的需求。1882 年和 1907 年的选举改革（男性普选权被正式确立）旨在创造公平的政治环境。但是这些民主措施却增加了民族冲突的潜在可能性，特别是在公共机构（如学校、法庭和行政机关）语言应用的敏感问题上。

没有哪个地方的民族主义政治摩擦比内莱塔尼亚议会更严重。内莱塔尼亚议会坐落于维也纳环路一栋宏伟的新古典主义建筑内。这个拥有 516 个席位的立法机关（也是全欧洲最大的）除了会出现人们熟悉的政党间的思想分歧，还有民族势力掺和其中，各种矛盾交织成一幅分裂重重的景象。比如，在 1907 年选举产生的具有合法权的 30 余个政党中，有 28 名捷克平均地权论者、18 名捷克激进民族主义者、17 名捷克保守人士、7 名捷克温和派、2 名捷克改革分子、1 名独立身份的捷克人和 9 名捷克民族社会主义者。波兰人、日耳曼人、意大利人，甚至斯洛文尼亚人和罗塞尼亚人也同样被划分成不同的思想阵线。

由于内莱塔尼亚没有官方语言（与匈牙利王国截然相反），那么议会召开的过程便不存在统一的语言。人们可以随便使用德语、捷克语、波兰语、罗塞尼亚语、克罗地亚语、塞尔维亚语、斯洛文尼亚语、意大利语、罗马尼亚语和俄语。但议会并不提供翻译，除非演讲的代表自行提供演讲稿的译稿，否则即便演讲者使用的并非德语，也不会记录或者显示演讲内容。就连那些来自最微不足道的派系的代表因此也能够通过用很少人能够听懂的语言夸夸其谈，来防止别人说三道四。他们是不是真的在谈论当下的话题，还是在用地方话吟诵诗歌，别人无法判断。尤为著名的是捷克人，他们最喜欢用夸张而过分的冗长演说对议事进行阻挠。内莱塔尼亚议会还是一个著名的旅游景点，特别是在冬季，维也纳那些总想找点儿乐子的人便会蜂拥而至，旁听议会。一位细心的柏林记者发现，与这座城市的电影院和歌剧院不同，旁听议会会议是免费的。

民族冲突已经非常紧张，以至于在 1912~1914 年，各种各样的议会危机重创了君主政体的立法机构：1913 年，由于波西米亚人存心作对、不服管束，奥匈帝国首相卡尔 · 施蒂尔克伯爵（Count Karl Stürgkh）解散了他们，由一个帝国委员会接手管理该省。1914 年 3 月，捷克人对此事的抗议又掀起了波澜，而 3 月 16 日，施蒂尔克把捷克人的组织也解散了。当奥匈帝国在 7 月向塞尔维亚宣战时，它仍然处于解散状态，因此，在战争爆发时，内莱塔尼亚实际上在遵循一种专制统治。匈牙利的状况也好不到哪里去：1912 年，继萨格勒布和其他几个南斯拉夫城市共同抵制一位不受欢迎的政府官员后，克罗地亚的宪法被暂停；仅在布达佩斯一地，战前的几年变成了针对少数民族反抗和选举权改革要求、保护马札尔霸权的议会专制时期。

这种惊人的失调现象显然支持了这样一种观点：奥匈帝国政体已经奄奄一息，它在政治版图上的消失仅仅是时间问题。这是一些敌对分子的观点，他们认为这个帝国近年来（战争爆发前）对于统一的任何尝试都是徒劳的。实际上，奥匈帝国政治骚乱的程度并没有表面上看起来那么严重。比如，1908 年在卢布尔雅那也陆续出现民族冲突，布拉格也时不时会上演捷克人和日耳曼人斗殴的场面，但不同于当时的俄国或是 20 世纪的贝尔法斯特，这些冲突都没有上升到暴力程度。至于内莱塔尼亚议会出现的骚乱，则更像一场慢性疾病，而非不治之症。政府常常行使 1867 年宪法第 14 条规定下的紧急命令权。此外，在某种程度上，不同的政治冲突会相互抵消。对于奥匈帝国的君主政权来说，发生在社会主义者、自由主义者、教权保守主义者以及 1907 年后出现的其他政治团体之间的冲突实际上是一种恩惠，因为它可以制衡各个民族阵营，民族主义的毒素因此也被冲淡了。想要在众多力量之间寻求一种平衡，以维持多数派的统治，是一项复杂的工程，要求技巧、灵活性和对策略的想象力，但从 1914 年以前的三任奥匈帝国首相贝克（Beck）、比纳特（Bienerth）和施蒂尔克的表现来看，尽管政体总是遭遇间歇性的创伤，但他们还是能够力挽狂澜的。

战争打响前的几十年里，也是哈布斯堡王朝经历经济高速发展的阶段，呈现一派普遍繁荣的景象——这与同时期的奥斯曼帝国形成了鲜明对比。与另外一个日薄西山的政体，也就是 20 世纪 80 年代的苏联相比，哈布斯堡王朝一样显得与众不同。奥匈帝国广大的关税同盟里，自由市场和竞争制度刺激了技术的革新和新产品的引进。二元君主制的多样性在于，新型的工厂能够从各种各样的工业合作中受益，而有效的运输体制、高品质的服务和配套设施又加强了这种合作。这种经济的良性发展在匈牙利王国尤为显著。19 世纪 40 年代，匈牙利还是奥匈帝国的“大粮仓”——出口奥地利的货物中有 90% 是农业产品。但在 1909~1913 年，匈牙利的工业出口上升了 44 个百分点，而奥地利—波西米亚工业地区对于廉价食品持续走高的需求同时拯救了匈牙利的农业部门，哈布斯堡王朝的共同市场抵御住了来自罗马尼亚、俄国和美国的竞争。许多经济历史学家都认为，1887~1913 年，帝国整体内部见证了一场“工业革命”，或者说是自力更生的扩张增长阶段：1881~1911 年，生铁消费增加了 4 倍；1870~1900 年，铁路覆盖面积也翻了两番；接受基础教育的人数超过了德国、法国、意大利和俄国。战争爆发前的几年，奥匈帝国，特别是匈牙利，是欧洲经济增长最快的地方（年平均增长率为 4.8%）。

就连长期居住在维也纳的《泰晤士报》记者、挑剔的观察家亨利·威克姆·斯蒂德（Henry Wickham Steed）都在 1913 年发出感慨，“奥匈帝国出现的‘种族斗争’”在本质上是现有体制内对于保护权和恩惠的争取：

> 争取语言权的本质是对官僚影响力的争取。同样，捷克人、罗塞尼亚人和意大利人提出的建立新的大学或中学的要求（同时遭到日耳曼人、波兰人以及其他种族的反对），实际是要求建立能够造就潜在官员的新机构，而这些未来的官员能够将议会党派的政治影响力官僚化。

此外，使保障民族权益的政策更灵活、更具适应性的努力也在缓慢却卓有成效地推进（至少在内莱塔尼亚如此）。1867 年的基本法正式对内莱塔尼亚统治下的民族的地位和语言平等做出说明，一大批判例法供法律起草者参考，为其没有考虑到的问题提供了解决方法，例如德属波西米亚地区的捷克少数民族的语言使用规定。在帝国最后的和平年代里，内莱塔尼亚当局一直在根据少数民族的需求调整自己的政策系统。比如 1914 年 1 月 28 日在伦贝格通过的《加利西亚协议》，它确保了之前遭到排挤的罗塞尼亚人（即乌克兰人）能够在扩大的地区立法权中获得固定比例的选举权，并向他们承诺不久之后建立一所乌克兰大学。连匈牙利当局也在 1914 年年初国际环境恶化时期做出了表态。克罗地亚—斯拉沃尼亚的南斯拉夫人也得到承诺不再受过度强权的困扰，并保证他们获得媒介自由；特兰西瓦尼亚也收到消息，称布达佩斯政府打算满足当地罗马尼亚人的诸多要求。俄国外交大臣萨佐诺夫警觉地认为，这些措施可能会巩固哈布斯堡王朝在罗马尼亚地区的统治。于是他在 1914 年 1 月向沙皇尼古拉二世提议，向在俄国西部生活的数以百万计的波兰人也做出类似的让步。

这些针对不同需求做出的调整说明该体制最终会在一定的框架内，实现一系列对民族权利的保障。有迹象表明，在响应这些地区的物质需求后，管理的状况得到了很大的改善。当然，扮演这个角色的是国家，而不是哈布斯堡困难重重的议会。与各个政党或是立法会议不同，通过一种更加直接和连续的方式，即通过教育委员会、城市委员会、县委员会、市长选举等范围的扩大，国家与公民被紧密联系起来。国家（或者说其主要职能）不再是实施镇压手段的暴力机器，而是一个各部分相互黏合的、充满活力的实体，一个多元社会、经济体和文化利益之间的中间人。1890~1911 年，哈布斯堡官僚体制的国内行政花销增加了 366%，因此而付出了巨额经费。但哈布斯堡王朝的居民们都因有序的政府而获益匪浅：公共教育、福利、卫生、法制以及精巧的公共设施等。哈布斯堡政体的特点在它灭亡后仍然闪烁着余晖。20 世纪 20 年代末，当作家（同时也是机械领域专家）罗伯特 · 穆西尔（Robert Musil）回顾奥匈帝国尚存的最后几年和平时光时，他脑海中闪过的画面是“洁白、宽阔、繁华的街道……如河流般有序地延伸，就像军装上的绶带，用白色的臂膀拥抱着这片土地”。

最后，大多数少数民族激进主义者认可了哈布斯堡联邦，承认它是一个共同的防卫体系。少数民族之间爆发的惨烈冲突，例如在克罗地亚—斯拉沃尼亚地区的克罗地亚人和塞尔维亚人，或是在加利西亚的波兰人和罗塞尼亚人之间发生的冲突，以及杂居着不同民族的地区，这些状况似乎都在说明，成立新的、离散的民族实体只会引发更多问题，而不会缓解现状。无论如何，这些年轻的单一民族国家如果失去了一个帝国的护卫，又怎能继续生存下去？ 1848 年，捷克民族主义历史学家弗朗齐歇克 · 帕拉茨基（František Palacky）就警告称，哈布斯堡王朝的解体只会为“俄国君主制的入侵”制造条件，而不是换来捷克的独立和解放。他说：“我发自内心地认为，并且也从历史的角度进行了分析，维也纳是能够保卫我们的民族，使之和平、自由和公正的中心。”1891 年，查尔斯 · 施瓦岑贝格王子（Pince Charles Schwarzenberg）询问年轻的捷克民族主义者爱德华 · 格雷格尔（Edward Grégr）：“如果您憎恶这个帝国……那么您的国家那么小，它能靠自己的力量独立吗？您是把它再拱手让给德国还是俄国呢？如果您抛弃了奥地利同盟，您将孤立无援。”1914 年以前，那些寻求与帝国彻底决裂的激进的民族主义者仍然只是一小部分人。在很多地区，民族主义政治集团已经融入联盟，如老兵俱乐部、宗教和慈善团体、狙击手联盟，哈布斯堡的爱国精神得到了不同形式的滋养。

沉着冷静、拥有着美髯的帝国皇帝弗朗茨 · 约瑟夫（Franz Joseph）很好地诠释了为何人们因此敬重君主国，且它能够长治久安的原因。但这位君主的私生活却写满了悲剧：皇帝的儿子鲁道夫和情人在家族狩猎场双双自杀；他的妻子伊丽莎白（即人们熟悉的“茜茜公主”）在日内瓦河畔被一位意大利无政府主义者刺杀身亡；他的兄弟马克西米利安被墨西哥叛乱者在克雷塔罗处决；他最喜欢的侄女被活活烧死，而这场悲剧是由一个未熄灭的烟头点燃了她的衣服引起的。皇帝将这一连串的打击进行了淡化处理。在每个正式的庆典仪式上，他的标志性语言总是“很好，我们很满意”，这句话也因此变得家喻户晓。当处理复杂的国家机构之间的关系、平衡不同力量以达到各方面都不会呈现抱怨时，他总能表现得很周到；他积极投身于宪法改革的每一阶段。然而在 1914 年，他却显得怠惰了许多。在战斗打响前的两年里，他维护独裁的匈牙利首相蒂萨 · 伊斯特万（István Tisza），共同抵制少数民族对于选举权的要求。只要匈牙利王国向维也纳提供它所需的资金和选票，弗朗茨 · 约瑟夫就能接受马札尔的领导权，虽然它罔顾王国内其他少数民族的利益。由此可见，他已经与时代格格不入了。奥匈帝国日耳曼政治家约瑟夫 · 马里亚 · 伯恩莱特（Joseph Maria Baernreither）在 1913 年（此时弗朗茨 · 约瑟夫已经 83 岁高龄）写道：“我们的时代气势如虹、排山倒海而来，而对于我们年迈的皇帝来说，它却仍如同在远方飒飒作响。他已经不再有任何实质性参与。他不再理解这个时代，而时间却不会因此停下它的脚步。”

尽管如此，人们仍然对这位皇帝在政治上和情感上有着强大的依恋。众所周知，他受欢迎之处并不在于他体制内的角色，而是体现在普罗大众对他的情感。到 1914 年，他的在位时间甚至比他的臣民们的寿命还要长。用约瑟夫 · 罗特（Joseph Roth）的作品《特罗塔家族》（*The Radetzky March*）里的话来说，他似乎“潜藏在冷若冰霜的高龄背后，就像一块铠甲覆盖下催人振奋的水晶”。他常常出现在子民的梦中。在数以万计的肖像画中，他湛蓝色的眼睛仍然炯炯有神——在客栈、学校、办公室和火车候车室，我们常常能够看到这双眼睛；日报仍然用惊叹的口吻报道，他是如何在国事场合迈着稳健而灵活的步伐从他的马车上走下。正如它旧时的风采，这个帝国依旧繁荣、井然有序，于乱象中向世人展现罕见的稳定局面。危机此消彼长，但从未危及它的存亡。正如维也纳记者卡尔·克劳斯（Karl Kraus）所说的俏皮话，这种局面“让人绝望，却无伤大雅”。

但波斯尼亚—黑塞哥维那却是个特例。1878 年的柏林条约授予奥地利人管辖权，使这片土地从奥斯曼帝国的宗主权中易手；30 年后，奥匈帝国正式吞并了它。19 世纪末，波斯尼亚还是一个植被郁郁葱葱、山地层峦叠嶂，南部是海拔 2 000 多米的高山、北部是萨沃河溪谷的国家。黑塞哥维那则主要是由湍急的水流作用劈就的荒凉而高耸的喀斯特高原，周围由群山环绕——严酷的地形条件使得这个国家几乎没有基础建设。哈布斯堡控制下的巴尔干地区的这两个省的状况一直充满争议。那些在 1914 年夏天潜入萨拉热窝、杀害奥匈帝国继承人的年轻的波斯尼亚塞族恐怖分子，辩称这一行为的动因是他们在波斯尼亚和黑塞哥维那的同胞们遭到压迫，历史学家们也认为应当归咎于奥地利人自己，因为是他们的压迫和恶政，将波斯尼亚的塞族人拱手让给贝尔格莱德。

真的是这样吗？在刚刚占领该地的前几年里，确实出现了广泛的抗争，特别是人们对征兵制度的不满。但这种情况并不是第一次出现：在奥斯曼帝国统治下，这些省份也经历了类似的骚乱；19 世纪 80 年代中期一直到 1914 年，这些地区实际上经历一段相对平静的时期。1878 年之后，农民的生存状况成为统治该地区的一个瓶颈。奥地利人并没有选择废除奥斯曼的领主体系（直到 1914 年，还有约 9 万波斯尼亚塞族农奴在这样的体系下劳作），有些历史学家将其视为一种“分而治之”的政策，目的是讨好住在城市里的克罗地亚人和穆斯林，而压制主要是由塞尔维亚人构成的农民。但这种观点只是一种基于过去的想法。正是根植于文化的由来已久的保守性，而非一种殖民统治哲学，才使得奥匈帝国在这些新省中的统治得以巩固。“渐进性和连续性”是奥匈帝国在波斯尼亚—黑塞哥维那进行统治的特点，这正迎合了这些地区的传统性。只要有可能，那么在奥斯曼时代制定的法律和制度就能继续沿革、发挥作用，而不能简单地全盘否定它们。但哈布斯堡的统治确实也通过一次性清算解放了所辖范围的农民们，超过 4 万波斯尼亚农奴在占领后到 1914 年“一战”爆发前的这段时间获得了人身自由。无论如何，从 20 世纪早期整个欧洲的农民境遇标准来看，“一战”前夕，旧体系下的塞尔维亚农奴的生活确实不能算糟糕，他们或许比达尔马提亚或是南意大利的农奴活得更滋润一些。

在增加农业产量和改善波斯尼亚—黑塞哥维那工业状况上，奥匈帝国当局也付出了很多。他们建立了模范农场，包括葡萄园和鱼塘；培训中学老师，让他们了解初级农艺学；建立了一所农业高等院校，而在邻国塞尔维亚，这种教学机构还从来没出现过。如果说引进新方法的过程仍然相对缓慢，那么农民对创新的抵触情绪是主要原因，而非奥匈帝国的责任。此外，还有大规模的投资资本涌入这些地区。在这里出现了一个公路和铁路的运输网络，其中有一些是当时欧洲最先进的山地铁路。诚然，这些基础设施工程部分被用于军事目的，但其他一系列部门（如采矿业、冶金、林业和化学产品制造业）同样也吸引了大批投资。在本杰明·卡洛伊

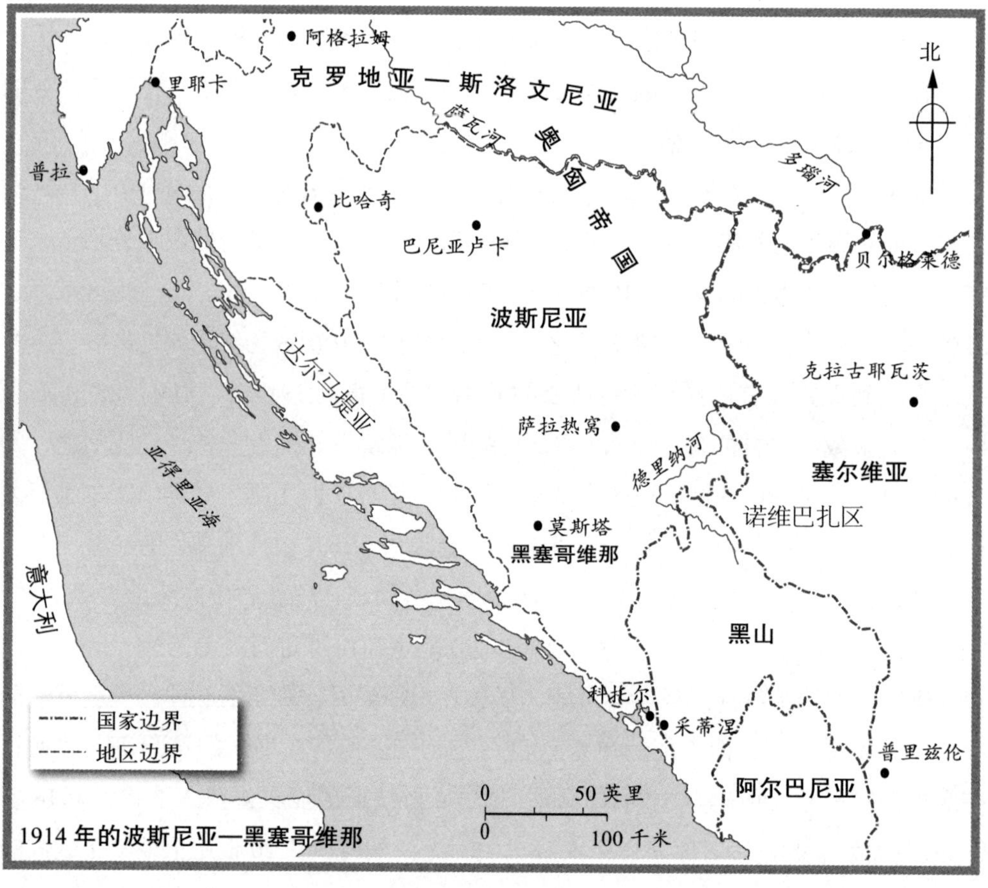

1914 年的波斯尼亚—黑塞哥维那

伯爵（Count Benjamin Kállay）统治时期（1882~1903 年），工业化的步伐达到最高峰，其结果就是巴尔干地区实现史无前例的工业产值（1881~1913 年年均增长率达 12.4%）。总而言之，哈布斯堡将这些新省份当作施展其施政才能的平台，其目的是“展现哈布斯堡统治的人性和效率”。到 1914 年，波斯尼亚—黑塞哥维那已经发展到可与帝国内其他地域媲美的水平。

奥匈帝国在波斯尼亚—黑塞哥维那的统治纪录中最大的一个失误是，低得耸人听闻的识字率和受教育人口比例（甚至比塞尔维亚还要低）。但这种结果并不是奥匈帝国的政策使然。奥地利人兴建了大约 200 座小学、3 所中学、1 所师范类高等院校以及 1 个科研所。虽然这些努力收效甚微，但它们的作用也不能完全被忽略。导致这一问题的部分原因在于农民们不愿意将自己的孩子送到学校。直到 1909 年（在这些省被正式兼并之后），小学义务教育才被引进。

诚然，波斯尼亚—黑塞哥维那的境况并非可人而光明的。哈布斯堡统治者竭尽全力，应对所有针对帝国的民族主义行为，有时也会果断地重拳出击。1913 年，奥匈帝国在波斯尼亚—黑塞哥维那的军事管理者奥斯卡 · 波蒂奥雷克终止了 1910 年波斯尼亚宪法，加强了政府对教育系统的控制，禁止发行塞尔维亚报刊，并关闭了许多波斯尼亚的塞尔维亚文化组织。必须指出的是，尽管采取了强硬措施，但它们都是出于对膨胀的塞尔维亚极端民族主义思想的遏制。另一个让人恼火的事实是，对边境西部和北部的克罗地亚—斯拉沃尼亚地区以及东部的伏伊伏丁那的塞尔维亚人和克罗地亚人管理是失败的，这些地区都处于匈牙利严格的统治之下。总而言之，对这些省不同民族群体的多元传统的尊重，使得这种管辖相对来说是比较公正和有效的。西奥多 · 罗斯福在 1904 年两位奥匈帝国高级政客造访白宫时表示，哈布斯堡君主国“知道如何以公平的姿态对待这个国家存在的不同民族和宗教，因此也会懂得如何获取巨大的成功”；他还不开心地添了一句，他相信美国在菲律宾事务的管理上能够从奥匈帝国身上学习很多。此外，游客们也被哈布斯堡政权的公正性所震撼：1902 年，一位美国记者观察到，在不同的种族和宗教群体中，处处体现一种“相互尊重和相互包容”的精神；法院在“明智和真诚的管理下”，“公正对待每一位公民，无论他持有什么样的宗教信仰，拥有什么样的社会地位”。

在“一战”爆发前夕，我们对奥匈帝国状况和前景的评判或许会遇到一些问题。从战争期间一直到1918年战败，这个帝国的溃败给人留下了深刻的印象，同时也预示着它迫在眉睫而不可避免的衰落，这掩盖了它之前的光辉，也导致人们对它的评价充满矛盾。捷克民族主义者爱德华 · 贝内什（Edvard Beneš）就是一个很好的例子。在“一战”期间，贝内什成为捷克秘密独立运动的组织者；1918年，他是新捷克斯洛伐克民族国家的奠基人之一。但是在他1908年发表的“奥匈帝国的问题和捷克的质疑”的研究论文中，他也曾对哈布斯堡联邦的未来充满信心。他说：“有人提到奥匈帝国会瓦解，我根本不相信。奥匈帝国的各个民族之间拥有共同的历史沿革和紧密的经济联系，它们是不允许这种情况出现的。”另外一个显著的例子是《泰晤士报》记者（之后是该报编辑）亨利 · 威克姆 · 斯蒂德。1954年，斯蒂德在一封致《泰晤士报》文学副刊的信中称，当他在1913年离开奥匈帝国时，“我感觉我正在逃离一座将倾的大厦”。当时大多数人都持有这样的观点。然而，当他回过头来重新审视1913年的奥匈帝国，他看到了不一样的东西。尽管他对哈布斯堡统治的诸多特征进行了公开的批评，但那一年他还是写道，在10年的“持续观察和体验”中，他无法获得“任何充足的理由”，认为哈布斯堡君主政体“不应当在欧洲大陆维持其合法地位”。他总结称：“它的内部危机通常是发展导致的危机，而不是衰落引起的危机。”只有在“一战”期间，斯蒂德才是一名真正呼吁奥匈帝国解体的人。在捷克民族主义者托马什 · 马萨里克（Thomáš Masaryk）的回忆录《一个国家的诞生》（*The Making of a State*）1927年的英译本中，斯蒂德为其作序，在序中他写道，“奥匈帝国”这个名字是以下这些特征的同义词：“能够抹杀一个民族的灵魂，用少得可怜的物质利益来腐蚀它，剥夺它的自由、它的良知和它的思想，摧毁它的意志，消解它的毅力，让它放弃追求理想的道路”。

这样极端的反转也有相反的版本。研究哈布斯堡王朝的最著名的专家之一、匈牙利学者奥斯卡 · 亚西（Oszkár Jászi）对这种二元体系提出了尖锐的批评。1929年，他在一份研究君主制解体的宏大研究中总结道：“‘一战’并不是原因，深深积累的仇恨的最终爆发以及各民族的不信任态度才是导致帝国瓦解的原因。”然而在1949年“二战”结束后，亚西的家乡又遭受了一次灾难时刻，独裁和种族灭绝的噩梦挥之不去。这一次，自1919年就流亡美国的亚西发出了截然相反的声音。他写道，在旧的哈布斯堡时期，“法制还算健全，个人的自由越发受到重视，政治权利也不断扩大，民族主权的原则逐渐被尊重。自由流动的人口和商品让君主国里的每一寸土地都享受着利益”。那些曾经忠于哈布斯堡、对民族独立欢欣鼓舞的公民，之后却指摘旧有的二元君主制；那些在1914年怨声载道的人，之后却陷入对往事的怀恋。1939年，在写到君主制的瓦解时，匈牙利作家米哈伊·鲍比契（Mihály Babits）是这样形容的：“现如今，我们对这一损失追悔莫及，急切想要寻回曾经我们所厌恶的事物。我们现在独立了，但我们没有欢愉之感，我们感到的只是焦虑。”

棋逢对手

在1859年和1866年的两次战争中战败后，奥地利人被驱逐出意大利和德国，从此，巴尔干地区便成为奥匈帝国外交政策的焦点。不幸的是，他们在缩小地缘政治范围之时，恰逢巴尔干半岛的动荡越演越烈的时期。此外还存在一个潜在的问题，那就是奥斯曼政权已经日薄西山，在东南欧苟延残喘，俄国和奥匈帝国都对该区域的利益虎视眈眈，而这造成了二者之间的紧张关系。从历史渊源上看，俄国和奥匈帝国都认为自己应当在奥斯曼帝国撤出的地区行使主权。哈布斯堡自古以来就是欧洲东部抵御土耳其人的大门。而在俄国，泛斯拉夫主义认为，巴尔干地区新兴的斯拉夫人民族（尤其是东正教徒）和圣彼得堡的老东家在利益上具有一致性。奥斯曼帝国的退出引发了争议，即土耳其海峡未来的控制权究竟归谁。对俄国的政策制定者来说，这是一个具有战略重要性的敏感话题。与此同时，许多雄心勃勃的新巴尔干国家诞生，它们各自为政，相互之间还有利益冲突。在这片混乱的土地上，奥匈帝国和俄国之间的关系就像两位博弈的棋手，它们小心翼翼地走着每一步，希望能够消除或削弱对手的优势。

直到1908年，合作、妥协和对非正规的势力范围进行界定让事态中潜藏的危险得到抑制。1881年，俄国、奥匈帝国和德国之间对之前达成的三皇同盟进行了调整，俄国承诺“尊重”《柏林条约》的规定，即奥匈帝国1878年对波斯尼亚—黑塞哥维那进行正式统治，三个当事国还同意“相互为对方考虑”彼此“在巴尔干地区的利益”。俄奥之间在1879年和1903年的另外几项协议，重申了对巴尔干地区现状的共识。

然而，巴尔干地区的政治是如此复杂，以至于与敌对的势力集团保持良好关系并不足以保证安定。半岛上那些次要的难缠分子同样需要安抚和驯服。从维也纳的立场上看，最重要的关系当属塞尔维亚王国。在亲奥匈帝国的米兰 · 奥布雷诺维奇的漫长统治期里，塞尔维亚十分归顺维也纳，默许了帝国的区域领导权。同样，维也纳支持贝尔格莱德 1882 年以王国的身份争取选举权的努力，并答应如果塞尔维亚意欲扩张到南部奥斯曼帝国控制下的马其顿，奥匈帝国会提供外交上的帮助。奥匈帝国外交大臣古斯塔夫 · 卡尔诺基伯爵（Count Gustav Kálnoky）在 1883 年夏告知他的俄国同行，与塞尔维亚保持良好的关系是帝国在巴尔干政策的关键。

尽管米兰国王同样很友好，但他绝不是一个省心的伙伴。1885 年，通过提出退位、将自己的儿子送到奥地利上学，并允许帝国吞并他的王国，这位国王在维也纳制造了一场骚乱。奥地利人当即拒绝了这种胡闹的行为。在维也纳的一场会晤上，人们提醒这位狼狈的君主他作为国王应尽的责任，并把他送回了贝尔格莱德。古斯塔夫向奥匈帝国首相解释道："比起一个信马由缰的省份，一个繁荣和独立的塞尔维亚更符合我们的意图。"然而就在米兰国王似乎要放弃统治权的 4 个月之后的 11 月 14 日，他出其不意地进攻了自己的邻国保加利亚——俄国的附属国。这场冲突没有持续多长时间，因为在保加利亚人的抵抗下，塞尔维亚军队很快就被打败了，然而事情的善后还需要外交行动，以防止得到缓和的俄奥关系再起波澜。

新国王表现出比他的父王更加奇怪的举止：亚历山大国王狂妄地吹嘘奥匈帝国给他的王国提供的帮助；1899 年，他公开宣称 "塞尔维亚的敌人就是奥匈帝国的敌人"，这样失言举动震惊了圣彼得堡，同样也使得维也纳感到尴尬万分。但是他也对亲俄政策心动不已：1902 年，在他的父亲米兰国王死后，亚历山大国王不遗余力地寻求俄国的支持，他甚至对圣彼得堡的记者宣称，哈布斯堡王朝 "是塞尔维亚的头号敌人"。可以想象，在听到亚历山大早年便遇害的消息后，维也纳并不感到惋惜，尽管那里的政客们像其他人一样，对这样的根除行动感到震撼。

奥地利人慢慢地意识到，1903 年 6 月的弑君行动标志着新的突破。维也纳的外交部迅速与篡权者佩塔尔 · 卡拉乔尔杰维奇建立良好的关系——他们乐观地把他视为亲近奥匈帝国的人。奥匈帝国是第一个正式承认新塞尔维亚政权的外部势力。但是好景不长，人们很快发现，两个邻国之间和睦关系的基础已经不复存在。政治事务的管理权已经由一些公开反对二元君主制的人接手，维也纳的政策制定者们越发担心贝尔格莱德媒体的民族主义恶言（它们现在已经摆脱了政府的管控）。1903 年 9 月，驻贝尔格莱德的奥匈帝国公使康斯坦丁 · 邓巴（Konstantin Dumba）在报道中称，这两个邻居之间的关系“已经糟糕到极点”。维也纳重新认识了这场违反道德的弑君暴行，并与英国一道对卡拉乔尔杰维奇进行制裁。俄国人试图从松动的奥塞关系中趁火打劫、分一杯羹，他们向贝尔格莱德政府保证，塞尔维亚的未来在西方，在亚得里亚海岸，并教唆他们不要恢复与维也纳之间的长期贸易协定。

1905 年年底，这种紧张态势终于演变成公开冲突——维也纳发现塞尔维亚和保加利亚 “私下” 成立了关税同盟。1906 年年初，维也纳要求保加利亚拒不履行这一协议，但适得其反；除此之外，与保加利亚的联盟一夜之间被塞尔维亚国人奉若神明（至少在一段时间内是如此的）。而在过去，对大多数塞尔维亚人来说，它是可有可无的。在第一章中，我们大概讲述了 1906 年的危机，更重要的一点是，使维也纳的政客感到担忧的与其说是这个与保加利亚缔结的具有微不足道的商业重要性的同盟，不如说是这背后暗含的政治逻辑。如果塞尔维亚和保加利亚的关税同盟只是迈出的第一步呢？巴尔干国家“联盟”会不会携起手来反对奥匈帝国，并投入圣彼得堡的怀抱？

这很容易被当作奥地利人偏执的想法，实际上，维也纳政客们的担忧并不是天方夜谭：塞尔维亚—保加利亚的共同关税实际上是这两个国家之间的第三个协议，前两个协议已经明确表态，其出发点是针对奥匈帝国的。两国之间的《友谊条约》和《同盟条约》已经于 1904 年在贝尔格莱德签署。邓巴已经竭尽全力解读到访的保加利亚代表和他们的塞尔维亚对话者之间究竟发生了什么，尽管他提出了自己的质疑，但他还是没能明确地探明这些协商的机密之处。这就表明，维也纳担心俄国的介入是有其原因的。尽管奥匈帝国和俄国之间的关系已经缓和，且俄国正忙于与日本进行一场恶战，但圣彼得堡的确意图建立一个巴尔干联盟。这些协商中的一个关键人物是保加利亚外交官迪米特尔 · 里佐夫（Dimitar Rizov），他曾是为俄国亚洲部门工作的特工。1904 年 9 月 15 日上午 11 点，俄驻塞尔维亚和保加利亚的大使们同时（且秘密地）收到由两国外交大臣分别呈上的塞尔维亚和保加利亚的联盟协议复印件。

奥匈帝国在巴尔干政策问题上还有一个不同之处，即国外和国内事务彼此之间的高度融合。原因很明显：因为这片国土存在许多少数民族，在帝国的国境线以外，还有他们真正的“家乡”，因此，国内和国际的政策很容易混淆。哈布斯堡境内的捷克人、斯洛文尼亚人、波兰人、斯洛伐克人和克罗地亚人在境外没有独立主权的“母国”，但生活在特兰西瓦尼亚公国的300万罗马尼亚人则不然。由于二元体系过于复杂，维也纳无法阻止匈牙利与邻国罗马尼亚相分离的不公正的文化政策——毕竟后者是该地区一个具有巨大战略价值的伙伴。然而至少到1910年，奥匈帝国和罗马尼亚之间的关系还是能够不受国内紧张局势的影响的，这主要是因为身为奥匈帝国和德国同盟国的罗马尼亚并没有挑唆或利用发生在特兰西瓦尼亚的民族事端。

然而，在塞尔维亚人和塞尔维亚王国则不会发生这种事（特别是在1903年后）。在波斯尼亚—黑塞哥维那仅有4成人口是塞尔维亚人，南匈牙利的伏伊伏丁那有很大一片地区都是塞尔维亚人定居点，在克罗地亚—斯拉沃尼亚地区也有小部分塞尔维亚人。1903年弑君事件之后，贝尔格莱德加快步伐，在奥匈帝国内发起民族主义活动，主要针对的是波斯尼亚—黑塞哥维那。1906年2月，奥匈帝国驻贝尔格莱德的军事专员波米亚诺夫斯基（Pomiankowski）在一封致总参谋部长官的信中对问题进行了总结。他认为，如果未来发生军事冲突，塞尔维亚一定会拉拢奥匈帝国的敌人助阵。问题不在于政府的态度，而在于总体上有着极端民族主义血统的政治文化。波米亚诺夫斯基警告称，就算掌舵的是一个“明智而通情达理”的好政府，也不可能阻止“所有强大的激进沙文主义者”采取“冒险行为”。然而比塞尔维亚“公开的敌意和它糟糕的军队”更危险的是“塞尔维亚激进分子在和平年代的间谍活动，它们会系统地对我们的南斯拉夫人民进行毒害，且试想最坏的结果，它们将成为我们的军队面对的严重困难”。

塞尔维亚整个国家，更确切地说，是这个国家里最有影响力的政治力量所表现出的沙文民族主义，成为维也纳评估与贝尔格莱德关系的焦点。1907年夏，外交大臣冯·埃伦塔尔伯爵在对新任奥匈帝国驻塞尔维亚公使的官方指示中说明了双方之间的关系是如何从弑君行动之后每况愈下的。埃伦塔尔回忆，在米兰国王执政期间，塞尔维亚王室完全有能力对抗任何“波斯尼亚的公然煽动行为”，但自从1903年6月弑君事件发生后，事情便发生了变化。不仅是因为佩塔尔国王在政治上的弱势，无法对沙文民族主义进行打压，更重要的是，他自己也开始利用这些民族运动来巩固自己的地位。在贝尔格莱德的新任奥匈帝国公使的“当务之急”之一是，对塞尔维亚民族活动进行严密的观察和分析。当机会来临时，公使便会告知国王佩塔尔和总理帕希奇，他已经充分掌握了泛塞尔维亚民族主义活动开展的规模和特征。毫无疑问，贝尔格莱德的领导们应该意识到奥匈帝国对波斯尼亚—黑塞哥维那的占领是“不可更改的”。最重要的是，对方不能用那种习以为常的官方的否认来敷衍公使：

> 估计他们还会对你的警告一如既往地用一些陈词滥调做出回应，在被占领的省份的问题上，塞尔维亚的政治家们往往会因为鬼祟的密谋备受指摘，他们也常为自己做出毫无实质内容的辩解：“塞尔维亚政府致力于维持正确而清白的关系，但我们无法左右国家的意见，这需要实际行动。”

埃伦塔尔的官方指示体现了维也纳对贝尔格莱德的态度：他们相信塞尔维亚民族主义的原始力量，但深深质疑对方的领导人，对波斯尼亚的未来，他们也表现出万分的焦虑，虽然奥地利人表面上做出了傲慢而自信的姿态。

波斯尼亚—黑塞哥维那于1908年还是被奥匈帝国吞并了。奥匈帝国和其他列强都认为，1878年的占领就意味着永久的拥有。1881年修订后的三皇同盟相关条约中有一项秘密条款，奥匈帝国明确表态“无论何时，吞并这些省份都是恰如其分的”，这项声明隔三岔五就会在奥匈帝国和俄国之间的外交协议上出现。俄国也没有对此进行辩驳，尽管在这一实质性转变的时刻（从占领到吞并）来临时，圣彼得堡持保留意见。对于奥匈帝国来说，正式的吞并所带来的好处是显而易见的。任何关于这些省份未来发展的未知都烟消云散，柏林会议上达成的协议中规定占领的期限正是1908年，因此这是在最后的期限内仓促实现的。通过诸如成立省级议会，波斯尼亚—黑塞哥维那更充分地融入了奥匈帝国的政治结构中。这也有利于为对内投资创造稳定的环境。更重要的是，吞并的行为是对贝尔格莱德（以及在波斯尼亚—黑塞哥维那的塞尔维亚人）发出的信号，宣称了奥匈帝国对这些地区的永久占有权，这也至少在理论上消除了骚乱发生的一大隐患。

在1906年10月被晋升为外交大臣的埃伦塔尔一直在殚精竭虑地推进各项工作的开展。他是这种二元君主制的忠实拥趸。但在1905年，当奥地利和匈牙利之间的政治精英因为共同军队管理权的问题争得不可开交时，他对之前看似坚不可摧的同盟关系产生了质疑。到 1907 年，他开始支持在君主制问题上引入第三方的意见，两大主流的权力中心应当由包括南斯拉夫（最主要的是克罗地亚人、斯洛文尼亚人和塞尔维亚人）在内的第三方进行调解。这个想法得到了南斯拉夫上层集团的强烈支持，尤其是布达佩斯管控下的克罗地亚人，他们不愿意被分成内莱塔尼亚、匈牙利王国和克罗地亚—斯拉沃尼亚省三个支离的部分。只有波斯尼亚—黑塞哥维那被帝国完全吞并，它才最终可能被纳入这个体系。而这样一来，正如埃伦塔尔热切希望的那样，才能在内部实现对贝尔格莱德的民族主义活动的制衡。届时，塞尔维亚将不再是巴尔干南斯拉夫的一片山麓地带，而是从帝国内广袤的、以克罗地亚为主导的南斯拉夫实体中被割裂出去。

1908 年夏在奥斯曼马其顿地区爆发的青年土耳其革命，成为吞并计划的导火线。青年土耳其组织逼迫君士坦丁堡的苏丹颁布宪法、成立议会，他们计划对奥斯曼帝国体系进行彻底的改革。一时间谣言四起，称土耳其的领导人不久之后将会在奥斯曼帝国内，同时包括一些奥匈帝国占领的地区（但它们暂时还没有奥匈帝国的代表机构），举行普选。土耳其的新政权通过革命匡正了自身的合法性，同时提高了士气。如果这个新政权意欲夺回它们丢失的西部军事重地，并承诺进行宪法改革以赢取当地人的民心，那该怎么办？一个趁火打劫的穆斯林—塞尔维亚民族联盟想利用这些不确定性，从土耳其领主地位那里宣布自身的独立。这就变得很危险，因为这些省的民族联盟可能会与土耳其人联手，将奥地利人驱逐出去。

为了在一片混沌中先发制人，埃伦塔尔当机立断，准备兼并事宜。在得到一笔慷慨的赔偿后，奥斯曼帝国放弃了名义上的主权。更重要的是要摆平俄国人，他们的默许是整个计划的基础。埃伦塔尔坚信，与俄国之间维持良好的关系是问题的关键。1899~1906 年，作为驻圣彼得堡的奥匈帝国大使，埃伦塔尔为两国之间的睦邻友好关系做出了许多贡献。让俄国外交大臣亚历山大 · 伊兹沃尔斯基对之前的协议进行担保并不是一件困难的事。在奥匈帝国对波斯尼亚—黑塞哥维那进行合法化统治的问题上，俄国人没有提出异议——前提是圣彼得堡也可以从中得到好处。事实确实如此，在沙皇尼古拉二世的支持下，正是伊兹沃尔斯基本人，提出如果对波斯尼亚—黑塞哥维那进行兼并，那么俄国要从奥匈帝国那里得到进入土耳其海峡的许可。1908 年 9 月 16 日，伊兹沃尔斯基和埃伦塔尔在布赫劳城签署协议。因此，1908 年的兼并在一定程度上是奥匈帝国和俄国在巴尔干问题上达成共识的产物。此外，这次交易中双方寻求到了一种平衡，因为伊兹沃尔斯基和埃伦塔尔所追求的实际上是相同的：通过秘密协议确保自己的利益，但违反了《柏林条约》，牺牲了奥斯曼帝国的利益。

尽管做了准备，埃伦塔尔于 1908 年 10 月 5 日宣布兼并的事实还是在欧洲范围内引发了一场危机。伊兹沃尔斯基出尔反尔，否认曾与埃伦塔尔达成共识，他之后甚至否认他之前就了解埃伦塔尔的动机，并要求就波斯尼亚—黑塞哥维那的归属问题召开国际会议。危机由此爆发，并持续数月。塞尔维亚、俄国和奥匈帝国甚至进行战争动员，摩拳擦掌。埃伦塔尔始终没有理会伊兹沃尔斯基关于召开会议的要求——这项要求并没有在《布赫劳协议》中出现过。直到 1909 年 3 月，德国致信俄国，要求俄国承认兼并的合法性，并要求塞尔维亚也这样做。伯恩哈德 · 冯 · 比洛（Bernhard von Bülow）首相警告称，如果他们不干，那么“就让该发生的发生吧”。这样的口吻不仅暗含了奥匈帝国向塞尔维亚宣战的可能性，更重要的是，德国可能会拿出证据，证明伊兹沃尔斯基在地区兼并事宜中的所作所为。伊兹沃尔斯基立刻败下阵来。

大多数人的意见是，在这次兼并危机中，埃伦塔尔负主要责任。而这样说公平吗？诚然，这位奥匈帝国外交大臣的行为缺乏外交透明性。他没有尝试通过召开国际会议，邀请签署《柏林条约》的多方共同解决兼并危机，而是选择运用老套的外交手段：秘密会议、相互许诺，以及私下的双边协议。而这种鬼鬼祟祟的行动及其成果很容易让伊兹沃尔斯基抓到把柄，声称自己，甚至整个俄国，都被这位“老奸巨猾”的奥匈帝国外交大臣欺骗了。然而也有证据表明，危机之所以爆发，是因为伊兹沃尔斯基为了不丢掉饭碗并保全个人名誉，以一种过分的方式撒了谎。这位俄国外交大臣的判断出现了两点失误。首先，关于土耳其海峡向俄国战舰开放的问题，他误认为伦敦会赞同这一点。其次，他彻底低估了兼并对于俄国民族主义观念的影响。据说，当 1908 年 10 月 8 日，伊兹沃尔斯基在巴黎听到兼并的消息后，他还表现得相当镇定。直到他几天后来到伦敦，发现英国摆出不配合的姿态，并且还听到来自圣彼得堡媒介的风声，这时他才惊慌失措地认识到自己的失误，并开始尽力将自己的角色塑造成受害者。

不管埃伦塔尔的决策是对还是错，波斯尼亚的兼并危机还是成为巴尔干地缘政治的转折点。它将俄国和奥匈帝国在巴尔干问题上实现合作的最后可能和意愿摧毁殆尽，从这一刻起，遏制巴尔干国家之间的冲突产生的消极影响变得更加困难。它同样影响了奥匈帝国的邻居和盟友——意大利王国。双方之间的关系早就有紧张的趋势，意大利少数民族在达尔马提亚和克罗地亚—斯拉沃尼亚的权利问题和他们与亚得里亚的强权政治之间的对抗是两大争论的焦点，然而兼并危机要求意大利进行赔偿，这激起了意大利人的愤怒，双方陷入新一轮的紧张关系。在战争爆发前的几年里，意大利和奥匈帝国关于巴尔干亚得里亚海岸的利益分歧已经越来越难以调和。起初，德国人对兼并问题并没有表态，但他们很快便积极地对奥匈帝国表示支持，这种姿态产生了两种不同的效果：它阻止了俄国政府从兼并危机中捞取更多的好处，但从长远来看，它使得圣彼得堡和伦敦更坚定了原有的想法：奥匈帝国是柏林的左膀右臂。对于 1914 年的危机来说，这种观点产生了十分危险的后果。

危机对俄国的影响尤为深刻和持久。1904~1905 年日俄战争的败局，使得俄国在远东地区的扩张前景破灭。伊兹沃尔斯基和英国大使阿瑟 · 尼科尔森爵士（Sir Arthur Nicolson）于 1907 年 8 月 31 日签署的《英俄公约》限制了俄国在波斯地区、阿富汗和中国西藏的影响力。当下，只有巴尔干地区还是俄国能够继续施加影响的地区。舆论认为，俄国是斯拉夫少数民族的守护者，这些声音灌输给关键决策者，因此所有人都在土耳其海峡的问题上产生了偏见。在伊兹沃尔斯基的误导和普遍的沙文主义情绪的煽动下，俄国政府和人民将兼并视为对彼此之间的共识的无情背叛，是对自己的不可原谅的侵犯，是在关键问题上让人无法接受的挑衅。在波斯尼亚危机发生后的几年时间里，俄国人计划在军事上投入大量精力，这在欧洲引发了一场军备竞赛。俄国同样表现出要更深层次地介入塞尔维亚政治的姿态。1909 年秋，俄国外交部委派尼古拉 · 哈特维希为驻贝尔格莱德的俄国公使。他是一个“狂热地遵循亲斯拉夫人传统的人”。走马上任之初，这位精力充沛、头脑聪敏的外交官便不遗余力地迫使贝尔格莱德对维也纳表现出更强硬的姿态。实际上，他有些发力过猛，以至于僭越了圣彼得堡管理者们下达的指令。

谎言与伪造

兼并危及使得维也纳和贝尔格莱德之间的关系进一步恶化。二元君主制的政治体制更是让情况雪上加霜。数年来，奥匈帝国当局一直在观察塞尔维亚—克罗地亚联盟（1905 年在匈牙利辖内的克罗地亚—斯拉沃尼亚首都萨格勒布成立的政治宗派）的动向。在 1906 年的选举之后，该联盟攫取了对萨格勒布的控制权，提出了“南斯拉夫议程”，旨在寻求帝国境内所有南斯拉夫民族的统一，并在一些相当棘手的问题上与匈牙利当局长期斗争，如对方要求所有国有铁路的军官必须讲马札尔语。不过这都是司空见惯的情况，真正让奥地利人感到担忧的是，联盟的一些（或是所有）代表都有可能成为贝尔格莱德的间谍。

在 1908~1909 年的危机中，这些担忧上升为一种偏执的心态。1909 年 3 月，当俄国在与波斯尼亚的对峙中妥协退让时，哈布斯堡当局出其不意地对塞尔维亚—克罗地亚联盟发动了一场不合时宜的司法攻击，主要的 53 名塞尔维亚激进分子被判处叛国罪，原因是密谋将南斯拉夫地区从奥匈帝国中分裂出去，归入塞尔维亚。就在同一时间，维也纳作家海因里希 · 弗里德永（Heinrich Friedjung）博士在《新自由报》（*Neue Freie Presse*）上发表文章，谴责联盟的 3 名主要政治家收受来自贝尔格莱德的补助金，然后替塞尔维亚王国卖命，开展叛国行动；他号称政府机密文件已经证实了这些指控的真实性。

对于叛国行为的审讯从 1909 年 3 月 3 日一直持续到 11 月 5 日，很快，它便给政府的公共关系带来了彻底的灾难。法院听取了 276 名证人的证词，但他们之中没有一个人是被告人提到的。在阿格拉姆（即现在的萨格勒布）宣布的所有 31 项罪名之后却在维也纳的上诉中被撤销。与此同时，弗里德永以及《帝国报》（*Reichspost*）一位编辑也遭到了一系列诽谤指控。这位博士作为证据的“秘密文件”变成了伪造物，由塞尔维亚的一名双重间谍传给了奥匈帝国使馆，奥匈帝国外交部之后又将它交回弗里德永。作为杰出的历史学家，这位不幸的弗里德永博士的名誉被可耻地滥用，他做出道歉并撤回了指控。但是，捷克民族主义活动家、同时也是被告的辩护者托马什 · 马萨里克仍然穷追不舍地对这次事件刨根问底，通过广泛的调查搜集新的证据，并在多次公共讨论中声明奥匈帝国驻塞尔维亚大使以埃伦塔尔伯爵的名义刻意伪造了文件。

维也纳当局根本不可能从一开始就知晓这些文件并非真实的，他们的偏执可能会轻信这些言论——奥地利人一直都对他们所担忧的事情深信不疑。但阿格拉姆和对弗里德永的审判还是对奥匈帝国和塞尔维亚的关系造成了深远的影响。尤其糟糕的是，这场丑闻曝光不久后，奥匈帝国在塞尔维亚的代表约翰 · 福尔加奇（Johann Forgách）伯爵成为众矢之的。1910~1911 年，马萨里克仍然在努力 “揭发” 令人尴尬的奥匈帝国的不义行为（他的发现并非都是真的）。塞尔维亚媒体欢欣鼓舞，将福尔加奇逐出贝尔格莱德的呼声此起彼伏。福尔加奇——这位很早以前就对自己的处境倍感不快的代表，发起了猛烈还击，否认所有的指摘（或许他是正确的）；同样身为攻击对象的埃伦塔尔，发现无法让这位跟敌人唇枪舌剑、交锋正酣的公使离开，因为这样就暗示着维也纳默认了奥匈帝国当局在故意欺骗公众。1910 年 11 月，福尔加奇私下致信维也纳的外交部门称：“情况对我来说很不乐观，但如果当地政府能够悬崖勒马、主持公道，那么我一定会从贝尔格莱德媒体发起的风暴式打击中挺过来，因为我已经经历了那么多不愉快。”

尤其让福尔加奇感到愤怒的是，塞尔维亚高级军官总是不断地介入这件事，以达到让他身败名裂的目的。在这些人当中要属外交部的米罗斯拉夫 · 斯帕拉伊科维奇（Miroslav Spalajković）最过分。斯帕拉伊科维奇向马萨里克提供证据以攻击奥匈帝国政府；在对弗里德永进行审判的日子里，他甚至成了代表塞尔维亚—克罗地亚联盟的专家证人。在竭力质疑伪造文件的可信度之后，他又继续采取行动，断言福尔加奇为了捏造针对塞尔维亚—克罗地亚联盟的指控，故意肯定了这些信息的真实性。1910~1911 年冬天，荷兰驻贝尔格莱德使节弗雷登比赫（Vredenburch）称，斯帕拉伊科维奇一直在外交圈内散布针对奥匈帝国代表的流言。更糟糕的是，人们经常可以看到斯帕拉伊科维奇和他的妻子身边出现哈特维希的身影，也就是那位新任俄国公使。福尔加奇愤怒地将他称为“我们的死对头”，两人之间互通信件，恶语相向。1911 年 4 月，福尔加奇下令奥匈帝国在贝尔格莱德的所有外交人员都不许和斯帕拉伊科维奇有任何往来。他告知埃伦塔尔：“在某些方面，这个过度焦虑的人神志并不健全。自兼并以来，他对奥匈帝国的憎恶已经让他精神出问题了。”

很明显，福尔加奇在贝尔格莱德的工作已经无法继续下去，1911 年夏，他被召回。但阿格拉姆和弗里德永的丑闻还在审讯中，这件事在塞尔维亚首都造成的余波尚未散去，因为很多关键人物都在1914年爆发的战争里悉数登场了。作为外交部高级官员，斯帕拉伊科维奇很看重在波斯尼亚—黑塞哥维那的利益——他的妻子是波斯尼亚人；1879年，他在巴黎大学的博士论文中提到，既然这两个省是奥斯曼封建统治下独立的合法实体，那么奥匈帝国对它们的兼并就永远不是合法的。之后，斯帕拉伊科维奇成了塞尔维亚驻保加利亚的公使。他扮演了一个重要角色，串通俄国，在巴尔干同盟中建立了塞尔维亚—保加利亚联盟。在保加利亚任职期间，他是哈特维希最亲密的朋友，以“每月20次”的频率拜访他。很快，他便被调到圣彼得堡的公使馆去了。在那里，适逢1914年“七月危机”如火如荼之时，他的工作是将沙皇和他的大臣们的意图传达给贝尔格莱德的塞尔维亚政府。1912年，埃伦塔尔突患白血病逝世，继他之后奥匈帝国外交部的政策制定者中，福尔加奇（这位被调离原岗位的强硬的反塞主义者）当仁不让地成为他们中的一名重量级成员。他不大可能忘记伊兹沃尔斯基和埃伦塔尔之间的私人过节，波斯尼亚危机过后，维也纳的报刊恰当地将其看作阻碍奥匈帝国和俄国之间关系改善的绊脚石。1914年“七月危机”有一个非常有趣的特点，那就是其中许多主要人物早就是老熟人了。在关键事务背后，埋藏的是纷纷扰扰的私人恩怨和挥之不去的伤害。

单凭奥地利人的力量，塞尔维亚问题是不可能得到解决的。一个巴掌拍不响，其背后牵扯许多交互错杂的关系。首要的是塞尔维亚和俄国的关系，尤其是在兼并危机之后，双方的关系得到了加深。维也纳对俄国公使哈特维希十分提防，因为他是个持反奥立场的泛斯拉夫主义者，他在贝尔格莱德越发重要的影响力并不是什么好兆头。一位在索非亚的法国公使这样描述哈特维希：“一个典型的农民”，顽固地坚守“旧俄国政策”，并时刻准备“牺牲远东，赢得巴尔干地区”。哈特维希与塞尔维亚总理帕希奇之间建立了异常亲密的友谊，这两个人每天都要见面。塞尔维亚外交部的官员们也跟着向俄国代表团的外交官们示好：“我们是唇齿相依的伙伴。”一位俄国记者曾做出如此评价：“没有人相信，俄国和塞尔维亚之间在共同的政治目标上存在任何秘密。”贝尔格莱德的大街小巷都欢迎这位俄国公使，他就像一个征服了这里的英雄一样风光：“只要有人看到他很有特色的脑袋，他就会赢得热烈的掌声。”

理论上，维也纳可以通过寻求与保加利亚之间建立良好关系来转移塞尔维亚的敌意，但这种选择同样会带来问题。由于保加利亚和罗马尼亚之间依旧存在领土争，讨好索非亚就不得不冒着与布加勒斯特分道扬镳的危险。得罪布加勒斯特是极不明智的选择，因为罗马尼亚少数民族有许多人生活在匈牙利的特兰西瓦尼亚。如果罗马尼亚脱离维也纳，转而投入俄国的怀抱，那么少数民族问题将会扰乱该地区的安全。匈牙利外交官和政治领导人尤其警告称，“大罗马尼亚”对二元君主制的威胁不亚于“大塞尔维亚”。

亚得里亚海岸的小公国黑山也是问题之一。弗朗兹 · 莱哈尔（Franz Lehár）的轻歌剧《风流寡妇》(*The Merry Widow*) 就是取景于这个风景如画却颇为贫穷的王国。黑山共和国是巴尔干地区面积最小的国家，仅有 25 万人口，散居在虽然美丽但环境很恶劣的山峰和溪谷中。这个国家的国王身着镶满金银、颜色鲜艳的华丽制服，人们在黄昏时可以看到他在他的宫殿前吞云吐雾，等候路人过来搭话。布拉格记者埃贡 · 埃尔温 · 基施（Egon Erwin Kisch）在 1913 年夏徒步从采蒂涅出发，途径黑山首都，最后到达美丽的港口城市里耶卡（现在克罗地亚境内）。旅行中，他听到山谷里传来枪声，这使他大惊失色。一开始他还以为巴尔干爆发了战争，但他的防卫人员向他保证，这只不过是黑山青年用他们的俄式步枪朝湍急的山溪里的鱼开枪的声音。

这个国家虽然贫穷且面积狭小，但它并不是无足轻重的。洛夫琴山上架起枪支，能俯瞰奥地利在亚得里亚海岸的卡塔罗建造的港口设施，而后者丝毫没有防御能力。1861 年之后掌握政权的王子尼古拉（Nikola）是继维多利亚女王和弗朗茨 · 约瑟夫之后，在位时间最长的欧洲君主，同时也是一个野心勃勃的人。在 1878 年的柏林会议上，他成功地将自己的国土扩张了一倍；1908 年吞并危机时，黑山的领土再一次得到扩张；之后，他又开始盘算阿尔巴尼亚北部的一小块地盘。1910 年，他顺理成章地当上了国王。他以超凡的技巧，嫁出自己的女儿们。塞尔维亚的佩塔尔 · 卡拉乔尔杰维奇是他的女婿（尽管他的黑山妻子在他刚获得王权时就离世了）；尼古拉的其中一个女儿埃莱娜嫁给了意大利的维托里奥 · 埃马努埃莱三世（Victor Emmanuel III）；另外两个女儿则嫁给圣彼得堡的俄国大公，他们都是俄国上层社会的精英。尼古拉充分利用他的国家敏感的战略地位，以吸引强大的外部支持者，而这些支持者中最重要的当属俄国。1904 年，他为了表现对大斯拉夫同盟的支持，悍然向日本宣战。作为回报，俄国给他提供军事补助，并派出军事代表团帮助“黑山军队的重新改组”。

与黑山联姻的意大利的处境同样复杂。1882 年 5 月起，意大利与奥匈帝国和德国结成三国同盟，并在 1891 年、1902 年和 1912 年三次恢复自己的成员国地位。但在与奥匈帝国的关系问题上，意大利国内的意见出现了严重分歧。一般来说，意大利的自由主义者、非宗教人士和民族主义者倾向于与奥地利人对抗，尤其是在亚得里亚海的问题上，意大利的民族主义者将其视为巩固意大利影响力的最佳地点，而意大利的天主教徒、教权主义者和保守人士则相反，支持与维也纳修好并与之合作。面对这些不同的意见，罗马方面推行了一种精细化、多元化但常常自相矛盾的外交政策。1900 年和 1902 年，意大利政府与法国签署秘密协议，解除了大多数与维也纳和柏林的条约义务。此外，从 1904 年起，意大利人渐渐将奥匈帝国在巴尔干地区的政策视为对该地区利益的侵犯。黑山是意大利在巴尔干地区施加商业和文化影响的不二之选，外交大臣托马索 · 蒂托尼（Tomaso Tittoni）与贝尔格莱德和索非亚建立了非常友好的关系。

对于 1908 年的兼并，意大利的反响非常强烈，并非仅仅因为抵制奥匈帝国的行为，更是因为埃伦塔尔拒绝为罗马提供财政支持——在哈布斯堡主要讲意大利语的港口城市伊斯特里亚建立一所意大利语授课的学校。1909 年 10 月，国王维托里奥 · 埃马努埃莱三世打破三国同盟的约定，与沙皇尼古拉二世签订了秘密协议，即之后的《拉冈尼基协定》。协定规定，在双方没有达成共识的情况下，意大利和俄国都不能在“欧洲东部”的问题上与其他方面缔结合约。此外，双方都承诺，“要支持彼此的利益，即俄国在土耳其海峡的利益，以及意大利在的黎波里和昔兰尼加的利益。”而这项协定并非表面上那么重要，因为意大利很快就和塞维利亚签署共识，推翻了之前的《拉冈尼基协定》中的许多承诺，但这也表明罗马下决心寻求一种更加肯定和独立的政策。

最有可能导致奥匈帝国和意大利之间出现分歧的是阿尔巴尼亚问题，这个国家仍然处于奥斯曼帝国的控制之下，而意大利和奥匈帝国都认为，自己在该地区的影响力正逐步增大。从 19 世纪 50 年代开始，奥匈帝国就通过其在斯库塔里的副领事，为这个国家北部的天主教徒提供宗教保护。但意大利也对阿尔巴尼亚漫长的亚得里亚海岸线虎视眈眈。到了19世纪和20世纪之交，罗马和维也纳都认为，一旦奥斯曼帝国在该地区的政权垮台，它们应当为阿尔巴尼亚的独立提供支持。而在双方的影响力究竟如何分配的问题上，还有待商榷。

佯装的平静

1909年3月，塞尔维亚正式宣告停止针对奥匈帝国领土内的秘密行动，并意欲与邻居奥匈帝国修好。1910年，在经历了诸多口角之后，维也纳和贝尔格莱德甚至同意以一份贸易协议来结束双方之间的贸易冲突。同年，塞尔维亚进口量增加了24%，经济情况有所好转。来自奥匈帝国的商品重新出现在贝尔格莱德商店的货架上；到了1912年，奥匈帝国再一次成为塞尔维亚的主要买家和供应商。帕希奇与奥匈帝国代表之间的一次会议上，双方都做出了信誉担保。但双方之间业已存在的尴尬似乎不可能那么容易被抹杀。尽管佩塔尔国王正式出访维也纳的计划已被提出，但一直没有付诸行动。最初，塞尔维亚政府以国王抱恙为由，将出访地点从维也纳改到了布达佩斯，但之后又推迟了时间；1911年4月，这个日子被一推再推，仿佛遥遥无期。然而就在奥地利人气愤不已时，1911年冬，塞尔维亚却对巴黎进行了一次十分成功的皇家访问。这次拜访的重要性可想而知，就连塞尔维亚驻法国的公使都回到贝尔格莱德，准备诸项事宜。更早之前，他们计划将维也纳和罗马作为这次法国之旅的额外访问地点，但最终还是放弃了这种打算。佩塔尔于11月6日到达巴黎，被安顿在法国外交部。在那里，他得了共和国总理的迎接，还被授予一枚金质奖章。在这样的场合，这枚奖章的意义十分特殊：它用来纪念和表彰这位国王，即作为一名年轻的塞尔维亚流亡者和志愿者，他在1870年法国与普鲁士的战争中表现非凡。让奥地利人更为恼火的是，当日的晚宴上，法国总理致辞的开场白中赞扬佩塔尔是“所有塞尔维亚人的国王”（很明显，也包括了在奥匈帝国生活的塞尔维亚人），并且会“带领他的国家和人民走向自由”。佩塔尔兴高采烈地回应，他和他的塞尔维亚同胞在追求自由的斗争中离不开法国的支持。

此外，种种现状背后，塞尔维亚对波斯尼亚—黑塞哥维那仍然耿耿于怀。民族自卫组织虽然在表面上已经转变成一个纯粹的文化机构，但它很快便重操旧业，它的分支机构在1909年之后迅速扩张，且深入波斯尼亚—黑塞哥维那。奥地利人也铆足了劲儿，监视塞尔维亚特工在边境外的间谍活动。一个具有代表性的例子是塞尔维亚军队中的一名候补中尉德拉戈米尔·乔尔杰维奇（Dragomir Djordjević），他将自己的文化工作（即在波斯尼亚当一名“演员”）与管理塞尔维亚线人的秘密组织相结合。1910年10月，有人发现他重返塞尔维亚参与武装训练。奥匈帝国驻塞尔维亚的代表们很早就觉察到黑手会的存在，尽管他们当初并不确定究竟该如何利用这个充满秘密的新生集团。1911年11月12日的一篇报道中，新任驻塞尔维亚公使（也就是福尔加奇的继任者）斯特凡·冯·乌格龙（Stephan von Ugron）告知维也纳，“一个存在于上层圈子中的组织”目前是塞尔维亚媒体热议的话题。关于这个组织，外人没有“深入的了解”，只知道他们自称黑手会，其主要目的是重新获得奥布雷诺维奇时代军队所享有的国家政策影响力。

乌格龙和奥匈帝国陆军武官奥托·格利内克（Otto Gellinek）之后提供的消息显然更为充分。在这个新成立的组织中，“阿匹斯”是最重要的人物。对于该组织的目标，人们也有了更准确的了解：“行动计划包括清除这个国家里所有阻碍大塞尔维亚理想实现的人”，并且扶植一位“立志领导所有塞尔维亚人实现民族统一”的人上台。报纸上谣言四起，称黑手会已经草拟了一份黑名单，上面是他们准备行刺的官员——如果需要发动一场针对人民激进党政府的政变的话，但这些谣言之后被证明并不可信。1911年11月22日，格利内克在报道中称，显然，谋反者们计划通过合法的途径消除“塞尔维亚国内的敌人”，以便之后“通过联合所有的力量，清除外部敌对势力”。

起初，奥地利人以出奇的冷静对待这些组织。但格利内克发现，根本不可能放任这些秘密组织在塞尔维亚长时间存在，因为“每5个反叛者中，就有一个线人”。反叛活动在塞尔维亚是司空见惯的事，因此也不用大惊小怪。但当他们逐渐意识到黑手会在国家机关不断扩大的影响力之后，奥匈帝国观察家们的态度发生了转变。1911年12月，格利内克称，塞尔维亚军政大臣取消了一项针对组织行动的调查，“因为将会招致大麻烦”。1912年2月初，他发现黑手会的性质已经变成半官方的了，很明显，政府“对组织内的所有成员和他们的行动了如指掌”。身为国家公职人员的斯特潘诺维奇却是这一组织的保护人，这足以见得他们的政治影响力有多大。

奥匈帝国在1914年夏的行为背后是一个复杂的局面。一方面，黑手会的确是一个针对塞尔维亚当局的颠覆性组织，后者也十分畏惧它；另一方面，大塞尔维亚的雄心却得到了广泛的支持和容忍——国家领导人和民众亦如此。更重要的是，黑手会和当局似乎在行动上联起手来。1912年2月，乌格龙警告称塞尔维亚当局可能会支持“一次狂热的军事爱国主义行动”——如果这次行动能够让双方一致对外且不会再企图颠覆国内政权的话。民族主义组织Pijemont曾打着民族事业的幌子公开支持反对哈布斯堡的极端目标，而黑手会的存在又使得塞尔维亚当局无法采取行动进行打压。简而言之，奥地利人深谙黑手会的势力，以及塞尔维亚这个国家的复杂形势：帕希奇政府受到了重重限制，根本无法与之抗衡。

这种情况一直持续到1914年夏。在1912年和1913年的两次巴尔干战争中，奥地利人目睹了黑手会组织的成长和扩张。1914年1月，人们的注意力被集中到了对谋反军官韦米奇的审判上。1903年刺杀行动后，韦米奇随身携带了一只箱子，里面装的是他从德拉加王后乳房上割下来的一块已经脱水的肉，这算是6月11日晚行动成功的战利品。1913年10月，在第二次巴尔干战争期间，韦米奇射杀了一名塞尔维亚新兵，原因是他执行命令的动作太慢，而他也受到军事法庭的审判。但担任司法人员的全部是高级军官，他被宣判无罪，这在贝尔格莱德的部分媒体中掀起了轩然大波，韦米奇不得不接受塞尔维亚高级法院的复审，但宣判结果仅为判处10个月监禁，并且1913年12月底的一项由国王下达的赦免令又将刑期缩短。格利内克在1914年5月写道，军事警察“已经成为今天塞尔维亚政治的决定性力量”。塞尔维亚公共生活的“趋军事化”特征构成并加深了对奥匈帝国的威胁，因为“这些军事警察同时也是大塞尔维亚民族主义的排头兵，是号召反奥匈帝国的中坚力量”。

在这个混乱的局面中，最神秘的一个人物当属“塞尔维亚的无冕之王”——尼古拉·帕希奇。1913~1914年的政治风暴中，帕希奇按兵不动，生怕自己和军事警察之间发生直接冲突。1914年5月21日，格利内克写道，“带着他一贯的机敏”，这位总理巧妙地回避了来自议会的质询和催促，坚称塞尔维亚政府和军事警察们在所有重要问题上“都达成了高度一致”。在6月21日（萨拉热窝事件发生的前一个星期）的文件中，格利内克将当前的形势总结为4点：国家的大权已经落入反叛者之手，塞尔维亚当局有心无力，军队继续执行着他们的内政和外交政策，俄国公使尼古拉·哈特维希在贝尔格莱德仍是一名极具影响力的人物。但这些都不能说明帕希奇可以被完全地忽略，正相反，存在长达30载的“亲俄”的人民激进党奠基人和领导人仍然处于“全权地位”。

然而，想与帕希奇进行直接对话是相当困难的。1913年秋发生的一段奇怪的插曲证明了这一点。10月3日，经过预先安排，帕希奇访问了维也纳。这次到访是一场及时雨，因为维也纳和贝尔格莱德在塞尔维亚占领阿尔巴尼亚北部地区的问题上一直没有达成共识。10月1日，贝尔格莱德收到一封信，警告塞尔维亚人必须放弃阿尔巴尼亚，但得到了模棱两可的反馈。在大使的陪同下，帕希奇与诸位奥匈帝国大臣举行了会晤，还与奥匈帝国外交大臣贝希托尔德、匈牙利首相蒂萨、福尔加奇、比林斯基等人共进晚餐。然而在这些活动中并没有对双方面对的问题进行彻底的讨论。联合财政大臣并兼管波斯尼亚—黑塞哥维那事务的比林斯基在他的回忆录中写道，帕希奇的谈话闪烁其词。他的话语“热情洋溢，辞藻华丽”，但刻意回避奥匈帝国方面提出的问题，东拉西扯，并保证“一切都会好的”。比林斯基还批评贝希托尔德没有给这位塞尔维亚政治家施加更多的压力。“外表精悍，有一把很有代表性的胡子，热情的目光，举止得当”，帕希奇用他彬彬有礼而激情四射的举止、刻意让人迷惑的话语，把奥匈帝国外交大臣弄得云里雾里。在午饭前他们的第一场会谈中，贝希托尔德被帕希奇友好的姿态和热情所感染，以至于当谈及阿尔巴尼亚问题时，他竟然忽略了自己的职责——态度强硬地表达奥匈帝国对塞尔维亚的占领表示反对。会谈过后，贝希托尔德在下午突然意识到他“忘记”告知帕希奇维也纳的态度。双方答应在当天晚上一起去看戏时重新讨论这个问题。这位外交大臣稍微迟到了一些，来到了他的皇家包厢之后，却发现帕希奇已经回酒店休息，现在他应该在床上呼呼大睡了。这位塞尔维亚总理在第二天早些时候匆匆离开了，双方再也没有进行进一步的会谈和交流。贝希托尔德回到他的办公桌前，以最快的速度写了一封信，并将它转交给酒店的信使，信使会在帕希奇离开这座城市时把信交给他。但因为这封信是用德文写的（更不用提贝希托尔德“天书”一样的字迹），帕希奇看不懂。即便这封信在贝尔格莱德被翻译过来，帕希奇或许也很难明白贝希托尔德到底在暗示些什么。奥匈帝国外交部的工作人员同样不知道信中写了什么，因为贝希托尔德没有留下信件的副本。假设比林斯基在十几年后的叙述是可信的，那么毫无疑问，这些充满喜剧特质的错误有一部分是奥地利人混乱的头脑造成的，或者说，是贝希托尔德近乎恼人的谦虚、羞怯和保守造成的，但这同时也表明了帕希奇真的是一个聪明狡猾的人。

萨拉热窝事件之前的数年、数月和数周里，奥匈帝国一直对塞尔维亚实施监控，他们发现这个邻国中的确存在一股企图颠覆政府的力量，而这一解释与事实有细微的差别。因此，这只能说是存有偏见的一家之言。奥匈帝国对塞尔维亚活动的观察深深根植于一种对塞尔维亚政治文化以及主要人物的消极的情感态度——这种态度部分来自经验，部分来自长久以来存在的刻板印象。奸诈、阴险、不可靠、闪烁其词、暴力、急脾气……这些都是从贝尔格莱德发来的报道中常见的描述。真正缺失的是一个彻底的分析，即分析塞尔维亚的反奥匈帝国团体与哈布斯堡帝国内的民族恐怖主义之间究竟是什么样的关系。阿格拉姆—弗里德永事件有可能使奥匈帝国的情报搜集工作在 1909 年之后受阻，正如 20 世纪 80 年代“伊朗门”让里根政府的秘密情报工作大大削弱一样。奥地利人知道，民族自卫组织的目标是颠覆哈布斯堡王朝在波斯尼亚的统治，并在其境内开展破坏活动。他们认为，塞尔维亚在奥匈帝国境内的民族主义活动的动机根源是以贝尔格莱德为基地的爱国主义组织的泛塞尔维亚宣传。但两者之间的联系以及民族自卫组织和黑手会之间的关系都无从确认。尽管如此，萨拉热窝事件后，奥匈帝国之所以会有如此的想法和行动，早已经在 1914 年春之前就见端倪了。

鹰与和平鸽

巴尔干战争动摇了奥匈帝国在巴尔干半岛的坚固地位，同时它也壮大了塞尔维亚，后者的国土在战争中扩张了 80%。在第二次巴尔干战争中，拉多米尔 · 普特尼克（Radomir Putnik）将军坐镇指挥的塞尔维亚军队体现的纪律性和主动性给人留下了深刻的印象。在谈到贝尔格莱德的军事威胁时，哈布斯堡政府往往表现出轻蔑的态度。埃伦塔尔就曾用生动的比喻将塞尔维亚形容成在奥匈帝国果园里搞破坏的“无赖男孩”。然而 1912 年 11 月 9 日，总参谋部发文，称惊讶于塞尔维亚军事实力的崛起。该年年初便开始的铁路系统建设、武器和装备的现代化，以及前线兵力的增强（法国人是背后的资金支持者），已经让塞尔维亚变成了一个强大的对手。此外，塞尔维亚的军事实力可能还会继续增强，其在第二次巴尔干战争后新征服的土地有着160万人口。在1913年的报道中，驻贝尔格莱德的奥匈帝国陆军武官格利内克称，尽管眼下并没有直接的危机，但所有人都不能低估这个国家的军事实力。因此，奥匈帝国的国防必须向塞尔维亚看齐。

在如何采取措施应对奥匈帝国在巴尔干地区日益衰退的地位的问题上，维也纳的关键决策者之间出现了分歧。奥匈帝国应该与塞尔维亚寻求和解，或是通过外交手段解决？维也纳需要和圣彼得堡重修于好？或者问题的解决需要付诸一场军事冲突？奥匈帝国多元的政治立场很难在这些问题上达成清晰的共识。外交政策也并非来自这一体系最高级别的一小撮人，而是产生于不同政治团体之间的相互磋商，而这些团体的关系有些并非是正式的，且经常处于变动之中。总参谋部就是众多团体之一。外交部当然也是一个主要参与者，尽管它的内部也是各个政治集团之间相互竞争的平台。二元制度宪法要求，帝国的外交政策需要咨询匈牙利总理。内政和外交问题之间有千丝万缕的联系，因此许多大臣和高级官员同样宣称自己有解决问题的权力，比如负责管理波斯尼亚—黑塞哥维那事务的财政大臣利昂 · 比林斯基，甚至还有理论上是他下属的波斯尼亚地区长官波蒂奥雷克——一个意见总是和别人相左的人。奥匈帝国的政治结构如此开放，以至于连中等级别的人（例如外交官，或是外交部的部门领导）都可能通过提交来路不明的备忘录左右帝国政策的形成，而决策者们经常谨慎对待这些人的意见。负责总管事务的是皇帝，他的权力没有改变——赞同或是否决他的大臣们和谏言者提出的意见和建议，但他反而起到了消极的作用：对于松散结合而成的政治团体给出的意见，他只知道顺从或是对它们进行调解。

在这种混乱的政治背景下，有三个人凭借巨大的影响力脱颖而出：奥匈帝国总参谋长、陆军元帅康拉德 · 冯 · 赫岑多夫（Conrad von Hötzendorf）、哈布斯堡王位的继承人弗朗茨 · 斐迪南大公，以及联合外交大臣贝希托尔德。

康拉德 · 冯 · 赫岑多夫是20世纪欧洲掌管军事大权的著名人物之一。1906年他被任命为总参谋长时已经54岁，在他的职业生涯中，他一直支持通过战争扫清帝国的敌人。在帝国的外交关系上，康拉德始终表现出野心勃勃的姿态。然而他对自己的健康状况却产生了深刻的焦虑，并常常考虑退休的问题。他在公共场合非常

利奥波德 · 贝希托尔德

（来源：Popperfoto / Getty Images 图库）

康拉德 · 冯 · 赫岑多夫

（来源：Getty Images 图库）

拘谨，喜欢独自一人登山，在登山的过程中，他还用忧伤的笔触完成了一幅描绘被黑暗的针叶林覆盖的陡坡的素描。间歇性的严重忧郁症让他趋向于自我怀疑，尤其是 1905 年他的妻子去世之后。为了逃离这场沉痛的打击，他从与维也纳一位实业家的妻子吉娜 · 冯 · 赖宁豪斯（Gina von Reininghaus）的关系中寻求慰藉。

这段不光彩的私情给康拉德的人生仿佛投射进一缕阳光。1907 年，两人相识在维也纳的一场晚宴上，当时他们的座位挨着。大概一周之后，康拉德出现在赖宁豪斯的别墅并对她说："我已经无可救药地爱上您了，我的脑海中只有一个想法：您应当成为我的妻子。"大吃一惊的吉娜赶忙回答这是不可能的，她已经身处"七人联盟"中无法抽身——她的丈夫和六个孩子。"无所谓。"康拉德坚定地认为，"我不会退缩，这个愿望是我的动力。"一天之后，一位副官出现了，告知赖宁豪斯总参谋长处于脆弱的精神状态中，劝说她应当在毁灭他所有希望之前三思。8 天后，康拉德本人又亲自拜访，宣称如果她明确地拒绝了她，他将辞去在总参谋部的职位，就此从公众视线中消失。最后他们达成一致：赖宁豪斯继续和丈夫、孩子生活，但应当时不时地和她的丈夫分开。这位总参谋长无畏的计划（大胆而狂热，甚至有些冒犯的求偶艺术）大获成功。

就这样，吉娜和丈夫继续一起生活了8年，期间她和康拉德是否还保持着关系就不得而知了。吉娜的丈夫汉斯·冯·赖宁豪斯（Hans von Reininghaus）虽然戴上了绿帽子，却仍然自鸣得意，这位富有的商人总归还有别的女人来慰藉自己，何况与康拉德攀上关系意味着能够轻易地获得利润颇丰的军需物品合同。只要有机会，康拉德就会来拜访他的情人。此外，他还写情书给她，有时一天会写好几封。但因为将它们寄给情人等于冒着丑闻曝光的危险，他只能将它们收集成一个集子，并命名为“记我的苦楚”。除了一些零星的新闻，这些信的主题一直没有变过：她使他的灵魂得到欢愉，只有她的想法才能将他从绝望的深渊中拯救出来，他的命运掌握在她手中，云云。1907~1915年，他一共攒了3 000多封信，直到他死后，吉娜才得知这个信集的存在。

我们很难将这段关系的重要性再夸大，因为从1907年到战争爆发，它就一直是康拉德生活的重心，虽然他也在不停思考其他一些事情，包括送到他办公桌上的军事和政治问题。这段关系中他的表现同时也可以解释康拉德职业生涯的特质，比如他不顾身份铤而走险的坚强意志，以及对破坏名誉的毫不畏惧。他甚至将发动战争当作赢得吉娜芳心的手段。康拉德认为，只有成为一名立下赫赫战功的战争英雄，他才能消除一切社会压力和障碍，让吉娜永远地离开她的丈夫和自己结婚。在一封信中，他幻想着从一场“巴尔干战争”中凯旋，将所有蹑手蹑脚的行为都抛弃在空中，大大方方地迎娶她。在那些年，他一丝不苟地将自己塑造成具有阳刚之气、衣冠楚楚而年轻的形象，这从他的照片中可以看出。在他的私人文件里（现在它们被陈列在维也纳的各大档案馆中），可以发现从日报上剪下的抗皱霜广告。总而言之，康拉德代表了欧洲男子的典型性格——脆弱且过度紧张，因此在某些方面具有忧郁的特质。

在面对哈布斯王皇朝地缘政治上的困境时，康拉德表现出了他对梦中情人的那种偏执。1914年以前的欧洲军事指挥官中，他以出奇的好武独树一帜。每次遭遇外交上的挑战，他的回答都是“战争”；在这一点上，1906年的他和1914年的他没什么两样。康拉德一再重申要对塞尔维亚、黑山、俄国，甚至还有奥匈帝国不忠实的盟友、在巴尔干地区的敌人意大利，采取防御性战争。他从不掩盖他的意图，而是将它们公之于众，比如通过总参谋部控制下的媒体《军事快报》（*Militärische*

Rundschau）广而告之。他对他坚定的信念非常自豪，并将这种果敢和大胆视为男人应有的品质。在他写给部长和同事的信中，他最喜欢的一句话就是："我一再地重申，我坚持自己的立场。"此外，他与人沟通的语气常常是粗鄙、吹毛求疵而自我欣赏的，这使得他的同僚和上司们很不快。1912 年，当他的桃色新闻已经成为不争的事实时，吉娜建议康拉德，如果他能够更和气地和皇帝说话，并避免犀利的言辞，那么他一定能够和这位长辈更好地相处。

康拉德的眼中有许多潜在的敌人，但塞尔维亚是其中一个主要对手。在 1907 年写的备忘录中，他呼吁侵略并吞并塞尔维亚，他将这个国家描述成"滋生那些将南斯拉夫从帝国中分裂出去的意愿的温床"。1908~1909 年，当兼并危机还处在风口浪尖时，他多次提出对贝尔格莱德进行防御性战争。1909 年春，他对吉娜说："这是一场危机，而我们却无动于衷。对塞尔维亚的战争能够挽救帝国。几年之后我们就会为自己的不作为而感到痛苦，那时我将选择负全责到底。"1912~1913 年巴尔干战争期间，他又呼吁发动对塞尔维亚的战争。在 1913 年 1 月 1 日到 1914 年 1 月 1 日整整一年的时间里，他提出发动战争的次数超过 25 次。这种固执的坚持背后体现着他的社会达尔文主义哲学，在他看来，两国的政治关系的主旋律且不可避免会发生的是竞争和对抗。与其说康拉德是个种族主义者（尽管一些稍微年轻的哈布斯堡军官都在憧憬着德国与斯拉夫民族之间爆发冲突），不如说他的思维更倾向于冷漠的霍布斯主义，认为两个国家为了追求各自的安全，诉诸永无止境的对抗。

直到巴尔干战争打响，康拉德的呼声才变得姿态高于影响力。弗朗茨 · 约瑟夫一世在 1908 年断然拒绝了他的请求。同样，埃伦塔尔对他的论点也变得无动于衷，并且对这位总参谋长不懈地阻碍政策制定过程表现得越发没有耐心。1911 年 10 月，当康拉德敦促与意大利开战时，埃伦塔尔终于忍无可忍，向皇帝递交了一份正式的抗议书。埃伦塔尔写道，康拉德在总参谋部形成了一个"战争派"。如果不对他们的发展势头进行遏制，那么"帝国的政治行动将会被其削弱"。11 月 15 日，在会见皇帝时，双方之间的矛盾达到顶点，弗朗茨 · 约瑟夫一世已经无法再忍耐这位聒噪而固执的参谋长，他将他召到美泉宫，狠狠地训斥了他。"我禁止您再向埃伦塔尔发动无休止的人身攻击。"他对康拉德说，"您那些关于意大利和巴尔干问题的指责直接是针对我的。政策——制定政策的人是我！我的政策是和平的政策。所有人必须

弗朗茨 · 斐迪南大公

清楚地认识到这一点。”哈布斯堡皇帝和他的总参谋长之间的这次冲突值得一提，因为在康拉德的前任中，还没有谁和皇帝之间的关系会闹到这种程度。它象征着哈布斯堡指挥体系中有一小部分人已经与大部队分道扬镳，试图实现自主，发出自己的声音，而这使得政策制定的过程变得格外复杂。康拉德对皇帝的指摘毫不畏惧，赶忙起草一份尖锐的回复。但弗朗茨 · 约瑟夫一世没有给他这个机会，在他呈上这份回复之前就将他免职了。1911 年 12 月 2 日，他被正式免职。

在反对康拉德和他的战争政策的人中，最执着且最有影响力的便是哈布斯堡王朝的继承人弗朗茨 · 斐迪南，而他的死也加速了 1914 年“七月危机”的发酵。在哈布斯堡的领导层中，弗朗茨 · 斐迪南的地位既复杂又关键。在宫廷中，他是个被孤立的角色。他和皇帝之间的关系并不亲密。他之所以被提名为帝国的继承者，完全是因为皇帝的亲生儿子鲁道夫在 1889 年 1 月自杀了。对逝去的这位才华横溢却充满忧郁气质的皇太子的怀恋，无疑让皇帝和这位代替皇太子继承皇位、脾气古怪的人之间的关系受到影响。在他的儿子死后不到 5 年，皇帝准备指定弗朗茨 · 斐迪南为继承者，两年后，即 1896 年，这位大公正式继承了皇太子之位。但即便是这样，皇帝和他的侄子之间的会面气氛依旧很尴尬。据说这位大公在去参加帝国会议的路上吓得瑟瑟发抖，就像一个被叫到校长办公室的学生。

1900 年 7 月，斐迪南与捷克贵族索菲的婚姻进一步影响了他与皇帝的关系。这段通过自由恋爱而达成的婚姻违背了皇帝和哈布斯堡皇室的初衷。尽管有着高贵的波西米亚血统，但这位女伯爵还是没有达到哈布斯堡对皇室血缘关系的要求。弗朗茨 · 斐迪南不得不为自己的生存进行旷日持久的斗争，他积极赢得大主教们、大臣们，最后还有德皇威廉二世和罗马教皇的支持，以确保这个联盟的稳定性。弗朗茨·约瑟夫最终还是放弃了坚持，但对于这样一段婚姻，他仍不甘心，直到这对夫妻在1914年遇袭身亡。他的皇位继承人必须发誓，自己当时还未出生的孩子没有哈布斯堡皇室的血统。婚礼之后，这对夫妻继续忍受着哈布斯堡宫廷几乎包含了所有公众生活礼仪的规章制度（对他们来说，这些规定无疑带有冷落和歧视的味道）：索菲从来都不被允许使用大公妃的头衔，而是被称为第一公主，之后是霍恩贝格女公爵。在看戏的时候，她不允许和她的丈夫一起坐在皇家包厢，在用晚宴的时候也不允许和他坐在一起，在他乘坐华丽的金轮马车时，她也不能陪伴他。最让她感到受折磨的是皇帝的管家——蒙特诺福，他自己是拿破仑众多妻子中的一位的私生子，他无所不用其极地监督她落实每一条规矩，任何细节都不放过。

1906年后，当皇帝任命他的侄子为军队的总监察长时，弗朗茨·斐迪南开始打翻身仗，弥补多年来在宫廷受到的冷落。他在二元君主制摇摇欲坠的执行机构之上，建立了自己的力量集团。除了任命一波关键人物（比如埃伦塔尔和康拉德）之外，这位大公还扩大了他的军事总理府的活动范围，他将它们设立在自己的下宫旁边。在一位充满活力、才华横溢的总管亚历山大·布罗施·冯·阿伦瑙（Alexander Brosch von Aarenau）少校的监督下，军事总理府按照军事化方针和原则进行了重新改组。表面上看，它作为军事信息渠道，为政治情报搜集和一批记者提供掩护——这帮记者专门宣传大公的观念，打压政敌，并试图形成舆论和公开的讨论。该总理府以每年一万件的速度审理信件，它已经升华为帝国的智囊团和这个政治系统的权力中心，有些人将其视为“影子政府”。正如所有的智囊团一样，它也有行动的方向。一项内部调查表明，其主要的政治目的就是消灭任何能够加速哈布斯堡王朝“国家—联邦之间的分裂”的“可能性意外”。

他们对政治分裂的担忧，实质上是对控制奥匈帝国东半部分的匈牙利上层集团由来已久的敌意的担忧。1866年，奥地利被普鲁士打败后形成的这种二元政治体系，成为大公和他的谋士们公开的批评对象。在弗朗茨·斐迪南眼中，它有一个致命的缺点：权力被集中在傲慢自大且并不属于忠实的政治伙伴的马札尔领导者手中，这就导致哈布斯堡其余9大官方民族被边缘化和排斥。当布罗施·冯·阿伦瑙被任命之后，他集结了一批愤愤不平的非马札尔学者和专家；军事总理府成为斯拉夫人和罗马尼亚人的信息交流所，专门针对匈牙利王国欺压性的少数民族政策。

这位大公开诚布公地表明了他试图在继承王位之后重新规划帝国内部系统的意愿。他的主要目标是毁掉或是削弱匈牙利在帝国东部的领导权。弗朗茨·斐迪南还一度支持强化斯拉夫人的影响力，如在帝国内成立了一个以克罗地亚人（因此天主教成为主要宗教形态）主导的“南斯拉夫国”。正是这样一个念头，点燃了他的对手的敌意——信奉正统的塞尔维亚人。然而到了1914年，他似乎放弃了这项计划，转而进行一项影响深远的改革：将帝国变成一个包括15个成员国（大多数“成员国”内都有斯拉夫民族）的“大奥地利合众国”。

通过削弱匈牙利人的地位，大公和他的智囊团希望能够强化哈布斯堡王朝的权威，与此同时，恢复少数民族对帝国的信心和忠心。不管人们如何看待这项工程——当然匈牙利人对此并不乐意，我们确实能够由此看出大公的激进目的，他的继承将摆脱1914年之前十几年浑浑噩噩的政治局面。同时，大公也成为统治阶层的众矢之的。皇帝拒绝支持任何对1867年二元协议的篡改，因为在他眼中，这项协议是他本人早年执政到现在经久不衰的典范。

弗朗茨·斐迪南的国内改革计划同样对他的外交政策的形成有深远影响。他相信，目前帝国体制上的缺陷以及对激进的国内改革的需求，决定了坚决不能实施冲突对抗的外交政策。因此，弗朗茨·斐迪南坚决反对激进冒险主义的康拉德。让人感到讽刺的是，正是弗朗茨·斐迪南本人（当他还是监察长时）将康拉德提拔到总参谋长的位子上的，让他从许多看似更合适的人选中脱颖而出。也许正是这个原因，人们才普遍错误地认为，奥匈帝国背后的战争贩子是这位大公。这两个人的确在一些问题上达成了一致，例如平等对待少数民族，以及对高龄军官的退休金计划。私下里，弗朗茨·斐迪南也非常喜欢康拉德，部分原因是后者对他的妻子十分尊敬，抱有同情（这位皇位继承人一般喜欢通过人们对他不被看好的婚姻的反应和态度评判对方），而出于非常明显的原因（或许是同病相怜），康拉德欣赏大公的非正统婚恋。但在国土安全和外交问题上，两人的意见可谓南辕北辙。

在康拉德的眼中，军队是专门的现代战事工具，必须要完全达到现代化，要有实战能力，为下一场大战未雨绸缪；而对弗朗茨·斐迪南而言，军队主要是用来维持国内稳定的。通过成立无畏舰舰队，作为海军主义者的弗朗茨·斐迪南决心加强奥匈帝国在亚得里亚海的统领地位，而康拉德却认为组建海军是在浪费资源，资源应当用于军队建设。他曾对大公说："一次最漂亮的海上打击不会弥补陆上作战的失败。"与康拉德不同，弗朗茨 · 斐迪南反对兼并波斯尼亚。1908 年 8 月，他对埃伦塔尔说："从我们不尽如人意的国内形势来看，我坚决反对所有类似的权力闹剧。"10 月中旬，当塞尔维亚对兼并事件做出激烈的反应时，他告诫埃伦塔尔，不要让危机升级成一场战争："如果战火燃起，我们绝不是受益方；然而在英国（或许还有意大利）居心叵测的撺掇下，那些巴尔干的讨厌鬼们似乎正将我们拉入军事冲突的泥潭。"他向阿伦瑙坦言，如果能给塞尔维亚人和黑山人一些颜色，那当然是很好的，但如果它们会让帝国卷入一场欧陆大战，或是一场拥有"两三条阵线"的、旷日持久而让人弹尽粮绝的冲突，那么这些"小打小闹的胜利"又有什么意义？他警告称，康拉德必须克制。1911 年 12 月，康拉德要求奥匈帝国趁利比亚战争攻击意大利，导致了冲突的激化。康拉德被皇帝免去官职，这很大程度上是因为弗朗茨 · 斐迪南对他失望透顶。

弗朗茨 · 斐迪南最有影响力的盟友是哈布斯堡新任外交大臣利奥波德 · 贝希托尔德。贝希托尔德是个相当富有的贵族，他拥有独到的品位，是温文尔雅、有贵族气质的地主阶级的典型代表——他们当时仍然在奥匈帝国的上层管理集团中拥有显赫地位。他的性格小心谨慎，甚至有些畏首畏尾，因此他天生并不是政治家的料。他真正的爱好是艺术、文学和马术。他之所以从事外交工作，并不是因为对私权和声誉的渴望，而更像是在对皇帝和外交大臣埃伦塔尔表达自己的忠心。每当被提拔到需要更高资历和承担更多责任的职位时，贝希托尔德都表现出勉为其难的样子，而这毫无疑问是发自内心的。

从行政机关调到外交部后，贝希托尔德在驻巴黎和伦敦的使馆供职，1903 年又来到圣彼得堡。在那里，他成为埃伦塔尔的亲密盟友，而埃伦塔尔自 1899 年以来便担任驻俄大使。圣彼得堡的工作正巧顺遂了贝希托尔德的意愿，因为他积极支持俄奥同盟。奥匈帝国与俄国的和谐关系的基础在于，在诸如巴尔干地区等存在潜在分歧的地区问题上保持合作。贝希托尔德认为，这种关系对帝国的安全和欧陆的和平都是至关重要的。作为埃伦塔尔在圣彼得堡的同僚，他获得了极大的满足，因为他确实在两国巩固良好关系的努力中发挥了作用。当埃伦塔尔要离开前往维也纳担任外交大臣时，贝希托尔德欣然接受了大使的职位，并坚信他的观点和维也纳那位新任大臣完全吻合。

然而1908年，奥匈帝国和俄国的关系急转直下。在贝希托尔德任职的前18个月里，两国关系还算和睦，尽管有事实表明，伊兹沃尔斯基正与奥匈帝国分道扬镳，转而采取一项新的大陆策略（这项新策略的基础是1907年俄国与英国之间新签订的协议）。然而兼并波斯尼亚引发的危机，摧毁了进一步与俄国外交大臣合作的所有契机，同时破坏了缓和双方关系的政策（而贝希托尔德正是因这项政策才答应任职的）。埃伦塔尔曾试图冒着与俄国翻脸的危险，维护奥匈帝国的威望，贝希托尔德对此深表遗憾。1908年11月19日，在一封呈给外交大臣的信中，贝希托尔德直截了当地进行了批判。他写道，鉴于“俄国不断膨胀的泛斯拉夫主义民族心理”，如若进一步采取“积极的巴尔干政策”，那么这必然会“对奥俄关系造成负面影响”。最近发生的事件已经使他在圣彼得堡的工作变得“步履维艰”。其他人或许能够通过个人魅力或诚挚态度来修复双方的关系，但对于“像我这样资质平平的人来说，这似乎超出了我的能力范围”。最后，他附上了一个请求：等局势恢复平静之后，他不再担任此职。

按理说，贝希托尔德应该在圣彼得堡待到1911年4月，但他的工作已经成为他的负担。象征着20世纪初显赫政治人物社交生活的奢靡财富对他来说已经开始变味。1910年1月，他在特克拉·奥尔洛夫—达维多夫伯爵夫人（Countess Thekla Orlov-Davidov）的住处参加了她举办的一场巨大的豪华舞会。那栋建筑是一位著名建筑师模仿凡尔赛宫建造的，所有的舞厅和走廊都被成千上万朵鲜花点缀，它们来自法国里维耶尔的花房，是斥巨资用一辆特殊的火车装载，一路穿过寒冷的北方运送而来的。对这位富有的艺术鉴赏家和狂热爱好者来说，这等无度的挥霍反而让人无法忍受。当贝希托尔德离开圣彼得堡返回他在布赫劳的住所时，他感受到的是一种深深的解脱。然而这种放松状态仅持续了10个月。1912年2月19日，皇帝召他到维也纳，指派他接任埃伦塔尔，担任奥匈帝国的外交大臣。

上任之后，贝希托尔德仍希望修复和俄国之间的关系。诚然，他相信自己能够如愿以偿，这也是皇帝指派他成为外交大臣的动机。新任奥匈帝国驻圣彼得堡大使杜格拉斯·图尔恩伯爵（Count Duglas Thurn）是这项政策的支持者。不久后贝希托尔德发现，他已然成为弗朗茨·斐迪南的坚实盟友，后者很快便向这位新任外交大臣靠拢，给他提出了许多建议，赞扬他比“他恼人的前任们（戈武霍夫斯基和埃伦塔尔）”优秀得多，并支持在巴尔干的缓和政策。这时，人们还不知道如何才能与俄国重修于好：俄国公使尼古拉·哈特维希鼓吹塞尔维亚的极端民族主义，包括在哈布斯堡王朝内煽动民族情绪；最重要的是，俄国特工已经背着奥地利人，苦心建立了针对奥斯曼帝国和奥匈帝国的巴尔干联盟。尽管如此，外交部的新鲜血液还是愿意着手进行意见交流。1912 年 4 月 30 日，在对匈牙利代表团的讲演中，贝希托尔德宣称，他的政策“是倡导稳定与和平的政策，提倡对现有问题进行对话，避免干涉和打击”。

巴尔干战争正是对这些承诺的有力检验。争论的焦点集中在阿尔巴尼亚。奥地利人恪守成立独立阿尔巴尼亚的诺言，因为他们希望后者能够成为奥匈帝国的卫星省。然而对塞尔维亚政府来说，他们也想力保这块连通中心国土和亚得里亚海之间的狭长土地。在 1912~1913 年巴尔干冲突时期，塞尔维亚对阿尔巴尼亚北部进行了多次进犯，引发了国际危机。事情的结果同样导致奥匈帝国和塞尔维亚之间的关系急剧恶化。奥匈帝国也曾想满足塞尔维亚的需求（或仅仅对要求予以重视），但现在看来是不可能的了，塞尔维亚由于在南部和西南部获得了新的领土而士气大增，逐渐成为一个有威胁性的存在。

奥匈帝国对贝尔格莱德的胜利表现出愤怒情绪。1913 年秋，被塞尔维亚用武力征服的地区传来坏消息时，这种敌对状态再一次加强：奥匈帝国总领事杰里茨卡（Jehlitschka）从斯科普里发来报道，称那里发生了针对当地居民的暴行。其中一份报道还提到，10 个小村庄被摧毁，那里的所有居民都惨遭屠杀。那些人被赶出村庄，被排成一排并扫射；房屋火光连天，但凡有妇孺从火光中逃出，便会被刺刀刺死。这位总领事称，总而言之，参与射杀平民的是军官，而对妇女儿童的杀戮则由士兵执行。另外的消息来源描述了塞尔维亚军队占领戈斯蒂瓦尔（阿尔巴尼亚奋起反抗塞尔维亚侵略者的地区之一）之后的行为。有大约 300 名戈斯蒂瓦尔穆斯林被捕，并在夜间被分成二三十人的小组，带离城区；之后，他们有人被枪托猛击而死，有的被刺刀刺死（因为如果开枪，附近的居民会被惊醒），然后统统被扔进事先挖好的巨大墓坑中。这些人与起义并无干系。杰里茨卡认为，这并不是自发的暴力行为，而是“一场血腥而有组织的种族屠杀或灭绝行动，这些人背后应该有发号施令的人”。正如我们所见，这样的报道与该地区的英国外交人员的报道如出一辙，而它们不可避免地对奥匈帝国领导层的情绪和态度造成了巨大的影响。1914 年 5 月，塞尔维亚驻维也纳公使约万诺维奇称，就连法国大使都向他抱怨塞尔维亚人在新兼并地区的不当行为；希腊、奥斯曼帝国、保加利亚和阿尔巴尼亚的同僚也纷纷表示不满。塞尔维亚名声的败坏可能 “产生极坏的影响”。帕希奇和他的大臣们摇唇鼓舌，对此进行了否认，而这种行为反而给人留下这样的印象：政府要么是暴行背后的始作俑者，要么无意对这些行径进行阻止或是展开调查。让人感到可笑的是，维也纳的报纸上刊登的领导人文章建议塞尔维亚政府与少数民族和睦相处，并通过安抚政策使他们归顺。驻贝尔格莱德的奥匈帝国公使在呈给贝希托尔德的一封信中说，这样的建议对于“文明国家”来说或许还有些作用，但塞尔维亚是“犯罪和杀戮已经被制度化的国家”。关于暴行的报道对奥匈帝国政治的影响很难预测，维也纳的领导人对此并不感到奇怪，因为这些行径与他们眼中典型的塞尔维亚作风并不矛盾。此外，从政治角度看，他们还一再强调塞尔维亚领土扩张的非合法性。

尽管如此，奥匈帝国和塞尔维亚在 1914 年春夏之际发生战争的可能性并不是很大。那年春天，贝尔格莱德的情绪尚且稳定，这反映了巴尔干战争之后该国家还未完全从战争的疲态中恢复过来。5 月，面对新征服地区的不稳定和军民之间的冲突，贝尔格莱德政府的首要任务是维护国内的稳定。在 1914 年 5 月 24 日的报道中，奥匈帝国驻贝尔格莱德公使吉斯尔男爵（Baron Giesl）认为尽管塞尔维亚在阿尔巴尼亚边境布置了重兵，但这还不足以让人担心未来会发生侵略战争。而 3 周后的 6 月 16 日，贝尔格莱德的陆军武官格利内克派遣的部队打破了宁静。一时间，在外度假的军官被悉数召回，居民被禁止离开他们的住所，军队蓄势待发，形势一触即发。但这并不足以表明针对奥匈帝国或是阿尔巴尼亚的侵略意图。因此，南线还是和平的。

从奥地利人那里同样无法察觉要发动战争的迹象。早在 6 月，贝希托尔德命令一位外交部高级首领弗朗茨 · 马特申科男爵（Baron Franz Matscheko）起草一份声明，阐述帝国对巴尔干问题的关切所在，并提出自己的解决方案。这份在咨询福尔加奇和贝希托尔德的基础上完成的“马特申科备忘录”于 6 月 24 日被呈到了外交大臣的办公桌上，也成为我们了解 1914 年夏维也纳主张的最清晰的材料。这并不是一份鼓舞人心的文件。关于巴尔干问题，马特申科仅指出了两点积极因素：奥匈帝国与“最终从俄国的催眠下苏醒”的保加利亚之间的和睦关系，以及阿尔巴尼亚的独立。但阿尔巴尼亚并没有完全遵循成功的建国模式，其国内骚乱程度以及目无章法的程度已经相当严重。此外，阿尔巴尼亚人普遍认为，无外部势力的干预，良好秩序的建立便是空谈。其余所有问题几乎都是消极的。在两次巴尔干战争中走向强盛和扩张的塞尔维亚成为空前的威胁，罗马尼亚的舆论正中俄国的下怀：罗马尼亚何时能够正式与三国同盟决裂从而投入俄国的怀抱，成为人们应当警觉的问题。奥匈帝国时时刻刻都承受着俄国政策的压力。当时，奥斯曼帝国在欧洲的势力已经被摧毁，俄国暗中资助巴尔干联盟的唯一目的就是对最后的奥匈帝国进行肢解，而俄国早已对帝国的土地虎视眈眈，妄图其成为自己的卫星省。

那么奥地利人提出的补救措施是什么呢？备忘录集中回答了4个外交问题。第一，必须让德国站在自己的一边，支持奥匈帝国的巴尔干政策。柏林曾一而再再而三地忽略维也纳在巴尔干半岛问题上面临的艰巨挑战，因此他们的态度必须有所转变。第二，罗马尼亚应当明确表态自己站在哪一方。俄国人已经在向布加勒斯特示好，希望能够拉拢一位新的同盟对付奥匈帝国。如果罗马尼亚人倾向于自己一方，则需要尽快告知维也纳，以便后者做出部署以加强特兰西瓦尼亚以及匈牙利东部其他地方的防御力量。第三，奥匈帝国必须尽力与保加利亚之间结成同盟，以对抗俄国和贝尔格拉德之间关系的深化。第四，必须通过使用经济特许权等手段，把塞尔维亚从对抗政策中拉拢过来，尽管马特申科仍然怀疑这种方法能否平息贝尔格莱德的敌对情绪。

“马特申科备忘录”体现出一种偏执的妄想，这种妄想奇怪地将强硬的姿态和宿命论融合在一起。许多同时代的人都发现，这是20世纪早期维也纳盛行的一种情绪和文化产物。但并不等同于维也纳承认战争的紧迫性和必要性，也不能说明他们渴望战争。正相反，他们所关注的是外交手段和目标，这与维也纳给自己的定位是相吻合的——“通过对话实现和平的政策”的倡导者。

另外，1912年12月被重新任命为总参谋长的康拉德仍然固执地坚持他的战争政策，但他的政治生涯已经日薄西山。1913年5月，反情报军事部门前长官、布拉格第八军团参谋长阿尔弗雷德·雷德尔上校（Colonel Alfred Redl）被发现向圣彼得堡定期汇报奥匈帝国军方的高级别机密，包括所有的动员计划。这次丑闻直接影响了外界对康拉德作为军事管理者的管理能力的质疑，因为这一级别人员的所有任命都是他的职责。雷德尔为人浮夸、轻率，是个同性恋者，他的联系人名单上都是重量级人物，这很容易让他成为俄国情报人员胁迫的对象。有人或许会问，这一行径是如何逃过康拉德的注意的？因为他从1906年就开始负责监督雷德尔的工作了。众所周知，康拉德对这方面的工作没有多少兴趣，他与绝大多数高级军事人员只是泛泛之交。为了弥补他的失误，他将这位上校召至一家旅馆的房间里，递给他一把手枪，向他施加压力，迫使其自裁。雷德尔将手枪瞄准自己，扣动了扳机。这一不光彩的结局让总参谋部永远丧失了从雷德尔那里获悉他究竟向圣彼得堡泄露了什么信息，以及他是如何做到这一点的的机会。

这或许是康拉德的本意。据说泄露奥匈帝国军事秘密的人里面有一个叫切多米尔·扬德里奇（Čedomil Jandrić）的南斯拉夫裔男子，他任职于总参谋部，这个人恰好是康拉德儿子库尔特的亲密友人。切多米尔和库尔特是军事学院的同窗好友，两人经常外出饮酒，寻欢作乐。不断有证据表明，扬德里奇伙同赫岑多夫的意大利情人以及其他若干名圈中朋友，卷入向意大利人出卖军事情报的事件中，这些情报之后不久便被意大利泄露给了圣彼得堡。库尔特本人也可能直接参与了为俄国人效劳的间谍活动，如果圣彼得堡军事区的军情首领米哈伊尔·阿列克谢耶维奇·斯韦钦上校（Colonel Mikhail Alekseevich Svechin）的声明可以信赖的话。斯韦钦之后回忆称，奥匈帝国特工为俄国提供了高端的军事情报，包括总参谋长的儿子，据说他潜入了他父亲的书房，搜出了总参谋部的战事规划文件。康拉德家族与这种事情有染，可见能够造成多么大的影响。当时，库尔特的罪责并没有被全部揭发（如果他自己确实是个特工的话），但在1913年5月的维也纳，由康拉德主持的一次高级别会议上，那位年轻人宣称拒绝向自己人透露重要信息，因此备受谴责。在敦促会议给予当事人最严重的处罚之后，康拉德感到头晕目眩，从椅子上起身，暂时离开了房间。出于自负，这位总参谋长已经被雷德尔丑闻搞得元气大伤，颜面尽失，以至于在1913年的整个夏天，他都异常沉默。

弗朗茨·斐迪南仍然是最强硬的反对战争政策的人，这位皇位继承人比任何人都要努力地在冲淡康拉德在主要决策意见上的作用。1913年2月初，差不多在康拉德重返岗位的6个星期以后，弗朗茨·斐迪南在美泉宫的一次会议上提醒他“政府的职能是维护和平”，康拉德则以他一贯的坦率回答：“但明显不是以任何代价来达到这一目的的。”弗朗茨·斐迪南多次提醒贝希托尔德不要在意这位总参谋长的观点，并派遣他的副官卡尔·巴尔多夫上校（Colonel Carl Bardolff）到康拉德那里，严肃地告知对方，不要“逼迫”外交部“采取行动”。康拉德却认为，这位大公“无论如何也不会支持与俄国开战”，他“并不想从塞尔维亚那里得到一草一木，抑或是一只羊，他的思想太单纯”。两人之间的关系具有越来越浓的火药味。1913年秋，他们之间的对抗已然公开。在一次高层首脑会晤之前，弗朗茨·斐迪南猛烈抨击总参谋长，因为他在没有征得自己同意的情况下，恣意修改了军事演习的安排。只有前任总参谋长布罗施·冯·阿伦瑙从中调停，才成功阻止了康拉德的辞职。康拉德被迫离开只是时间的问题了。大公的一位副官回忆道：“自从雷德尔案之后，总参谋长就心如死灰……是时候该考虑考虑他的葬礼安排了。”在关于波斯尼亚1914年夏的演习问题上经过激烈交锋后，弗朗茨·斐迪南下决心除掉这位让人头疼的总参谋长。如果这位大公能够毫发无伤地从萨拉热窝回来，康拉德可能就会卷铺盖走人了。鹰派群体到时候恐怕就会失去他们最为坚决和专注的代言人。

与此同时，奥匈帝国与塞尔维亚的外交关系呈现良好的态势（至少表面上看是如此）。奥匈帝国政府拥有东方铁路公司51%的股份，该公司是之前奥斯曼帝国在马其顿领土运作的一家国际化公司。既然大部分控制权已经转移到塞尔维亚手中，维也纳和贝尔格莱德必须就铁路权达成共识（同时还包括谁应当对战争损失赔款负责和如何、是否继续这项工作的问题）。因为贝尔格莱德坚持认为塞尔维亚应全权掌握，1914年春双方不得不进行协商，就价格和运输条件等达成一致。这些问题非常复杂、困难重重，局面不时出现敌对态势，尤其是当帕希奇就一些微不足道的事情霸道地插嘴、打断协商流程时，但奥匈帝国和塞尔维亚的媒体都对此进行了正面报道，在大公前往萨拉热窝时，协商仍在继续。双方关系的另外一个鼓舞人心的改善，是经过了数月的官方争论后，1914年5月底达成的共识：交换双方被指控为间谍罪的一小部分嫌疑犯。这件事的意义并非那么重要，但仍暗示了奥匈帝国和塞尔维亚彼此之间迟早会友好相处的希望。

第二部分

欧洲的分裂

第三章　由多极到两极：欧洲在1887~1907年

如果将1887年与1907年这两个时间内的欧洲的大国势力分布做个对比，便能清晰地洞悉其中的端倪。1887年的欧洲所呈现的是一个多极化的势力分布，在这其中，多个国家或利益团体努力维持着彼此间微妙的平衡，使各个势力都得到制衡：英国与法国在非洲与南亚维持着竞争关系，英国在波斯和中亚地区亦与俄国针锋相对；而法国也费尽心机企图一雪1870年普法战争的前耻；在巴尔干地区的利益冲突使俄国与奥匈帝国之间的关系日趋紧张，意大利与奥匈帝国在亚得里亚海的争端由来已久，而法意两国在法国对北非的政策上亦存在分歧。而所有这些矛盾都在1887年潜存着，德、奥、意三国同盟（其条约于1882年5月20日签订）使意大利和奥匈帝国不至于撕破脸，而带有防御性质的俄德《再保险条约》（1887年6月18日签订）则有效限制了两国对于他国领土可能造成的侵略行为，并使俄德关系不至于因为奥俄关系而发生冲突。同时俄国与德国的紧密关系也使法国无法联手俄国构建反德联盟，而英国借由1887年与意大利和奥匈帝国签署的《地中海协定》（其目的在于遏制法国在地中海地区、俄国在巴尔干地区及土耳其海峡的势力）也与欧洲的各个势力体关联到了一起。

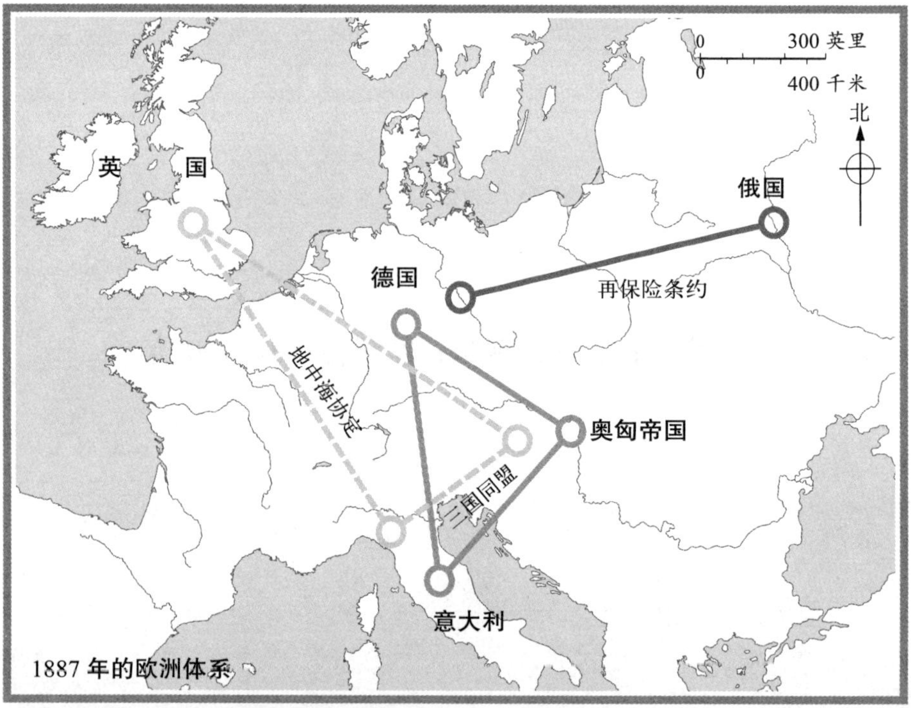

1887 年的欧洲体系

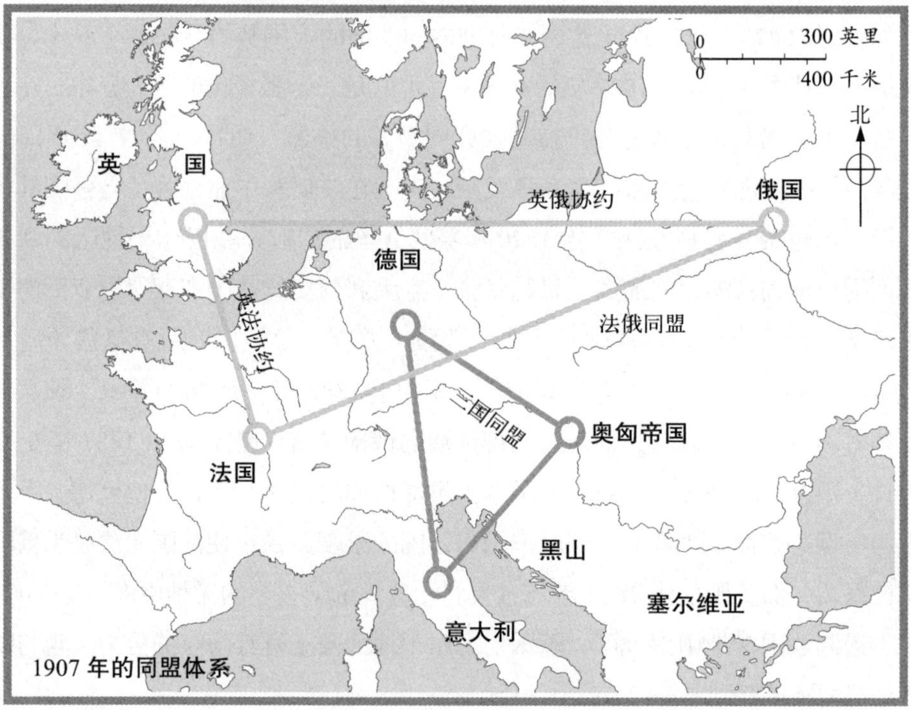

1907 年的同盟体系

然而1907年的欧洲局势与20年前相比已有了翻天覆地的变化。在英、法、俄与德、奥、意两大联盟之下，呈现的是一个两极化的欧洲。德、奥、意三国同盟依然存在（虽然意大利此时与德奥两国已是同床异梦），法国与俄国组建了法俄同盟（其盟约于1892年起草，于1894年通过），规定如果三国同盟或其中一国动员兵力，“法俄一经得知，无须任何事先协议”，需立即调遣全部兵力，以“使德国立即陷入东西方向腹背受敌的局面”的速度来御敌。而随着1904年英法协约以及1907年英俄协约的签订，英国也加入法俄同盟之中。至此，距离这些国家真正与彼此组成同盟并打响“一战”虽然还为时过早，两大军事阵营的轮廓已然清晰可见了。

对于1914年爆发的“一战”来说，欧洲地缘政治体系的两极分化是一个极为关键的前提条件。奥匈帝国与塞尔维亚之间的关系虽然紧张，但当时绝对没有人能想到这会成为欧洲大陆迈入战争深渊的最后一步。欧洲两极分化的状态并没有引发战争，实际上相对于战前持续升级的两极对立局势，它也对平息分歧起到了同样的作用。当然也必须承认，如果不是因为存在两大阵营的对立，“一战”也不会就这样打响。很多至关重要的决定都是在欧洲两极化的大环境中产生的，而要想知道这种两极化的形势是如何产生的，就有必要先回答4个相关问题：为何俄国与法国要在19世纪90年代组成同盟对抗德国？为何英国也选择加入这个同盟？在促成这个同盟的过程中，德国扮演着怎样的角色？这个同盟发生了哪种程度的结构转型，才最终导致了1914年的世界大战？

法俄同盟：危险的关系

1870年德意志帝国的建立为日后法俄同盟在欧洲的形成提供了土壤。几个世纪来，德国所处的欧洲中部都处于一个多方势力各自为战而又不堪一击的状态，而如今，这个国家的各个部分以新的强势姿态联合起来，屹立于欧洲。1870年的普法战争使德国与法国的关系一落千丈，德国出乎意料地大胜法国，不仅让法国的精英阶层大跌眼镜，也引发了法国文化界的深层次危机感，而德国首相奥托·冯·俾斯麦（Otto von Bismarck）及军方所极力坚持的吞并阿尔萨斯—洛林的事实，成了法德关系中永远无法弥补的一道深深的裂痕。阿尔萨斯—洛林俨然成为法国报仇雪恨的终极符号之一，随之而来的是沙文主义的不断发酵。虽然丢失的领土绝非法国新政策的唯一推动力，但其对舆论不断产生的巨大影响以及对政府高层产生的隐性压力是不可忽视的。当然，即便没有割让领土，新兴的德意志帝国的存在也将改变其自身与法国的外交关系，毕竟在此之前法国的安全就已在很大程度上取决于德国的政策。1871 年后，法国不得不在东边寻求与新的稳固势力联合的机会，法国与德国之间旷日持久的敌对状态也因此深深地融入了欧洲的国际化体系。这种转变对于世界历史进程的影响似乎并不大，但欧洲各国却因此步入一个前所未见的全新时期。

鉴于德意志帝国的国土面积和潜在的军事实力，法国政策的主要目标便是：通过建立一个反德同盟来遏制德国的发展。俄国虽然与法国的政治体制大相径庭，但依然是同盟成员的最佳候选人。美国前驻法国大使尤斯蒂斯（J. B. Eustis）在 1897 年就注意到，在法国"面前有两条路，要么是孤军奋战，以其一己之力面对接踵而来的困难……要么寻求与俄国这个唯一能倚靠的大国的同盟关系"。如果法俄组建同盟，德国将面临来自东西两个方向的潜在威胁。

德国只有与俄国联盟，才能阻止这种被两面夹击的情况发生。为此，德国、奥匈帝国与俄国于 1873 年缔结了三皇同盟。但由于俄国与奥匈帝国在巴尔干地区有利益之争，任何与这两国相关的联盟体系都注定无法长久。这也让德国必须在这些潜在矛盾最终爆发的时候，在奥匈帝国与俄国之间做出抉择。如果德国选择亲奥，法俄同盟的发展之路就将畅行无阻。作为德国首相、帝国的构建者，同时掌握着外交决策权的俾斯麦充分意识到了这一点，并在其于 1890 年 3 月离任前相应地调整了德国的外交政策。正如他在 1877 年夏所宣布的，他的目标是创造一个"除了法国之外，所有大国都依靠于我们，且要让它们因彼此间的利益关系难以形成反德联盟的政治总形势"。为此，俾斯麦推行了一项双面政策：一方面，避免德国与其他大国之间发生正面对抗；另一方面，利用其他国家之间的利益争斗，为德国尽量创造更多的优势。

俾斯麦的政策获得了巨大的成功。他停止了对非洲及太平洋地区殖民地的大规模掠夺，使英国不至于与其翻脸；他对于巴尔干地区的权益摆出了毫不在意的姿态，并于 1876 年 12 月在国会发表了著名演说，表示巴尔干问题不值得"让波美拉尼亚的士兵们献出自己的生命"；当俄国与奥斯曼帝国在 1877~1878 年的战争引发国际震动时，俾斯麦通过德国国会的力量使各国相信德国有能力成为欧洲大陆的守护者。这位德国首相还通过义务调解战后的领土纠纷，向世人证明，对于德国来说，欧洲大陆的和平与德国自身的稳定同等重要。1887 年，俾斯麦构建的大陆联盟体系达到顶峰，德国通过各种各样的协约与欧洲的每个国家都保持紧密的联系。德国与奥匈帝国和意大利的三国同盟以及与俄国的《再保险条约》确保了法国始终处于孤立的位置并且无法组建反德同盟，而由俾斯麦促成的英、意、奥《地中海协定》，甚至使德国与英国（经由三国同盟关系）变为了间接的同盟关系。

但无论如何，俾斯麦的大陆联盟体系并非无懈可击，特别是俄国在巴尔干地区的利益为勉强维系的三皇同盟增加了不稳定因素，而 19 世纪 80 年代中期爆发的保加利亚危机也让俾斯麦的同盟濒临崩溃。1885 年，奥斯曼帝国所属的东鲁米利亚爆发革命，并宣布与保加利亚合并。对此，俄国政府极力反对，因为保加利亚领土的扩大将使其更加靠近博斯普鲁斯海峡和君士坦丁堡，而这些地区均是俄国的战略要地。素来与俄国在中亚地区有利益争端的英国则承认东鲁米利亚为保加利亚的新领土。随后，塞尔维亚于 1885 年 11 月入侵保加利亚，使原本紧张的事态进一步升温。然而塞尔维亚人非但没有胜利，反而被保加利亚军队逼回塞尔维亚境内，最终在奥匈帝国出面干预的情况下，塞尔维亚首都贝尔格莱德才不至于被保加利亚占领。在各方的妥协之下，俄国成功阻止了保加利亚的国土扩张，却不得不接受保加利亚北部与奥斯曼帝国南部土地合并的事实。之后，俄国为了让保加利亚服从自己，甚至采取了包括绑架、恐吓和废黜保加利亚大公在内的一系列举动，但都以失败告终。直到 1887 年春，俄国都完全有可能不顾奥匈帝国和英国的反对，入侵保加利亚并扶植一个新的傀儡政权。而就在俄国政府因为巨大的风险打算放弃发动对保加利亚的战争时，一股巨大的反德舆论风波突然自俄国媒体和社会各界席卷而来，因为在泛斯拉夫主义的媒体眼中，此时的德国俨然与奥匈帝国一起成为巴尔干地区的最大获益者，也使俄国丧失了对于巴尔干斯拉夫人群体在政治方面的统辖优势。

对德国来说，这一切也是一个教训，巴尔干地区的问题依然存在。保加利亚危机从某种程度上凸显了潜藏在该地区的巨大矛盾，即发生在一个不算重要的国家身上的细微变化，都有可能导致两个大国因此走向战争。那么应当如何应对这样的挑战呢？对此，俾斯麦的答案是再次寻求与俄国的友好关系，避免那些能触及共同利益的矛盾，阻挠俄法的交往，并在巴尔干地区的政策上做出适当的调整。俾斯麦于1887年与亲德的俄国外交大臣尼古拉·格尔斯（Nikolai Giers）签订了《再保险条约》，以稳固与俄国的关系。该条约规定，德国对俄国在土耳其海峡的主权提供支持，同时需在俄国与另一国家（奥匈帝国除外）交战时保持中立，由此，德国也能通过双重的条约在与俄国以及奥匈帝国的联盟上进行适当的利益权衡。

但俾斯麦的政策在国内没有得到完全认可。面对俄国强势的姿态以及德俄之间日益浓重的火药味，很多人开始对《再保险条约》提出质疑，甚至连时任德国外交部国务大臣的俾斯麦之子赫伯特也对这个条约有所顾虑。“如果事情真的发展到最糟糕的地步”，赫伯特曾这样向他的哥哥透露，《再保险条约》或许能“给我们6~8周的喘息之机用以抵御俄国”。另外，激进的情绪也开始在军方酝酿，很多人提议积极备战，应对可能来自俄国的威胁。伴随着不断增长的消极情绪、对俾斯麦政策的争论以及舆论的多重影响，一个包括部分政府高层在内的反对派开始形成。很多人质疑，德国为何要同时承担帮助奥匈帝国抵御俄国以及帮助俄国抵御奥匈帝国的责任？没有任何国家会这样做，为何德国永远要扮演制衡者的角色？为何唯独德国不能完全根据自身的利益制定相应的完全符合自己国家利益的国策？在反对派看来，俾斯麦精心打造的制衡各个国家的协约体系，其运作效果还不如一台老旧的破烂机器，是一个让德国陷入越来越危险境地的用“破铜烂铁”勉强维系的体系。也正是出于上述原因，此后接替俾斯麦出任德国首相的列奥·冯·卡普里维（Leo von Caprivi）于1890年春宣布与俄国签订的《再保险条约》失效。

随着德俄《再保险条约》的终结，法俄关系也迎来了新的转机。当然，在二者的关系中依然存在许多障碍。以独裁政治闻名于世的俄国沙皇亚历山大三世与实行共和制的法国统治阶层显然很难达成共识，同时俄国也对与法国结盟后的利益评估有所质疑。毕竟无论俄法关系如何，俄国应该都能随时获得法国的支持，既然这样，又何必为了争取法国的支持而束缚自己的行动呢？一旦俄国与德国真的爆发战争，法国政府是绝不可能袖手旁观的。至少德国当时必须在德法边境增加驻军，从而使俄国的边境压力得以减弱——这可是不需要签订任何条约就能拿到的实际好处。虽然法国和俄国在抵制英国的大陆均势政策上有着相同利益，但俄法两国相隔甚远，难以在对抗英国上有实质性的紧密合作。以法国所处的位置，即便它有意维护德国在巴尔干地区的利益，也是鞭长莫及，就更别说维护俄国在北非的利益了。何况在某些问题上，俄法之间的利益矛盾可谓针锋相对。例如，法国的政策倾向于阻断俄国在土耳其海峡的通航，以防止其最终削弱法国在东地中海地区的影响力，而东地中海地区也使法国和英国之间形成了利益共同体。

但同时，俄国似乎也没什么理由继续以让步的姿态保持与德国的友好关系。两国之间的紧张局势频繁出现，主要表现在德国针对俄国的粮食进口关税方面，却很少涉及直接利益的问题。俄国与德国的主要争论源于在巴尔干地区与奥匈帝国的对抗，德国的实力成了消除俄奥争端的关键，特别是在巴尔干地区问题上，俄德两国联手抑制奥匈帝国可算是众望所归。而这也是三皇同盟之间错综复杂关系的一种表现。德国的相对中立性使其相比于法国来说，在俄国人眼里是更有利的盟友。俄国人早就意识到了这一点，因此他们才选择将其大陆安全政策的第一步放在与德国的结盟上。这也是为什么沙皇亚历山大三世即便个人对德国和德国人没有任何感情，但依然对各方的压力视若无睹，坚持于 1887 年签订《再保险条约》。

那么，俄国为何又在法国向其示好时，于 19 世纪 90 年代初向对方张开了双臂呢？即便亲德的俄国外交大臣格尔斯提出过改善条约的方案，德国拒绝恢复协议内容的行为还是改变了俄国政策的初衷。此外，1890 年 6 月德国军事法案中规定增加预备役军力 18 574 人，加之德国宣布废除《再保险条约》等举动，都使俄国感受到了接踵而来的威胁。随着俾斯麦的离任，生性冲动鲁莽的德皇威廉二世大权在握，这个被沙皇亚历山大三世形容为“无赖的花花公子”的皇帝增加了德国未来外交方向的不确定性。同时，法国提出的大额国债也吸引了俄国沙皇的目光。但这些都不是最关键的，让俄国真正动摇的原因是其对于英国将加入三国同盟的担忧。

19 世纪 90 年代初，英德关系迎来战前的最好时期。借由 1890 年 7 月 1 日签订的《黑尔戈兰—桑给巴尔条约》，英国与德国之间交换或割让了位于非洲的部分领土主权，德国因此得到了位于北海的黑尔戈兰岛，这引起了俄国的警惕。1891 年夏，三国同盟修订；此外，德皇出访英国期间被亲德媒体大肆宣扬，俄国的危机感急剧增强。特别是英国的《晨报》还提到“加入三国同盟，或者说是成为四国同盟的一员”。此外，1891 年 7 月 11 日的*Standard*杂志称，英国与德国“自古以来就是朋友，更是盟友”，未来“英国海军将与德国军队联手”，一同捍卫欧洲的和平。随着类似报道的出现，法国与俄国的驻英大使之间也展开了多次交流。对于俄国来说，这意味着英国作为其远东和中亚地区的竞争对手，将要与强大的德国结为同盟，并进而与威胁着俄国在巴尔干半岛利益的奥匈帝国沆瀣一气。正如法国驻俄大使警告过的，这样一来所造成的局面将是“英国与德国政府在大陆均势政策上达成共识”，并给俄国带来潜在的灾难性后果。

英国与德国日渐亲密的关系，加之俄英之间在阿富汗、波斯、中国、土耳其海峡等国家和地区的竞争关系，都使俄国不得不更加慎重地考虑其在巴尔干地区的利益。为了缓解这种威胁，俄国放下姿态，公开与法国签订合约。曾经与德国修订《再保险条约》的格尔斯在1891年8月19日写给俄国驻法大使的信中，提出了与法国签订合约的想法：三国同盟现在已经发生变化，“英国出于政治目的也或多或少地涉入其中”，这让俄国和法国不得不“为了各自国家的利益……就如何看待对方国家这件事上重新交换意见”。鉴于英国与三国同盟的亲密关系所带来的威胁，格尔斯于1891年夏正式宣布增进俄法两国的互利交往。1892年8月18日，法俄签署军事协定，两年之后，两国最终形成了全面同盟关系。

在这一系列事件当中，有两个地方值得特别关注。首先，法俄联盟的形成动机十分复杂。虽然遏制德国是法国的最大目标，但俄国更看中的是阻挡奥匈帝国向巴尔干地区的扩张。法俄两个国家也都不得不防范，日渐发展的英国与三国同盟的亲密关系，特别是对俄国来说，其政策依然带有一定的亲德倾向，毕竟比起与德国为敌，与英国争夺全球范围内的利益才是它的终极目标。因此，在俄国的高层中就自然而然地出现了一批亲德派人士——格尔斯就是其中之一。沙皇亚历山大三世曾表示，如果俄奥之间爆发战争，法俄同盟就将“摧毁”德国目前形成的主权国家，取而代之的将是“一些弱小的城邦”。这话让格尔斯大惊失色。但总的来说，俄国对于德国的敌意主要还是源于德奥之间的同盟关系以及德英之间的密切交往。直到1900年，关于军事方面援助的条款增加到法俄合约当中，规定如果英俄之间爆发战争，法国必须出动10万兵力到英吉利海峡协助俄国作战；如果英法之间爆发战争，俄国军队必须经由法国出资修建的铁路线直抵印度前线，以压制英军。

其次，1894年形成的这个法俄同盟对于两国关系来说没有什么新的价值。与之前欧洲大陆的两国、三国同盟或者三皇同盟相比，这个同盟主要表现在军事协定方面，规定两国要合并各自的力量以对抗共同的敌人（这一规定于1912年被写入海军法）。同盟的作用不再是“制衡”同盟之间的关系，而是面对并化解来自对立同盟的威胁。从这个意义上来说，法俄同盟标志着“促成‘一战’拉开序幕的转折点”。

法俄同盟丝毫没有加重与德国之间的矛盾。通过官方及民间的节日互访、宣传政策、文化及贸易合作等方面的交流，法俄两国之间达成了文化上的某种共识。但法俄之间存在的利益分歧依然阻碍着两国间更紧密的合作：在整个19世纪90年代，法国外交部长都坚持认为，既然俄国不愿意在帮助法国讨回阿尔萨斯—洛林的主权一事上采取实际行动，法国也就不必在与俄国的同盟中尽太多义务。而对于俄国人来说，也并不想因为与法国的同盟关系而疏远德国，相反，他们恰恰认为与德国保持良好的关系才是上策。在俄国外交大臣的首席助理弗拉基米尔·拉姆兹多夫（Vladimir Lamzdorf）看来，同盟的目的是保证俄国一切行动的独立性，并在保障法国安全的同时抑制其打击德国的气焰。在同盟刚刚成立的前10年里，以沙皇为首的俄国政府首脑们把注意力主要放在了如何以经济和政治手段渗透中国东北地区，并没有太过关注在欧洲中部和东南部的利益纷争。更重要的是，被视为促成了法俄联盟的英国也在一段时间内试图阻止欧洲大陆的各势力朝着一致反德的方向发展。俄国为了完全控制中国东北地区，与英国在对华政策上产生了利益冲突，这也使得与英国的关系在很长一段时间内比与德国及欧洲其他国家之间的关系更加紧张。

巴黎的反应

随着英国与德国的交好，如何权衡与英国之间的竞争关系也成为摆在法国面前的难题。在法俄同盟建立之后的前4年里，法国外交部长加布里埃尔·阿诺托（Gabriel Hanotaux）所推行的是坚决反英的政策。在法国殖民主义媒体的舆论影响下，阿诺托向英国在埃及的殖民地直接提出质疑，这种敌对状态最终酿成了1898年的法绍达事件。当时法国的一支远征军为了征收殖民地的款项而向尼罗河上游方向行进，同时一支英军部队也由占领地向南行进，两支部队在苏丹沼泽地的一个名为法绍达的废弃前哨站相遇了。由该事件引发的政治危机使两个国家在1898年夏向着战争的深渊迈进了一步。直到法国做出让步，危机才得以化解。

法国对德政策中一个不得不考虑的因素在于与英国在殖民地问题上的纠纷。阿诺托在 1892 年的一份机密备忘录中提到，根据法国当时的政策，法国允许与德国在极其有限的方面进行合作。这一决定所带来的后果是增强了德国和英国之间和解的可能性，同时也加速了法俄同盟的形成与发展。而在阿诺托看来，阻止英德之间相互勾结的一个方法或许应是寻求法、德、俄三国在更广泛的事务方面的理解；这也将确保德国在法英的殖民地竞争中支持法方，进而摧毁“德国与英国之间存在了很久的和谐景象”，尤其是在这一切都只是英德在所谓的同为“日耳曼国家”的概念之下所形成的和平假象。法国与德国的这种联系当然是暂时有所裨益的：阿诺托曾写道，如果德国愿意永久归还其于 1870 年占领的法国领土，那么法德之间长久的友好关系或许还是有可能的。

于 1898 年继任外交部长的泰奥菲勒 · 德尔卡塞（Théophile Delcassé）也面临着同样的局面。如大多数表现突出的法国政客一样，德尔卡塞在他的文章和言论中无时无刻不表露出对德国的不信任。法国曾经割让的土地在他心中留下了巨大的伤痛，以至于他的家人都不敢在他面前提到“阿尔萨斯”和“洛林”这两个词。“我们当时甚至有一种错觉，这两个词是绝不能逾越的禁区。”他的女儿后来回忆道。但作为在各个领域争取影响力的大国，法国难免会在一些事务上面临与德国狭路相逢的尴尬局面。作为殖民部的副秘书长，德尔卡塞决定加大法国与英国竞争尼罗河上游殖民地的力度。其实他上任之时正值法绍达事件发展到顶峰，他当机立断决定做出让步，以避免法属南苏丹地区受到英国的威胁。但当英国拒绝和解之后，德尔卡塞转而变成反英姿态，并尝试（正如同阿诺托所做的一样）染指英国在埃及的利益。他的最终目标则是有朝一日能将摩洛哥纳入法国的版图。

泰奥菲勒 · 德尔卡塞

为了向英国施加更多压力，德尔卡塞尝试着将阿诺托的构想付诸实践——将德国拉入法俄同盟。从 1899 年秋到 1900 年春，这个同盟的政治环境变得空前良好：在与法国驻德大使的一次会谈中，新任德国首相伯恩哈德 · 冯 · 比洛暗示愿意德法之间共同分享欧洲大陆之外的利益。法国人都知道，德国媒体（同法国媒体一样）对于英国在布尔共和国发动的战争持反对态度，德国皇帝在这件事上，对英国行径的怒斥更是增加了法国人的乐观情绪。1900 年 1 月，德尔卡塞操纵之下的主要媒体都鼓励德国加入法国与英国争夺埃及殖民地的斗争，并指出如果苏伊士运河恢复中立状态，德国也将从中获利，同时德法两国的强大海军联盟也将在欧洲重大问题上拥有与英国分庭抗礼的实力。在外交界，人们都知道这些文章皆是出自法国外交部之手，只不过是借媒体传递出他们的外交政策而已。

在德尔卡塞等待德国回应的同时，他与同僚们也在紧张地为可能与英国爆发的全球性战争做准备。“有人提出可以直接空降到英国本土实施打击。”他在 1900 年 2 月 28 日的内阁会议上说道，“有人则提议先出征埃及，也有人提出应该配合俄国在印度的军事行动，让印度支那的部队向缅甸发起进攻。”大家都认为法国最高军事委员会应该召开一次更大规模的会议，以商讨法国究竟应该从何地发动对英国的武装突袭。德尔卡塞宣称，英国已成为世界和平的威胁。他还在 1900 年 3 月的日记中写道，是时候“为了全人类的利益”，采取实际行动了。同时他声称，英国为了离间法国同意大利、西班牙之间的关系，可谓无所不用其极，而这些国家都对摩洛哥的领土图谋不轨（后来，德尔卡塞甚至也与美国人共同探讨抢占摩洛哥的计划）。在很长一段时间里，法国对于德国往昔的不信任都转移到了英国身上。

然而法国的这些计划最终化成泡影，因为德国拒绝按照德尔卡塞的规划组成反英同盟。德国方面甚至指出，任何向英国提出的要求都应事先征求英国政府的意见。由此看来，德皇嘴上坚持说要反英，但在外交政策上却犹豫不决，简直是说一套做一套。“他确实说过‘我讨厌英国人’……”德尔卡塞抱怨道，“但他没有任何实际行动。”真正把法德关系扼杀在恢复期的是德国为此提出的要求：1900 年 3 月 15 日，来自法国驻德大使的一份报告称，德国只有在法、俄、德三国“保证欧洲政治版图的现状不再变更”的情况下，才能考虑继续发展反英同盟。实际上，这相当于变相要求法国承认德国对于阿尔萨斯—洛林地区的主权。

德国的此番要求永远地改变了德尔卡塞的想法，从这一刻起，这位法国外交部长彻底放弃了构建法德同盟的想法，联手向埃及殖民地进军的想法也永久地搁置了。相反，德尔卡塞开始认为，同英国结盟，并加强在贸易等方面的合作，将有助于法国实现自己的目标，即如果英国在埃及的殖民地能在法国的帮助下得到巩固，作为交换，英国便会将摩洛哥交到法国的手里。这种安排的好处就在于，能够防止出现（虽然实际上几乎不可能）英国和德国就摩洛哥问题达成一致——这对法国将是巨大的损失。到 1903 年，法国外交部长已经把摩洛哥和埃及之间的主权交换作为法英联盟的基础。

法国外交上的这种重新定位对法德关系产生了深远的影响，在这种亲英政策发展的同时，反德情绪也随之滋长。德尔卡塞在获取摩洛哥主权的方法的变化中，我们也能清晰地看到这一点。德尔卡塞早期曾设想以武力威慑埃及，从而让英国顾此失彼，放弃对摩洛哥的掌控，之后法国会收买其他与摩洛哥利益相关的国家：西班牙将获得摩洛哥北部的土地，意大利将在利比亚事务上得到法国的支持，德国则将得到法属中非的一块土地作为补偿。20 世纪后，法国对摩洛哥的政策改变主要表现在两个方面：法国要与英国合作；更重要的是，德尔卡塞现在计划在不给德国任何补偿甚至不征得其任何意见的情况下，直接控制独立主权受到国际公约保护的摩洛哥。德尔卡塞对于这个充满挑衅性质的计划一意孤行，以至于在北非埋下了最终发生在 1905 年的摩洛哥危机的导火线。

英国结束中立

德国在凡尔赛宫的镜厅与法国签订停战协定的三个月后，1871 年 2 月 9 日，英国保守党的本杰明 · 迪斯雷利（Benjamin Disraeli）就在下议院的演讲中提到了普法战争对世界历史的影响。他告诉议员们，与普奥战争、法意战争或克里米亚战争相比，普法战争绝非一场“普通的战争”，“这场战争对德国来说意味着一次革命，甚至比 18 世纪发生的法国大革命影响还大”。同时他强调，很多外交传统在这次战争后都已荡然无存。“欧洲大陆各国之间的制衡关系已被彻底破坏，而这其中遭受损失最大、受到影响最严重的当属英国。”

迪斯雷利的这席话后来经常被看作对未来与德国的冲突的预言，但我们不能在“一战”爆发的事实基础上解读他的演讲，从而觉得他很高明。实际上对于当时的英国来说，普法战争之后崛起的德国并非其最大的威胁；俄国作为英国的宿敌，在结束克里米亚战争（1853~1856 年）之后，又开始对英国图谋不轨。而依照英法于 1856 年参与签订的《巴黎和约》所规定的内容，黑海已经“正式永久地禁止”包括俄国所属国在内的任何国家在该海域内驻军。该条款的目的在于削弱俄国对东地中海地区的威胁，并防止俄国干扰英国通往印度的海陆线路。而随着普法战争中法国的战败，该条约的政治基础也土崩瓦解，法兰西第三共和国不再承认《巴黎和约》，对于俄国的黑海海域武装化行为也不再加以制止。俄国深知仅凭英国无法继续维护禁止黑海驻军的协约，于是开始了包括组建黑海舰队在内的一系列新动作。1870 年 12 月 12 日，俄国正式宣布废除 1856 年签订的和平条约并开始建设“新塞瓦斯托波尔”的消息传至英国。俄国营建的波蒂港位于黑海东岸，这个“全副武装”的备战用港口距离奥斯曼帝国边境仅几英里。

至此看来，俄国新一轮的扩张似乎已经开始，而这一点迪斯雷利在 1871 年 2 月 9 日的演讲中也有所提及。在迪斯雷利看来，200 年来，俄国一直是以一种“合法”的政策手段一步步扩张，直到“将国境线延伸到了海岸线”。但目前俄国在黑海地区的驻军则似乎预示着其扩张进入了另一个令人担忧的阶段，即开始将主要力量用在吞并君士坦丁堡、控制土耳其海峡。鉴于俄国“未曾向君士坦丁堡提出任何声明”且“没有任何染指那一地区的政治必要”，迪斯雷利宣称，俄国目前奉行的是一种“不合法且给别国带来祸患的外交政策”。在迪斯雷利看来，俄国并非唯一的威胁，他同时也非常关注美国日益增长的实力与野心。值得注意的是，当迪斯雷利提到“德国的变革”时，他并没有以此喻示德国带来的威胁，而是更多地关注这场给“完全工业化的国家”造成了“巨大损失”的普法战争所带来的全球影响。

直到 1914 年，迪斯雷利演讲中所阐述的主题都被视作英国外交政策的核心内容。1894~1905 年，给英国利益带来“最显著和最长期威胁”的不是德国，而是俄国。而对于英国领导者来说，中国问题在当时也是一个很好的例子。中国和巴尔干地区一样，都是由一个没落的帝国所引发的变革。在 19 世纪 90 年代初，俄国开始入侵中国东北，引发了一连串的区域性冲突，这一系列的冲突最终在 1894~1895 年的中日甲午战争中达到顶峰。日本获胜后，开始与俄国争夺在中国东北的影响力。同时，中国的战败也掀起了列强瓜分中国的狂潮。欧洲各国在中国加紧瓜分步伐的同时，欧洲本土之间的矛盾也加剧了。

对英国来说，最根本的问题是俄国实力的不断增长。与非洲相比，中国对于英国来说有着无可复加的贸易潜力，然而俄国的存在却对英国的利益造成了威胁。在国际社会对八国联军（1898~1901 年）施压之后，俄国却一家独大地在中国东北占据了更大的优势，故此，这个问题对于英国来说变得更加严重。然而，鉴于俄国的地理位置和其地面部队的先天优势，俄国进一步向东亚进行渗透的步伐根本无法阻挡。在这场新的"竞争游戏"中，俄国看来已经胜券在握。印度是英国的另一个脆弱的前线：英国领导人警觉地注意到，随着俄国的铁路逐渐稳步地向中亚地区延伸，俄国在次大陆享有比英国更好的"军事主导权"。

鉴于俄国在中亚和远东地区坚决实行的反英政策，并且法国也在非洲与英国进行竞争，法俄联盟成为英国政府最大的眼中钉。这个问题在布尔战争中显得尤为突出，当时英国为了向南非派遣充足的部队，导致了印度北部的兵力真空。1901 年 8 月，一份来自国防部情报局的关于"英国针对法国及俄国的战争所需的军备"的报告中指出，如果俄国发动攻击，印度军队完全没有实力抵抗。更糟的是，（在英国人看来）俄国外交官们不只是好战、野蛮的，更是阴险狡诈、毫无诚信的。"俄国的外交发展史里充斥着各种各样的谎言。"印度事务大臣乔治 · 汉密尔顿（George Hamilton）于 1901 年 3 月就中国问题进行谈判期间这样写道；印度总督乔治 · 寇松（George Curzon）也曾在 1903 年向身为海军要员的塞尔伯恩伯爵表示："如你所知，俄国的外交政策就是一个长期的、巨大的谎言"。

对于俄国的威胁，英国的应对措施是采取双面政策，一方面与日本和法国发展积极的外交关系，另一方面寻求与俄国的利益共享，以减小来自俄国的威胁。在 1894~1895 年的中日甲午战争之后，英国和日本都希望抑制俄国的扩张。在外交大臣金伯利（Kimberley）于 1895 年 5 月写给英国驻日大使的一封信中，他将日本比作英国在远东地区的"天然盟友"。20 万日军于 1895 年年底驻扎于中国东北境内，由此给俄国造成的军事威胁与英国在印度北部带给俄国的军事优势相互抵消。同时，日益强大的日本海军也增加了"与俄国抗衡的筹码"，并因此让早已不堪重负的英国海军有了喘息的机会。直到 1901 年，在长时间的和平相处之后，英日之间终于展开了官方的正式合作；从一开始的海上联合防务协约，再到后来于 1902 年 1 月 30 日在伦敦签署的内容更为全面的协约。1905~1911 年，合作不断升级（协约条款也逐渐增多），英日同盟也成为“一战”之前国际社会的另一个特色。

出于同样的考虑，英国也决定开始寻求与法国的友好关系。早在 1896 年，索尔兹伯里勋爵（Lord Salisbury）就曾提出，英国就英属缅甸和法属印度支那交界处的湄公河地区向法国做出让步，这有利于拉近与法国的关系，从而暂时瓦解法俄同盟。而出于同样的目的，英法于 1904 年签订的《友好协议》（至少对于英国政府来说）也主要是旨在缓解与法国之间的殖民地问题，并同时对俄国产生负面影响，而非旨在反德。为了对该协议表示支持，德尔卡塞也表示，如果法英两国成为协约国，法国将对俄国加以抑制，而且如果俄国与英国开战，法国将不会向前者提供帮助。正如兰斯多恩勋爵（Lord Lansdowne）所说，人们有理由相信英法联盟比英俄联盟具有更强的可操作性。

最后很重要的一点是，英国在借力日本平衡俄国的同时，也与俄国签订利益分享协议，用以应对俄国的威胁。而这之间并无矛盾。正如时任英国外交部常任副大臣的托马斯·桑德森爵士（Sir Thomas Sanderson）于 1902 年 5 月写给英国驻俄大使的一封信中所说，与日本的同盟关系是非常宝贵的，但“我们更希望（俄国）看到我们的实力”，这将“更有利于（英国）对当前局势有一个明确的认识”。英国国防部一直都在设想中亚地区可能产生的最坏情况，并于 1901 年 12 月向英国内阁发出警告：俄国有能力向特兰斯卡斯皮亚和赫拉特地区调配 20 万大军。而为了抵御这一可能到来的军事威胁，英国将被迫在印度增设 5 万~10 万的兵力，这对当时正需大幅削减开支的英国政府来说是一个巨大的难题。而俄国向着阿富汗方向修建铁路的“疯狂步伐”也预示着英国在这场竞争中将迎来更多的挑战。

1904 年 2 月日俄战争爆发时，英国的这种担忧进一步加强。俄国无论是在海上还是陆上都没能占据日本的上风，而这也加剧了英国的担忧。基钦纳子爵就曾担忧：俄国会不会通过进军印度，为其挫败于日本的耻辱找回一些安慰？这样看来，印度需要大规模增兵：到 1905 年 2 月，据印度政府粗略统计，英国在印度的驻军预计需达到 211 824 人。这种增长带来的支出是巨大的，根据基钦纳的测算，为了阻挡“来势汹汹的俄国军队”，英国需要花费“2 150万英镑的军费”。对于在1905年上台时刚刚承诺过要削减军费、扩大内需的自由党政府来说，这是一个巨大的难题。然而如果英国无法再用武力保卫印度北部的边境线，那么它就必须找到一个足以抵抗俄国进攻的非军事手段，以保证印度的安全。

1905年日俄战争中日本的胜利给出了一种两全的方法。随着俄国的战败及其国内发生的动荡，在印度增兵以防范俄国的想法也变得不再那么必要了。1905年上台的英国外交大臣格雷指出：“俄国在欧洲重新恢复元气的过程中，希望对于咱们的态度能够优于从前。”到1906年，格雷已成功地将在印度增兵的方案废止了。

英国这种多变的政策调整过程中，有一个方面值得特别注意：无论是与法国的《友好协议》还是与俄国的双边对话，都没有被英国领导人视作反德的筹码。在英国的考量中，德国带来的威胁只是伴随着法国和俄国而产生的，德国政府的动作都是协同俄国和法国一同反对自己的。例如在1895年春，德国与法俄一起将日本逼退回甲午战争中其所侵占的中国领土内；又如在1897年，德国出乎意料地占领了山东胶州——当时伦敦（官方）认为这是出于俄国的默许与指示。在这些事例当中，德国都与法俄默契配合，进行反英的动作。不仅是在中国战区，在世界其他地区，德国对于英国来说，所带来的更多的是外交上的压力而非切实的利益掠夺。换句话说，“英德之间的对抗”并非英国政策中主要关注的内容；实际上，直到1904~1905年，英国还无暇顾及这方面的内容。

德国：后来居上的帝国

在俾斯麦时代，德国的外交重心主要在于防止其他大国组成反德联盟。各国之间尔虞我诈的关系也使他的目标相对容易实现。法国与英国的竞争让法国有些无暇顾及德国；俄国对英国的敌意也使其目光从巴尔干地区转移开来，从而避免了与奥匈帝国之间的冲突。作为欧洲大陆的强国之一，只要德国本身不想在世界上称王称霸，它完全可以保全自己不至于陷入非洲、中亚和中国的区域争斗的泥潭。而只要英国、法国和俄国之间多保持一天竞争的关系，德国就能多一天在其中渔翁得利。这种现状维护了德国的和平稳定，却也让德国的领导者们开始有些蠢蠢欲动了。

但俾斯麦的政策也付出了一定的代价。这一政策需要德国在面对其他大国在非洲、亚洲和其他地方展开争斗时始终视若无睹，而且在其他国家分享世界其他地区的战果时，也只能做个局外人。这都需要德国在各个国家之间巧妙地周旋。而这很容易由于某些失误导致国民对于政府的不信任，并使执政党失去选民的支持。毕竟对于当时的德国中产阶级来说，建立殖民地能带来廉价的劳动力、原材料，能具备移民条件及贸易上的优势，是让人梦寐以求的。

值得一提的是，即便是德国对于压在其身上的权力与政治的束缚稍作反抗，都会受到其他大国的强烈抵制。从这方面来看，我们应当再次审视德国这一“姗姗来迟的帝国”与其他大国在竞争中表现出来的不同的但是重要的特质。借助本国的广阔土地、富饶物产和与尚在扩张中的德国相比更为雄厚的军力等优势，英、法、俄三国都掌握着为国家赢得巨大利益的资本，并在国际社会中独占鳌头。英国可以通过在湄公河三角洲地区的权益让步与法国搞好关系，俄国可以通过与英国划分在波斯地区的势力范围而赢得话语权，法国则可以通过将北非的领土划拨给意大利而赢得更多的盟友。至于德国，则没有这么“财大气粗”，作为后起之秀，它已经很难在这个早已被瓜分殆尽的利益市场占据有利位置了。即便它只想从中得到一些蝇头小利，也往往遭遇来自其他大国的巨大阻力。

例如在1884~1885年，当德国希望通过购买殖民地来满足帝国主义的胃口时，却遭到英国不屑一顾的回应。1883年，不来梅商人海因里希·福格尔桑（Heinrich Vogelsang）曾购买了一片今属纳米比亚的安哥拉海岸地区，在此后的那年中，俾斯麦曾询问英国政府是否承认德国对该地区的主权，而英国的答复一直很简单：英国不希望有任何其他国家在葡属安哥拉地区和英属开普敦地区之间建立自己的殖民地。对此，德国随即也以两个问题针锋相对：英国凭什么证明自己的殖民地所属权？如果不承认此地属于德国，那么英国政府能否承诺保护该地区的德国公民？几个月之后，英国政府才迫不得已给出回应，对此，俾斯麦显然大为不满，其实他完全不用将此事放在心上：1895~1896年，英国与美国就委内瑞拉边境问题难以达成一致时，也是以这种傲慢粗鲁的态度给美国泼了一盆冷水。之后，当德国以雷厉风行的态度正式宣布其对于该殖民地的掌控时，英国政府立刻表示抗议，英德之间的关系由此日趋紧张。最令俾斯麦气愤的是，英国这种举动无疑是在推行“非洲版的门罗主义”。随着大臣们的接连施压，俾斯麦的儿子赫伯特被派往英国展开谈判。而英国由于面临其他更严重的危机（俄国对阿富汗的觊觎，加之在非洲地区与法国关系的僵化等），无暇再与德国纠缠，终于决定做出让步。这次的危机虽然安全度过，但欧洲大国之间一触即发的紧张关系却也可见一斑了。

或许是出于希望挣脱俾斯麦政府给德国造成的自我束缚的原因，德国于1890年废除了与俄国签订的《再保险条约》。这一年德国的政局也发生了巨大转变，俾斯麦卸任首相一职，由列奥·冯·卡普里维接任，德皇威廉二世执掌政权，这一切都给德国的外交带来了全新的面貌。但19世纪90年代初的“新政”最初可谓摇摆不定，加之俾斯麦突然卸任所造成的权力真空状况，实权实际上落在了当时在外交部机要部门的弗里德里希·冯·霍尔斯泰因（Friedrich von Holstein）身上。霍尔斯泰因坚持的基本政策是，一方面加紧巩固与奥匈帝国的关系，另一方面通过与英国方面的一系列协约尽可能地缓解巴尔干地区的紧张局势，尽管他自己并不希望与英国建立全面联盟的关系。他的外交政策的中心思想是争取最大限度的独立。与英国结盟很有可能意味着成为英国的“替罪羊”，就像在“七年战争”期间，身为英国盟友的普鲁士国王腓特烈大帝最终发现自己被几个强大的敌国四面环伺。值得注意的是，霍尔斯泰因的亲信伯恩哈德·冯·比洛在1890年3月曾表示，德国“不应该依靠其他国家”。与英国达成合作协定的代价将意味着德国放弃了对殖民地的控制权，而这恰恰是卡普里维愿意付出的代价。

自由政策看起来是无害的，但实际上它的风险巨大。1891年夏，德国发现自己的盟友意大利正在与法国秘密会谈，以图在未来争夺北非殖民地的过程中得到法国的支持。与此同时，德国接到消息称法国外交人员从海路抵达俄国的喀琅施塔得港，并受到俄国媒体和民众的热烈欢迎。而1892年建立的法俄军事协定则表明，即便英国与这两个国家只是表面上的合作，也将极大地增加德国落入孤立无援的危险境地的可能性。更值得德国警惕的是，虽然法国和俄国的友好关系不断加深，但也并未因此带给英国“必须与德国结盟”的压力；非但如此，英国政府甚至开始对法国和俄国先后采取绥靖政策。1891年法国舰队在访俄后回国的路上顺便象征性地造访朴次茅斯，为德国政府增添了更多的忧虑。

德国到底是否有能力在不借助其他盟国的力量下突破重围呢？卡普里维给出

的答案是要进一步加强德国的军事防御能力。1893 年的军事法案使军队扩充到 552 000 人，比 10 年前增加了 15 万人，同时军费开支已是 1886 年的两倍。但这些增长并不是某种政治战略的组成部分，而只是单纯地为了起到威慑作用。

德国高层之间在对于扩军所可能产生的外交影响问题上也争论不休。鉴于与法国改善关系已是痴人说梦，那么德国是否应该寻求英国的支持，或者从与俄国的联盟中找到发展之路？然而，这两种可能性的结果都令人失望。被德国高层寄予厚望的俄德贸易条约在 1894 年春宣告订立。迫于德国农业界的强烈抗议，德国政府通过此条约，这对两国的贸易增长具有里程碑式的意义。但这并没能削弱俄国与法国的联盟关系，相反，俄国将这个条约视为受众的政治筹码，打算借此在德国处在外交劣势时进一步从中牟利。

与英国的外交往来也丝毫不轻松，究其原因主要在于，卡普里维在德国外交上推广的“自由政策”让英国变得更自由了，相比之下德国反而显得被束缚了手脚。法俄两国之间的同盟局面让英国得以在欧洲大陆各国间更有效地周旋，也降低了其与德国结成稳定同盟的必要性。英国只有在万不得已时才主动与德国寻求合作，但这与德国所给予的全方位的同盟关系支持相比，实在太微不足道了。例如 1901 年，英军在南非无法抽身，俄国借机争夺在中国的势力范围，在这种情况下，英国外交大臣兰斯多恩急于寻求德国的援助，赶忙在内阁中发布了一份密约，所涉及的内容是关于在特定的情况下（例如俄国与日本发生战争时）与德国结盟，以便联合英德两军的力量共同对抗俄国。此类密约被送至德国进行试探，但德国不愿意卷入任何反俄的事务当中，因为怕就此成为欧洲大陆各国的众矢之的，而如果真的面临那种情况，英国海军对他们的帮助只是杯水车薪。令当时德国首相比洛最忧虑的问题是，怎样才能最大限度地抵消英德结盟后带给法俄同盟的威胁感。这正是阻挠英德之间构建同盟的根本性问题。

另一个更长远且更显而易见的问题是，德国致力于扩张在欧洲以外的利益地盘的政策，不可避免地受到来自英国的抵触。当奥斯曼帝国苏丹阿卜杜勒 · 哈米德（Abdul Hamid）委托德意志帝国铁路公司建设一条从安纳托利亚到孔亚的铁路（巴格达方向）时，英国政府怨声载道，他们认为这个融资项目“未经允许就侵犯了英国的权益”，因为新铁路将会重创英国投资建设的士麦那铁路的收益。因此，在众多纠纷中，英国的决策者得出结论，尽管大英帝国的利益是“至关重要”和“最为核心”的，但德国总是“更奢侈”一些，后者劲头十足的行为背后一定是其他势力在挑唆。关于1894年5月12日签订的英刚（刚果）条约（通过该条约，英国获得了连接乌干达和罗得西亚的25千米宽的走廊地带）的纠纷便是一个很好的例子，该条约原本打算消除法国对尼罗河上游的企图，不料英国划分领土的警戒线却紧逼德国在东南非洲的地盘。德国只好通过协商向对方施加压力，英国最终退避三舍。这样的结果对于渴求民族自我主张的德国媒体来说是鼓舞人心的，同样，它也坚定了德国决策者们的信念——勇敢地反抗英国才是维护德国利益的不二法则。

1894~1895年发生的德兰士瓦危机是英德关系紧张局面达到顶峰的象征。在英国控制下的好望角殖民地和相邻的南非布尔共和国（即德兰士瓦）之间，积累着由来已久的矛盾。尽管德兰士瓦的独立已经是全世界公认的事实（包括英国），然而好望角殖民地的统治者塞西尔·罗兹（Cecil Rhodes）却因觊觎19世纪80年代在那里发现的巨大的黄金储量而试图兼并北面的邻居。由于德国殖民者在德兰士瓦的经济事务中扮演着主导角色，并且德国人在那里的投资占据所有国外投资的1/5，因此柏林政府能够在该独立共和国维持自身的利益。1894年，柏林计划投资修建一条铁路，这条铁路将被内陆包围的德兰士瓦和葡属莫桑比克的德拉瓜湾连接起来，引发了来自伦敦的抗议。当英国政府考虑通过兼并德拉加湾攫取这条并不受欢迎的铁路的控制权，并拒绝任何稀释他们在该地区政治和经济主导地位的安排时，德国则坚决支持德兰士瓦的政治和经济独立。另一次摩擦发生在1895年。当时英国驻德国大使爱德华·马来特爵士（Sir Edward Malet）在谈到德兰士瓦时，将其定义为英德关系的瓶颈，并且隐晦地指出：如果德国拒绝让步，则不排除两国之间爆发战争的可能性。

最终，英国在1895年12月向德兰士瓦发动了一场失败的进攻，从而引发了一次全球性危机，德国政府也因此被激怒。实际上，英国政府并未正式批准利安德·斯塔尔·詹姆森（Leander Starr Jameson）发动袭击，尽管至少有一名英国政府官员约瑟夫·张伯伦（Joseph Chamberlain）提前获悉了此事。英国发动的袭击以失败告终：詹姆森的手下很快就被击垮，成为德兰士瓦士兵的俘虏。正如巴黎和圣彼得堡的情形，柏林人普遍相信英国是这次来犯的幕后主使——尽管白厅官方否认了这一点。为了表达自己的愤怒，德国政府以德皇的名义向德兰士瓦共和国总统保罗·克鲁格（Paul Kruger）发去了一封私人电报。后来人们知道，这封“克鲁格电报”向总统致以新年的祝福，并祝贺他“在没有呼吁友方支援的情况下”抵御外侮，保卫了“他的国家的独立性”。

这个言辞温和的电报激起了英国媒体的愤慨，而对于德国人来说却欢呼雀跃，它被当作一种象征——人们终于能够为德国在海外的利益做点儿什么了。但“克鲁格电报”只是一种政治姿态罢了，很快，德国就从与大英帝国在南非的冲突中抽身而退。对于自己的意愿，德国缺乏执行手段。最终，柏林选择了妥协，其在非洲南部的政治未来也就此断送，只为换取英国对某些问题虚假的让步。最让德国民族主义媒体感到愤怒的是，德国政府在1899~1902年的第二次布尔战争期间拒绝代表德兰士瓦进行干预，这导致德兰士瓦一败涂地，并被作为殖民地收入英国囊中。

因此，德国的孤立状态在19世纪90年代进一步加强。英国的承诺如空中楼阁，法俄同盟似乎极大地限制了德国在欧洲发展自身的活动。然而德国慢热的政客们却丝毫没有意识到问题的严重性，这主要因为他们相信世界列强之间旷日持久的紧张关系无法保证它们能够联合起来对付德国。与其选择以睦邻友好的政策打破孤立无援的状态，德国的决策者们宁愿另辟蹊径，选择以加强自身实力为指导方针的道路。最直接的体现便是决定建立一支强大的海军。

19世纪90年代中期，在经历了长时间的停滞和相对的衰微后，海军建设和策略重新成为德国国家安全和外交政策的中心。舆论在此起到了推波助澜的作用，正如在英国，大型舰艇向来是德国的严肃报刊及其受过良好教育的中产阶级读者们心向往之的。由美国作家阿尔弗雷德·塞耶·马汉（Alfred Thayer Mahan）提出的风靡一时的“海军至上主义”便是例证。马汉在《海权论：海权对历史的影响》（*The Influence of Sea Power upon History*）中预言，全球列强之间的抗衡将由大批重型战舰和巡洋舰决定。德皇威廉二世也积极支持海军建设，他本人是一名狂热的航海爱好者，同时也是马汉的忠实读者。在他年轻时的一本画册中，我们会发现战舰的影子，他用热情饱满的铅笔素描描绘了这样一幅场景：这些漂浮的要塞上架设的巨大枪炮如同发怒一般地工作着。这项工作背后的国际影响也是很关键的：毕竟正是与英国之间无足轻重的矛盾，坚定了德国加强海上军事实力的信念。在德兰士瓦事件之后，德皇开始疯狂地满足自己对舰艇的渴望，他开始盲目地认为所有的世界性危机都需要通过海军实力来解决。

德皇个人对海军事业如此地热衷，但在德国海军管理部门的高层人员中却出现了观念上的分歧。海军内阁首领、海军上将古斯塔夫 · 冯 · 森登 · 比布兰（Baron Gustav von Senden Bibran）和他雄心勃勃的下属阿尔弗雷德 · 冯 · 蒂尔皮茨（Alfred von Tirpitz）敦促进行大规模的大型战舰建设。与其对立的是行事谨慎的海军上将弗里德里希 · 霍尔曼（Friedrich Hollmann），他是海军的国务秘书，并且负责为帝国国会草拟海军立法议案。霍尔曼仍希望组建由快速巡洋舰组成的海上力量。当蒂尔皮茨将德国海军发展战略视为未来与大英帝国在本土水域附近相抗衡的力量时，霍尔曼的设想则是开发更为灵活和具有远距离作战能力的武器，以保护德国的海外利益。1893~1896 年，蒂尔皮茨和他的同僚不断向霍尔曼发起攻势，公开质询他的能力，并不断向德皇进行轰炸式的“进谏”，力申他们的战略规划。在两大阵营之间摇摆许久之后，德皇威廉二世于 1897 年不再支持霍尔曼，蒂尔皮茨取得了他的位置。1898 年 3 月 26 日，在一轮密集的宣传攻势之后，帝国国会通过了一项新的海军法案。一改 19 世纪 90 年代早期和中期规划的折中性和零散性，蒂尔皮茨的帝国海军办公室规划了一项大规模的、长期的建设项目，其主导德国国防经费直到 1912 年。其最终目标是使德国海军能够与英国海军相抗衡。

在许多研究“一战”起源的作品中，德国开展雄心勃勃的海军项目的决定成为关键。从后人的眼光来看，它或许确实预示甚至解释了 1914 年冲突爆发的原因。难道挑战英国海上霸权不是一种多余的挑衅行为吗？它只会使两国关系恶化，让欧洲的格局走向极端化。

人们大可以对德国海军战略进行批判，最重要的一点是它并不诞生于一种广泛的政治概念，且超越了自身的需求。但这项新的海军项目不但不离谱，还有其根据。德国人有足够的理由相信，除非他们拥有令人侧目的海上实力，否则会一直被别人小觑。众所周知，英国在与德国的沟通中，其口吻一直是居高临下的。比如 1897 年 3 月，英国外交部副部长助理弗朗西斯 · 伯蒂爵士（Sir Francis Bertie）——因其火爆的行为而被送外号“公牛”，和德国驻英国的临时大使赫尔曼 · 冯 · 埃卡德施泰因男爵（Baron Hermann von Eckardstein）之间举行了一场会晤。在讨论进行的过程中，作为人尽皆知的亲英派人士的埃卡德施泰因（他的穿着打扮刻意模仿爱德华七世，并流连于伦敦的俱乐部）提及了德国在非洲南部利益的问题。伯蒂的反应十分强烈，他声称，只要德国敢动德兰士瓦一根手指头，英国政府就会“不顾一切地”死磕到底（很显然这是指一场战争），以“反抗德国的干涉”。“如果与德国之间爆发战争，”他继续补充，“整个大英帝国都会团结起来，届时，对于英国的舰队来说，封锁汉堡和不来梅，断绝德国的海上贸易将易如反掌。”

基于此，德国的海军政策不得不被视为阻力和威胁。诚然，新力量的宗旨无疑是反英的，蒂尔皮茨自己也做出了充分的说明：1897 年 6 月，呈给德皇的舰队计划直抒胸臆，即“对德国来说，目前最危险的海上敌人就是英国”，之后几年的各种草拟提案和备忘录中，同样的假设也多次出现。但这也是无可厚非的：军事力量的建设通常就是针对潜在的最强大的对手而制定的。直到 1904 年英法协议签订，法国海军的计划文件仍这样预测：一旦爆发战争，全副武装的巡洋舰就要全速前进，攻击英国商船，使英国本岛陷入饥荒和屈服。1898 年，这一景象已经实际发生，英国海军因为需要更多的巡洋舰、克服本国食品供应问题而惊慌失措。

总而言之，德国在 1898 年之后建立自己的舰队的事实并非是让英国转向与法国和俄国结好的原因。英国决定与法国签订协约并寻求与俄国合作的安排，其压力源于帝国本身。英国的决策者对德国的海军建设并没有人们想象中那么在意或警觉。英国的海军战略并非仅仅针对德国，而是在于维持自己在世界海上列强中的霸主地位，其竞争对手包括法国、俄国和美国。德国的海军建设并没有吸引英国战略家的注意。1905 年，英国海军情报指挥官自信满满地说，对德国来说，英国的海上优势是“压倒性的”。1906 年 10 月，英国外交部常任副大臣查尔斯 · 哈丁认为，德国并没有对英国海军造成直接威胁。次年，英国海军上将 A · K · 威尔逊爵士（Sir A. K. Wilson）在一篇报道中谈到，英德之间不可能爆发冲突，因为双方都不可能对对方造成“致命的打击”。英国外交大臣爱德华 · 格雷同样乐观：根据他在 1907 年 11 月的观察，“德国人还没有无畏舰的时候，我们已经拥有 7 艘了”。“1910 年，他们将建成 4 艘来对抗我们的 7 艘，如果这几年间他们真的付诸行动，我们仍有足够的时间摧毁那些新鲜出炉的军舰。”就连第一海军大臣约翰 · 费希尔爵士（Sir John Fisher）于 1907 年写给国王爱德华七世的信中都在自吹自擂，夸耀英国对德国的巨大优势："英国有 7 艘无畏舰，其中 3 艘是所向披靡的，而德国至今还没有着手建造第一艘！"这样的自信并非空穴来风，因为德国占下风是理所当然的事：1898~1905 年，当德国的战舰从 13 艘增加到 16 艘时，英国的舰船数量则从 29 艘增加到 44 艘。蒂尔皮茨曾将目标设定为 1 艘德国战舰对 1.5 艘英国战舰，但这目标距实现遥远无期。1913 年，德国海军军部单方面下令正式开始英德军备竞赛，蒂尔皮茨对德国与英国的军舰对比比例感到满意，而到 1914 年，英国的领先地位再一次巩固。这一方面是因为英国媒体舆论和政界带来的紧迫感，另一方面是因为重视海军军力的人士推动为资金紧张的海军募集资金。

因此，在蒂尔皮茨和他的同僚开展的海军开支合法化的巧言令色的工作，与其收到的微弱效果之间，便出现了一个巨大的矛盾。德国海军建设旨在为 1900 年提出的"世界政策"提供支持。这一术语代表着一项聚焦扩张德国影响力（作为世界列强之一）的外交政策，以使德国能够以大国身份同其他列强对话。1897 年，历史学家和时政评论员汉斯 · 戴布流克（Hans Delbrück）在一篇重要的时评中指出："在未来的几十年中，世人将会被爱国主义唤醒，那些徒有一副空壳的国家将在一代人的时间内被其他优秀的种族（那些定义了人类精神轮廓的种族）所排斥。"在 1897 年 12 月 6 日的一次颇受欢迎且颇具影响力的演讲中，外交大臣伯恩哈德 · 冯 · 比洛传达了一种激昂奔放的信号："德国将世界拱手让与邻邦们的时代已经一去不复返，德国海上实力落后的时代已经一去不复返，它再也不会停留在纯粹哲学统治下的温床里，我们不想置任何人于不快，但我们同样需要在太阳下宣告我们的存在。"

"世界政策"一词似乎一度吸引了德国中产阶级和国家重要媒体的眼球。它之所以会引起共鸣，是因为它浓缩了人们当时最为强烈的愿景。世界政策意味着扩大国外出口市场的需求（当时出口增长势头正额），意味着摆脱欧洲联盟系统的限制，以更广阔的世界作为展现自己的竞技场。它体现了膨胀的民族性，将德意志帝国四分五裂的地区团结在一起，并传达了几乎是被普遍认同的信仰：作为后起之秀的德国，若想在帝国盛宴上分一杯羹，想要得到其他列强的尊重，就必须奋起直追。然而，尽管世界政策含义深远，却从没有一个确切的定义。就连使之成为德国外交政策指导性方针的比洛本人都没有做出准确的说明。他的表述充满矛盾，这说明世界政策与旧的自由政策（同样支持海军扩建）并无二致。前总参谋长阿尔弗雷德·冯·瓦德西将军（General Alfred von Waldersee）在其1900年1月的日记中气愤地写道："我打算支持世界政策，如果我知道这玩意儿到底是干什么的。"

1897年后，世界政策的具体实践成就相对微小，尤其是如果我们将其与美国在同时期的帝国扩张相比：当德国确定获得马里亚纳群岛、加罗林群岛（萨摩亚群岛的一部分）和中国北部沿海的胶州湾时，美国与西班牙就古巴问题交战正酣，在此过程中，美国于1898年将菲律宾、波多黎各和关岛收入囊中，并于同年宣告了对夏威夷的拥有权；1899~1902年，美国又与菲律宾发生了惨烈的殖民地战争，菲律宾的人口损失介于50万~75万；1899年，美国获得了萨摩亚群岛的一部分，并在当地支持下顺势建立了横亘中美地峡的运河，并握有控制权；最后，正如其国务卿的观点，美国对南美洲拥有"实际主权"。比洛兴奋地致信德皇威廉二世，称"对人民和海军来说，这次胜利是极大的鼓舞，他们将继续跟随陛下，向成为列强的征程、向伟大和永恒的荣耀进发"，而他所谓的"胜利"，指的却是无论在经济上还是战略上对德国来说都一文不值的加罗林群岛！难怪有些历史学家对德国的世界政策做了如下总结：它的初衷是面向国内舆论的，是加强民族团结，以及用长期的预算投入对国家议会造成压力的手段，使持不同政见者闭上嘴（如社会民主党），借此巩固现有的主导型工业和政治局面。

或许德国在1900年前后制定的政策中最显著的短板是没有看到风起云涌的国际环境是如何一步步置德国于不利的。柏林的决策者们在20世纪初仍然自信满满，他们认为，大英帝国和俄国之间的紧张将继续为德国的自由发展创造条件。短时间内，他们保持与圣彼得堡的良好关系；从长期看来，他们则相信英国由于与俄国相抗衡，且面临德国舰队的不断发展，将被迫与柏林寻求更好的关系。

惊天逆转？

1904年2月8~9日的晚上，日本海军大将东乡平八郎（Togo Heiachiro）的舰队袭击并击沉了俄国在中国旅顺港停泊的战舰，日俄战争就此爆发。虽然冲突是由日本制造的，挑唆者却是俄国人。在过去10年中，沙皇和他最为得势的同僚们被这样一个愿景所诱惑——攫取东亚帝国广袤的领土。俄国人在中国北方、辽东半岛和朝鲜北部稳步推进，逐渐蚕食了日本在这些地方的权益。他们以 1898~1901 年爆发的义和团运动（实际上义和团运动的兴起一部分原因肇始于俄国对中国的入侵）作为借口，向满洲里派兵 17.7 万，声称要保护那里的铁路。起义被镇压后，俄国将其他列强敦促撤兵的要求当作耳旁风。直到 1903 年年初，人人皆知俄国意欲永久占领满洲里。日本多次要求俄国对其与日本在满洲里以及朝鲜的势力范围进行正式的边界划分，但并没有引起圣彼得堡的注意。

1902 年，日本与英国建立同盟关系，日本因此信心大增，认为可以凭借自己的力量处理事务了。于是，接下来的战争对俄国造成的打击是谁也没有料到的。俄国的三支舰队中有两支全军覆没（更为讽刺的是，第三支幸存的黑海舰队之所以免遭厄运，是因为一条禁止俄国舰队通过土耳其海峡的限令）。俄国的军队在 1904 年满洲里战场上也一败涂地，日本人同时又包围了旅顺港，前去支援的俄方部队不得不从满洲里撤出。1905 年 1 月，经过一场旷日持久的战斗，日本占领了旅顺港。两个月后，一支 27 万人的日本军队在满洲里的奉天城附近击垮了人数略占优势的俄国军队。外部打击接踵而至的同时，俄国国内也爆发了一波接一波的民族暴动、大规模罢工、政治反抗以及人民起义，横扫整个帝国，它们暴露了沙皇专制的脆弱性。这导致一支将近 30 万人的队伍（比在满洲里战场迎战日本军队的人数还多）曾一度被迫驻扎在波兰整顿秩序。

日俄之间的冲突产生的影响既意义深远又充满矛盾。短期来看，这场战争似乎为德国提供了始料不及的机会，去打破法俄同盟和英法协约国施加的限制。但从长远来看，却有完全相反的效果：它反而加强了这些盟国之间的关系，所有人的目光从周边地区重新聚焦欧洲大陆，极大降低了德国行动的自由度。由于这两方面都对 1914 年的事件造成影响，因此我们应当对两者进行简要的分析。

直到 1904 年夏，德国的外交地位实际上比 1890 年俾斯麦卸任时还要糟糕。德国的政治领导者目空一切，主要是因为他们相信英国和欧洲大陆其他列强之间的紧张关系将会永远为良好的英德关系敞开大门。在这样的思维背景下，英法结盟的消息对德国来说简直是一道晴天霹雳。在 1904 年 4 月写给比洛的信中，德皇威廉二世告知这位大臣，这一消息引发了他的“无限深思”，因为英国和法国不再相互畏惧和排斥的事实意味着他们“越发没有必要重视我们的实力”。

而德国要如何让自己摆脱低落的情绪呢？对他们来说有两种选择：第一种是转而寻求与俄国交好，以削弱或抑制法俄同盟；第二种是通过某些途径破坏英法关系。日俄战争为检验两种方法的可行性提供了机会。德皇曾一度试图通过外交途径与俄国人打交道，但结果并不理想，于是他很快发现从俄国的窘境中获得甜头的机会。1904 年 2 月，他致信沙皇，称法国正为日本提供原材料，这种行为可不是一个可靠盟友应当有的。6 月，他对尼古拉二世说，他相信法国与英国（日本的伙伴）的缔结，是在“阻挠法国向您提供帮助”。其他的信则都是表达了对俄国军队不幸遭遇的同情，以及他对俄国未来胜利的信心。此外，德国人还提供了更实际的帮助，诸如在德国境内的补给站（这是东行的必经之地）为俄国战舰填装燃煤。在这些主动示好行为的推动下，双方形成了两个正式结盟的提议。第一个诞生于 1904 年 10 月 30 日，其中规定，缔约方无论哪一方谁在欧洲或其他地方遭受攻击，另一方就要为其提供帮助。但沙皇尼古拉二世在征求他另外一个盟友法国的意见之前，并不情愿达成正式共识。而法国显然是不会同意的，这相当于俄方拒绝了这项提议。

然而直到 1905 年夏，俄国的国内形势和军事地位急转直下。当德皇再次与沙皇商讨这些提议时，他发现沙皇开始动摇了。1905 年夏，德国皇家游轮“霍亨索伦”号驶向芬兰海湾的一个小渔村，与沙皇的“极地之星”号汇合。7 月 23 日，两艘船并排停泊，沙皇亲自登船用餐。之后，双方进行了一系列秘密会谈，期间德皇极尽所能地撩拨沙皇的忧虑，收效颇丰，使他担心英国的威胁以及法国的不可信赖，而此时的法国显然已经投入英国的怀抱了。在重重压力之下，尼古拉二世泪如泉涌，拥抱了他的德国表兄，并在协议上签下了自己的大名。但条约草案却夭折在圣彼得堡的官员手中，他们指出，在与法国结盟的同时（这种同盟关系仍然是俄国的安全保障）是不可能与德国结好的。法国也传来消息，确认自己永远不会容忍任何更改条约的行为，指的正是俄国与德国的合作。沙皇仍然支持与德国之间达成类似于共识的成果，但迫于来自政治和经济同僚的压力，他逐渐放弃了这种想法。德国向东寻求突破孤立局面的道路就此封上，至少在可预见的未来是如此。

与此同时，面对英法协约的压力，德国也曾从中寻找突破。在突出的殖民地问题上，英法协约在磋商后形成了诸多解决方案，其中包括英国承认将摩洛哥划分到法国的势力范围，而作为回报，法国也承认英国在埃及的控制权。在英国刚刚做出承诺之后，法国决定继续采取行动充分利用这次机会，因此法国政府于 1905 年 1 月派出一位外交使节到摩洛哥城市非斯，商议巩固法国在摩洛哥的控制权。

鉴于协约上白纸黑字的内容，法国在摩洛哥宣誓主权的努力并不让人感到惊讶。但在 1905 年，法国外交部长选择给这项政策赋予明显的反德意味。通过交换领土，法国与西班牙的潜在分歧被消除，与意大利在 1902 年达成的北非共识既给了意大利一个交代，也体现了英国的立场。但德国人却在此方面毫无斩获，柏林甚至未被提前告知法国的意图。这与德尔卡塞个人的早期政策相悖，他预测，要获得德国的支持，必须做出领土上的补偿，即“他们可能觊觎的非洲的其他地方”。为了排挤德国，德尔卡塞在他的北非决策中加入了完全不必要的挑衅成分，这招致了他的法国同僚们的批判，就连保罗 · 雷瓦尔（Paul Revoil）——德尔卡塞在摩洛哥问题上最亲近的合作者都在为部长的不妥协感到遗憾，他反驳道，“最大的不幸”就是德尔卡塞认为“与德国进行磋商是让人厌恶的事情”。“德国人是骗子。”他表示，“但是天哪，我又不是在与他交换浪漫爱语或是象征爱情的戒指，而是要和他进行商业谈判！”就连法国殖民支持派领袖欧仁 · 艾蒂安（Eugène Étienne）都将德尔卡塞拒绝与德国协商摩洛哥问题视为“高度的轻率”。

德国方面，其外交部早就开始以怀疑的姿态观察法国在摩洛哥的动向，且其并不打算允许法国政府采取单方面的行动来破坏德国在该地区的利益。德国的观点被制定成了法律条款，即“1881 年国际协议”。这项协议正式提出，摩洛哥地区任何的改变都应当在法德双方达成共识的情况下进行。然而，德国政策的最终目标不是按国际法办事，而是试图考验英法同盟关系的牢靠度。从伦敦发出的报道给了德国这样的信号：英国政府并不觉得自己有责任干涉法国和第三方国家在摩洛哥问题上的争议。德国希望这样的表态能够提醒法国——用德皇精巧的表达就是“海军是没有轮子的”，以此减少对方对于与自己在一定程度上达成共识的敌意。从这种意义上来看，摩洛哥事件可以说是对俄国在 1904~1905 年所采取的措施的西方版本。

1905 年 1 月初，一支法国代表团来到摩洛哥境内的非斯，宣示对摩洛哥军队及警察的控制权，但被苏丹拒绝。1905 年 3 月 31 日，德皇威廉二世出其不意地造访丹吉尔。在人民极其兴奋的欢呼声中（他们认为德国的主权是能够与法国抗衡的力量，因此颇为欢迎），威廉二世骑马来到德国使领馆，让法国使领馆的三等秘书碰了一鼻子灰（这位秘书还“以德尔卡塞先生的名义”向德皇的到来表示了欢迎）。在德国使领馆，德皇发表演讲，声称德国的商业和经济利益与摩洛哥的独立和统一息息相关，因此应当被接受。在这里短暂停留了不到两个小时，他便回船返航了。

就短期而言，这次声势浩大的姿态性政治行为取得了很大成功。德皇的造访在法国激起了愤怒，但英国并没有表现出干涉的兴趣。在一系列相互威胁和外交冒险政策之后，法国政府选择寻求一种和平的解决方式。泰奥菲勒·德尔卡塞下台了，他的挑衅政策也暂时宣告破产。他的职责落到了接任的并没有多少经验的法国总理莫里斯·鲁维埃（Maurice Rouvier）身上，这位新人支持就摩洛哥问题进行双边协商。德国人却一味试图巩固自己的优势，愚蠢地拒绝了鲁维埃的提议，并坚持根据1881年的条款，通过召开国际会议来解决问题。最后，德国的提议被通过，但德国的胜利也就此终结。会议于1906年1月在西班牙的港口城市阿尔赫西拉斯举办，摩洛哥的拟独立通过一般条款被确定下来，但是就其他提议，包括摩洛哥警力和经济机构的国际化，德国的谈判者并没有从其他列强那里获得任何支持（除了奥匈帝国）。英国、意大利和西班牙已经被法国的领土补偿所收买，而俄国则因为法国向其提供贷款而支持自己的东家——它们都坚定地站在法国一方。俄国代表在抵达阿尔赫西拉斯时就明确表态自己会“不遗余力地”支持法国的所有提议。德国、奥匈帝国和俄国所谓的三皇同盟的脆弱性在现实中暴露无遗。事实证明，通过多方磋商来解决问题的决定是错误的，其实当初法国的态度已经表明事情完全可以在双方之间解决。德国的决策者完全失误了。1906年4月5日，德国对摩洛哥政策的总策划师伯恩哈德·冯·比洛首相在帝国议会上发表演讲，宣布阿尔赫西拉斯会议的结果。就在演讲结束后不久，他便脸色苍白，栽倒在地。直到10月，他的身体才恢复过来。

德国政府在东西方问题上的努力因此彻底破产，而这些努力背后的目的是要打破德国的孤立局面。英法协约不仅没有因为德国在摩洛哥问题上的挑战而被削弱，反而得以巩固。在东方，日俄战争为德国创造的条件就此看来也是虚无缥缈的。当英国和俄国在1907年夏签署协议，结束了双方在波斯地区、阿富汗和中国西藏问题上的所有纷争时，德国在东方的选择机会也一起丧失了。

1907年的条约并非针对德国或是出于对德国的畏惧，事实正相反：由于俄国在英国的一系列弱势领域形成了巨大的威胁，那么他们必须舍弃德国而保住与俄国的关系。这是世纪之交以前英国的主导思路，在协约签订之后这种思路仍然奏效。1909年3月，查尔斯·哈丁爵士对此做了扼要总结。“我们与德国之间并没有悬而未决的争议，除了海军建设问题。”他对他的继任者阿瑟·尼科尔森说，“但是我们在亚洲的发展前景则取决于我们和俄国之间的关系，我们无论如何也不能牺牲与俄国之间的协约，即使是为了一个简化了的海军计划。”俄国的决策者同样支持协议，并抱有和英国一样的想法：对他们来说，这项政策并不是针对德国的，而是一个颇为划算的举动，旨在为国内的动荡赢得喘息的机会，为自身的对外行为赢得更大的自由。这些利益具体表现为波斯问题的和解以及英国支持俄国拥有进入土耳其海峡的权力。对伊兹沃尔斯基和他在伦敦的大使贝肯多夫伯爵（Count Beckendorff）而言，土耳其海峡问题是“协议所涉及的核心问题”，甚至能确保在将来某一“合适的时间”，俄国能够对通行权做出修改。

换言之，面对1907年形成的国际新格局对德国造成的不利影响，我们不应当简单做如下假设：该结果真实地反映了当事人的目的性。只有在法国的例子中，我们才可以说其决策一贯优先考虑的是对德国的制裁。我们应该认识到，这一系列的协议是世界历史出现转折后影响欧洲的结果——日本作为地区强国的崛起和中日战争，非洲问题以及中亚地区的角逐所造成的财政负担，奥斯曼帝国残余势力在非洲和西南欧制造的威胁，以及关于中国问题的纠纷（在这一问题上，不仅包含列强在中国的相互争夺，还有列强入侵所引发的中国社会的剧烈动荡）。德国的“焦虑”及傲慢和强硬也是其中的一种表现，但它们应当以一种更开阔的视野来理解。人们曾经一度认为，德国的孤立状态是咎由自取（他们举止奇怪，在国际上的口碑很差），但该结论并不是根据时代带来的地区重组过程得出的。

实际上，对德国的敌视与新的联盟体系之间的因果关系在一定程度上出现了关系上的逆转：并非是他者对德国的敌对才导致了德国的孤立，而是这一新体系本身为他者对德意志帝国的不满创造了可能性并不断被强化。例如俄国，日本在东方的胜利以及与英国在中亚问题上分歧的暂时平息，都不可避免地使其外交政策重新聚焦剩余的阻碍其实现帝国大业的威胁——巴尔干地区的问题，即与奥匈帝国之间的分歧，更进一步来说，德国也脱不了干系。俄国外交政策团体分为“亚洲派”和“欧洲派”两大派系，双方的分歧也因此以后者的胜利告终。以伊兹沃尔斯基和萨佐诺夫为首的欧洲派（他们试图对德国采取不信任的姿态，借此与英国和法国建立良好的关系）在关键问题上获得了更多的支持。英法协约的诞生消除了1904年协约缔结以前的反英情绪，断断续续地淡化了法国政治家对德国的畏惧心理。

言过其实

尤为显著的是英国的例子。让人惊讶的是，对德国挑战法国在摩洛哥势力的问题上，许多英国的关键决策者的反应十分激烈。1905年4月22日，外交大臣兰斯多恩告知在巴黎的英国大使，他相信德国人会试图获得非洲西部海岸的港口，作为法国得到摩洛哥的补偿，且英国会站在法国一方，“强烈谴责这项提议”。而在巴黎的英国大使正是这位：“公牛”脾气的弗朗西斯 · 伯蒂爵士、泰姆子爵、曾就德兰士瓦问题以发动战争来威胁德国代理埃卡德施泰因的前议会副大臣。在将兰斯多恩的支持态度转达给德尔卡塞（他还没有听说德国觊觎西非港口的事）的过程中，伯蒂的语气十分坚定，坚决表示为法国提供无条件的支持。这位法国外交部长是这样被告知的：“考虑到德尔卡塞先生的立场，英国政府认为，德国在摩洛哥问题上的举措是极其不理智的，英国政府愿意倾其所有的能力为您提供帮助。”在与德尔卡塞的私人谈话中，伯蒂用掷地有声的言谈肯定了对对方的支持。一天之后，这位外交大臣对一位亲密的同僚称（他的言辞很容易让我们想起伯蒂早些时候威胁埃卡德施泰因的话语），法国的地位现在已经坚不可摧：

> 德国很清楚，英国可能会将矛头指向自己。我在此重申，英国将会为我们提供最大限度的支持，没有我们，任何和平协议都无法达成。你会认为德皇能够平静地设想他的舰队被击垮，他的海上贸易被摧毁，他的港口被英国的舰队夷为平地吗？

英国决策部门的其他人也同样发出了这种激奋的声音。格里尔森将军（General Grierson）是军事行动部门的首领，他和他的副手一道，以私人名义于1905年3月到法国和比利时边境地带考察，目的是评估英国远征部队降落地点的具体情况。4月，第一海军大臣约翰·费希尔爵士甚至建议，将英国海军部署到基尔运河，并派遣远征军到石勒苏益格–荷尔斯泰因海港。这些颇为偏激的反应并没有什么作用——它们没有对德国面对法国渗透摩洛哥所采取的立场进行是非评价，它们来源于这样一种想法：德国正在试探新协约关系的稳固性，毕竟，协约的基础是建立在主权交换之上的（以英国在埃及的权力换取法国在摩洛哥的权力）。

1905年12月继任外交大臣的爱德华·格雷爵士进一步巩固了英国外交部出现的反德情绪。格雷的同僚和下属源源不断地为他提供各种备忘录，提醒他柏林方面的威胁。外交部那些反对德国的声音反而被边缘化了。被派到德国的外交使节并不赞同这种主流观点，如拉塞尔斯（Lascelles）、索尔兹伯里和戈申（Goschen）。当他们回到英国时，被贴上了不入流人物的怀疑标签。相反，在慕尼黑（之后是维也纳）的费尔法克斯·卡特赖特爵士（Sir Fairfax Cartwright）却从来都没有忘记最大限度地贬低德国和奥匈帝国，他发回的报道格外受到赞扬："从所有方面来看，这是一篇优秀的、颇具价值的报道"、"最有趣且最值得一读"、"有趣且提出了建设性意见"、"卡特赖特先生是一位敏锐的观察者"、"最有能力的人做的报道"、"对时局做出的深度评论"等。

在英国外交决策的"官方意见"中，英德关系的历史写满了德国作为挑衅方的不良记录。外交部初级文员G·S·斯派塞（G. S. Spicer）逐渐相信，从俾斯麦上台的那一刻起，德国一直在不断地寻求一条非常不友好地侵蚀英国利益的道路。回顾最近几年发生的事情，格雷认为，从1884年到他就任的这段时间（大概20年），英国一直被它的宿敌误导而做出让步。"日耳曼人含混不清的扩张规划"被归咎于德国的领导人。德国人被指责为妄图在欧洲大陆建立自己的独裁统治，"刻意地将目标设定为统治世界"，正如伯蒂用他的伊顿口吻所说的那样："将我们拉下水，然后偷走我们的衣服。"1909年11月，查尔斯·哈丁爵士将德国形容为"欧洲唯一一个有豺狼野心的势力"。这样的措辞不停被重复，人们抓住一切机会进行这样的表达（书信或是备忘录），这种情况逐渐成为一种"虚拟的现实"，在言辞中获得了它的意义。

为何这些人如此敌视德国？难道德国的行为真的比其他列强更 "糟糕"，难道真的因为德国的愚蠢和傲慢，才使形势发展到这种地步，而其他列强则承担着调解者的角色吗？当然，在这种大环境中，确认某些具体的行为和动机在多大程度上是“挑衅”，并非易事，因为人们的主观印象独占鳌头，对得当的行为的判断标准总是不断变化。难道“克鲁格电报”就比措辞拙劣的格罗佛 · 克利夫兰（Grover Cleveland）的消息（即大概在同时间从华盛顿发出的阻碍英国入侵委内瑞拉的抗议）更“有挑衅性”？难道获得胶州湾就比美国攫取巴拿马运河或是俄国将蒙古划为自己的保护地区更“有挑衅性”？难道德国在阿加迪尔用笨拙的方式寻求外交上的胜利就比法国在 1911 年单方面破坏法德摩洛哥协议（见第四章）更“有挑衅性”？或许这个问题的假设出了问题。那些反对德国的人并没有就一个具体的问题发起攻击，他们只是泛泛地指摘德国自负的野心和“具有威胁性的”行为、德皇的变幻莫测以及德国强大的军事实力对欧洲列强之间平衡的破坏，却对德国破坏良好的世界秩序的具体定义一直讳莫如深。

对英国满腹牢骚的原因的最佳解释莫过于艾尔 · 克劳（Eyre Crowe）完成于 1907 年 1 月的一份著名的备忘录了，这份备忘录记录了当下英国与法德的关系。艾尔 · 克劳是英国外交部西方部门的高级文员，也是驰骋英国外交圈的杰出人物之一。他的父亲曾就职于英国领事馆，他的母亲和妻子都是德国人。就连克劳本人都是在莱比锡出生的，直到 17 岁来英国参加外交部的资格考试时，他还不能流利地说英语。正如他的同僚们所形容的那样，他这一辈子都带着“喉音很重”的口音，有位下属回忆道，他在批评自己的时候说 “你写……写的报……报道简直一……一塌糊涂”（德国人的“r”发为小舌音，所以克劳将英语里“write”或是“report”当中的“r”音发得很重）。尽管他在处理部门事务时表现出让人钦佩的效率和勤奋，但人们对克劳的印象仍然不可避免地打上了“德国式”风格的烙印，这也说明他永远不可能爬上与自己能力相匹配的位置。尽管有着这样的个人背景，克劳仍然是白厅最为坚定地反对与德国结好的人之一。

1907 年 1 月 1 日的备忘录以对最近发生的摩洛哥危机的简要回顾展开。克劳采用了一种故事叙述的手法。德国对法国的威胁是建立在将英法“年轻的友谊”“扼杀在摇篮里”的基础之上的，但这样的恐吓低估了法国对英国盟友的忠诚和果断。此类恐吓是无力和懦弱的，武装起来的英法同盟的大好前景足以让他们吓得屁滚尿流。但在他们退出之前，这些恫吓者却恬不知耻地讨好英国，“规划出一幅与德国合作所带来的具有吸引力的美好前景”，再次暴露出他们无耻的嘴脸。而英国应当怎样回应这种不讨喜的作态呢？克劳认为，作为世界老牌强国，英国受困于一种“自然律”，因此无法抗拒任何试图通过结盟来最终推翻英国霸权的国家。而这正是德国的政策想要达到的目的。德国的最终目标就是“先称霸欧洲，再占领世界”。英国的统治地位因其政治民主和商业自由而颇受欢迎，在这种情况下，德皇和泛日耳曼主义媒体的大声聒噪意味着德国的霸权代表着“政治独裁”，很可能“摧毁欧洲的自由传统”。

当然，克劳原则上不能反对德国崛起。但问题在于，德国为达到目的的手段令人厌恶，具有挑衅意味。然而德国的挑衅行为究竟是什么？这些罪恶包括在桑给巴尔“模棱两可的行为”，包括获得喀麦隆（当时英国已经宣布将该国的居民纳入英国的保护范围）。或许对克劳来说，但凡英国的举目之处都在与德国纠缠不清。继续列举这些行为，我们还会发现更多：德国对德兰士瓦共和国提供了财政支持，德国对英国在南非战争中的行为感到不满，厌恶其插手中国长江流域的事务（“那里实际上是英国的地盘”）。更糟糕的是，德国对国际媒体施加了自己的影响力，纽约、圣彼得堡、维也纳、马德里、里斯本、罗马、开罗甚至伦敦，在这些地方，“德国使馆与一大批拥有广大读者的媒体有着秘密的、大部分没有被察觉的关系”，这“或多或少的是一种让人厌恶的行为”。

格雷称，这份有巨大吸引力的报告值得首相亨利 · 坎贝尔–班纳曼爵士（Sir Henry Campbell-Bannerman）和其他高层官员一读，里面有许多值得探讨的地方。首先，克劳近乎滑稽地将大英帝国发起的战争以及对其保护国、占领地和兼并地区的行为视为自然而然的、颇受欢迎的，而德国在这方面徒劳的努力则被当作对和平粗暴离谱、必然失败的破坏。当英国打算在德兰士瓦问题上“诉诸战争来解决”时，德国怎么可能在萨摩亚问题上再与之纠缠！然而，德国的政策进一步被视为暗中破坏和扩大了诸帝国之间的分歧，因此，英国“与俄国在中亚地区的问题”是由德国挑起的，德国还“小心地煽动”欧洲的反动势力，向英国占领埃及发起诘难。无论英国及其帝国对手在哪里发生摩擦，德国总要在背后推波助澜。对于德国操控了从开罗到伦敦的媒体一事，克劳的处理方式和思维方式反映了其极强的偏执狂倾向：与那些规模更大、有更雄厚的资金支持（来自圣彼得堡和巴黎）的行动相比，德国的媒介工作简直微不足道。

或许这些无礼冒犯的重要性只能排在第二位，最核心的问题是克劳对于德国这个单一民族国家充满恐惧的心理分析：德国被视为一个复杂的人，密谋着用“具有攻击性的恐吓和挑拨”、“专业的勒索”、“威胁和冒犯”从中获益，“丝毫不顾及其他民族”。所有这些行为背后是否有更深的打算，或者这“只不过是模棱两可的、让人疑惑的、不切实际的政治家的表达”，实际上并没有什么区别，结果都是相同的：只有通过严格的规范才能让德国人老实。克劳称，法国也是如此，这个国家也曾一度让人烦心，处处与英国作对，无理取闹。但英国强硬地坚守埃及和苏丹的每一寸土地（最后还以发动法绍达战争为威胁），给这一切挑衅画上了句号。英国和法国变成了最亲密的盟友。从中可以看出，只有用最“不屈不挠的精神”来维护“英国在这世界上每个地方的权利和利益”，才能赢得“德国政府和人民的尊重”。这样的想法并没有给欧洲新兴势力留下余地。

尽管在克劳的文字中没有明确地表达，但在其陈述和理解背后，证明了德国经济大幅增长这一奇迹。1862 年，当俾斯麦成为普鲁士首相时，德国各个州的制造业占到了世界工业产值的 4.9%，名列第 5，而英国则占到了 19.9%，远远领先于其他国家。1880~1900 年，德国仅次于美国和英国，位列第 3；而到了 1913 年，它又前进了一步，超越了英国。换言之，1860~1913 年，德国所占世界工业产值的比重增长了 4 倍，而英国下降了 1/3。更让人惊讶的是德国在世界贸易中越来越突出的成就。1880 年，英国控制着 22.4% 的世界贸易；虽然处在第二位，但德国所占的份额只有 10.3%。然而在 1913 年，德国以 12.3% 的比率几乎可以与英国的 14.2% 相媲美。人们随处可以感受到这样的经济奇迹：1895~1913 年，德国的工业产值增长了 150%，金属制造增长了 300%，煤炭产量则增长了 200%。1913 年，德国的经济所产生和消耗的电量比英国、法国和意大利加起来还高出 20%。在英国，“德国制造”的字眼传递出了强烈的威胁感，这并不是因为德国的商业或是工业实践比其他国家更野心勃勃或更具扩张性，而是因为它们使英国认识到自己处于霸主位置上的局限性。

德国的经济实力解释了其他列强在政治上的焦虑和担心，正如现在中国的经济实力引发的恐慌一样。然而这对于英国外交政策呈现出的反德态度却并没有起到实质性作用。这种意见并不是人人都认可的，就算是外交部内部高层人员亦如此，甚至在其他政治家中也不受欢迎。只有在幕后开展艰难的工作，才能将伯蒂、尼科尔森和哈丁推到更高的职位，以便能以他们的声音指引英国政策的方向。从低级别的职位到国王爱德华七世私人秘书，花费了伯蒂数年的时间，不遗余力地参与竞选，之后他便一路飞黄腾达。哈丁也同样是一位老练的政客，他将伯蒂推选为 1905 年驻法国大使职位的候选人。哈丁动用了他在高层的关系，“肃清”了“来自外交部高层的一些反对的声音”。伯蒂和哈丁之后又合伙将阿瑟 · 尼科尔森推举到高级使节的职位，尽管有人说他的妻子不擅社交且穿着打扮就像一个女佣。英国的政策原本可以遵循另外一条道路：如果格雷和他的同僚没有在如此多的重要职位上有所安排，诸如来自戈申和拉塞尔斯以及议会副大臣埃德蒙 · 菲茨莫里斯（Edmond Fitzmaurice）——他感叹道，“反德的病毒”已经感染他的同僚们——等人的温和言论会被更广泛传播。正相反，格雷的集团逐渐握紧了英国的政策，与德国关系的大方向也因此确定下来。

正如基思 · 威尔逊（Keith Wilson）所说，将德国所谓的“干涉”视作英国最大的威胁，反映并强化了更广泛的体制变化。多极化的世界在对非洲、中国、波斯和阿富汗等问题上“角逐”，使得其中的决策者时常觉得他们不断地在一个又一个危机中颠簸，庸人自扰般地设想那些遥不可及的挑战和威胁，而不是坐下来达成共识，这很容易形成一种单一的世界观：假想敌的目的是要统治世界。这并不是英国与俄国和法国结盟的原因，反而更像是它的结果。因为这种联盟关系的重构加剧了（实际上使其成为必要）英国的焦虑和偏执（这些表现在布尔战争期间达到顶峰）。英国的外交政策如美国在 20 世纪的外交政策一样，时常将威胁和入侵的手段作为假想的依据。在 19 世纪中叶，法国的入侵对政客们形成了周期性的刺激。到 19 世纪 90 年代，俄国接替法国，成为英国政治和公共问题的焦点——哥萨克骑兵们不久后就会入侵印度和埃塞克斯了。现在又轮到了德国。正是：“铁打的思维，流水的目标”。

回顾往事，在 1904~1907 年的风起云涌中诞生的三国协约似乎是 1914 年爆发战争的诱因。这正是法国外交官莫里斯 · 帕莱奥洛格（Maurice Paléologue）的观点，他在30年后将其在这些年的日记整理出版，取名为“惊天逆转”（*A Great Turning Point*）。经过事后的杜撰，帕莱奥洛格的“日记”赋予法国决策者（尤其是他本人）几乎能够预测战争的超自然能力。在某种意义上，这是战后出现的关于战前政治家们的“回忆录”的观点的扭曲，这些“日记”就是其中的代表。1914年的结局对我们来说似乎能够推断十几年前甚至更早之前发生的事情，然而现实却是，这只是我们眼中所看到的而已，事实并非如此。

实际上，1907年新同盟的缔结仍然无法显示欧洲大陆要爆发战争的端倪。在1905年遭受重创后，圣彼得堡的政客们被迫寻求与德国之间的良好关系，因为他们普遍认为，在此非常时刻，俄国国内的脆弱性不允许它采取任何国际冒险主义的政策。很难想象这样的场景：法国会为了俄国自愿涉足巴尔干问题。更难想象的是，俄国会为了阿尔萨斯和洛林而出兵柏林。1909年，法国与俄国就摩洛哥问题签署协议，成为在联盟体中“僭越原则的惊天案例”。1910年11月，俄国和德国的领导人在波茨坦和柏林见面，商讨德国和俄国在奥斯曼帝国和波斯地区的利益问题。毫无疑问，这些举措无疑使得法国和俄国的关系变得疏远，但它们是朝着缓和局势的方向做出的重要姿态。至于英国和俄国在1907年的协约，它或许能够缓解俄国和英国之间的紧张局势，但没有改变关系的本质，直到1914年，英国外交部甚至还在警惕俄国对英国辽阔帝国所造成的威胁。

简而言之，此后的前景并不清晰。1914年，协约三国参战仍然为大多数政客不解。1904~1907年发生的大逆转能够帮助我们解释这些格局如何出现（正是它们，一场欧洲战争才有可能发生），却不能解释战争爆发的具体原因。为了解决这个问题，我们需要研究政策结果是如何通过决策过程诞生的，以及欧陆联盟松散的关系是如何在巴尔干半岛问题的催化下成为连环的。

第四章　欧洲外交政策的多种声音

在一幅 19 世纪 90 年代末的漫画中，一位法国艺术家生动地描述了中国义和团运动爆发前夜所发生的危机。在英国和俄国的虎视眈眈之下，德国努力让自己在这个叫“中国”的蛋糕上分一杯羹，而其所得到的地方正是“胶州”。法国为它的俄国盟友提供了道义上的支持，日本则袖手旁观。这一切的背后，是陷入了绝望境地的中国清政府和他们无力扭转的局面。正如其他类似的作品，诸列强被赋予了各自的特征：漫画里的英国、德国和俄国是通过他们各自的主权区域体现的，法国被人格化为“玛丽安”（法兰西共和国的绰号），而日本和中国则被刻画为充满异国情调的形象。将国家人格化是欧洲政治漫画的惯用手法，但这同样反映了一种根深蒂固的思维习惯：将国家概念化为复杂的个人意图——国家被当作是个体的复合，这些个体由条约的执行机构统领，而其背后则由一个不可分割的意愿支撑。

然而即便是浮皮潦草地对 20 世纪早期的欧洲政府进行研究，我们依然能发现，产生政策的管理机构远远没有达到内部的统一。政策的制定并不是一些个人统治者的特权。在国家政策的选择上，人们的考量事实上来自于政治结构中非常边缘的地带。政府内部的派系划分和职能冲突、经济和财政限制，以及舆论的摇摆不定……

这些都为决策过程添入了源源不断的不稳定因素。在这一过程中，列强从管理机构的观点出发，摇摆不定，因此政策的论调和方向都是不确定的。不同论调所造成的混乱是理解欧洲体系在战争爆发前几年的间歇性动荡的关键因素。同样，它也解释了1914年的“七月危机”为何能够成为当代最为复杂和令人费解的危机。

瓜分中国

（亨利 · 迈尔，法国 Le Petit Journal 画报，1898 年）

君主政体下的决策者

20世纪初的欧洲盛行君主制。6大列强之中，有5个拥有这样或那样的君主政体，只有法兰西共和国是个例外。巴尔干半岛新型的民族国家，如希腊、塞尔维亚、黑山、保加利亚、罗马尼亚和阿尔巴尼亚，全部都是君主政体。诞生了快速巡逻艇、无线电报机和电动雪茄打火机的欧洲却在本质上仍然沿袭着那种古老而辉煌的体制，它将庞大而复杂的国家与人类生物学出乎意料的想法和变化结合在了一起。欧洲的管理者们仍然将王权和王室视为焦点问题。德国、奥匈帝国以及俄国的大臣们都是由皇帝钦点的。三大帝国的皇帝都有无限制干涉国家媒体的权力。同样，对于他们各自的军队，他们都有正式的统治权。国家之间的沟通通过皇朝的体制来实现。使节要亲自向君主递交国书，君主国之间的直接沟通和会议在战争爆发前仍然存在。诚然，这种体制有很强的重要性，为交流创造了另一种渠道，尤其是在双方关系无法通过正式外交途径来确定的时候。

君主是国家和政治的象征，是获得和维系集体情感的纽带、桥梁。当巴黎民众看到爱德华七世慵懒地蜷在宾馆外面的椅子上抽雪茄时，他们脑海中的英国此刻也变成这样一个肥胖、时髦而自信的形象。1903 年，爱德华七世在巴黎市民中建立了很好的口碑，这也为来年与法国签订条约铺平了道路。就连那位温良恭谨的“独裁者”尼古拉二世都颇受法国人的欢迎，当他 1896 年来到巴黎时，人们就像欢迎一位凯旋的英雄，尽管他不算十分有魅力，甚至信奉独裁统治的政治哲学，这些呼声纯粹是因为他被视为法俄同盟的代言人。这样看来，有谁能比狂热、粗鲁、容易焦虑且专横的德皇威廉二世，这个敢于向爱德华 · 格里格（Edvard Grieg，挪威著名作曲家）提出建议，指导对方如何指挥《培尔 · 金特》（*Peer Gynt*）的人，更能代表德国让人不安的外交政策（摇摆不定、毫无重点却踌躇满志）呢？不管德国的政策是不是德皇本人制定的，对于德国的死对头们来说，他已经成为它们的代言人。

战前欧洲的君主体系核心代表是三位表兄弟：沙皇尼古拉二世、德皇威廉二世和英国国王乔治五世。在 20 世纪初，欧洲占统治地位的家族系谱复杂得几乎能够融为一体：德皇威廉二世和国王乔治五世都是维多利亚女王的孙子，沙皇尼古拉二世的妻子，来自黑森州的亚历山德拉是维多利亚女王的孙女。乔治五世和尼古拉二世的母亲是来自丹麦同一个家族的姐妹。德皇和沙皇都是沙皇保罗一世的曾曾孙。德皇的姨奶，普鲁士的夏洛特是沙皇的祖母。从这样的情形来看，1914 年爆发的战争更像是达到顶峰的家庭矛盾。

威廉二世、尼古拉二世（他们身着各自国家的军服）

（来源：Hulton Royals Collection / Getty Images 图库）

威廉二世

（来源：Bettmann / Corbis图库）

爱德华七世（身着其服役的澳大利亚第12轻骑兵上校军服）

对各位君主在其管理范围内外的影响力进行评估是很困难的一件事。英国、德国和俄国代表了三种不同的君主制。俄国的君主制本质上是独裁的，其议会和宪法对君主权力的限制十分微弱。爱德华七世和乔治五世代表的是立宪和议会君主制，他们没有直接操控国家的权力。而德皇威廉二世则介于两者之间，在德国，立宪和议会体制被嫁接到旧有的普鲁士军事君主制中，后者由于历经了国家的统一过程而被保留下来。但是正式的统治架构并非君主施加影响力的决定性因素。其他重要的因素包括君主本人的决策能力和洞察力，大臣们对异议的控制能力以及君主及其政府之间能够在多大程度上达成共识。

在君主们所造成的重要影响中，最为显著的有一点是其对外交政策的构想随时间而变动。负责1904~1907年外交改组的爱德华七世对外交政策十分有限，并且对于自己能充分了解信息感到十分自豪。他的态度是帝国主义“沙文主义”的代表，例如，他十分恼火自由党反对1878~1879年的阿富汗战争，于是对殖民地行政负责人亨利·巴特尔·弗里尔爵士（Sir Henry Bartle Frere）说：“在我们没有完全拥有阿富汗之前，我是不会满意的。”对于1895年突袭德兰士瓦共和国的消息，他欣喜若狂，他十分欣赏和支持塞西尔·罗兹在其中发挥的作用，但是对德皇的“克鲁格电报”却十分恼怒。在他成年后的生活里，他一直是一个坚定的反德人士。造成这种情绪的根源或许部分来源于他对自己的母亲维多利亚女王的反抗，他认为母亲对普鲁士过分友好，此外还部分来源于他对那位不苟言笑的德国教师斯托克马男爵（Baron Stockmar）的畏惧和憎恨，这位教师是维多利亚和艾伯特安排的，目的是让年轻的爱德华能够热爱学习并终身学习。1864年爆发的普鲁士和丹麦之间的战争使他在早年的政治生涯中形成了自己的观点，对于那场战争，爱德华完全同情自己刚迎娶的新娘的丹麦亲人们。在他继任后，爱德华成为以弗朗西斯·伯蒂为中心的反德决策团体的重要拥护者。

1903年，当他正式出访巴黎时，这位国王的影响力到达顶峰，成为“现代历史上最重要的一次皇家来访”，它为两大敌对帝国间建立协约关系创造了可能。由于法国并不支持布尔战争，两大西方帝国之间的关系在当时仍不乐观。这次来访则是爱德华本人的主意，并取得了公共关系上的胜利，缓和了双方之间紧张的气氛。在签署条约之后，爱德华继续开展了与俄国达成共识的工作。尽管如此，他还是十分厌恶沙皇奉行的政治制度，并且对俄国在波斯、阿富汗和印度北部的部署存有疑虑。1906年，当他听说俄国外交大臣伊兹沃尔斯基人在巴黎时，便从苏格兰一路向南，只为和他进行会晤，伊兹沃尔斯基对此也做出了友善的回应，动身来到伦敦；根据查尔斯·哈丁的描述，两人的谈话“在实质上为英国与俄国达成共识奠定了基础”。上面两个例子中，国王并没有动用过多的管理权，更像一位“编制外”的大使。他之所以能这样做，是因为他的优先权与白厅的那些自由帝国主义派系紧密相关、高度符合，而这些主导外交政策的派系成员也是他自己不遗余力支持的人。

而乔治五世则是与之相反的例子。在他1910年继任前，他对外交事务并不感兴趣，对于英国与其他列强之间的关系，他只有一个大概的印象。奥匈帝国的奥地利大使门思多夫伯爵（Count Mensdorff）对这位新国王十分满意；与他的父王相反，这位新国王对任何支持或是反对的其他国家都没有强烈的偏见。如果门思多夫希望王室的换血能够降低英国政策中的反德成分，那么恐怕不久之后他就要失望了。在外交政策方面，这位新君主看似中立的立场仅仅意味着决策权紧紧握在以格雷为中心的自由帝国主义者手中。乔治五世从未组建过与其父王相抗衡的政治派系，他受到来自背后势力的限制，尽量避免在没有明确征求大臣们的意见前独自对政策做出解释。他或多或少地与爱德华 · 格雷保持着不间断的联系。在与外国代表进行政治会谈时，他小心地寻求格雷的意见，尤其当对方是德国人时。因此，乔治五世的继任使得王室对一般外交政策路线的影响力一落千丈，尽管宪法规定两位君主有相同的权力。

尽管俄国的独裁统治呈现出高度集权化，但沙皇对于外交政策的影响力也受限于一些微小的限制，且随着时间而变化不一。正如乔治五世，新的沙皇在 1894 年继任时还是白纸一张，没有任何经验。在成为沙皇之前，他没有拉拢自己的政治党羽，对父王的顺从也使他在表达对政策的意见时受到重重阻碍。作为尚处在青春期的少年，他并没有展现出在国家事务学习上的天赋。保守派法学家康斯坦丁 · 波别多诺斯采夫（Konstantin Pobedonostsev）曾被选中作为指导小尼古拉如何处理俄国内部工作的教师，他之后回忆道："我唯一能观察到的就是他在全神贯注地挖鼻孔。"即使在他加冕后，他的极端腼腆和对真正施加政治影响力的恐惧，使他在早年不能按照自己的政治偏好行事。此外，他缺乏相应的执行支持来持续地形成他的政策路线，例如他没有个人秘书处和个人秘书。虽然他甚至能获得非常细节的部门决策信息，但在像俄国这样一个幅员辽阔的国度，这仅仅意味着君主已被琐事包围，而真正重要的事情却被丢在一边。

即便如此，沙皇还是能够左右俄国外交政策的具体动向，尤其是在 1900 年前后的那段时间。19 世纪 90 年代末，俄国奔忙于对中国进行经济渗透。但管理层中并不是所有人都满意这项远东政策，有些人对巨额的基础设施建设和军事投入表示不满。还有一些人，例如陆军大臣阿列克谢 · A · 库罗帕特金（Aleksei A. Kuropatkin），则认为远东分散了人们对西方主要地区的注意力，尤其分散了对巴尔干地区和土耳其海峡问题上的精力。但同时，尼古拉二世仍然坚定地认为，俄国的未来不仅在于塞尔维亚，还有远东地区，但支持东方政策的人还是超过了其反对者。尽管最初还有些担心，但他还是对 1898 年攫取中国辽东半岛旅顺港的政策予以支持。在朝鲜问题上，尼古拉二世支持俄国对该地区进行渗透，而这样的结果导致了圣彼得堡和东京的利益冲突。

尼古拉二世的干涉政策以非正式联盟的形式展开，而非执行决策。比如，他与贵族企业主保持了密切的关系，这些人拥有在朝鲜鸭绿江的林场特许权。鸭绿江林场的大资本家A·M·别佐布拉佐夫（A. M. Bezobrazov）之前是一名骑士，他利用与沙皇的私人关系，以鸭绿江为平台，用非正式手段扩展俄国在朝鲜半岛的势力。1901年，财政大臣谢尔盖·维特（Sergei Witte）称，别佐布拉佐夫与沙皇“一周至少要见两次面，见一次就要在一起4个小时以上”，为后者提供远东政策上的建议。大臣们对这些出现在朝堂上的毫无影响力的局外人的参与感到十分愤怒，但是对于他们越发膨胀的势力却束手无措。在这种非正式关系的影响下，沙皇在决策时变得越发偏激。“我并不想要朝鲜，”1901年尼古拉二世对王子亨利说，“但我无论如何也不会允许日本长期待在那里。这会成为开战的理由。”

之后，通过任命在远东的总督，尼古拉二世加紧了控制。总督不仅要对远东地区的民事和军事事务负责，还要展开与日本的斡旋。该机构的总负责人是E·I·阿列克谢耶夫（E. I. Alekseev），他直接受沙皇的控制，因此避开了大臣们的意见。这项任命是以别佐布拉佐夫为首的小团体策划的，他将其视为绕开审慎的外交部的一种手段。最终，俄国的帝国政策是在正式与非正式的两条平行轨道上开展的，双方之间相互竞争，尼古拉二世便可从中选择。海军上将阿列克谢耶夫丝毫没有外交经验，对此也并不了解，因此他不友善的、固执的做派必然会与日本疏远，甚至激怒对方。尼古拉二世是否明确地要对日本发动战争我们无从知晓，但他的确对1904年战争的爆发及其后续灾难负有重大责任。

在日俄战争爆发之前，可以说沙皇的影响力十分强大，而大臣们却一直遭到打压。但这种情况并没有持续多长时间，因为战争政策带来的毁灭性打击让他无法再主揽一切。失败的消息接踵而至，国内社会动荡不安，以谢尔盖·维特为首的大臣们提出合并政府的举措，并推进了一系列改革的实施。权力转移到大臣会议的手中，第一次朝着诞生一位主席或是总统的方向前进。在维特和他的继任者P·A·斯托雷平（P. A. Stolypin，1906~1911年）的努力下，决策在某种程度上开始与沙皇的初衷背道而驰，反对进行侵略性的干涉。斯托雷平是一个非常有决断力、有智慧和魅力且勤奋而不知疲倦的人，他用个人能力打动了大部分大臣，达到了一个政府所具有的高度，但在1905年之前，人们还没有意识到这一点。在斯托雷平主导的这些年中，尼古拉二世好像“很奇怪地从各种政治活动中消失了”。

面对这种情况，沙皇并没有选择沉默。就连斯托雷平当政时期，尼古拉二世都在寻找出路，通过在背后私下与大臣们勾结来削弱他的控制权。其中一位便是外交大臣伊兹沃尔斯基。伊兹沃尔斯基在与奥匈帝国的谈判上出现失误，引发了1908~1909年的波斯尼亚吞并危机。为了回报奥地利在外交上对俄国在土耳其海峡通行权上的支持，伊兹沃尔斯基也对奥地利吞并波斯尼亚–黑塞哥维那表示了支持。但是不管是斯托雷平，还是他的同僚们都没被提前告知这一鲁莽行为，但沙皇本人却早已对此了如指掌。1911年秋，当斯托雷平被恐怖分子行刺后，尼古拉二世很自然地转而支持他的政敌，以消灭他的影响力。但大臣集团却威胁称要限制他的行动自由，因此尼古拉二世不得不改变自己的立场，与此同时开始结党营私，与自己提拔的人相互勾结。维特成为1906年独裁行动的受害者，如果斯托雷平没有被杀，他也会有同样的下场。他的继任者、性情温顺的弗拉基米尔·科科夫佐夫（Vladimir Kokovtsov）于1914年2月被革职，因为他同样承认自己是联合政府理念的支持者。在此，我不想对试图左右俄国外交政策的密谋做过多解释，当下关键的是，1911~1914年，联合政府以及对独裁权力的重申都在经历下坡的阶段。

然而，独裁统治并没有通过政治手段实施，而是通过一种负面的手段来保护君主的权力：对任何具有主动权的政治组织一律打压。然而，独裁干涉的结果并没有强迫人们接受沙皇的意愿，而是在谁拥有权力的这个问题上增添了持续的不确定性。这种状态滋长了党派勾结，严重损害了俄国决策的连续性。

在三位重要的君主中，威廉二世一直是最具争议的一位，他在德国管理层中的权力也一直是人们争论的焦点。德皇即位时确实有意让自己成为外交政策的一把手：“外交部？为什么，我就是外交部！”“我是德国政策的唯一决定者，”他在一封写给威尔士王子（也就是未来的爱德华七世）的信中如是说，“我走到哪里，我的王国就追随我到哪里”。威廉二世对大使的任命十分感兴趣，且常常无视首相和外交部的建议，一意孤行。与其他两位君主相比，他更将君主之间的会晤和通信视为帝国之间沟通的一部分，他认为这种独特的外交手段对国家利益有好处。就像尼古拉二世，威廉二世（尤其是在他早年执政时期）经常用自己的“偏好”绕开相关部门大臣的建议，助长派系之争以破坏统一政府的形成，且经常在没有告知相关部长的情况下提出一些主张，有时这些主张还与现行的政策相矛盾。

就是在这些方面——以并不权威的身份提出未被认可的观点，德皇招致了众人和历史学者的痛斥。不难想象，德皇对国内外政治话题的私人探讨（电报、信件、提议、对话、采访和演讲）当中不乏一些古怪的论调和内容。这些独特的想法十分引人注目，在他执政的30年中，可以说一直在演讲、写信、发电报、写文章和进行批评，当中大部分内容为后世子孙保留了下来。其中有些是乏善可陈的或是不合时宜的。这里举两个例子，它们都与美国有关。1906年4月4日，威廉二世作为客人应邀来到柏林的美国大使馆。在与他的美国东道主愉快地交谈的过程中，德皇提到了为德国迅速增长的人口提供空间的必要性。他对对方说，在他就职时，德国的人口已经达到了大约4 000万，现在应该已经增长到大约6 000万。这本身是件好事，但他认为粮食问题是接下来20年里比较棘手的问题。此外，法国的大部分地区出现人口不足的情况，需要进一步发展人口，或许应当询问一下法国政府是否介意将他们的领土向西边缩小一点，来接纳德国这边过剩的人口。这些愚蠢的言谈（我们只能将其视为笑话）都被其中一位参与谈话的人认真地记录下来，并被装入一封外交信件中，寄到了华盛顿。另一个例子是在1908年11月，当时外界传闻美国和日本可能要开战，德皇获悉后激动万分，他正想讨好一下大西洋那边的美国人，于是十万火急地致信罗斯福总统——这次是十分严肃的，称要为他提供一支普鲁士军队，驻扎在加利福尼亚海岸。

但这样的表达究竟与真正的政策结果有什么联系呢？对于现代民主国家的外交官或大使来说，如果用这样不合时宜的语言与其他人沟通，会被当场革职。但为何一国之君在这样重要的场合表现得如此失态？德皇的观点中出现的严重矛盾使得后人对其影响力的评估变得很困难。如果威廉二世的政治立场是明确的、一贯的，那么我们能够轻易地将其意图与结果进行对比，但他的动机却常常模棱两可，他所关注的问题也变来变去。19世纪90年代末，德皇十分热衷一个在巴西建设“新日耳曼”的计划，“迫切地要求”并鼓励人们移民到该地区去。毫无悬念，这样的热情并没换来什么结果。1899年，他对塞西尔·罗兹说，他想将美索不达米亚作为德国的殖民地。1900年，中国义和团运动正如火如荼进行时，他提出了这样的建议：德国人应当派遣一个军团到中国，并对这个国家进行瓜分。1903年，他又提出“我们的目标是拉丁美洲”，且敦促海军着手准备入侵古巴、波多黎各和纽约的计划，但制定这样的入侵计划完全是在浪费时间，因为总参谋部从未答应为其提供必要的作战部队。

德皇的想法层出不穷，他先是对这些想法有三分钟的热度，厌恶或是受挫之后，又弃之如敝屣。也许这个星期，他还对俄国的沙皇气愤不已，但一个星期后，这种态度可能又会发生 180 度大转弯。对他来说，联盟的计划是无穷无尽的：与俄国和法国结盟，共同对抗日本和英国；与俄国、英国和法国结盟，共同对抗美国；与中国和美国结盟，共同对抗日本以及德奥意三帝国；或是与日本和美国结盟对抗英法协约国……1896 年秋，当英德关系在德兰士瓦问题出现后降至冰点时，德皇提议与法国和俄国达成同盟以实现共同防御。几乎就在同一时间，他又突发奇想，试图简单地废除东非之外德国所有的殖民地，以消解与英国之间的潜在冲突。到了 1897 年春，威廉二世又放弃了这个想法，转而认为德国应当与法国寻求亲密关系。

威廉二世并不满足于将他的思想成果展示给大臣们，他还将它们直接传达给外国代表。有时候他的干涉与官方政策相悖，有时又成为他们的支持者。1890 年，当外交部与法国的关系恶化时，威廉二世又活跃起来。他的举动与 1905 年摩洛哥危机时如出一辙，当外交部向巴黎不断施压时，威廉二世却向几位将军和记者（包括一位法国前部长）保证，德国会与法国和睦相处，在摩洛哥问题上，德国无意发动战争。3 月，就在他启程去丹吉尔前，德皇在不来梅发表演讲，声称历史的教训已经让他知道，“永远不要在这个世界上追求无意义的权力”。此外他还说，德意志帝国应当“作为一个冷静、诚实和爱好和平的邻居，赢得别人的完全信赖”。一些高级政治人物（尤其是那些鹰派的军事指挥）则相信，这样的言论完全是在给摩洛哥的官方政策添乱。

1904 年 1 月，威廉二世正好坐在比利时国王利奥波德（Leopold）的旁边（这位国王专程赶到柏林庆祝威廉二世的生日），便利用这个机会对利奥波德说，如果德国与法国开战，他希望比利时能够站在德国这边。威廉二世承诺，如果比利时国王支持德国，那么比利时人将会获得法国北部疆土，他也会授予比利时国王“旧勃艮第之王”的称号。利奥波德在大吃一惊之后对他说，他的大臣和比利时议会很难接受如此的空想和大胆的提议。威廉二世则反唇相讥，声称比起耶和华，他更无法尊重一个对大臣和副手们负责的王室。如果不是比利时国王十分乐于助人，德皇将会“纯粹根据战略原则”采取行动，换言之，入侵并占领比利时。据说利奥波德对这一席话感到胆战心惊，用餐结束，他站起身来时，把头盔都戴错了。

正是因为这些轶事，威廉二世的大臣们试图让他与真正的决策过程保持距离。很不寻常的是，威廉二世没有参与其执政期间最为重要的外交决定（即1890年决定不变更与俄国的《再保险条约》），甚至都没被提前告知。1905年夏，伯恩哈德·冯·比洛首相授权威廉二世，于芬兰海岸的比约克向尼古拉二世提出一项联盟建议，但他回来时却发现威廉二世对条约草案私自做了更改。首相对此做出的回应是正式提出辞呈。由于害怕被他最得力的助手抛弃，威廉二世立刻打了退堂鼓。比洛最后答应继续留任，这份修改的条约也被撤回。

德皇不停地抱怨自己不知情，抱怨自己无法获悉重要的外交文件。当负责外交政策的官员坚持审查他与外国政要的私人通信时，他异常惶恐。1908年，德国驻华盛顿大使施佩克·冯·施坦伯格（Speck von Sternburg）拒绝将威廉二世的信传达给罗斯福（德皇在信中表达了他对这位美国总统的无限钦佩和尊重）。这引起了施坦伯格的紧张不安。让外交官们担忧的并不是信中传达的政治意图，而是过分抒情且很不成熟的语气。一位官员认为，德国君主写给美国总统的信，“就像一个头脑发热的中学生给一个面容姣好的女裁缝写信一样”，这是完全不能接受的。

诚然，这些表达方式让人十分不安，存在潜在的危险，尤其是在这样的环境中——各个政府不断揣度彼此的心思和意图。然而，有两个方面我们不应该忽略。首先，在这种情况下，德皇的身份是领导者和控制者，而他却不能真正改变些什么；其次，他言辞虚浮的恐吓时常伴随着德国是受攻击一方的假想。不能将威廉二世对比利时国王利奥波德不合适的提议理解为具有进攻型的冒险行为，而应当看作德国面对法国攻势的一种回应。奇怪的是，在未来发生的冲突中，他对比利时中立立场的破坏并非出于单纯的破坏动机——法国和英国的参谋长同样也对德国入侵比利时的行为进行了研究和探讨，我们应当在一个更大的环境背景下根据双方的地位特征来看待这个问题。德皇的众多特征之一就是，他从来都无法让他的行为合乎别人对他的要求。很多情况下，德皇并没有像一个君王那样发表讲话，而更像是一个过分热衷于表达自己现有成见的未成年人。他是典型的爱德华统治时代宫廷的代表，即便是对旁边的陌生人也会滔滔不绝地讲一些生活琐事，或是一直在对自己的同桌讲述自己最得意的计划。难怪对许多欧洲的政要来说，如果在午餐或者晚餐时被德皇揪住不放又难以逃脱，会是很可怕的事情。

威廉二世的行为确实对德国外交部造成了一定影响，但没有对德国外交政策的方向起到决定性作用。或许在一定程度上，正是认识到自己无能为力且并与真正的决策脱节，威廉二世才不停地表达自己的空想和幻想。比如未来发生在日本和美国之间的战争、入侵波多黎各、全球针对大英帝国的战争风暴、将中国划为自己的保护国，这些都是一个异想天开的人按照自己的地缘政治思维勾画的蓝图，并不是政策。如果一场真正的冲突迫在眉睫，威廉二世则会立刻偃旗息鼓，然后为德国寻求理解，解释不发动战争的原因。当 1905 年年底德国与法国之间的紧张关系达到顶峰时，威廉二世惊慌失措，告诉比洛国内的社会主义波澜比国外的战争行为更值得关注；次年，英国国王爱德华七世不期而来，拜见卸任的法国外交部长泰奥菲勒·德尔卡塞，这又让威廉二世坐不住了，他告诫首相，德国的枪炮和海军还不足以应付一场战争。威廉二世只是嘴上逞强，但当麻烦真正来临时，他却试图逃避。在 1914 年“七月危机”时，他确实也是这样做的。1912 年 5 月，法国驻德国大使朱尔·康邦（Jules Cambon）在一封写给法国外交部高官的信中说：“很奇怪这个人是如何做到出言如此鲁莽冲动，而在行为上却突然表现出谨慎和耐心的。”

对 20 世纪早期的君主们的具体观察表明，他们对政策结果的影响呈波动状态，且其最终的决定权也是相对有限的。奥匈帝国皇帝弗朗茨·约瑟夫一世读了大量的文件，且定期与他的大臣们会面，然而作为帝国的“第一官僚”，弗朗茨·约瑟夫一世与尼古拉二世一样，在巨大的工作量面前无法完全掌握办公桌上的海量信息。他并没有根据事务的重要程度安排自己的时间。奥匈帝国的外交政策并不是通过皇帝的果断决策形成的，而是在外交部内部、周边派系和游说集团的相互沟通中产生的。意大利的维托里奥·埃马努埃莱三世没有弗朗茨·约瑟夫一世那么勤奋，他大部分时间都待在山里或是他在卡萨尔帕洛措的住宅中。尽管他也在努力读完外交报道，他一天总要花 3 个小时读报，且会把自己发现的错误仔细地记录下来。这位意大利皇帝与他的外交大臣们建立了良好的关系，他全力支持 1911 年占领利比亚的决定，却很少进行直接干预。尼古拉二世能够在不同的政治派系中按自己意愿做出选择，由此破坏政府的统一性，却无法制定议程，尤其是在日俄战争惨败之后。威廉二世比尼古拉二世更为积极，但比起俄国大臣们，威廉二世的大臣更能很好地保护决策过程不受上述干扰。威廉二世的想法总是过于奇特，无法作为任何形式的行动选择被采纳。

无论欧洲的君主们是否对政治进行了积极干预，他们的存在一直都是造成国际关系不稳定的因素。只有部分实行民主的君主体制的存在呈现出多样性特征，这些君主是被他们各自的执行机构所认可的，他们能够直接干涉国家的媒体和人力，并且对每个决策都有最终责任。纯粹的外交政策已经不复存在，因为君主们会参与重要的国家问题——无果的比约克会晤很好地证明了这一点。然而，外交官和政客们（尤其是君主自己）一直将君主视为总舵手以及国家政策的拟人化，他们的存在使得决策过程的核心一直处于不确定的状态。在这种意义上，国王和皇帝是国际关系混乱的根源。这种明确性的缺失敦促各国之间应努力建立明确和透明的关系。

君主体制同样也使各国内部的关系界限变得模糊。比如在意大利，军队的统领权究竟在国王、军务大臣还是总参谋部长，还未被清晰界定。意大利参谋长在与德国和奥匈帝国政府同人进行商讨时，总是试图避免文官介入。同样，文官也将军官们排斥在自己的政治圈外。这样造成的后果是：意大利总参谋部长官甚至对意大利在哪种情况下，按三国同盟规定必须出战，都不清楚。

在这种情况下（我们可以在所有地区的君主制度中发现相似的情况），国王或者皇帝成为分散的控制链条的唯一汇合点。如果他无法行使综合职能、无法弥补宪法缺失的机能，那么国家体系的问题则不会得到解决，国家也不会团结。而这些君主往往都无法达到这样的要求，或者说是他们一开始就拒绝这样做，因为他们希望通过参与各种关键的执行职能，使自己的观点得以保留，并显现出其卓越性。这样的想法破坏了决策过程。现在的情况是这样的：相关大臣所做的决策很容易被其同僚或对手推翻或破坏，这些大臣们经常觉得很难决定“他们的行为如何与大环境相融”。在这种疑虑的笼罩下，大臣们、官员们、军事指挥以及政策专家都认为自己有权力将各自的案例纳入讨论范围，而不是在个体意义上对政策结果负责。与此同时，人们感到必须要与君主的步调一致，于是出现了相互之间的竞争和拍马屁的局面，这破坏了部门之间的相互联系，而这种联系恰能够为决策提供更为平衡的解决办法。这样的结果造就了党派主义和夸张虚浮的十分危险的文化氛围，比如酿成了1914 年 7 月所发生的一切。

谁在统治圣彼得堡

如果君主无法决定外交政策的方向，那么由谁来决定呢？答案显然是外交首脑。这些人对国内外的外交官员进行监督，阅读并回复大部分的重要外交信件，并对议会和公众做出政策的解读和论证。然而实际上，与君主一样，欧洲国家的外交部长对政策形成的影响同样处在波动状态，且国与国之间也有不同。其影响力取决于一系列的因素：其他部门领导者（尤其是政府首脑）的意见和干预，君主的态度和行为，外交部高级工作人员对遵从部门领导者的意愿，以及体系内派系不稳定性的程度。

在俄国，外交大臣和他的家庭住在外交部内的公寓里——大广场上的一座巨大的、深红色的建筑，面对着冬宫。这样，他和他妻子、儿女的社会生活就会与外交部的工作交织在一起。被日俄战争以及1905年改革重塑了的政治体系动态走向决定了他出台政策的能力。一些有影响力的大臣继而着手建立一个更加集中的决策体系，这使得执行者能够平衡国内外的当务之急，并规范最高级别官员的行为。但这些努力究竟能获得什么样的效果还是有争议的。改革者中最为积极、最有才能的是谢尔盖·维特，他是财政和经济政策方面的专家，1903年，他因反对对朝鲜的政策，向政府递交了辞呈。维特试图成立一个由"总统"领导的"内阁"，这个内阁不仅有规范大臣、同僚行为的权力，还能够控制他们与沙皇的关系。更为保守的财政大臣弗拉基米尔·科科夫佐夫则将这些提议视为对沙皇专制原则的破坏，他认为只有政府形式才最符合俄国的国情。最后双方达成妥协：以大臣会议的形式成立一个类似内阁的组织，其主席或是总统被赋予解除不合作的官员职务的权力。尽管如此，"个人进谏的权利"还是被保留了。换言之，大臣们可以独立于首相（官方名称为"大臣会议主席"），直接向沙皇提出自己的意见。

这在一定程度上还是没有解决问题——一切都取决于继任的首相、大臣们以及沙皇的意见能否实现一种平衡。如果主席十分强硬，那么他会希望将他的意愿强加于大臣。但如果一个非常自负的大臣设法支持沙皇的意见，那么他会与其同僚分道扬镳，另辟蹊径。1906年夏，彼得·斯托雷平被任命为首相，这一新体系获得了一位魅力十足且地位举足轻重的领袖。当时新上任的外交大臣亚历山大·伊兹沃尔斯

彼得 · 斯托雷平

（来源：Popperfoto / Getty Images 图库）

基看起来是那种能够配合的人。认为自己是“新政策”的支持者，且很快成立了外交部联络组织，搞好与杜马之间的关系。伊兹沃尔斯基以十分尊敬的语气与沙皇打交道，但不如他的前任那般讨好和恭顺。他致力于改革和政治部门现代化，同时，他是联合政府的积极的代言人。最重要的是，伊兹沃尔斯基与大臣会议的大多数同僚一致，同意与英国达成和解。

然而，伊兹沃尔斯基对俄国外交政策的观点很快与他的同僚产生了分歧。斯托雷平和科科夫佐夫将《英俄条约》视为日俄战争以前告别多年来冒险主义的一次机会，它会让人们将的精力聚焦到国内的稳定和经济发展上来。然而对伊兹沃尔斯基而言，与英国的协议却为追求一种更为独断的政策提供了保证，尤其是在土耳其海峡通行权的问题上——英国在这一问题上一直对俄国的意愿进行阻挠。伊兹沃尔斯基认为，协约带来的良好的双边关系能够让伦敦接受俄国战舰通过土耳其海峡的许可权。这不仅仅是美好的愿景，英国外交大臣爱德华 · 格雷的举动让伊兹沃尔斯基更受鼓舞。1907 年 3 月，格雷与俄国大使在伦敦签署条约，称“如果双方要建立永久的良好关系，那么英国将不再在其政策中坚持反对海峡通行权”。

正是在这样的背景下，伊兹沃尔斯基与埃伦塔尔进行了注定会失败的协商。在协商中，他许诺俄国会支持奥匈帝国吞并波斯尼亚—黑塞哥维那，而奥匈帝国则要同意修改海峡协议。与埃伦塔尔的共识是迈向全方位协议修改的第一步。这次行动得到了沙皇的支持，实际上，很有可能是尼古拉二世在背后敦促伊兹沃尔斯基与奥地利人谈判的。1904 年以前，作为对远东扩张政策的狂热追随者，沙皇现在则将他的注意力集中在海峡问题上。一位俄国政客回忆道：“攫取达达尼尔海峡和君士坦丁堡的想法一直在他脑海中挥之不去。”为了避免来自斯托雷平、科科夫佐夫及其他大臣的阻挠，伊兹沃尔斯基利用了所谓的“个人进谏的权利”。这是政治家独立性的最高体现——这种独立性是通过游离在体制内不同权力中心的边缘获得的。但是他的胜利十分短暂，由于与英国之间没有达成最终协议，海峡政策破产了。俄国的舆论为伊兹沃尔斯基增添了不光彩的一笔，他也同时受到了来自斯托雷平和科科夫佐夫的指责。

短期来看，波斯尼亚兼并危机的瓦解（正如日俄战争的失败一样）重申了大臣会议的集体权威。沙皇失去了主动性，至少在当时是如此。伊兹沃尔斯基不得不做出让步，服从了联合政府的规则。而斯托雷平到达了他政治生涯的最高峰。专制政体的保守派支持者开始将其视为篡夺了帝国主人应有权力的“大人”或是“大宰相”。1910 年 9 月，谢尔盖 · 萨佐诺夫取代了伊兹沃尔斯基的职位，这样的选择似乎强化了斯托雷平的统治地位。萨佐诺夫是个级别相对低一些的外交官，在外交部的高级职位上并没有什么经验，也没有贵族和皇室的人脉。他更没有多少参与圣彼得堡决策的经验，在政府圈几乎没有个人影响力。外界评论人士认为，他唯一的参政资格是因其在“平庸和顺从”方面有很好的名声，以及其斯托雷平妹夫的身份。

就在伊兹沃尔斯基的政策破产以及他本人离开外交部之后，俄国的外交政策逐渐开始脱离外交部，落到了首相彼得 · 斯托雷平手中。斯托雷平认为，俄国需要不惜一切代价换取和平，因此要寻求一种调和主义的政策。这种观念的结果就是进入一段与柏林结好的时期，尽管波斯尼亚的局势紧张。1910 年 11 月，尼古拉二世和萨佐诺夫来到波茨坦并开展了一系列会谈，这标志着俄德的和睦关系达到了顶峰。

一开始，斯托雷平的遇刺并没有改变萨佐诺夫的政策路线。在突然失去庇护者之后，萨佐诺夫立刻转而依靠自己制造影响力。但他自己本身处于弱势，加上斯托雷平的死亡，导致了体制内潜在不稳定性因素增多。那些身在国外的甚为老练和自信的俄国代理商则变得更加独立而不受牵绊。尤其是君士坦丁堡的N · V · 恰雷科夫（N. V. Charykov）与在贝尔格莱德的尼古拉 · 哈特维希这两位大臣，他们感到圣彼得堡的控制力正在逐渐削弱，便开始着手进行冒进而独立的行动，以充分利用巴尔干地区恶化的政治形势。与此同时，俄国驻法国大使正是前任外交大臣亚历山大 · 伊兹沃尔斯基，他控制决策的意图（尤其是在巴尔干问题上）在其重新回到外交系统后仍然没有减弱。伊兹沃尔斯基在巴黎秘密策划，试图“通过外交手段对萨佐诺夫进行恐吓”。

萨佐诺夫黯然失色的日子并不久。日复一日，他开始充分利用科科夫佐夫（接替斯托雷平成为首相的继任者）的政治弱点，在巴尔干政策上发出自己的声音。重要的是，俄国各方在决策的影响力方面一直处于变动不居的状态，在君主、外交大臣、总统和大使的不同势力间游走。我们可以将这种情况称为“权力水力学”：当一方满溢时，另一方呈现出亏损，且体系内动态性的对抗在不同政治选择所造成的紧张状态下得到了进一步强化。俄国自由民族主义者和泛斯拉夫主义者更加倾向于在土耳其海峡问题上采取进取式政策，以寻求与巴尔干半岛的斯拉夫“同胞”们的团结。与此相反，保守主义者则强烈感受到俄国国内的政治和财政弱势，以及如科科夫佐夫所指出的，“以牺牲农民的口粮换来的激进的外交政策”所带来的危险，因此，他们不惜一切代价寻求和平的外交政策。

比如，1909 年春，当议员们在杜马当中讨论波斯尼亚兼并危机的重要性时，代表联合贵族委员会的保守派们认为，波斯尼亚的兼并无论如何都不会损害俄国的利益和安全，俄国应当采取完全不干预的政策，与柏林建立和睦关系。他们认为，真正的敌人应该是英国，英国正在将俄国拖入与德作战之中，只为了强化他们在世界市场的控制地位。针对这种情况，立宪民主党内的亲法和亲英的自由主义者呼吁将三方协议发展成为三方同盟，以便俄国在巴尔干地区施加影响，挽救自己越发不景元的大国地位。这是所有外交政策执行者以及在今天试图解读政策的人所面临的核心问题之一：“国家权益”并非是世界上其他国家加诸在俄国政府之上的客观命令，而只是政治精英自己内部具体利益的投射罢了。

谁在统治巴黎

法国的情况虽然不同，但也有许多相同点。与俄国相比，法国的外交部（即根据其地址而命名的“奥赛码头”）享有更大程度上的自主权。法国的外交部是一个高度社会化且相对稳定的组织，有着自己的使命。其团队精神通过密切的家族血缘关系得到加强：朱尔和保罗 · 康邦分别是驻柏林和伦敦的大使，1914 年驻圣彼得堡的大使莫里斯 · 帕莱奥洛格是朱尔和保罗的妹夫，其他主要的家族还有埃尔贝特家族、德马尔热里家族以及德库塞尔家族等。外交部的保密传统保护了其独立

约瑟夫 · 卡约

（来源：Hulton Archive / Getty Images 图库）

性，敏感的消息只能透露给内阁部长。对高层官员来说，拒绝将消息告知位高权重的政治家（甚至共和国总统本人）都是司空见惯的事情。比如 1895 年 1 月（尚在外交部长加布里埃尔 · 阿诺托的任期内），总统卡西米尔 · 佩里埃（Casimir Périer）在任职 6 个月后递交了辞呈，以抗议外交部没有告知他外交事务的最新进展，甚至是最重要的信息。政策文件皆秘而不宣。只有在雷蒙 · 普恩加莱（Raymond Poincaré）于 1912 年成为总理兼外交部长之后，他才获悉关于法俄同盟的重要细节。

但外交部的相对独立性并没有必然地授予其部长权力和自主性。法国外交部长的权力非常小，甚至小于部里的人员。其中一个原因是部长人选的频繁更迭，这是战前法国政治的高度混乱造成的结果。比如在 1913 年 1 月 1 日到战争爆发期间，外交部就换了 6 任部长。在法国，政客在外交部的任期短暂，相较英国、德国和奥匈帝国，外交部的工作对其政治生命来说显得没那么重要。由于内阁的团结缺少制度约束，部长们的能力和抱负在严酷的党派斗争中消耗殆尽，而这正是法兰西第三帝国政府每天所经历的。

当然，也会有例外出现。如果部长能够在位足够长的时间且拥有巨大的决心和辛勤的努力，那么他必定会在工作中注入他个人的影响力。泰奥菲勒 · 德尔卡塞就是一个很好的例子，他在位长达 7 年（1898 年 6 月~1905 年 6 月），这巩固了自己在外交部的统领地位。这不仅得益于他的勤奋，还在于他不在乎巴黎的那些重量级官员，他在整个组织内建立起由志同道合的大使及官员组成的关系网。正如欧洲其他地方，法国的政治体系内部的派系也有此消彼长的趋势，因此对权力的分配不得不进行调整。在德尔卡塞的强硬做派下，高级行政官员（即“中央”）的权力份额逐渐缩小，而摆脱了中央限制的大使们则逐渐活跃起来——正如伊兹沃尔斯基和哈特维希在萨佐诺夫早期执政时的所作所为。德尔卡塞冗长的在位时间催生了一个小内阁，以在伦敦和柏林的康邦兄弟以及在罗马的卡米耶 · 巴雷尔（Camille Barrère）为核心人物。这些大使们定期在巴黎会晤，商讨政策，并在关键的官员之间游说。他们完全绕开了中央的那些官员，通过私人信件与部长交流。

高级大使们对自己的重要性有格外深刻的感触，尤其当我们将其与现在的大使们的气质和想法作对比，更能发现这一点。保罗 · 康邦就是一个典型的例子，1901年，他在一封信中评论道，整个法国的外交历史不过是一个长长的名单，记载着身在国外的大使们在来自巴黎的反对之下想要有所突破的各种尝试。当他对来自首都的官方指示感到不满时，常常将它们付之一炬。在与朱斯坦 · 德赛尔福斯（Justin de Selves，1911 年 6 月~1912 年 1 月任外交部长）的谈话中，康邦毫无城府地告诉对方，他认为自己的作用与部长一样重要。如果我们还记得从 1898 年他成为法国驻伦敦大使到 1914 年夏之间，康邦见证了 9 位外交部长在这个岗位上来了又走（其中两位还经历过复职），也许对此会更容易理解一些。康邦并不认为自己是政府的下属或雇员，而是因为其专业知识而被授权参与决策过程并担任重要角色的法兰西公仆。

康邦崇高的自尊感背后是这样一种信念（这也是众多高级大使的信念）：他们不仅是法兰西的代表，还是一个国家人格化的象征。虽然他在 1898~1920 年任驻伦敦大使，但康邦一句英文都不会说。当他与爱德华 · 格雷（他也不会说法语）见面时，他坚持将对方的每句话都翻译成法语，就算是很容易理解的词，比如“yes（是）”。和许多法国政治精英一样，他坚信法语是唯一一种能够表达理性思维的语言。他拒绝在英国建立法语学校，理由很奇怪：他认为在英国长大的法国人的智力发育都很迟缓。康邦和德尔卡塞通力合作，才有了 1904 年《英法协约》的诞生。康邦本人从 1901 年开始便做了大量的基础性工作，劝服他的英国同人在摩洛哥问题上达成和解，同时敦促德尔卡塞撤回法

保罗 · 康邦

国在埃及问题上不切实际的声明。

在德尔卡塞辞职后（当时第一次摩洛哥危机达到顶峰），事情发生了转机。他的继任者们没有那么强势和有权威。莫里斯·鲁维埃和莱昂·布尔茹瓦（Léon Bourgeois）在位的时间分别只有10个月和7个月；斯蒂芬·皮琼（Stephen Pichon）稍微长一些，从1906年10月到1911年3月，但他厌恶工作，经常不来上班。这样就导致中央的影响力稳步上升。到1911年，两大派系合并，共同掌管法国外交事务。一方是老使节们及其行政同僚，他们支持与德国缔约，寻求务实的、开放的法国对外关系；另一方是朱尔·康邦称为“激进分子”的中央官员。

大使们在资历和经验上具有权威，但“中央”的人却拥有强大的制度和机构优势，他们能够干预媒体报道，控制官方文件的传输，此外，还能够干涉部长级职务的“黑色内阁”——一个规模很小但很重要的部门，他们对公开信负责，拦截并破解外交信件。就像俄国一样，这些机构性的、带有对抗性的部门与对外关系上的分歧是一致的。内部对于获得影响力的斗争因此也直接影响了外交政策的定位。

法国在摩洛哥问题上的政策就是一个案例。1905年，当法国和德国在摩洛哥问题上发生分歧，德国次年又在阿尔赫西拉斯败下阵来之后，巴黎和柏林都在寻找一种解决方式，化解摩洛哥冲突。对法国来说，如何对待德国在摩洛哥问题上的声明出现了分歧。巴黎应当调解德国在摩洛哥的利益，还是视而不见？支持第一种意见的一个代表就是法国驻柏林大使朱尔·康邦——保罗的兄弟。对于与德国消除积怨，康邦的理由如下：德国人有权为其海外的实业家和投资者说话；德国的最高层政治决策者，从德皇和他的亲密友人菲利普·楚·奥伊伦堡伯爵（Count Philipp zu Eulenburg）到伯恩哈德·冯·比洛、德国外交大臣海因里希·冯·契尔什基（Heinrich von Tschirschky）及其继任者威廉·冯·舍恩（Wilhelm von Schoen），都由衷地希望与法国结好。他指出，法国的派系政治和兴致勃勃的民族主义媒体要对两个邻国之间产生的误解负主要责任。康邦的努力带来的成果便是1909年2月9日法国与德国的和解协议，德国在摩洛哥的政治主动性被排除，法国与俄国在经济领域的合作价值也得到了肯定。

我们要讨论的另外一方面是拒绝任何让步的“中央”集团。在幕后，疯狂的反德主义者莫里斯·埃尔贝特（1907~1911年在“奥赛码头”任通信部总管）等重要官员，利用他与媒体的密切关系，暗中向法国媒体泄露有争议的缓和提案（德国人并不知晓这些提案），甚至针对康邦本人煽动侵略主义的媒体斗争，进行蓄意破坏。埃尔贝特是那些成功向法国决策施加个人影响力的杰出案例。类似于几年前艾尔·克劳著名的英国外交部备忘录（除了一点不同：克劳的文件是被打印出来的，共 25 页，而埃尔贝特却以潦草的手稿形式洋洋洒洒地写了 300 页），在其 1908 年的备忘录中，埃尔贝特故意抹黑法德近期的关系，还采取了恶意中伤、含沙射影以及恐吓的诡计。他写道：德国人是不真诚的、多疑的、不忠的、奸诈的两面派，他们试图和解的努力只是狡猾的阴谋，目的在于戏弄和孤立法国；他们更看重自己在国外的利益；他们的外交政策徘徊在“恐吓和承诺”之间。他还总结道，对于两国之间糟糕的关系，法国几乎不负任何责任，毫无疑问，法国在与德国打交道时一直是以“和颜悦色且高贵的姿态”。“如果公正地查阅一下文献便会发现，法国及其政府无论如何也不应对这种现状负责。”正如几年前克劳的备忘录，埃尔贝特的备忘录的重点只是抨击对方备受指责的动机和“病态”行为，却没有明确指出对方的罪名。没有迹象表明，埃尔贝特曾经改变过他对德国的态度。他和中央其他固执的官员都是与柏林缔约的最大障碍。

1911 年 3 月初，政府的垮台以及皮琼的离任为中央机构的影响力达到巅峰提供了机会。外交部长皮琼的继任者是谨慎自觉但完全没有经验的让·克鲁皮（Jean Cruppi），他之前是一名地方官员，他之所以能够获得外交部的职位，是因为许多比他更适合这个岗位的人都拒绝任职——这也能够看出部长职位并不受人重视。在克鲁皮短暂任职期间（1911 年 3 月 2 日上任，任期到 6 月 27 日），中央机关有效地控制了政策。由于承受外交部政治和商业部门主管的压力，克鲁皮同意中止所有与德国在摩洛哥问题上的经济联系，这是在变相否认 1909 年的和解协议。之后，一系列的举措逐步开展，不知不觉中，法国和德国之间关于从非斯到丹吉尔的铁路管理问题磋商被终止，在法国起草的关于摩洛哥的新财政协议根本就没有提到德国的参与。康邦大惊失色，他警示道，法国将自己与德国的关系引上了一条“困难重重之路”。

最终，在没有咨询其他利益相关国的前提下，法国作为宗主国，以镇压当地暴乱、保护法国殖民地人民为借口，决定于 1911 年春向摩洛哥城市非斯派遣一支规模庞大的军队。巴黎的行为同时触犯了《阿尔赫西拉斯决议》和 1909 年的《法德和解协议》。声称保护非斯的欧洲人团体而派遣军队的口实是虚伪的，摩洛哥内政所引发的叛乱以及其对欧洲人的危害也非常遥远。苏丹呼吁得到巴黎的援助——这其实是法国领事一手捏造的。当它被呈送到苏丹那里签字的时候，巴黎早就已经决定好要进行干预了。在这些事件之后，我们重新回到第二次摩洛哥危机上，当时的关键问题在于，并不是法国政府制定了对摩洛哥的激进政策，而是外交部的那些鹰派分子（他们对政策的影响力在 1911 年春和初夏达到无可匹敌的高度）。同俄国一样，权力从一个管理部门向另一个的倾斜，使得政策的论调和方向发生巨大的转变。

谁在统治柏林

德国亦是如此——外交政策的形成来自政治体系内不同权力核心的交锋。但在体制上，德国与其他国家有明显的不同。最重要的一点是，在 1871 年建立的囊括了德意志帝国这个复杂的联邦体制下，外交大臣的角色在很大程度上由帝国首相来承担的。因此，这一关键的职位实际上复合了诸多职能，与许多不同的部门有着联系。德意志帝国的首相通常还兼任着占据统治地位的联邦州普鲁士的首相兼外交大臣。普鲁士的领土居住着 3/5 的德国人口，此外还包括新征服帝国的领土。帝国没有外交大臣，只有一位外务秘书，他是首相的直接下属。首相与外交政策的密切联系通过这样一个事实便可表明：他的私人公寓就坐落在威廉大街 76 号那座小小的、拥挤的宫殿里——那里便是德国的外交部。

依赖于这样的政治体系，奥托 · 冯 · 俾斯麦才能在这一特殊的机构中获得统治地位，并一手包揽外交事务，而这样的政治体制正是他在德意志统一战争成果上建立起来的。1890 年早春，俾斯麦离职，留下了一个谁也无法弥补的权力真空。继俾斯麦后第一位首相及普鲁士外交大臣列奥 · 冯 · 卡普里维在处理外交事务上并没有经验。卡普里维具有划时代意义的决策（坚持不修改《再保险条约》）实际上是在德国外交部一个小派系的帮助下做出的决定。该派系很长一段时间都在暗地里反对俾斯麦的观点，其领导人是弗里德里希 · 冯 · 霍尔斯泰因，他同时也是外交部政治部门的首脑；他是个极其聪明、表达能力强，私下却居心不良、不善社交的人。人们佩服他，却不喜欢他。他领导的派系很轻易地赢得了首相的支持。换言之，如同法国一样，外交部长（在德国是首相）一旦居于弱势方，便意味着主动权逐渐偏向威廉大街的那些高官手中——也就是柏林的“中央机关”。这种情况同样出现在卡普里维的继任者霍恩洛厄–希灵斯菲斯特（Hohenlohe-Schillingsfürst）的任期内（1894~1899 年）。19 世纪 90 年代早期和中期，德国外交政策的形成不是通过首相或是帝国外务秘书，而是霍尔斯泰因。

霍尔斯泰因之所以能够成功，部分原因在于，他不仅与相关政客保持了良好的关系，还很好地处理了与德皇威廉二世身边智囊团的关系。那些年中，威廉二世积极地扩大自己的影响力，还决定成为“他自己的俾斯麦”，并试图建立他对德国臃肿的政治体系的“个人统治”。他最终没能达成这个目标，但他那让人发笑的举动却歪打正着地产生了一种对权力的聚焦效果，即大多数高层政客和官员共同协作，以避免皇帝对决策过程的统一性造成威胁。弗里德里希 · 冯 · 霍尔斯泰因和菲利普 · 楚 · 奥伊伦堡伯爵——德皇最亲密的朋友和最有影响力的智囊团成员，甚至包括毫无作为的霍恩洛厄，都深谙“对德皇进行管理”之道，通过忽略德皇的重要性来做到这一点。在 1897 年 2 月写给奥伊伦堡的信中，霍尔斯泰因认为，他已经在三个月内看到他们的君主完成了“第三项政策方案”。奥伊伦堡回复他，让他不要担心，他敢肯定德皇的计划并非“方案”，而是异想天开的“无关紧要的笔记”，对政策的执行几乎没什么贡献。首相也没有被他说服：“看起来陛下又在推荐他的另一个新方案了。”霍恩洛厄如实写道：“但是我并不觉得它是具有策略性的，他的方案多得让人应接不暇。”

将外交官伯恩哈德 · 冯 · 比洛推上首相位置的正是奥伊伦堡和霍尔斯泰因。作为首相霍恩洛厄之下的帝国外务秘书（1897~1900 年），比洛在他的朋友们的帮助下，完全有能力控制德国的政策。1900 年后，他的地位得到进一步巩固——德皇采纳了奥伊伦堡的建议，任命比洛为首相。与其他任何一任首相相比，比洛在极尽能事给威廉二世拍马屁的本领上更胜一筹，这也使得威廉二世信心倍增。尽管有许多政敌和存疑者，比洛–霍尔斯泰因–奥伊伦堡组成的三驾马车在一段时间内还是相当稳固地掌握决策权的。满足以下三个条件，它就可以良好地运转：一是，三个人对他们最终的目的达成一致；二是，他们的政策是成功的；三是，德皇没有从中掺和。

而 1905~1906 年第一次摩洛哥危机期间，这三个条件都未满足。首先，在摩洛哥问题上，就德国的目标而言，霍尔斯泰因和比洛之间产生了分歧（比洛想要的是赔款，而霍尔斯泰因却不切实际地希望摧毁《英法协约》）。其次，1906 年的阿尔赫西拉斯会议上，当德国代表团发现自己孤立无援、法国人技高一筹时，便宣告摩洛哥政策出现了灾难性的失误。这次惨败导致的结果是德皇与其首相分道扬镳（他一直对摩洛哥问题的行动方针抱有疑虑），进而继续成为决策过程的一个障碍。

在同一时间，俄国却上演着完全不同的场景：沙皇的东亚政策削弱了自身的地位，内阁的责任则得到加强。而在德国，高层军官的失败暂时让德皇的行动更自由。1906 年 1 月，外务秘书的职位突然空缺（之前的在职者因为过度操劳而去世了），威廉二世对比洛的意见置之不理，按照自己的意愿选择了继任者。当时很多人都认为，德皇的一位亲密友人海因里希 · 冯 · 契尔什基（他俩经常结伴旅游）会是对抗比洛–霍尔斯泰因集团的人。1907 年初，有传言称“比洛阵营”和“契尔什基的圈子”之间产生了不和。

在他最后担任首相的几年中（一直到 1909 年），比洛为东山再起进行了不屈的抗争。正如俾斯麦在 19 世纪 80 年代的所作所为，他试图建立新的效忠于自己的议会联盟，希望借此在政治上避开德皇的影响。他帮助策划了震惊世人的“《每日电讯报》丑闻”（1908 年 11 月）：一家英国报纸刊登了对德皇的采访，其中德皇浅薄的言论激起了德国公众的抗议。比洛甚至间接地参与了 1907~1908 年的宣传运动，揭发了德皇亲密朋友圈内的同性恋行为，包括这位首相之前的盟友奥伊伦堡（他本人有可能确实是同性恋），而在德皇的支持下，他成了潜在的对手。尽管采取了大量的行动，比洛对外交政策的影响却一直没有达到他早先的状态。1909 年 7 月 14 日，特奥巴登 · 冯 · 贝特曼 · 霍尔维格被任命为首相，事态才趋于稳定。霍尔维格缺少处理外交事务的经验，但他非常沉稳、谦和且出类拔萃，很快，他在大臣和帝国秘书之间树立了自己的权威。这也说明了德皇为何在经过了《每日电讯报》以及奥伊伦堡的丑闻之后，仍然没有像之前那么坚定地公开挑战他的大臣们的理由。

爱德华 · 格雷爵士：高处不胜寒

英国的情况完全不一样。不像斯托雷平和科科夫佐夫或是其德国同人比洛和贝特曼·霍尔维格那样，英国外交大臣爱德华·格雷爵士没有理由担心来自王室的不受欢迎的干预。在国际问题上，乔治五世非常由乐意他的外交大臣操持一切，格雷也同样非常享受来自首相赫伯特·阿斯奎斯（Herbert Asquith）的慷慨支持。不像他的法国同人，他并不需要与外交部其他位高权重的同僚进行对抗。比起他的法国同人们，单凭格雷持续的在位时间，就足以让他对外交政策产生持续的影响。1905年12月到1916年12月，爱德华·格雷一直大权在握，而在法国的同一时间段里，法国外交部却换了15个部长。此外，格雷在外交部的就职也加强了这样一部分影响，即那些支持他对英国外交政策观点的高层官员。毫无疑问，格雷是战前欧洲最有影响力的外交大臣。

正如他19世纪的先驱们，爱德华·格雷爵士出身于英国上层社会。他有着辉格党贵族后人的尊贵血统——他的曾伯祖父参与了1832年英国议会法案改革。在1914年之前登上欧洲政治舞台的政治家中，格雷是极其让人费解的人物之一。他的疏离感和傲慢使他区别于自由党党内的其他人。他很久以前就加入了自由党，但是他却认为外交政策十分重要，以至于备受议会争议。他身为外交大臣，却对英国以外的世界茫然不知，从来没有对旅游表现出兴趣，不会说外语，并且在外国人面前表现得十分局促。他是自由党政治家，可他的政策观点却遭到大部分党内人士的反对，与此同时，却得到了大部分保守党员的支持。他成为“自由帝国主义者”派系中最有影响力的成员，然而他却对大英帝国漠不关心——他对外交政策和国土安全的观点主要聚焦于欧洲大陆。

爱德华·格雷爵士

格雷的内在想法以及办事方法有着令人奇怪的不协调——无论是私下还是在公开场合。作为一个年轻人，他身上并没有表现出聪颖、好奇、对政治的野心和驱动力。他在牛津大学贝利奥尔学院虚度了光阴，在以不理想的成绩取得法理学学位之前（他之所以选择这个专业，是因为听人说该专业很容易），他成为学校室内网球代表队的冠军得主。他的第一个政治职位是通过辉格党家族的关系获得的。成年以后的格雷给人这样一种印象：对他来讲，参与政治与其说是在度假，不如说是在承担一种让人感到厌倦的责任。1895 年，自由党在一次关键选举中败下阵来，导致议会解体，格雷当时作为自由党议员和外交部的议会副大臣，却声称自己并不感到遗憾，他说："我再也不会上班了，我离开下议院的时间也指日可待。我们（这里指他和他的妻子多萝西）终于感到些许安慰。"格雷是一个热衷于自然的人，喜欢观察鸟类和钓鱼。在 19 世纪和 20 世纪之交，他的一篇关于用假蝇钓鱼的文章名噪一时。就连在任外交大臣时，他也经常抓住时机离开办公室到郊外去游玩，如果不是万不得已，他会十分厌恶把自己召回伦敦的指令。那些和格雷共事的人，包括外交官塞西尔·斯普林–赖斯（Cecil Spring-Rice），都认为格雷对郊游活动的热衷已经一发不可收拾，他们希望有人向这位外交大臣提议："少花一些时间在他的鸭子上，多抽时间学学法语。"他的同僚们很难在他身上看到任何政治动机，他们深切地感到他是一个"丝毫没有个人抱负，冷漠而不易接近的人"。

实际上，格雷对于权力的胃口是很大的，他也准备为了获得并维持手中的权力而使用一些阴谋诡计。他之所以能够当上外交大臣，还要得益于他所信任的朋友们、自由党帝国主义者的精心策划——赫伯特·阿斯奎斯以及R·B·霍尔丹（R. B. Haldane）。在格雷钓鱼的小草房（位于苏格兰一个叫"维吕加"的小村庄）里诞生的"维吕加合谋"，旨在排挤自由党领导人亨利·坎贝尔–班纳曼爵士，并建立他们自己在内阁的关键地位。作为外交大臣，隐秘地办事、小心谨慎的态度以及在幕后交易是他的行事风格。在他看似温文尔雅的羞怯背后，隐藏了对反对性政策的手段和策略的直觉。

格雷很快就控制了决策过程，他的权力无人匹敌，这也让英国的外交政策直接聚焦在"德国威胁论"上。当然，如果将英国政策的重新定位仅仅看作爱德华·格雷一人的功劳，那就太有失偏颇了。幕后的人并非格雷，新政策的支持者包括伯蒂、哈丁、尼科尔森、马利特（Mallet）、蒂雷尔（Tyrell）等人（这些拥有相同观点的人组成了松散的小同盟），与其说他们受到格雷的控制和操纵，不如说是与他同心同德。诚然，格雷是十分依赖这些协同者的，比如他的许多决策和备忘录都是模仿哈丁的风格。格雷集团的优势地位受到了来自针对外交部的新机构改革的冲击，这些改革的目的并不是加强外交大臣的权威，而是对一批更大范围内的高官的影响范围做出界定。然而，为了巩固自己的优势，格雷所做出的努力和他的警觉性让人刮目相看。当然，他之前的共谋者、1908~1916 年任职首相的赫伯特 · 阿斯奎斯为他提供的坚定支持也帮了不少忙。来自于下议院保守党大部分成员的支持也对他有所帮助，这证明格雷具有跨党派的影响力。

然而格雷的大权在握以及观点的一致性并没有完全让英国免受欧洲其他国家那样的政策波动。格雷集团的反德立场并没有在外交部之外产生共鸣，甚至连大部分内阁成员都不支持这种观点。在自由党帝国主义者和激进分子之间的矛盾的催化作用下，自由党政府（更广泛地说是自由党的行为）变得极端化。许多激进党领导人（其中不乏党内备受尊重的人士）强烈反对外交大臣的政策，认为这是在与俄国结盟。他们指摘格雷和他的同僚对德国采取一种完全不必要的挑衅姿态。他们质疑，安抚俄国所得到的好处是否大于与德意志帝国保持友谊的潜在利益。他们担心，三国协约的诞生并不会迫使德国采取一种更为激进的立场。他们敦促缓和与柏林之间的关系。另外一个问题是英国的舆论，它们来自文化和政治精英。尽管英国和德国之间隔三岔五就会有“媒体之间的交锋”，但英国的舆论在战争爆发前几年已经逐渐偏向于亲德的态度。英国精英阶层中除了反德的声音，同时还存在友好的声音。后者认为两国之间有着多层次的文化关联，这些人对德国的文化、经济和科学成就有着深深的敬佩之情。

面对这些挑战，格雷通过躲开敌对的监视来保护自己的决策过程。从他的办公桌上发出的文件经常标着“仅在有限范围内传阅”的字样。他的私人秘书也经常会做出这样的解释：“爱德华 · 格雷爵士认为只让这些人过目就足够了。”对重要决策的咨询，尤其是关于与法国的深层缔约问题，仅限于管理层中那些可信赖的人了解。比如，1905 年 12 月和 1906 年 5 月，内阁并没有告知法国和英国之间举行的商讨事宜，而在探讨中，两个国家的军事代表在原则上达成了这样的共识：只要爆发战争，英国就可以给予法国军事上的支持。这样的行动符合格雷对政策的精英主义理解，以及他对于缔结协约的公开表态：事情应当符合“一种忠实和慷慨的精神”，以此确保任何不测的发生只会“加强”而不是削弱“双方的协议”，此外，循序渐进而达到深入承诺的过程应当始终避免“党派论辩”的干扰。换言之，格雷在实行一种二元政策。在公开场合，他多次否认英国有义务为法国提供援助。在反对者的敦促下，他常解释说，相互关联的军事行动方案也仅仅是应急计划。通过这一系列的手段，格雷成功地维持了英国外交政策的内部连贯性。

然而随着权力的平衡在英国政府和政治精英的派系之间不停地游走，我们还是能够很明显地感受到这种状态是如何变得复杂的。对那些直接与外交大臣和他的同僚们打交道的法国人来说，格雷爵士（这是他们中的有些人对他的很古典的称谓）将在爆发战争时站在法国这边，尽管官方坚持协约的无约束性。而对于没有参加过秘密谈判的德国人来说，英国会抽身于欧陆的盟国之外，尤其是当法俄同盟采取措施针对德国而不是相反情况时。

第二次摩洛哥危机

决策机构内不同利益方面的权力所形成的动荡，增加了欧洲国际体系内沟通交流的复杂性和不可预测性，尤其是在政治危机爆发的时刻：两个或更多的国家的政府在高度紧张和威胁的氛围中相互打交道。这种情况在 1911 年夏发生在德国和法国之间关于摩洛哥问题的争执上充分地体现了。正如我们所看到的，在法国外交部的一系列举措下（高潮是 1911 年 4 月向苏丹国派遣了一支大规模的法国军队），1909 年的《德法协议》破产了。1911 年 6 月 5 日，因为对法国单边攫取摩洛哥统治权力有所警觉，西班牙政府派遣军队占领了摩洛哥北部和西北部的拉腊什和凯比尔堡两地。现在来看，德国的干预似乎不可避免，于是，“黑豹”号炮舰于 1911 年 7 月 1 日及时地在摩洛哥海岸抛锚泊船。这艘炮舰的实力并没有给人留下印象，因为它已经超过了服役期达两年之久。

第二次摩洛哥危机中有许多让人感到奇怪的地方。事态发展到西欧国家之间即将爆发一场战争，但是当时反对党的观点并不是不可调和的，它们最后也成为持久解决方案的基础，但为何事态还是会恶化？部分原因在于法国外交部的不妥协。在危机爆发之初，掌握和控制主动权的是政府首脑机关，外交部长让 · 克鲁皮于 6 月

27日离职的事实（就在“黑豹”号到达的几天前）巩固了高层官员们的地位。他的继任者朱斯坦·德赛尔福斯（像克鲁皮一样，他同样没有发挥自己的作用）很快便沦为法国外交部“内阁长官”莫里斯·埃尔贝特的傀儡。作为1907~1911年信息部的总管，埃尔贝特与媒介之间已经建立起密切的联系，他在第二次摩洛哥危机中竭尽所能地抨击与德国进行谈判的观点。部分原因是埃尔贝特以及其他拥有权力的高层官员的不妥协，才导致直到1911年7月底，法国驻柏林大使才接到通知，与德国进行商务研讨，探讨如何就法国在摩洛哥的独裁给予德国赔偿。

之所以有这样的缓和举动，全部仰仗于朱尔·康邦以驻柏林大使的身份，他越过外交部长直接向精力旺盛且直率坦诚的总统约瑟夫·卡约进行呼吁的努力（卡约于6月27日，即危机爆发前上台）。卡约是财政部长的儿子，他的父亲是著名的尤金·卡约（Eugène Caillaux），尤金曾在1870年之后迅速向德国提供了赔偿金。约瑟夫·卡约是位经济自由主义者，致力于实现财政现代化，他用商人的实用主义眼光看待外交事务。他认为，没有理由不按照其他国家的立场来对待德国在摩洛哥的商业利益，并且他对成为欧洲资本主义标签性质的重商主义经济政策进行了批判。内阁由此一分为二，一方是支持在摩洛哥问题上采取缓和政策的卡约，另一方是朱斯坦·德赛尔福斯，他是法国外交部鹰派的喉舌。在他的部长的敦促下，德赛尔福斯向阿加迪尔派遣了巡洋舰，这一举动很可能引发严重的后果而使事件升级。在卡约否决了这种选择后，鹰派开始组织力量对他和朱尔·康邦进行攻击。他们充分利用媒体报道，对缓和派人士进行贬损。卡约被莫里斯·埃尔贝特暗中破坏自己政策的行为激怒，叫他来办公室，用实际行动对他进行了警告：“我会像折断这根铅笔一样折断你。”卡约最终能够与德国达成和解，但只能通过与柏林进行秘密的和非官方的谈判（通过德国在巴黎的使节，通过在柏林的朱尔·康邦，或是通过一位从中斡旋的商人）来进行，以躲开部长和他的官员们。这样做的结果就是，8月初，卡约秘密地接受了柏林的意向赔偿措施，而外交部长朱斯坦·德赛尔福斯曾经对此提出坚决的反对。

这种暗箱操作的外交手段使总统成功地绕开了外交部那些反德的鹰派，但这种行为极具冒险性。1911年8月的第一个星期，谈判突然破裂，使得事态出现了不必要的升级，包括法国派遣部队以及德国战舰驶向阿加迪尔的威胁——尽管卡约和他的德国对手实际上是很愿意选择妥协的。卡约责怪那位名叫丰德尔的调停商人，因为他在沟通中误解了对方的意思。但是如果外交部官员没有谋划将他免职或是破坏与德国的协商的话，则根本不需要丰德尔这个牵线人或是卡约的幕后操作。也就是说，卡约是没有办法才被迫绕圈子以达成自己的承诺，因为他的部长同僚们拒绝接受他向柏林做出的保证。这种复杂局面增加了柏林对如何解读法国的行动的不确定性：正如一位德国外交官所言，这需要在两种完全矛盾的趋势中进行甄别，“尽管法国媒体以及军队的沙文主义甚嚣尘上，但卡约的政策似乎更占优势”。

德国在危机期间的政策并不是由霍尔维格所控制，当然也不是由德皇控制（他对摩洛哥问题丝毫提不起兴趣），而是在于士瓦本的帝国外交事务秘书阿尔弗雷德·冯·基德伦–韦希特尔（Alfred von Kiderlen-Wächter）。基德伦–韦希特尔参与了1909年法国和德国在摩洛哥问题上达成协约的过程，因此很自然地，他应当在德国如何对法国派遣军队的反馈中起关键作用。正如德国高级官员的典型做派，这位外务秘书将其个人影响力施加到摩洛哥外交政策制定的始末，并与巴黎进行沟通。基德伦–韦希特尔并没有兴趣让德国在摩洛哥分一杯羹，但他同样决定不会允许法国单方面控制该地区。通过模仿法国的行为（做出一系列越演越烈的反对姿态），他希望能够保障德国的利益，并在法属刚果问题上获得土地补偿。他完全有理由认为，这样的目标不用发生冲突就可以实现，因为在1911年5月，卡约以及其财政部长身份向在巴黎的德国外交官保证：“如果你们意识到自身在摩洛哥的重要利益，那么法国就准备在别处做出妥协。”因此，在卡约6月就任总统后，基德伦–韦希特尔便认为这会成为法国的外交政策。他拒绝将两艘舰船派到阿加迪尔，他相信装备水平甚至不足以成功登陆的“黑豹”号作为象征性的表态已经足够。

危机的进一步演变证明了基德伦–韦希特尔对法国的反应判断失误。他在评估德国国内环境时同样出现了严重的错误。基德伦–韦希特尔与威廉二世的私人关系并不亲密，且正如1905年那样，皇帝对1911年的北非政策同样表示怀疑。为了规避潜在的反对声音，基德伦–韦希特尔寻求德国的极端民族主义政客和公共人物的支持。但只要有媒介运动的介入，他还是无法控制舆论的方向和内容。结果，在民族主义媒体雷鸣般的煽动下（这让巴黎和伦敦都有所警觉），旨在持久地将危机控制在武装冲突的边界之内的德国政策得到巩固。极端民族主义报刊的大标题聒噪地呼吁“将摩洛哥西部还给德国”，而这反而成为巴黎鹰派们的把柄。让他们同样感到担心的是德皇，他对外务秘书进行了尖锐的批评，以至于基德伦–韦希特尔在7月17日正式递交了辞呈。好在霍尔维格从中斡旋，才挽救了这一政策，并留住了基德伦–韦希特尔。

1911年11月4日，一项法德条约最终将双方的共识清晰地定义出来：摩洛哥成为法国专属的保护国，德国的商业利益通过条约得到保障，且部分法属刚果地区被让给德国。但1911年的摩洛哥危机也暴露出法国外交政策上危险的不连贯性特征。1911年11月18日成立的整顿性委员会调查了莫里斯·埃尔贝特的行为，这揭露了巴黎高层官员们的精心策划的阴谋。卡约的名誉也同样被败坏了。在公众眼中，他和他的内阁沆瀣一气，通过一项条约而割让给德国过多的领土（在那些法国民族主义者眼中则更为恶劣），因为与德尔卡塞在19世纪90年代末所设想的换取摩洛哥的条件相比，德方承担得过少。总统与德国人暗中谈判的举动昭然若揭（黑色内阁破译了电文，并战略性地透露给了中央控制的媒体），他的命运也由此被决定：在仅仅就职了7个月之后，卡约于1912年1月21日下台。

德国方面对于1911年11月的条约同样不满，他们认为德国得到的太少。部分原因是基德伦–韦希特尔引起的，在德国期望通过挑战法国在摩洛哥地位所得到的与实际微小的收效之间存在巨大矛盾（比如“摩洛哥西部的利益”），极端民族主义媒体将此作为噱头挑起了人们的不满。因此，这位外务秘书深化了政府以及那些声称自己是其“天然支持者”的极端右翼势力的分歧。然而民族主义媒体所认为的做出牺牲的条约却是必然的选择，因为基德伦–韦希特尔没有其他办法避免君主控制政策的决策过程。

或许德国在危机期间政策出现摇摆所带来的最重要结果是，让巴黎更深地误解其行为，认为对方的政策是出于恐吓的目的。当新任总理兼外交部长雷蒙·普恩加莱阅读1912年前几个月的外交文件时，被德国摇摆于强硬和妥协的政策立场所震撼了：“当我们对德国采取缓和的态度时，德国不领情；而我们在任意场合下表现出强硬态度时，德国人又打退堂鼓了。”因此，他得出了一个并不乐观的结论：只有“威胁性的语言”才对德国人有效果。

同样，英国在危机期间的表现也暴露了其管理机构内部的严重分化。伦敦自由党内阁的反应十分谨慎，因为他们认为法国要对危机的爆发负主要责任，因此要规劝他们让步。7月19日，内阁甚至授权格雷告知巴黎，英国可能在某些条件下承认德国在摩洛哥的利益。法国政府气愤地反馈道，英国在这方面的首肯可能会破坏1904年的《英法协约》。而与此同时，以格雷为首的反德集团却采取了坚定的亲法立场。尼科尔森、乔治·布坎南（George Buchanan）、哈丁以及格雷本人侃侃而谈德国的威胁，此外还老调重弹，强调当务之急是要维护《英法协议》。7月19日，理查德·哈丁要求军事行动指挥亨利·威尔逊（Henry Wilson）延迟他的欧陆之行，以便能够用一个早晨的时间评估其军队实力，以防德法边境爆发冲突。当贾斯丁·德赛尔福斯对德国在刚果索要赔款的夸张程度表现出惊讶时，弗兰西斯·伯蒂爵士从巴黎致信格雷，告知他德国人“过分”的要求，这些要求“旨在让法国同意德国在摩洛哥海岸的控制权，但他们自己心里清楚，他们根本不可能成功”。然而这却是对德国立场的误读，并且这种误读进一步在英国海军主义者中造成恐慌，因为对他们来说，德国在大西洋建立要塞的行动是难以接受的。

德国获得大西洋港口的愿景使得格雷成功说服内阁，于7月21日向德国大使发出警告：如果德国人在阿加迪尔登陆，那么英国也会采取措施确保自己在该地的利益，即格雷也要派出英国的战舰。就在同一天，格雷集团进一步让事态升温：1911年7月21日傍晚，财政大臣戴维·劳合·乔治（David Lloyd George）在府邸发表演讲，向柏林提出严正警告。劳合·乔治称，英国不可避免地要“保护它的地盘和它在世界列强中的领先地位”。英国的权力不止一次地“拯救”其他国家于“巨大灾难，甚至种族灭绝之危险中”。如果英国被迫在和平与妥协于其他势力之间做出选择，“那么我在此强调，以此为代价的和平对于像我们这样一个伟大的民族来说，是一个不可忍受的耻辱”。次日，格雷成功鼓动了海军人士的不安，他警示劳合·乔治和丘吉尔，英国的舰队不久后可能会遭到袭击，此外他还通知第一海军大臣雷金纳德·麦肯纳（Reginald McKenna），德国的舰队已经被动员，整装待发，然而事实上，公海舰队还处于分散状态，德国人并没有打算将它们集中起来。

府邸演讲并非临时起意，它是由格雷、阿斯奎斯和劳合·乔治精心策划的棋局。就像卡约绕过了外交部，实施他与柏林进行谈判的鸽派政策，以格雷为中心的反德阵营同样绕开了自由党内阁，向德国传递出强硬和暗中挑衅的信息。劳合·乔治敏感的发言词并没有经过内阁的同意，而仅仅被首相阿斯奎斯和外交大臣格雷认可。这次演讲标志着劳合·乔治正式与鸽派激进分子阵营和自由帝国主义者分道扬镳。他的言辞在柏林造成了恐慌，德国方面一直认为英国政府没有必要破坏《法德协约》的进路。外交大臣阿瑟·齐默尔曼（Arthur Zimmermann）质询驻柏林的英国大使："劳合·乔治是何方神圣？他怎么能够对德国耳提面命，并组织法国和德国的和解？"

劳合·乔治的演讲同样震惊了英国内阁中那些并不认同格雷的大臣们。印度事务大臣莫利子爵（Viscount Morley）公开指责这次演讲（以及格雷之后与德国驻伦敦大使的谈话）为"未被授权且并未成功的对德国的挑衅"。大法官劳尔伯恩大人（Lord Loreburn）认为英国过于积极地在这场争议中支持法国，而无论如何，巴黎明显是不占理的一方。他恳请格雷否认这次演讲，并澄清英国并无干涉法国和德国之间谈判的意图。

格雷集团最终还是胜利了。1911 年 8 月 23 日召开的帝国国防委员会会议达成了一项共识，如果法国和德国开战，那么英国会迅速进行干涉，包括派遣英国远征军。阿斯奎斯、格雷和劳合·乔治等人均出席，但关键的激进人士，如莫利、克鲁（Crewe）、刘易斯·哈考特（Lewis Harcourt）以及伊舍（Esher）等人，却既没有得到通知也没有被邀请。接下来的一周充斥着激情洋溢的战争规划（这对激进人士来说是十分恐怖的事情）。就连阿斯奎斯都从密集的"军事谈话"中抽身而退了，这些军事谈话旨在于 1911 年 9 月同法国进行调度合作计划以及战略合作，但格雷却拒绝中止它们。英国十分乐于幻想事态极速升级的可能。就连在危机达到顶峰的时候，法国方面都没有做任何的战争准备，而霍尔维格在一封给伦敦的德国大使的信中却感慨："看起来英国已经摩拳擦掌，准备随时开战了。"奥匈帝国外交大臣埃伦塔尔伯爵也得出了同样的结论：8 月 3 日，英国以摩洛哥争议为借口，将德国视为其对手。与俄国的相对保守和绥靖姿态相比，英国的积极性尤为明显。正是因为英国做出这样的反应，维也纳也决定放弃在摩洛哥问题上的中立政策。

尽管如此，鹰派和鸽派的斗争却一直没有停止。正如法国外交部的官员对卡约和倒霉的贾斯丁·德赛尔福斯进行报复，迫使他们于 1912 年 1 月下台，之后英国的激进自由主义者又展开了对格雷政策的新一轮攻击。在这些大臣中有许多人从未对格雷在第二次摩洛哥危机之前向法国的承诺表示过满意。1911 年 12 月，后座议员对格雷提出了质询。这些非议部分是因为对他策略的隐匿性表示失望：为何政府的那些可能代表英国人民的行动却并没有被公之于众？杰出的自由主义活动家阿瑟·庞森比（Arthur Ponsonby）以及诺埃尔·巴克斯顿（Noel Buxton）激烈地反对格雷，要求建立一个委员会来改善英德关系。事实上，对这位外交大臣的抨击已经遍布整个自由主义媒体。巴黎的那些强硬派成功地使卡约和他的缓和措施声名扫地，英国的“亲德”游说同样也没能取得实质性进展——将格雷和他的政策扫地出门。

三个原因导致了这样的结果：首先，由于英国的议会政治中强大的党派建构，英国的大臣们本身并不容易被这类质疑所击垮；其次，如果格雷的政策被全盘否定，那么他便会辞职，一并带走的还有劳合·乔治、霍尔丹，或许还有丘吉尔，在那些理性的非干预自由主义者眼中，这将昭示着政府中自由党人的末路；最后，重要的一点在于来自议会保守派对格雷与法国进行军事结盟政策的支持。帮助外交大臣预测第二次摩洛哥危机动向的一个方面便是阿瑟·鲍尔弗（Arthur Balfour，1911 年 11 月前，他担任保守党领袖）私下提供的支持。1914 年夏，一场笼罩在爱尔兰的危机即将爆发，这也引发了对保守党持续提供帮助的质疑。

但如果格雷的协约政策的本质是恰当并且合理的，那么面对来自如此具有影响力的国内反对者的叫嚣，他对自己的辩解则阻止他尽可能明确地阐释他本来的承诺。第二次摩洛哥危机后，格雷不得不同时面对两个问题：满足法国的要求（他已经对对方做出了明确的承诺），以及说服内阁中仍占据大多数的非干涉主义者他并没有这样做。1911 年 11 月出台的两份内阁决议表明，他的内阁大臣同僚中有 15 人对格雷提出过警告，要求他停止支持那些与法国高层的军事会晤。当然，这些会晤并没有被提前告知他们或是提前征得他们的同意。1912 年 1 月，劳尔伯恩带领下的非干涉主义者召开会议，达成了一项内阁声明，称英国“没有任何直接或间接的、公开或暗示的义务，来支持法国针对俄国采取的武力行动”。只有当劳尔伯恩告病辞职之后，格雷一众才从这些压力中松一口气。

对于采取以协约形式作为安全策略的政策平衡来自政府内部的反对声音的需要，使得英国发出的外交信号一直让人感到困惑和犹豫不决。一方面，英国的军事指挥通常在与法国同人的交往中自主决定并与之达成协议，这些来自英方的军事保证（一旦与德国爆发冲突）巩固了法国的地位。这些主动性行为并没有得到内阁的授权，更不用提英国议会了。1911 年第二次摩洛哥危机期间，亨利 · 威尔逊被派往巴黎，与法国总参谋部人员进行商讨，目的是达成一项针对德国的英法联合动员计划，这便是 1911 年 7 月 21 日的“威尔逊–迪巴伊备忘录”——当时奥古斯特 · 迪巴伊（Auguste Dubail）将军是法国的总参谋长。这项备忘录规定，在动员的 15 天内，英国的 6 个步兵师、1 支装甲部队以及 2 支骑兵部队（总共包括 15 万名士兵和 6.7 万匹马）将会被调往法国左翼。1912 年前几个月，双方为了挫败德国的海军扩张，决定达成英法海军的合作，而这项决定进一步肯定了这样一种假设：一个防御联盟呼之欲出。

另一方面，1912 年 11 月 22~23 日的格雷—康邦信件（正如莫利所言，这些信件是格雷那些非干涉主义政敌从他那里“敲诈”出来的）证明，《英法协约》只不过是一个联盟的象征，因为这些信中宣称双方具有独立行动的自由，甚至在第三方对其中一方进行打击时亦如此。英国究竟有没有支持法国的义务呢？格雷会在公共场合宣称，这些承诺只不过是没有约束力的权宜之策。而私下，这位外交大臣则将英法军事对话视为“与法国进行合作的义务”，只要“其行为并不具有挑衅性且是合理的”。当外交部常任副大臣阿瑟 · 尼科尔森爵士于 1914 年 8 月初力挺格雷，称“您一而再再而三地向康邦保证，如果德国先发制人，您将站在法国这边”，格雷只是回了一句：“是的，但是他并没有给我书面的回复。”

因此，在英国方面，英法之间的外交关系因为一种双重考虑而变得复杂起来。我们知道，格雷的公开声明需要字斟句酌，就连他的官方沟通都要满足内阁的非干涉主义者以及公众的要求。然而，保罗 · 康邦从那些伦敦的反德朋友以及驻巴黎的伯蒂口中听到的正是他所盼望听到的。潦草敷衍和不谨慎都是法国人所不能接受的。1914 年“七月危机”达到高潮时，巴黎的决策者们、法国驻伦敦的大使，当然还有格雷自己都曾经一度感到高度焦虑。更重要的是，英方承诺的不确定性迫使法国的政策制定者不得不在东方寻求弥补手段，他们甚至更加强烈地希望与俄国建立军事联盟。法国政府、卢森堡驻巴黎的大臣纪尧姆伯爵（Baron Guillaume）在 1913 年春都表示，自己有义务“不断地加强与俄国的联盟关系，因为众所周知，与英国的友谊正变得越来越不牢靠和无效”。对德国来说，英国政策的模棱两可也使其产生了疑惑和苦恼。为了安抚非干涉主义者，格雷不得不对柏林保持开放的态度；然而同时他又多次对德国人进行警告，以免他们得出结论，法国被彻底抛弃并且担心英国不会及时伸出援手。这种信息混乱的局面以及欧陆列强之间权力关系的动态性造成的结果是，英国意图的不确定性，这种不确定性在“七月危机”中一直困扰着德国的决策者们。

军事与民事

爱德华·豪斯（Edward House）上校在1914年5月旅欧归来后，如实向美国总统伍德罗·威尔逊汇报：“欧洲的情形十分离奇，那里的军国主义氛围几近疯狂。”豪斯的观点部分来自于他的个人经历：他是典型的美国式“政治上校”。作为政治服务的回报，他在得克萨斯自卫队中获得了此等军衔。当豪斯上校拜访柏林时，德国人却将他当作军方人士来对待，常常在就餐时安排他和将军们坐在一起。他关于欧陆军国主义氛围的看法或许与这种不幸的误解有所关联。正是如此，来自大西洋彼端的人才感觉到战前的欧洲呈现出古怪的现象。高层政要、皇帝和国王们在出席公开场合时都会穿着军装，精心炮制的军事评论是公共仪式中不可或缺的一部分，华丽的海军军力展览吸引着大批的人，占据了画报的大部分内容。部队招募的规模不断扩大，直到几乎榨干了这个国家所有的男丁资源。疯狂的军事实力展览涌入大街小巷，甚至连最小的社区组织也不放过。这样的“军国主义”是如何影响1914年欧陆战争的决策的？是否正如一些历史学家所认为的，“七月危机”的根源是民事责任的消退，还是将军们手中的军事权力的异军突起？

在战前的管理集团中，军事与民事的冲突和分歧无可厚非，说白了就是钱的问题。国防开支成为政府开销的主力，部队长官们热衷于改良装备、培训士兵以及开展基础设施建设，因此不得不与民事政治家们斡旋，渴望更多的政府资源。与此相反，财政部长们以及他们的政治同僚则以财政紧张和维护国内稳定为由，力争限制军事力量的扩张。要想在这些较量中占上风，则必须依靠制度环境以及当下的国内和国际政治格局。

直到1908年，俄国军事指挥结构的混乱一直阻碍着将军们有效说服政府。但

1908年后，这种情况得到了改善。军事管理改革之后，诞生了一个更集中的执行机构，设立了军政大臣的职务，他有向沙皇直接汇报军事动向的专权。从1909年开始，新任军政大臣弗拉基米尔·苏霍姆利诺夫（Vladimir Sukhomlinov，1914年7月时他仍在位）和意志强硬的保守派财政大臣弗拉基米尔·科科夫佐夫之间开始了旷日持久的敌对状态。在强大的首相斯托雷平的支持下，科科夫佐夫（财政职责和国内经济发展的一把手）一直阻挠或是剥夺苏霍姆利诺夫的预算制定。工作上的摩擦迅速加剧了两人之间的私仇。苏霍姆利诺夫认为科科夫佐夫是一个“狭隘、啰嗦、自私的人”，而科科夫佐夫指责这位军政大臣无能、不负责任且贪污腐败（看起来他的指责好像更有道理）。

科科夫佐夫的德国同行是1909~1911年任职的财政大臣阿道夫·韦穆特（Adolf Wermuth）。在首相贝特曼·霍尔维格的支持下，韦穆特努力调整帝国的预算，削减公债。韦穆特指责蒂尔皮茨过度开支，经常抱怨这位海军大臣的失职，与科科夫佐夫抱怨苏霍姆利诺夫在处理军务基金时的挥霍态度如出一辙。这位财政大臣的格言是：“无税收，不开支。”在参谋长和军政大臣之间同样反复出现矛盾，因为前者要求增加资金供应，而后者常常拒绝或反对。近期的一份研究甚至表明，总参谋长阿尔弗雷德·冯·施里芬（Alfred von Schlieffen）规划大举西进行动的著名的“1905年备忘录”在一定意义上看并非“战争计划”，而更像是向政府要钱的恳求。除此之外，施里芬设想派遣81个师，这超过了德国当时实际拥有的动员总人数。由于联邦宪法向其成员分配直接税收的收益，而不是面向帝国政府，因此德国的军事财政问题更为复杂。德意志帝国的结构转移限制了帝国国防开支，而这种限制在英国、法国和俄国是不存在的。

然而，对财政资源的争夺在德国却很缄默，因为军事预算每隔5年才向议会提交一次，这种系统叫作“五年计划”。因为军事高层人员将这种“五年计划”视为保护军队免遭议会持续干预的手段，他们则十分不情愿通过请求大量的额外预算来破坏这种体系。这样的体系成为自我限制的有力保障。正如普鲁士军政大臣卡尔·冯·艾内姆（Karl von Einem）在1906年6月所观察到的那样，“五年计划”虽然是一项麻烦的安排，但是有用的，因为“如果改为按年度提交，每一次军事扩张后针对军队存在意义的粗鲁而固执的挑唆将会更为危险”。甚至在1911年，当人们进行“五年计划”的改革，且总参谋长赫尔穆特·冯·毛奇（Helmuth von Moltke）[①]以及军政大臣约西亚·冯·黑林根（Josias von Heeringen）协力谋取军队的实质性扩张时，其对手（财政部的韦穆特以及首相贝特曼·霍尔维格）则保证，和平时期军事力量的增加非常有限（约1万人）。

在每个欧洲国家中，我们都能洞悉这种类似的紧张状态。在英国，自由党人于1906年要求承诺削减用于布尔战争的大规模军事开支，并取得了绝大多数人的支持，其口号是“和平、节约与改革”。在寻求与法国和俄国相互理解的决策中，预算限制是其中很重要的一方面。其中的一个结果便是，当英国海军预算水涨船高时（1904年英国海军花销是德国的3倍；到1913年，其仍是德国的2倍还要多），陆军的花销却在战前的几年中基本不变，这迫使军政大臣霍尔丹不得不考虑有效节约和机构重组，而并非扩张规模。在奥匈帝国，双轨制政体的喧嚣舆论实际上严重阻碍了君主在世纪之交发展军事的步伐，因为匈牙利议会中主张自治主义的集团通过减少匈牙利的税收和招募，使得联合军队遭受了巨大损害。在这种情况下，关于增加军事拨款的提议在无尽的立法斗争中消磨殆尽，正如奥匈帝国参谋长所言，哈布斯堡的军事力量在“持续停滞”的状态下裹足不前。这就是为何在1912年，奥匈帝国仅仅花费了其国民净产值的2.6%来进行防御的一个原因。这一百分比要低于任何一个欧洲国家，当然也远远低于其自身经济所能承受的范围（俄国、法国和德国当年的比例数据分别为4.5%、4.0%以及3.8%）。

在法国，19世纪90年代发生的“德雷福斯案”摧毁了第三帝国的军事力量与民事力量之间达成的共识，并将军队中的高层人物置于公开怀疑的风口浪尖上（这被视为教士与保守派的态度），尤其是那些共和主义者和反教会干预政治的左派人士。紧随这些言论之后的是，连任3届的激进派政府寻求积极的“共和化”军事改革，尤其是在埃米尔·孔布（Émile Combes，1903~1905年）和乔治·克里孟梭（Georges Clemenceau，1906~1909年）担任总理时。政府对军队的控制越发严密，民事主义至上的部门壮大起来。尽管军事专家提出了意见，但兵役的年限还是从1905年3月开始由三年降到两年，目的在于将在“德雷福斯案”发生的几年中在政治上十分可疑的“禁卫军式的护卫队”转变成由后备军人组成“人民军队”，以担

① 赫尔穆特·冯·毛奇：本书中所提及的毛奇史称“小毛奇”。不再特别标注。——编者注

当战争时期的国家防御任务。

仅在战争打响前的几年，事情才开始向着军方的意愿发生转变。比俄国提前一些，法国的军队领袖于1911年被合法化，约瑟夫·霞飞（Joseph Joffre）正式走上和平时期承担军事计划的官方责任以及战争期间指挥主要作战部队的职位。为了筹措资金而进行的“长期而痛苦的斗争”还在继续，但在1912~1914年，普恩加莱政府以及后来普恩加莱个人支持军方的态度，因为法国政策和舆论主导的复杂重组而得到加强，这为重整军备创造了良好的条件。到1913年，在政策上恢复三年服兵役制已经可行，虽然遭到了财政部长路易–吕西安·克洛茨（Louis-Lucien Klotz）的反对。克洛茨认为，对边防要塞的巩固会更划算且更有效。同样，在德国，第二次摩洛哥危机之后的沮丧情绪使得军政大臣黑林根以及总参谋长毛奇痛下决心发展军队。利用他在帝国财政部的职位，阿道夫·韦穆特对昂贵的军费开支进行了顽强的抵制，但他却不得不在1912年3月辞职，因为他的政策已经无法获得政府的青睐了。韦穆特的财政紧缩时代宣告结束，而军事开支的倡导者逐渐以绝对优势压倒了其海军对手。经过在很长一段时间的相对停滞状态之后，1913年7月3日的军费法案将德国的军费开支推向了空前的高度。

我们将视线转回俄国。仍旧担任财政大臣并在彼得·斯托雷平被谋杀后接替其首相职位的弗拉基米尔·科科夫佐夫发现，对苏霍姆利诺夫无休止的游说和遏制军务部的秘密谋划变得越来越困难。在1913年春的一次重要的大臣级会晤中，两人之间的敌意达到极限：苏霍姆利诺夫以一份主要预算提案将科科夫佐夫打了个措手不及，与会的所有人都被提前告知了提案内容，除了科科夫佐夫本人。按照俄国的惯例，君主的支持对权力的平衡起着重要作用。“在您和苏霍姆利诺夫的争执中，您总是正确的，”尼古拉二世于1912年10月对科科夫佐夫说，“但我希望您能理解我的想法：我会支持苏霍姆利诺夫，不是因为我对您没信心，而是因为我不得不批准军事开支。”

资源的大规模转移是否意味着权力的转移，或至少是政治影响力的转移？关于这一问题的答案需要考虑到不同国家的不同情况。毫无疑问，政体中的民事控制最稳固的当属法国。1911年12月，当霞飞阐述他的新战略计划时，他将其聚焦在跨越德法边境的大规模攻势调度上，激进党总统约瑟夫·卡约简略地告知总参谋部，决策最终的责任在于民事组织。卡约多次指出，他们的职责仅仅在于在专业范围内为其政治主人出谋划策。增加军事开支的变化以及对霞飞进攻调度的支持不是来自军方，而是那些政客们，尤其是他们的首领——具有鹰派作风但本质上却强调民用主义的雷蒙 · 普恩加莱。

俄国的情形完全不同。在这里，沙皇在专制统治中的重要地位使得大臣以个人名义实行相对自治成为可能。军政大臣弗拉基米尔 · 苏霍姆利诺夫就是一个典型代表。在他 1909 年上台时，圣彼得堡正爆发一场针对议会控制军队的争执。一组颇具影响力的代表坚决维护杜马对国防政策的监督作用。苏霍姆利诺夫则介入进来，破坏杜马的权利，以阻止“民用思想”渗入军事决策中，并保护沙皇的特权。也正是这一特权招致了公众的愤怒，但确保他能够保住自己的皇位。对皇室的支持使得这位军政大臣敢于起草一份安全政策，而这项政策与俄国对法国的官方承诺格格不入。

与满足法国的要求不同（即在动员的第一阶段采取对德国的迅速攻势），苏霍姆利诺夫 1910 年的重组将俄国的兵力调遣从与波兰的西部边界转移到俄国国内，其意义在于在单元作战力量和密集兵力之间应寻求更好的平衡，并打造一支能够被调遣至东部作战的军队。在战争的第一阶段，西部边界可以欲擒故纵地拱手让与敌人，但俄国的军队可以进行大规模反击进攻。这项创新似乎并没有刻意迎合外务部门。法国军事专家起初对这项新计划表示十分恐慌，因为他们认为，这样的话，法俄同盟中先发抑制德国的军事措施成为泡影。俄国人确实引起了法国的焦虑，但苏霍姆利诺夫拥有足够的独立权来设想和实施一项与法国之间的同盟（这也是俄国外交政策重心）格格不入的政策。

在沙皇的庇护下，苏霍姆利诺夫同样能够对科科夫佐夫的权威进行暗中破坏，不仅通过以军事预算的形式对其进行挑战，还包括在大臣会议中组建一个敌对分子集团。因此，这些举动为他提供了一个阐释他本人对俄国的安全形势的意见的舞台。1912 年 11 月的第 4 周，即在一系列重要的会议结束后，苏霍姆利诺夫表态道，战争是无可避免的，“越早发动战争，我们越能从中获得更多的利益”；他认为，一场战争“对俄国有百利而无一害”。这种奇怪且颇具蒙骗性的言论让谨慎的科科夫佐夫大为震惊。但苏霍姆利诺夫之所以如此狂言，是因为他取得了其他民事大臣的支持，比如鲁赫洛夫（Rukhlov）、尼古拉马克拉科夫（Nikolai Maklakov）、谢格洛维托夫（Shchglovitov）以及最为重要、最有权势的亚历山大·克里沃舍因（A. V. Krivoshein），克里沃舍因担任农业大臣一职，同时也是沙皇的心腹。1912年的最后几个月里，大臣会议中出现了“战争党派”，而这一部分人的头领便是苏霍姆利诺夫和克里沃舍因。

同样，在德国，体制内的“禁卫军”性质使得军队拥有一定自由。诸如总参谋长这样的关键角色自然能够时不时地对决策施加影响，尤其是在局势高度紧张的时候。遵从军事指挥官的命令是足够容易的，但明确他们在政府决策咨询中的地位则要相对隐晦一些，尤其在这样的情境下，例如俄国的大臣会议这样的决策组织一旦缺席，军事和民事官员们之间公开化的冲突则会变得没有必要。

理解军事与民事政策制定之间相互关系的一个方式是，考察大使、大臣以及大使秘书的官方外交手段，及其与处于总参谋部和海军部监管下的军事和海军部门之间的关系，而后者对时事的观点时常与官方外交部门相左。举一个简单的例子，1911年10月，德国驻伦敦的海军随员威廉·魏登曼（Wilhelm Widenmann）向柏林发出了一份报告。魏登曼在其中写道，英国的海军官员如今公开承认，英国在第二次摩洛哥危机爆发的几个月中“动员了其所有的舰队”。英国看起来“仅仅在等法国一声令下，便会向德国发动攻击”。更糟糕的是，新任第一海军大臣是“不讲道德、野心勃勃且不可信赖的煽动者”丘吉尔。因此，德国也必须武装到牙齿，以避免遭到无端的打击，这种防范心理和做派正如英国1807年将丹麦悉数驱逐一样。海军的军备重整十分必要，因为“英国人给人留下的只有一个印象：树立一个坚定的目标，并以不屈不挠的意志去达成它”。这些报道传到了威廉二世那里，他高兴地进行了批注——“好”、“好的”、“太棒了”等诸如此类的话语。这种行为背后并没有什么让人感到奇怪的，魏登曼确实汇报了他在伦敦的所见所闻，但他更隐晦的建议是要阻止柏林的总参谋部利用第二次摩洛哥危机破坏海军的财政优势。

魏登曼报告的意义不只在于其内容或是德皇的反应，更在于它们引发的首相以及外务秘书的反响。贝特曼·霍尔维格对这种超越外交规范的恐吓行为感到震怒，他要求德国驻伦敦的大使梅特涅伯爵（Count Metternich）写一份报道反驳魏登曼的言论。梅特涅对魏登曼的言论做了相应的改动。1911年夏，“整个英国”确实“做好了战争的准备”，但这并不表示英国有先发制人的动机。准确地说，对许多年轻的海军军官来说，战争“并不是不受欢迎的”，但这种态度是其他国家的军事官员所共有的。梅特涅认为，无论如何，对英国来说，这样的问题并不是由陆军或海军军官所决定的，也不是由军政大臣决定的，同时也不是由第一海军大臣决定的，而是一个由相关大臣组成的内阁决定的。梅特涅称：“正是在这里，舰队和部队才是政策最重要的工具，才是终结一切的手段，而不是政策过程中的决定性因素。”无论如何，英国都想将夏天出现的危机局势置于脑后。因此，与其将所有的一切都置于军备的篮子中，德国政府不如寻求与伦敦关系的改善。

而这次德皇显然不高兴了：“不对”、“胡言”、“不可理喻的废话”、“胆小鬼”，这些潦草写就的不快被写到了文件的边缘。“我不同意大使的观点！海军随员才是对的！”两份内容冲突的报道中很奇怪的一点是，双方都对政策的形成有一定影响。德皇以魏登曼的报道作为借口，要求一部新的海军法，而霍尔维维格则接受梅特涅的意见，继续采取缓和的措施。正如一位高级军官之后所言，在德国，“德皇制定一种政策，首相则有他自己的另一套想法，而总参谋部却一直在提出自己的意见”。

乍看之下，我们似乎可以做出这样的判断：在民主议会制的英国和法国（在这些国家中，民事决策者发号施令）以及体制更为专制的俄国、奥匈帝国和德国（在这些国家中，尽管有不同程度的议会形式，但军方总能够借助与君主的关系，以一种平等甚至更高的姿态与其民事对手抗衡）之间形成了清晰的界限。但真实情况比这样简单的二分法复杂得多。在法国，1911 年之后的军事重组使得总参谋长霞飞的权力大为集中，集中到什么程度呢？他对武装部队的控制权甚至超过了他德国的贵族军事主义者同人赫尔穆特·冯·毛奇，甚至法国军队的新规定几乎使军队实现了完全的自治，尽管与德国的军队不同，这种自治仍然需要建立在相关民事部长的合作和支持的基础上。

同样，在英国，与法国之间不断深化的协约关系是军方促成的，而不是通过民事协商和共识实现的。我们已经目睹在 1905~1906 年的第一次摩洛哥危机期间，英国军方的关键人物是如何急切地想为法国提供帮助。我们完全不知道英国的军事指挥者是否将自己真正视为顺从的政治仆人。威尔逊并不是在简单地循章办事，关于未来的欧陆大战中英国军方要扮演的角色，他有他自己的想法，他不断呼吁一场军事冲突。正如他的其他同人，威尔逊轻视民事政治家，认为他们完全没有能力理解军事事务的重要性。在他的日记中写道，爱德华·格雷爵士是一个“愚昧、自负而无力的人，他无法在一个比葡萄牙面积还要大的国家中胜任外交大臣”。至于自由党内阁中其余的人，不过是“肮脏、愚蠢的卑鄙小人”。军方对政府的整体印象是“理论上的胜者，实践中的矮子”。出于政治上的保守性，威尔逊不遗余力地抨击他所轻视的自由党政治领导人，他通过亲密的伙伴尼科尔森爵士从外交部获得信息，然后将其传达给保守党的同僚们。在亨利·威尔逊将军眼中，奥匈帝国的康拉德和塞尔维亚的“阿匹斯”在英国都有“翻版”。与法国之间的军事对话的意义不仅仅在于其施加于民事领导人的压力，还在于因为它们的存在，与法国并肩同德国作战获得了道义上的合法性。因此，协约国的军事化揭示了英国军事计划以及官方外交立场之间不断深化的矛盾——后者总体来说仍然排斥一切与“结盟”有关的字眼。

在法国与俄国的盟友关系中，也有类似的事情发生。法国军方指挥官们破坏苏霍姆利诺夫 1910 年派遣计划所做的努力，导致双方之间的军事规划产生了进一步的相互依赖性，即该过程由军事部门所控制，但受到民事领导人的制裁。但是就算得到民事领导人的批准，他们也无法改变其中的决定性因素。当法国在法俄年度联合参谋会议上指出，俄国挥霍了太多借贷用于其在西部的铁路修建时，其结果却导致圣彼得堡的权力从科科夫佐夫转移到了他在俄国军方的对手那里。或许当科科夫佐夫指摘军方利用联盟关系加强他们在俄国政治体系中的分量时，他的想法是对的。

相应地，俄国对法国盟友的要求对法国国内政策也产生了潜在的深远影响。1914 年，当俄国人发出警告，称任何减少国家兵役年限的做法都将破坏法国作为盟友的价值时，他们迫使国家领导人支持一项措施（即新近采取的“三年法令”），该措施与法国的选民产生了分歧。就连这项行动计划中最为技术性的细节都为政治矛盾爆发增加了火药味。法国的一小部分关键决策者费尽千辛万苦，向那些在政治背景下可能会进行抵制的人（主要是激进党和激进社会主义者）隐瞒这些策略性的联盟承诺的程度和本质。当普恩加莱与军方于 1914 年年初共同向致力于防御措施的内阁隐瞒法国战略的攻击性本质时，对自由裁量权的需要变得尤其强烈。普恩加莱在处理这些事务时过于保密，以至于他和霞飞甚至向陆军部长阿道夫·梅西米都隐瞒了新计划的细节。直到 1914 年春，建立法俄军事战略合作的承诺成为潜在的分歧，因为它使得法国不得不坚持一项连公共合法性都没有保障的军事计划。普恩加莱的斡旋行动究竟还能持续多久，我们不得而知，因为1914年夏爆发的战争让这件事无疾而终了。

因此，我们可见其中两个相互影响的过程：一方面，积极地采取宽容手段的想法不得不退让于本质上处于从属地位的军事领导；另一方面，禁卫军式的军队在享受相对独立性的同时也不得不受到政客们的遏制、操纵。毛奇要求进行防范性战争的建议被德皇以及民事政治领导人阻挠，正如康拉德同样被皇帝、弗朗茨·斐迪南大公以及利奥波德·冯·贝希托尔德干预一样。科科夫佐夫也曾一度成功地遏制了军政大臣更激进的想法。1913年年底，当苏霍姆利诺夫试图将作为总统和财政大臣的科科夫佐夫完全排除在军事开支的商讨之外时，大臣会议意识到这位专横的军政大臣的所作所为有些过分，并拒绝了他的要求。在俄国、德国、奥匈帝国、英国和法国，军事战略最终还是从属于民事政治家领导人的政治和政策的。

虽然如此，军事和民事之间的摩擦和实力均衡的问题还是没有解决，他们各自在政策制定过程中施加的影响继续成为列强之间不明朗关系的原因。欧洲所有的列强都做出这样的假定：在各自政府中都存在鹰派军事团体，并且它们都在不遗余力地评估这些组织究竟产生了多大的影响。在1913年2月（当奥匈帝国和俄国在巴尔干地区的紧张关系达到顶峰时）与德国驻圣彼得堡大使普塔莱斯伯爵（Count Pourtalès）的谈话中，俄外交大臣萨佐诺夫认为从对方在圣彼得堡工作的第一天开始，就一直充满着和平的愿景。但他是否能够强硬到抵抗来自总参谋长康拉德·冯·赫岑多夫（他尚武的规划在俄国军事情报部人尽皆知）的压力呢？即便贝希托尔德在当下仍然受到控制，那么权力会不会在二元君主制失效的情况下滑入军方之手，使得他们寻求更激进的解决方式？第一时间就注意到苏霍姆利诺夫和科科夫佐夫之间的权力之争的萨佐诺夫发现，这位总参谋长已经让俄国处于与奥匈帝国开战的边缘，他最清楚军事和民事决策者之间的关系是何等诡谲。在一篇关于1914年3月圣彼得堡氛围的精妙分析中，普塔莱斯觉察到主战派和和平派之间的一种均衡状态："正如缺乏既有意愿又有影响力的人，且能将俄国拖入一场战争冒险的人一样，同样缺乏的还有其地位和影响力都足够强劲地唤起人们的自信，从而让俄国在若干年内走上和平之路的人。"科科夫佐夫关于这一问题的分析则不甚乐观。对于他来说，沙皇似乎花费越来越多的时间在"军事圈子"中，而该圈子的人的"简单化观点”正“汇集着越来越多的力量”。

民事政治家并不乐意利用战争派的存在来强调他们自己的观点，这使得利用外部优势阐释这种关系的本质变得更加困难。因此，在1912年霍尔丹主政时期，德国人希望英国能够相信，柏林政府分裂出了鹰派和鸽派两大阵营，且英国的让步能够强化贝特曼·霍尔维格首相的地位，从而与柏林的主战派抗衡。1914年5月，他们又故技重演，通过一系列“具有鼓舞性”的媒体文章声称，英国和俄国海军对话的持续只会加强军方的势力，而打击温和的政治领导人。正如政府间沟通的其他领域，其各自体系中军事和民事关系的变易性被认知错误虚假陈述扩大了。

媒体与舆论

1909年3月，时任德国首相比洛在德国议会上宣称：“在过去的十几年中，世界上发生的任何冲突并不是都由王室倾轧或大臣们的阴谋，而是舆论激扬的煽动，这种情绪横扫媒体和议会。”比洛的断言是否正确？形成外交政策的力量是否超越了首相们和大臣们，而掌握在游说集团和政治刊物手中？

有一件事是不容置疑的：战争爆发前的最后几十年中，政治公共领域以及更广泛的关于国际关系事务的公开讨论迅速地扩大着范围。德国出现了一大批民族主义媒体，它们致力于成为公众情感和游说政府的渠道。这样的结果导致了政治批判实质上和风格上的转变，这些批判变得更加蛊惑人心，追求一种传播更广、更极端的目的，因此政府时常发现自己处在一种指控中，即他们在追求民族目标时没有表现出足够的自信和肯定。同样，在意大利，我们也可以感受到一种更果断和苛求的政治舆论已经形成：在极端民族主义者恩里科·科拉迪尼（Enrico Corradini）以及煽动者乔瓦尼·帕皮尼（Giovanni Papini）的影响下，意大利第一个民族主义政党意大利民族者联盟于1910年成立。通过其议会代表和报纸，该政党要求奥匈帝国在亚得里亚海岸所管辖的意大利人居住地区，并在其他手段都行不通的情况下诉诸战争。到1911年，就连都灵和罗马相对温和的媒体都在雇用信奉民族主义的记者。在这里，甚至出现了比德国还严重的与政府之间的冲突。在俄国也是如此，在19世纪的最后几十年中，出现了一大批刊物，到1913年，莫斯科最畅销的日报日销量达到了 80 万份。尽管审查制度依然存在，但统治者还是在外事问题上给予了很大的舆论自由（只要它们没有直接批评沙皇及其大臣即可），并且大部分重要报刊要求退休的外交官讲述其外交政策。此外，在波斯尼亚危机之后，俄国的舆论变得逐渐独断（尤其在巴尔干问题上）、逐渐与政府背道而驰。同样，在英国，迅速发展的报刊呈献给读者大量的民族主义、敌对情绪、安全危机和战争狂热。在布尔战争期间,《每日邮报》日销售量达百万份；1907 年，其平均销售量仍在 85 万~90 万份。

因此，君主、部长级高级官员有足够的理由对媒体严加管控。在议会体系中，积极的宣传可以被转化为得票，而消极的报道则可能酝酿的是反对的声音。在更为专制的体制中，公众支持成为民主合法性不可或缺的替代品。有些君主和政客积极地关注媒体，每天花费数小时研读报道。威廉二世就是一个例子，但他对公众批评的敏感本质上并不让人觉得意外。沙皇亚历山大三世曾经对外交大臣拉姆兹多夫说："如果我们在外交政策上失去了对公众舆论的信心，那么一切就都无从谈起。"在 20 世纪早期的欧洲，任何政体都会承认媒体在外交政策制定中的重要性。但他们确实因此而受到钳制了吗?

在处理公众意见时会出现矛盾，大臣、军官和君主相信（甚至有时候还会惧怕）媒体是公众情绪和态度的镜子和发泄渠道。所有的外交大臣都清楚当自己面对一个无法控制的国内敌对媒体时会发生什么。1911 年，格雷就是自由党媒体的把柄；基德伦–韦希特尔在第二次摩洛哥危机之后受到了来自民族主义媒体的攻击；德皇因为多个原因而遭到嘲笑，这些原因包括他在制定外交政策时的胆怯和优柔寡断。那些被认为向德国示好的法国政治家会被群起而攻之，正如约瑟夫 · 卡约所经历的。1914 年 1 月，萨佐诺夫和他的外交部因 "怯懦而没有主意"而被俄国民族主义媒体斥责。对敌对媒体和公众的畏惧成为许多外交大臣秘密采取行动的一个原因。正如查尔斯 · 哈丁写给尼科尔森的一封信中所说的，爱德华 · 格雷与俄国结好的政策很难被英国公众接受："有时候我们不得不隐瞒真相并寻找托词，来讨好充满反对声音的公众舆论……" 在圣彼得堡，战前的几年中，人们一直记得公众风波是如何摧毁伊兹沃尔斯基的。

对于媒体，许多政治家进行了充满智慧和不尽相同的观察。他们认为很多风波都是爆炸性的——这些短期的煽动和狂暴不久后就会绝尘而去。他们明白，公众情感由相反的刺激产生，对政府的要求也很少具有现实性；他们认为（用西奥多·罗斯福的话说），舆论通常是"放肆的言论和畏缩的行动"的结合体。公众意见是狂躁而容易引起恐慌的，但十分不稳定。让我们来看看法国媒体建立起的仇英心理是如何在爱德华七世于1903年访问巴黎时得到消除的：当国王和他的随同共同驾车离开火车站驶向爱丽舍宫时，街上的人都在呼喊着不和谐的话语，更不用提那些充满敌意的横幅和侮辱性的漫画了。然而就在几天后，国王通过讨喜的演讲和颇具魅力的评论赢得了东道主的赞赏，媒体的口吻也随之改变。在塞尔维亚，因为奥匈帝国于1906年封锁了一起与保加利亚的海关联盟而煽动起的一波民族冲突，因为塞尔维亚公民意识到奥匈帝国现行的商业条约实际上比塞尔维亚与索非亚所结成的联盟更有利于本国的消费者而得到化解。在1911年第二次摩洛哥危机期间，德国的公众情绪出现了强烈的波动；9月初，柏林的和平示威吸引了10万民众，然而就在几周之后，气氛得到缓解，正如社会民主党的耶拿议会决定所反映的，人们又拒绝在发生战争时举行一场大罢工。1914年的春夏之际，法国驻贝尔格莱德公使记录了出现在塞尔维亚媒体报道中的关于与奥匈帝国关系的前后矛盾之处：3月和4月，人们还兴致勃勃地开展活动抵制维也纳，但到了6月的第一周，奥匈帝国和塞尔维亚双方的情绪却突然想不到地克制住了。

至于那些全欧洲国家的首都都能够听到的来自极端民族主义组织的声音，大多数都仅得到了小范围的极端主义者的支持。那些最激进的极端民族主义游说所表现出的令人震惊的一点是，其领导被持续不断的内讧和分裂所破坏——泛日耳曼联盟因为派系摩擦最终解体，就连规模稍大且稍微温和的海军联盟也在1905~1908年遭受着支持政府的派别和反对政府的派别进行的"内战"。俄国人民同盟——一个于1906年8月建立的沙文主义、反闪族人、极端民族主义组织，在全国拥有900多家分支，却于1908~1909年土崩瓦解，原因是发生了一场严重的内讧，以至于分裂为一批更小的、相互敌视的团体。

与媒体有直接关系的精英所制造的舆论究竟是如何与大众的主流态度相关联的，我们还不能清晰地认识。战争带来的恐惧和沙文主义运动使得报纸销量走高，但他们对社会的影响究竟有多深？1912年12月，德国在莫斯科的总领事警告称，俄国"主战派"的敌意和恐德心态完全是巨大的误解，误解了俄国的还有这个国家的主流声音：斯拉夫主义媒体，因为它们“仅与俄国现实生活的趋势有着最为松散的联系”。德国的媒体报道的问题在于，其报道都是由那些缺乏在俄国生活的经验且与精英阶层鲜有接触的记者完成的。1913 年 5 月，驻巴黎的比利时大臣纪尧姆认为法国有着“某种沙文主义”的倾向。它不仅存在于民族主义刊物，还充斥于剧院、评论和咖啡馆的演出中，各种各样的表演都表现出这种“呈现出亢奋情绪”的沙文主义。但他还加了一句：“真正居住在法国的人并没有表现出这种症状……”

除了英国，其他的各国政府都设置了新闻部，其目的不仅在于监督，而是在可能的情况下发布涉及国家安全和国际关系的媒体报道。英国外交大臣似乎觉得并没有必要对公众说明其政策的是非曲直，因此并没有成立官方机构来保障媒介的影响力；许多主流媒体都享受着丰厚的薪酬，但这些资金并不是来自政府，而是更多地来自私人或是党派资源。当然，这并不阻碍白厅官员和著名记者之间关系的发展。意大利的情况却相反。1911~1914 年在位的首相乔瓦尼 · 乔利蒂（Giovanni Giolitti）定期支付给至少 30 位记者报酬，以换取他们支持自己政策的文章。俄国外交部于 1906 年成立了新闻部，自 1910 年起，萨佐诺夫定期组织在外交部以茶会友，对方是最为重要的编辑和杜马领导人。俄国外交官与其支持派报刊之间的关系十分密切，一位记者在 1911 年称，圣彼得堡的外交部“似乎都成了《新时代》（*Novoye Vremya*）报纸的分支机构了”。经常有人见到报刊编辑叶戈罗夫（Jegorov）在外交大臣的新闻办公室里出现，该办公室的负责人涅利多夫（Nelidov）自己也曾当过记者，他也频频拜访报刊的编辑部门。在法国，外交官和记者的关系尤其亲密：第三共和国将近一半的外交部长都曾经当过作家或记者，并且外交部长们和媒体之间“沟通的渠道一直保持通畅”。1912 年 12 月，当普恩加莱任职法国总理时，他甚至成立了自己的刊物，以此在法国政治精英群体中宣传自己的外交政策。

以国内半官方性质的报纸以及“具有导向性”的文章来检测舆论情况，是欧洲外交常见的手段。这些文章在独立报刊的自由言论的乔装下诞生，但其效果却首先取决于读者的怀疑程度，即它们是否出于权力的要求。例如，塞尔维亚人普遍认为，*Samoprava* 这家报纸代表的是政府的观点；《北德总汇报》（*Norddeutsche Allgemeine Zeitung*）被认为是德国外交部在俄国的官方机构；在俄国，政府通过其半官方性质的杂志 *Rossiya* 来宣传自己的主张，但同样也时不时地在更为受欢迎的诸如《新时代》的刊物中进行鼓舞人心的宣传。像德国一样，法国外交部从一个秘密基金向记者支付现金报酬，并与一些报刊保持密切关系，此外还利用一些并不是特别严肃的刊物来设置自己的“政治风向标”。

像这样的干预有可能会出现失误。一旦某个特别的刊物经常刊登具有某种导向性的文章，该刊物就会被认为是轻浮的、具有偏见的、充满谬误的，其被认为表达的是政府的意向。比如，在1913年2月，当一家法国报刊刊登了一篇匿名的且非授权的信息来源、揭露了政府最近关于军备重组的商讨细节时，许多官员对此进行了激烈的澄清。俄国外交大臣伊兹沃尔斯基于1908年致力于“让舆论和媒体做好准备”迎接这样一个新闻：俄国已经允许奥匈帝国兼并波斯尼亚—黑塞哥维那，而他完全低估了公众的反应程度。1914年，尽管《新时代》之前与外交部保持着密切的关系，但反而倒戈萨佐诺夫，指控他在维护俄国利益时过于畏首畏尾，而导致这种转变的原因可能是媒体受到了来自军务部的压力。1909年弗里德永事件发生后，奥匈帝国外交大臣埃伦塔尔在背后支持一次媒体宣传，这次宣传以针对一些著名的塞尔维亚政客叛国的虚假言论为基础，但他虚假的胜利却在之后一系列媒体和议会的批判风暴中折戟，这些批判针对的是1912年冬的普洛哈斯卡事件，具体内容是一位奥匈帝国领事遭到了塞尔维亚方面的虐待，而该消息最后被证明是虚假的。

官方对媒介的控制同样也会越出国界。早在1905年，俄国人向巴黎的媒体支付了8 000英镑，希望能够在法国提供贷款一事上得到公众的支持。法国政府也提供给意大利的挺法派媒体津贴（在阿尔赫西拉斯会议期间对西班牙媒体采取了同样的做法）；在日俄战争和巴尔干战争期间，俄国人也斥巨资贿赂法国的记者；德国人会给予圣彼得堡那些友好的记者们一定奖励，同时用金钱买通伦敦的报刊编辑（虽然大多数都失败了），为的是让他们多写一些有利于德国的东西。

那些具有导向性的文章也可以是以国外政府的视角来写的。1905年摩洛哥危机期间，泰奥菲勒·德尔卡塞就利用稍作伪装的媒体文章，泄露英国军事计划的细节，以此恐吓德国人。这样，这些媒体成为可予以否认的、次于外交的国际沟通方式，它能在不会让任何人束缚在特定承诺的前提下，取得一种威吓或激励的效果。1912年2月，法国驻圣彼得堡大使乔治·路易（Georges Louis）翻译报道了一篇《新时代》上的文章，在附信中他表示，这篇文章“非常准确地反映了俄国军事圈的看法”。在这种情况下，这些导向性文章使得体制内分散的组织（在这里指的是军务部）在不正式牵涉政府的情况下传播自己的观点。但有时也会出现这样的情况：不同的部门要求媒体按照不同的方向行事，例如1914年3月，当《证券交易报》（*Birzheviia Vedomosti*）发表文章（该文章被认为是受到苏霍姆利诺夫“指使”）宣称俄国已经“做好了战争的准备”，并且已经“抛弃”了纯粹防御战略的观点。萨佐诺夫当即在半官方的*Rossiya*媒体上发表了调停文章进行反击。这是一个二元控制的经典案例：苏霍姆利诺夫旨在向法国示意，俄国已经做好了准备且决定履行协约职责，而萨佐诺夫的回应则意在针对德国（或许还有英国）外交部。

在同一时间发表在《科隆报》（*Kölnische Zeitung*）的一篇文章几乎是由德国的外交部一手策划的，该文章根据俄国军事开支的高涨推测圣彼得堡具有侵略意图，而这样做的目的是诱导俄方做出明确的表态。在欧洲各国争取影响力的地方，用贿赂媒体来交朋友或是揭发对方的阴谋已经是老生常谈的手段了。德国人担心英国在俄国媒介的贿赂效果过于明显，且德国在君士坦丁堡的公使时常抱怨法语媒体的话语权过于强势，收受贿赂的主编“极尽能事地煽动针对我们的言论”。

在这种情况下，媒体成了外交政策可利用的工具，而非其决定性因素。但这并没有阻止政策制定者将媒体真心地视为舆论的风向标。1912年春，朱尔·康邦担心法国媒体中的沙文主义会增加发生冲突的危险：“我希望这些以制造和传播舆论为职业的法国人能够克制自己，不要因为制造效果而玩火，称战争是不可避免的。在这个世界上，没有什么是不可避免的……”6个月后，第一次巴尔干战争爆发，俄国部分媒体的泛斯拉夫主义高涨，俄国驻柏林大使表示了担忧（至少表明了这种担忧）：“这个国家民众的心智状况可能会左右其政府的行动。”

那些认为本国政府能够抵御国内舆论对政策制定影响的大臣和外交官，却在担心其他国家的政府是否有能力做到这一点。1911年第二次摩洛哥危机结束后，德国军事领导人担心法国的民族主义情绪以及复兴的呼声可能会逼迫其温顺的政府对德国发动突然袭击。相反，在法国的政策商讨中，他们同样时刻担心本质上提倡和平的德国领导人将会因为国内沙文主义舆论的影响，对其邻居采取打击。特别是俄国政府，他们被普遍认为最容易受到来自公共领域压力，尤其是当涉及巴尔干问题时，而“七月危机”时俄国人的表现也很好地证明了这种观点。但俄国人认为议会制的西方政府同样容易受公众压力的左右，首先是因为他们的民主化体制，比如英国就承认（正如格雷一如既往的行为）“危机时刻，英国政府的行动取决于英国舆论的方向”。政客们经常赞同这种说法：他们的行为受到国内舆论的限制。比如，1908~1909 年，法国警告俄国人不要在巴尔干地区发动战争，原因是法国的公众对该地区并不感兴趣；1911 年，伊兹沃尔斯基进行了还击，他敦促巴黎与德国磋商，原因是“俄国国内舆论无法接受在摩洛哥问题上发动战争”。塞尔维亚驻维也纳大使于 1912 年 11 月声称，塞尔维亚总理帕希奇别无选择，只能以国家的名义寻求一种民族统一政策。如果他试图调和与奥匈帝国的关系，那么贝尔格莱德的“主战派”将会把他扫地出门，并让另外一个自己人接替他的职位；萨佐诺夫则认为这位塞尔维亚领导人好战的公众姿态是因为塞尔维亚国内“有一些过头”的舆论作祟。

1912 年 11 月，萨佐诺夫对德国大使普塔莱斯说，因为考虑到舆论压力，他不得不抵御奥匈帝国对塞尔维亚权利的侵犯。他运用同样的借口说服罗马尼亚人，不要在 1913 年 1 月与保加利亚发生冲突：“要谨慎！如果你们与保加利亚开战，我将无法抵御铺天盖地的舆论。”实际上，萨佐诺夫并没有太拿记者和编辑们当回事儿，并且他相信他比那些媒体更加了解俄国的舆论。在必要的时候，他已经做好一切准备应对潮水般的媒体评论，并始终利用国内的沙文主义情绪来说服其他国家的政客，他处在压力之下，并需要采取措施。而读者们通常能够看穿这种伎俩：当德皇在 1908~1909 年读到这样的报告，称支持泛斯拉夫主义的舆论可能迫使俄国政府对波斯尼亚—黑塞哥维那采取行动时，他当即在边上写下“恐吓”的字样。虽然如此，人们还是普遍假设国外的政府因压力而不得不与其舆论站在一边，这就意味着媒体的报道是外交内容所必需的。成捆的剪报和翻译文件出现在欧洲每一个国家的外交部。

因此，所有政府试图通过各种手段引导舆论的努力强化了媒体监督的重要性，因为这里有一种可能性：即便不是舆论的关键，媒体至少也会成为政府的观点和意图表达的关键。因此，格雷将 1911 年 9 月阿加迪尔的反英媒体运动视为德国政府的策略性操控，目的在于在即将到来的帝国选举中动员更多的人支持海军法案；奥匈帝国大使则指责俄国外交大臣在波斯尼亚危机后鼓励媒体，对俄奥关系的负面影响进行报道。外交官们经常认真研读报刊，寻找那些具有导向性的、可能表达出各部门主要观点的报道。但自从大多数政府和一系列部门牵扯上关系之后，人们就很难从一篇具体文章中辨别其是否被官方操控。比如1910年5月，一家法国报纸发表文章，激烈抨击最近俄国的一项部队派遣计划，俄国外交部则怀疑该文章是官方授权而为之（在该案例中，这一假设却很不幸是误会），并向巴黎提出抗议。德国驻巴黎大使在一封信中写道，坚持认为法国媒体的观点与外交部或是政府的观点如出一辙的想法是一个误会，该报纸的编辑安德烈·塔迪厄（André Tardieu）经常因为在国家利益问题上的非主流言论而与当局发生纠纷。1914年1月，比利时驻巴黎的大使警告其政府，塔迪厄是该报纸的政治领导核心，而这一集团经常受到俄国大使伊兹沃尔斯基的指使。关于这种不确定性的疑虑不仅意味着使馆官员在搜罗媒体信息时不得不提高警惕，同时，针对外国政府的敌对言论可能会在一定场合下造成分歧，导致双方的外交官员通过自己幕后的媒体相互攻讦，而这一过程则可能会点燃公众情绪，一发不可收拾。英国和德国的外交部就是很好的例子，他们之间不断夸大对方政府控制舆论的程度。

媒体的矛盾也可能是自发形成的，不牵扯政府的参与。各个政府都很清楚，沙文主义报刊的编辑们的不和将会升级，以至于威胁到国际关系氛围。1908年6月，沙皇尼古拉二世和英王爱德华七世（偕查尔斯·哈丁）在雷瓦尔举行了一次会谈，沙皇对哈丁说，俄国媒体的“自由”已经为他本人和他的政府制造了“巨大的尴尬”，因为“俄国每一个遥远的省城所发生的每件事，诸如地震或是雷击，都在第一时间被归咎于德国，因为俄国媒体所发出的不友好声音，人们对此产生很大的不满，抱怨我和我的政府”。但是沙皇也承认，他无力改变这种情况，除非与媒体进行官方沟通，但“这种影响虽然普遍却收效甚微”。他十分希望“媒体能够将其注意力转移到内部事务，而不是一味地关注国外的动态”。

1896~1911年（1896年，英国对德皇的“克鲁格电报”表现出愤怒的情绪；1911年，英国和德国在摩洛哥问题上又谈崩），英国和德国之间曾出现多次媒体战争。1906~1907年，两国政府都致力于通过高级记者代表团的交流进行一场“媒体裁军”，但都失败了。媒体战争之所以爆发，是因为各国的报刊时常在国家利益问题上支持其他国家报刊的态度和立场，整篇文章被原封不动地采用或是进行稍微修改的情况屡见不鲜。因此俄国在柏林的全权军事代表塔季谢夫（Tatishchev）于1913年2月向沙皇尼古拉二世报告称，《新时代》的泛斯拉夫主义文章给德国留下了"痛苦的印象"。奥匈帝国和塞尔维亚的媒体之间的关系尤为紧张，因为各自国家的主流媒体都对对方的媒体保持高度警惕并监视——这个问题对1914年的"七月危机"有着重大影响。

尽管如此，欧洲的媒体是否在1914年之前越发充斥尚武情绪仍然值得商榷。最近关于德国报刊的研究认为，情况实际上更为复杂。在一系列战前重大危机期间（摩洛哥危机、波斯尼亚危机、第二次摩洛哥危机、巴尔干地区的危机等）对德国媒体报道的研究显示，在外交途径中出现了对国际关系越发极端化的理解以及自信心的丧失。但期间也出现了一段缄默期，如英国和德国之间的媒体战争在1912年戛然而止，战争爆发的前两年中，呈现出了"出奇的和谐与和平"。就连弗里德里希·冯·伯恩哈迪（Friedrich von Bernhardi）1911年出版的《德国与下一场战争》（*Germany and the Next War*）常被当作德国舆论中膨胀的主战氛围的案例而被引用，都在他的那本极端激进好战的书中开篇便大费笔墨地为其同胞的"和平主义"表示惋惜。此外，沙文主义的表现也有所不同。在英国，反俄情绪仍然是战前最后几年中呼声最高的舆论，虽然双方在1907年便签订了协约。1911~1912年的冬天，当第二次摩洛哥危机正在善后时，自由党成员指控格雷以牺牲与德国之间的合作为代价，寻求与俄国之间过度的友好关系。1912年1月召开的公开会议要求英国和德国达成共识，而这些会议的召开部分原因是出于对俄国的敌视，这种敌对观点认为俄国的诡计会在帝国周边地区的诸多事务上威胁英国的利益。

政治家们经常提及（抑或抱怨）政府所面临的外部压力。他们通过这种方式表明，无论是公共观点还是出版物所持有的观点都存在于政府之外，就像是压迫在部长办公室窗户玻璃外的迷雾，政策制定者可以选择将它们排除在自己的行动领域之外。提到"观点"，它们大多数意味着对于决策者及政策的公开支持或反对。但比观点更深入的是一种被詹姆斯·约尔（James Joll）称为"心态"的东西，它是"无法言说的假设"的产物，形成着政治家、立法者、公众人物等人的态度和行为。从这种意义上说，我们或许可以认识到整个欧洲都在深化对战争的心理准备。这并不是出于对其他国家采取血腥暴力的动机，而是面对战争可能性的"防御性爱国主义"，它并不一定是欢迎战争的。这种观点被这样的信仰不断加深：冲突是国际政治的"自然"特征。1910年，英法协约关系的推崇者、爱德华七世的挚友和顾问伊舍子爵写道："持久的和平只是一个虚妄的梦想"。两年后，他对剑桥的大学生听众说，不要低估"武装冲突诗意和浪漫的一面"，并警示他们，轻视冲突将会"展现出无力的精神和枯竭的想象力"。牛津大学军事历史学院的教授亨利·斯宾塞·威尔金森（Henry Spenser Wilkinson）在他的就职演讲中称，战争是"人类交流的一种模式"。这种对战争必然性的宿命论式的接受可见于一系列分散的论点和态度中：有些人根据达尔文或是赫胥黎的理论认为，就英国和德国的能力和野心来看，它们注定会发生冲突，尽管它们之间有着密切的种族关系；另一些人则认为，战争是高度发展的文明的自然特征，肇始于其精密而发达的武器装备；还有一些人则鼓吹战争具有治疗性，是"对社会有益的，且能够推动社会向前发展"。

英国和德国对于类似观念接受度的强化是一种"具有牺牲性质的意识形态宣传"，这种宣传被报纸和书籍（尤其是那些面向男中学生的读物）大肆渲染，战争和冲突都被描述为积极的事物。新西兰一位崇尚武力的教士写了一本小册子，并由国民兵役联盟出版，该册子让男孩们有这样的感触：他们"身处所有他们遇到的女性（母亲、姐妹、女友）和一场不可思议的外来入侵的恶行之间，他们需抗击后者，保卫前者"。就连1908年开始的童子军运动都在一开始就"拥有强烈的军事特征，这些意识在战前的一段时间就被强化给孩子们了"。在俄国，日俄战争结束后的几年中，对军事改革的渴望催生了一股"军事复兴"的潮流：1910年，572本关于军事主题的作品被出版。其中大部分并非主战的，而是关于俄国的军事改革应当如何与更广泛的社会性改变过程发生联系的讨论，而这里的"社会性改变"是将社会引向一场大战所需要的牺牲的进路。

这些现象出现在欧洲所有国家中，它们帮助解释了这样一个问题：立法机构为何愿意接受战前阶段由于不断增加的军费开支而造成的财政负担。在剧烈的争执之后，法国下议院支持的新三年兵役法反映了公共领域中"战争威望"的重塑，这种观念在"德雷福斯案"（即提倡强烈的反军事民族精神）之后迅速被提倡，尽管我们同时不能忘记，激进党领袖之所以支持这项法案，部分原因是他们第一次可以享受到累进财产税的财政政策。同样，在德国，霍尔维格在1913年通过的大规模军事法案上得到了中右派的支持，而在资助手段的其他议案上，则取得了和中左翼人士一样的意见，尽管其原因只是他想通过向有产阶级征收一项新税来筹措部分资金。

在这两个案例中，关于高度作战准备的观点与其他的社会—政治诱因相互掺杂，而后者的目的是确保通过议会为巨额账单赢得支持。与之相反，在俄国，政治精英对装备的热衷在1908年高涨，以至于杜马的拨款速度甚至比军事领导人考量如何进行处理的速度还快。需要注意的是，是杜马中的十月党人集团而非大臣推动了俄国的军事扩张运动。同样，柏林的立法也体现了防御性爱国主义情绪的普遍性：1902年，只有3名国会议员支持国家兵役联盟，而1912年，这一数字飙升至180人。

媒体也以不同的方式成为决策者提供需要考量的因素。前者从不能控制后者，而后者也从未控制得了前者。我们更应该谈到的是公众舆论和公共生活之间的相互作用，这个过程是一种持续的互动，其中，决策者时不时地寻求引导舆论，使之走向同一种声音，但他们也只不过是在小心翼翼地维护自己的自治性、保护决策过程的同一性而已。另外，政治家不仅将国外媒体视为舆论的风向标，而且把它们当作官方观点和意图的指南，这意味着对言论发起者的不确定性进一步将国家之间的交流复杂化了。更基础且更难以衡量的是“心态”的转变：它并非在沙文主义者的强硬和对抗中诞生，而是根植于一种广为接受的对战争的心理准备，人们设想它是国际关系本质中不容置疑的一点。这种情绪的积累可见于1914年“七月危机”，它不是以激进的纲领性声明来体现的，而是在民事领导者们意味深长的缄默中显现的。这些民事领导者或许希望自己能够指出，列强之间的战争将会是所有事情中最糟糕的。

权力的风水轮流转

如果我们假设战前欧洲各大权力集团处在一个紧密的执行机构的安排和管理下，以团结和合作为目的，那么重建它们之间的秩序仍然是让人望而却步的任务，因为任何两个国家之间的关系都不能被充分认识，除非考虑到所有其他国家。但1903~1914年，整个欧洲的现实情况甚至比这种“国际”模式还要复杂得多。君主的混乱干涉、军事与民事之间含混不清的关系、关键政治家之间对抗性的较量、政治体系中内阁的不团结，加之大众媒体对间歇性危机以及不断升级的安全问题的煽动和批判，使得这段时间里的国际关系变得空前不确定。决策的摇摆和多元的意图不仅给历史学家制造了难题，还为战前几年政治家对国际环境的分析造成障碍。

但我们也不能对此进行过分的观察。所有复杂的政治集团（甚至包括独裁主义者）都容易遭到内部压力和不确定性的困扰。关于20世纪美国外交关系的文学作品花费大量篇幅描述政府内部的权力斗争和阴谋诡计。在关于美国发动越南战争的一项杰出的研究中，安德鲁·普雷斯顿（Andrew Preston）认为当约翰逊以及肯尼迪两位总统对发动战争犹豫不决且国务院的大部分人都反对干预时，规模更小却更为机敏的国家安全委员会却强烈倡导发动战争，他们越过国会的监督，限制了总统在越南问题上的选择范围，直到战争最终一发不可收拾。

然而欧洲在“一战”发生之前的情形在一方面与之具有天壤之别。从牵扯在内的所有紧张关系来看，美国的政治体制在本质上是责任明确、高度集中的——外交政策的制定权最终毫无疑问地落在了总统手中。而战前的欧洲则不然，人们反复质疑格雷是否有权力在不咨询内阁或是议会的前提下自作主张。诚然，这些质疑施加的影响是如此之大，以至于格雷无法清楚、明确地表达自己的意图。对法国来说，这个问题则更加模糊，外交部、内阁以及总统之间仍然没有达到观点上的平衡，甚至连老道而果敢的普恩加莱都在1914年春面临着别人要将他排挤出决策过程的压力。在奥匈帝国（某种程度上来说还有俄国）制定外交政策的权力在不同政治精英团体组成的蜂巢结构上来回游走，它的停留取决于谁能够形成更有效和果断的联盟。在这些例子中（包括德国），“至高无上”的皇权并没有得到体现，反而被体制内的权力关系搞得模糊不清。

与古巴导弹危机一样，这并不是两大相互较量的超级大国伸张意识形态的问题，而是不同势力之间在相对不了解彼此意图的情况下展开持续而急切交往的过程，这一过程缺乏自信和信任（甚至在联盟中也是如此），相反，充满过多的敌对和偏执。各个国家内部权力的流动性及其外化在不同国家之间，加剧了群雄关系的不确定性。或许外交部门中的异议和雄辩确实能够起到积极作用，因为它们的质疑和反对或许会被一个更有秩序的政策环境所压制。但风险也的确是大于益处的：在充满潜在冲突关系的环境中，当双方的鹰派都占据了命令过程的主导方面时（正如第二次摩洛哥危机以及1914年6月28日发生的一切），快速而出其不意的事态升级将会是唯一结果。

第五章　巴尔干半岛的复杂情况

“一战”在真正开战之前，其实充其量是第三次巴尔干战争。为什么这样说呢？与奥斯曼帝国毗邻的东南欧的冲突和危机并不是什么新鲜事了，欧洲的体系时常进行自我调适，以维持整个大陆的和平，但1914年之前的几年里，这一原则发生了转变。1911年秋，意大利发动战争，试图征服奥斯曼帝国控制下的非洲的一个省，引发了一系列在巴尔干地区针对奥斯曼领土的投机取巧的侵袭。地缘政治达到平衡的体系遏制了地区间的冲突，但这种平衡已经一去不复返。在经历过1912年和1913年两次巴尔干战争之后，奥匈帝国在东南欧地区面临一个更具有威胁性的新局面，而奥斯曼帝国的后撤则对俄国外交官和政策制定者们提出了战略性要求，并且这些问题是他们无法忽视的。两大洲际联盟体在这一动荡地区的问题上出现分歧，在这个过程中，巴尔干舞台上上演的矛盾冲突与欧洲体系的地缘政治紧密相连，并不断使得事态升级，最终在5周之后，也就是1914年夏，扰乱了整个大陆。

空袭利比亚

1912年1月5日一大早，住在利比亚沙漠一处帐篷里的乔治·弗雷德里克·阿博特（George Frederick Abbott）就被喊叫声和枪声惊醒，他赶忙跑到阳光明媚的帐篷外，发现营地旁的阿拉伯和土耳其士兵正在盯着空中的什么东西——那是一架飞在约600米高空的意大利单翼机，阳光照射在机翼上，熠熠生辉。那架飞机完全不顾来自营地的射击，优雅地继续驶向西南部——意大利入侵利比亚已经有四个月之久。作为英国观察员，阿博特加入了奥斯曼帝国的部队，目的是写一部关于战争的历史题材作品。他写道，阿拉伯人"除了开枪之外"，对飞机丝毫不热衷，"他们认为新事物都是理所当然的，并不对此感到奇怪"。这架飞机在一天后又飞了回来，向营地空投了大量的宣传单，这些纸单在空中飘然而下，就像"许多人造的雪花片"。阿博特回忆，那些阿拉伯人"停止射击，弯下腰，迫不及待地捡起传单，希望这些纸片会是钞票"。

阿博特的那些土耳其兄弟十分幸运，因为这些从天而降的只是意大利在这片古老土地上投下来的宣传单而已。意大利军队和奥斯曼方面在军事技术上的巨大鸿沟产生了致命的后果。在利比亚战争的主要行动开展之前，意大利的飞机就做足了侦查工作，确定了敌人的位置和实力，因此意大利人能够通过野战炮兵连或者海上装甲力量对对手予以打击。同时这也是第一场进行空中轰炸的战争。1912年2月，在赞祖尔绿洲和加加莱仕之间的黎波里东南部撤退的奥斯曼帝国军队遭到了意大利P3飞艇的轰炸，溃不成军。该飞艇能够携带250枚烈性炸药制成的炸弹。飞艇扔下的炸弹数量很少，尽管机上的人已经尽全力了，飞行员不仅要驾驶飞机，而且还要拿起放在膝盖间的炸弹，并在瞄准地面敌军之前腾出手来插入导火线。

尽管不是什么最新的科技，但军事探照灯（皇家海军早在1882年就使用探照灯来对付亚历山大港的埃及军队）的出现也可以算作当时另一项高科技武器，且在利比亚战争中得到了杰出的运用。比起飞机和飞艇，它甚至具有更强的战略重要性，因为探照灯的使用阻止了奥斯曼帝国军队发动夜袭，或至少让对方在夜袭时付出更惨重的伤亡代价。一位英国观察家欧内斯特·贝内特（Ernest Bennett）回忆道，他和一小撮阿拉伯士兵沿着海岸的一条小径摸黑回到营地时，他们突然被意大利巡逻兵的探照灯发现了："这些可怜的阿拉伯人在灯光照耀下的轮廓让我感到黯然神伤。探照灯、大炮、战舰、飞机，这些怪物实在是太可怕了！"

给巴尔干地区带来破坏的一系列战争开始于非洲，而1911年意大利对利比亚的进攻掀开了对巴尔干地区的奥斯曼势力进行打击的序幕。不同于埃及（当时属于英国）或摩洛哥（在法国的有效控制下），利比亚构成了奥斯曼帝国中的三大综合省。正如一位英国观察家所言，对巴尔干地区的国家而言，意大利对奥斯曼帝国在非洲的最后领地的毫无缘由的进犯成为一次"破冰之举"。多年以前，人们曾就形成联盟、为逐出巴尔干地区的奥斯曼帝国势力举行过会谈，但在实际行动中却一直没有突破。只有在意大利的侵犯行为之后，巴尔干国家才有胆量举起武器。当塞尔维亚外交部的前政治首领米罗斯拉夫·斯帕拉伊科维奇（Miroslav Spalajković）1924年回顾这段历史时，他认为意大利进攻的黎波里成为后续战争的肇始："之后发生的所有事情都只是第一次进犯的演变。"

在19世纪和20世纪之交以前，意大利就一直强调意大利在北非地区的权益。1902年夏，根据《普里内蒂–巴雷尔协议》的条款，罗马和巴黎私下达成共识，在领土重新分配的问题上，法国的目的是摩洛哥，而意大利则要控制利比亚。这项共识确保了与曾是北非问题上的劲敌的意法两国之间的良好关系。1902年3月，英国方面传来消息称，英国承认"利比亚局势的任何变动都与意大利的利益息息相关"。这些保证作为绥靖政策，旨在从意大利入手撼动三方联盟——其最不可靠的一分子。通过这种手段，沙皇尼古拉二世同意维托里奥·埃马努埃莱三世国王于1909年制定的《拉冈尼基协定》。在该协定中，俄国承认意大利在利比亚的特殊权利，以此换取意大利支持俄国自由通行于土耳其海峡的权益。

向那些持激进政治观点的意大利民众宣扬侵略和吞并的政策并不困难。与其他国家一样，意大利的殖民主义正在高歌猛进，在他们的记忆中，"罗马非洲"时期的利比亚就是罗马帝国的粮仓，的黎波里塔尼亚也处于殖民地的中心位置。1908年，位于罗马的殖民办公室扩大了面积，同时升级为殖民地事务中央机构，这标志着政府内部对非洲殖民地问题越发重视。自1909年以后，民族主义者恩里科·科拉迪尼在民族主义机构L'IDEA Nazionale的支持下，不遗余力地号召对利比亚采取行动；1911年春，他公开要求入侵并吞并对方。政治精英集团内部也普遍认为，意大利需要找到一片物产丰富的土地，来安置涌出的移民。就连社会主义者都受到了这种观点的影响，尽管他们倾向于用“经济需求”这种措辞对此进行掩饰。

然而直到1911年夏，意大利领导人仍然严格地恪守着这个古老国家的传统——意大利不能挑唆奥斯曼帝国的分裂。1911年夏，首相乔瓦尼·乔利蒂仍然坚定地拒绝针对君士坦丁堡采取更激进的姿态和呼声（如在一系列关于奥斯曼帝国在阿尔巴尼亚地区利益的问题上），而法国人对摩洛哥问题的干涉则改变了这种局面。意大利外交部相信他们有充足的理由要求从利比亚那里得到补偿。一位意大利外交部高级官员指出，法国在地中海局势中表现出的“激进的改良”姿态打破了这样一种可能性，即“赶在舆论之前”将继续无作为的政策“合理化”。

刺激罗马采取行动的不是意大利所在的三国同盟，而是由英国、法国和俄国组成的协约国集团。1911年7月初，意大利人向英国政府抱怨，称奥斯曼帝国在的黎波里的统治成为意大利的一块“心病”（这是欧洲列强的惯常手段，即宣称他们现在的处境是在不公正中保护自己的国家利益，从而将掠夺行为合法化）。7月28日，当意大利驻伦敦大使马奎斯·吉里诺·因佩里亚利（Marquis Guiglielmo Imperiali）向英国外交大臣提出采取实际干涉行动的问题时，格雷的反应是格外支持对方。格雷对大使说，他“与意大利十分有共鸣，鉴于两者之间良好的关系”。如果意大利在的黎波里遭受了不公正的待遇，或是“遭到了强迫”，格雷将会“让土耳其人明确地认识到，他们不会从英国这边得到任何好处”。毫无疑问，意大利人将这些含混的表述视为攻击利比亚的通行证。但格雷一直表现得言而有信：9月19日，他告知外交部常任副大臣阿瑟·尼科尔森爵士，“最重要的事情是”英国和法国都不要阻止意大利的计划。在俄国人那里，意大利甚至得到了更令人愉快的答复。派到圣彼得堡的意大利大使被告知，如果意大利得到了利比亚，俄国将不会做任何干涉；圣彼得堡甚至还敦促意大利的行动要“迅速而果敢”。

因此，意大利首先与协约国国家展开了一系列商讨，却将自己三国同盟的盟友罔顾一旁。9月14日，乔利蒂和马奎斯在罗马达成共识，要尽早行动，以免“奥匈帝国和德国的政府觉察”。这种隐而不显的含蓄，德国人并不是没有觉察，而是不希望看到他们的意大利盟友与他们的奥斯曼兄弟之间爆发战争，并且已经采取行动，希望在罗马和君士坦丁堡之间寻求一种和平的解决方式。德国驻奥斯曼首都的大使甚至警告其意大利同人，意大利占领利比亚可能会瓦解青年土耳其组织的统治并引发一系列的动乱，这些动乱会让东方问题卷土重来。奥匈帝国外交大臣埃伦塔尔伯爵再三要求限制意大利人的行为，并警告他们，鲁莽地占领利比亚可能会在巴尔干半岛导致不乐观的后果；他还提醒对方，他们自己也曾多次强调，奥斯曼帝国的稳定和统一是意大利最大的利益。

桑·朱利亚诺（San Giuliano）深刻地认识到意大利政策中相互矛盾的地方以及奥地利人所担心的"不乐观的后果"。1911 年 7 月 28 日向皇帝和首相所做的一次冗长的报告中，他权衡了入侵的利与弊。他认为，对奥斯曼帝国地位进行打击的"可能性"会"引起巴尔干人民的反抗，并加速一场被迫让奥匈帝国卷入其中的危机"。这些有先见之明的意见背后的考量并不是真正为奥匈帝国的安全担忧，而是把握了这样一种可能性：一系列军事行动可能会以牺牲意大利为代价巩固奥匈帝国在巴尔干地区的利益，尤其是阿尔巴尼亚（在许多方面，该地区已经被视为意大利未来的另一块殖民地）。朱利亚诺的观点认为，巴尔干地区的危险也有积极的一面，即拖延意大利进攻北非的时间。

> 如果政治原因不足以削弱或瓦解奥斯曼帝国，那么在两三年内，奥斯曼帝国将会拥有一支强大的舰队，给我们造成相当大的困难，并且使得针对的黎波里的计划无从谈起……

该观点最惊人的一点是其完全缺乏依据。诚然，奥斯曼帝国政府正在努力让已经淘汰的舰队实现更新换代，打造一艘现代化战舰的订单已经在英国人手中，并且政府还准备从巴西购买另外一艘。但与意大利的海军建设计划相比，这些努力相形见绌，更不用提意大利舰队当时的实力。假设奥斯曼帝国撼动意大利在东部地中海的海军优势是没有意义的。因此，朱利亚诺的观点并非建立在列强在海军实力上的平衡的基础上，毋宁说它根源于一种时代的恐惧症：我们可以在那个时代的许多欧洲国家中发现它，那是一种觉得时间将被耗尽的紧迫感，人们认为自己的财产正在耗散，面临的威胁与日俱增，任何的拖延都一定会带来严重的惩罚。

因此，在一系列小规模的海军冲突之后，1911 年 10 月 3 日，停泊在的黎波里港湾前的一群意大利战舰响起了出发的号角。其中一艘战舰上的意大利指挥官回忆了当时的情景："枪手冲向前取枪，搬运工冲向军火库，信号员也都各就各位。"炮弹被搬运到排炮前，白色的弹壳，尖端是红色的，被整齐地码成一堆。在下午3点13分，"贝内代托·布林"号战舰首先在红堡打响了第一枪。之后是一片枪林弹雨，"沿着海岸，形成了一片白色的雾"。在敷衍地进行了抵抗之后，的黎波里沦陷了，1 700名意大利陆战队员仅用了48小时便占领了它。接下来的几周，图卜鲁格、德尔纳、班加西以及胡姆斯也相继沦陷。在之后的几个月中，意大利的士兵人数从2万增至10万，之后在的黎波里塔尼亚微弱的防御下又有所损失。

朱利亚诺所期待的"速战速决"并没有实现。意大利人越发觉得打入这个国家内部困难重重，并且在战争的前6个月中，他们的胜利仅仅被局限在海岸的桥头堡地区。11月5日的一项意大利法令正式宣布"兼并"的黎波里塔尼亚和昔兰尼加，这一举动不是军事情况的如实反映，而是做出旨在让其他国家进行草率调停的姿态。在1912年1月和2月针对黎巴嫩海岸的一系列行动后，意大利人摧毁了奥斯曼海军在贝鲁特的实力，清除了南部地中海地区对意大利仅有的海军优势威胁。与此相比，陆上作战却停滞不前，甚至有许多报道称意大利对当地的阿拉伯人施以耸人听闻的暴行。尽管在技术上处于弱势，奥斯曼抵抗者和他们的战友们仍进行着殊死搏斗。以土阿士兵为核心的部队在战争的第一个月里，向的黎波里周边发动强攻，实现了多点突破，大大挫伤了对方，造成对方大量的人员伤亡，而在意大利势力范围内的武装"叛徒"则从后部对反抗的士兵进行攻击。在整个冲突中，小规模的战斗、埋伏战和游击战妨碍了从主要海岸要塞向内部深入的行动，因此意大利人想要打入利比亚内部，恐怕要花20年的时间。

此外，朱利亚诺还认为，进攻并占领利比亚可能会对巴尔干半岛上的基督教国家有利。如果主动进攻有效，那么意大利一定会试图通过奥斯曼帝国本土的海上作战打破该地区的已有局面。1912年4月18日，意大利的炮艇轰炸了保卫土耳其海峡入口的两座堡垒。船上的炮手在离岸边约6海里（约11千米）的地方发射了346枚炮弹，造成一名士兵和一匹马死亡，损坏了一座营房。这是一个具有象征意义的动作，而不是对地方军事力量的真实打击。土耳其人也不出所料地采取了行动，他们停止了进出海峡的所有中立国的商业活动。

10天后，爱琴海南端的佐泽卡尼索斯群岛也遭到了袭击。从1912年4月28日到5月21日，意大利人一共占领了13座岛屿，岛上的希腊人将入侵者视为英雄和解放者。在消停了一阵后，意大利人在7月重整旗鼓，向土耳其海峡派出了8艘潜艇。土耳其人试图再次关闭海峡，尽管这一次君士坦丁堡在俄国的压力下同意只是通过放置鱼雷，缩小海峡通行的范围。1912年10月，意大利政府威胁道，如果奥斯曼政府不妥协，就要向爱琴海派出海军主力。在其他列强的施压下，尤其是俄国和奥匈帝国，他们的考虑分别是防止海运贸易的中断以及巴尔干地区不断升级的危险，奥斯曼帝国方面最终还是认输了，并于10月15日签署了一项秘密的和平协议，承认的黎波里塔尼亚和昔兰尼加自治。当天，一项帝国法令宣布奥斯曼撤出其在这些省的直接统治。3天后，这项安排被公开写在了《洛桑条约》中。

今天，大多数人都忘记了意大利和奥斯曼帝国之间的战争，但这场战争确实在很大程度上扰乱了整个欧洲和整个国际体系。利比亚反抗意大利占领的斗争是现代阿拉伯民族主义出现的关键的早期催化事件。鼓励意大利毫无缘由地掠夺的幕后国家正是协约国，而三国同盟方面则勉强保持沉默。从中我们也可以发现一些端倪：诸列强的干预暴露了三国同盟的弱点和松散性。奥匈帝国和德国一再警告意大利，其行为会危及巴尔干半岛或者造成意想不到的结果，但这些声音完全被忽略了。这样看来，意大利这个盟友好像只是徒有其名了。

到此为止，意大利都没有表现出明显反对协约国的迹象。意大利复杂而模糊的外交政策仍然在充满矛盾的保证中寻求着并不牢靠的平衡。在北非问题上，他们与法国仍然是宿敌，并且这种敌对状态在表面风平浪静之下暗流涌动。双方在海上也发生过敏感事件，如意大利海军扣押法国船只，因为怀疑对方私下为奥斯曼帝国运送武器和军事人员，这些事件在意大利和法国之间也激起了相互的怨恨和偏执。尽管如此，战争同时还向巴黎和伦敦证明了一个很重要的问题，即对于协约国来说，当下意大利作为三国同盟成员，非常具有价值。1912年1月，法国总理雷蒙·普恩加莱致信保罗·康邦，称对于三国同盟来说，意大利“这个盟友与其说是有利的，不如说是累赘”：

> 它（意大利）对奥匈帝国有着潜在的、无可救药的敌对心理。至于面对法国时，我们有足够的理由相信，一旦爆发冲突，它（意大利）将保持中立或更

有可能在采取行动之前就静候事件的发生。因此，我们不必跟它走得太近……

发现三国同盟内部出现的混乱状况是更为根本和重要的。在进犯利比亚的行动中，意大利或多或少地得到了大多数欧洲国家的支持。这本身就是一个很值得注意的方面，因为它揭示了欧洲内部亲奥斯曼的联盟是如何全面瓦解的。19 世纪 50 年代，诸列强达成一致，纵容俄国针对奥斯曼帝国采取的行动——克里米亚战争。日俄战争后，这一团体在 1878 年的柏林会议上以不同的方式进行了重新组合，并在 19 世纪 80 年代中期的保加利亚危机期间完成了重组。但 20 世纪初，它已经荡然无存了。在意大利战争初期，奥斯曼帝国曾经寻求与英国达成联盟，但因为不想破坏与意大利的关系，伦敦对此不置可否。而接下来的两次巴尔干战争则彻底打破了这个绥靖集团。

具有重要意义的转折发生了：英国通过支持奥斯曼帝国的统一，逐渐改变了其长达一个世纪的承诺——帮助俄国进入黑海。诚然，英国对俄国的戒心还是让其无法彻底在海峡地区放松戒备。1908 年，格雷拒绝伊兹沃尔斯基的要求，即放松对俄国进入土耳其海峡的限制，尽管《英俄协约》已经对此进行了规定。一直到 1914 年，奥斯曼在博斯普鲁斯的舰队仍然由一个英国人指挥——海军上将阿瑟·亨利·林普斯爵士（Sir Arthur Henry Limpus）。但由于地缘政治真空的逐渐形成（这使得德国同时也乘虚而入），使得英国也逐渐放松了对奥斯曼帝国的承诺。1887 年，俾斯麦在柏林向俄国使者保证，德国并不反对俄国人成为“海峡的主人，进入博斯普鲁斯和君士坦丁堡的入口的拥有者”。但在 1890 年俾斯麦卸任之后，与俄国结成的传统友谊关系开始松懈，德国的领导人转而与君士坦丁堡走得更近一些。德皇威廉二世于 1889 年 10 月和 1898 年 10 月冠冕堂皇地出访了奥斯曼帝国，从 19 世纪 90 年代开始，德国就为奥斯曼帝国的铁路建设慷慨地提供资金支持，首先是安纳托利亚铁路，其次是著名的巴格达铁路，这条 1903 年开始修建的铁路从柏林经过君士坦丁堡，直达奥斯曼占领下的伊拉克。

体制上的连续性成为从英国到德国盟友变动的基础。海峡问题（换一种方式来表达，即允许俄国势力进入东部地中海的问题）是长期困扰欧洲国家的诸多问题之一（如果我们抛开 1915~1917 年的小插曲，即法国和英国为了寻求圣彼得堡在战时与其达成同盟，向俄国许诺君士坦丁堡和土耳其海峡的权利的话）。1945年，当土耳其在盟友美国的庇护下、以避免遭到来自苏联的潜在进犯可能时，这个问题仍然存在。这个关键的战略性承诺意味着土耳其自1952年以来已经成为北约组织的成员了——尽管它一直被欧盟拒之门外。在这个关键时刻，德国逐渐取代英国成为海峡的守护者。这一转变有着重要的意义，因为它同时伴随着欧洲向两大同盟阵营分化的过程。曾经一度有助于欧洲内部统一意见的土耳其海峡问题，当时却成为两极分化体系中敌对状态的深刻表现。

忙乱的巴尔干

当1912年秋，土耳其人向意大利人寻求和解时，巴尔干地区发生的一场主要的冲突却正在酝酿。1911年9月28日，意大利向君士坦丁堡下了最后通牒，而塞尔维亚外交大臣却提出警示，如果意大利和奥斯曼帝国之间的战争继续拖延下去，将会不可避免地牵扯巴尔干地区。就在意大利1911年10月公开宣战的同时，塞尔维亚和保加利亚政府间的代表人也坐到一起，商讨共同的军事行动。1911年11月，塞尔维亚第一份与保加利亚结盟的条约草案明确指出，要对奥斯曼帝国发动一场战争。在1912年3月达成塞尔维亚–保加利亚防御同盟之后，双方又在5月签署了共同进攻的条约，正如意大利攫取佐泽卡尼索斯群岛那样。塞尔维亚和保加利亚之间的条约主要集中在针对奥斯曼帝国控制下的东南欧的军事目的，但他们同样也在酝酿针对奥匈帝国的联合行动。以这两个国家为核心，一个秘密的巴尔干联盟正在形成，其目的是要将奥斯曼帝国赶出巴尔干半岛。当这些联盟国家开始行动起来，展开一场大范围的巴尔干战争时，意大利和奥斯曼帝国之间的和平协商仍然裹足不前。1912年10月8日，黑山首先对奥斯曼帝国进行打击，揭开了战争的序幕。1912年10月18日，就在签署《洛桑条约》之时，彼得一世在皇家声明中指出他“以伟大的上帝的名义，命令我勇敢的军队加入圣战，让我们的兄弟得到解放，并许诺我们一个更好的未来”。

1912年10月，巴尔干地区爆发战争，而这对每个人来说都不足为奇了。真正让当时的观察者感到惊讶的是，巴尔干联盟国家的胜利如此迅速、范围如此之广。

塞尔维亚、保加利亚、希腊和黑山的军队浩浩荡荡向奥斯曼的要塞开赴，同时，巴尔干半岛的海面上也闪过诸国的舰队。受地形影响，战争的主要地点将是色雷斯东部，那里波浪状的广阔平原在地峡处变窄，而那里就是君士坦丁堡所在的地方。30万保加利亚士兵涌入该地——该数量大约为这个国家男性数量的15%（第一次巴尔干战争期间，保加利亚的男性共有30%加入了作战部队）。在罗森格勒，一场战斗持续了三天三夜，战线绵延36英里，向东一直到奥斯曼帝国在埃迪尔内的要塞。在骁勇善战的迪米特里耶夫（Dimitriev）的带领下，保加利亚士兵的作战果敢而凶残；迪米特里耶夫绰号“拿破仑”，不仅因为他与拿破仑一样都十分矮小，还因为他拥有强大的领导力。当土耳其人四散溃逃时，保加利亚士兵穷追不舍，不顾道路泥泞和倾盆大雨，直到他们追击至缺乏地图或已不在勘察的范围内——他们的司令却从没命令他们追到这么远的地方。保加利亚的猛攻最后爆发于仅离首都君士坦丁堡20英里的查塔尔贾防线。1912年11月17日，靠着首都提供的支持，土耳其人守住了最后的防线，运用精准火炮便将对方的先行部队造成了惨痛的伤亡，并抵御了一波接一波的攻势。这是保加利亚人离君士坦丁堡最近的一次作战了。

当保加利亚人大举开进色雷斯时，塞尔维亚第一军团的13.2万士兵则从南部向马其顿北部挺近。10月22日，他们出其不意地遭遇了一支驻扎在库马诺沃附近的奥斯曼军队。第二天，双方在一场冰冷的大雨中展开了战线长达10英里的战斗。两天后，塞尔维亚人一举击败了土耳其人。但是胜者并没有立刻进行追剿，而是继续向南行进，三天内就遇到零星的但火力十分猛烈的敌军，在普里莱普附近，又是伴随着冰冷的秋雨，塞尔维亚人再一次将当地的土耳其人赶了出去。应保加利亚同盟的请求（他们急于在希腊人得手之前拿下萨洛尼卡，但没有足够的兵力），塞尔维亚军官命令第一军于11月8日向比托拉前进——马其顿西南部濒临德拉格河的一座如诗如画的小城。而这里的奥斯曼帝国士兵则巩固了他们的地盘，他们将大炮拉到奥布拉科夫高地上，俯瞰着敌人的进犯。枪林弹雨从高地上倾泻而下，塞尔维亚人节节败退。11月17日，在攻击并占领奥布拉科夫大桥之后，形势才得以扭转，塞尔维亚人反败为胜。塞尔维亚人也占据制高点，以让人刮目相看的技术向对方发射炮弹，捣毁了守卫城市的奥斯曼帝国军队，为步兵团进一步向奥斯曼帝国的侧翼推进扫清了障碍。这是奥斯曼帝国在马其顿的最后据点。与此同时，塞尔维亚第三军已经从西面进入北阿尔巴尼亚，在那里，他们协助黑山军队围剿了守城斯库台。

战斗一开始，希腊人就一心一意地集中火力攻打萨洛尼卡——马其顿最大的城市，同时也是该地区的战略重地。左翼的马其顿守军交给塞尔维亚和保加利亚军队，在色萨利的希腊军队则向东北方进攻，分别于10月22日和11月2日攻下了奥斯曼帝国在萨兰塔波罗斯和雅尼察的据点——通向萨洛尼卡的大门被打开了。但这期间也有有趣的插曲出现。在11月的第一周，希腊军队开始围城，而在意识到希腊人将要获得他们垂涎已久的战利品之后，保加利亚人却命令他们的第七师挥师向南，赶在希腊人得手之前捷足先登。当他们快赶到时，就派出信使提前通风，敦促奥斯曼指挥官向保加利亚人投降，并准备了相当优厚的诱降条款。但他们从指挥官那里却得到了近乎绝望的消息："我只有一座塞萨洛尼基城呀，而且它已经屈服于人了。"显然，希腊人还是赶在了他们前面。先发制人地将保加利亚人拒之门外之后，希腊指挥官最终还是同意让1.5万保加利亚人与2.5万希腊士兵共同占领该城。在伊庇鲁斯王国（即阿尔巴尼亚南部）同时进行的一场战斗中，由于土耳其人在亚尼纳周围的要塞十分牢固，因此希腊人陷入了对方的包围中。战斗在几个地区陆续打响，但联盟所取得的胜利却十分可观：仅6周，他们就征服了奥斯曼帝国在欧洲的近一半地盘。到1912年12月3日双方签署停战协议时，奥斯曼帝国在查塔尔贾防线西面进行继续抵抗的据点仅剩下阿德里安堡、亚妮纳和斯库台，并且所有的据点还都处于包围中。

正如萨洛尼卡纷争所体现的那样，第一次巴尔干战争为第二次冲突（针对已经获得的领土）埋下了伏笔。1912年3月联盟形成时订立的协约中，塞尔维亚和保加利亚同意事先实施瓜分计划：保加利亚人的目的是马其顿南部，包括奥赫里德、普里莱普和比托拉。科索沃、新帕托尔的桑扎克被分给了塞尔维亚。包括诸如斯科普里这样的马其顿北部重镇则尚处于"争议区"，如果双方无法达成一致，那么他们都要接受俄国的裁决。保加利亚人欣然接受这种解决方法，因为俄方的决定总是对他们有利的。

与此相反，塞尔维亚人则高兴不起来。许多政治精英都认为，由温和的总理米洛万·米洛瓦诺维奇参与的同盟协商使得塞尔维亚牺牲了许多利益。在这些批评中，我们可以看到总参谋长拉多米尔·普特尼克以及激进党领袖尼古拉·帕希奇的

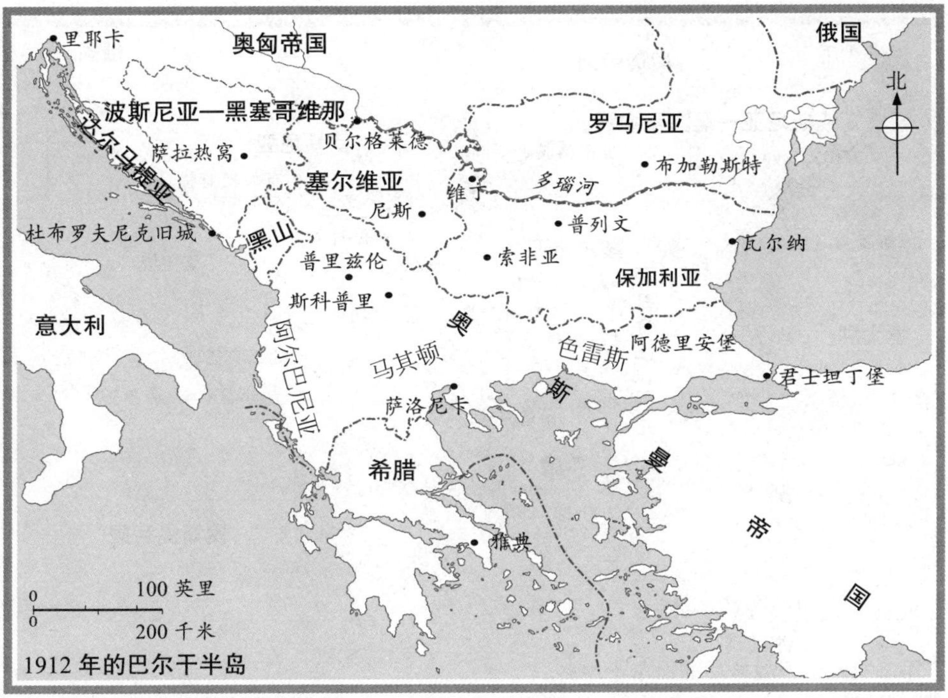

1912 年的巴尔干半岛

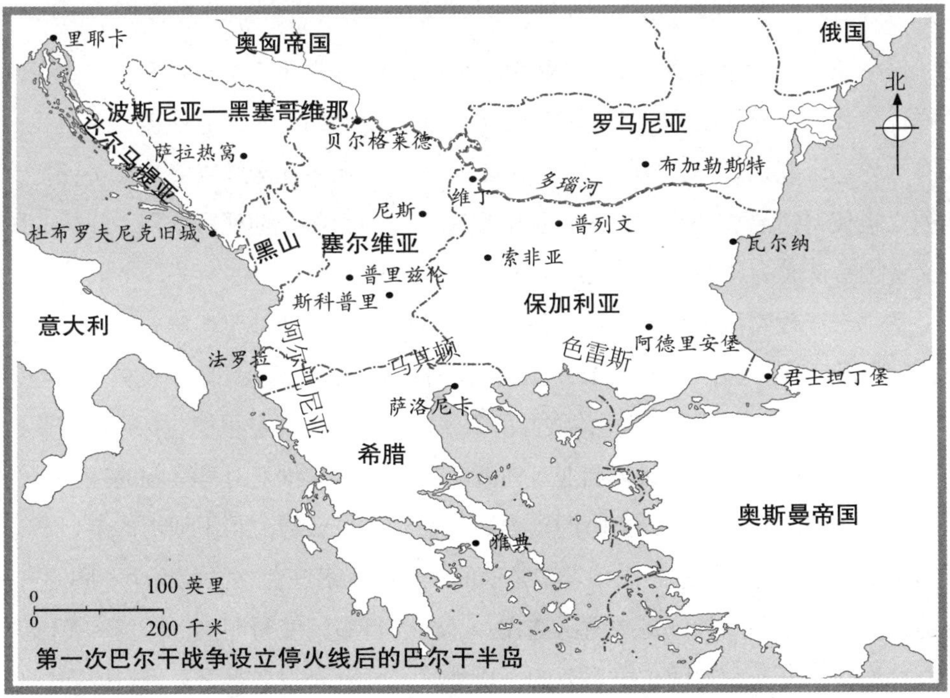

第一次巴尔干战争设立停火线后的巴尔干半岛

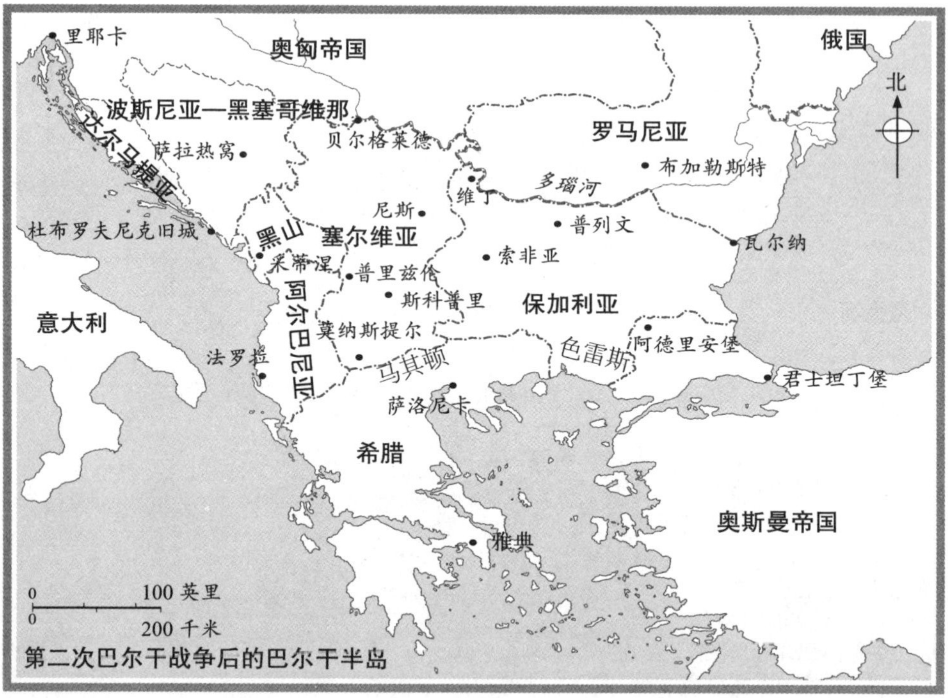

第二次巴尔干战争后的巴尔干半岛

影子。帕希奇之后发表评论称："以我的观点，我们进行了太多的妥协。或者应该这样说，我们放弃了我们从来都不敢放弃的属于我们的塞尔维亚地盘，纵使我们并没有加入这个联盟。"几个月后，在1912年7月，米洛瓦诺维奇突然离奇死亡，他的死亡也使得持温和外交政策的官员中损失了一员大将。他死后6周，狂热的民族主义者帕希奇成为总理和外交大臣。

塞尔维亚政府摧毁与保加利亚的协约条款的明确意图甚至在第一次巴尔干战争之前就有所体现。1912年9月15日，帕希奇向塞尔维亚代表团暗中发去了通告，通告中他提到了"旧塞尔维亚"，并将普里莱普、基切沃和奥赫里德包括在内，而这些地区却在条约中被划给了保加利亚。在战争期间，塞尔维亚对马其顿的意图因为被阿尔巴尼亚的战事所搁置，当时的领导人一心着迷于获得亚得里亚海的港口。这个问题是塞尔维亚民族"统一"中老生常谈的：其扩张潜在包括了若干个不同的方向，这迫使决策者在不同的意见中做出选择。然而一旦事情变得明确，即奥匈帝国并不打算允许塞尔维亚获得阿尔巴尼亚的一块地区，并且获得亚得里亚港口的愿景也消失之后，贝尔格莱德的领导便开始公开违反与保加利亚签订的条约条款。塞尔维亚对莫纳斯提尔的兴趣尤为强烈，这片土地也是用数次的军事努力和惨重伤亡换来的。保加利亚人警觉了起来，他们要求对方做出澄清，但帕希奇却用他一贯的搪塞回应，“所有的分歧都将化解”，他向保加利亚人保证。然而与此同时，他们却在背后讨论兼并保加利亚辖区内的普里莱普和比托拉，甚至还在觊觎备受争议的斯科普里。此外，还有消息称，塞尔维亚虐待“解放区”居住的保加利亚人，这使得事情进一步升级。亚历山大王子曾经来到被征服的数个马其顿城镇（那些城镇里住着许多当地的保加利亚人），并与当地人进行了形式上的对话，可对话效果并不尽如人意：

> “你们是谁？”
> “保加利亚人。”
> “你们才不是保加利亚人。去你们的吧。”

数月以来，双方之间的冲突看起来是可以避免的，因为贝尔格莱德和索非亚都于 1913 年 4 月底同意将马其顿争议交给俄国进行仲裁。为了尽快解决问题，索非亚派出迪米特尔 · 里佐夫（这位保加利亚外交官曾在 1904 年协助双方达成了塞尔维亚–保加利亚同盟协议）来到贝尔格莱德，为协商提前营造一种友好的气氛。里佐夫是塞尔维亚–保加利亚双边合作的竭力推动者，因此如果事态发展得很糟糕的话，他也能在其中发挥积极作用。然而在与塞尔维亚政府的谈话中，他明显感觉对方完全没有放弃任何地区和军事要塞（它们都处于“保加利亚辖区”）的意愿。尤其让里佐夫感到惊讶的是俄国在其中起到的作用。他向保加利亚首相汇报称，哈特维希在塞尔维亚事务中的影响极大，“以至于对方的外交同人私下称他为‘摄政王’，因为实际上他在代替疾病缠身的塞尔维亚国王行使权力”。5 月 28 日，就在里佐夫离开贝尔格莱德的第二天，帕希奇旋即公开了他的兼并政策，并赶在联盟议会之前宣称，塞尔维亚将保卫所有浴血奋战得来的土地。

而接下来的关于马其顿的冲突则变得毫无调和的余地了。1913 年 5 月的最后一周，大批塞尔维亚军队被调往沿保加利亚防线的各个据点，铁路也都停止了民用功能。6 月 30 日，帕希奇再一次抢先联邦议会一步，重申他的马其顿政策，以免遭到极端民族主义代表的破坏（这些代表认为塞尔维亚应当直接并彻底地占领那些土地）。就在争论升级之时，信使赶来通报总理，称凌晨两点的时候，保加利亚的军队攻击了塞尔维亚在争议地区的据点。因此，双方再也不需要考虑如何宣战了。联邦议会顿时炸开了锅，帕希奇结束了会议联合政府一起准备组织反击。

接下来，曾经的联盟之间爆发了战争。塞尔维亚、希腊、奥斯曼帝国和罗马尼亚联军分别从保加利亚的侧翼地区进行攻击。7 月初，保加利亚进入马其顿的军队在布雷加尔尼察河一带遭到了塞军的阻挠。7 月 1~18 日，在马其顿东北部的卡里曼奇，成功挺进的保加利亚军队击败了对方的反击，阻止塞尔维亚人进犯西保加利亚。当塞尔维亚防线部分出现僵局时，希腊人从南部攻入，与对方发生了一场血腥却无果的战斗。与此同时，罗马尼亚从东边进攻，直逼索非亚，离保加利亚首都只有 7 英里不到了，这迫使保加利亚政府不得不要求停火。1913 年 8 月 10 日签订的《布加勒斯特条约》中，元气大伤的保加利亚丧失了它在第一次巴尔干战争中收获的大部分领土。

摇摆不定的人

俄国在巴尔干问题上的政策在 1908~1909 年的波斯尼亚兼并危机的阴影下得到了强化。俄国人忘记了（或是他们从来没有意识到）伊兹沃尔斯基在提议以波斯尼亚－黑塞哥维那为筹码与奥匈帝国外交官进行交换（以换取土耳其海峡的通行权）时所扮演的角色。更为宏观的国际背景，比如英国拒绝支持俄国进入土耳其海峡，却在一定程度上被冲淡了。为了迎合民族主义者和泛斯拉夫主义宣传而进行的波斯尼亚兼并被认为是奥匈帝国背信弃义的一段历史，而德国在 1909 年 3 月为保护其盟友而进行的干涉则使事情的性质进一步恶化，这使俄国无法再经历第二次的“耻辱”。但是波斯尼亚混乱同样说明了俄国在巴尔干问题上的孤立立场，因为法国和英国都没有表现出多大的热情，帮助俄国摆脱伊兹沃尔斯基制造的问题。因此，俄国在将来不得不寻求在该地获得发言权的途径——在不得罪其西方伙伴的前提下。

俄国在 1911~1912 年的巴尔干政策最让人印象深刻的一个特征是微弱的中央权力和合作。1911 年 9 月 18 日斯托雷平被刺杀，搅乱了当时的体制。首相的死亡就在意大利政府向奥斯曼政府发出最后通牒 10 天之后，新首相弗拉基米尔 · 科科夫佐夫还没有站稳脚跟。萨佐诺夫在 1911 年 3~12 月都在国外养病。在他的缺席下，外交大臣助理涅拉托夫（Neratov）竭尽全力力挽狂澜。行政控制权被大大地削弱，其结果就是俄国的政策被分裂成若干并行的、相互矛盾的集团。俄驻君士坦丁堡的大使恰雷科夫试图利用奥斯曼帝国的困境来与之协商俄国船只进入土耳其海峡的条件。利比亚危机发生时，恰雷科夫向奥斯曼帝国提议，俄国会确保奥斯曼帝国不丢掉君士坦丁堡以及色雷斯内陆的防御地带。作为回报，奥斯曼政府则要授予俄国船只进出达达尼尔海峡和博斯普鲁斯海峡的自由通行权。

而就在几乎同一时间，在贝尔格莱德的尼古拉 · 哈特维希却在寻求另外一条不同的道路。哈特维希曾在外交部的亚洲部门受过训练，而该部门的文化则以武断的立场和无情的手段著称。自从他 1909 年秋到塞尔维亚首都任职后，他就成为俄国在巴尔干半岛的积极政策的拥护者。他并没有掩盖自己对奥匈帝国的厌恶和自己的泛斯拉夫观点。当保加利亚驻塞尔维亚首都的大使安德烈 · 列普切夫（Andrey Toshev）发表这样的言论时，他一点儿都没有夸张："哈特维希一步一步地将塞尔维亚王国的命运掌握在手中。"毫无疑问，哈特维希在贝尔格莱德的政治生涯确实有着无与伦比的影响力。俄国在贝尔格莱德的代办沮丧地认为，哈特维希在沙皇尼古拉二世面前的得宠以及圣彼得堡方面松懈的控制和监督，意味着他有着相当大的自由权来炮制自己的极端观点，就算它们与官方的表态大相径庭。他"明确地提出，他将随时为塞尔维亚提供俄国下一步的动态解读"。

当恰雷科夫正在做出与君士坦丁堡达成长久和平关系的努力时，哈特维希却敦促塞尔维亚人与保加利亚合伙，达成一个针对奥斯曼帝国的防御联盟。后者处于极其有利的地位，将各方联系起来，因为他的旧友米罗斯拉夫 · 斯帕拉伊科维奇（在审判弗里德永丑闻期间，他几乎成为俄国代表团的一员）接受了作为塞尔维亚驻索非亚大使的职位，这将帮助他为塞尔维亚–保加利亚协约的缔造铺平道路。为了让他的观点被塞尔维亚政府接受，哈特维希致信外交大臣助理涅拉托夫，坚持称针对土耳其人（间接指向奥匈帝国）的巴尔干同盟的形成是确保俄国在该地区利益的唯一方式。他在 1911 年 10 月 6 日（就在意大利向的黎波里开枪后的第三天）向涅拉托夫表示："现在的形势已经如此，双方（塞尔维亚和保加利亚）应当形成伟大的抵御力量，保卫俄国和斯拉夫族——不能有任何哪怕是最小的踌躇。"

因此，当萨佐诺夫于1911年年底结束疗养回国后，他不得不在两种矛盾的建议中做出选择。最后，他选择抛弃恰雷科夫的立场。奥斯曼帝国被告知，应该忽视该大使的提议，恰雷科夫也在几个月后被召回。萨佐诺夫称，他惩罚了这位大使，因为他不顾他的旨意，越过圣彼得堡的"所有障碍"，"将事情搞得一团糟"。但是这只是烟幕弹而已：恰雷科夫已经得到来自外交大臣助理涅拉托夫的支持，他也绝不仅仅是在非常时期制定政策的俄国公使。从这方面来说，哈特维希行为的性质是更恶劣的。萨佐诺夫否决君士坦丁堡大使的真正意图，是因为获得土耳其海峡主动权的时机尚未成熟。1911年12月，在他从瑞士疗养地归返的途中，萨佐诺夫从伊兹沃尔斯基和驻伦敦大使贝肯多夫那里得到消息，直接敦促解决海峡问题可能会导致与法国和英国的关系紧张。尤其应当被考虑的是英国的态度，因为1911~1912年冬，俄国和英国在波斯问题的解决上再度陷入紧张局面。局势越严峻，英国就越不会在海峡问题上对俄国的目的网开一面。与此同时，俄国在1911年春夏出现的摩洛哥问题上一直对法国表现得不温不火，这也使得双方之间的关系出现裂痕。法国政府无论如何都不愿意看到俄国在东地中海达成心愿，因为他们也将此地视为自己的利益范围。最重要的是，法国对奥斯曼帝国大规模的投资让巴黎深切怀疑俄国的任何动机，认为这将危害自己的金融投资。一时间，协约国之间的关系相对削弱，在对像土耳其海峡这样的战略重地的问题上，如果成员之间有潜在的分歧，那么后果是十分严重的。换言之，在这样一个非常时期，萨佐诺夫不得不将协约国的团结放在第一位，将俄国在海峡的权力暂且搁置。

谢尔盖 · 萨佐诺夫

（来源：得克萨斯大学奥斯汀分校馆藏）

就在他放弃恰雷科夫观点的同时，萨佐诺夫选择支持哈特维希的亲塞、结盟政策，这样不仅会破坏奥匈帝国的意图，而且能够对奥斯曼帝国施加直接的压力。但这位俄国外交大臣却谨慎地避免以一种可能会让自己与西方协约国盟友分道扬镳的方式挑战奥斯曼帝国。利用机会获得海峡权力的苛求必须与独自行动所承担的风险之间达到一种平衡。他鼓励意大利人对达达尼尔海峡发动进攻然后立刻撤退，这样可能会让奥斯曼帝国关闭水路，从而严重阻碍俄国的商业运输。萨佐诺夫同时告知英法，他的目的在于将意大利拉入伙；他对英国驻圣彼得堡的大使乔治·布坎南爵士称，他认为意大利的价值在于“抗衡奥地利”；实际上，他则希望意大利的突袭能够在某种程度上为俄国提供一个借口，来要求只有他们自己的商船才能通行海峡。1912 年 10 月初，萨佐诺夫对伊兹沃尔斯基表示，俄国“不要表现出与奥斯曼帝国角力且破坏其统一的姿态”是非常有必要的。

萨佐诺夫还支持并资助了巴尔干同盟的成立。在重新回到岗位之后，他成为联盟政策的倡导者，并声称自己被这样一种愿景所鼓舞：几十万的刺刀共同形成一座坚固堡垒，横亘在中央权力和巴尔干国家之间。他之所以选择资助 1912 年 3 月形成的塞尔维亚–保加利亚同盟协议，是为了借刀杀人，针对奥匈帝国和奥斯曼帝国。条约称，一旦“有任何的列强试图兼并、占领或暂时入侵”任何土耳其占领下的巴尔干领土——当然这里指的是奥匈帝国，签署国要“倾其全力，相互协助”。

萨佐诺夫心知肚明，巴尔干半岛在利比亚战争之后将有可能变得极其动荡。因此他相信，俄国在随即发生的任何冲突中都有话语权是相当重要的。塞尔维亚–保加利亚协议就相应地赋予俄国在任何后续冲突中起调停和仲裁的作用。一项秘密协议确保了签署方在采取军事行动前，必须提前征询俄国的意见；如果两国在是否对奥斯曼帝国出兵、何时对奥斯曼帝国出兵的问题上出现分歧，俄国的否决权将会生效。如果在被征服地区的领土划分上有矛盾，那么该事务就要被提交给俄国进行仲裁，即俄国的决定与协约双方的行动紧紧地联系在了一起。

因此，这个联盟对于俄国的利益诉求相当有利。然而却仍然有几点存疑。过去的经验表明，俄国帮助下成立的巴尔干联盟可能并不会对圣彼得堡言听计从。1911 年 10 月和 11 月，由于这一点产生的分歧已经引发哈特维希和 A · V · 涅克柳多夫（A. V. Nekliudov）之间的敌意，前者支持激进的巴尔干同盟政策，而在索非亚的后者则担心联盟会脱离俄国的控制。涅克柳多夫也有自己的论据：如果两大签约国确实在攻击的可能性和时间表上达成一致，俄国的否决权就毫无意义了（事实确实如此）；此外，如果两大签约国家又邀请其他邻国加入（例如希腊和黑山）他们的联盟而并没有征询圣彼得堡的意见呢？他的质疑再一次成为现实：联盟只是告知俄国附加在联盟之外的秘密军事条款，但并没有征得它们的同意；圣彼得堡反对让黑山和希腊加入的提议被忽略了。在该联盟完全存在之前，它们就已经脱离了俄国的控制。

当巴尔干猛虎在 1912 年 10 月脱笼而出时，萨佐诺夫公开对此表示限制（但这也只是示意性的）。另外，在伦敦的俄国大使被告知他不会同意任何牵扯俄国和奥匈帝国进行合作的提议。与此同时，联盟国家也得到警告，它们不会得到来自俄国的帮助。这些警告对塞尔维亚和保加利亚很是不寻常，因为俄国曾经鼓励它们为了共同的事业向奥斯曼帝国开战。驻法国的塞尔维亚大使米伦科 · 韦斯尼奇于 1912 年 10 月被萨佐诺夫在巴黎召去开会，而此时战争已经爆发。当着一群法国外交部官员的面，萨佐诺夫对韦斯尼奇说，他认为塞尔维亚的动员存在“计划不周”的问题，因此不得不对这场战争进行遏制，使其尽快结束。韦斯尼奇十分恼怒，他直言不讳地提醒萨佐诺夫，俄国外交部“完全了解塞尔维亚和保加利亚之间已经达成共识”。萨佐诺夫当即感到很尴尬——法国官员可都在场啊！他回应说这确实是事实，但这只对于第一个“仅有防卫性质”的协议有效。萨佐诺夫告知索非亚方面，他并不是针对巴尔干战争，而是对时间表示担心：巴尔干战争或许会波及更大的范围，而俄国并没有为一场全面冲突做好军事准备。萨佐诺夫相互矛盾的信息令人质疑，再加上好战的哈特维希以及俄国在索非亚的军事随员，他们都鼓励各自的对话者，让他们相信如果事情变得糟糕，俄国不会让巴尔干“小兄弟们”自己收拾残局。据称，当塞尔维亚–保加利亚动员宣布开始时，涅克柳多夫一度喜极而泣。

但如果俄国的巴尔干政策不仅没有让俄国得到任何的海峡权益，还让其处于危险境地呢？圣彼得堡的政治领导人承认，海峡权应当留到合适的时机，即在奥斯曼帝国的管理相对放松的时候，但其他列强如果也乘虚而入，在博斯普鲁斯海峡阻碍他们的话，那就完全不能接受了。1912 年 10 月，保加利亚军队出其不意地进攻色雷斯东部的查塔尔贾——奥斯曼首都最后的壁垒，这给萨佐诺夫和他的同僚们敲响了警钟。保加利亚任性的国王一直觊觎着古老的拜占庭，如果保加利亚人占领了君士坦丁堡，那么俄国将如何应对？萨佐诺夫对布坎南说，如果发生那种情况，“俄国将有义务对他们进行警告”。他很不由衷地解释了这样做的理由：“尽管俄国并没有打君士坦丁堡的主意，但我们也同样不允许其他国家占领它。”在一封写给涅克柳多夫的信中（该信件同时被抄送给在巴黎、伦敦、君士坦丁堡和贝尔格莱德的使馆），萨佐诺夫再一次重申，保加利亚占领君士坦丁堡的行为会使得俄国的舆论矛头指向索非亚。圣彼得堡向保加利亚大使发去了不友好的警告：“任何情况下都不要进入君士坦丁堡，因为这样的话你们将要面临更复杂的后果。”当保加利亚对查塔尔贾的血腥进攻被打败之后，萨佐诺夫才从一场可能的干预中脱身。

这项策略的背后，是俄国媒体的挑唆。俄国报刊编辑们受到巴尔干国家和他们在博斯普鲁斯海峡的宿仇（奥斯曼帝国）之间的矛盾的激励。之前从来没有任何事件能够激起俄国城市媒体如此强烈的兴奋、团结和愤怒的情绪。“如果斯拉夫人和希腊人能够胜利，那么还有哪个强者能够抢走他们通过浴血奋战得来的战利品呢？”评价萨佐诺夫在这些事务上施加的影响并不容易。这位俄国外交大臣对媒体想要了解他政策细节的兴趣非常反感，并且做出一幅轻视记者及其观点的姿态。然而，他对媒体批判又非常敏感。他曾经召集一次媒体会议，抱怨他感受到的来自记者的敌意。在10月31日致所有俄国大使的通知中，萨佐诺夫称，他无意让民族主义的声音在俄国媒体中传播，以至于影响他对政策的控制。但是他又进一步指出，公使们应当考虑利用媒体的煽动性文章来“使他国的内阁倾向于这样一个观点：时刻考虑我们目前遭遇的困难”。换言之，当他否认媒体影响他的决策的同时，他还看到敌对的媒体文章能够在国外被充分利用，以确保为控制外交协商留出空间。这些文件可能是最能揭示决策者和媒体之间关系复杂性的了。

在第一次巴尔干战争期间，萨佐诺夫的政策充满了即兴和游移不定的特质。10月底，他坚定地宣称，他支持奥匈帝国维持在巴尔干半岛领土现状的政策。然而在11月8日，萨佐诺夫却告知意大利政府，塞尔维亚进入亚得里亚海的权益必须被保障，他还自负地加了一句：“忽略事实是很危险的。”然而仅在三天之后，他就告诉哈特维希，在亚得里亚海岸成立独立的阿尔巴尼亚国家是“无法逃避的必然之举”，这次他又加了一句：“忽略事实是很危险的。”哈特维希接到命令，警告帕希奇如果塞尔维亚人的行动过于激进，俄国可能会被迫抽身而退，让他们自行处理问题。这是这位俄国部长十分不乐意看到的，他毫不掩饰自己的情绪。这条消息同时也被发往伦敦和巴黎。然而到11月17日，他却又在为塞尔维亚辩护了。伦敦和巴黎又收到消息，称如果他们对塞尔维亚发动进攻的话，俄国可能有义务对奥匈帝国进行军事干涉；这两个政府也发表了自己的观点："萨佐诺夫总是在改变他的立场。"1912年11月，英国大使乔治·布坎南称："他的悲观主义和乐观主义总是轮番登场，让人捉摸不定。""我曾不止一次责备萨佐诺夫变化多端的观点。"但是他继续指出，平心而论，这位俄国外交大臣"并不是其自由意志的履行者"，他需要考虑沙皇的意见，而后者当时受到圣彼得堡军方意见的左右。驻巴黎和德黑兰的前第三任秘书、就职于伦敦的外交部的罗伯特·范西塔特（Robert Vansittart）对这个问题做了简单的总结："萨佐诺夫先生是个悲哀的摇摆不定的人。"

巴尔干冬日危机

萨佐诺夫还在犹豫不决时，俄国统治阶层对巴尔干的态度渐显强硬。在巴尔干半岛各国动员其军事力量时，俄国决定在1912年9月30日举行军事演习。这表明俄国打算通过对巴尔干采取军事行动向维也纳示好。奥匈帝国总参谋部的报告显示，约五六万俄国预备役军人被纠集到波兰战线的华沙地区（紧邻奥匈帝国的加利西亚），预计后续还要召集17万人，用来在奥匈帝国边境建立一个大型的俄国军营。当被问及这些军事行动时，萨佐诺夫宣称他对此一无所知。与之相反，苏霍姆利诺夫坚称外交部完全知晓此事。无论萨佐诺夫是否参与了这个决定（两种可能都是可信的），军事演习（以及在巴尔干战争爆发后继续沿用这个策略的决定）标志着俄国与之前的保守政策告别。俄国开始拥护"实权"战略，即外交依靠武力威胁得以实现。在一封1912年10月10日写给科科夫佐夫的信中，萨佐诺夫评论道："我们可能需要英法的实质支持，只要这两个国家明白我们愿意承担多少风险。"在战争爆发前一年，他告诉伊兹沃尔斯基，只有军事上有充分的准备且利用"和平压力"，才能使俄国实现目标。这是与他的政策自相矛盾的地方。

俄国对巴尔干转向更加坚定的政策，也标志了科科夫佐夫与苏霍姆利诺夫的权力平衡发生了变化。1912年10~11月，在讨论1913年的军事预算期间，沙皇明显不再愿意支持科科夫佐夫的限制军事开支的号召。10月31日至11月2日，在召开一系列会议后，内阁同意增补军事贷款6 680万卢布。这个提议的发起者不是苏霍姆利诺夫，而是萨佐诺夫，他在 10 月 23 日给科科夫佐夫写信称，他想提高军备实力以对抗奥匈帝国或者奥斯曼帝国。科科夫佐夫别无选择，只能将该信传达给苏霍姆利诺夫，由他正式申请提高贷款。这是削弱科科夫佐夫地位的关键步骤：首相无权否决由外交大臣和陆军大臣提出、由沙皇在幕后支持的提议。11 月 5 日之后，沙皇批准了一条法令，推迟俄军高龄入伍者返乡时间，因此，服役期延长之后的预备役人数增长到 40 万人。根据从圣彼得堡传到法国的信息，前线部队力量仅比战时水平低一点点。这些策略还有其他措施辅助：派遣一些队伍前进至邻近奥匈帝国的加利西亚边界、优化武装设备、保证足够储备。雅科夫 · 日林斯基（Yakov Zhilinsky）参谋长告诉法国军官，所以这一切的目的是保证“我们可以……迅速应对各种可能发生的事件”。

使冲突扩大的决定性事件发生在 1912 年 11 月的第 4 周，陆军大臣苏霍姆利诺夫以及其他司令积极说服沙皇颁布动用部分武力针对奥匈帝国的命令。科科夫佐夫回忆道，有人在 11 月 22 日告诉他，沙皇要在第二天早晨召见他和萨佐诺夫。当他们到达的时候，他们惊愕地发现军事会议已经决定，在紧邻奥匈帝国的基辅和华沙军事区进行武装召集。看来苏霍姆利诺夫前一天就想进行武装召集了，但是沙皇因为要先征求相关大臣的意见，因此推迟颁布命令。科科夫佐夫被军方这些蛮不讲理的小动作激怒，他指出该提议是愚蠢的：对奥匈帝国的小范围动武毫无意义，因为德国有义务在奥匈帝国受到攻击时协助他们。那法国这边呢？由于当下还没有和法国商量，突然动武很可能迫使俄国独自面对这愚蠢的结果。此外，该行为还违反了宪法：科科夫佐夫认为，苏霍姆利诺夫没有权力在未征求外交大臣的意见前，向沙皇提出这样的建议。尼古拉二世支持了科科夫佐夫观点，并同意撤销陆军大臣的命令。在这次事件中，萨佐诺夫选择站在首相弗拉基米尔 · 科科夫佐夫一边，支持撤销该提议，因为从政治角度看，它毫无意义；从战略角度看，它极不可行，而且还存在危险。这也是俄国“联合政府”的最后一次发力。

但是，在 1912~1913 年冬季危机时，萨佐诺夫事实上是支持对奥匈帝国动武的。也是这个政策使得俄奥边境成为“外交风暴中心”。在 11 月 23 日，平民和军官之间就动武问题发生对峙之后，事情出现了转机，但是圣彼得堡总归还是支持战争的。12 月中旬，陆军大臣苏霍姆利诺夫向内阁提出了一系列措施：增强基辅和华沙军事区的边境骑兵团军力、召集预备役进行训练、增强边境部队战斗能力、运输马匹到边境区域、强化军事防卫以及禁止出口马匹。如果这些措施得以实施，则可能直接把冬季危机推至战争——一场波及全欧洲的战争在所难免，因为法国政府当时正敦促俄国加快对奥匈帝国进行制裁，并承诺在德国参与军事冲突时对俄提供帮助。但是这对于萨佐诺夫来说有些过头了，他再一次与科科夫佐夫站在同一战线，拒绝苏霍姆利诺夫的提议。这次，和平支持者仅获得了部分胜利：召集步兵预备役以及马匹出口禁令因为过分具有煽动性而被拒绝，但是其他措施仍然得以继续实施，此举自然会令维也纳的奥政府不安。

从历史上来看，1912 年 12 月的最后一周，萨佐诺夫提出将加利西亚边境的部分俄军撤离（但是是在奥军先撤退的前提下）看起来更像是在进一步威胁恫吓，而不是真正努力缓和危机、避免战争。如果奥匈帝国不顺从，俄政府会再一次加速恫吓的步伐，并指出有可能进一步公开放宽征兵年龄上限，这将引起战争恐慌。萨佐诺夫甚至在 1913 年 1 月初告知英国大使乔治 · 布坎南，他有个“召集军事力量到奥匈帝国边境的计划”并计划征集更多军队。关于在基辅军事区征兵及俄对奥下最后通牒的讨论（这次是萨佐诺夫，而不是苏霍姆利诺夫）又重新提上了日程。

俄奥武装僵局的结果对双方来说都是痛苦的：在维也纳，边界冲突给原本财力薄弱的皇室带来巨大的经济负担。此外，捷克、塞尔维亚以及其他少数民族预备役士兵的忠诚度也受到质疑。如果时局持续高度紧张，他们中的很多人将失去原有的工作。俄方同样也有质疑边境军队的可靠度的问题，那些被召集来扩充和平时期加利西亚边境的军力逐渐产生反叛心理，他们要求要么即刻开战，要么撤退兵力。财政部及科科夫佐夫也抱怨维持预备役军队带来的财政负担。尽管一般说来财政问题对于俄方并不是主要问题，但是维也纳则不然，他们的大臣们十分担心其财政控制会彻底崩溃。科科夫佐夫成功地缓和了冲突，并说服沙皇不要继续采取进一步可能引发冲突的行动。

在这次事件中，奥匈帝国首先做出了让步，从 1 月底开始逐渐减少边防部队的军力。2 月及 3 月，贝希托尔德又对贝尔格莱德进一步做出妥协。2 月 21 日，弗朗茨 · 约瑟夫一世提议大规模减少加利西亚的兵力，尼古拉二世批准了这个提议，并允许被召集的年长士兵返乡。3 月的第二周，边境双方的驻军大规模减少，并告知公众冲突正式得以缓和。

1912~1913 年的巴尔干冬日危机结束后，大家都松了一口气。但是一般看来，这次危机改变了维也纳政府和圣彼得堡政府的政策。奥匈帝国的决策者开始习惯于一种更为军事化的外交风格。在圣彼得堡则出现了战争派，该派别中最核心的成员有尼古拉・尼古拉耶维奇（Nikolai Nikolaievich）和彼得・尼古拉耶维奇（Pyotr Nikolaievich），他们都是高级军事将领，都迎娶了黑山公主。驻圣彼得堡的比利时大臣在 1913 年年初写道："帝国的和平主义者不能（在庭上）劝服那些宣称不可能早于奥匈帝国撤退的人。"主战的观点获得支持，不仅是因为沙皇（间接）、高级陆海军将领站在这一边，还因为一批有影响力的民事大臣同样鼓励这种态度，其中最重要的是农业大臣克里沃舍因。

克里沃舍因是俄国政坛最活跃、最有趣的人物之一，他是个对扩展政界网络得心应手的人：睿智、世故、敏锐，并且拥有一种能够恰当结交朋友的过人天赋。年轻时，他就因善于结交能帮助他登上较高职位的高官子弟而闻名。1905 年，他混入了沙皇的秘书 D・特列波夫（D. Trepov）的社交圈（1905 年秋是沙皇启用私人秘书的唯一时期）。至 1906 年，尽管克里沃舍因还是没有任何固定官职，但他依然被皇家所接受。他也因此变得非常富有，还娶了纺织帝国后代莫罗佐夫家族的成员。通过这段联姻，他可以与莫斯科工业经营层保持密切的联系。

克里沃舍因的政治天赋源于他作为俄国人在波兰生活的幼年时光，他是在华沙出生长大的，这片土壤是孕育俄国民族主义者的温床。引用一位高级官员的原话来说，在波兰西部省份的俄国官僚"就像个封闭起来的营队，他们的想法总是会向国家权威靠拢"。1905 年之后，西部地区成了杜马民族主义者的一个落脚点。掌握对外政策一开始并非克里沃舍因的拿手好戏，他是斯托雷平式的农业与管理革新者。他觉得跟外国人交流有困难，因为他不像大多数和他同阶层的俄国人那样能够流利地说德语或法语。但是，当他作为一颗政治新星冉冉升起时，他也旋即拥有了控制外交的野心——当然这也是最重要的政府事务。此外，1908 年 5 月，他被任命为土地使用管理以及农业大臣，他的地缘政治权利范围比他的头衔所体现出的还要多。克里沃舍因的部门参与扩展俄国在远东地区的殖民地，因此他特别关注俄国远东和中国满洲的边境安全问题。就像很多以西方马首是瞻的政治家一样，克里沃舍因偏

亚历山大 · 克里沃舍因

向于与德国保持友好关系。他不赞成伊兹沃尔斯基将波黑归为奥匈帝国属国的观点，也拒绝外交大臣所呼吁的对三国同盟进行“报复”的看法。

但是，在1914年夏季来到的几年以前，克里沃舍因经历了一次转变。他的一位强有力的导师斯托雷平突然被害身亡，联合政府变得毫无头绪。克里沃舍因开始更加努力地扩大杜马以及公众中的民族主义者圈子。在1912~1913年巴尔干冬季危机期间，他支持苏霍姆利诺夫在巴尔干地区的激进政策，并把“停止对德国人唯唯诺诺”、让大家信任俄国人民以及他们对祖国长久的爱作为依据。1913年春，他领导了一场获得高票数的竞选，以修改当时俄德税费协议条款。谢尔盖 · 维特和科科夫佐夫于1904年与德国签订的该协议；1913年，在俄国政界被广泛接受的一个观点是：该协议允许“狡猾、冷漠的德国企业家”从“头脑简单的俄国农业工作者”身上剥削“贡品”。这次明显是反对科科夫佐夫农业政策的竞选激起了德俄媒体间的争执。克里沃舍因的儿子在日后回忆，当时，那场争执越演越烈，俄国同德国的关系也越发恶化，但与此同时，克里沃舍因却成为法国使馆的宠儿，在那里，人们能经常看到他和他法国朋友圈的新朋友在一起。

克里沃舍因追求强硬外交政策的热情也反映了他对寻求能够将社会和政府联结起来的时机的渴望（对伊兹沃尔斯基和萨佐诺夫而言，这同样重要）。克里沃舍因以及他的部门能够在政府和官方机构中脱颖而出，是因为他们与区域地方选举议会以及很多民事社会组织紧密合作。1913年7月，他在基辅举办了一场农业展并做了一个简短的且在日后变得非常知名的讲话。在该讲话中，他宣称，俄国只有在“我们”（即政府）和“他们”（即社会）之间没有不利分歧时，才能实现富裕、和谐。简言之，克里沃舍因代表了一种在对外事物上可怕的技术治国的现代主义、民粹主义、耕地区域主义、议会普及化以及渐强的鹰派观点的结合。至1913年，他毫无疑问是最擅长社交以及最有权力的民政大臣。难怪科科夫佐夫绝望地在大臣会议上谈及他的“孤立感”与“彻底无助”，很明显大臣会议是要逼他下台。

支持保加利亚，还是塞尔维亚

萨佐诺夫以及他的同僚最终不得不面对一个战略抉择：俄国应该支持保加利亚还是塞尔维亚？这两个国家中，保加利亚显然在战略上更加重要，它位于黑海，而且地处博斯普鲁斯海峡，这使得它成为俄国的一个重要伙伴。在1877~1978年俄国和奥斯曼帝国的战争中，奥斯曼帝国军队的失败为建立保加利亚紧急自治州创造了条件，该州名义上隶属奥斯曼帝国，实质上受俄国监管。因此，保加利亚在历史上一直是俄国的属国。但是保加利亚从来没有像俄国期待的那样，做个听话的属国。保加利亚的亲俄派和亲欧派不停争夺外交权，一直到现在还没有停止；统治阶层利用该国具有战略敏感性的地理位置，不断地向不同的势力表达自己的衷心。

萨克森–科堡和哥达–科哈里家族的费迪南德即位统治保加利亚后，这种混乱局面更加显著。1885~1918年，费迪南德首先作为王子君临，后来成为国王。他在亲俄和亲德的内阁派系间掌控着大局。保加利亚君主“一直定下规矩，自己不准确定地倾向于任何事情的一边，”乔治爵士日后回忆道，“一个投机者只会考虑他自己的利益，他通常……先谄媚地与一个国家搞好关系，然后是另一个……”1908~1909年的波斯尼亚兼并危机令保加利亚与俄国的关系急速恶化，因为费迪南德决定暂时与维也纳联盟，利用这个契机弃置《柏林条约》（该条约将保加利亚定义为附属于奥斯曼帝国的自治公国），宣布保加利亚的统一与独立，并且在保加利亚古都特尔诺沃举办了一场盛大的仪式，还自立为沙皇。伊兹沃尔斯基对保加利亚的不忠表示吃惊，并警告保加利亚，他们不久将为自己对朋友的背叛付出代价。这场胜利十分短暂，而后果也十分恼人：保加利亚和奥斯曼帝国关于独立问题的谈判失败后，奥斯曼帝国开始在保加利亚边境集结兵力，保加利亚向俄国求助后，一切才得以平息。通过俄国的调停，保加利亚和奥斯曼帝国签署独立协议，维持一段时间忠诚的协约伙伴关系。

但是，即使是最亲近保加利亚的俄国政客也认识到，跟保加利亚关系的维持同样需要考虑到塞尔维亚的利益，尤其是在波斯尼亚兼并危机之后——该危机在俄国公众中激发了支持塞尔维亚的情绪。1909 年 12 月，由于急于在巴尔干半岛重建据点，俄国战争部起草了一份秘密协定，开展俄国–保加利亚联合行动，以共同对抗哈布斯堡王朝、罗马尼亚或是奥斯曼帝国，并向保加利亚保证马其顿和多布罗加（罗马尼亚边境有争议区域）的领土完整。但是，在伊兹沃尔斯基的指示下，该条约被搁置，因为它很大程度上伤害了塞尔维亚的利益。驻贝尔格莱德的哈特维希鼓励塞尔维亚人对抗奥匈帝国，并且代表塞尔维亚人去挑衅俄国，因此，对塞尔维亚还是保加利亚的选择问题上，矛盾越发显著。

1910 年 3 月，塞尔维亚和保加利亚的代表前往圣彼得堡，进行为期两周的高层对话。保加利亚要求俄方放弃塞尔维亚，坚决维护保加利亚，即只有在此前提下，才会形成一个稳定的巴尔干国家联盟。保加利亚首相马利诺夫告诉伊兹沃尔斯基，俄国不可能同时建立一个大保加利亚国和大塞尔维亚国：

> 一旦你决定为了你们自己的利益和我们站在同一边，我们很容易和塞尔维亚解决马其顿问题。只要塞尔维亚政府认识到这点，你们最好摆明立场让他们认识到这点，如此一来塞尔维亚就容易妥协多了。

保加利亚人刚刚离开、塞尔维亚人的彼得国王后脚就跟着来了。彼得在沙皇的宫廷上要比狡猾的、因塞尔维亚事件对俄施压的费迪南德受欢迎得多。他获得了非常重要的保障：俄国不再授予保加利亚优先权。俄国在马其顿问题上对保加利亚长期以来形成的支持名义上依旧存在，但实质上，伊兹沃尔斯基承诺他也会找到“保障塞尔维亚利益和权利”的方法。首先就是（这是个令塞尔维亚外交部振奋的消息）俄国现在承认部分马其顿领土归属塞尔维亚。

在俄国看来，巴尔干联盟政策的优势之一就在于它能够结合两种选择之间的矛盾——至少当下可以。一旦塞尔维亚–保加利亚在 1912 年 3 月缔结的联盟找到双方看似都可以接受的马其顿问题的解决方法，那么这样的联盟就可能成为俄国控制巴尔干半岛的长久手段。俄国仲裁争议区的条款看似是在保护俄国在半岛上的特殊地位，并创造出一套能够管理、化解双方冲突的机制。

保加利亚军队对君士坦丁堡毫无前兆的突袭引起了圣彼得堡的恐慌。萨佐诺夫强烈要求保加利亚要足够“理智”、谨慎，并且“在对的时机停手”；由于怀疑法国要求保加利亚占领奥斯曼首都，他的警告显得更加重要了。这种情绪在保加利亚进攻失败后得以缓解。战后，俄国专注于在两个胜利国之间调停，在符合1912年3月条约条款的情况下，使两国停战和解。但是塞尔维亚拒绝撤离已经获得的领地，而保加利亚又不同意放弃对该区域的所有权，调停事实上是根本不可能的：保加利亚声称调停的依据必须是1912年3月的条约，而塞尔维亚政府认为实际发生的事情已经令该条约无效。巴尔干半岛诸国正如尼古拉二世说的，就像“表现良好的孩子”却“长大变成了烦人的小混混”。

萨佐诺夫起初倾向保加利亚，对塞尔维亚不撤出占领地进行谴责。但是，在1913年3月底，俄外交大臣改为支持塞尔维亚且强迫保加利亚做出让步。当他得知保加利亚即将召回其驻贝尔格莱德大使安德烈·列普切夫时，萨佐诺夫感到无比愤怒，并且谴责保加利亚是在维也纳的指示下行事，由于他们“对俄国以及斯拉夫民族的无理”，保加利亚正自己走向“毁灭”。最后，保加利亚同意不召回列普切夫，争执才得以平息，但是俄国却在进一步考虑疏远保加利亚。在萨佐诺夫重复警告任何挑起下一场战争的人都要付出惨痛的代价后，保加利亚在6月29日发动的战争为俄疏远保加利亚推波助澜。（但是俄国其实也参与其中，哈特维希让尼古拉·帕希奇无论如何不能主动带头，要等保加利亚先发起攻击。）

与此同时，俄国对罗马尼亚的政策也在发生变化。在第一次巴尔干战争期间，萨佐诺夫曾向罗马尼亚请愿，确保罗马尼亚不会对保加利亚的任何领土进行突袭，他指的是多布罗加——两个国家的争议边界区域。与此相反的是，1913年夏初，塞尔维亚与保加利亚关于马其顿区域协议破裂后，萨佐诺夫则告知罗马尼亚，如果罗马尼亚干涉塞尔维亚—保加利亚战争中侵略的一方，俄国将不会采取行动。这是至此为止最明确的反对保加利亚的行动，这令俄国立场空前明确。

圣彼得堡财政上的起色强化了其站在支持塞尔维亚一方的立场。根据卡耐基基金会对巴尔干战争的起因及经过的调查，在第二次巴尔干战争之后，参战国就像“寻求借钱用于还债、重建军事和恢复生产力的乞丐”一样。保加利亚的状况最糟糕，刚与四国交战，其人力、财力都损失惨重（第二次巴尔干战争期间保加利亚死亡人数达9.3万——比4个帝国死亡人数总和都多）。在1913年7月17日新任职的

自由党首相瓦西里 · 拉多斯拉沃夫（Vasil Radoslavov）的统领下，保加利亚政府寻求一笔巨额贷款。维也纳第一个做出反应，10 月底预付 3 000 万法郎，但是这些数额都不够保加利亚政府继续偿还自己的债务。尽管保加利亚承诺把达达尼尔海峡转让给俄国作为其管辖地，俄政府依旧不愿伸出援手。萨佐诺夫认为，只要是对俄有敌意的拉多斯拉沃夫执政，俄国就不能给予保加利亚经济援助。俄国无论如何都不能给予保加利亚所需要的贷款额度，尽管它希望如此。此外，也是更重要的，可以通过这个方法对持有大量金融资本的法国施压，令其跟俄国站在统一战线，不给予保加利亚支援。

法国人并不需要太多的劝说，他们在奥匈帝国与塞尔维亚"猪肉战争"之后，就出于政治动机给塞尔维亚提供资金支持。国际放贷是法国的一种成熟且高效的外交手段。驻索非亚的法国大臣安德烈 · 德帕纳菲厄（André de Panafieu）在 1914 年 1 月 20 日的一篇报道中观察到，只要塞尔维亚和奥匈帝国和平相处，想出拒绝保加利亚贷款的理由很容易，他也因此明白了金钱和外交政策之间的关系。但是很明显，如果萨佐诺夫过度运用这个政策，可能会起到反作用。新任俄国大臣亚历山大 · 萨温斯基（Alexander Savinsky）于 1914 年 1 月被派去索非亚，他的任务是防止保加利亚投靠日耳曼一方。从在索非亚的俄国外交大臣那边得到警告称，如果拒绝贷款，保加利亚就会向德国人借钱购买奥匈帝国的武器。在争议的压力之下，伊兹沃尔斯基求助于法国，使得法国外交部从 2 月开始便考虑给保加利亚提供贷款，但是条件却极其苛刻，比如要求资金只能用于购买法国的军备和军需用品。

可想而知，是德国救了保加利亚。3 月中旬，德国政府同意以政府的名义向保加利亚提供贷款。这并不代表德国打算把保加利亚拉入长期的三国同盟，夏季，德国同样以优惠的条件贷款给塞尔维亚。当塞尔维亚拥有很高的信用额度，并不需要接受任何令协约国对其忠诚起疑的任何贷款时，保加利亚陷入绝望。当俄国和法国政府得知柏林与索非亚之间接洽后，最后一搏试图阻止贷款继续进行。萨温斯基在保加利亚亲俄媒介上发表了鼓舞人心的文章，并不断督促萨佐诺夫对保加利亚进一步施压。在最后一刻，法国一家专门给拉丁美洲和亚洲提供贷款的银行Périer & Cie银行为其提供了贷款：5 亿法郎、5%的利息。基本是俄方通过伊兹沃尔斯基在巴黎斡旋获得的Périer银行提供的贷款，银行规定俄国作担保方，即如果违约，俄国需要承担保加利亚的债务。其目的是将巨额贷款和政治依赖性结合起来，以加强对巴尔干协约国的影响：计划劝服保加利亚接受贷款，日后再给他们施压以更换政府。但是Périer银行提供的贷款资金到位过晚（1914年6月16日），并未成功改变局面，最终还是经过几轮交涉、确保条件改善之后，德国提供的贷款获得了胜利。在这场喧嚣和混乱中，德国的“一揽子”财政（如果用词得当的话）于7月16日在保加利亚国民议会上得到通过。事实上，该法案既未被宣读，也未被讨论，更没有经过投票表决。在会议结束时，政府只是宣布议会通过了该法案。反对党指责政府出卖国家，并将“书本、墨水瓶扔向大臣们”。大家看见首相拉多斯拉沃夫维护秩序并挥动左轮手枪。贷款成了联盟的一个危险的工具。通过国际借贷武装自己虽然不是什么新鲜手段，但是在这种情形下，保加利亚被迫和三国同盟政策联系在一起，就像塞尔维亚融入了协约国政治体制一样。

巴尔干发生的事情不过是对“忠诚”这一传统概念进行逆转。过去，俄国支持保加利亚，而奥匈帝国管辖塞尔维亚和罗马尼亚。到1914年，这样的安排彻底调转。罗马尼亚也参与其中，1913年夏初，萨佐诺夫还在塞尔维亚与保加利亚的战争中邀请罗马尼亚政府加入保加利亚一方。当时时机已经成熟，因为罗马尼亚正因奥匈帝国示好塞尔维亚而感到愤怒，罗马尼亚国王卡罗尔也因为奥匈帝国反对签署作为他个人外交政绩的《布加勒斯特条约》而感到愤怒。俄国和罗马尼亚于1914年6月14日正式恢复邦交，当时沙皇在罗马尼亚黑海岸康斯坦察拜访国王卡罗尔。这是个象征性的仪式。到场的从沙皇手中接过奖章的唯一一位外国代表是法国驻罗马尼亚大臣卡米耶·布隆代尔（Camille Blondel）——他前不久刚从塞尔维亚国王彼得那里获得一枚高级奖章。奥匈帝国驻布加勒斯特大臣奥托卡尔·切尔宁（Ottokar Czernin）也参加了庆典，他把这一天形容成罗马尼亚“向三国协约”的完美转型。

事情的结果就是奥匈帝国对巴尔干半岛的政治影响进一步被削弱。罗马尼亚的民族统一主义逐渐偏离比萨拉比亚地区（因为它与俄国有利益冲突），然后趋向特兰西瓦尼亚地区，这种趋势阻碍了哈布斯堡王朝的一体化。当然，对罗马尼亚一些意愿的限制也成了俄国的目标。当萨佐诺夫询问罗马尼亚首相及外交大臣伊恩·布勒亚努（Ion Brătianu），“在俄国和奥匈帝国爆发武装冲突，俄国必须发起战争时”，罗马尼亚会有什么样的态度，布勒亚努“面露惊色”，并给出了个“搪塞的回答”。

但是，当被进一步施压时，布勒亚努还是承认罗马尼亚和俄国在防止“任何削弱塞尔维亚的行动”方面有着共同利益。对于萨佐诺夫来说，这就足够了。因此，俄国与罗马尼亚恢复邦交造就了（援引自法国内阁一份报告）一种俄国给奥匈帝国施压的新手段。但是巴尔干地缘政治重组的最显著特点是它成形之快。这不是需要数年才能消失的长期现象，而是针对地缘政治环境更改的短期调整。1913 年 11 月，萨佐诺夫告诉在圣彼得堡的比利时大臣，保加利亚现阶段倾向奥匈帝国很可能只能维持很短的时间——这是一个由狡诈的费迪南德国王支持的特殊国会小集团的杰作，“对于他，我们完全没有敬重”。等时机到了，新的巴尔干联盟很可能很快又有进一步的调整或者形成新的体系。重要的是，在 1914 年夏，这种特殊结盟模式还在运作。

塞尔维亚现在是俄国在巴尔干地区的傀儡了，这种形式既不必要也不自然。1909 年，埃伦塔尔指责俄国即使在塞尔维亚不牵涉各国利益时期，依旧做塞尔维亚保护者的“疯狂主张”。他是有道理的。俄国声称做它在巴尔干的东正教“孩子”代表的行为，无异于一个民粹主义者为弱化奥匈帝国的政策辩护，它想要获得更多本国人的支持，以及确保自己在邻土耳其海峡的巴尔干内陆的霸权。泛斯拉夫主义学说可能在俄国民族主义媒介那边很受欢迎，但它也同希特勒的生存空间概念一样，不能为政治行动提供合法依据。此外，这个政策也没有保持其一致性，因为保加利亚人也是东正教派的斯拉夫人，而罗马尼亚人虽然信仰东正教，但不是斯拉夫人。俄国对塞尔维亚的承诺是出于霸权政治，而非泛斯拉夫主义。它令巴尔干两大势力变得极其不平衡，因为奥匈帝国在那里没有可以与俄国盟国相比的盟国。

虽然很难量化，但是不可否认俄国结盟塞尔维亚所带来的刺激效应。1914 年 2 月，当帕希奇访俄回国后，由于沙皇对他的偏爱，呈现出一种“完全如痴如醉、触及灵魂”的状态：

> 从沙皇的每一个字（帕希奇告诉哈特维希），我都能感受到陛下对塞尔维亚的仁慈；对于我们来说，这是俄国对我们坚定不移的忠诚给予的无价的奖赏，在外交政策上，我们都毫无二心地跟随着俄国。沙皇的友好在我们看来也是对塞尔维亚光明的未来的保障，如果没有俄国强有力的援手，塞尔维亚不可能克服由充满敌意的毗邻国家制造的困难。

圣彼得堡收到的从斯帕拉伊科维奇那里发出的急件也显示出对方因为获得了俄国的支持而充满自信。沙皇“公开表示对塞尔维亚的偏爱”，斯帕拉伊科维奇在1914年1月21日与俄国统治者会面后报告：“并向我保证全俄国都是如此，尤其是在有决定权的区域。”“全俄媒体都支持塞尔维亚！”他于3月27日宣布。保加利亚媒体对塞尔维亚的批评受到了俄国媒体的强烈敌视。“曾经是保加利亚人对俄国媒体有影响，现在轮到我们了。”他宣称，“只有一家*Rech*报不那么友善，近几个月，它发表了一些批判塞尔维亚政府在新占领的马其顿地区的行为的报告。”但是这些负面报道对俄国官方关于新占领省份的看法没有影响，这很令人欣慰。斯帕拉伊科维奇与萨佐诺夫的代表涅拉托夫谈过，斯帕拉伊科维奇认为俄国外交部对塞尔维亚在兼并区域的出色表现印象深刻，他们愉快地谈及塞尔维亚如何修好公路，重建楼宇，“时间之短，令人都无法认出它们”——此处完全没有提及驱逐及屠杀。

法国驻贝尔格莱德公使M·德斯克斯（M. Descos）记录了塞尔维亚王国的这种新的自信。在报告帕希奇在国会的演讲时，他注明，政府现阶段“和平政策”的关键是确保塞尔维亚有机会“强化军队、扩展盟友以及力求在新发生的事件中表现最好”。值得注意的是，“帕希奇，一个通常表现得谦逊的人，却想将自己归于巴尔干事件中的权威人物——可能他认为塞尔维亚统治的时机已经到了”。德斯克斯还补充说，塞尔维亚领导者“跟俄国大臣关系如此亲近，很难区分究竟是俄国人还是塞尔维亚人的想法在控制着局面”。确认了塞尔维亚的身份和俄国的利益之后，塞尔维亚执政者纷纷转而准备接受俄国的激励。例如，1912年年底，俄国驻维也纳大使向圣彼得堡抱怨塞尔维亚大臣与奥匈帝国过度交涉。结果就是俄国外交部给帕希奇发函，要求塞尔维亚避免与奥匈帝国“所有过度公开的讨论”，以免引起“塞尔维亚与维也纳签署特殊协议的流言蜚语”。帕希奇对此做出的反应是给他的代表发出一封仅有“小心”二字的电报，并且是当着俄国公使哈特维希的面写的。哈特维希在1914年1月的贺年信中向萨佐诺夫保证道，“他们当然会听我们的指示。”

奥匈帝国的麻烦

《时代周刊》的驻地记者威克姆·斯蒂德1912年10月17日在维也纳报道称：

“巴尔干大战真正开始，这一历史性时刻的严肃气氛可以在这里感受到。无论战争进程如何，情况必定发生巨变。”因为巴尔干发生的冲突比任何国家都要紧急、严重。联盟国家让人猝不及防的胜利令奥匈帝国面对一系列交织在一起的问题。首先，事实证明，奥匈帝国的巴尔干政策现在已经彻底破灭、无法挽回。维也纳的行动准则，即永远把奥斯曼帝国作为整顿该区域的核心问题，至此也变得无关紧要。现在需要的就是迅速的随机应变。1912年夏，“保持现状的保守主义”不得不被摒弃，当前情况下催生了一个新计划，主要用来控制巴尔干的局势变化、以将其对奥匈帝国的损害降到最低。他们允许塞尔维亚侵占土地，但是他们必须保证今后好好表现，像有组织的经济合作就会比较受欢迎（奥匈帝国政府解决这个问题的方法比旧的关税联盟要慷慨得多，同时他们还派遣代表团到贝尔格莱德去提出条款）。另外，塞尔维亚在任何情况下都不能为了扩展其在亚得里亚海岸的边界获得许可。原因是塞尔维亚港可能很快就在外国势力（俄国）的控制下了。这样的理解听起来牵强附会，但是它获得了极度亲奥的贝尔格莱德“无冕之王”哈特维希的信任。

维也纳坚持：为了维持现有政策，阿尔巴尼亚必须成立并且成为一个独立的国家。在“巴尔干国家为巴尔干人民”的宣传口号下，这个政策成了阻止塞尔维亚侵略亚得里亚海域的后备方案，因为所有塞尔维亚想侵占的港口都不可避免地处于阿尔巴尼亚境内。这项政策的宣布激起了帝国范围内支持塞尔维亚派系的反对声音，1912年11月，在萨拉热窝举行的波斯尼亚会议上，塞尔维亚代表做出了一项决议，认为塞尔维亚军队的“牺牲与胜利”证明了“令阿尔巴尼亚重归塞尔维亚”是合理合法的，并抱怨奥匈帝国不断挑衅南斯拉夫的“自主权”之苦，同时把原因归于“未开化的阿尔巴尼亚人”。但是，对于欧洲政权，贝希托尔德计划看起来像是对巴尔干发生的剧烈变化的一个温和回应，甚至萨佐诺夫都站到支持阿尔巴尼亚独立的一方了。

手中握有王牌的是塞尔维亚。到1912年10月底，塞尔维亚军队已经挺进至海岸，一路上惩戒性地杀死野蛮的阿尔巴尼亚反抗者。一系列的小型挑衅进一步僵化了双方的关系：塞尔维亚阻断奥匈帝国领事的信件，干扰其他领事间的交流，也有报告称有领事被逮捕或者绑架。比如，奥匈帝国驻米特罗维察的领事就被塞尔维亚军队关禁闭关了4天，这究竟是如塞尔维亚当局宣称的那样保护对方的人身安全，还是说像领事自己要求的那样——“这样他不用见证本地阿尔巴尼亚人被‘驱逐’”？在恐慌中，奥匈帝国外交部试图做另一番尝试，让情况朝对自己有利的方向发展。当证实无法与奥匈帝国驻普里兹伦领事奥斯卡·普罗哈斯卡（Oskar Prochaska）取得联系后，维也纳流传他被塞尔维亚人绑架并阉割。外交部调查并发现，虽然他确实被捕（有人伪造称他煽动土耳其人进行反抗），但是被阉割的流言是假的。外交部没有抑制谣言传播，反而允许其流传一两周，以最大化首都人民的愤怒。普罗哈斯卡几周后完好无损地出现在公众面前。这个计谋事与愿违，产生了很多攻击性言论。普罗哈斯卡事件是个不大也不聪明的舆论控制实践，它也成为宣称奥匈帝国总是用假造文件和伪造指控为自己辩护的人的把柄。

阿尔巴尼亚问题曾经一度看起来会激起欧洲边界的争端。至1912年11月中旬，黑山和塞尔维亚军队占领阿尔巴尼亚北部地区，包括阿莱西奥以及海港城圣乔瓦尼–迪梅杜亚和都拉斯。一大批黑山军队包围斯库塔里城，有3万阿尔巴尼亚人居住于此。事实上，这种侵略已经威胁到维也纳的政策。贝希托尔德继续坚持建立一个独立的阿尔巴尼亚，并且驱逐所有占领军。但是黑山人和塞尔维亚人拒绝交出他们在阿尔巴尼亚的领地。维也纳决定，如有必要将用武力驱逐侵略者。但是俄国在与奥匈帝国交界的边界处召集军队演习也表示俄国可能愿意武力支持其委托人。11月22日，黑山共和国国王尼古拉通知奥匈帝国驻采蒂涅大使：“如果帝国试图武力驱逐我，我会战斗到最后一兵一卒、一枪一炮。”

整个1912~1913年的冬季至春季，阿尔巴尼亚问题一直困扰着欧洲政治。1912年12月17日，该问题由在伦敦举办的、由爱德华·格雷任主席的强国大使会议第一次会议提出，以寻求解决巴尔干战争问题的办法。大使们一致同意在各国共同担保下，建立一个中立、自治的阿尔巴尼亚国家。萨佐诺夫（在经历了稍许动摇之后）同意了阿尔巴尼亚的自治，但是划定这个新国家的国界是个有争议的问题。俄国要求普里兹伦、佩奇、迪勃拉、达科维卡和斯库台应该归属塞尔维亚和黑山，而奥匈帝国希望这些地方属于新阿尔巴尼亚。为了平息与俄国的争议，奥匈帝国最终做出让步，同意把大部分争议地区划归给塞尔维亚，这个提议一开始并不是由贝希托尔德提出，而是由他派去伦敦的大使门思多夫伯爵提出的，门思多夫伯爵和俄国大使贝肯多夫伯爵在会上做了很多消除双方对立观点的工作。至1913年3月，阿尔巴尼亚与塞尔维亚边界问题至少在理论上是基本解决了。

但局势仍然持续紧张，因为还有10万塞尔维亚军队驻扎在阿尔巴尼亚。直到4月11日，塞尔维亚政府才宣布撤军。国际焦点继而转向黑山，其军队依旧包围着斯库台并拒绝撤离。尼古拉国王宣称，只有强国们直接攻击黑山领土，让它“光荣战退”，它才会愿意撤军。很难说他究竟是认真的，还是只是在取笑国际共同体。4月22~23日晚，于阿尔巴尼亚出生的斯库台总指挥埃萨德·帕夏·拓普塔尼（Essad Pasha Toptani）投降并撤离。黑山的旗帜飘扬在城市及要塞上空，黑山和塞尔维亚都欣喜若狂。荷兰驻贝尔格莱德大使称，斯库台的投降令塞尔维亚首都陷入“难以言表的欢乐”，全城挂满旗帜，所以商店都关门，两万狂欢者在俄国使馆外庆祝。

当从伦敦寄来的要求黑山撤离的联合信函被忽视之后，国际共同体一致同意在大使会议的下一次会议（计划于5月5日）上讨论联合政权的应对之道。与此同时，奥匈帝国开始准备在外交手段失败后针对黑山侵略者采取单方面行动。俄国会对奥匈帝国军事行动做出何种反应还不清楚。至1913年1月末，俄国及其外交部对鲁莽的黑山国王失去耐心。尼古拉国王可能认为他的行为符合斯拉夫民族的利益，因此会获得俄国全心全意的支持。事实上，俄国外交部把他看作一个做事不顾后果的人，他的行事目的仅仅是让自己在国内享有盛誉。1913年4月，俄国外交部采取了非同寻常的手段，公开声明否定尼古拉以及他对斯库台的处理方法。在这份声明中，萨佐诺夫（虽未提及，但众所周知他就是作者）指责媒体对该问题愚蠢的处理方法，并指出尼古拉对斯库台没有控制权，该市“完全属于阿尔巴尼亚”。因此，俄国准备好接受几个国家的联合提议。但是当斯库台危机到了紧要关头，萨佐诺夫也警告说公众舆论可能强迫他在奥匈帝国单独行动时采取武力干涉。布坎南在圣彼得堡报道：“政治前景空前黑暗。”

问题存在数月之后，突然消失了。5月4日，在伦敦大使会议举办的前一天，尼古拉国王宣布他把“斯库台的命运交给强国联合体”。随后，该城就分给了阿尔巴尼亚。1913年5月30日，各方在伦敦签署了一份和平条约，正式宣布第一次巴尔干战争结束。7月29日，在会议的第54场中，大使们确认阿尔巴尼亚成为一个独立的国家，虽然近一半的阿尔巴尼亚领土（尤其是科索沃）是在伦敦达成一致、确定的国界之外。

伦敦签署的和平协议墨迹未干，巴尔干地区却再一次爆发战争。这次是由瓜分战利品之事引起。1913 年 8 月 10 日签署的《布加勒斯特条约》把马其顿东南的一些新的区域分给了塞尔维亚，因此扩大了其王国的领土：与 1912 年前相比扩大了近 100%，并且使其增加了 64% 的人口。维也纳陷入混乱，不知道如何应对这个新局面。1913 年夏，关于阿尔巴尼亚与塞尔维亚边境再次动荡的报告送至维也纳，贝希托尔德此时依旧试图在自相矛盾的政策中重获政治控制。尽管被不断谴责和警告，塞尔维亚依旧拒绝从阿尔巴尼亚部分边境地区撤军，而该地区在伦敦会议上一致同意归属阿尔巴尼亚。这种做法的表面意图是保护塞尔维亚不受阿尔巴尼亚暴徒侵袭，事实上，塞尔维亚军队才是边境麻烦的制造者。7 月，维也纳要求塞尔维亚撤军，但是毫无成效。然后，在爱德华 · 格雷的协调下，强国联合起来一致要求塞尔维亚撤军，但是依旧毫无成效。法国和俄国阻止了一场 9 月初的联合抗议；当德国、英国和奥匈帝国进行单方面抗议时，得到的是时任外交大臣的米罗斯拉夫 · 斯帕拉伊科维奇的回应，他否认在争议地区有任何塞尔维亚军队驻扎，几天后又有些自相矛盾地说，军队已经撤到德林河岸线之后。尽管如此，塞尔维亚军队依旧在伦敦会议划出的国界之内。9 月 17 日的报告称塞尔维亚打算在几个入侵的区域设立海关办事处，这加剧了维也纳的不安。

奥匈帝国和塞尔维亚之间的猫鼠游戏解释了为什么奥匈帝国政策决策者逐渐丧失了对通过外交途径解决两国间利益冲突问题的信心。当阿尔巴尼亚人在边境通过游击战等方式对塞尔维亚的挑衅（例如，否认违背伦敦协议、否认侵占地处塞尔维亚边境的属于阿尔巴尼亚的主要城市）做出反应时，塞尔维亚军队则使他们节节败退，甚至比他们更加深入阿尔巴尼亚领土。塞尔维亚驻维也纳公使约万诺维奇在 9 月 26 日接受一家维也纳报纸的采访时声称，由于很难在阿尔巴尼亚找到解决边境问题的机构，所以塞尔维亚“不得不自己采取行动”，该言论敲了警钟。帕希奇 9 月 30 日宣布塞尔维亚打算“为了保护自己”占领阿尔巴尼亚疆域内的“有战略意义的位置”，这进一步将局势复杂化。10 月 1 日，奥匈帝国向帕希奇政府发出要求其澄清言论的信函，却得到了一个敷衍的答复。

10 月 3 日，帕希奇对维也纳进行短期访问，但这也没有改善局势。贝希托尔德，这个被塞尔维亚领导人以热情及友善的方式“缴械投降”的人，错过了向帕希奇转达奥匈帝国的态度的机会。帕希奇向维也纳媒体代表保证，“他对塞尔维亚和奥匈帝国未来的关系很看好”，但是他也提及了阿尔巴尼亚国境的“边界更改”。贝尔格莱德发出的声明称，塞尔维亚不属于“违抗欧洲”、抢占阿尔巴尼亚领土，这着实令人欣慰。一位接待奥匈帝国领事里特尔·冯·施托克（Ritter von Storck）的塞尔维亚高级外交官“热情地好像帕希奇在奥匈帝国签署了一份防御联盟协约似的”。但是当被问及塞尔维亚对阿尔巴尼亚的具体政策时，他很官方地回避了这个问题。与此同时，塞尔维亚军队在阿尔巴尼亚继续挺进。10 月 9 日，奥匈帝国领事坚持要与帕希奇会面谈这事件，总理虽然依旧心情愉悦，但还是坚称塞尔维亚只是“临时”占领阿尔巴尼亚领土。10 月 15 日，在半官方报纸上，塞尔维亚声明其确实计划占领阿尔巴尼亚的“有战略意义的领土”。奥匈帝国的警告再次得到挑衅式的回复之后，10 月 17 日，奥匈帝国向贝尔格莱德下了最后通牒。塞尔维亚要在 8 天内撤出阿尔巴尼亚，如果塞尔维亚没有这么做，奥匈帝国会采取“适当措施保证要求得到满足”。

最后通牒奏效了。1913 年秋，列强们与塞尔维亚达成一致，认为塞尔维亚侵占阿尔巴尼亚领土是违法的。在圣彼得堡的外交大臣萨佐诺夫甚至也改了口，承认“塞尔维亚在该事件中应当受到更严重的谴责，这也是导致它近期收到最后通牒的原因”，并要求塞尔维亚赶紧做出让步。在收到最后通牒两天后，帕希奇宣布塞尔维亚撤军。至 10 月 26 日，塞尔维亚军队撤离有争议的区域。

1913 年 10 月，与塞尔维亚之间的僵局为萨拉热窝事件之后，奥匈帝国为处理破坏两国关系的危机提供了经验。首先，最显著的是要强调最后通牒的效果。奥匈帝国于 10 月 17 日发出的信函都得到媒体的广泛支持，塞尔维亚最终撤出其军队的消息也令维也纳欣喜。贝希托尔德因为在斯库台事件中的胆怯曾被斥责，当时他却在尽享荣耀。塞尔维亚与维也纳的沟通也留下了麻烦的印象：他们狡诈而不失礼貌，看似温和的政策实际上充满了挑衅和不安分。不仅是利益冲突，执政形式也有矛盾。看起来，贝尔格莱德只有在维也纳的威逼下才会撤退，泰然接受任何因此带来的羞辱；一旦奥匈帝国有所松口，塞尔维亚则又开始尝试挑衅。塞尔维亚的行事准则就是：军事实力的重要性更大。

对奥匈帝国来说，巴尔干战争改变了一切。首先，战争表明了奥政府的孤立状态，以及其他国家的外交使臣是如何无法理解其观点的。俄政府对奥匈帝国的敌意使得它理所应当完全不顾奥政府在该区域的利益。更令人担忧的是其他强国对此事的冷漠。国际共同体不愿看到奥匈帝国在其南部面对真正的安全威胁并有权抵抗它，这反映了其态度上的大转变。西方国家通常认为奥匈帝国是维持中西欧稳定的支点，因此要不惜一切代价将其保护好。但是到 1913 年，这样的准则不再那么吸引人。另一种趋势取而代之，1907 年后，这种趋势在合约国中很快获得支持，即认为欧洲是一个联盟集团，每个国家都扮演重要角色，和地缘政治没有太大关系。许多英法出版的战前几年反奥匈帝国的政治报告也通过传播奥匈帝国不符合时代、必将消亡的观点，强化了这种趋势。更有甚者，像塞尔维亚报纸报道的那样，把奥匈帝国称为“欧洲的第二个病人”（在奥斯曼帝国之后，该帝国常被如此形容）。

特别令人警觉的是，来自德国的支持不温不火。1913 年 10 月，德国政府很肯定地支持对抗塞尔维亚的政策——这正是危机有扩大的风险、可以提供支持的时候，但是德国的行为与它的承诺有所背离。1913 年 2 月，双方在加利西亚边境纠集的军队如此之多，令人觉得战争一触即发，甚至连军方都急需警惕。毛奇跟他的同僚康拉德 · 冯 · 赫岑多夫写信保证德国会在俄国袭击奥匈帝国时毫不犹豫地给予支持，“但是如果是奥匈帝国挑起战争，德国就很难进行合法干预，因为德国人民不会理解这样的行为”。

奥匈帝国主要关心的问题之一就是德国皇帝威廉二世的态度。不仅不要求德国政府与奥匈帝国团结一致，威廉二世还禁止在柏林的外交办公处参与任何“有可能妨碍保加利亚—塞尔维亚—希腊军队胜利进程”的活动。他认为，巴尔干战争是世界史进程的一部分，可将伊斯兰教徒赶出欧洲。如果巴尔干国家可以通过牺牲奥斯曼帝国稳固自己，这就可以成为在适当的时候建立一种联邦盟国（“巴尔干共和国”）的基础。太平盛世、奥俄紧张关系的平息、新区域市场的形成，这都给德国出口创造了最佳的条件。威廉继续奉行这种路线。1912 年，塞尔维亚入侵亚得里亚海的危机时期，威廉二世明确拒绝德国应该帮助奥匈帝国对抗塞尔维亚的想法。当然，巴尔干半岛局势当时的改变对维也纳来说“并不舒服”，但是威廉二世“绝对不会考虑为了阿尔巴尼亚和都拉斯的利益，向巴黎和莫斯科进军”。11 月 9 日，他甚至向外务部提议，要求维也纳同意塞尔维亚作为阿尔巴尼亚的宗主国。

这种疯狂的想法中还是有可以安抚已经很烦恼的奥匈帝国政府的部分。1912年11月22日，在一次与他的朋友弗朗茨 · 斐迪南大公的秘密会谈中，威廉二世表示在塞尔维亚军队入侵阿尔巴尼亚这件事上，他愿意支持奥匈帝国的立场，尽管这意味着要冒向俄国宣战的风险，但是前提是英法不参与；一个孤立的俄国，他补充道，是不太可能冒风险挑起冲突的。但是就连这如此微弱的宽慰的信号都在三天后消失了，贝特曼 · 霍尔维格和基德伦–韦希特尔发出官方消息称，德国会寻求多边解决方案。1913年2月，巴尔干危机达到顶峰，威廉二世给弗朗茨 · 斐迪南的信中要求他与俄国商谈，找到减缓危机的解决方法，因为面临的问题没有严重到要持续陷入武装僵局。10月18日，阿尔巴尼亚危机白热化，威廉二世在与康拉德的一次谈话中承认，情况可能“终于”达到“一个强国不再能控制，必须用武装来解决的地步”。但是10天后，他告诉在柏林的奥匈帝国大使，维也纳应该通过贿赂塞尔维亚领导人，以大量现金（“从国王开始，从上到下，他们都很需要钱”）、军事交换计划以及优化贸易条件来安抚这个国家。1913年12月，威廉二世向奥匈帝国驻慕尼黑公使保证，“几百万”就够收买贝尔格莱德了。

在1914年4月25日发出的报告中，外交部高官、奥德关系专家、时任奥匈帝国驻圣彼得堡大使弗里茨 · 绍帕里（Fritz Szapáry）描述了一副毫无前景的德国对巴尔干政策的分析图。1909年3月，协助结束波斯尼亚兼并危机的强有力的德国后援已经成为过去，绍帕里称。绍帕里援引德国决策者委婉的话语：取而代之的是“一场为了保障经济文化活动实现无冲突的对话”。所有德国直接反对俄国的立场完全被摒弃，无论做出什么决定，德国都会事先询问一下俄国的意见。在巴尔干战争期间，德国放弃奥匈帝国、选择其他利益集团、给奥匈帝国施压接受塞尔维亚的胜利和挑衅，总的来说就是在“牺牲奥匈帝国在巴尔干的利益”。这个观点更加戏剧化，奥匈帝国对俄国加强对塞尔维亚支持的理解经绍帕里添油加醋了一番，但是也确实反映了当时大家对德国没有对巴尔干地区采取任何举措的失望。尤其令人伤心的是，柏林急于促成《布加勒斯特条约》的签订，使奥匈帝国失去了与保加利亚结好的机会，奥地利人，而非德国人，把它视为制衡塞尔维亚的潜在力量。

孤立感，以及1912~1913年不断遭到的挑衅，都令维也纳决心采取单方面行动。奥匈帝国主要的政策决策者们也不再那么抗拒使用武力解决。最显著的象征就是在俄国召集军队进行威胁时，奥匈帝国决定召回康拉德。“你必须再次担任总参谋长。”国王在1912年12月7日召见这位将军时疲惫地对他说。复职后，康拉德当然为战争提出自己的意见，但不过都是些老生常谈。更令人担忧的是，与其他主要国家相比，他们对极端措施的抵抗逐渐弱化。1912年秋，几乎所有人（包括匈牙利首相蒂萨）都倾向于采取对抗军事威胁的政策。值得一提的例外就是弗朗茨·斐迪南，他在10月12日写给贝希托尔德的极有说服力的一封信中警告他不能允许帝国陷进康拉德的“魔法战争厨房”。此外，需要考虑的还有俄国、保加利亚、德国，这些国家很有可能避免各类高风险的手段。至于贝尔格莱德，弗朗茨·斐迪南补充道，想要挑起冲突的人是弑君的主战派（孰知，在8个月后，正是这些人将其暗杀）。总的来说，他不认为有任何发起战争的“必要”。发动战争的压力仅仅来自奥匈帝国皇室的仆人们，他们“有意识或者无意识地侵害着帝国”。但是到了1912年12月11日，在美泉宫举行的高级官员会议上，连弗朗茨·斐迪南一反主张和平的常态，支持不惜任何代价与塞尔维亚进行武装对抗。

但是这个改变转瞬即逝，他刚一听到贝希托尔德和民政大臣的对立观点，这个法定继承人立即转变了他的观点，并表示支持贝希托尔德的外交方案。4个月后，轮到贝希托尔德反悔了。在1913年5月2日的联合内阁会议上，由于被黑山再次攻击斯库台所激怒，贝希托尔德也第一次同意召集兵力对抗黑山共和国。当然，这并不等同于发起全欧或者局部战争，因为黑山共和国这次是完全孤立的，甚至连塞尔维亚都撤回了其兵力。贝希托尔德希望仅靠召集兵力就可以将侵略者驱逐出阿尔巴尼亚，并且深信俄国不会干涉。等真正开始行事之后，却发现召集兵力是没有必要的，尼古拉自己在最后通牒下达之前就撤退了。但是，该会议的基调预示着维也纳更加倾向战争的态度。1913年9~10月，在塞尔维亚第二次侵略阿尔巴尼亚北部之后，康拉德一如既往要求开战，贝希托尔德也再一次基本同意应战，不同寻常的是这次弗朗茨·约瑟夫一世也同意了。就在此时，只有弗朗茨·斐迪南和蒂萨（出于各种不同的原因）还在做高级官员中的“和平鸽”。而最后通牒成功驱退了塞尔维亚军队，这本身也证明了更加军事化的外交方式很有效。

这种喜战态度也表明，财政的限制增强了奥匈帝国战略决策的意识。针对巴尔干战争危机的局部兵力召集已经极大地限制了帝国的经济。1912~1913年的额外支出总共 3.9 亿克朗，相当于奥匈帝国全年的军事支出预算，在奥匈帝国经济萎靡时是个严重的问题。不得不提及的是，奥匈帝国在军事上的支出却极少：在强国中，意大利的军事支出更少。奥匈帝国每年的征兵人数（占总人口的 0.27%）比法国（占总人口的 0.63%）和德国（占总人口的 0.46%）都少。1906~1912 年虽然是帝国经济飞速发展的时期，但是资金却只有很少的一部分拨给了军事预算。尽管人口增长了两倍，但是帝国在 1912 年的步兵营士兵数量甚至低于 1866 年，当时，帝国军队须在克尼格雷茨和库斯托扎迎战普鲁士和意大利军队。双轨制政体是造成这一切的原因之一——匈牙利一直遏制军事增长，建造昂贵的基础设施的压力是另一个原因。令情况恶化的还有夏季或早秋征兵对农业经济的极大破坏力，因为这会造成大量农业劳动力无法从事收割工作。1912~1913 年，批评政府者指出，和平时期征兵成本高昂，破坏了帝国经济，并且没有加强帝国防御水平。看起来，帝国负担不起战略征兵策略了。如果真的是如此，政府控制巴尔干地区危机的灵活度就大大降低。没有战略征兵的中间选择，决策就没有那么多细微差别。只有和平或战争的区别。

法俄同盟的巴尔干化

1912 年夏，法国是否在一场纯粹的巴尔干冲突中支持俄国还是个未知数。法俄于 1893~1894 年签订的军事条约也在这一点上表现出模糊的特征。其中的第二条条款规定，如果三国同盟中有任何一方进行了全面动员，法国和俄国将同时、即刻调动起所有兵力，并在最短的时间内派兵到前线而不需要事先商议。这似乎在暗示一场巴尔干危机已经足以诱发奥匈帝国在某些情况下采取行动，而与此同时也自动带来了法国和俄国的反动员，二者的动态又会引发德国的反动员。因为 1879 年的德奥双边同盟的第一条和第二条规定，签署双方将在任一方遭受来自俄国或其他俄国支持下的势力攻击时相互帮助。因此，这种机制表面上看起来会使巴尔干危机升级为一场欧陆大战，更重要的是，无论奥匈帝国的动员是局部的还是全面的，结果都会如此。

让人感到疑惑的是，法俄军事条约中的第一条规定只有在以下情形，才有干预的义务：a）德国进攻法国时；b）德国或德国支持下的奥匈帝国进攻俄国时。该条款设置了比第二条更高的军事干涉门槛儿。文本中出现的矛盾反映了双方一开始就不同的需求。对法国来说，该同盟以及附属的军事条款只是反抗和遏制德国的手段；对俄国来说，其核心考虑则是奥匈帝国，尽管做出了努力，但法国谈判代表还是不能说服他们的俄国伙伴放弃其在第二条中规定的随奥匈帝国的动员而开展的法国全面动员的内容。相应地，这有效地使得俄国手中握着随时挑唆起一场为了其在巴尔干野心的欧陆大战的遥控器（至少在字面上是如此）。

然而联盟（就像宪法一样），对政治现实充其量只起到大概的引导作用。巴黎的决策者们很快意识到第二条中暗含的风险，并迅速对法国的义务做出限制性阐述。比如1897年爆发在希腊和奥斯曼帝国之间的“30天战争”期间，外交部长加布里埃尔·阿诺托就告知圣彼得堡，法国不会将奥匈帝国的干涉视为条款上所规定的情况。同时我们也看出，法国十分不情愿被卷入1908~1909年的波斯尼亚兼并危机。在这场危机中，法国人拒绝承认它会给法国或俄国“至关重要的利益”带来什么实质性的威胁。1911年，在法国的敦促下，双方修改了军事干预的条款。双方立刻为对方提供帮助的义务不变，但条件变为德国的全体动员。然而，如果奥匈帝国进行全面或部分动员，法国和俄国之间则也会同意采取合适的行动对策。

1912年，这种趋势却突然发生扭转，这种变化成为战前最重要的战略调整的原因之一。多年以来，法国政府都试图让法国游离于巴尔干动荡的影响范围之外，但现在，他们扩大了法国的承诺，宣布了法国对纯粹的巴尔干危机进行武装干涉的可能性。这种思路的更改的幕后人是普恩加莱，1912年1月14日到1913年1月21日他任外交部长，之后成为法兰西共和国的总统。就在他上任的第二天，普恩加莱公开宣称他将“保持与俄国之间最正直的关系”，并且“在充分与对方协商的基础上确立法国的外交政策”。在巴黎与伊兹沃尔斯基举行了一系列会谈之后，普恩加莱向俄国人重申，如果与奥匈帝国的分歧升级为战争，法国将向俄国伸出援手。1912年11月，他又告知伊兹沃尔斯基，法国政府没有任何理由担心“自己会孤立无援”。

追寻这种思想的演变历程并不简单。普恩加莱本能地对德国方面造成的威胁十分重视，这是其中的一个重要原因。当德国在1870年攻占他的家乡洛林时，他只有10岁，被迫举家逃亡。他所住的地方被德国占领了三年之久，直到法国对此进行了赔偿。这并不是说普恩加莱是一位布朗热式的收复失地主义者，但他仍然深深地质疑德国人，他们与俄国和法国达成协议共识的努力在他眼里则是陷阱和妄想。普恩加莱认为，解决问题的关键仅仅在于法国和俄国之间达成联盟关系，这也是确保法国安全的关键之举。当不同的政治思路让人充满疑惑时，他同样也想防止第二次摩洛哥危机混乱再度上演。在这里，性格起到了一定作用：他倾向于清晰的立场，并一贯坚定地追寻他的目标。有批评者认为，这种对于清晰定义的目标的坚定追求立场缺乏一定的灵活性。保罗 · 康邦认为，普恩加莱的“死板”反映了他“在外交事务上的不老道，这是法律界人士的显著特征”。保罗的兄弟朱尔也认为“在普恩加莱的头脑中，一切都是量化的、分门别类且被有序记录的，就像文件夹一样”。

然而普恩加莱并不是旨在将法国的安全政策赋予更激进目的的唯一一人。他的晋升有着这样的背景：当时，法国的政治基调正在从第二次摩洛哥危机后所遵循的历史学家称之为“民族主义复兴”的思路中发生转变。共和派政治家在德雷福斯案发生之后，倾向于对法国的安全政策采取一种防御性措施，其标志就是对领土边界安全以及全国性武装的强调。与此相反，第二次摩洛哥危机之后的几年，法国又回归到另外一种政策，它考虑到军队的职业利益，同意延长训练时间，讲求指挥机构的集权化和效率化，并且设想，在下一场战争中明确地采取进攻作战。与此同时，1905 年的和平主义和反军事主义的普遍情绪被一种更积极的态度所压制。并不是所有的法国人都能抵御民族主义的浪潮——拥有这种激进好战性格的正是普遍年轻的、头脑聪明的巴黎人，但对军事力量的重建却成为共和国政策的信条之一。

或许是意大利对利比亚的进攻以及奥斯曼势力在欧洲开始走下坡路，才使得普恩加莱将巴尔干半岛纳入他的战略考虑范围。早在 1912 年 3 月，他就告诉伊兹沃尔斯基，巴尔干本土危机和具有更宏观的地缘政治意义的事件之间的长期存在的差别，“已经不再具有实际重要性了”。在欧洲现阶段的联盟体系面前，设想“巴尔干地区发生的事情不会影响到整个大陆”是不切实际的。“俄国和奥匈帝国在巴尔干事务上发生的任何冲突都会触发奥德联盟的行动；与此同时，法俄同盟也会联手予以抗衡。”

普恩加莱究竟有没有意识到支持俄国在巴尔干的政策所带来的危险呢？在法国总理于 8 月到访圣彼得堡期间，他与俄外交大臣萨佐诺夫进行了一次对话，阐明了这一点。普恩加莱知道，塞尔维亚和保加利亚已经签订协议，因为伊兹沃尔斯基在4月已经告知他此事，但他并不知道该条约的内容是什么。当法国外交部长询问圣彼得堡其确切内容时，却没有得到任何答案（萨佐诺夫之后称，他推迟了向普恩加莱发送信息的时间，因为他担心其中的内容可能被泄露给法国媒体）。8月，在圣彼得堡与俄外交大臣会谈期间，普恩加莱又提出了这一问题。萨佐诺夫将文本翻译成法语，呈现给对方。这些细节震惊了法国人，尤其是涉及针对奥斯曼帝国（如果有必要，还有奥匈帝国）的自发动员，更不用说现在仍然划分在奥斯曼控制下的马其顿领土，并且俄国将作为未来发生的任何争议的仲裁者。普恩加莱认为，该权限的规定“隐晦地出现在字里行间”。在会谈后他写了如下文字，以抒发自己内心的挫败感：

> 该条约似乎埋下了不仅针对奥斯曼帝国，还针对奥匈帝国的战争的种子，而且它建立了俄国对诸斯拉夫王国的霸权，因为俄国成为所有问题的裁判。我对萨佐诺夫先生称，该条约完全没有符合之前我所被告知的内容，就让我开诚布公一些，这纯粹是战争条款，它不仅揭露了塞尔维亚人和保加利亚人的动机，同时让人有理由担心他们的企图是被俄国所激发的……

对于俄国在巴尔干政治上的影响，普恩加莱并不是唯一感到担心的人。法国驻圣彼得堡的使馆参赞让 · 杜尔塞（Jean Doulcet）几乎同时认为，巴尔干共识实际上是“瓜分计划的条款”。俄国对此的支持也说明：“俄国人准备绕开关于奥匈帝国的杂事，在不考虑奥匈帝国利益的前提下直接与土耳其人进行清算。”

在这个问题上，有的人可能会期待普恩加莱开始质疑在巴尔干问题上支持圣彼得堡是不是明智的，但他的发现（俄国已经如此深入地将自己卷入半岛事务）却似乎带来了相反的结果。或许这只是单纯让他认识到，根据俄国政策的整体情况，巴尔干冲突不是可能，而是几乎注定要发生。因此，该问题要被纳入联盟的讨论范围内。另外一个更长远的因素是，普恩加莱认为（一部分法国军方人士也持这种观点），巴尔干战争是最可能将俄国彻底拉入伙，共同对抗德国人的方式。普恩加莱的军事顾问对他说，奥匈帝国和塞尔维亚之间如果开战的话，将会削弱奥匈帝国军队中1/2~2/3的力量，俄国也会派遣大量部队针对德国，因此会迫使德国分配更多的兵力到东线，这样会大大缓解法国在西线的作战压力。

无论他改变思路的原因是什么，1912年秋，普恩加莱坚定地支持俄国对巴尔干的武装干涉。9月的第二周（当第一次巴尔干危机迫在眉睫但还没有正式爆发时），他与伊兹沃尔斯基举行会谈，这位法国总理对俄国大使说，奥斯曼帝国对保加利亚的破坏，或是奥匈帝国对塞尔维亚的进攻，都可能“迫使俄国放弃其被动的角色”。无论俄国是否有必要对奥匈帝国进行军事干预，以及这种干预是否会将德国卷入其中（根据德奥双边联盟，这是不可避免的），“法国政府都将提前将此断定为合乎条约规范的，且不会耽误一分钟，去履行自己对俄国承诺的义务”。6周之后，战争还在进行，伊兹沃尔斯基向萨佐诺夫汇报称，普恩加莱对“在某个特定的情况下加入战争”“丝毫不担心”，并且他认为三方协约国将会取得胜利。伊兹沃尔斯基补充道，这种自信是建立在最近才被呈上总理办公桌的法国总参谋部的细节性分析上的。

的确，普恩加莱如此尽责地履行自己的义务，以至于有时候他冒着赶在俄国前面的危险。1912年11月4日，他致信萨佐诺夫，提议俄国与法国和英国一道，先发制人，抵抗奥匈帝国的干预。该提议着实让伊兹沃尔斯基大吃一惊，他写信告知了萨佐诺夫。直到最近，这位大使才指出，法国政府的目的并不在于参与一场看似纯粹的巴尔干事端。但最近，该观点发生了转变。巴黎现在承认，“奥匈帝国的任何领土入侵都会打破欧洲的平衡状态，并且会触犯法国的根本利益”（与之前法国关于波斯尼亚兼并危机并没有涉及自己利益的辩解相反，这次他们转变了口径）。伊兹沃尔斯基总结道，普恩加莱对巴尔干事务的前瞻性措施，标志着法国外交部的“新思路”。他建议圣彼得堡的外交部立即把握这种优势，以确保在未来取得法国和英国的支持。

直到11月中旬，萨佐诺夫仍然还在预测奥匈帝国进攻塞尔维亚的可能性（或至少进攻塞尔维亚在阿尔巴尼亚的部队），并且希望知晓伦敦和巴黎对俄国的武装干涉有何反应。格雷的回答明显是一种敷衍，他认为，这是一个理论上的问题，“对于并没有发生的假设情况，我们无法给出一个明确的决定”。与此相反，普恩加莱的反应是要求萨佐诺夫进行更清晰的表述，他询问俄国政府具体的意图是什么？这必须明确地说明，否则“法国政府的主动行为将会承担这样的风险：或者没有达到其盟友的目标，或者又做得过火了”。俄国人完全没有理由怀疑法国在一场巴尔干危机中不会提供帮助："如果俄国参加战争，法国也会效仿，因为我们知道，在这种情况下，德国人必定会站在奥匈帝国的背后。"在几天后与意大利驻巴黎大使的谈话中，普恩加莱坚定地表示："如果奥塞冲突升级为全面战争，俄国完全可以依赖法国的武装援助"。

在其回忆录中，普恩加莱强烈否认自己做过这些保证，而伊兹沃尔斯基也很明显不是一个完全公正的证人。正是他在波斯尼亚兼并危机时所犯的错误，毁掉了他在圣彼得堡的政治生涯。在质疑声中，他从高位上下马，却仍然对埃伦塔尔和奥匈帝国的背信弃义耿耿于怀。他是否为了坚定其同僚萨佐诺夫在巴尔干问题上的决心而撒谎？还是正如普恩加莱自己之后承认的，他并没有夸大法国总理的言论，以此扩大他在巩固联盟中发挥的作用？

这只是可能的臆断，但事实证明它们都是假的。比如，伊兹沃尔斯基在 9 月 12 日的报道中称，普恩加莱宣称法国军队对在一场肇始于巴尔干危机的欧陆军事冲突有着必胜的决心， 9 月 2 日的总参谋部备忘录证实了这一点，而伊兹沃尔斯基并没有独立的权限阅览该文件，这说明备受质疑的谈话确实发生过。11 月 17 日，伊兹沃尔斯基记录了普恩加莱关于忽略俄国而感到不安，这也是真实的。在普恩加莱 1914 年"七月危机"期间的日记中，他同样明确表明了自己的这种疑虑。此外，还有许多证人可以作证，诸如前总理和外交部长亚历山大 · 里博（Alexandre Ribot），他是一位聪明的法理学家和政治科学家，他在 1912 年秋与普恩加莱多次会面。在里博 1912 年 10 月 31 日的私人笔记中，他写道："普恩加莱认为，塞尔维亚不会撤退出于斯屈布；如果奥匈帝国进行干涉的话，俄国将不会坐视不管。德国和法国也将根据条约履行他们的义务，加入进来。内阁特意做此决定，并认为法国应当坚守承诺。"

普恩加莱的转变在大多数高层决策者中引发了复杂的反响。他对德国的不信任和对契约的死守得到了颇具影响力的巴黎政治学院的积极回应，对于他们来说，对斯拉夫民族的同情和对德国的敌对是不证自明的。军方高层对此也表示普遍支持。法国总参谋部第二办公室的维尼亚尔上校（Colonel Vignal）在其 1912 年 9 月 2 日的回忆录（普恩加莱在与俄国大使的交谈中还引用了他的话）中认为总理应当意识到，巴尔干地区开始的战争将会为协约国的胜利提供千载难逢的机会。由于奥地利人将会在与南斯拉夫的战斗中元气大伤，德国人必定会倾其全力，从西线的进攻中抽调部队，到东边抗衡俄国。在这种情况下，“三方协约国将面临最好的获胜机会，这种胜利使得他们能够重新规划欧洲的版图，尽管奥匈帝国可能会在巴尔干取得地区性的小胜利”。

而其他人对此则并没有表现出支持。驻伦敦大使保罗 · 康邦就对普恩加莱在第一次巴尔干战争前几个星期里针对奥匈帝国采取的对抗性立场感到惊慌。1912 年 11 月 5 日，在回到巴黎期间，他写信给其兄弟朱尔，抱怨媒体的一篇文章（明显其背后的怂恿者是普恩加莱）直接对奥匈帝国进行挑衅，以一种“毫不巧妙、毫无耐心、毫不谨慎”的姿态责备维也纳。保罗进一步采取措施，在 11 月 2 日一个周六的晚上与普恩加莱进行对话。康邦冒着风险向对方建议，法国应当考虑允许奥匈帝国拥有新帕札尔区（该区只是“一堆石头”，毫无价值可言），这样他们就对巴尔干地区的其他地方没有兴趣了。而总理的回答着实让他一惊：“根本不可能让奥匈帝国这样一个没有交战、没有权利的国家得到任何好处，这将让法国产生非议，并破坏协约国之间的关系！”普恩加莱继续指出，“法国在战争开始就没有太大作为”（此时，康邦在后面加了一个带括号的惊叹词），“而我们同样有义务分一杯羹，比如爱琴海的一座岛屿……”次日早晨（11 月 3 日星期日），康邦经过一夜对此谈话的担忧，再一次前去会见普恩加莱，提出自己的反对意见。“为了区区奥斯曼帝国的一个区，不值得发起战争。”他对总理说。比起带来的好处，一座爱琴海小岛将会引发更多的麻烦。康邦同时对普恩加莱所言的按照“舆论”压力行事表示质疑。与普恩加莱的主张不同，法国公共舆论表现出对这些问题“漠不关心”的姿态，康邦警告称，政府不去煽动起“让问题不可能解决的舆论”是非常重要的。普恩加莱无法接受对方的意见，谈话终止了：

> “我已经在内阁议会上跟政府摆明了我的立场，”普恩加莱冷冷地回答，“他们已经认可了我的观点，现在这是内阁的决定了，我们没法违背。”
>
> “我们没法违背？您这是什么意思？”我问，“除了只有两三个部长知道，其他的内阁成员根本就一无所知，且此类会谈一直对此问题有所保留。”
>
> “这是政府的决定，”他继续敷衍道，“对此施加压力是无效的。”

这种交锋中有意思的地方不在于上述内容，因为这并不是要求一个行省的问题，奥匈帝国已经从该地区撤出了军队，将其交给邻国塞尔维亚和黑山来管理。这件事早就成为历史，被人们淡忘了。更关键的是普恩加莱对法国深入、直接地卷入巴尔干问题的意见所传达出的内涵，尤其值得注意的是他让人匪夷所思的笔记中所记录的：如果将一个行省让给奥匈帝国，那么巴黎将寻求以“爱琴海岛屿”的形式的赔偿。更悲观的信息不仅从康邦的信中，还能从里博的言论中感受到：法国的巴尔干政策不再是根据新情况随机应变的了，而是陷入坚决而果断的承诺中，陷入“根本没有回头路”的“决定”中了。

争取主动权的法国

1912 年 12 月 19 日，俄国驻巴黎的军事随员伊格纳季耶夫上校（Colonel Ignatiev）在一封信中记述了与法国陆军部长亚历山大·米勒兰（Alexandre Millerand）的一段冗长的对话。米勒兰提出了一个关于奥匈帝国在塞尔维亚和加利西亚防线增加兵力的问题：

> 米勒兰：您认为奥匈帝国进行动员的动机是什么？
>
> 伊格纳季耶夫：对于这个问题进行猜测是很困难的，但毫无疑问的是，奥匈帝国针对俄国的准备动作，其意义远非防卫性的。
>
> 米勒兰：好的，但您不认为占领塞尔维亚是让您采取行动的直接信号吗？
>
> 伊格纳季耶夫：我无法回答这个问题，但我知道我们并不期待欧洲爆发战争，或是采取某些手段激化欧洲的冲突。
>
> 米勒兰：所以，您要让塞尔维亚自由行动了？这当然是您自己的决定。但我们也要理解，这不能归咎于我们。我们准备好了。

伊格纳季耶夫写道，米勒兰似乎对他含混不清的回答“感到烦躁不安甚至有些恼怒”。这位法国部长坚持认为，这不仅仅是阿尔巴尼亚、塞尔维亚或是都拉斯的问题，而事关“奥匈帝国在整个巴尔干半岛的霸权”。对此，俄国政府不可能完全置之不理。

法国部长的言谈之中有些地方十分值得注意。这位部长是位受人尊重的社会主义政治家，处理外交事务不是很娴熟，他的政治生涯主要关注养老保险、教育以及劳动环境，而不是地缘政治的问题。然而到1912年，从在校期间就是普恩加莱挚友的米勒兰，却成为法国民族复兴的领导人之一。因为坚韧、勤勉和强烈的爱国情感等优秀品质，他为人们所敬畏。他的目标不仅在于重振士气，加强军事领导权威，还在于为法国人民灌输一种尚武的精神。他与伊格纳季耶夫的交谈反映了1912~1913年巴尔干冬日危机时期，法国领导人普遍的一种态度。伊格纳季耶夫写道："卡斯泰尔诺将军（General Castelnau）曾两次对我说，他本人已经做好了战争的准备，他甚至十分喜欢作战。"的确，整个法国政府"已经做好充分的准备，支持我们，共同打击奥匈帝国和德国。如果需要的话，不仅在外交方面，还有军事方面"。伊格纳季耶夫认为，这种主动性的原因在于，巴尔干战争为法国提供了最为有利的时机，扩大冲突的范围，因此德国也就会把其注意力集中在对付俄国上，"将法国抛诸脑后"。诚然，1912年11月和12月，来自巴黎的信息言辞过于激动，以至于萨佐诺夫本人不得不敦促法国冷静下来。

该政策背后的协调者正是普恩加莱。在他之前，已经有许多外交部长和总理在这两个岗位上来来去去，并没有给法国的外交政策留下什么谈资。但普恩加莱却是个例外，他将总理的职权和外交部长的职位结合起来，排斥不受欢迎的意见。他经常早早地就来工作，这种行为明确地体现了以往非常闲适的法国外交部在这些天内出现的严肃氛围。他坚持阅读并标注档案文件，定期查阅邮箱；还有人称他时不时地自己撰写文章。他并没有耐心应付那些自我感觉良好的大使，1914年1月他怒气冲冲地称，这些部长过于轻易地就接受他们赞同的政府观点。为了确保外交部不会失去控制，普恩加莱成立了由信得过的、忠心耿耿的顾问组成的内阁，正如德尔卡塞在19世纪和20世纪之交时的所作所为一样。

1913年1月，普恩加莱当选共和国总统，他是直接通过总理职位成为法国总统的第一人。奇怪的是，这在理论上削弱了他的外交决策能力，因为根据传统和经验，尽管拥有让人敬畏的特权，但总统的职位在权力中并不处于重要位置。在议会两院的选举中，人们期待他能够作为"向前滚动的弹球"，在内阁陷落时能够力挽狂澜。但是这位前总理并不甘心从此大权旁落，在选举开始之前，普恩加莱就明确表示，他想要充分利用总统一职所赋予的宪政手段——他的头脑和对宪法的深刻理解确保他能够放开手脚施展抱负。1912 年，他甚至出版了政治科学教科书，书中他认为，总统的权力（比如解决议会问题）是关键的稳定因素，总统能够恰当地在国际事务中扮演出色的角色。

在当选法兰西共和国总统之后，普恩加莱立刻对候选人选举施加间接影响，以确保他在外交部的继承者是一个实力孱弱、毫无经验或是对自己的战略和外交观点唯命是从，抑或是结合所有以上特征的人。查尔斯 · 若纳尔（Charles Jonnart）于 1913 年 3 月接替普恩加莱的职位，他正是其前辈理想的人选：他曾任阿尔及利亚的总督，对对外关系一概不知，且在处理日常事务中需要完全依靠普恩加莱的手下、政治部首领莫里斯。普恩加莱于 1913 年 1 月 26 日在其日记中坦言："我仍然控制着若纳尔，我每天都要去外交部。"

当法国的领导人在扩大与俄国的联盟职责时，与法俄军事条约紧密相关的条款中出现了重要变故。法国军事指挥官为苏霍姆利诺夫 1910 年的调度计划感到担忧（该计划将俄国地区的焦点从波兰转到了往东几百英里的地方），因此不得不拖延西线的动员时间，这破坏了条约文本所规定的同时动员的设想。1911 年法俄总参谋部年度会谈中，法国代表团以此问题向其俄国同人施压。俄军总参谋长雅科夫 · 日林斯基的回答并不是特别能给予对方信心。他承诺，俄国的武装力量将倾其全力在动员的 15 天之后尽快实施行动。但他还承认，必须到 1913 年和 1914 年，才能够完成给部队配备野炮和机枪的工作。

在条款的约束下，俄国究竟能多快地调兵、调动多少人以及调遣到哪个方向，这些问题成为 1912 年和 1913 年法俄内部磋商的首要问题。在 1912 年 7 月的会谈上，法国总参谋长约瑟夫 · 霞飞请求俄国将其所有通往东普鲁士和加利西亚防线的铁路都改成双轨铁路。有些具有战略重要性的铁路线甚至可以将运送兵力的速度提升 4 倍。1912 年 7 月的法俄海军条约为双方海军达成密切合作和协调提供了契机，这是双方合作的另一大收获。此外，俄国的保证逐渐提高。1912 年，日林斯基承诺在动员第 15 日以 80 万大军进攻德国；次年，承诺得到了升级，他认为自己能够再提前两天达成上述目标。动员的方向是双方关切的另一个问题。内部磋商的记录记载，法国军官不遗余力地将俄国的视线集中到德国身上，而不是将奥匈帝国作为实质对手。尽管法国人愿意承认以巴尔干事端为战争借口的合法性，但如果俄国纠集大量军队对付哈布斯堡王朝，法国不得不在西线孤军奋战，抵御大量来犯的德国人，那么从法国的角度来说，联盟的军事目的就不复存在了。1912 年的一次会晤中，这个问题被提出，日林斯基并不认为俄国还需要考虑其他威胁：奥地利人同样也在改善他们具有战略意义的铁路，由于对民族士气来说，这个地带是敏感的，因此俄国选择冒着在巴尔干失败的危险则是不可能的。瑞典人是另外的潜在威胁，此外还有奥斯曼帝国。但霞飞坚信，“摧毁德国的军队”实际上将能够解决联盟面临的所有问题；因此，“不惜任何代价”达成这一目的是至关重要的。总参谋部之后的记录中总结道，会谈的结果是恰如其分的——“俄国的指挥官承认德国是最根本的敌人”。

普恩加莱也尽其所能说服俄国方面。在 1912 年 8 月起身前往圣彼得堡之前，当他询问霞飞他应当和友方谈什么问题时，这位法国总参谋部长“指出了改善铁路的问题，其他的就没有多说了”。抵达俄国首都之后，法国总统认真地不停向对方询问铁路问题：“我想让他（沙皇尼古拉二世）意识到我们的总参谋部提出的完善铁路的问题，我们对此很感兴趣”；“我向他（萨佐诺夫）解释了将道路扩充 2 倍、4 倍的必要性”，等等。普恩加莱的记录甚至还让我们了解了俄国管理层内的权力之争：它发生在科科夫佐夫和军事指挥之间。俄国首相对在巴尔干的激进政策表示怀疑，作为金融界人士，他并不热衷于将大把大把的贷款都用到修建铁路这一目的可疑的商业行为上。面对普恩加莱的观点，他回复道，俄国近期正在“研究”改善铁路的问题。普恩加莱则坚持称：“考虑到时间很紧张，因为很有可能德国在俄国防线地带取得的战果将决定一切。”这场即将到来的战争的平淡无奇的设想给科科夫佐夫留下的印象可想而知。普恩加莱认为，只有对方由此“感到不快”，俄国的军事指挥才能够在不直接咨询财政大臣（即科科夫佐夫）的前提下赢得法国政府的支持，以保证军事拨款。普恩加莱抓住任何可能的机会，给俄国施加压力，使其加强自己的武装。

法国人自己也在按照说服俄国的那一套行事。1911 年 7 月，约瑟夫 · 霞飞被任命为总参谋长，当时，第二次摩洛哥危机正处于白热化阶段，这一任命使法国的战略握在一个信奉“进攻理论”的人手中。法国的军事家倾向于在将来与德国的对抗中采取防御性手段：1903 年的第 15 号作战计划以及 1909 年的第 16 号作战计划都设想了在战斗的第一阶段采取防御性的调度，之后则在了解敌军意图的情况下进行决定性的反攻，这种思路与1910年苏霍姆利诺夫的调度计划截然相反。但是霞飞却修改了第16号作战计划，允许部队先发制人，从阿尔萨斯打入德国的领土，因为他认为“仅凭进攻就足以瓦解敌人的意志”。同时，他比他的前辈更积极地与法国的盟友和协约国伙伴搞好关系。作为法国方面，他推动了1911年、1912年和1913年召开的联盟内部会议，他与其俄国同僚日林斯基的友谊是他成功的关键。同时，他也与英国军事指挥人员有着密切的来往，尤其是与亨利·威尔逊。霞飞是第一位将英国远征军纳入自己的部署的法国军事战略家，他对第16号作战计划的修改就包括对集中在比利时边境的英国军队做出的细节性规定。

普恩加莱在霞飞身上发现了一个十分适合他自己的战略观的军事伙伴。诚然，两人之间在某些问题上也有分歧。其中最明显的就是关于比利时的中立的问题。根据德国方面泄露的文件以及其他军事情报，如果爆发战争，德国人将通过中立的比利时对法国发动进攻。1912年2月21日普恩加莱新任总理时，当他在外交部召开一次非正式会议来商讨法国的防御部署时，霞飞提出了一项先发制人的策略——当然也是通过比利时来达成，霞飞认为，这是抵消法国在人数上不敌德国的唯一方法。英国当然会理解这项措施的需要，并且比利时和德国之间的关系当时十分冷淡，这意味着甚至有可能提前与比利时达成共识。然而普恩加莱却断然拒绝考虑霞飞的意见，因为进攻比利时将会顶着冒犯英国舆论的危险，并且格雷在这种情况下也不会恪守他对巴黎的诺言。在法兰西共和国，民政权力是大大高于军事权威的，这是一个显著的特征。而普恩加莱的远见和智慧则在于，他将与东方国家的协议中高度带有攻击性的因素，与法国前线需要采取的策略性的防御姿态巧妙地结合起来了。这就是法国如何解决1914年几个交战国所面临的一大棘手难题的方式。

在普恩加莱胜任共和国总统之后，他继续对承诺进行强化。1913年春，泰奥菲勒·德尔卡塞被任命为驻圣彼得堡的大使，这是个明确的信号。德尔卡塞的任职期却很短，从一开始他就只打算在圣彼得堡待到1914年的法国选举。然而，在第一次摩洛哥危机时离职的杰出（在位时间很长的）前辈的决定对法国的政策动向一点儿都不担心。在圣彼得堡的德尔卡塞和在巴黎的伊兹沃尔斯基，即联盟的双方大使都对德国有着强烈的主观上的憎恶。德尔卡塞的这种情感在近几年甚至变得更加强烈，当他东行的路上途径柏林时遇见朱尔·康邦时，据说他拒绝下火车，防止自己鞋子的灵魂被德国的土壤玷污。这位新任大使以其对铁路战略的专业性知识著称（作为19世纪和20世纪之交的外交部长，德尔卡塞甚至向俄国政府施压，让他们修建铁路以对抗大英帝国）。不难想象，俄国媒体热烈欢迎他的上任，称“他好战的性格”将成为协约国的一笔资本。普恩加莱在给沙皇的介绍信中称，这位新任大使的目标是“进一步强化法俄联盟之间的关系”，之后还不厌其烦地向对方灌输向帝国西部防线修建军事铁路的重要性。伊格纳季耶夫称，德尔卡塞已经被法国政府授权，“让我们提出用于此事的任何数额的贷款”。

在他短暂的职业生涯（从1913年3月23日到1914年1月）中，德尔卡塞恪尽职守，兢兢业业。他过于忙碌，以至于人们很少在圣彼得堡的社交场合见到他。在他第一次会见沙皇时（就在他到达的第二天），他强调了“完成铁路工作、实现总参谋部的意志”的重要性，并出奇招：直接请求科科夫佐夫提供必要的支持。他在圣彼得堡工作生活期间，除了萨佐诺夫和科科夫佐夫，德尔卡塞几乎不与任何人会面，就连英国大使都觉得和他约见是件十分困难的事情。他向其俄国同人夸口说：“我了解俄国所有的外交政策，我身边的人对此却知之甚少。”德尔卡塞监督着诞生了法国巨额贷款成果的谈判：法国资本市场为俄国的私人铁路公司提供25亿法郎，有效期为5年，每年分期付款额度为5亿法郎；作为条件，西部的军用铁路要按照1913年共同商讨所设想的进行优化。1914年1月开始，莫里斯走上了德尔卡塞的位置，他和他的前辈并无二致，同样计划将战略性强化和处理外交政策问题的强硬作风结合起来。

普恩加莱的压力

在普恩加莱前18个月的总统任期里（直到“一战”爆发之前），他都在逐步提高法国军事计划的进攻性。他支持由法国内阁和参议院于1913年夏通过的《三年法案》，根据这一法案，法国军队的兵力提升至约70万人，使得与德国仅差5万兵力，并向俄国展示出法国真的要为了对抗“主要的敌人”而贡献自己切实的力量了。通过选任副总理、掌握国防部高层权力等措施，普恩加莱成为法兰西第三帝国成立以来最强势的总统。

而这一切行动都有着一层公众的意义。普恩加莱—米勒兰—德尔卡塞三人之间所形成的联盟关系引发了比利时驻法国大使纪尧姆男爵的注意。纪尧姆对普恩加莱一派所坚持拥护的《三年法案》表示震惊，虽然这帮助普恩加莱在总统大选中获胜，但他也同时“忽视了其中不断滋生的不稳定因素”。纪尧姆在1914年1月写道，“正是普恩加莱、德尔卡塞和米勒兰三位先生”在现在的法国社会中“发起并推行民族主义、强硬外交政策和沙文主义政治”。他将此视为“当今欧洲最大的一次咎由自取”。普恩加莱不只是一个巴黎的贵族，纪尧姆在1914年5月写道，他同时也是一个纯粹的民族主义者，通过自己的极端手段在全国赚取了人们对自己的支持。他是一个叱咤法国各地的优秀的演说家，所到之处得到的都是赞誉与支持。

尽管得到了全国这么多地区的支持，法国政治体制的内在波动性仍使普恩加莱当时的位置变得并不是那么稳定。在这个过程中，法国的高层也频繁出现变动，就连普恩加莱的亲信查尔斯·若纳尔也在短短两个月里离开了外交部长之位。接替他位置的外交部长皮琼则表现出一副与中央意见背道而驰的姿态，甚至开始在与德国的交往中表现出更加温和（或者说不再那么强硬）的姿态。当普恩加莱1913年归来时，他找了另一个傀儡替代皮琼。新任的总理兼外交部长加斯东·杜梅格（Gaston Doumergue）在就职之前就已经承诺将继续遵循《三年法案》和普恩加莱的既有外交政策。总统希望缺少经验的杜梅格能彻底听命于自己。但他并没能如愿，因为杜梅格作为亲俄派的同时，暗地里也跟普恩加莱对着干，甚至任命了普恩加莱的死敌约瑟夫·卡约为财政部长，并逐步开始剥夺总统在外交政策讨论中的话语权。

普恩加莱始终面对着一群强大且不择手段的政敌。1913年5月，当总统与天主教会高层的一次秘密谈话所达成的内部交涉遭到曝光并在内阁引起轩然大波时，他的政治图谋遭到重创。1913年春，普恩加莱和皮琼已经进行了一系列这种谈话，目的是选举一名能够支持法国的教皇继任者。这看起来似乎并无大碍，因为这能巩固法国在天主教国家中的地位。但在1914年之前的法国，一名政界的高层领导和天主教廷之间的此类协议很难让人接受，因为当时的法国政治文化本身就在抵制宗教可能产生的影响。这次讨论本来是绝对保密的，就是为了防止激进派及其支持者从中作梗。但在1913年4~5月，意大利驻法国使馆收到的三封电报披露了普恩加莱、皮琼和梵蒂冈之间的交涉。5月6日，内政部长让-路易-吕西安-克洛在内阁会议上公布了这些电文的内容。在随后爆发的舆论风暴中，皮琼威胁称如果此类电报继续被泄露，他将辞职。电报的泄露停止了，但覆水难收，因为这些敏感的材料日后可能被别有用心之人作为证明普恩加莱失职的证据。

这里还有一个进一步的、个人方面的问题：普恩加莱担任总统期间，通过一个私下的过场就迎娶了他的第二任妻子亨丽埃特。但1913年5月，在人们知道了亨丽埃特的前两任丈夫都去世了的消息后，他才迫于其妻子的压力，并遵循其不久前刚去世的老母亲的遗愿，正式通过宗教仪式迎娶了她。后来的这次仪式是在严格保密的情况下进行的，普恩加莱一直担心泄露出去的话会影响自己的声誉。出于对此的担忧，他也费尽心思收买那些激进派的领袖人物，以防被抓住把柄。他甚至邀请亲英的激进派领袖和反普恩加莱一派的乔治·克里孟梭（后来拒绝了他的提议）共坐一叙。对于各种阴谋的担忧，直到"一战"爆发，一直伴随在这位总统左右。

换句话说，普恩加莱已经很脆弱了，甚至某些时候他可能将面临必须放弃自己现有政策的局面。民族主义的锐气于1914年年初便开始消退，形成了另一股复杂的力量。普恩加莱在社会主义者和激进派人士的眼中"逐渐成为遭人厌恶的对象"，他的政敌克里孟梭和卡约也抓住一切机会向他发起口诛笔伐。最令人担忧的是，如此之下产生的新的对立局势可能迫使《三年法案》被废除，并由此让法俄同盟变得不那么稳固。1914年4月26日和1914年5月10日的大选带来的颠覆性影响已经很难准确定位了，但这意味着《三年法案》的根基开始动摇。随着1914年6月2日杜梅格政府的垮台，普恩加莱不得不去寻求另一个可以拯救这项法案的政治伙伴。经过几次碰壁之后，普恩加莱和前社会主义者勒内·维维亚尼（René Viviani）搭上了线，后者在6月12日组成了一个新的内阁，在17个内阁成员中，有10个人都支持《三年法案》。当新的政府于6月16日再次赢得大多数支持时，内部的危机似乎平息了。《三年法案》安全了，至少暂时是如此，但这种状态又能持续多久呢?

国际问题的发展引发了更多的关注。1913~1914年，巴黎的政策决策者们对俄国势力的增强变得尤为关注。法国军方观察员报告称，俄国的军队自对日战争的挫败后已经取得巨大的发展；俄军士兵是"一流的，坚韧的，训练有素的，有着强烈的纪律性和对国家的巨大忠诚"，俄军也在为了战胜其"最终的敌人"而时刻准备着。法国金融专家证实了俄国的这些情况。巴黎证券交易所的资深经纪人M·德韦纳伊（M. de Verneuil）长期研究俄国的经济。德维纳伊曾长期参与俄法之间的商贸活动，在此期间，他也曾前往圣彼得堡，探讨科科夫佐夫政策下法国新贷款的事宜。在1913年7月7日的一封信里，他向外交部长皮琼报告了自己的所见所闻。德维纳伊对俄国的经济发展持一种极为乐观的态度，但从他最近到访俄国的经历来看，真实的情况甚至超出了他的预期：

> 我很清楚地感觉到，在接下来的30年里，我们将目睹俄国在经济方面一个空前的成长，这将相当于（如果保守地说，不会超过）美国19世纪末所发生的那些巨大的变革。

不仅德维纳伊有这种感觉：在1914年，法国驻圣彼得堡外交官的报告中也提到了俄国“巨人”那“取之不尽、用之不竭”的资源，有着“一流的”士兵和“无尽的权力”。在参加了那年春季的演习后，该外交官更是激动地表示：“我看的越多，就越觉得惊叹，俄国人真是我见过的最强的人种。我在任何其他的军队中都感觉不到这种源源不竭的力量与能量。”媒体的一些报道则加剧了这种感觉。1913年11月，法国《时报》发表了一篇文章，一位驻俄国通讯员在文中宣称：

> 我们不能过于夸赞俄国军队的强劲，这容易让人联想到法国自身的问题，在法国，军费开支一直是个严重的问题，而俄国人完全不用担心这些。在这场军备竞赛中，俄国比任何人都更有优势取胜。俄国的人口随着其财富的发展而增长，也让军队的扩大成为可能。他们也完全没必要抑制这种增长。

而将此看得最严重的正是普恩加莱自己。

所有这一切，从表面来看都对法俄同盟是好事。但在巴黎，也给人们带来了挥之不去的疑惑。如果俄国变得足够富有、强大，以至于不再需要依靠法国的援助，那局势又将如何发展？最起码，俄国的这种快速发展肯定会让局势变得不利于法国政府，因为正如一名外交官在1914年2月表示的：“俄国每多获得一分自立的力量，就将多挣脱一分来自我们的控制。”而法国这种忐忑的心情现在看来似乎有些可笑：这完全是建立在对于俄国经济和军事实力过度的评估之上的。但这些错误的判断已经足够让法国人乱了阵脚，在结合了其他情况之后，法国政府认为目前针对德国的手段也难以为继了。

在 1914 年 6 月底，令普恩加莱自己也感到吃惊的是，他还在保持镇定。他的政策是安全的，至少在目前政府垮台之前是这样的。勒内 · 维维亚尼在与议会的周旋方面是一个得力的助手，但在外交事务上则完全是个新手。万一国内政治危机升级，作为总统应该是可以轻松控制住局面的。积极的军事政策和对巴尔干地区的战略保持不变。但从中长期来看，普恩加莱一派的未来显得就不那么明朗了。这种奇怪的政治组合也将在 6 月 28 日萨拉热窝事件爆发之后影响法国的政策。就像其他很多因这件事而陷入困境的决策者们一样，普恩加莱也将面临分秒必争的压力。

第六章　最后的机会：1912~1914年的缓和与危险

时间是 1914 年年初。“自从我进入外交部任职，就没遇上风平浪静的时候。”阿瑟·尼科尔森写道。尼科尔森的这段话把我们的注意力带到了战争爆发之前的两年那令人好奇的特征上，尽管在这段时间内，各国武器储备迅速增加，一些军方高层及公众领袖表现得越来越好战，欧洲国际体系却在整体上展现了危机处理和缓和外交方面的惊人能力。这是否意味着在战争爆发的前一年半里，其发生的可能性反而越来越小了呢？难道外交上的缓和只不过是在掩盖不断深化的联盟内部的敌对关系？若果真如此，缓和局势下所隐含的事实与导致战争在 1914 年爆发的交错复杂的因果关系是如何相互作用的呢？

缓和政策的局限性

1912 年夏，德国皇帝与俄国沙皇在一众高级官员的陪同下，在波罗的港（即帕尔迪斯基）——俄国海军在柏格里半岛（今爱沙尼亚东北部）的一个海军驻地，进行了非正式对话。这次会面被认为是对沙皇在 1910 年到访波茨坦的回访。会面进

弗拉基米尔 · 科科夫佐夫

（来源：Getty Images图库）

行得非常顺利，两位君主一起漫步、共同用餐、检阅士兵，而官员们则聚在一起，谈天说地，气氛融洽。时任俄国首相科科夫佐夫和德国首相贝特曼 · 霍尔维格首次在波罗的港会面，两人惺惺相惜。他们都很拘谨且保守，属于温和派。他们之间的对话冷静且坦率，详细讨论了两国在武力装备方面的有关政策。他们互向对方保证自己的国家只不过是采取守势，都认为当下不断膨胀的军费开支在公众心目中留下了局势动荡不安的印象。霍尔维格说，大家都希望，“所有国家都有如此多的相同利益，以至于他们只会把军备竞赛当作预防性措施，而不是打算动真格的”。

霍尔维格与外交大臣萨佐诺夫谈及各种话题，但他们都尽量采取缓和的语气。谈到关于巴尔干半岛日渐动荡的局势时，萨佐诺夫向贝特曼保证，俄国针对基督教斯拉夫国家的“任务”早已是过去式。萨佐诺夫重申，俄国并没有打算利用奥斯曼帝国的困境从中谋利。霍尔维格表示，尽管有时德国被认为有意干涉三国协约之间的内务，但他认为这完全是无稽之谈。不过反过来说，他也觉得德国并无必要与英、法、俄三国培养过于深厚的友谊。在会面结束之际，当萨佐诺夫问起“你觉得如果把奥匈帝国也考虑进来，情况会怎么样”时，霍尔维格向他保证，德国不会在奥匈帝国对巴尔干半岛的问题上采取强硬态度。萨佐诺夫问道：“所以（德国）不会鼓励奥匈帝国采取什么行动吗？”霍尔维格回答，柏林方面并无兴趣支持维也纳这些“冒险”政策。会面结束前，双方都表示，将这样的会面变成每两年一次的“例会”是个不错的主意。

德皇威廉二世在这次会面上已尽力表现得最好。沙皇一直害怕与这位德国同辈会晤：他总是很勉强地说出自己的想法。但据科科夫佐夫的观察，这是因为“沙皇只是害怕德意志帝国的扩张，而这并非他的本意”。德国驻圣彼得堡大使普尔塔勒斯伯爵在会面前曾在备忘录里写道，威廉二世被告知在会面中要避免谈论有倾向性的话题，尽可能地采取聆听的态度，只有这样，沙皇才有机会发言。在大部分时间里，威廉二世都控制得非常好，但仍免不了有些小纰漏：在沙皇的“斯坦达特”号上的第一顿午宴后，威廉二世支开萨佐诺夫，直接与沙皇谈了一个多小时（“针对沙皇”可能是更合适的说法），说起自己与父母的关系，称父母从未给予他关爱。萨佐诺夫觉得威廉二世的表现“明显过了头，没有表现出他这样地位崇高的人所应有的审慎和尊严”。会面的第二天，一行人在酷热中参观了一些废弃要塞，这些要塞分布在彼得大帝建造的港口周围。威廉二世又将之前的警示忘得一干二净，强留科科夫佐夫听他反复唠叨建立泛欧石油信托基金的重要性，要以此抗衡美国标准石油公司。科科夫佐夫回想起这次对话时说：“他的表达过于生动，完全将正式场合下的礼仪抛诸脑后。”

阳光十分灼热。沙皇并不想打断我们的对话，但他站在威廉二世的身后，向我示意他已经不耐烦。不过，威廉二世的热情越发高涨，不停回应我的主张。最后，沙皇的耐心消耗殆尽，向我们走过来，听我们谈话。于是，威廉二世转向他，用法语说道：“你们的首相并不是很同意我的想法，但我想极力说服他，不想让他心存犹疑。我希望您让我用我们在柏林搜集到的资料来证明我的观点。等一切准备妥当，我希望您允许我继续和他讨论这一话题。”

这场景十分值得描绘：猛烈的阳光灼烧着要塞废墟里的乱石，科科夫佐夫穿着夹克，热得几近昏厥；威廉二世面部赤红，他的胡须颤抖着，对他的话题越来越投入，一边说话，一边打手势，完全不在意身边人是否难堪；而沙皇站在他身后，极力想要从这种折磨中逃脱，躲到阴凉处。没人知道威廉二世最后是否将“在柏林搜集到的关于石油财团的资料”发给科科夫佐夫，因为这说不准——他的热情来得快、去得也快。所以德皇在皇室中被认为是“难应付的人”，也不足为奇。

关于威廉二世的这些小插曲并没有对双方的融洽气氛造成什么损害，这次会谈在非常好的氛围中结束。7 月 6 日，一份官方联合公报发表，声称“这次会谈的气氛非常好，这不仅成为两位君主之间‘友谊关系’的又一例证，也证明了两国想要维持‘双方之间长久以来可敬的传统’的‘坚定的决心’”。

在 1914 年战争爆发前几年的缓和局势中，波罗的港的会面成为俄国与德国的外交关系最高点。但实际上，这次会面带来的影响十分有限。两国之间的对话虽然友好，却没有达成任何实质性的决定。所发布的联合公报也只不过是模糊不清的概述，反而更加清晰地显示了会面既没有达成“新的共识”，也没有“在团结各个势力上有所进展”。而这种团结早已被证明对维持和平与稳定的局势是非常有价值的。霍尔维格和萨佐诺夫在巴尔干局势问题上做出的种种保证的背后，暗藏着十分危险的矛盾：德国的确在加紧对奥匈帝国的限制，维也纳对“柏林已对同盟国许下坚定承诺”表示怀疑，而俄国人正在并将继续和巴尔干地区对着干。萨佐诺夫对霍尔维格保证，俄国并无意趟奥斯曼帝国这摊浑水，而且他们在巴尔干半岛的“任务”早已结束。这样的保证其实是有误导性的，实际情况要糟得多。如果这些保证就是俄德两国互相理解的基础，那么这基础的确非常不牢靠。哪怕是波罗的港会面的联合公报里那些谨慎的套话，都足以在伦敦和巴黎引发一阵猜想。位于圣彼得堡的俄国外交部在波罗的港会面前后都曾向伦敦及巴黎方面保证，自己对三国协约的承诺比以往更加坚定。与之相反的是，俄国在波罗的港进行的试探性和解显示出多方参与的缓和政策是多么难以捉摸。

德国与英国之间的缓和政策也有着类似的结构与政治上的约束。1912 年 2 月的霍尔丹任务就是一个很好的例子：德国和英国没有就海军武力限制达成共识，而霍尔丹任务的始作俑者是霍尔维格。他的目标是和英国达成这样的共识：要让国际问题（尤其是殖民问题）能够通过合作来解决，而不是走上竞争和对峙这条路。但是在首相眼里，蒂尔皮茨将军在海军建设上的野心会成为达成这一共识的主要障碍。然而德皇个人对海军建设项目表示出的支持态度，以及德国决策层中混乱而脱节的架构，都说明需要用间接手段来瓦解当前的海军策略。为了削弱蒂尔皮茨将军的势力，霍尔维格站到了海军部这一边，成为海军部长期对抗帝国海军办公室斗争中的一分子（海军部对蒂尔皮茨将军更注重船舰数量而忽略对海军人力的教育及培养这一做法是持批判态度的）。陆军长期以来面临资金短缺，而海军的预算却不断增加。霍尔维格就怂恿陆军坚持要求重新整装及扩军。当然，霍尔维格也和德国驻英国大使梅特涅沟通过，为的是他之后试图让德皇相信这种观念时能握有更多的胜算：“相对于当下采取的关于军事力量及挑战的政策，控制海军扩张或许对英国更有用。”总而言之，霍尔维格费尽心思地采取各种手段，想把帝国的国防政策重心从发展海军上移开。

正如约瑟夫·卡约在第二次摩洛哥危机的所作所为，霍尔维格也动用了一位非政府官员身份的中间人：立足于汉堡的运输界大亨阿尔伯特·巴林。他为拓展沟通的渠道起到了至关重要的作用。像许多商界及银行业的大人物一样，巴林深信文明在国际贸易中的价值，认为欧洲战争会是一项愚蠢的犯罪。通过银行业的关系，他接触到了英国银行家欧内斯特·卡塞尔爵士，并通过他向柏林传达英国在原则上有意寻求在海军武力和殖民等问题上的相互理解。1912 年 2 月，陆军大臣霍尔丹动身前往柏林，试探达成这一相互理解的可能性。

为什么霍尔丹任务最终失败了？这不仅仅是因为德国在海军建设的规模及步伐上不予妥协——霍尔维格和极不情愿的威廉二世是想要在这些方面做出让步的。真正的绊脚石是柏林方面坚持要得到实质性的回报，换句话说，柏林方面希望与英国约定，如果德国与欧洲另一国家之间发动战争，英国必须保持中立性。而英国方面为什么不愿做出这一承诺？有观点认为英国被其与法国之间的义务所束缚，但这一说法已经站不住脚，因为霍尔维格想要将这一“保持中立”的约定限定于德国并非侵略方的情况下，同时也明确表示，若与现有的由高层缔约方制定的协议无法协调，任何新达成的共识都将作废。英国对这一约定有所保留的真正原因是不想有所付出却毫无收获：英国已经能够轻而易举地在海军竞争中摘得桂冠，享受毫无争议的优越感。霍尔维格和威廉二世想要以中立协议换取德国永久认同英国在海军实力上略胜一筹，但英国有何必要以这样的交易来换取它已拥有的领先地位呢？总的来说，并不是船只什么的阻碍了双方达成共识，而是因为双方在利益上的冲突无法调解。

霍尔丹从柏林返回英国，对他在德国所看到的混乱连连摇头。即使是局外人也看得出来，霍尔维格根本没有说服威廉二世和帝国海军办公室站在他这一边。但同样在英国，认为这次任务失败的呼声也十分高涨。一开始，英国只把这次任务当作纯粹的试探。霍尔丹不得不以学术的名义远赴柏林（他当时担任伦敦大学皇家委员会的主席）。在一份英国起草给德国政府的备忘录里描述道，他“既无权力和德国立下协议，也无法对其他同僚进行约束”。霍尔丹曾向法国驻德国大使朱尔·康邦保证，这趟德国之行是为了缓和政策，而不是为了立下友好协约。在巴黎，英国驻法国大使伯蒂努力想要破坏协议，他暗中警告普恩加莱，并唆使外交部向英国施压。此外，据说，在对话期间为霍尔丹提供资料和建议的那个人正是阿瑟·尼科尔森。他一直相信，任何对德国的让步都会增加与俄国成为敌人的风险，而俄国的支持对英国的安全来说是不可或缺的。他从不掩饰他对霍尔丹冒险行为的反对。1912年2月，他与伯蒂说起此事："我完全不明白，为什么我们要放弃一直占据的有利地位，放下身段，努力把自己陷于所谓'相互理解'的泥沼中，这样会毫无疑问地损害我们与法国及俄国之间的关系。"伯蒂也认同霍尔丹之行是"非常愚蠢的一步棋"，它只不过是为了让"驱赶格雷的激进分子们"闭上嘴而已。带着这样的出发点，这项任务完全没有成功的可能。让尼科尔森和伯蒂感到欣慰的是，格雷不接受"中立公约"，霍尔丹任务宣布失败。英国驻德国大使戈申从柏林写信给尼科尔森表示祝贺："有这样的好结果，你功不可没。"

正如尼科尔森的笔记所描述的，缓和政策的发展（至少在英国）受到了集团式思维的局限，而这一思维方式仍被认为是国家安全不可缺少的根基。缓和政策或许可以成为集团式策略的一个补充方案，却永远无法代替它。1911年11月，在下议院的一次演讲中，爱德华·格雷爵士非常利落地描述道："一个人不会以牺牲老朋友的代价来争取新的友谊。我们当然要接触新朋友，但绝不能以我们现有的友谊为代价。"

也正是因为英国并没有为霍尔丹任务投入太多，它的失败很快就过去了，第二次摩洛哥危机后的英德缓和局势得以持续。只不过之后发生的一些事情导致双方未能就海军问题达成协议，而那些事情有着历史性的非凡意义。1912年秋，巴尔干危机爆发，德国外交大臣基德伦-韦希特尔向英国大使戈申提议，两国应该统一认识，防止双方变成敌对关系。在格雷这方面，他让霍尔维格知道他急切盼望着和英国有"紧密的政治合作"。英国和德国共同资助了1912年12月至1913年7月在伦敦召开的大使会晤。针对第一次巴尔干战争中引发的一些最棘手的问题，两国帮助起草了妥协方案，并极力主张对它们各自的盟友（俄国及奥匈帝国）做出限制。

当然，这里面也有更深层的动机。基德伦-韦希特尔在1912年12月突然去世，继任者戈特利布·冯·贾高（Gottlieb von Jagow）接手他的工作，继续在巴尔干半岛的合作，希望能让英国看清俄国在这一地区的激进政策，从而摆脱对三国协约的依赖。格雷则希望德国能继续对奥匈帝国施加控制，以免巴尔干地区的冲突对欧洲和平造成威胁。但无论是德国还是英国，都没有准备好在各自的联盟政策上进行实质性改变。英德之间的“巴尔干缓和政策”大体上还是有效果的，这是因为双方虽都十分专注于这一地区，但实际上它们在巴尔干半岛并没有什么性命攸关的利益。另一个原因是奥匈帝国和俄国都无意发动战争。这一缓和策略没有实质内容，也只在欧洲和平没有受到严重威胁的情况下才能起到一些作用。

因此我们可以说，缓和政策的发展潜力受到了联盟内部集团反弹的约束。这是对的，但这并不能完全说明联盟是国际体系内非常稳定及坚固的组织。许多主要决策者已经察觉到联盟内部有多么脆弱和不稳定，但这并没有起到什么作用。奥匈帝国时常担心德国会马上将自己与俄国区别对待，置哈布斯堡的盟友于不顾。不过这一担心并非子虚乌有，有证据显示德国在 1910~1913 年对奥匈帝国的限制鼓励了俄国在巴尔干半岛的行动，却并没有为奥匈帝国带来任何安全利益作为弥补。在波罗的港的会面中，普恩加莱察觉到一些不祥的迹象，预示着俄国和德国在巴尔干及海峡地区问题上会达成合作关系。1913 年春，法国渐渐传出对英德两国相互示好的不满，乔治五世则被指想与德国发展良好关系。英国驻俄国大使乔治 · 布坎南爵士则认为，若有蛛丝马迹能证明奥匈帝国与俄国之间的缓和趋势，前景将不容乐观：俄国会背弃协约国，与德国和奥匈帝国为伍，重演 18 世纪七八十年代的三皇同盟的局面。

回到英国与俄国的关系，英国担心俄国这一强大的盟友会变成可怕的敌人。在战争爆发前三年，俄国和英国在地缘政治上的紧张局面又恢复如前。从中国到突厥斯坦及阿富汗，中国及中亚阵线上隐患重重，其中以波斯地区最为严重。1912 年夏，俄军武装进入波斯北部，人们开始怀疑英俄条约是否能够继续维持。早在 1911 年 11 月，格雷就曾警告过俄国驻英国大使贝肯多夫伯爵，很快就会有人命令他公开否认俄国在波斯地区的行动，因这会对英俄条约的前景造成威胁。这件事不仅引起了外交部的注意，内阁、国会及新闻界都十分关注。1912 年 9 月，当萨佐诺夫和格雷在巴尔莫勒尔堡会面探讨波斯地区问题时，就有公众游行示威抵制这位外交大臣。对于大英帝国发展前景的忧虑，加上长久以来自由运动及英国新闻界对俄国的恐惧，形成了一种强有力的融合。这些忧虑在 1913~1914 年早期一直存在，且越发严重。在1914年2~3月，格雷与布坎南大使多次通信，表示英国对于俄国出于战略目的计划在波斯地区建造铁路十分不满，因为这些铁路横跨波斯地区，直达印度边境。俄国已经开始排挤英国在波斯地区的贸易利益，甚至对于在协议中规定的英国控制的区域也是如此。中国边境的局势更加不容乐观：1912~1913年，英国收到线报，俄国正在煽动蒙古族人与中国西藏相互发动“非常规的军事活动”；俄国的来复枪穿过乌兰巴托被运抵拉萨这一举动也被侦查出；俄国布里亚特“僧侣”正在训练中国西藏的军队，同时俄国还在不断逼近中国其他地区及土耳其斯坦地区，在距离英军斯利那加驻地240公里处建造防御工事。这一切看起来就像俄国正在伺机而动，准备入侵印度。

英国察觉到的这些潜在威胁导致其外交政策出现裂痕。在格雷看来，俄国这些令人恼怒的举动加强了英德在巴尔干半岛的缓和政策的重要性。就在人们惊讶于英国和德国的外交官竟然轻而易举地开始合作时，萨佐诺夫在巴尔干地区充满投机意味地蜿蜒前行激怒了他的英国盟友们。格雷的举动得到了他的长期私人秘书威廉·蒂雷尔的支持，他与格雷的关系的密切程度超过了任何一位同僚。他倾向于“反德政策”，之后却变成了“坚定的英德共识的拥护者”。英国方面发现，自从发现自己在海军实力的竞争中不敌英国，德国就像是被“拔掉了刺”，不再是英国的主要威胁，所以英国对与德国的合作也更感兴趣。重新采用这样较为灵活的政策，一方面是不想让激进的反对党在恐俄这一议题上再出声，另一方面则是为了制止“驱赶格雷”的倡议者，他们把外交大臣对柏林的敌意看作对英国独立和欧洲和平的威胁。

不过，亲近德国所得到的好处太少，远远无法弥补失去俄国的支持所导致的风险，这样的选择近乎空想。在真正的转折点到来之前——而这并没有发生在1913~1914年，亲俄反德的论调仍然占据主流。在1913年，俄国的角色是一个危险的敌人，尤其是当时的英国决策者像其法国同僚们一样，十分坚定地相信俄国的庞大力量。在他们看来，这时的俄国比1900年时更加危险。在日俄战争及1914年“七月危机”这几年以来，英国大使馆的军官及一些专家确信俄国的军事力量十分强大，尽管许多证据显示并非如此。这种确信在现在看来是十分荒谬的。1909年9月，由伊恩·汉密尔顿爵士将军（Sir Ian Hamilton）——他也曾是大使馆军官中的一员，在中国东北地区日军驻地见识过俄军的行动——呈交了一份十分有代表性的报告。在该报告中，他表示俄军在过渡时期进行了极大的改进。多亏了“突进”战术所带来的“非同一般的优势”，俄国军队现在已经可以被描述为“比德军更加骁勇善战”。由于汉密尔顿也曾参与过德军调遣，他的观点非常有分量。

在伦敦，一些重要的决策者认为，俄国对英国的威胁和德国相较之下仍显逊色。1912年12月初，当第一次阿尔巴尼亚危机正处于最严重的时候，一位英国外交部的高级官员承认：“我们的人民所害怕的是，德国向俄国提出，如果俄国放弃三国协约，德国将会协助其控制奥匈帝国。这才是最危急的状态，而不是各大势力之间的冲突。我们真的非常担心俄国会在三国同盟那边引发骚乱。”在尼科尔森的眼里，英国的安全问题和帝国的发展仍然要依靠“英俄条约”，他希望这份精心打造的条约能够带着法国盟友一起，组成一个完全成形的联盟。“相比于与德国为敌，失去法国和俄国这两个盟友更加不利。”他在1914年写道，“显然，对我们来说，最重要的是把最好的条件都留给俄国，如果我们与俄国的关系不再友好，甚至变得再不往来，那么我们将会在一些地区面临困境——一些我们无法保障自身安全的地区。”即使是些微与德国和解的举动，都是在拿英国为人称道的可靠性来冒险。一旦别人认为英国不再可靠，俄国就很有可能摒弃英国，与之为敌。尼科尔森的观点来源于战前时期在伦敦很流行的一种论调：经济水平的增长和军事力量的强大会让俄国变得越来越独立，而到那时，英国对俄国来说就变得可有可无了。

以这一论调看来，无论是付出多大的代价，英国都需要保持与俄国的友好关系。虽然尼科尔森很惊讶萨佐诺夫在俄国资助塞尔维亚—保加利亚对抗奥斯曼帝国时的表现，以及俄国在整体上对塞尔维亚政府的怂恿。不过考虑到俄国与英国一旦相互对立所造成的灾难，这些就都只是小事罢了。在某些方面，英国的外交人员觉得在处理巴尔干问题时的日子更好过，相比处于奥匈帝国与俄国共同管辖时期的巴尔干，那时的巴尔干局势更容易控制。这种共同管辖的关系会回过头来促使局面回到1907年年初，当时英俄两国正处于公开的全球性竞争关系。1913年的英国觉得自己在这样的局面下毫无胜算，获胜概率还不如在布尔战争时期的。1912年夏，尼科尔森甚至宣扬，俄国在巴尔干地区的扩张是不可避免的，英国不应该反对俄国的举动。他告诉身处维也纳的英国驻奥匈帝国大使：“既然此时的俄国经济形势一片大好，军队也整装待发，此时俄国的表态就是要再次强调并重新确立自己在巴尔干地区的领导地位。”

缓和政策以非常复杂的方式，在并不稳定的联盟内部起着作用。它能掩盖主要政治人物对危机的警觉，从而使局面更加危险。在伦敦召开的大使会晤（格雷认为会晤能成功举行，大部分的功劳属于自己）让格雷对自己处理危机及“拯救和平”的能力非常自信，而正是这一自信成为他的障碍，他在面对1914年7月的萨拉热窝事件时就没能及时回应。格雷从英德在巴尔干地区的缓和政策中认识到，不论发生什么事，德国都会继续抑制自己的奥匈帝国盟友。贾高和霍尔维格也同样有一种不确定的感觉，那就是英国至少曾经认识到俄国在巴尔干半岛的政策的真面目，一旦俄国在该地区制造冲突，英国很可能会保持中立。此外，缓和政策对欧洲国际体系中的某一方起到的作用，也会同时僵化其与另外一方的关系。比如说，由于英德在巴尔干问题上的合作，英国的态度变得不明朗，这就导致法国与俄国的关系受到影响。比利时首相在1913年4月致信法国：“法国政府想要加强与俄国的关系，因为它们意识到自己与英国的友谊变得越来越不牢靠，效果也越来越不尽如人意。”

这一切仿佛暗示着在战前时期，欧洲在不知不觉中把自己置于一个尴尬的境地，而战争是打破这一困境的唯一出路。纵观局势，可能能够得出这样一个推论：即使是缓和政策，也对和平造成了威胁。但我们不该忘记，整个欧洲体系仍然充满活力，或者说它的发展前景仍然有无限的潜力。在战争爆发前的几个月，英国一些最高层的决策者逐渐明白，英国与俄国在波斯问题上的协议可能无法持续到原本计划的1915年续订时。1913年春，蒂雷尔认为英国应该要容忍俄国的冒进行为，直到巴尔干地区的危机平复，然后在1914年或1915年，再对俄国在波斯、蒙古及中国附近的行动采取强硬态度。1914年，随着尼科尔森逐渐被孤立，他与格雷之间出现了裂痕。尼科尔森对《英俄条约》的无条件的支持态度，使许多外交部的高级官员对其产生了越来越深的怀疑。蒂雷尔和格雷，以及外交部的其他高级官员，非常反感俄国没有遵守1907年所签协议中的条款，而且开始觉得与德国进行一些往来能够修正俄国的这种态度。到了1914年春，连尼科尔森都察觉到了外交部的这种想法。1914年3月27日，他警告一位同事，不要以为当下的这种势力分布能够持续很久：“我相信，非常有可能的是，我们很快就会看到欧洲政治布局出现的新变化和新组合。”

生死存亡之际

英国与俄国之间发生的这些事对德国来说意味着什么？要回答这一问题，就要着眼于战争前的两年国际形势发展中存在的种种矛盾。一方面，在第二次摩洛哥危机之后，局势缓和，尤其是德国和英国之间的关系有所好转，有迹象表明欧洲内部的各个阵营仿佛正失去它们的功能性和凝聚力。所以我们有理由相信，缓和政策不仅仅是想要暂时缓解敌对关系，更是真的有可能成为欧洲国际系统的常态。由此看来，一场全面战争几乎是不可能的了。另一方面，阿加迪尔和巴尔干地区的危机加快了各国军事准备的速度，同时，在巴黎的支持下，俄国在巴尔干地区的政策主张变得更为激进。对三国协约瓦解的担忧，加上当时在欧洲占据主流的好战情绪，的确在短期内使三国之间的关系变得紧张。

在这样的大环境中，德国的政策就显得既无条理又模糊不清。我们先要记住，德国和其他国家一样，为俄国经济的发展及活力所震惊。霍尔维格在1912年夏到访俄国之后，对法国驻德国大使朱尔·康邦讲述了自己的所见所闻（9个月之后，韦纳伊也对皮琼做出了类似的阐述）：

> 首相感到十分钦佩及惊喜，以至于这些感触极大地影响了他的政策。这个国家气势雄伟，幅员辽阔，农业发展强劲，人口涨势迅猛。但他觉得仍然缺少的是对知识及智慧的追求。他把俄国和美国两地的年轻人互相比较，在他看来，俄国青年的未来一片光明，而美国青年之后不过就是普通人而已。

从德国军中最有影响力的几位指挥官的立场上来看，地缘政治局势变化似乎使德国迅速处于下风。赫尔穆特·冯·毛奇从1906年起接任总参谋长，接手施里芬计划。他认为德国在国际上的地位十分不乐观，更倾向于发动战争。简单来说，他的观点就是两个不言自明的假设：第一，从长远来看，欧洲两大阵营之间的战争是不可避免的；第二，发动战争的时机是德国无法控制的。无论是德国可预见的敌人，还是经济飞速增长、人力资源充沛的俄国，它们的军力日益壮大，直到它们强大到可以根据自己的情况来选择开战的时机——他们很享受这种绝对的优越感。

值得关注的是，两种假设是有本质上的区别的。第一种假设不过是毛奇偏执

1914年的赫尔穆特·冯·毛奇

（来源：dpa / Corbis图库）

又悲观的心理映射，无法得到客观证实。与之相反，虽然也有些许偏执的意味，第二种假设已经可以通过比较分析欧洲各国相对军力来证实。两大阵营之间的不平衡持续加剧，德国在之后战争中获胜的可能性越来越不容乐观，这些都引发了毛奇的担忧。1910年之后，俄国着手进行第一轮武器及军力重整，他的担忧加深也是情有可原的。

第二次摩洛哥危机和巴尔干战争把欧洲向战争又推进了一步，也掀起又一轮购买武器的热潮。1912年11月，俄国加紧充实军备以抗衡奥匈帝国，法国政府在一旁拍手称快，德国却显得束手束脚：它们没有召集后备役军人，没有保留征兵制，也没有尝试进行征兵动员。但从11月中旬开始，鉴于俄国大规模的招兵买马逐渐为人所知，德国的指挥官们越来越坐不住了。最引起他们警觉的是，俄国保留了高等级征兵制，大大增强了波兰战线的军队实力。来自不同消息源和地区的情报显示，俄国军方高层普遍认为和奥匈帝国的战争是不可避免的，而“最好的开战时机就是现在”。这些都使得德国方面的忧虑持续加深。

因为接踵而至的种种征兆以及加利西亚边境两侧的军队行动而慌了阵脚，又急于打破“德国对于保护奥匈帝国在地区内的安全早已失去兴趣”这样的流言，德国首相特奥巴登·冯·贝特曼·霍尔维格于1912年12月2日在国会发表了一个10分钟的演说，这算得上是对劳合·乔治前一年在伦敦市长官邸发表的演说的修订版，形式更加简洁，态度更加谦虚。他一开始就指出，“为了使战争地域化，德国到目前为止已经运用了自己的影响力”，且这一目的“已经达成”。此论调赢得了场内一片喝彩。紧随其后的则是用词十分小心、严谨的警告声明：

> 如果（当然我并不希望这样）困难无法解决，所有陷入其中的国家就应该

> 将它们之前声称的一切付诸实践。我们的盟友们也必须如此。如果一切出乎我们的意料，我们的盟友们在这一过程中被第三方攻击，国家受到威胁，那么我们作为一位忠实的盟友，应该坚决且鲜明地表态，和我们的伙伴站在一边（右翼及德国国家自由党欢呼不已）。在这种情况下，我们应该为我们国家在欧洲的地位而战，也为保护我们的未来和国家安全而战（右翼人士欢呼）。我确信，只要遵循这样的方针，全体人民都会支持我们（全场欢呼）。

《泰晤士报》在第二天就刊发了演说全文，认为首相的言辞“没什么新意，或者说算不上轰动”。《泰晤士报》驻柏林记者写道：“很显然，德国希望和平，同时也在努力保证（追求）和平。”格雷却不这么认为。出乎所有人的意料，他召见了德国驻英国大使利赫诺夫斯基伯爵（Count Lichnowsky），告诉他一旦德国与法俄联盟之间爆发战争，英国更有可能成为德国的敌人。伯爵将这一对话呈报给柏林，引发了一片恐慌，更确切地说是让德皇慌了神。他对来自英国的信号向来敏感，他表示他了解了格雷这一“精神上的宣战”。在深深的震惊中，威廉二世召集毛奇、蒂尔皮茨、海军部战时参谋长黑林根（Heeringen）及海军内阁长官穆勒上将（Müller），于12月8日上午11点在皇宫里召开紧急会议。会议一开始，威廉二世就将自己的好战情绪倾泻而出：他提出奥匈帝国必须对付塞尔维亚（塞尔维亚军队当时正在阿尔巴尼亚），如果俄国攻打奥匈帝国，德国将对后者提供援助。威廉二世吼着说，一旦这种情况发生，德国陆军就要直指法国，海军则要派出潜艇，用鱼雷对付英国的舰队。在之后的讨论结束前，他敦促海军加快U型潜艇的生产，要求“必须在传媒界有更多动作，以劝说公众接受这场打击俄国的战争”。他还认可了总参谋长毛奇的观点：“战争是不可避免的，越早开始对我们越有利。”

在历史学家眼里，这场“战争会议”的意义有不同的解读——这个名字不过是没有被邀请参加会议的霍尔维格出于讽刺所起的绰号罢了。一方面，有人认为，1912年12月的这次会议不仅揭示了德皇在决策制定过程中持续的关键地位，也展示了一幅全面的战争蓝图：以战争为立足点，将海军和陆军、德国经济及公众观点全部包括在准备这场早有预谋的战争的过程中。也有人认为，这次会议是德国对国际危机的响应，否认德国军方及政界领导层将开始为这场蓄谋已久的欧洲大战倒计时这样的论调。谁是对的？毫无疑问，这次会议上提及的军事策略是充满好战情绪的，而且很明显，威廉二世暂时是想站在他手下那些最激进的指挥官这边的。另一方面，实际上这次会议并没有让这场保卫战进入倒计时阶段。我们拥有的唯一一份来自与会者的会议报告是穆勒上将的日记，他将会议的观察总结为“几乎毫无成果”。在会议结束之后，既没有全国性的宣传活动，也没有任何经济上的投入为战争做准备。12 月 8 日的那次会议的主角并不是威廉二世，而是霍尔维格。他随后就让德皇“认清了自己的位置”，并“废除了”德皇在这次会议上做出的各项决定。战争会议的惯性还持续了一阵子；终于，在 1 月初，笼罩在柏林上空的危机感渐渐消散，威廉二世也终于冷静下来。霍尔维格说服他放弃海军的扩充计划，他在会议上要求的潜艇增产最终也未实现。1913 年 4~5 月，塞尔维亚—蒙特内哥罗占领阿尔巴尼亚城市斯库塔里，引发新一轮的巴尔干危机，此时的威廉二世仍然反对任何增加战争风险的行动。

和 12 月在新宫举行的这次会议相比，另一件事的意义更加深远。11 月，军方决定要想方设法以前所未有的步伐增加德国在和平时期的军事力量。俄国在处理巴尔干危机问题上的态度为德国敲响了警钟。德国对于安全问题恶化的担忧则全部反映在 1913 年德国军费预算法案上。在 12 月的一份详细备忘录里，毛奇极力促成一项野心勃勃的军队扩充及改进计划。他据理力争，强调一旦战争爆发，德国很有可能将面对法国及俄国的两面夹击，那时奥匈帝国的帮助作用甚微，而意大利则完全帮不上忙。根据格雷在 12 月 3 日发出的警告，英国非常有可能加入战争。在这种情况下，德国能派出的步兵将比英国、法国及比利时三国联军少 192 个营。来自俄国的威胁也不可忽略，它的兵力正在逐年增强。1913 年 4 月，在国会预算委员会召开的一次秘密听证会上，将军们表现出对德国前景的担忧。他们认为德国目前的处境很难以和平的手段来解决，且获胜的概率不大。到 1916 年，俄国的军力将会发展到不可战胜的地步。法国在战略铁路、军队流动性及部署上的优势已经显而易见：直至 1913 年，法国已经拥有 16 条双轨铁路，与支线环形道、车站、交叉道相连；而那时的德国仅拥有 13 条直通边境的铁路。

在争论了许多细节及讨价还价之后，新的预算法案在 1913 年 7 月通过。和平时期的军队规模已达到 89 万人，增加了 13.6 万人。但这仍然没有满足德国的安保需求。法国和俄国见此纷纷增加了自己的军队开支，抵消了德国增加的军力。在欧洲第一轮扩军潮中，俄国发展速度成为其他国家标榜的对象；而现在，这个位置让给了德国。1913 年的德国军队法案对 1913 年 8 月法国通过三年制兵役法起了关键作用。这一切都促成了俄国名为“大计划”的军事扩张及装备更新项目。1913 年 3 月，沙皇批准了数额惊人的预算，这些预算将用于炮兵及计划中的其他武器装备。俄国的这项野心勃勃的计划预计将在 1917 年前为冬季和平时期的军队增加 80 万人。与 1910 年的调遣方案不同的是，他们中的大部分将驻扎在俄国属于欧洲版图的地区。结果就是，1914 年，俄国和平时期拥有的军队规模达到约 150 万人，这一数字是德国的两倍，甚至比德国与奥匈帝国两国军队相加还多了 30 万。到 1916~1917 年，这一数字已经超过了 200 万。俄国在 1914 年的军队规模也要归功于由法国资助的俄国战略铁路计划。1905 年起，德国就以施里芬计划作为对俄国军队扩张的回应。施里芬计划是为了应对德国被法俄两面夹击的状况，首先集中军力对抗法国，而在东边按兵不动；在解决西部战线的问题之后，再转向东边对付俄国。但如果法俄联盟的力量分配变化使得施里芬计划变为废纸，德国应该怎么办？

有消息指出，与它的两个敌人相比，德国能够更快地做出改进，而这一点也在 1914 年那段时间为德国军方带来了短期的战略优势。与此同时，俄国军方的经济基础似乎仍然薄弱：在 1900~1913 年，俄国的生产力与德国相比其实是下降的。但是柏林方面依然觉得形势十分严峻。1904 年，法俄军队比德奥军队多 260 982 人；到 1914 年，这一差距的估值已经达到约 100 万人，且还在继续快速扩大。在 1914 年 5 月 25 日的一份报告中，位于圣彼得堡的德军随行官员指出最新的增长情况（从 45.5 万人增加至 58.5 万人），并且预估了接下来三四年间和平时期军队的增长，并总结道：“俄国的军队将会以前所未见的速度增长。”毛奇把法俄之间的借贷关系看作“1870~1871 年的战争以来，法国用来对付德国所做出的最敏感且最充满战略意味的一击”，并且预测它将带来“让德国转为劣势的决定性转折点”。直到 1916~1917 年，德国的战略家们确信，俄国的战斗力已经足以让施里芬计划失效。

出于对东线及西线暗涌的危机和时间紧迫的担忧，毛奇成为“保卫战”的极力拥护者。他认为只有这样，德国才能以有利于自己的方式解决即将来临的危机。在他眼里，过往所有的战前危机都是在尝试弥补德国在策略上越来越严重的失调，且这些尝试均以失败告终，而这种失调将很快置德国于不可挽回的劣势。保卫战这一想法很快就在军方指挥层内传播开来。一项最近的研究显示，曾出现过许多情况使得指挥层中的高级人员迫切要求开战，“越快越好”，即使这样意味着德国将主动开战，还要背负侵略者的骂名。当然，并非只有德国是这样看待局势的。早在1914年早期，普恩加莱就对《晨报》（*Le Matin*）的编辑说，德国害怕俄国的发展壮大，“他们知道这个巨人每天都在成长，他们想要在它的力量强大之前攻击它、摧毁它”。1914年3月，英国陆军行动部总指挥亨利·威尔逊收到了一份新闻简报，上面列出了1913年以来俄国军队所做的各项改进。威尔逊做出了以下评论：

> 这是一份有分量的新闻。现在就很容易理解为什么德国对未来持谨慎态度，他们认为这是“生死存亡之际”。

在德国军方的好战倾向背后，暗藏着一丝宿命论的意味。提起战争时，他们谈论得更多的是“战败和被消灭的双重威胁”，而不是胜利。这种想法的危险性显而易见，正是这种想法使得指挥官批准将最激进的主动性作战视为基本防卫。不过，军方坚持的保卫战这一论点又在多大程度上促成了德国的外交政策呢？就算在诸如普鲁士—德国这样的带有禁卫军性质的系统中，也必须依靠大多数高层指挥官的能力才能说服其民政机关的同僚，接受他们的战略计划。因此，并不是特别成功的。毛奇于1912年12月在新宫敦促道，“战争越早开展越好”，但是尽管德皇似乎很快就接受了这位总参谋长的意见，事情还是没有什么实质性的进展。

很矛盾的是，在柏林并没有一个像圣彼得堡的大臣会议那样的共同决策机构，这就导致军方很难在政界建立一个强有力的团体支持他们的提案，并使用军事征税来打破财政上的限制。在巴黎，那些最有影响力的民政及军方官员紧密合作以筹措资金，来支撑由于采取进攻策略而不断上涨的军费开支。在德国，由于体制和法制上的重重障碍，民政和军方之间这样的紧密协调很难实现。德国没有克里沃舍因这样的人，而首相贝特曼·霍尔维格与俄国的弗拉基米尔·科科夫佐夫相比，更加强势且更难对付。在1911年的第二次摩洛哥危机之后，霍尔维格持续奉行与英国及俄国保持不引人注目且务实的合作政策。他在1911年12月发言称：“我们最迫切的任务就是与英国妥协。”1913年3月，他写道：“我们必须控制法国，并且对俄国和英国采取谨慎的态度。当然，这种政策既没有让我们的爱国主义者高兴，也不受欢迎。”1914 年之前，保卫战这一论点从来没有被德国摆上政策层面，而是一直被平民领袖们反对，就像康拉德在维也纳提出的那些吵吵嚷嚷的要求一样。无论是在 1905 年或 1908~1909 年，还是 1911 年（当情况变得比在 1914 年夏对德国更加有利），德国政府都没有考虑要挑起这一场保卫性战争。1911 年的第二次摩洛哥危机期间，正是英国把危机推到了动用军事力量的地步，而不是法国或德国。在 1912~1913 年冬季危机中，是法国而非德国的政策越来越向（虽然是断断续续地）保卫性战争这种论调靠拢。与巴黎和圣彼得堡之间的沟通相比，德国更多地被约束在给盟友维也纳的忠告中。

至于德皇，虽然好战的论调在他嘴边就要脱口而出，但他还是害怕了，并警告陷入无尽的挫败感的将军们，无论什么时候，若一场真正的冲突正在逼近，一定要保持戒备。威廉二世仍然对与英国的长期和解抱有希望。他在 1913 年表示，他仍然认为英德战争不可能爆发。他还对德国军力自信满满，足以阻止俄国以武力介入奥匈帝国和塞尔维亚之间的纷争。在这种自满的情绪下，作风强硬的法金汉（Falkenhayn，之后他成为德军总参谋长）在 1913 年 1 月的一封信里察觉到，包括威廉二世在内的政治领导层，对长久和平的可能性抱有一种虚幻的信任，而这使得毛奇在与德皇要求更加激进的外交政策的“斗争”中“孤立无援”。德皇对保卫性战争这一想法的抗拒态度成为不断壮大的“反对军事派”的令人厌恶的一个特点。和以前一样，民事的优先地位仍然高过军方领导层，但这并不意味着我们就要在反对主动权的论调与德国或其他决策者的行为之间划清界限。相反，保卫性战争的逻辑对主要决策者在 1914 年夏的危机中的思考影响深远，而这一切不为人知。

在博斯普鲁斯海峡的德国人

德国的决策者（撇开那些执着于在两条战线上武装德国以应对未来战争的人）也发现了这样一种可能性：德国既能追求自己的利益，又能避开战争的风险。一群较有影响力的政府官员，包括殖民地事务大臣伯恩哈德 · 德恩伯格（Bernhard Dernburg）、驻英大使保罗 · 梅特涅以及他的同事，之后成为外交大臣的理查

德 · 冯 · 库尔曼（Richard von Kühlmann），继续推进对英国的缓和及妥协政策。这一路线在一本名为“没有战争的德国世界政策！”（*A German World Policy Without War!*）的政治宣传册中有了更加正式的表达。这本册子在1913年于柏林匿名出版，撰写者为理查德 · 普莱恩（Richard Plehn），他和库尔曼在伦敦曾经有密切的工作来往。在白厅（英国政府所在地）内也有潜在的支持这一政策的伙伴，尤其是反对格雷的自由党成员，比如殖民地事务大臣刘易斯 · 哈考特。

尽管霍尔丹任务以失败告终，探寻对英缓和政策的努力却并非颗粒无收。1912年夏，关于殖民问题的新一轮谈判展开。两国签署了关于非洲领土的协议，这些领土当时隶属葡萄牙帝国管辖，而葡萄牙帝国的经济前景并不被看好。由于柏林和伦敦两方对何时及如何公开这份协议意见相左，最终导致协议没有生效。但它仍然显示了两国在原则上还是愿意划清自己的利益范围，并共同合作防止第三方介入。

纵观世界，在全球帝国竞争的舞台上，以及欧洲这个因为联盟集团而变得相对封闭的环境中，德国的发展空间非常有限。但有一个地方尤其吸引那些奉行“没有战争的世界政策”的官员们：奥斯曼帝国。长久以来，德国都被束缚在这个帝国非常激烈的内部斗争环境中，但在19世纪80年代，柏林变得更活跃了。这一举动受到了正被英治埃及（1882年）疏远的奥斯曼帝国的鼓励，君士坦丁堡方面非常积极地讨好在柏林的伙伴。德国的银行、建筑公司及铁路公司开始进驻这些苏丹帝国开发程度较低的地区，建立租界，划分利益范围。1881年，安纳托利亚铁路动工。这一铁路连接君士坦丁堡和安卡拉与孔亚，由德国出资并建造，两条铁路都在1896年前完成。政府对这些投机事业的支持一开始虽然断断续续，但逐渐变得明确，且一直保持了下去。到了1911年，驻扎在君士坦丁堡的德国大使已经可以将奥斯曼帝国描述为德国的“政治、军事及经济利益范围”。通过在奥斯曼帝国（尤其是对基础设施建设）的投资，德国人希望能够稳定面临其他帝国力量（尤其是俄国）威胁的奥斯曼帝国。奥斯曼帝国一旦破裂，就仿佛是向世界各个帝国敞开了瓜分领土的大门，它们一定会想确保自己能分到一杯羹。

安纳托利亚铁路被寄予了厚望。奥斯曼当局试图安抚并联合安纳托利亚“未开化的东部”——那里当时仍在遭受切尔克斯土匪的破坏，并让奥斯曼土地上最不开化的地方走向文明。他们以东方学者的视角审视安纳托利亚这片土地，把它看作急需开垦的殖民地。他们向已经通了铁路的地区引进新的粮食作物，比如甜菜和土豆，后来发现在这个地区早有这些植物的种植历史。他们还尝试引进一些经济作物，比如可以用于造纸的细茎针草。许多尝试都止步于试验阶段，要么是因为气候与土壤条件不适合作物生长，要么是因为当地人拒绝采用新的农耕技术。居住在安纳托利亚乡下的一些人会把大量稻草带到火车站喂食牵拉火车的马匹。对他们来说，蒸汽机车的出现无疑是一次难忘的冲击。

在德国，开拓安纳托利亚的想法也同样煽动了殖民计划的火焰。一些泛日耳曼主义者认为（虽然不太可能），今后可以把安纳托利亚地区发展为德国大量人口的居住地；其他人更感兴趣的是开拓当地市场、贸易路线及原材料开发。就像19世纪30~50年代的水电大坝或60年代的太空旅行，铁路在20世纪初始占据了帝国幻想中的一个特殊位置。在英国及其开普殖民地，建造开普至开罗的铁路计划正在准备中；几乎在同时，法国也加入竞争，筹划建造一条横跨非洲的超级铁路，西起塞内加尔，东至吉布堤。伟大的全球电报网络历史已经开始：已经在基础设施和国家权力之间建立了紧密联系，尤其是在英国的某些地方，电报站同时也是皇家权威与律法的小型前哨站。

因此，1903年奥斯曼帝国政府将一个非常大的铁路建设项目交给一家隶属于德国银行的公司时，引发了一阵惊恐。这条铁路将把安纳托利亚铁路在安卡拉的终点进行延伸，经由阿达纳和阿勒波，穿越美索不达米亚到达巴格达，并最终到达波斯湾的巴士拉。这个项目在理论上可以在某天实现乘火车由柏林直达巴格达，却遭到了来自其他帝国力量的质疑及阻挠。由于英国海军当时正计划将以煤炭为动力的船只更新为以汽油为动力的型号，油田对于英国来说越来越重要。英国担心铁路建设项目将使德国优先获得奥斯曼伊拉克的油田。英国还担心，这些从英国称霸世界的海军带来的束缚中挣脱、由陆路来到东方的德国人，会威胁到英国在殖民贸易中的统治地位。虽然铁路的路线已经确定（这给工程师和投资者带来了不少麻烦）并会尽量远离俄国有意向的地区，圣彼得堡方面还是担心德国因此会威胁到俄国对高加索地区及波斯北部的控制。

回想起来，这些战略上的担忧很牵强，但它们在那时对决策者的影响却非常大。这些决策者倾向于认为，资金上的投入将必然导致地缘政治上的优势。威廉二世在支持奥斯曼和支持伊斯兰之间飘忽不定时，就完全没有打消这种担忧。1898 年，威廉二世第二次访问中东，他在大马士革市政厅即兴说出了一段祝酒词："愿苏丹陛下，以及将他看作'哈里发'的全世界 3 亿穆斯林，坚定地相信德国皇帝会是你们的朋友。"这段话很快为世界各报纸引用。这样的表述源于阿拉伯人民的欢呼所带来的兴奋与激动，却因德国与泛伊斯兰及阿拉伯民族主义力量为伍，而唤醒了对德国的恐惧，而且这种恐惧在英国和俄国势头渐长。

实际上，德国的经济投入符合国际惯例。德国在电子设备、农业、矿业及城市交通上的投入非常多，与奥斯曼帝国的贸易往来也正在增长。但在 1913 年，德国依然在从奥斯曼帝国进口方面落后于英国、法国和奥匈帝国，在出口奥斯曼方面落后于英国和奥匈帝国。法国在这上面的投资比德国多了约 50%。所以和欧洲大陆与英国的竞争相比，德国也说不上在这方面特别上心。为了确定能够战略性地控制美索不达米亚地区的石油开采权，一场竞争悄然而起。比如，英国的银行和投资者在伦敦方面的支持下，通过强硬杀价，加上毫不留情的金融外交，轻而易举地就将德国推向了不利局面。即使是在铁路建设领域，德国将多于一半的投资花在这上面（3.4 亿金法郎），法国也不甘示弱，投资金额达到了与德国差不多的水平（约 3.2 亿金法郎）。奥斯曼帝国公债由一家国际代理机构作为帝国债权人的代表进行管理，公债中的 62.9% 为法国所持有，德国和英国差不多平等瓜分剩下的份额。君士坦丁堡实力最强的金融机构，奥斯曼帝国银行除了负责控制有利可图的烟草垄断及为数众多的企业，还拥有在奥斯曼帝国独家发行货币的权利。这样大的机构并非德资银行，而是一家法英合资企业。同时，它也是法国政策中的一颗棋子，它的信用及财政管理全部由巴黎掌控。

在经历了长时间的谈判之后，一系列的国际合作的确对缓和巴格达铁路沿线的紧张局势有所帮助。1914 年 2 月 15 日，法国与德国签订协议，划定了两国主要投资者的利益范围（法国的资本投入对于这个项目的资金筹备来说非常关键）。6 月 15 日，通过让步妥协，德国终于能够不再理会英国的反对声。这些让步中包括了认可英国对至关重要的未来铁路中的巴士拉—波斯湾区段的控制权，这一举动也牺牲了这个项目应给德国带来的地缘战略价值。协议、让步再加上其他一系列的合作，各国已将政治问题摆在一边，而把关注的重点转移到确保经济活动能够有实际效益方面。这也使人们有理由相信奥斯曼帝国或许真的可以提供一个舞台，让“没有战争的世界政策”得以施展，从而及时建立与英国合作的某种基础。

比中立巴格达铁路权所产生的矛盾更加严峻的是，1913 年 12 月德国军事代表团抵达君士坦丁堡时引发的一场危机。在巴尔干地区发生灾难性的军事活动之后，奥斯曼帝国政府迫切渴望外国的协助，通过彻底的改革壮大自己的军事力量。尽管奥斯曼军方指挥官曾经短暂考虑过邀请法国军事代表团前来，但显然德国更像是伙伴。从 19 世纪 80 年代末至 90 年代，德国军方顾问就已经是君士坦丁堡的常客，当时戈尔茨 · 帕夏（Goltz Pasha）将军已经在训练奥斯曼帝国基层军官。但是与以前的尝试不同，这次的行动目的是扩大规模。代表团首领被任命为指挥官（拒绝停止这种放权行为被看作导致之前尝试失败的原因），而且将负责整个奥斯曼军队的训练活动，总参谋部也包括在内。指挥官同时拥有无限的军队视察权力，他也会有一队由 40 位现役德国军官组成的小组跟随。最重要的是，作为奥斯曼第一军团的指挥将军，他同样也肩负着保卫海峡地区及君士坦丁堡的重任。被选中作为领头人物执行这次任务的是，驻扎在卡塞尔的第 22 师指挥官中将利曼 · 冯 · 桑德斯（Liman von Sanders）。

无论是德皇还是首相霍尔维格，都不认为这次的任务相较之前的实例有任何基本偏差。也由于这项任务的细节由奥斯曼帝国和德国军方指挥官内部起草，没有人把它和与俄国之间的正式外交谈判联系起来。反而是德皇于 1913 年 5 月参加普鲁士的维多利亚 · 路易丝公主与汉诺威的欧内斯特 · 奥古斯特王子的婚礼时，以非正式的口吻，向俄皇尼古拉斯二世和英王乔治五世提出了问题。他们之中没有人对这项计划好的行动表示反对。霍尔维格在 1913 年 11 月与萨佐诺夫短暂会晤时也没有提及此事，他还以为沙皇已一五一十地告诉萨佐诺夫了。当利曼任命的细节渐渐泄露出来时，俄国报业掀起了一片反对的声浪。公众的愤怒离不开俄国外交部门的煽动，但真正原因是民众担心这项行动不仅将使德国在君士坦丁堡的影响力扩大（因此形成战略瓶颈），同时将给奥斯曼帝国带来新生机，而当时在俄国对中短期发展的战略思考中，奥斯曼帝国的瓦解与分裂已经成为既定元素。在一封寄给沙皇的信中，俄国军方驻柏林全权大使将利曼描述为一个“充满活力、喜欢自我吹捧”的人。德皇在一次与代表团成员秘密会晤时，催促他们为他建立“一支强大的军队”，能够“听从我的命令”并成为“对俄国激进谋略中的一个砝码”。这些话经由俄军驻柏林随行官员巴扎洛夫传回圣彼得堡。由此，萨佐诺夫认为这次德军的行动“有非常明显的政治意义”。此时在圣彼得堡则是一片恐慌，“我从未见过他们这么激动”，爱德华 · 格雷向德国驻伦敦大使吐露了心声。

为什么俄国人对利曼的任务反应如此强烈？我们应该回顾一下在 1912~1913 年的危机时期，俄国的战略思考仍是以海峡地区为中心。当时萨佐诺夫的政策倾向于着重应付巴尔干半岛问题而不是对达达尼尔海峡的控制。而海峡地区对俄国经济生产的重要性从未如此显而易见。在 1903~1912 年，俄国 37% 的出口需途经达达尼尔海峡；对于小麦和黑麦的出口来说，这一比例则达到了 75%~80%，而这一出口对俄国正在进行的工业化转型以及现金匮乏的经济体制至关重要。两次巴尔干战争已经显露出这些关联的紧迫。自冲突开始，萨佐诺夫多次向好战的各国以及结盟的势力表示，关闭海峡地区中立性的商务运输将会使俄国的出口商遭受“巨大的损失”，必须避免这种导致损失的情况发生。如果这一切发生，战争将导致达达尼尔海峡经历两次暂时关闭，严重损害俄国的贸易活动。

造成损害是一方面，在这样一个有着关键性地缘政治利益的地区永远失势是另一方面的担忧，且后者更为严重。1911 年夏，苏霍姆利诺夫十分担心德国在博斯普鲁斯地区建立据点，“在奥斯曼帝国的背后，”他警告道，“正是德国。”1912 年 11 月，保加利亚似乎即将拿下君士坦丁堡。在那时，萨佐诺夫命令伊兹沃尔斯基前去警告普恩加莱，一旦君士坦丁堡沦陷，俄国将不得不立即将整个黑海舰队部署在该地区。在接下来的几个星期，萨佐诺夫与总参谋部及海军讨论俄军的登陆计划，以保护君士坦丁堡并彰显俄国的利益。英国提议将奥斯曼帝国的资产国际化，但遭到了萨佐诺夫的反对，因为这样做有可能弱化俄国在该地区的影响力。为了以军事行动占领君士坦丁堡及整个海峡地区，新的计划应运而生。在一份于 11 月 12 日为科科夫佐夫和后勤主任准备的文件里，萨佐诺夫阐述了俄方占领君士坦丁堡所带来的优势：这将确保又一世界贸易中心的形成，这是“打开地中海大门的钥匙”，这是“在为俄国实力实现前所未有的发展打下基础”。他表示，俄国将建立“一种国际身份，或者说是一顶本就属于俄国的皇冠，以彰显在两个世纪的历史长河中它的努力和付出”。在暗暗透露这一观点的重要性时，萨佐诺夫总结出，如此巨大的成就将在“毋庸置疑的超越民族的重要性”的前提下“联合政府及社会”，并由此“重塑我们国家的生活”。

在最近海峡地区的混乱局势中，俄国在贸易上遭遇了上百万卢布的损失。1912年11月23日，萨佐诺夫向尼古拉斯二世指出：“想象一下，如果海峡地区不是落入奥斯曼帝国手中，而是在另外一个有能力反对俄国要求的国家，会发生什么。”对这个问题的忧虑导致1913年夏天至秋天，俄国黑海海军指挥官都集中精力，使即将到来的对达达尼尔海峡的占领成为可能。海军总参谋部的A·V·聂梅兹（A.V.Nemitz）上校声称俄国“必须准备好在近期实现（占领海峡地区）的目的”。对奥斯曼帝国海军舰队不断壮大的担忧也反过来使得这些提议更为迫切。土耳其人已经订下了一艘无畏战舰，当时仍在英国建造。1912~1914年又加订了两艘，不过这些战舰都没有在战争爆发前交货。无论如何，奥斯曼帝国当地高级官员对俄国海军军力的看法，让圣彼得堡的海军至上主义者们有这样一种预感，那就是在某种程度上他们的帝国计划被倒置了。

俄国人(尤其是萨佐诺夫，他与所有相关的策略讨论都有着密不可分的联系)于是变得对利曼·代表团到达君士坦丁堡时的海峡地区控制问题极其敏感。令外交大臣特别不快的是德国指挥官在其中扮演的角色。一开始，德国人并不愿意承认自己在这个问题上有错，因为此前没能任命真正的权威人士担任军队顾问（德国和奥斯曼帝国），这被当作没有进行真正改革的核心原因。经验告诉我们，若没有足够的能力支持改革完成，只有下命令的权力是远远不够的。萨佐诺夫并没有被打动，还尝试通过争取另外两个协约国的支持来向柏林施压。他向伦敦和巴黎发出了一份联合备忘录，以最强硬的言辞反对这项活动，并在结尾给出暗示性威胁：“如果德国这么想要在君士坦丁堡占据首位，那么其他国家就会发现它们不得不遵从这样的做法，尽管它们在意的是自己在奥斯曼帝国的利益。”

这种倡议并未成功，主要是因为俄国把利曼的任务当作对自身性命攸关的利益的威胁，而持这种看法的只有它自己。无论是法国还是英国驻君士坦丁堡的随军官员都没有收到关于利曼到来的特别通知。他们认为，德国在之前几次任务的失败后加强控制以获得某些长远价值的行为是可以理解的。格雷也对此进行了辩护，他认为爱尔兰危机及“国家内部的困境”已经比对这件事的介入来得迫切得多。同样，相比法国资本越来越壮大的统治地位，英国人也不那么关心德国在奥斯曼帝国得势这件事了。1913 年 3 月，路易斯 · 马利特爵士（Sir Louis Mallet）告诉爱德华 · 格雷："在法国金融家的逼迫下，奥斯曼帝国的独立是不会存在的。" 3 月 18 日，在英国下议院的一次有力的演说中，奥斯曼及中东地区问题专家、保守党下议院议员马克 · 塞克斯爵士（Sir Mark Sykes）警告称，法国金融在奥斯曼叙利亚的绝对统治将最终"为合并而铺路"。

事实上，英国海军已经派代表团驻扎在博斯普鲁斯。1912 年，海军上将阿瑟 · 林帕斯（Arthur Limpus）到达该地区之后曾将领地扩大——他的雇佣合同上写着他的职位是"舰队指挥官"。除了监督奥斯曼军队训练和补给品的改进，林帕斯还协调鱼雷舰艇及地雷在土耳其海峡地区的分布部署，这是防止外国战船进入的最重要手段之一。林帕斯能从一个较为广阔的政治层面理解自己的任务：他与奥斯曼海军部门的联络并不只包括技术现代化、采购及训练，还有更多战略重要性的议题，比如"让俄国军队穿越黑海时更危险"而需要的海军军力水平。换句话说，他之所以出现在君士坦丁堡，想要达到的目的和利曼的很相似。林帕斯以自己的睿智与泰然来看待英国和德国对奥斯曼海军及陆军的共同管制。他在 1912 年 6 月对奥斯曼海军说道："英国在海军方面的经验以及海岸建设方面无人能及。"

> 德国拥有最强大的陆军力量，这支军队也被认为是最有效率的。我很确定，让德军顾问参与陆军的方方面面是最明智的。我也相信，在海军事务上采纳英国顾问的建议同样是最明智的选择。

由此，萨佐诺夫发现，想要把协约的伙伴国也拉进俄国对于德国代表团抵达奥斯曼这件事的愤怒情绪中是很困难的。格雷拒绝了萨佐诺夫发来的带有威胁语气的联合备忘录，并建议在德军代表团范围内对君士坦丁堡开展无伤害性的调查。尽管在圣彼得堡，德尔卡塞很积极地表示赞同，但法国外交部已经变得甚至比英国外交部更不上心。因为在萨佐诺夫充满威胁的联合备忘录中，法国看到了一幅完整的"亚洲奥斯曼帝国的瓦解"的画面，而这将有可能给法国金融利益带来灾难性的损害，所以法国更倾向于支持格雷较为缓和的提议。也就是说，已经摇摇欲坠的奥斯曼帝国吸引了太多不同类型的帝国的野心和狂想，使得三国协约无法联合起来对抗同一个可能的威胁。

无论如何，利曼的这一篇文章使得俄国主要决策者之间的情绪有了一次危险的升级。英国和法国对于俄国的抗议反应如此不温不火，使得萨佐诺夫大为恼火。在1913年12月12日发给俄国驻英国大使的一份电报中，他咬牙切齿地阐述了自己越来越不信任英国支持的效力，还说“身为三国协约中的两个国家却缺乏团结，这让我们非常担忧”。在12月23日呈交给沙皇的一份报告里，他的态度则是公开地表明了自己的好战性格。他促请立即准备好“联合军事措施”，并与法国和英国协调。三国协约应该“在小亚细亚地区掠夺并占有些什么，并声明在达成自己的目标前不会离开该地区”。当然，如此戏剧化的主动行动是冒着触发“欧洲大混乱”的风险进行的。但一方面，摆出这种“坚定的决心”很有可能达到他们想要的效果——迫使德国改变心意；另一方面，屈服“可能会招来致命的后果”。为了讨论由利曼事件引发的一连串问题，召开一场峰会很有必要。

1913年1月13日召开的峰会，由首相弗拉基米尔·科科夫佐夫主持。萨佐诺夫、陆军大臣苏霍姆利诺夫、总参谋长日林斯基及海军大臣格里戈洛维奇（Grigorovich）悉数出席。会议的开始就是讨论向君士坦丁堡施压，迫使其放弃对德国军队代表团的需求所应采取的“强制措施”。有一种意见是可以用经济制裁来向奥斯曼政府施压，不过被摒弃了，因为这同样会在很大程度上伤害法国在奥斯曼的金融利益，也会使协约国之间的关系变得紧张。另一条路则是动用协约国的军事力量，以武装占领奥斯曼的要塞。萨佐诺夫指出，最关键的前提是法国的支持。和往常一样，科科夫佐夫反对任何战争的论调，认为战争所冒的风险太大了。在整个会议过程中，他努力想要使会议进程的基调变得温和且理性。他认为，建立明确的限制很重要，要列明哪些是俄国能够容忍的举动，哪些不可以，而不是表现得因为一时的报复心态而满腔怒火。在科科夫佐夫的观察中，德国是在寻找一种逃离“由俄国的要求所造成的局面”的方法，并已准备好做出妥协。所以，避免发出“带有最后通牒意味的明确声明”是十分重要的，因为那会迫使德国巩固自己地位。但当时，这位首相遭受了苏霍姆利诺夫、萨佐诺夫、格里戈洛维奇和日林斯基的轮番挑战，他们争论说德国武力干涉的可能性已达到最小，但万一情况坏到极点，即使没有人愿意看到这一局面，战争是可以接受的。陆军大臣苏霍姆利诺夫和总参谋长日林斯基都断然宣称："俄国已经完全准备好与德国进行一对一的战争，更不要说和奥匈帝国对战了。"

这些激烈的场面已经变得无关紧要了，因为德国很快就做出了让步，危机得以解除。鉴于俄国的强烈反应以及伦敦和巴黎的催促调停，柏林政府同意将利曼调任至苏丹陆军：他仍然是督察长，但是"奥斯曼帝国陆军元帅"这一晋级实则让他丧失了第一军团的指挥权，却不有损于他的面子。

利曼事件并没有升级成为欧陆战争，但现在回顾来看，它确实揭露了其中的一些端倪。首先，它揭示了一些俄国决策者已经变得多么好战。尤其是萨佐诺夫，由早期从事文职时的优柔寡断转到了一种更加坚定且更加反德的思维方式。他开始撰写描述德国和俄国之间关系的文章，完全不考虑柏林的立场：俄国永远是温顺的、热爱和平的邻国，而德国则是虚伪的掠夺者，不放过任何一个欺凌、羞辱俄国的机会，现在是时候坚定地站起来了！这种文章在政策广度上带来的缩紧不容低估。巴黎反复的保证也给人留下了深刻的印象：在 1 月 13 日的会议上，萨佐诺夫表示，虽然并不清楚英国对俄国和德国之间的战争会有何反应，可以确定的是一旦战争爆发，法国将会提供"积极的援助，甚至是最终极的力量"。萨佐诺夫说，法国大使德尔卡塞已于近期向他保证，"法国将与俄国同进退"。至于英国，虽然一开始伦敦方面仍有犹豫，但"毋庸置疑"的是一旦冲突的结果对法国和俄国不利，英国将会介入。

沙皇也同样开始采取更坚定的立场：在 1914 年 4 月初和大使布坎南的一次对话中，他说："人们普遍以为没什么能把德国和俄国分开，可不是那么回事：达达尼尔海峡那里有点儿问题。"沙皇害怕德国在达达尼尔海峡努力把俄国限制在黑海范围内。若德国尝试这么做，那么协约国就要更紧密地联合起来，让柏林更清楚"三国协约将共同对抗德国的侵略"。在德国，俄国对利曼代表团的激烈反应，再加上德国根据俄国的要求而投降所带来的痛苦，让德国人觉得柏林和圣彼得堡已被一条不可逾越的鸿沟分开。"俄国和普鲁士之间的关系将永远成为历史！"威廉二世哀叹道，"我们已经变成敌人了！"

对作风稳健的科科夫佐夫来说，利曼事件终于显露了他地位的卑微。当危机爆发时，他一直在法国就新铁路贷款的事进行谈判。萨佐诺夫指派他前往柏林与德国谈判。科科夫佐夫写的关于那些会谈的报告显示出他已经非常强烈地感受到，在某种意义上，他已经坐在冷板凳上了。他向萨佐诺夫抱怨——他不怎么掩饰这种抱怨，让他在德国的对话人明白俄国体系的“特色”，即身为首相却在“权力与特权”上受限颇多，是非常困难的。科科夫佐夫在 1 月 13 日出任首相一职是他最后一次担任这样的职务。1914 年 1 月底，身为首相及财政大臣的他被沙皇免职了。

科科夫佐夫的免职不仅是他个人的失败，也是政策，或者更广泛地说，是他所代表的谨慎且保守的俄国政治倾向的失败。新的首相是戈列梅金（Goremykin），他被普遍认为不过是一个傀儡领袖，如萨佐诺夫日后回忆所描述的，他“很久以前就失去了对任何事物关心的能力，只在意个人的宁静和舒适。同样失去的还有考虑他周围正在发生什么事的能力”。新大臣会议的真正权力源泉其实是社会关系广泛的克里沃舍因，他自 1913 年起就一直在协调反抗科科夫佐夫的活动。在财政部门，科科夫佐夫的继任者巴克能力很强，但是个平凡的角色，同时还是克里沃舍因的手下。克里沃舍因是强硬派的积极支持者，而强硬路线正是苏霍姆利诺夫和萨佐诺夫一直追求的。没有了科科夫佐夫在旁不停倡议谨慎，大臣会议的天平偏向了好战那一边。

最终，利曼事件显现出俄国对海峡地区变得多么热衷。同时，麻烦的问题不断涌现，三国协约的伙伴国对俄国努力争取在海峡地区畅通无阻表示支持，但这种支持能保持多久？萨佐诺夫在这一点上的怀疑反映在并不怎么重要的 1 月 13 日的会议总结里。总结在一方面同意俄国应该在协约国的支持下，施展一系列强制的手段对付君士坦丁堡；另一方面，如果协约国继续抱持支持的态度，俄国要限制自己的强制手段，不可以涉及军事。俄国在协约国支持上的怀疑是对的。即使危机过去，英国仍然担心俄国会“在不远的将来再次提出（关于土耳其海峡）的问题”。

伊万 · 戈列梅金

换句话说，很难想象这样一幅画面：一项直接并公开地瞄准海峡地区安全控制问题的政策得到俄国的保证，提供必要的国际支持。1911 年 11 月，当恰雷科夫在探寻与奥斯曼政府达成双边协议的可能性时，正面临这样的问题。那时，萨佐诺夫选择不承认驻君士坦丁堡大使，因为他相信直接争取海峡地区的时机仍未成熟。他转而投向哈特维希，因为他那好战的泛斯拉夫政策主要针对的就是巴尔干半岛，并特别关注塞尔维亚。萨佐诺夫的选择说明，重新将目光投向巴尔干战线很有可能是因为他在海峡政策上遭受的失败或挫折。这在某种程度上说是一种默认的或不得已的选择。但是在巴尔干半岛的前进政策并不要求放弃俄国在海峡地区的终极利益。相反，这只不过是用一种更长久、更曲折的方式来达到同样的目的。俄国的战略思考在 1912~1914 年逐渐倾向于把巴尔干看作海峡地区的腹地，同时也是确保自己对奥斯曼控制住“咽喉”地区博斯普鲁斯海峡的关键。在这种决心的背后是一种信任：相信俄国在海峡地区的宣言只有在欧洲全面战争的情况下才有可能实现，这种信任在战前最后几年内渐渐变为萨佐诺夫的中心思想。而在这场战争中，俄国将为自己的终极目标而战斗即确保自己在博斯普鲁斯和达达尼尔海峡地区的控制。

这些都在 1914 年 2 月 8 日的国家特别会议议定书里呈现了出来。会议由萨佐诺夫召集并主持。在科科夫佐夫下台之后，会议的基调及大致氛围很明显并未延续他的风格。会议重新确定了俄国控制海峡地区的重要性。但连萨佐诺夫都承认，现在仍然很难描绘拿下海峡地区却不触发一场“全面的欧洲战争”的画面。由此展开了关于俄国应该如何考虑这两项不同任务的优先性的讨论：攻占达达尼尔海峡，动用所有可用的力量赢得欧洲战争。作为对萨佐诺夫观点的回应，总参谋长日林斯基表示一旦欧洲战争爆发，俄国将没有多余的力量攻占海峡地区，因为军力要集中在俄国西端战线。但是（这也是概念上非常重要的一步）如果俄国在西线战争中占据优势，达达尼尔海峡的问题也会迎刃而解，许多其他地区的问题就算是其他更严重冲突的一部分，也能得以解决。这一点也得到了总军需官达尼洛夫（Danilov）的赞同。他反对军方任何专门为保障海峡地区而采取的行动：

> 西线战争需要的是整个国家军事力量的投入，我们不可能分配任何一个军团去执行其他任务。我们必须集中精力保证在整场战争中最重要的战场的成功。在这个战场的胜利需要我们在其他次要问题上做出对自己非常有利的决定。

这并不是会议上被采纳的唯一一种看法。身为俄国海军行动部门领导的聂梅兹上校曾经警告说，萨佐诺夫、日林斯基和达尼洛夫所描绘的愿景只有一种情况下才有意义，那就是：威胁君士坦丁堡安全的敌人，和俄国在西部战线的敌人是同一个国家（比如德国和/或奥匈帝国）。在那种情况下，再加上如果那时海峡地区能够及时被俄国掌控，俄国才能够真正地只关注主要冲突。但在争夺海峡地区的努力中，聂梅兹描述道，俄国也曾遇到过德国和奥匈帝国以外的敌人。这说起来仿佛也合理，即当俄国在德国和奥匈帝国前线浴血奋战时，有可能有“外国舰队和军队”来占领海峡地区，在这里他暗中影射了英国。聂梅兹说出了他的道理：从这几年的经验看来，任何单方面改变海峡地区政治体制的尝试，都有可能遭受来自朋友和敌人的抵抗。

这些反映都反过来解释了为什么利曼事件成为俄国对英国政策的关键节点。萨佐诺夫立即开始施压，采取能使三国协约变成完全成熟联盟的措施，他同时也是与伦敦进行的海军对话的主要参与者，这一对话开始于 1914 年 6 月 7 日。在他的传记里，萨佐诺夫回忆起德国派遣至博斯普鲁斯海峡的军事代表团，它“迫使”俄国在“意识到柏林引发的共同危险”的基础上寻求与英国之间“实质上的一致”——这也同样符合我们回顾走向 1914 年战争爆发这段历史时所看到的。但正当萨佐诺夫梦想着以“人类历史上最强大的联盟”正面对抗德国并抑制它的势头时，很明显（虽然这并不是外交大臣能够马上实现的），一份与英国的海军协议履行了约束世界上最强大的海军力量的诺言，并使其退出了海峡地区那些不受欢迎的行动。俄国于 1914 年 5 月正式递交给伦敦的抗议强化了这一论断，这一抗议针对的是英国官员在奥斯曼帝国海军发展中所扮演的角色。在俄国眼里（对英国人来说亦是如此），这个世界上潜在的敌人不止一个。在联盟的架构下隐藏的是老牌帝国之间的竞争。

启动巴尔干计划

在一封于 1913 年 5 月寄给哈特维希的信中，萨佐诺夫概述了近期巴尔干半岛的事件以及它们对于英国的意义。他写道，“塞尔维亚”仅仅完成了“它历史路径的第一阶段”：

为了达到它的目的，它还必须经历一段痛苦的斗争，其存在性甚至会受到质疑。塞尔维亚的期许之地在今天奥匈帝国的领土，而不在它现在努力争取却被保加利亚人阻碍的方向。在这种情况下，为了迎接将来不可避免的抗争而坚定、耐心地努力，对于塞尔维亚是至关重要的。时间正在对塞尔维亚产生积极的影响，它的敌人已显露出明显的解体征兆。

这封信的有趣之处不仅仅在于萨佐诺夫如此坦率地将塞尔维亚人的敌意从保加利亚转移到奥匈帝国身上，而且在于他声称历史已经决定了哈布斯堡政权已经时日无多，他自己仅仅是默认了历史的裁决。我们经常在协约国政治家的虚华辞藻中见到类似的奥匈帝国必将衰落的论调，值得注意的是它们是多么有所助益。它们使塞尔维亚的武装斗争得以合法化，像现代化的先驱一样注定要扫除过时的双君主制度。同时，它们掩盖了过多的证据可以证明的事实：奥匈帝国确实是欧洲文化、管理和工业现代化的中心之一，然而巴尔干半岛的国家，尤其是塞尔维亚，却仍然深陷经济倒退和生产力下滑的旋涡之中。不过，这些精妙的论调最重要的作用在于，它们让决策者得以掩藏他们对自己的行为所要承担的责任。如果未来已经被描绘出来，那么政治就不再意味着在指向不同将来的选项中做选择，其任务变为去迎合与个人无关的磅礴历史潮流。

到1914年春为止，法俄同盟已经在奥匈帝国及塞尔维亚的边境构筑起了一个地缘政治的诱因。他们把三大强国的防御策略与欧洲最暴力、最不稳定地区的不确定命运联系在了一起。对法国来说，投身于塞尔维亚突出阵线是其对法俄同盟忠诚的合理结果，而这本身也出于法国决策者眼中不可动摇的政策限制。这些政策上的限制之一来自人口。即便三年制兵役法给军队带来巨大扩张，法国的指挥官们仍然认为其兵力不足以独力对抗德国方面的威胁。所以要战胜德国需要两个条件：英国远征军参加协约国在西线的战斗；快速穿越比利时，使得法国部队可以包围被重兵把守的阿尔萨斯和洛林地区。不幸的是这两个选择是互相排斥的，因为突破比利时中立地区就意味着丧失来自英国人的支持。然而英国人模棱两可的政策使人心生怀疑，即使放弃入侵比利时带来的战略优势，也无法保证英国会在战争的第一个也是决定性的阶段就介入。

因此，法国不得不在东方寻求帮助，以补偿其在西方不足的安全感。比利时大臣在 1913 年说过，与英国人的友谊看起来越不“可靠和有效”，就会有越多法国战略家认为需要“加深”与俄国的联盟关系。法国政府从 1911 年开始着重发展俄国的进攻实力；在 1912~1913 年致力于确保俄国的兵力部署计划针对德国，而非它们在巴尔干半岛上的仅仅是名义上的敌人奥匈帝国。强有力的经济动力渐渐加固了双方密切的军事联系。实施这一策略意味着付出一定的战略代价，因为将重注如此压在依靠俄国上以占据对德国的主动，必然会在一定程度上削弱法国的自主权。法国决策者愿意专门在巴尔干半岛事务方面扩展与俄国之间的同盟关系，这种将主动权交到俄国人手中的让步表明了法国人心甘情愿接受接踵而来的限制。究其原因，在于法国人最担心的并不是俄国会贸然采取行动，而是俄国人会完全不采取措施，因其占有过大优势而不再关注同盟的安全价值，或是将其精力集中在进攻奥匈帝国而非“主要对手”德国身上。

准确地说，启动巴尔干计划的吸引力在于，它似乎是在联合行动中获取俄方支持的最有希望的途径，这不仅仅是因为俄国历来就对巴尔干半岛地区显示出强烈的兴趣，也因为可以依赖塞尔维亚与奥匈帝国之间的冲突激起俄国的民族情感，如此一来俄国的领袖们没有其他选择，只能采取行动。因此，法国给俄国的巨额借款（当时算得上金融史上最大规模的贷款之一）加上能让俄军主力进攻德国的战略铁路建设项目，可以迫使德国（如法国期待的那样）分散兵力，减轻对西线的进攻压力，给法国留下获胜所需的喘息时间。

俄国对塞尔维亚阵线的投入源于不同的考量。长久以来，俄国一直谋求和有能力抵御奥匈帝国的一众巴尔干半岛国家达成某种合作关系。俄国在意大利对利比亚战争期间重新启用了这一策略，出面促成了将俄国定义为半岛上仲裁者的塞尔维亚—保加利亚同盟。因瓜分领土问题产生的第二次巴尔干战争爆发时，俄国意识到原先的同盟策略已被淘汰，在一番推诿之后，它选择了塞尔维亚作为主要委托人。保加利亚的利益受到损害，很快被纳入同盟国的势力范围。正如 1912 年 12 月至 1913 年 1 月的事件所展现的，与塞尔维亚越走越近的俄国的立场已转变为与奥匈帝国直接对峙。

然而，俄国并没有很快接受法国总参谋部反复提出的战略设想。在苏霍姆利诺大的重新部署计划中，俄国兵力不再集中于与德国接壤的边境，这使得法国人大为光火。在接下来的几年中，法国人将能把庞大军队送入敌人腹地的铁路干线数量翻了两番，并借此成功迫使俄国接受在可能的最短时间内将最大打击力量输送到西部边境的策略。

如果说俄国和法国的战略思想最终在某种程度上达成了一致，是出于如下几个原因。法国人对俄国承诺的巨额借款极大地促进了双方的合作。由于俄国对奥匈帝国的进攻不可能不涉及德国，那就显而易见，只有当俄国能够战胜德国时，奥匈帝国在巴尔干半岛的统治地位才有可能被颠覆。最后，也是最为重要的是，利曼·冯·桑德斯被派往君士坦丁堡不仅引起俄国的战备升级和对德国真实目的的怀疑，也澄清了巴尔干战略与俄国对土耳其海峡的更基本的需求之间的联系。在2月8日的特别会议上，萨佐诺夫、苏霍姆利诺夫和日林斯基认识到，确保能够通行或控制土耳其海峡的目标，尽管被一致认为对俄国的经济和战略未来有深远意义，但也必须为在欧洲斗争中战胜同盟国的任务让路。这不仅仅，或者说并不是主要由于害怕德国在土耳其海峡取得控制权，而是由于协约国同盟当时还未准备好支持俄国人去争取这一关键战略资产。确实，三个协约国在土耳其海峡问题上的观点如此迥异，使得俄国外交大臣认为只有以爆发全面战争为背景，俄国的行动才能得到其西方盟友的支持。

我们需要明确区别一点：法俄战略家们从未计划发动一场针对同盟国的侵略性战争。这里我们讨论的只是设想中的情况，而非计划。尽管如此，决策者们几乎没有考虑过自己的行为对德国会有所影响，这一事实仍十分引人注目。法国决策者了解到军事威胁的天平已经不再倾向德国。1914年6月一份法国总参谋部的报告满意地指出“军事形势已转变为对德国不利”，几乎一样的结论也出现在英国的军事评估报告中。但由于主要决策者将其行动视为防御性行为，将侵略的意图完全归咎于敌人，他们不曾认真考虑过他们制定的措施可能让柏林面临的选择越来越少。一个国家为了加强自身防卫而采取的措施“反而会降低其他国家的安全感并迫使其他国家做最坏打算”的情形，被国际关系学家称为“安全困境”，而这正是“安全困境”的一个显著例子。

那么英国人意识到了巴尔干化的协约国安全策略所带来的风险吗？英国决策者

足够清楚地认识到，欧洲的地理政治趋势已经形成一个机制。如果以正确的方式触发这一机制，它将使巴尔干半岛上的争执变为一场欧洲战争。他们看待这一可能性的态度，正如他们看待欧洲局势的几乎所有方面那样，十分矛盾。即使最亲俄的英国决策者也对圣彼得堡的巴尔干政策不无批判。1912 年 3 月，当尼利尔森得知俄国人促成了塞尔维亚—保加利亚同盟条约的签订时，他强烈谴责了俄国人的这一新举措："这说明俄国政府无意在巴尔干事务上与奥匈帝国政府携手合作，对此，我非常遗憾。"1912 年 9 月，当萨佐诺夫在伦敦和巴尔莫勒尔与英国主要政治家会面时，英国在巴尔干事务上"过度的谨慎"以及他们怀疑俄国蓄意对奥斯曼政府施压一事，给萨索诺夫留下了深刻的印象。塞尔维亚部队于 1912 年 11 月突破阿尔巴尼亚到达亚得里亚海岸时，英国驻巴黎大使伯蒂警告法国外交部长，英国不会因为贝尔格莱德要在亚得里亚海夺取一座海港而参战。

然而在仅仅数日之后的 12 月 4 日，爱德华 · 格雷给了德国大使利赫诺夫斯基伯爵一个强硬的警告：

> 如果奥匈帝国对塞尔维亚的进攻，以及在舆论驱使下的俄国军队开赴加利西亚（而不是再一次忍受诸如 1909 年那样的屈辱）共同导致了一场欧陆大战，并且德国不得不对奥匈帝国施以援手，那么法国也会不可避免地被卷入其中，因此再没有人能预知其后果了。

值得一提的是，这次交流是以德国首相霍尔维格对德国议会发表的一次 10 分钟的演说为借口。在那次演说中，霍尔维格提醒众人，如果奥匈帝国出乎意料地遭到另一大国（此处明显指的是俄国，其在加利西亚边境的军事措施已经引起战争恐慌）进攻，德国会出面干预以保护盟友。利赫诺夫斯基将格雷的话理解为一次"不可能被误解的暗示"，它说明保护法国不被德国击败对英国来说是极为必要的。几天之后，看过利赫诺夫斯基总结报告的威廉二世大为恐慌，认为这是对德国"道德上的宣战"。正是这次警告引发了 1912 年 12 月 8 日的波茨坦战争会议。法国的文件中明确地记录，就在格雷发出警告当天，他将自己与利赫诺夫斯基伯爵的对话内容传达给了大使保罗 · 康邦，康邦随后将细节告知了普恩加莱。

值得注意的是，在格雷的警告中，启动巴尔干计划能够引发的一系列因果联系得到了有力证明，其中包含众多假设。格雷首先赞同了萨佐诺夫与伊兹沃尔斯基对1909年遭到“羞辱”的观点，似乎忘了正是英国拒绝与伊兹沃尔斯基在海峡问题上合作，才促使这位当时的俄国外交大臣声称自己被奥匈帝国外交大臣欺骗而引发危机。至少可以说，认为俄国多次遭到同盟国羞辱的观点是站不住脚的。事实恰恰相反，俄国幸运而轻易地逃过了自己亲手制造的危险。接着，“如果奥匈帝国与塞尔维亚之间的冲突煽动了俄国国内舆论，俄国决策者没有别的选择，只能进攻奥匈帝国”，这一想法也大有问题。事实上俄国国内的意见并非毫无保留地支持在塞尔维亚问题上轻率行事。虽然一些民族主义报刊理所当然地表示支持，但其他人持不同意见，例如米谢尔斯基亲王的保守派刊物《公民》（*Grazhdanin*）就谴责斯拉夫派“无力的浪漫主义”，并抨击了所谓俄国必然要在奥塞冲突中支持塞尔维亚的观点。在1913年2月，巴尔干冬季危机正值高峰时，前俄国首相谢尔盖·维特估计只有大约10%的俄国人赞成战争，而剩余90%的人则反对战争。格雷还假定，俄国的介入一定会侵犯一个并未直接威胁俄国安全的国家，还会“不可避免地”将法国卷入其中。这一观点实质上赞同了——或者说至少含蓄地承认了，普恩加莱考虑俄国进攻另一欧洲大国的可能性，因而增加了条约承诺的行为。格雷暗示，在某种情况下，这会迫使英国干预援助法国。格雷也许对“为塞尔维亚而战”的可能性感到窘迫，他无疑陆陆续续地表达了这一点，不过他已理解和合法化了巴尔干的计划，并且将其融入自己的观点。我们需要记得，这一情景并不是国际体系的中立特征。它体现的并不是客观的必要性，而是交织着倾向性思维、承诺和威胁。这表明格雷十分倾向于将协约国同盟安全最大化，而舍弃了纯粹的大国之间的策略平衡。为利赫诺夫斯基描绘情景时，格雷不是在预言已注定的未来，而是在清晰表述让未来成为可能的一系列认识的一部分。

这些谋划的一个关键前提是拒绝（无论是明确地或含蓄地）奥匈帝国以一个欧洲大国的方式保卫其邻近区域利益。英法决策者在奥匈帝国与塞尔维亚会因何爆发冲突的问题上总是闪烁其词。奥匈帝国虽然还未进犯塞尔维亚，但普恩加莱从未在与他人的谈话中试图清晰定义这一标准，包括在与伊兹沃尔斯基的谈话中，以及在1912~1913年冬季与法国战争部队、高级军事指挥官们的谈话中，而后者已敦促采取进攻性措施。格雷的态度则更矛盾，他试图将其区分开来。1912年12月4日，即他向利赫诺夫斯基发出警告的同一天，格雷在给身在巴黎的伯蒂的便笺中写道，英国对巴尔干冲突的反应将取决于“战争如何爆发”：

> 如果是塞尔维亚挑衅奥匈帝国，使其产生有合理理由的怨恨，那么情况会和奥匈帝国主动进犯大不相同。

可是怎么算是“有合理理由的怨恨”呢？在1912~1914年分化对立如此严重的欧洲，我们很难界定哪种程度的挑衅会导致武装报复。不愿意把奥匈帝国的安全要务加入考虑也进一步证明了，大国们对将来“二元君主制”的完整性是多么的无动于衷。这或是由于它们将其视为德国身边缺乏自治性地缘政治认同的宠物狗，或是由于怀疑其在巴尔干半岛上有激进的谋划，又或是由于它们认为已不能再给君主制国家时间，其必将很快让位于更年轻、更好的后继国家。这个局面的一个讽刺之处是，无论哈布斯堡的外交大臣是雄辩——如艾伦塔尔，还是仁和——如贝希托尔德，都没有区别：前者被怀疑有侵略性，后者则被认为对柏林阿谀奉承。

让已被判处死刑的哈布斯堡雪上加霜的是一种乐观的观点，认为拥有许多自由斗士的塞尔维亚已被赐予了未来。在我们意料之中，从哈特维希发自贝尔格莱德的充满热情的报告，以及法国驻塞尔维亚首都公使德斯克斯发出的热烈支持的快件中，我们都能看清这个趋势。法国继续提供存在已久的经济援助。1914年1月，贝尔格莱德又得到了一大笔法国借款（金额达到1912年整个塞尔维亚国家预算的两倍）以支持其庞大的军事支出，帕希奇与圣彼得堡协商，同样得到了一笔军事援助，包括12万支步枪、24门榴弹炮、36门“拥有最新系统”的加农炮以及适量军需品，他声称（后被证实确实发生）保加利亚从奥匈帝国也得到了类似的货物。

格雷在1913年伦敦和会的谈判中隐蔽地采取了亲塞尔维亚策略，赞同贝尔格莱德索要新阿尔巴尼亚国家领土的要求。这并不是因为他对大塞尔维亚的概念表示支持，而是因为在他眼中，安抚塞尔维亚是协约国同盟长久维持下去的关键。最后的领土划分将超过一半的阿尔巴尼亚人口关在新成立的阿尔巴尼亚王国门外，被划归塞尔维亚统治的很多人遭到迫害、放逐、虐待及残杀。然而在塞尔维亚政坛交友甚广的英国代理部长克莱肯色普却先是压制，而后淡化处理了被征服区域发生暴行的新闻。当这些罪行的证据不断增加，尽管也有人陆陆续续地对此表示厌恶，但还是不足以改变国家倾向与俄国保持良好关系的政策。

两个更深层的因素使得巴尔干半岛问题的触发变得更为敏感。一个是奥匈帝国日益增长的抑制塞尔维亚领土野心的决心。我们已经知道，随着巴尔干半岛局势的恶化，维也纳的决策者们逐渐倾向于鹰派的解决方案。他们的情绪随着危机的起伏波动，但是始终有积累效应存在：每次都有更多的决策者选择采用激进的姿态。经济上和国内士气方面的因素增强了政客的易变。随着金钱因和平时期调动而流出，随之而来的是对少数民族征募的忧虑，奥匈帝国的选择范围渐渐缩小，其政治前景渐渐失去可能性。然而，我们不能忘记1914年6月贝希托尔德得到的最后一次战前区域战略总结中，对使用军事手段解决奥匈帝国在半岛上面临的众多问题只字未提。

另一个是德国人对“实力政策”的倚仗日益加深。从俾斯麦到比洛，再到贝特曼·霍尔维格，通过实力最大化寻求自主权和国家安全一直是德国政策的一大特征。历任决策者没能解决的一个问题是，对力量的追求可能引起德国邻国的敌意以及疏远潜在盟友。不过，只要这个政策继续起到足够的威慑作用以杜绝敌对阵营联合进攻德国的可能性，其带来的孤立的威胁即便很危险，也未到达势不可当的程度。直至1912年，协约国同盟大规模增强军事防备，使得这一途径在更长时期内的可行性被逐渐破坏。

在战争爆发前的最后几年，两个问题困扰着德国战略家和决策者。第一个问题在上文中提及过：如果战争爆发，德国能够击退其对手的相对实力优势能保持多长时间？第二个问题则与俄国人的意图相关：俄国领导人是否在积极准备一场针对德国的预防性战争？这两个问题之间有紧密联系，因为如果第二个问题的答案是俄国确实在寻求与德国开战，那么用政治上代价高昂的让步来避免战争的方案就变得不那么有说服力了。如果没有避免战争爆发的可能性，只可能推迟它的发生，那么明智的选择是现在就与敌人开战，而不是等到相同的情景重现，环境却已不再对德国如此有利的时候。

男性主义的危机？

如果在1914年的春天和初夏对欧洲的大臣们做一次调查，我们必定不惊讶于那不幸的性格结构。从卡斯泰尔诺和霞飞到日林斯基、康拉德·冯·赫岑多夫、威尔逊和毛奇，这些高级军官全部是策略性进攻计划的拥趸，他们对那些政治决策者们施加着具有波动性却十分重要的影响力。在1913~1914年，德尔卡塞和帕莱奥洛格两位强硬派先后任法国驻俄国大使，而仍旧决心为1909年的“羞辱”报仇的伊兹沃尔斯基正驻巴黎工作。法国驻索非亚大使安德烈·德帕纳菲厄在1912年12月观察到，伊兹沃尔斯基是“最好的驻法国大使”，因为他“在对抗德国和奥匈帝国的问题上拥有个人利益”。而他的俄国同僚注意到，当他谈及奥匈帝国对贝尔格莱德的政策时，他总是呈现出“从吞并时期就不曾离开他的明显的苦涩语调”。脾气暴躁且厌恶奥匈帝国的米罗斯拉夫时任塞尔维亚驻圣彼得堡大使，他的老对手福尔加奇伯爵正在维也纳协助制定战略。这不禁让人想起哈罗德·品特的戏剧，登场人物之间知根知底却又互相厌恶。

这是一幕只有男性人物的戏，那么这一点有多重要呢？男子气概一向包含了多种行为形式；这些男性的男子气概受到他们的阶级特性、民族性和职业影响。然而，引人注意的是关键人物经常刻意地诉诸男性的行为模式，这与他们对战略的理解是相互交织的。“我衷心地相信在这件事情上我们应当挺直腰杆。”尼科尔森在给他的朋友查尔斯·哈丁的信中写道，并建议伦敦拒绝任何来自柏林的重新修好的恳求。至关重要的是，德国驻法国大使威廉·冯·舍恩在1912年3月写道，柏林政府在与法国的关系上保持着“完全冷静沉着”的姿态并“冷血地”尝试解决国际局势带来的国防问题。当伯蒂谈到德国会“把我们推入水中，并偷走我们的衣裳”的危险时，他把国际体系比作了一个挤满了男青年的乡间操场。萨佐诺夫赞扬了普恩加莱“正直诚实”的品格和他“意志的坚定不移”；保罗·康邦欣赏他具有专业法学家的“刚正”，尽管内敛自主的“户外活动者”的魅力是格雷最重视的公众人物特质。霍尔维格在他的回忆录中写道，在1914年的危机期间畏畏缩缩而不支持奥匈帝国，体现的是一种“自我阉割”的行为。

对颓废的男子气概的祈求在那些年的书信和备忘录中是如此普遍，以至于其影响很难被囿于局部。然而这确实反映出欧洲男子主义的历史中一个非常特别的时刻。性别历史学家提出，大约在19世纪末和20世纪初的数十年中，一种主要与满足欲望（食物、性、商品）有关的相对豁达的父系特征正被某种更加敏感、更加严苛、更加有节制的特征所取代。同时，来自低级别及边缘雄性的竞争，例如无产者和非白种人，更加强了在精英人群中对“真正男子气概”的演绎。特别是在军事领袖群体中，毅力、韧性、责任和毫无保留的服务逐渐代替了过去注重、现在却被视为“娘娘腔”的上层社会出身。“尽可能地表现男子气概在（男人的）眼中是真正优秀的品质。”维也纳的女权主义者和自由思想家罗萨·迈尔霍费尔（Rosa Mayreder）于1905年写道，“他们全然不顾失败的无情和只为符合传统男子气概标准而行动的纯粹谬误。”

但是，这些逐渐过度膨胀的男性气质却在压力下存在着，因为服从、谦恭、有教养和慈悲的理想特质仍被看作“绅士”的特征。也许我们可以将在许多关键决策者身上观察到的角色压力和疲惫的迹象，譬如情绪起伏、强迫症、神经紧张、优柔寡断、心理疾病和逃避现实，归咎于已经开始给一些人带来无法承受的对性别角色的强调。康拉德·冯·赫岑多夫既有好战的严格执行纪律者的冷漠形象，也有对女性的支持的渴望。在女性的陪伴下，不可动摇的指挥者的面具摘下，显露出一个迫切需要安慰和心理支持的难以满足的人。他的母亲芭芭拉在去世前都与康拉德同住，或住在他附近。康拉德为填补逝去母亲的空缺，最后与吉娜·冯·赖宁豪斯（Gina von Reininghaus）（此女子当时已婚，后离异）结婚并让她随军生活在切申的奥匈帝国总部，这一举动让他的同僚和维也纳社会大吃一惊。

另一个有趣的例子是法国驻贝尔格莱德公使德斯克斯。一位对德斯克斯很了解的俄国同僚说，两次巴尔干战争的“深深的道德打击”已经损伤了他的“神经系统”，“他开始变得更孤僻，还不时会重复哼唱他最喜爱的关于和平不可侵犯的小曲”。

在巴尔干战争期间，贝希托尔德时常在日记中抱怨噩梦连连、不眠之夜和头痛。当新任法国总理勒内·维维亚尼前往圣彼得堡参加1914年7月的峰会时，这位生性安静的人几乎彻底崩溃。哈特维希也处于压力之下。俄国驻索非亚大使亚历山大·萨温斯基相信哈特维希已在巴尔干战争期间“失去了心理平衡”；萨温斯基观察到，哈特维希“到处都能看见他自己树立的敌人”。直至1914年初夏，哈特维希都在抱怨自己的心脏不好以及憧憬在巴特瑙海姆的暑假和治疗。可是他并没有活过“七月危机”。正如瓦尔特·拉特瑙（Walther Rathenau）在1904年所说的，被许多人视为这个时代标志的这种神经质不仅以这些有权势的男人身上的焦虑表现出来，也在他们的强迫性欲望上得以体现，这一强迫性欲望驱使他们为成为一个“勇敢之人”而非“懦弱之人”而战胜个人意志“弱点”。然而，当把这些人物与这个故事在性别史的更大范围内联系起来时，我们似乎能发现一种基于崇尚坚强不屈，而非上一代政治家（俾斯麦、卡武尔、索尔兹伯里）身上可见的能屈能伸、战术灵活和诡计多端的行为准则。这种行为准则增加了冲突的可能性。

漫漫长路

奥匈帝国公设律师格奥格·耶利内克（Georg Jellinek）在其1892年出版的《主观公法权利体系》（*System of Subjective Public Laws*）中分析了他所谓的“事实的规范性力量”概念。其意为人类根据现有事件状态确定规范权力的倾向。他提出，人们这样做的原因是事态对人的影响塑造了人对事态的认知。陷于这个解释的循环当中，人们往往很容易放弃对现有事物的观察，而设想事态是正常的，因此必须包含某种道德的必要性。

当我们在思忖历史事件，尤其是像“一战”这样灾难性事件时，某种大致相似的情况也会发生。当这些事件发生时，会把一种必要感加于（或是有可能加于）我们身上。这是一个会在许多层面上显露出来的过程。它可见于信件、演说以及事件主要参与者的回忆录。他们很快强调并没有其他的路可以选择，战争是“不可避免的”，因此没有人可以回避战争的爆发。这样对必然性的记叙有许多种形式：他们可能仅仅是把责任推给其他国家或参与者，也可能归咎于体制本身具有引发战争的倾向，不受个别参与者意愿的控制，或是归结于人类不可控的历史或命运的力量。

在相关文献中占首要地位近一个世纪的对战争起因的探求，加强了这一趋势：从欧洲的战前数十年中找出的各种原因像砝码一样被放上天平，直到人们的意见从可能性倾向必然性。意外性、选择和成因被从视野中剔除。在一定程度上，这是一个和视角相关的问题。当我们从遥远的21世纪早期回头看1914年前欧洲国际关系的转折起伏时，我们的观点不能不透过后续事件的镜片。这些事件汇集成类似于狄德罗所描述的一张构图优秀的图片：“事物整体都被囊括于单个视角内。”当然，尝试去纠正这个问题，盲目追求意外性和无意为之都是不合常理的。此外，这只不过是将一个“多元决定”的问题替换成了一个“不完全决定”的问题——关于一场没有起因的战争。与此同样重要的是要了解这场战争完全没有发生的重要性的可能性及其原因，这一观点的重要性与分析战争为何以及如何确实发生的重要性相当。

欧洲领导层之间互动的一个惊人之处在于，对盟友和潜在敌人的方方面面的意图的长期不确定性。权力在派系和要员之间的不断变化，以及对公众意见可能带来的影响，仍然是个问题。格雷能在内阁和议会中战胜他的对手吗？普恩加莱能保持对法国各部门的掌控吗？军方的意见向来都为维也纳的战略讨论定下了基调，但在雷德尔事件曝光后，康拉德的权力似乎开始缩小，其已大有可能被免职。同时，鹰派在圣彼得堡正占据上风。外国政治领导人在解读权力关系时遇到的困难更加重了这些在国内诱发的不确定性。英国观察者（根据我们的回溯，错误地）相信像科科夫佐夫（尽管他刚刚被撤职）和杜尔诺沃（Durnovo）这样的鸽派保守党人士已增强了对沙皇的影响，并准备卷土重来。巴黎曾忧心忡忡地讨论过以前首相谢尔盖·维特为代表的亲德派即将获得的胜利。对关键决策者易受公众意见风向影响的紧张也一直存在。在一份于1914年2月最后一天从柏林发出的报告中，德国皇帝的朋友利奥多维奇·塔季谢耶夫（Leonidovich Tatishchev）少将承认尽管他已经注意到了德国出版物中对俄国的高度敌意，他还是无法判断这对威廉二世会有何影响：“我相信大体上，陛下对和平的热爱是不可动摇的，但这种倾向可能正在他的幕僚之中减弱。”不过，两周后他宣布警报解除，指出最近俄德媒体的结怨似乎没有给德国统治者留下丝毫印象。在所有的猜疑和侵犯的表面之下，是一种对如何解读他国官员情绪和意图的基本的不确定性，更不用说如何预判他们对仍未发生的不测之事的反应了。

未来仍然广阔。两个强硬的欧洲武装阵营中都出现了“大规模冲突发生的时机正在流逝”的征兆。英俄同盟正面临窘境，看起来它无法维持到定于1915年的续期。正在品尝在巴尔干问题上与德国关系缓和的胜利果实的英国决策者，甚至开始显露出要改变看法的迹象。普恩加莱能否在更长时间内支持他的安全策略，这一前景并不明朗。维也纳和贝尔格莱德之间谋求和成功达成了有关交换政治犯的协议，以及东部铁路问题的解决，都说明双方的关系正渐渐好转。最重要的是，没有一个欧洲大国正在考虑对其邻国发动一场侵略性战争。他们都对这样的主动行动心存恐惧，随着协约国的军事准备升级，维也纳与柏林军方曾经讨论过抢先发动一场战争以打破僵局，但是他们并未确定下来这种先发制人的策略。维也纳也没有决定要在未被挑衅的情况下入侵塞尔维亚——这将会发展为地缘政治层面上的自杀式行为。整个体系仍旧需要从外部点燃，即通过俄国人和法国人在奥匈帝国与塞尔维亚边境建立起的契机。如果帕希奇的塞尔维亚政府能谋求国内整顿，进而将威胁国家政权乃至欧洲和平的民族统一运动扼杀于摇篮之中，男孩们也许就不会跨越德里纳河，维也纳也许就会在良好的时机得到更加明确的警告，枪声也就不会响起。造成1914年灾难性结果的相互交错的诸多承诺并不是欧洲体系的一个长期性特征，而是无数短期性调整的结果，这些调整本身就是大国间关系瞬息万变的佐证。

假如枪声并未响起，1914年已成的历史将让路于一个不同的将来，可以想象，在其中，三国协约将不会在巴尔干危机被解决之后继续存在，英德之间的缓和也可能会取得更实质性的进展。矛盾的是，第二种未来的合理性增强了第一种发生的可能性，恰恰是为了避免被俄国放弃和确保得到最大限度的支持，才使得法国加强了对圣彼得堡的压力。如果同盟关系能更可靠和持久，关键决策者们或许不用承受那么大的压力而采取他们倾向的行动。与此相反，战前最后数年特有的缓和时期有着矛盾的影响：让发动一场欧陆战争的可能性变得渺小，但是也使得关键决策者们低估了参与战争的风险。这是大国集团之间发生冲突（正如正在进行的最终将欧洲卷入战争的一连串事件那般）的危险正在降低的一个原因。

第三部分

危机

第七章　“一战”导火线：萨拉热窝事件

刺杀

1914年6月28日是个星期日，这天早上，身为奥匈帝国皇位继承人的弗朗茨·斐迪南大公偕夫人索菲乘坐火车来到萨拉热窝，之后改乘汽车经由阿佩尔码头前往市区。其车队共由6辆车组成，为首的一辆车上坐着身着黑衣的萨拉热窝市市长费希姆·埃芬迪·丘尔契奇（Fehim Effendi Čurčić）和警察专员埃德蒙·热尔德（Edmund Gerde）。他们身后的第二辆车是一辆经典的双门跑车，车的顶篷收卷了起来，这样能让车上的斐迪南大公夫妇清楚地看到一路上夹道欢迎的人群。在他们后面的车上坐着的是波斯尼亚州长奥斯卡·波蒂奥雷克将军，在副驾驶位置坐着的是弗朗茨·冯·哈拉赫（Franz von Harrach）中校。更靠后的三辆车上则载着当地的警察以及大公和州长的随员。

如画的景象呈现在斐迪南大公夫妇面前，沿着河的两岸是林荫大道，直通萨拉热窝市中心，再往远处则是高达1 500多米的山峦，在半山腰上还星罗棋布着村舍民居。山的顶端有薄薄的积雪，只有一些杉树与巨石点缀其间。在街道两旁偶尔可见的清真寺和宣礼塔，则向人们述说着曾在这座城市留下浓墨重彩的一笔的奥斯曼文明。在市中心的大集市里，错落的小巷组成了这个由木头和石头搭建的“迷宫”，

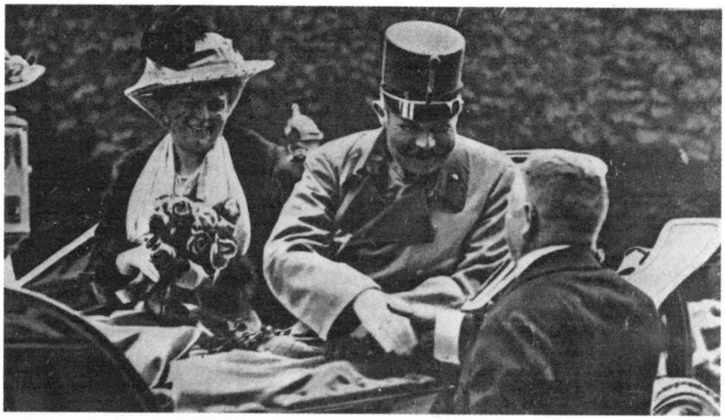

6 月 28 日，斐迪南大公与索菲在萨拉热窝

（来源：Hulton Royals Collection / Getty Images 图库）

地毯商、菜贩、马贩、铜匠……各行各业的人在这里叫卖着。在集市的中心，一个由奥斯曼慈善教会组织经营的小屋里，正在向穷人免费发放咖啡。尽管前一天刚下了阴冷的小雨，但 6 月 28 日的这个早上，整座城市都沐浴在暖融融的阳光中。

对奥匈帝国来说，这个出访的日期并不吉利。1389 年的这一天，奥斯曼帝国的军队在科索沃战役中击败了塞尔维亚王国贵族的军队，结束了塞尔维亚在巴尔干地区的统治，并为日后奥斯曼帝国吞并塞尔维亚打下了基础，这一天也被当地人称为“圣维特日”。1914 年的这一天，整个塞尔维亚地区的相关纪念活动尤其热烈而激进，因为这是科索沃地区在经历了第二次巴尔干战争之后赢得“自由”以来的第一个圣维特日。“激励着（塞尔维亚）一代又一代的科索沃圣火，现在已经熊熊燃烧起来。”黑手会在 1914 年 6 月 28 日的一份记录中写道，“科索沃自由了！科索沃终于报了一箭之仇！”对于这个由塞尔维亚的极端民族主义者所组成的组织来说，斐迪南一行在这个时间来到萨拉热窝，是对塞尔维亚乃至整个波斯尼亚地区的挑衅。

在斐迪南一行到来之前，已有 7 名恐怖分子隐匿在城市中的两个据点。在斐迪南大公抵达的当天早晨，他们已沿着河岸就位。他们的腰间都绑着跟小蛋糕差不多大的炸弹以及 12 秒引爆装置，口袋里则揣着上满子弹的左轮手枪。为了做到万无一失，他们才准备了如此充足的人力与武器，以便在其中有人被发现、被捕或刺杀失败时立刻能有其他人继续完成刺杀行动。他们每个人还随身携带着一小包氰化物粉，这样一来，当他们完成各自的使命后，可以给自己来个痛快的了断。

与此相对的则是当地政府安排的完全不到位的安保措施。尽管曾被警告可能会出现恐怖袭击，斐迪南大公和索菲依然乘坐着敞篷车沿着拥挤的、人尽皆知的既定路线行进。本应站在两侧人群与车队之间起保护作用的警戒人员一个也没有就位，这让车队完全暴露在人群面前，甚至连贴身警卫团也不在身边，警卫团长错误地与另外几个当地官员一起乘上了车队中的一辆车，而将自己的下属留在了火车站。

大公夫妇对自己的安全也是毫不关心，在三天前，弗朗茨·斐迪南与夫人索菲还在附近的一座名为伊利兹的小镇上，并被那里安逸的生活环境所麻木，斐迪南夫妇甚至当时曾一时兴起步行到大集市里参观。而他们不知道，加夫里洛·普林西普，这个当时也藏匿在集市中的塞尔维亚青年将在三天之后开枪打死他们。在搭乘火车去萨拉热窝的前一晚，索菲在晚宴上遇到了波斯尼亚克族领导人约瑟普·苏纳里奇（Josip Sunarić），他曾告诫当地政府，在这个民族情绪严重激化的时候让斐迪南大公夫妇进入市里并不是明智之举。"我亲爱的苏纳里奇，"当时索菲告诉他，"您还是错了。我们在这里的每一个所到之处都感受到友好的氛围，即便是在塞族地区，他们都以极大的热情欢迎我们，我们对此也觉得非常欣喜！"弗朗茨·斐迪南在当地一直以来是以难以交流和充满警惕的状态示人，而在他波斯尼亚之行的最后一站，他也想表现得更加"亲民"一些。在过去的几天中，他以总司令的身份检视了波斯尼亚山地驻军的情况，而此刻他想的是以继承人的身份接掌哈布斯堡王朝的王位。

最重要的一点是，6月28日是弗朗茨·斐迪南和索菲的结婚纪念日。尽管有着哈布斯堡王朝繁文缛节的宫廷礼仪作祟，但大公和夫人的婚后生活依旧美满。弗朗茨·斐迪南在1904年曾对一个朋友说，和"我的小索菲"喜结连理，是他这辈子做得最正确的一件事，她是他的"所有幸福的来源"，他们的孩子则是最令他"喜悦和骄傲"的，"我就静静地坐在那里欣赏着他们的身影，可以就那样待一整天，因为我是那么爱他们"。即便当时政治婚姻充斥在皇室之间，但我们完全可以肯定，斐迪南夫妇在萨拉热窝期间感情也是非常浓烈。索菲执意在结婚纪念日这天留在弗朗茨·斐迪南身边，而在这个奥匈帝国的海外附属国，他们也能拥有与在维也纳相比完全不同的感受。

车队驶向市中心的楚穆尔亚桥，街道两旁的民居和店铺墙面上都挂着代表哈布斯堡的黑黄相间的旗帜，以及代表波西尼亚的红黄相间的旗帜。随周围的欢呼声渐强，人群中的一个刺客穆罕默德巴希奇已手握炸弹蓄势待发，这是千钧一发的时刻，因为一旦炸弹的引信被开启，将会发出巨大的响声引起周围人的警觉，此时就将没有退路，必须扔出炸弹。第一名刺客刚想拉开炸弹的引信，却在最后的时刻感觉到了什么人（或许是一个警察）站在了他身后，这让他惊得愣住了，就像他 1914 年想在火车上刺杀奥斯卡 · 波蒂奥雷克时一样，这次的刺杀也失败了。人群中的另一个刺客，也是第一个发起刺杀行动的是波斯尼亚塞尔维亚人查布里诺维奇，当时他藏在靠近河岸的一侧道路边。他扔出了炸弹，听到引信被拉响的声音，大公的保镖哈拉赫还以为是车胎爆了，但司机看到了迎面飞来的炸弹，赶紧猛踩油门。时至今日我们还不能确定，当时是斐迪南大公挥手挡开了炸弹，还是它打到了车的篷子上自己弹开了。无论如何，炸弹没有落到预期的位置，而是在车的后方爆炸了，在地上炸出一个大洞，碎片也波及了周围的一些人。

斐迪南大公对这个突发状况表现出惊人的冷静，转过头来一看，第四辆车已经停了下来。空气中由于爆炸的冲击波而弥漫着浓重的灰尘和烟雾。除了索菲的脸颊被爆炸的碎片擦伤之外，他们二人并没有受到其他伤害。第四辆车上的乘客虽也受伤，但都没有生命危险，有些人还正想下车。受伤最严重的是波蒂奥雷克将军的副官埃里克 · 冯 · 梅里齐（Erik von Merizzi）中校，他虽然神志尚清，但头部受伤，流血不止。周围的一些不明真相的围观群众也或多或少地受到了这次爆炸的波及。

查布里诺维奇扔出炸弹之后，就吞下了随身携带的氰化物粉，并纵身跳入河中，但这并没有给他带来一个痛快的“了断”。毒药过于劣质，以至于直接溶解在了他的嗓子和消化道，非但没能致命，甚至可以说是让他毫无异样的感觉，而夏季的河水水位太低，不仅没能淹没他，就连推动他流走的水流程度都达不到。相反，他只是滚落到了 7 米之下的河床上，并很快被闻讯赶来的一个店主、一个拿着手枪的理发师和两名警察制伏。

斐迪南大公非但没有要求车队立刻离开现场，还耐心地查看了一下伤者的情况，命令车队继续前往市中心的市政厅，并在回来的时候改道去医院探望伤者。“这没什么的，”当时他说道，“这个人明显是疯了而已，咱们还是按照原先的日程安排进行。”随后，后面几辆车绕过冒着烟的第四辆车，再次组成了一连串的车队向目的地进发。剩余的刺客们仍然潜伏在自己的袭击位置上，继续等待下一个合适的机会。但他们实在太年轻且缺乏经验，其中三个人在车队靠近自己时都惊慌失措。其中最年轻的一个刺客瓦索 · 丘布里洛维奇因为出乎意料地看到大公的夫人也一起在车上，在最后关头像第一个刺客一样僵在原地。“我没有掏枪，因为我看到大公夫人也在那里，”他后来回忆道，“我不忍心伤害到她。”刺客波波维奇也由于恐惧而没有出手，他一直在指定地点准备行动。但由于他“在最后一刻被斐迪南大公的视线扫过时吓破了胆”，所以并未实施刺杀。当他得知查布里诺维奇扔出炸弹后落得那样的下场时，他惊慌失措地藏到了附近的一个塞族俱乐部里，并把自己携带的那个炸弹藏到了地下室的一个箱子后面。

刺客普林西普一开始也是惊慌失措，听到爆炸声后，他以为刺杀行动已经成功，随即跑向查布里诺维奇所在的位置，却看到他弯着腰一边忍受着喉咙里氰化物的灼烧，一边被双手绑缚着押走了。“我立刻发现他并没有成功，同时也没有饮毒自尽，当时我打算赶紧开枪打死他，而就在这一分神的工夫，车队开了过去。”于是普林西普放弃了干掉同党的念头，而是将注意力重新放在了车队上，但当他看到斐迪南大公的时候（他是通过其头盔上点缀的绿色鸵鸟羽毛准确地认出他的），车已经加速了，使他难以瞄准。普林西普在这种情况下依旧保持着冷静，在得知大公夫妇不久将返回后，他在弗朗茨·约瑟夫大街的右侧找到了一个新的刺杀位置，这也是官方所公告的车队离开城市的必经之路。另一个刺客特里夫科·格拉贝日为了找普林西普也离开了隐藏的位置，却在第一声爆炸后被抓。当车队经过他所在的位置时，或许是由于恐惧，他完全乱了阵脚，而根据他后来的供述，他表示当时周围的人太多了，拥挤到他连掏出炸弹的空隙都没有。

起初一切行动看起来还都在按照日程计划进行，直到车队到达萨拉热窝市政厅，一路上没有再发生其他意外。紧接着还发生了一个让人啼笑皆非的小插曲：轮到市长丘尔契奇致欢迎辞时，他自己明知道刚刚在路上已经发生了很大的意外，他之前准备的那些欢迎的套话已经完全不合时宜，但他当时实在太紧张了，以至于完全忘记修改自己的措辞。在高度紧张的情绪下，他满头大汗地走上演讲台开始致欢迎辞，其中就包含如下内容：“萨拉热窝首都的民众们今天都充满了喜悦之情，他们以最热烈的方式表达着自己对阁下您的到来的巨大期待与欢迎……”他的发言并没有进行多久，就被斐迪南大公一阵不满的咳嗽声打断了。斐迪南大公之前一直极力克制着自己的怒火，在这一刻终于爆发了：“我身为客人出访你们的国土，却被你们的民众用炸弹来欢迎！”随后是死一般的寂静，只有索菲在他耳边窃窃私语，随后弗朗茨·斐迪南恢复了冷静："就这样吧，你可以继续说了。"在市长终于费劲地念完自己的欢迎辞之后，又出现了片刻的停顿，因为斐迪南自己准备的那份致辞已经被第三辆车上受伤官员的血浸没了字迹。但随后斐迪南还是随机应变地进行了致辞，并委婉地提到了早上所发生的意外事件："市长先生，在此我衷心地谢谢你，你确实让我感受到了这座城市里市民们对我的欢迎！在刺客行刺失败时，周围人爆发出的欢呼声是那么热烈。"在讲话的最后，斐迪南大公还特别用克罗地亚语叮嘱市长，要代表他向市民们致以深切的慰问。

讲话结束后，大公夫妇也要暂时分开了。按照日程安排，索菲将在市政厅一层的一个房间里会见穆斯林妇女代表团，男性不能进入该房间，这样参会的妇女们就可以揭开面纱。房间并不宽敞却很温暖，大公夫人在看到其中一个妇女代表带着自己的孩子一起前来时，似乎也勾起了她对自己孩子的想念，面露忧色，她说道："你们看，这个小女孩跟我家的小索菲差不多高呢。"后来她再次提到，她和丈夫都希望能与他们的孩子尽快团聚，并表示"我们从来没有扔下孩子这么久不管"。与此同时，斐迪南大公口授了一封电报给奥匈帝国皇帝，表示他们二人都很好，此时正在市政厅里。但早上的意外所带来的惊吓这时似乎开始在他身上造成影响，据一个当时在场的人后来回忆称，斐迪南大公"说话的声音显得滑稽而尖锐"，"他站立的姿势也很怪异，就像踢正步一样交替抬起双腿。我想他可能借此表示他并没有因为早上的意外而害怕"。当然，他的表情也流露出对波蒂奥雷克的安保工作的严重失误非常不满。

访问活动接下来怎么进行？原先的计划是车队在行驶过大集市时右转，开上弗朗茨·约瑟夫大街，之后开到国家博物馆。斐迪南大公询问波蒂奥雷克是否还有遭到袭击的隐患，根据波蒂奥雷克后来讲述的，当时他给出了一个令人大跌眼镜的答复，他"希望没有，但即便有着铜墙铁壁一般的安保防护，也无法完全防止近距离的袭击"。出于安全起见，波蒂奥雷克建议取消接下来的行程安排，直接开车出城回到伊利兹镇，或者去州长的官邸，并从那里沿着河的左岸一路前往火车站。但斐迪南大公一心想去探望正在西郊的驻军医院里疗伤的波蒂奥雷克的那名受伤的副官。当然，博物馆之行必然取消了，车队将原路返回，不再经过弗朗茨·约瑟夫大街，以防遭遇更多的袭击。此外，按照原计划，斐迪南大公夫妇在市政厅的活动结束后也将分开，大公前往博物馆，他的夫人则前往州长的官邸。但索菲在所有人面前毅然决然地表示：“我要和你一起去医院。”出于安全考虑，哈拉赫决定站在车左侧的踏板上（朝着河的那一侧），防止遭遇其他袭击。

伴着烈日，车队离开市政厅一路向西行驶，但大家都忘了将行程的变动告知司机，当车队经过大集市后，前导车右拐驶入弗朗茨·约瑟夫大街，后面载着斐迪南大公夫妇的车也随即跟上。波蒂奥雷克责备司机：“我们走错路了！我们应该原路返回！”汽车停了下来，（由于没有倒车挡）缓慢地返回主干道。

普林西普的机会来了，他早已埋伏在弗朗茨·约瑟夫大街右侧的一家商店门前，此时他终于有机会追上这辆几乎停在原地的车。由于来不及解开腰间的炸弹，他掏出左轮手枪连开两枪，子弹直接朝着目标射去，而此时站在车左侧的哈拉赫只能眼睁睁看着右侧飞来的子弹。据普林西普后来的供述，当他从店铺门前遮阳棚的阴影里冲出来瞄准的时候，时间似乎都静止了，而索菲的眼神一度让他迟疑不决：“当我看到一个女士坐在他的身边，我曾犹豫是否要开枪。而同时，我的心里也是百感交集……”在波蒂奥雷克后来的讲述中，也对当时的那一幕有着特别的感受：我坐在车上，注视着杀手的脸，他开枪了，但似乎并没有烟尘和火光出现，取而代之的是寂静，仿佛子弹来自遥远的方向。一开始人们都以为刺客打偏了，因为斐迪南大公夫妇依然端坐在座椅上，但实际上他们当时都已经受了致命的弹伤。第一颗子弹穿过了车门，击中大公夫人的腹部并瞬间切断胃动脉；第二颗子弹则击中了大公的脖子，穿过颈静脉。当车向着目的地酒店开去的时候，索菲的身子倒了下来，面贴到了她丈夫的双膝上，波蒂奥雷克起初以为她只是吓得休克了。直到他看到鲜血从斐迪南大公的嘴里涌出，他才意识到事态远比想象的严重。而站在踏板上的哈拉赫则探身进到车内，拽着大公的领子使他的身体保持坐着的姿势，这时他听到弗朗茨·斐迪南气若游丝的声音：“索菲，索菲，你不能死，要为咱们的孩子活下去！”装饰着绿色鸵鸟羽毛的头盔从他头上滑落，当哈拉赫询问他的伤是否严重时，斐迪南大公一遍遍重复着：“这算不了什么！”之后陷入昏迷。

在车队的后面，普林西普被人群包围了。他刚想举枪自杀，手中的左轮手枪就被人打掉了，他也没来得及吞下随身携带的氰化物粉。如果不是警察及时赶到并将他带走，他很可能当场就被围上来的愤怒群众乱棍打死。

在到达州长官邸的时候，索菲已经气绝身亡，他们两个人被分别安排到不同的地方施以急救。弗朗茨 · 斐迪南昏迷不醒，他的贴身男仆莫赛从事发现场一路跑到这里，此时正想剪开大公的制服前襟以便他呼吸。鲜血染红了这名男仆的黄色袖口，随后他跪在床边，询问斐迪南是否有遗言给孩子，但没有得到任何回复，大公的嘴唇早已僵硬。几分钟后，这名奥匈帝国的皇储被宣布已经死亡。凌晨两点，消息迅速从那里传播出去，钟声响彻萨拉热窝。

亦真亦幻

萨拉热窝的枪响也打乱了斯蒂芬 · 茨威格（Stefan Zweig）的思绪。6 月 28 日下午，他正在巴登度假，这是一个离维也纳很近的温泉小镇。这里远离喧嚣的人群，也让他有机会耐心阅读俄国象征主义的典型代表梅列日科夫斯基（Merezhkovsky）的一篇论文。他很快沉浸在文字当中。

> 而林间的风声、小鸟的阵阵啼叫和公园里悠扬的音乐声在我看书的同时似乎也萦绕在耳边。我可以清楚地辨别那旋律，因为我的耳朵此时已经屏蔽了吵闹的街道和湍急的河流所带来的噪声；只有一个意料之外的停顿让我竖起了耳朵。……突然音乐停了下来，我不知道他们演奏的是哪个乐章，我只是感觉到音乐突然停了。我本能地抬起头，远处的人群似乎也乱了阵脚，突然静止了动作。一定有什么大事发生了。

萨拉热窝事件就像在 1963 年达拉斯发生的肯尼迪总统遇刺案一样，深深地烙印在人们的记忆深处。当斐迪南大公被刺身亡的消息传出的时候，人们都在回忆当时自己在哪、和谁在一起。来自维也纳的自由主义思想家罗萨 · 迈尔霍费尔当时正在与她患有抑郁症的丈夫卡尔在德国旅行，他们在德累斯顿所下榻的旅馆对面的一家百货商店的橱窗上看到了相关消息被贴出。甚至在事件发生的半个世纪之后，阿尔方斯 · 克拉里–阿尔德林根（Alfons Clary-Aldringen）王子想起他当时正在与金斯基的亲戚在波西米亚的森林里打猎，当他们在黄昏时分在森林边缘的路边露营时，来自金斯基的一个厨师骑着车将这个从当地邮政局局长那里得知的消息告知了他们。国会议员约瑟夫·雷德利希（Joseph Redlich）则是通过电话得知这个惊人的消息的，随后的整个下午他都在打电话给亲戚朋友和合作伙伴，告知他们这一消息。剧作家阿图尔·施尼茨勒（Arthur Schnitzler）就在4个星期之前还梦到耶稣会指派他去刺杀大公，在那之后他就被人打电话告知大公遇刺身亡了。

更有甚者，奥匈帝国财政大臣利昂·比林斯基在事件发生前就有预感。6月28日，由于要等到11点才去做弥撒，他就一早在维也纳的家中看报，他被上面的一篇关于斐迪南大公出访波斯尼亚的详细行程的文章吸引了。

> 直至今日，我还能清楚地回忆起当时在读到这篇描述（出访萨拉热窝）行程细节的文章时身体上的不适感。但鉴于只是一些疼痛的感觉而无大碍，当时我自己也觉得很奇怪，自己竟然为看到斐迪南大公出席这样的活动而感到难受。然而片刻之后，（向我通知他遇刺的消息的）电话响了。

利昂·比林斯基

当时的俄国驻维也纳大使称，这个消息太过骇人，以至于当时很多人不相信这件事真的发生了，直到当天晚上一些相关细节报道见诸报端、表示哀悼的旗帜在政府建筑上升起，才算证实了此事的真实性。“首都的居民聚集在街道上，为了这件事七嘴八舌地讨论了一整夜。”在24小时内，消息已经传得沸沸扬扬了，甚至传到了《好兵帅克》（*The Good Soldier Švejk*）里。那个傻气十足的捷克士兵帅克在布拉格家中的客房里，一边给自己患有关节炎的膝盖上药，一边谈论此事。萨拉热窝事件甚至融入当时的很多文学艺术创作当中，在雅罗斯拉夫·哈谢克（Jaroslav Hašek）的这部小说《好兵帅克》中，就以斐迪南大公遇刺这一事件作为重要情节的铺垫，当时帅克从负责清扫公寓的米勒太太那里得知这个消息的，他借助帅克这一英雄形象的塑造，讽刺了奥匈帝国政治上的丑恶。

米勒太太：他们在萨拉热窝把他刺杀了，先生，用的是左轮手枪，你可能已经听说了吧。当时大公正与他的夫人一起坐着车。

帅克：哦，你知道得还挺清楚，米勒太太，原来他们是在车里遇刺的啊。这也难怪了，如果是平时，他可能不会这么轻易就遇刺了，但当主动权不完全掌握在自己的脚下时就不一定了，况且是在萨拉热窝！那是波斯尼亚地区啊，米勒太太，我希望是土耳其人干的，毕竟我们当时把波斯尼亚和黑塞哥维那地区从他们手里抢过来就是个错误。

直到奥匈帝国覆灭多年之后，关于萨拉热窝事件的描述依旧出现在文学作品中。来自萨拉热窝的消息与多年来文学上关于消失的帝国的想象紧密呼应：从卡尔 · 克劳斯的《人类的末日》（*Last Days of Mankind*）中不祥的电话铃声，到约瑟夫 · 罗特的《特罗塔 · 冯 · 斯普尔杰少尉》（*Lieutenant Trotta von Sipolje*），在书中，特罗塔中尉接到“令其终日幻想成为现实”的噩耗。

我们很难具体评估萨拉热窝事件在当时对奥匈帝国产生了何种程度的影响。一个专家曾如此写道，弗朗茨 · 斐迪南大公作为公众人物“最杰出”的一点“就是他在各个阶层都并不是那么受欢迎”。弗朗茨 · 斐迪南大公绝非万人迷，他没什么人格魅力，并且易怒。透过他平时给人的那种矮胖、迟钝的形象，普通大众很难想象当他和至亲在一起时完全是另一种状态：他会变得充满活力，碧蓝的眼睛里闪烁着睿智的光芒。他不能容忍有犯上由头的行为，同时他又对只知道阿谀奉承的人深恶痛绝，在他的政治友人奥托卡尔 · 切尔宁看来，他是一个“很记仇的人”。他暴躁的脾气也让那些大臣和高官们经常“在还没面对他的时候就已经胆战心惊”。他只有几个真正交心的朋友，在与其他人交流时，他更多时候是保持着戒心。“在每次与别人初次见面时，我都认定他们是不怀好意的。”他曾经这样说，“只有深入交往后，我才慢慢消除自己的这种成见。”他对于打猎的极端痴迷也不时引起负面评论，尤其是在布吕恩巴赫堡所在的山谷，这里是他的主要狩猎场，为了保证当地能有足够的健康的猎物，弗朗茨 · 斐迪南封锁了城堡周边所有的土地。当地人不能再走那些熟悉的路了，也不能再到山上去放羊了，这都引起了当地的民怨。剧作家阿图尔 · 施尼茨勒就曾在记录萨拉热窝事件的一份笔录中注意到，当时的“第一波袭击”很快退却，但因为斐迪南大公“极其不受欢迎”，民众中的戾气一时间并没有消散。

也正因此，刺杀案的消息公之于众时并没有引发大范围的哀痛情绪，这也是为什么这场刺杀案一直以来都以发生地命名，而不是受害者的名字（相较之下，没人将肯尼迪总统遇刺的事件称为“达拉斯事件”）。也正因为斐迪南大公并非一个饱受欢迎的公众人物，一些历史学家认为这个事件并不能作为“一战”爆发的导火线。当然，这么想是错误的。首先，不管他是否受欢迎，他的皇位继承人身份和对于改革的热忱都受到广泛的认可。驻君士坦丁堡的奥匈帝国大使曾告诉他的塞尔维亚同事，弗朗茨·斐迪南有着“罕见的活力和坚强的意志”，将把自己全部的精力与心血献给国家，并将带来巨大的改变。他的身边聚集着一群有识之士，并且“都深知只有实施一个彻底的改革政策”才能确保帝国的持续生存。此外，这不仅关乎弗朗茨·斐迪南个人的存亡，更在于他为之奋斗的事业的走向——王朝的未来以及“哈布斯堡国家理想”的实现。

弗朗茨·斐迪南的声望在纸媒的报道炒作之下不断提升，24 小时之内萨拉热窝事件的诸多主要细节（从查布里诺维奇扔出炸弹到跳河寻死、从大公对伤者所表示出的关切到他在市长致辞时对情绪的克制、从那个致命的通往弗朗茨·约瑟夫大街的弯道到大公弥留之际对妻子说的话）已是人尽皆知。报纸以大篇幅持续报道此事。代表哀悼的黑色条纹最先出现在报纸的头版，随即街上开始出现哀悼的黑旗，直到最后就连电车上都被盖上黑布以示哀悼。舆论领袖们也开始从大公个人出类拔萃的政治能力竟然英年早逝、一段完满的婚姻就这样被硬生生地摧毁了、大公夫妇的三个孩子一夜间变成了可怜的孤儿、老皇帝承受丧子之痛等多个方面突显这一事件是如此让人悲痛。

此外，这也是第一次将大公的私人生活暴露于公众的视野当中。6 月 30 日发表的一篇文章中大段援引了大公对自己家庭的一段描述：“每当我结束了一天辛苦的工作回到家里，看到爱妻在那里做针线活、孩子们在周围玩耍，我就感到所有的烦恼都被抛在了家门外，而围绕着我的只剩下幸福。”这些被大公的亲信们整理口述出来的片段，完全改变了大公曾经的那种并不太受欢迎的形象，但事实上报道的内容很大程度上是媒体炒作而非事实。在卡尔·克劳斯将这些内容引入自己的作品后，弗朗茨 · 斐迪南之死也显得倍加悲壮了。

然而，萨拉热窝事件对大多数人来说是出于政治原因而非冲动所为。舆论领袖们也迅速将此事件包装得具有强烈的时代意义。代表维也纳资产阶级的《新自由报》用“命中注定的打击”来形容这个事件，“当这个可怕的消息传遍大街小巷，”撰稿者如此写道，“就仿佛是暴风撼动了帝国的权威，似乎历史注定要用血在这个新时代开启的时刻留下浓墨重彩的一笔。”《茵斯布鲁克消息报》（*Innsbrucker Nachrichten*）则用“奥匈帝国历史上独一无二的大事件”来形容此事。斐迪南大公遇刺后，有媒体报道，这不仅意味着国家丧失了其未来的皇位继承人，更使民众们失去了这样一位“他们所依靠的、能够为他们构建美好未来的伟人”。当然，这些都是来自奥匈帝国的声音。在布达佩斯，更多的声音则是一个灾星终于陨落了。但即便在这里，资产阶级报刊也将这个事件渲染为一个历史性的重大事件。在舆论的普遍影响下，这个事件的严重性传遍了奥匈帝国的大城小镇，很少有人能坚持客观冷静地看待这个事件。但也有例外，当时身在布拉格的弗兰兹 · 卡夫卡（Franz Kafka）对此事充耳不闻，他那天的日记里只记录了一些日常琐事：出门走错了路、坐错了车，然后又错过了电话。当然，他只是为数不多的特例。

调查开始

针对萨拉热窝事件的相关司法调查自普林西普开枪的那一刻就开始了。在事件发生的几小时之后，忍受着氰化物残渣的灼烧和弗朗茨 · 约瑟夫大街上群众“私刑”后带来的伤痛的加夫里洛 · 普林西普被带到了身在萨拉热窝的奥匈帝国法官莱奥 · 普费弗（Leo Pfeffer）面前。普费弗后来回忆道：“这个年轻的刺客身材矮小且面黄肌瘦。很难想象看起来如此文弱的一个人能犯下如此深重的罪行。”一开始普林西普似乎连说话的力气都没有了，但当普费弗直呼其名的时候，普林西普“以一个清晰而平缓的声音”回应了他。在之后的几天里，普林西普以坚韧的毅力百般阻挠官方的调查取证工作，在6月28日下午对他进行首次审讯时，他表示自己完全是独自行动的，跟查布里诺维奇没有任何瓜葛。“当我听到（查布里诺维奇所投出的炸弹产生的）爆炸声时，”普林西普解释道，“我告诉自己：看来有人有跟我一样的目的。”在接下来的几天中，他甚至为自己的虚假供述增加了很多细节描述，以加强其所谓的真实性：他当时被查布里诺维奇的举动震惊了，以至于忘记在大公经过自己身边时举枪射击，之后只好迫不得已找了另一个地方实施他自己的刺杀行动。查布里诺维奇起初也证实了这一说法，在萨拉热窝事件发生的当天下午，他也声称自己是独自策划的此事，他使用的炸弹是从贝尔格莱德一个不记得名字的“无政府主义者”那里得到的。

刺杀者在法庭上

（来源：Getty Images 图库）

而第二天，也就是6月29日星期一，查布里诺维奇的供词却突然改变了，他承认与普林西普是同伙，并且他们在贝尔格莱德一起策划了此次犯罪行动，武器是由一个曾参加了巴尔干战争的“前游击队员”在复员后保留下来并提供给他们的。后来查布里诺维奇指认了齐加诺维奇就是那个“前游击队员”，当普林西普在周一早上面对以上供述时，他也承认他们确实是同伙。

至此，两个年轻人都做出了一个较为合理且一致的供述，调查此时似乎已经到头了。普费弗并不是一个善于审讯罪犯的人，他在整个过程中都没有采用刑讯逼供或任何其他司法威胁的审讯方法。普费弗似乎非常反感采用这种威逼的手段得到不同犯罪分子之间的一致口供，因为在他看来，只有面对独立的罪犯并通过非胁迫的方式得到的供述才是值得信赖的真相。实际上，想得到独立的供词并非易事，因为查布里诺维奇和普林西普即便被各自关在单独的房间里，却可以通过敲击之间的隔板，以他们之前在一本俄国小说里学到的暗语及时交换信息。

在这之后推动调查取得更多进展的并非这两个人的供词，而是来自于当地警方对相关嫌疑人员大范围的搜捕，因为他们都怀疑此事必有其他同党尚未落网。达尼洛·伊利奇就是因此落入警方手里的。实际上警方并没有掌握确凿的证据，他们之

逮捕嫌疑人

（来源：De Agostini / Getty Images 图库）

所以逮捕伊利奇，是因为知道他与普林西普交往密切，并且他经常与塞尔维亚种族主义者们沆瀣一气。而伊利奇此时也不知道警方到底掌握了多少证据，同时他开始怀疑是普林西普或查布里诺维奇供出了自己。当他在7月1日星期三被警方带到普费弗法官面前时，他彻底慌了，并要求“坦白从宽”，他表示，如果法官能保证他不被判处死刑，他就把知道的一切都供出来。普费弗没有这个权利，但他提醒伊利奇，在奥匈帝国的法律中，提供相应证据帮助破案确实有助于在最终判决中减刑。

对于伊利奇来说，这就足够了。他的供词揭穿了普林西普和查布里诺维奇之前编造的故事，并让调查进入一个全新的阶段。根据伊利奇的供述，参与此次刺杀活动的远不止两个人，而是一个由七人组成的组织，其中三个人来自贝尔格莱德，这三个人是由伊利奇亲自招入组织的。之后他提供了该组织的详细名单，并推测了他们目前的大致行踪。在得到这些信息后，普费弗立刻从审讯室冲到外面，并电话通知各处去逮捕名单上的那些人。

第一个落网的是特里夫科·格拉贝日，即第三个来自贝尔格莱德的组织成员。当时在普林西普开枪后。格拉贝日也给自己精心规划了一个摆脱嫌疑的办法，他从事发现场小心地离开，躲到了他在萨拉热窝的一个叔叔家，并把随身携带的炸弹和手枪也藏在那里。之后他绕过城镇闹市区，来到另一个在当地开餐馆的叔叔那里，在那里吃了饭并过了一夜。第二天一早，他乘火车回到在帕莱的家中，并打算从那里逃往塞尔维亚。最后他在临近塞尔维亚边境的一座小镇上被逮捕。在萨拉热窝事件发生后的9天内，丘布里洛维奇和波波维奇也先后落网，只有穆罕默德巴希奇尚未被抓。当时他已经逃到了黑山，并躲过了奥匈帝国警方的追捕。即便如此，萨拉热窝的警方也已经可以采取下一步行动了。伊利奇的供词又使得更多的相关人员进入警方的视线当中，从学校教师到街头地痞无所不包，甚至连当时给几名刺客提供过夜住所或帮助他们藏匿、运送武器的当地农民也被牵连。

想查出塞尔维亚与这件事有关的方面则是更为困难的一件事。武器是塞尔维亚产的：左轮手枪是在塞尔维亚手工制造的，炸弹经查也出自塞尔维亚的军事重镇克拉古耶瓦茨。6 月 29 日，查布里诺维奇供出在贝尔格莱德时是丘布里洛维奇给他们提供了武器装备。但以当时丘布里洛维奇身为波西尼亚流亡者的身份，他在当地似乎并没有那么强的能力通过高层搞到这些东西，这也表明塞尔维亚官方并未参与此事。而根据后来意大利历史学家路易吉 · 阿尔贝蒂尼（Luigi Albertini）的结论，如果齐加诺维奇是作为尼古拉 · 帕希奇的助手在黑手会做相关的情报工作，那么他也不会这么快就被抓到。对于沃亚 · 坦科西奇这名曾经参加游击战的塞尔维亚的民族主义者来说，情况就比较复杂了，根据伊利奇的供述，坦科西奇不仅为刺客们提供了武器，还在贝尔格莱德训练他们的枪法，而且也是他告诉他们，即便自杀也不能落入警方手里。来自贝尔格莱德的这几名刺客一开始表示完全没听说过有坦科西奇这么一个人，直到他们一个个被带到伊利奇面前当面对质之后（一个比较少见的方式，可通过嫌犯之间的当面口角来从中辨别真相），普林西普、查布里诺维奇和格拉贝日才承认坦科西奇确实也参与了这次犯罪活动。

但经过两个星期的努力，直到此时奥匈帝国方面对于该事件的幕后真凶到底是谁，还是一头雾水。或许确实如历史学家约阿希姆 · 雷马克（Joachim Remak）所说，普林西普、格拉贝日和查布里诺维奇在面对审讯时通过“从最初的闭口不谈到扭捏作态，再到最后的假意逢迎”而精心布下了一个迷局，同时在他们三人的努力之下也让伊利奇的供词丧失了很大效用，也让贝尔格莱德官方未能成为被怀疑的对象。他们都没有提到黑手会，而是一直在暗示关于齐加诺维奇和民族自卫组织之间的联系，但实际上这种转移注意力的方法让奥地利人的调查走向错误的方向。加之普费弗法官消极的诉讼态度，也给了刺客们更多的时间完善他们谎话的各个细节。

即便警方的调查进展缓慢，依然让奥匈帝国政府上层将此事与贝尔格莱德有关的边境问题产生了联系，而波蒂奥雷克在萨拉热窝事件发生后的几小时内所发出的电报就已经提到了该事件与塞尔维亚有关组织千丝万缕的联系，他在电报中称“投掷炸弹的人”查布里诺维奇实际上参与了一个“由贝尔格莱德方面操纵的”塞尔维亚社会团体；普林西普也曾在贝尔格莱德的“塞尔维亚东正教”学校就读，而且警方也曾在普林西普哥哥的住处找到“整整一个图书馆那么多的贝尔格莱德出版的关于种族主义的书籍”。奥匈帝国驻贝尔格莱德大使馆也截获了一份加密的电报，上面显示查布里诺维奇就在萨拉热窝事件发生的几个星期前还曾受雇于贝尔格莱德的一家出版社。而在6月29日发出的另一份比较长的报告中，奥匈帝国驻贝尔格莱德大使发现这些刺客曾在贝尔格莱德接受“政治教育”，并将谋杀冠以塞尔维亚种族文化的高尚名义，其中最著名的教材范例当属中世纪的自杀式袭击者米洛什·奥比里克，他被称为“塞尔维亚人的英雄”：

> 我还不敢直接指责贝尔格莱德（政府）应对谋杀行为负责，但他们肯定有间接责任，在他们的领导下，民众受教育的程度一直不高，尤其是在（塞尔维亚）外交部之下的宣传部，他们多年以来安插一些教授和写手煽动舆论引发种族仇恨。

波蒂奥雷克也并未就此收手。在一份发给陆军大臣的加密电报中，他发现刺客曾提到从贝尔格莱德获得武器装备的支持。但即便刺客并未亲口承认这一点，波蒂奥雷克也“完全相信”幕后的黑手来自于塞尔维亚。尽管他无权为此采取什么官方措施，但在他看来，只有“在外交上采取强硬的手段，才能确保波斯尼亚—黑塞哥维那地区的长治久安”。萨拉热窝事件的余波在最初的报道中持续存在，“我们依然没能从昨天的灾难性事件中缓过神来，”驻贝尔格莱德的奥匈帝国大使表示，“为此我也始终很难以冷静和客观的态度评估萨拉热窝事件所产生的后果……”仅仅通过司法方面的调查，奥匈帝国方面立刻就对塞尔维亚政府充满了复仇的愤怒，并将其作为“假想敌”来看待了。

塞尔维亚的回应

萨拉热窝事件发生后奥匈帝国对塞尔维亚的反应引起了塞尔维亚的极大重视，

贝尔格莱德政府极力示好，但其官方的吊唁与塞尔维亚民间丝毫没有悲痛之感的氛围让奥匈帝国政府感到巨大反差。根据奥匈帝国驻贝尔格莱德大使的报告，本来计划在事件第二天举行的纪念同样身为刺客的米洛什 · 奥比里克的活动被临时取消了，但他的报告中同样指出，民间对于萨拉热窝事件表现出的情绪似乎很高涨。其中，在科索沃地区更是举行了规模巨大的圣维特日庆典，据奥匈帝国领事报告，萨拉热窝事件的消息传到当地时，当地人“极其夸张”地热烈庆祝，那种表现“我只能用‘兽性’来形容”。此外，塞尔维亚官方此前表示的将对此事件进行 7 周的官方哀悼活动也被改成了只持续 8 天，但这好在对塞尔维亚爱国主义者中所充斥的对哈布斯堡家族此次深重打击所带来的喜悦有所掩饰。

伴随着塞尔维亚民族主义媒体持续的谩骂之声，奥匈帝国方面的质疑也进一步加强。6 月 29 日，印有关于揭露在波斯尼亚—黑塞哥维那地区塞尔维亚人的所谓“种族灭绝”阴谋的小册子开始在贝尔格莱德被分发，里面提到哈布斯堡王朝当时对屠杀坐视不管，这让奥匈帝国驻塞尔维亚大使馆的工作人员颇为不满。情况后来愈演愈烈，第二天就有当地一份重要报纸指出并谴责维也纳政府试图与塞尔维亚结盟完全是个“谎言”；其他媒体则将刺杀斐迪南大公的刺客称为“身怀荣誉感的优秀青年”，带有如上内容的这篇文章（以及很多其他类似的文章）被定期翻译、刊发在奥匈帝国国内的报刊上，不断激起民怨。带来更恶性的影响是（因为内容里充满了真实的描述），这些文章中阐述了关于贝尔格莱德政府曾在萨拉热窝事件发生前向维也纳方面提出过官方警告。一篇在贝尔格莱德《新闻报》（*Stampa*）上刊登的名为“一个被忽略的警告“的文章指出，塞尔维亚驻维也纳大使约万 · 约万诺维奇曾将刺杀的各项安排提前告知了贝希托尔德伯爵，后者对于大使的此番话语“感激不尽”，并将这一警告及时地转达给了皇帝和皇储。以上内容可以被理解为两层意思：一方面揭示了奥匈帝国方面对于这个警告的忽视，另一方面透露出塞尔维亚政府事前就对此次刺杀行动了如指掌了。

当然，面对指责之声，塞尔维亚官方几乎束手无策。贝尔格莱德政府既不能禁止在咖啡厅里随处可见的庆祝活动，也无法控制科索沃地区的激进活动。媒体成为灰色地带，在维也纳，约万诺维奇意识到了贝尔格莱德的媒体刊发的内容所带来的巨大威胁，并敦促帕希奇对其中最恶劣的几家媒体采取措施，杀鸡儆猴，防止更多极端言论的涌现。奥匈帝国方面也表达了自己的不满，并对塞尔维亚的行为提出警告。但对于帕希奇政府来说，对限制塞尔维亚媒体的言论自由，他们缺少足够的宪法依据。实际上政府还指示塞尔维亚新闻出版署署长要谨慎处理贝尔格莱德记者的有关活动。值得注意的是，帕希奇在7月7日官方辟谣后，关于贝尔格莱德政府曾官方警告维也纳关于刺杀的这一传言也烟消云散了。帕希奇是否动用强制措施管住了媒体的嘴，这就是另一个问题了。他很有可能考虑到如果此时对媒体强硬，会导致内阁中激进派作祟，因此没有动用强制手段。此外，毕竟8月14日的大选日益临近，面对选举阵营中普遍的对奥匈帝国的愤慨情绪，帕希奇也不敢在此时对种族主义者们大动干戈。

还有更多失误是原本可以避免的。6月29日，塞尔维亚驻圣彼得堡大使米罗斯拉夫·斯帕拉伊科维奇向俄媒体表明了关于波斯尼亚反对维也纳政府的各项论据，谴责奥匈帝国政府对塞尔维亚收复失地的组织所进行的干预活动。多年以来斯帕拉伊科维奇都在向媒体表示，身在维也纳的一些政治领袖正在谋划反奥匈帝国的活动，其中就包括“新兴的被称作‘黑手会’的组织”。他坚持认为，在塞尔维亚国内没有任何革命组织。在日后接受另一家媒体的采访时，他还否认刺客的武器是由贝尔格莱德方面提供的，并指责耶稣会挑起了克罗地亚人和塞尔维亚人在波斯尼亚地区的宿怨，并警告称如果有塞尔维亚领袖在波斯尼亚被逮捕，很可能由此引发塞尔维亚人对政府的反抗。斯帕拉伊科维奇历来以善于与奥匈帝国外交官针锋相对并在唇枪舌剑中占据上风而出名，就连与他交往密切的俄国外交大臣萨佐诺夫都形容他“不甘平静”。但当这些公开言论快速地被传到维也纳的官方时，也加剧了萨拉热窝事件之后的阴云。

帕希奇也因为其不合时宜的虚张声势使这摊浑水越搅越浑。在6月29日于新塞尔维亚进行的一场有几名内阁大臣、多名奥匈帝国辖区的塞尔维亚代表出席的演讲中，帕希奇警告如果奥匈帝国方面尝试以“刺杀案这一让人遗憾的事件”作为政治筹码抵制塞尔维亚，塞尔维亚人民则“必将毫不迟疑地捍卫自己的权益、完成自己的使命”。在当时刺杀案发生没过多久的那个时刻看来，这一姿态显得甚为扎眼。在7月1日发送给所有塞尔维亚使馆的通函中，帕希奇也以类似的态度，对贝尔格莱德政府为事件的平息所做出的巨大努力和奥匈帝国媒体在其中的险恶用心进行了深刻的对比与揭露，并提出塞尔维亚及其利益的代表者必须抵抗维也纳政府任何“印有欧洲整体舆论导向”的尝试。在后来就此通函的进一步补充中，帕希奇指责了维也纳媒体对塞尔维亚报刊的错误翻译与舆论导向，并指出这一行为阻碍了贝尔格莱德政府采取正面措施控制舆论发展。简而言之，帕希奇有些时候更像是在扮演一个为塞尔维亚民族主义媒体火上浇油而非是釜底抽薪的角色。

帕希奇与奥匈帝国大使和外交官们的往来一直困难重重，在萨拉热窝事件发生后的最初几天，他们之间的交流显得尤为尴尬。例如7月3日，在贝尔格莱德进行的一次对大公的官方悼念仪式上，帕希奇对奥匈帝国大使表示对此可以尽管放心，贝尔格莱德政府将“像是本国的领袖去世一样”处理这件事。他这么说固然是出于好意，但在塞尔维亚这样一个弑君行为在历史上并不少见的国土上，这番话就显得毫无分量了。

与帕希奇的话语相比，更重要的是他或他的政府能否在奥匈帝国政府调查皇储夫妇遇刺案的根源动机时提供可靠的协助，而在这一点上也同样有充足的理由加以质疑。6月30日，奥匈帝国驻贝尔格莱德大使里特尔·冯·施托克（Ritter von Storck）会见了塞尔维亚外交部秘书长斯拉夫科·格鲁伊奇（Slavko Gruić），询问塞尔维亚警方目前在调查众所周知的刺杀阴谋上已经有了怎样的进展，格鲁伊奇对此报以了一种极端的（很可能是装傻充愣）天真的态度，表示因为不确定奥匈帝国政府是否希望就此事展开调查，警方还未有任何动作。施托克听后勃然大怒，表示不论维也纳方面是否要求进行调查，这都应该是贝尔格莱德警方最起码的职责。

然而，尽管塞尔维亚做出过官方的承诺，但其当局从未就萨拉热窝事件进行过切实有效的犯罪动机调查，或对该事件所带来的危害进行实质性的评估。格鲁伊奇表示，内政大臣确实任命了贝尔格莱德警察局局长瓦西尔·拉扎列维奇（Vasil Lazarević）调查该事件，一周后拉扎列维奇就结束了他的“调查”并欣喜地宣布，萨拉热窝事件与贝尔格莱德方面没有任何瓜葛，同时他补充，在贝尔格莱德从来没有过名叫“齐加诺维奇”的人。当施托克提出希望得到塞尔维亚警方及外交部的帮助，调查一个可能有计划更多刺杀行动的当地一个学生团体时，却得到了对方敷衍了事的合作，这使他相信，尽管尼古拉·帕希奇一直担保塞尔维亚的调查效果，但实际上塞尔维亚外交部在萨拉热窝事件的调查中并不能胜任一个合格的协作伙伴。

对于黑手会，塞尔维亚当局没有任何先发制人的措施，警方大多按兵不动，而帕希奇关于非法入境者的调查效果也并不尽如人意。

帕希奇（和塞尔维亚政府的大多数人）并没有与奥匈帝国方面建立最终的协助关系，而是采取了自我辩解的态度：从波斯尼亚—黑塞哥维那到萨拉热窝，塞尔维亚民族始终都是受害者，而这都是奥地利人带给他们的；如果有必要，塞尔维亚人有通过言论或军队保护自己的权利。在帕希奇看来，萨拉热窝事件与“塞尔维亚官方”没有丝毫关系。从这个角度来看，任何针对萨拉热窝事件的参与个人或组织所进行的独立措施，在贝尔格莱德方面看来都是可以允许的。塞尔维亚也指出，奥匈帝国此前一直都对自己的政府进行无端的言论攻击。这一切在塞尔维亚方面看来都是合情合理的，但激怒了奥匈帝国政府，在他们眼中看到的只有塞尔维亚的傲慢无礼和假意逢迎，而塞尔维亚曾经信誓旦旦做出的关于遇到灾害性事件时的所谓合作，在此刻只能产生更负面的作用。从贝尔格莱德方面的言论中，完全看不到塞尔维亚政府能对此次针对萨拉热窝事件的调查起到任何实质性作用。虽说对于已经在与塞尔维亚合作道路上踌躇不前的奥匈帝国来说，这些也没什么值得惊讶的，但这些后续事件的发生使两国关系已经很难再恢复到曾经正常的轨道上了。

还需要做什么

事件给奥匈帝国决策层带来的影响是直接而深刻的。6 月 28 日之后没几天，奥匈帝国的决策者们就达成共识：只有靠军事手段才能解决与塞尔维亚之间存在的种种问题。鹰派更是对外交大臣贝希托尔德施以前所未有的压力，要求他迅速采取行动。“去年我还在写给你的信中表示我们将学着宽容对待塞尔维亚的戏谑态度，而不是简单地付诸战争。”里特尔 · 冯 · 施托克在 6 月 30 日给贝希托尔德的信中这样写道，“现在，事情变得完全不同了。”

> 在回答是要和平还是要战争的问题上，我们不能再错误地认为与塞尔维亚开战对我们没有任何好处了，我们需要做的是抓住一切机会毫不迟疑地给予他们毁灭性的打击。

被任命为接替瑟杰尼（Szögyényi）出任奥匈帝国驻柏林大使的霍恩洛厄–希灵斯菲斯特王子在事件的第二天早上会见了贝希托尔德。霍恩洛厄威胁道，如果现在还不采取严厉的措施，他即便是冒着犯上的大罪也不愿去继任驻柏林大使一职。在贝希托尔德经历了一天的类似对话之后，当天晚上，康拉德到了。这名总参谋长借助萨拉热窝事件终于得以毫无顾虑地开始再次说起他的那套理论，即现在是时候采取行动了，立刻开始总动员，不要再与贝尔格莱德政府进行任何谈判了。“打蛇打七寸，否则你只会面对毒蛇坐以待毙。”后来贝希托尔德回忆道，总参谋长的建议其实可以用三个词概括：“开战！开战！开战！”而刚从南蒂罗尔视察归来的国防大臣克罗巴廷（Krobatin）在6月30日（星期二）与贝希托尔德和康拉德会见时也持类似的态度。克罗巴廷声明，军队已经准备就绪，面对如此灾难性的事件，战争是唯一的解决之道。

联合财政大臣利昂·比林斯基也被卷入了此次事件。作为奥匈帝国政府中起关键性作用的三大高官之一，他所扮演的角色对这次危机的走向至关重要。比林斯基并不仇视塞尔维亚人，作为负责波斯尼亚的行政大臣，他在处理该地区少数民族事务时从未采取过强硬措施，始终以平易近人的形象示人。他通过自学学会了阅读并能听懂塞尔维亚–克罗地亚语，平时与他的南斯拉夫同事们交流也是用俄语而非德语，这也让属下们备感亲切，在日常工作中他也尽全力营造和谐的氛围。直到萨拉热窝事件发生时，比林斯基仍在持续致力于在波斯尼亚—黑塞哥维那地区与少数民族建立长期的合作关系。即使在萨拉热窝事件发生后，他也极力反对波蒂奥雷克在波斯尼亚地区开展的镇压行动。

在巴尔干局势动荡的时期，比林斯基对于与塞尔维亚的关系是战还是和的态度曾来回摇摆。在1913年5月与阿尔巴尼亚北部地区的对峙和10月的阿尔巴尼亚危机中，即便他知道皇帝和皇储对于全面战争都不会支持，并且会因此面临兵源不足的问题，他依然是主战派的一员。另外，他也与塞尔维亚驻维也纳大使约万诺维奇交往甚密，并通过这层关系和平解决了塞尔维亚—阿尔巴尼亚的边境纷争。在第二次巴尔干战争期间，他反对帮助保加利亚打击贝尔格莱德政府，并以此帮助塞尔维亚开拓了疆土。同时他也极力反对康拉德针对邻国发动战争的建议，认为这将使奥匈帝国变成一个暴虐无理的国家，失去在大国之中的权威。

但萨拉热窝事件让比林斯基的态度急转直下，从6月28日下午开始，他就大力倡导对塞尔维亚加以制裁。即便他与弗朗茨·斐迪南从未有过真正的交往，但他依然认为在萨拉热窝事件上他也有着不可推卸的失职责任，当然，后来的种种迹象表明他完全不必为此自责。他之前也并不清楚波蒂奥雷克将大公夫妇带进城里的种种安排，因此他在后来读到相关报道时更是感到莫大的震惊。虽然在大公夫妇此次出行的安全事务上从未征求过他的意见，但在萨拉热窝事件后的会议上，他并没有像贝希托尔德那样急于通过各种证据摆脱各方的责难。

鹰派中最激进的当属比林斯基的下属波蒂奥雷克了，与比林斯基不同，他有充分的理由为萨拉热窝事件感到自责。波蒂奥雷克也提出要首先在波斯尼亚地区开展演习行动。在斐迪南夫妇出访当天，一切安排都是由他全权负责的，也是他在大公从市政厅出发之后的这段行程中做出了错误的判断与处理。实际上，波蒂奥雷克只是在借这种深切的自责掩盖自己好战的本性。在从萨拉热窝传到总参谋部的报告中能看出，波蒂奥雷克期望对贝尔格莱德进行快速打击。留给奥匈帝国的时间不多了，波斯尼亚地区即将面临被塞尔维亚势力控制的局面，一旦如此，该地区将无法再进行大型兵力部署。只有打击散布在各地的塞尔维亚组织、根除贝尔格莱德的问题，奥匈帝国才能确保巴尔干地区的安全。波蒂奥雷克虽然并不能扮演决策者的角色，但他的相关报告也产生了巨大的影响。弗朗茨·斐迪南始终认为奥匈帝国只会因为与别国的战争而变得更加不堪一击，波蒂奥雷克则推翻了这种论断，指出战争将解决帝国内部的种种问题。这种被后世历史学家称为“国内政治的首要性”的理论帮助康拉德和克罗巴廷在与鸽派的论战中占据上风。

外交部的官员们也开始接受这一主战的政策。早在6月30日，德国驻维也纳大使契尔什基男爵就表示大多数驻外使节都希望看到一个“与塞尔维亚一了百了的做法”。主战的事态也逐渐扩大开来：出席了几次相关会议后便自称是“塞尔维亚问题专家”的亚历山大·冯·穆苏林（Alexander von Musulin）男爵作为一名克罗地亚人，生怕塞尔维亚的发展会给克罗地亚带来威胁；奥匈帝国驻圣彼得堡大使弗里茨·绍帕里因为回国探望生病的妻子故在萨拉热窝事件发生时正巧在维也纳，在他看来，俄国在巴尔干地区日益强大的影响力则值得忧虑；自1913年10月开始担任外交部政策司司长一职的福尔加奇伯爵也因为曾经在贝尔格莱德遭遇的不堪经历而颇有成见。主战派占到了决定性的比例。掩盖对对抗政策的偏好是积极外交政策的一贯作风——这被视为是顺从的极端反面，以及可能困扰奥地利政策的得过且过的心态。埃伦塔尔在1908年到1909年的波斯尼亚兼并危机期间，曾就这些问题表明了自己的立场，他的先发制人的观点与其前任们的“宿命论”形成了鲜明对比。福尔加奇、亚历山大·奥约斯伯爵（贝希托尔德的幕僚长）、绍帕里、阿尔伯特·内梅斯伯爵（Count Albert Nemes）和穆苏林男爵都是埃伦塔尔的忠实信徒。在1912~1913年的巴尔干危机期间，这些人多次向贝希托尔德施压，要求他不要放任俄国的恐吓行为，也不要纵容塞尔维亚“越发的无礼举动”；他们私下还为他实施的过度安抚政策感到悲哀。更有一部分政界人士在1912~1913年持续劝诫贝希托尔德不要向俄国或塞尔维亚“日益蔓延的侵略”屈服。

萨拉热窝事件不只鼓动了鹰派走向战争，也彻底摧毁了和平的希望。如果弗朗茨·斐迪南在1914年波斯尼亚之行中幸免于难，他必将继续坚持他一贯以来反对战争的态度。在他此次出访结束后，他可能就会将康拉德调离目前的岗位，如果果真是这样，也就绝不会有这个好战的总参谋长的今天了。“大公一直以来反对战争，这完全不合情理，”一个奥匈帝国高级外交官曾在7月底这样对约瑟夫·雷德利希说，“是他的死让我们找到了一种他活着的时候永远不可能带来的力量！”

在萨拉热窝事件发生后的前几天，奥匈帝国联合外交大臣贝希托尔德的压力是最大的，他被萨拉热窝的消息极大地震惊了。他和弗朗茨·斐迪南自儿时起就是要好的伙伴，与这个英姿勃发、自信满满、富有主见的大公相比，他则显得思维缜密、心思细腻，他们二人彼此间充满了敬意。贝希托尔德深知这名曾带给外界古怪形象的大公在现实生活中实际上是怎样一个有着真性情的人。此外他们二人还有一层亲戚关系：贝希托尔德的夫人南迪纳和索菲也是一起长大的好朋友。贝希托尔德得知刺杀消息时正身在他位于布赫劳的城堡，他震惊得哑口无言，之后立即乘坐火车赶往维也纳，并召开一系列紧急会议。“一个逝去的人，一个逝去的伟人的阴影笼罩着所有的谈话，”贝希托尔德后来回忆道，“我内心的伤痛无以复加。他被残忍地杀害的场景一遍遍出现在我的脑海中……他那明亮的眼睛依然散发着光彩……”

贝希托尔德除与塞尔维亚开战之外就别无选择了吗？这当然离不开萨拉热窝事件之后第二天就有鹰派开始对他教唆身为外交大臣必须对此采取措施。即便贝希托尔德也曾在一些事务上采取过强硬措施（例如针对阿尔巴尼亚的问题），但他始终还是主要以怀柔政策而出名的。1914 年 5 月，曾有一名大使宣称贝希托尔德就是个“外行”，他那“缺乏主见的做事方法和不足的信念”让奥匈帝国的外交政策始终找不到正确的方向。为了催促这位外交大臣对萨拉热窝采取强制措施，鹰派开始费尽心思进行各种努力。康拉德也扮演了鹰派中的急先锋，他在 6 月 30 日对贝希托尔德宣称，奥匈帝国目前陷入了和在巴尔干战争时相同的窘迫境地。

事实上，贝希托尔德似乎自己提早做出了一个或许是完全出自个人意向的导向直接措施的政策，这个别人眼中“大丈夫能屈能伸”的人一夜之间变成了一个铁腕的领袖。在 6 月 30 日下午 1 点就萨拉热窝事件举行发布会并在美泉宫接受皇帝会见时，他第一次有机会阐述自己针对这次危机的观点。这次会见至关重要，在一份未曾出版的贝希托尔德的回忆录中，他记述了关于此次会见的细节。引起他高度关注的是，尽管皇帝与大公和他出身低微的夫人索菲的关系并不大好，但对于萨拉热窝事件依然表现出极大的悲痛。这位 83 岁高龄的统治者破例拉住贝希托尔德的手并要求他坐下，在谈到近日发生的一系列事件时，他的眼眶湿润了。贝希托尔德与皇帝达成了共识——奥匈帝国的“忍耐政策”已经到达了极限，同时贝希托尔德警告，如果帝国在这样一个极端恶劣的事件后表露出自己的软弱，那么“东边和西边的邻国将更加肆无忌惮地开展自己的利益行动”。帝国现在正处在一个“关键的时刻”。据贝希托尔德回忆，皇帝看起来明确了目前所处的状况并完全同意所需要采取的行动。但皇帝也坚持要求贝希托尔德与当时身在维也纳的匈牙利首相蒂萨伯爵的步调保持一致。

这里蕴含着一个潜在的严重问题：蒂萨强烈反对立即采取冲突行为的政策。蒂萨曾于 1903~1905 年出任匈牙利首相，并于 1913 年再次接任，是匈牙利政坛的一把手。这个精力充沛、雄心勃勃的人同时也是俾斯麦的狂热崇拜者，他通过贿选、对内铁腕统治、倡导经济改革而为马札尔中产阶级带来利益与支持率等手段建立起自己的统治。蒂萨于 1867 年建立了妥协系统。他是一个民族主义者，但同时信赖与奥匈帝国的同盟关系，他认为这是匈牙利未来安全保障不可或缺的力量。他坚持执行马札尔精英统治的方针，并因此使非马札尔人不能进入政坛。

对蒂萨来说，皇储遇刺事件带来的不是悲痛，而是极大的解脱。弗朗茨 · 斐迪南曾倡导的改革或将撼动蒂萨所建立的权力体系，大公与罗马尼亚知识分子的密切联系尤其让人感到不安。因此，这位匈牙利首相并没有像他的奥匈帝国盟友那样表现出愤怒与对塞尔维亚实施制裁的急不可耐。在6月30日下午与贝希托尔德的一次会见以及之后几天与皇帝的书信交流中，蒂萨认为不能以此作为与塞尔维亚开战的“借口”。主要的限制因素还在于目前巴尔干地区并不稳定的局势。1914年与俄国以及协约国调解之后所产生的罗马尼亚问题才是关键所在。鉴于在特兰西瓦尼亚的巨大规模的罗马尼亚少数民族和与罗马尼亚冗长的边境线，布加勒斯特政府的一举一动都可能是严重的安全威胁。蒂萨认为，在这种罗马尼亚随时可能翻脸挑起战争的情况下与塞尔维亚开战是一种非常不明智的行为。为此蒂萨设想了两种选择：要么在德国的帮助下说服罗马尼亚再次加入三国同盟，要么通过建立与罗马尼亚在第二次巴尔干战争中的敌人保加利亚的关系，达到限制罗马尼亚的目的。

> 罗马尼亚政府的心腹之患只有保加利亚。一旦他们觉得不能阻止我们与保加利亚的联盟，他们或许就将尝试加入三国同盟并借此保护自己免遭保加利亚的侵略。

在匈牙利人眼中，这其实是巴尔干关系的再次体现。身为特兰西瓦尼亚贵族家庭的后裔，蒂萨很愿意看到罗马尼亚受制于马札尔精英集团的控制。蒂萨和他的幕僚们都觉得保持与俄国的友好关系是匈牙利安全的巨大保障，当时这种理念在马札尔领导集团中也颇为盛行。这名匈牙利首相指出战争并非是绝对的。蒂萨曾在1913年10月第二次阿尔巴尼亚危机中支持对塞尔维亚动用武力，同时他也很乐意看到在将来某个更合适的时机展开与塞尔维亚的另一场战争。但他坚决反对大多数奥匈帝国决策者所支持的直接采取行动的政策。

即便在萨拉热窝事件发生后的一段时间内，奥匈帝国领导层一直被激烈的情绪冲击着，但他们很快意识到不可能为此就立即采取军事行动。首先说服蒂萨同意这一观点就很难，而不论是政治上还是宪法上都不可能在这个二元制的统治系统下忽略匈牙利首相的意见。此外塞尔维亚官方对开展萨拉热窝刺杀行动的介入问题也并未完全得到证实。在6月30日下午与贝希托尔德的会见中，蒂萨曾指出应该给塞尔维亚政府更多的时间，让他们“展示出良好的意愿”。贝希托尔德对此表示怀疑，但他同意等到塞尔维亚政府的罪责被进一步确认之后再采取军事行动，这将需要更多的时间。另一个关键的问题是军事行动所需要的准备时间。康拉德反复要求鸽派们“立即行动”（即无须等待更多的调查结果），但他也曾在 6 月 30 日上午告知贝希托尔德，总参谋部需要 16 天筹备针对塞尔维亚的打击行动——后来证实远不止需要这么几天。因此即便领导层同意立刻展开行动，也免不了被一拖再拖。

最后，最重要的是德国的态度。德国会同意与贝尔格莱德政府对峙吗？德国对于奥匈帝国的巴尔干政策的支持也已经形同虚设。绍帕里大使 8 周前才刚刚从圣彼得堡写信过来抱怨德国为了奥匈帝国的巴尔干利益而做出了太多的“牺牲”。在萨拉热窝事件发生后的前几天，各种信息从柏林接踵而来。7 月 1 日，德国著名记者维克托 · 瑙曼（Viktor Naumann）将贝希托尔德的幕僚亚历山大 · 霍约斯（Alexander Hoyos）称为“内阁之首”，用以抨击他相信德国将乐于看到奥匈帝国与塞尔维亚开战并准备好与俄国开战的可能的一厢情愿。瑙曼并不能代表官方的意见，但他与德国外交部政策司司长威廉 · 冯 · 施图姆（Wilhelm von Stumm）交往甚密，因此他的话也带有一定分量。同时，德国大使契尔什基男爵则催促奥比利人小心观察。每当奥地利人向他感叹采取强硬的措施是多么有必要的时候，契尔什基在 6 月 30 日写道：“我就会劝诫他们要冷静地分析形势，不要冲动。”在一次与奥匈帝国驻柏林大使的谈话中，德国外交副秘书阿瑟 · 齐默尔曼表示了他对维亚纳政府所处困境的同情，但同时也警示他们不要对贝尔格莱德政府提出“羞辱性的要求”。

德国皇帝的看法也值得关注。1913 年秋冬之际，威廉二世就多次建议奥地利人通过礼尚往来建立与贝尔格莱德政府的友好关系。而在他于 1914 年 6 月与弗朗茨 · 斐迪南的最后一次会见中，德皇则是含糊其辞。在被问及奥匈帝国“能否在未来继续依赖德国的力量”时，威廉二世“避重就轻地做出了回复，并且完全没有提供一个让人满意的答复”。在 7 月 1 日提交给弗朗茨 · 约瑟夫一世的一份报告中，蒂萨警告称德皇是“亲塞尔维亚”的，并且如果想让他支持维也纳政府的巴尔干政策，就需要给予德皇更有力的说服。在威廉二世即将来维也纳出席大公葬礼的时候，奥匈帝国的领导层本来希望两国的皇帝可以借此机会面对面地交换意见，但德皇的此次行动随即因为“塞尔维亚刺客组织还将对德皇展开刺杀行动”这一传言而被迫取消了，故而只能通过其他手段争取与德国达成一致意见。

最后，起码在一件事上贝希托尔德、蒂萨和其他奥匈帝国决策者们达成了共识：任何进一步的行动开展之前，都必须先充分征询德国的意见。贝希托尔德负责监督对德国的外交动作，两份文件都被发往德国盟友处。第一份是弗朗茨·约瑟夫一世写给威廉二世的私人信件，虽由皇帝签名，但实际上是由贝希托尔德的首席顾问亚历山大·霍约斯所起草的；第二份则是关于萨拉热窝事件的备忘录，其中还包括暗杀事件后的一些内容。

如今这两份文件产生的效果让人震惊。备忘录传递出来的实际上与巴尔干协约的内容如出一辙，但更强调罗马尼亚的潜在危害。法俄同盟的侵略性被夸大了，并被误导地称为不仅对奥匈帝国是威胁，对德国也是威胁。在文件的最后有这样一个附注："萨拉热窝事件发生时，上述备忘录刚刚被写完。"这份文件完全是为了宣扬塞尔维亚所带来的"危险和紧迫性"，并指出此时对塞尔维亚采取怀柔政策毫无意义。虽然没有直接提出要挑起战争，但也暗示着奥匈帝国与塞尔维亚近期"不可调和"的矛盾。这份文件还以一个不太恰当的比喻结尾：奥匈帝国之鹰"现在必须亲手撕裂它的敌人们笼罩在它头上的罗网"。

弗朗茨·约瑟夫一世写给威廉二世的私人信件则更加开门见山，它也对罗马尼亚和俄国可能采取的动作做了暗示，但结尾处则明示了需要对塞尔维亚采取措施。文件中指出，刺杀行动绝非偶然，是一个"精心策划的阴谋……牵涉贝尔格莱德政府"。只有当塞尔维亚成为"巴尔干地区的一个中立力量"时，奥匈帝国才会安全。

> 你也将明白最近发生在波斯尼亚的事件进一步说明塞尔维亚与我们同床异梦，欧洲大国所倡导的和平实际上纵容了贝尔格莱德政府的狂妄，让他们逍遥法外。

现今的读者们对这些文件感到震惊的原因在于，这些文件没有做到有理有据，也并没能以情动人，没有要求德国的援助，没有提出任何政治协议，没有讲威胁为何最大化，也没有将巴尔干的局势阐述清楚，而只是将外交途径解决的关键放在了塞尔维亚上，而这就让读者明白了该文件的起草者心中是渴望战争的。

贝希托尔德最开始打算将这两份文件以政府定期快递送到柏林，但在7月4日的这个周六，他给驻柏林大使瑟杰尼发电报表示他的"内阁之首"霍约斯伯爵将亲手将两份文件送至柏林。瑟杰尼被要求安排一场与德皇以及首相特奥巴登·冯·贝

特曼 · 霍尔维格的会见。霍约斯虽然只有 36 岁，但他已经是外交部中鹰派的代表人物了。他与柏林政府的关系也很好，1908 年瑟杰尼大使就曾赞许他促成了与德国“亲密的且值得信赖的”友好关系。在中国期间，霍约斯结识了阿瑟 · 齐默尔曼。在霍约斯看来，与德国的友好关系是奥匈帝国安全保障的基石。更重要的是，身为强硬派的霍约斯一开始就主张使用武力解决问题，在争取蒂萨的支持时，他也得到了良好的效果。

通过派霍约斯执行前往柏林的任务，贝希托尔德确保了借助这两份文件将好战的思想有效地传达过去。毫无疑问，在德国人眼中奥地利人也很重要。虽然表面上同意蒂萨所建议的在采取任何措施之前都要征询德国的意见，贝希托尔德的这一举动实际上中断了传统的匈牙利决策进程，并保证政策方向朝着对萨拉热窝事件予以制裁的方向。这是很重要的，正如德国大使在 7 月 3 日向贝希托尔德尖锐地指出的，奥地利人有一个不可否认的天赋就是通过一系列策划影响政策的走向。

部队武装进程、政治纷争、萨拉热窝警方的调查、等待德国的支持，这些都拖延了对塞尔维亚的军事行动日程，康拉德对此也束手无策。而随着危机的发酵，奥地利人开始越来越认为即便草草准备之下就对塞尔维亚发动武装突袭也是理所应当的，尤其是经历了如此的举国哀悼之后。在危机就这样愈演愈烈的时刻，罗马尼亚首相布勒蒂亚努在 7 月 4 日曾质疑为何奥匈帝国不直接攻击塞尔维亚。“之后（你）将得到整个欧洲的同情。”危机将如何发展，人们争论不定，但有一件事是确定的：自载着亚历山大 · 霍约斯的火车在夜色中抵达柏林的那一刻，通向和平的那道大门就关闭了。

第八章　扩张的旋涡

别国的反应

6 月 28 日周二的下午，德皇正在北海海岸准备在基尔帆船赛中驾着他的快艇一展身手。在发动机马达开始轰鸣的时候，帝国海军内阁长官穆勒上将在岸边告知了他萨拉热窝事件的消息。经过了快艇上的短暂会面，威廉二世必须立刻回到柏林去“掌控局势并确保欧洲的和平”。差不多与此同时，一封关于此事的电报也被发至正在隆尚马场与其他外交官观看比赛的雷蒙 · 普恩加莱总统手里。除了奥匈帝国大使塞琴（Szécsen）立即离开了，包括总统在内的其他外交官仍旧留下来观看下午的比赛。

上述这些小插曲看似微不足道，实际上暗示了 1914 年 7 月所发生的那场危机中各方势力的分布。据英国驻柏林大使表示，萨拉热窝事件在德国引发了巨大的恐慌。德皇不久前才刚刚在大公位于波西米亚的府邸会见了他，而他们二人之间的“亲密关系”在德国早已是家喻户晓。之后迎来的是对奥匈帝国老皇帝的同情。德国人与奥地利人感同身受，事件在无数人心中产生了巨大的影响，就像历史学家弗里德里希 · 迈内克（Friedrich Meinecke）那样，当他在办公室看到报纸头条登出的这个消息时，他一度差点儿昏了过去。

在罗马尼亚同样充满悲痛的情绪，即便最近布加勒斯特政府与维也纳政府并不是非常亲密。罗马尼亚新闻界一致将斐迪南大公赞扬为“少数民族的保护者以及民族权益的支持者”。根据俄国驻布加勒斯特特使发来的一份报道显示，罗马尼亚人一致认为弗朗茨·斐迪南有效地调和了马札尔精英阶级和特兰西瓦尼亚的罗马尼亚人之间的关系，也有很多“政客”希望大公的努力可以打开罗马尼亚与维也纳政府的友谊之门。塞尔维亚驻布加勒斯特特使也表示，罗马尼亚对于刺客的反应表现出“这个事件给塞尔维亚的国际形象带来的损害远比我们想象的要大得多”。

在其他地方则是另一番景象。最鲜明的对比是塞尔维亚国内的反应，英国大使称之为在大众中“充斥着麻木的感觉而非哀悼”。而在邻国黑山，据奥匈帝国使领馆秘书洛塔尔·埃格·里特尔·冯·摩沃德（Lothar Egger Ritter von Möllwald）报告，虽然也有对于大公之死的哀悼情绪，但他们认为这都是奥地利人自作自受的恶果。在黑山境内临近奥匈帝国边境的小镇梅塔卡，节日用的旗子在7月2日依然飘扬着；根据奥地利人的了解，那种旗子只应该在6月30日科索沃纪念日那天才挂出来，也就是说当地人是为了挑衅附近的奥匈帝国部队才有这种举动的。塞尔维亚驻圣彼得堡大使斯帕拉伊科维奇则表示，弗朗茨·斐迪南的死让人“为之一振”。

作为奥匈帝国的盟友和对手，意大利面对大公夫妇死讯时则表现得百感交集。由于大公是马札尔人，身在奥匈帝国的意大利人都对他心怀愤恨。英国驻罗马大使伦内尔·罗德（Rennell Rodd）表示，即便官方表现出一片哀悼之情，但“人们实际上普遍对大公之死表现得幸灾乐祸”，奥匈帝国大使和塞尔维亚的一些外交官也证实了这一事实。根据俄国大使的报告，周日下午人们聚集在罗马的剧院里庆祝这一消息，欢呼雀跃并让乐团演奏国歌，之后报以雷鸣般的掌声。“刺客的罪行令人发指，”桑·朱利亚诺对苏贝耶夫（Sverbeyev）大使这样说道，“但好在世界和平的现状不会因此受到更多撼动了。”而当塞尔维亚大使在罗马召开记者招待会时，一名意大利记者以“感谢塞尔维亚”总结了他的感想。

在法国，关于萨拉热窝事件的消息所占的版面实际上还不如一些政治丑闻靠前。1914年3月16日，前总理约瑟夫·卡约的夫人走进《费加罗报》(*Figaro*）编辑加斯东·卡尔梅特（Gaston Calmette）的办公室，并朝他开了6枪。这场谋杀是因为在约瑟夫·卡约竞选期间，卡尔梅特在报纸上刊登了卡约在尚未与前妻离婚的情况下写给现任卡约夫人的情书。审判在7月20日公开进行，由于此案涉及性丑闻和在法国公众眼中的知名女性，媒体对此高度关注。7 月 29 日，法国当地主流媒体以比萨拉热窝事件两倍之多的篇幅报道了卡约夫人被无罪释放的消息。巴黎的很多记者也报道了萨拉热窝事件，而主要的态度是维也纳方面无权因此指责萨拉热窝政府参与此次刺杀阴谋，恰恰相反的是，法国媒体普遍指责维也纳媒体恶意煽动反塞尔维亚情绪。

相比之下，塞尔维亚驻伦敦大使在报告中表示，伦敦的媒体表现出“支持奥匈帝国舆论”的态度，并因萨拉热窝事件而指责塞尔维亚：“他们说这是塞尔维亚革命性的举动，而且与贝尔格莱德政府有关。这对塞尔维亚可不妙。”《泰晤士报》的一名高层于 7 月 16 日指出，奥匈帝国政府完全有权利针对萨拉热窝事件展开一切必要的调查，同时塞尔维亚政府也应该极力支持相关活动。

以上各国针对萨拉热窝事件做出的不尽相同的反应反映出各国之间的亲疏离合，其中罗马尼亚算是个有趣的例子。由于大公一直以亲罗马尼亚的形象示人，他在舆论中也树立了较好的形象。但作为罗马尼亚新的大权在握者的卡罗尔国王，则持有亲贝尔格莱德的态度，他相信塞尔维亚政府将针对罪行开展有效的调查，因此奥匈帝国政府无权强求贝尔格莱德方面做任何事。

更加值得人们警惕的发展是此事逐渐成为战争的隐患，首先是有流言在大国外交事务当中兴起，将斐迪南大公视作奥匈帝国鹰派的领袖人物——这显然是子虚乌有。强调受害者的侵略性可以削弱奥匈帝国方面的势力，同时也让塞尔维亚的行为看起来理所应当。之后出现了更加超前的假设，甚至没经过深度的调查，即塞尔维亚官方完全没有参与策划萨拉热窝事件。根据 1914 年 7 月 13 日塞尔维亚驻柏林大使的表述，俄国外交大臣当时告知俄国驻柏林大使“塞尔维亚政府并没有策划萨拉热窝事件”——即便当时奥匈帝国方面的调查已经表明并非如此。米罗斯拉夫 · 斯帕拉伊科维奇在圣彼得堡肯定地表示，即便奥匈帝国政府向俄国媒体提供了很多相关证据，圣彼得堡的媒体依然遵从俄国政府的口径，并将萨拉热窝事件称为“单纯的奥匈帝国外交事故”。

如果从俄国的角度来看，我们就不能看出他们的这种观点是如何否定维也纳对刺杀案调查的权利，并通过这种假象描绘凶手的无辜，而其实际目的必然是另有所图的。根据舍别科（Shebeko）大使从维也纳发来的报告，这些年来弗朗茨 · 斐迪南只不过充当了皇帝的傀儡。由于奥匈帝国的“德意志血统”，才使得在刺杀案后产生了反塞尔维亚情绪。舍别科在 7 月 1 日报告称，特别是德国大使契尔什基尽可能地“利用这一让人伤心的事件”营造舆论抵制塞尔维亚和俄国的情绪。

哈特维希从贝尔格莱德向圣彼得堡发去报告，称奥匈帝国所有的质疑都是毫无道理的：塞尔维亚绝对没有幸灾乐祸的情绪，相反，那里的所有人都沉浸在萨拉热窝事件所造成的悲痛情绪之中；那个所谓的谋划刺杀行动的贝尔格莱德恐怖组织完全是编造出来的；查布里诺维奇也并非是从克拉古耶瓦茨军械库拿到的炸弹和武器。这些声称奥匈帝国政府在假造证据的言论起到了巨大的影响，不仅因为它再次唤起了奥匈帝国在塞尔维亚的那些丑闻（参见第二章），也不仅因为它们完全是假的（这些当然是假的），更是因为这让人们觉得奥匈帝国实际上是想借此事件煽动情绪以实施针对贝尔格莱德政府的侵略行动。在这一阴谋的背后，据俄国的特使所称，实际上是德国人想借此向东进军，从而削弱法俄同盟。在大战爆发前的几周里，一系列协议在各国之间被订立下来，也必将被历史所铭记。

之后的一切顺理成章，在俄国决策者眼中，奥匈帝国政府没有任何权利以任何方式与塞尔维亚敌对。在俄国看来，一个主权国家没有义务对一位国民在外国所做的私人事情负责，尤其是当这位国民还是一个冲动的无政府主义者时。在这里俄国没有特别指向塞尔维亚或南斯拉夫的那些可能参与刺杀行动的民族主义者。因为一个个体的行为就让整个民族饱受责难，是不对的。舍别科 7 月 5 日在维也纳向一名英国外交官说道，奥匈帝国政府指责塞尔维亚“对大公之死幸灾乐祸”是“不公平”的。7 月 8 日，萨佐诺夫和奥匈帝国驻圣彼得堡临时代办奥托卡尔 · 切尔宁之间的一席谈话就足以看出俄国在萨拉热窝事件之后对于维也纳是多么的遏制。切尔宁提到奥匈帝国“有可能”“要求塞尔维亚政府就萨拉热窝事件进行相应的调查”。萨佐诺夫的回复则是警告这位奥匈帝国外交官，如果他们真的这么做了，将“给俄国留下一个非常不好的印象”，奥地利人应该放弃他们现有的念头，“免得陷入危险的境地”。在 6 月 18 日与刚刚回维也纳参加完夫人葬礼回到圣彼得堡的绍帕里大使的一次谈话中，萨佐诺夫以更决绝的态度表示：“没有任何证据表明塞尔维亚政府将容忍此类阴谋事件的发生。”

这一表态是非常重要的，因为这是俄国决定如何针对奥匈帝国与塞尔维亚的冲突做出回应的一个组成部分。在俄国看来，这一切都是奥匈帝国蓄意制造的假象，并想以此对贝尔格莱德不利，毕竟在历史上塞尔维亚“小兄弟”的英勇抗争就被俄国所肯定。而既然俄国对奥匈帝国与塞尔维亚冲突的对错与否已做出判断，其他大国的态度相比之下也不那么强硬而肯定了。法国政府已经全权委托圣彼得堡方面处理奥匈帝国与塞尔维亚之间的冲突，普恩加莱未经任何亲自调查就断定贝尔格莱德政府绝对与萨拉热窝事件无关。在1914年7月4日与奥匈帝国驻法国大使进行的一次颇有意思的谈话中，这位法国总统将萨拉热窝事件的刺客与1894年暗杀时任法国总统萨迪·卡诺（Sadi Carnot）的意大利无政府主义者相提并论。这看似是一个同病相怜的态度，实际上是暗示萨拉热窝作为一个非主权地区，没有义务和责任承担罪责。为此奥匈帝国方面徒劳地回应总统，刺杀卡诺的凶手“与在意大利的任何反法组织都没有关系，而现在萨拉热窝的情况是这些刺客已经为颠覆君主制谋划多年”。

贝肯多夫伯爵

爱德华·格雷曾至少表现得在奥匈帝国与塞尔维亚之争上只是从理论上分析一下而已，因为他认为英国不应支持由协约国或塞尔维亚这两者间任意一方所挑起的战争行为。而他也一直没有表明态度，同时，在萨拉热窝事件刚发生的那段时间里，他也并没有对俄国的言行予以反对。7月8日，俄国驻伦敦大使贝肯多夫伯爵告诉爱德华·格雷他“并不觉得针对塞尔维亚的反对行为有什么依据可循”，格雷对此的回答也是非常精明的：

我说过我不知道目前都有什么设想。我只能认为或许审讯中的一些发现指向了萨拉热窝事件中的炸弹是在贝尔格莱德生产的，而这被奥匈帝国政府用作抵制贝尔格莱德政府的一个借口，但这都只是我个人的一些猜想而已。

贝肯多夫伯爵说他希望德国遏制奥匈帝国的动作。但他也应该想想，德国并不希望争吵持续下去。

格雷对此没有做出（或记录下）更多的回应，这是非常重要的，因为德国的这种做法让“争吵”不在他们这里变得更加严重，也防止了大国之间因此直接兵戎相见。但持续的争论也随着维也纳发给格雷的电报而展开，这份电报描述了英国驻维也纳大使与俄国外交官之间的对话，其中俄国外交官表示他无法相信奥匈帝国会愚蠢到让自己“冲进战争的深渊”：

> 一切只针对塞尔维亚的战争是不可能发生的，因为俄国必将保卫塞尔维亚。毫无疑问，塞尔维亚如果不得不面对战争，那么意味着整个欧洲都将燃起战火。

10天之内，俄国就推出了一份关于萨拉热窝事件的局面分析图，其中的自相矛盾之处很明显。正如一名奥匈帝国外交官所指出的，一方面波斯尼亚—黑塞哥维那的南部斯拉夫人在哈布斯堡王朝的统治下抗争着，另一方面反对对塞尔维亚的战争激怒了克罗地亚人，这些都不合情理。从俄国来看，塞尔维亚无非就是渴望和平的生活，并如同萨佐诺夫此前向帕希奇所保证的那样，很快将在哈布斯堡王朝覆灭之后得到南斯拉夫的土地。斯帕拉伊科维奇的一份广泛传播的报告也刊登在圣彼得堡的媒体上，其中指出贝尔格莱德政府曾警告维也纳方面可能发生的萨拉热窝事件，而这也是被俄国所忽视的。首先，俄国在塞尔维亚和巴尔干地区的扩张行为也被忽略。另一个很明显在示意图中隐含的信息就是，俄国与塞尔维亚之间的地下网络。就在“一战”结束后，驻扎在贝尔格莱德的俄国指挥官阿尔塔莫诺夫（Artamonov）上校承认他们在战前即已有密切联系。他甚至承认他给黑手会提供资金用以运作在波斯尼亚的阴谋，即便他否认参与了刺杀大公的阴谋。

不管怎么说，可以确定的是，英国和法国都不打算质疑俄国在萨拉热窝事件上的态度。奥匈帝国在人们看来是想利用一个人的死去向他们和平的斯拉夫邻居挑衅，这让俄国的军事力量开始有可能参与到奥匈帝国与塞尔维亚的争端当中，巴尔干局势也变得愈发紧张了。

霍约斯伯爵前往柏林

在亚历山大·霍约斯乘着火车经过一夜的颠簸在7月5日星期日早上到达柏林之前，当地就已经对奥匈帝国即将对贝尔格莱德政府采取的制裁有了某种程度的准备。而关键的转折点还是在于德皇。当威廉二世读到契尔什基在6月30日的报告中关于他正努力让奥匈帝国方面冷静下来的内容时，他也几近震怒了：

> 谁给了他这样做的权力？这简直愚蠢透顶！这是奥地利人自己的事，跟他毫无关系。以后如果事情变得更坏了，就会变成：这也并非是德国的意愿！契尔什基能不能别再做这些无稽之举了！是时候一网打尽塞尔维亚人了。

而这一言论肯定也传到了契尔什基的耳朵里，因为就在7月3日，他向贝希托尔德确认了柏林政府将给予奥匈帝国外交方面的积极支持。因此霍约斯才在德国将给予支持这件事上有着十分的把握。他首先提出与奥匈帝国驻柏林大使瑟杰尼进行短暂会晤，就他所携带的备忘录文件及奥匈帝国皇帝写给德皇的私人信件做一个接洽。之后瑟杰尼就带着这两份文件的复印件奔赴波茨坦面见德皇并共进午餐，同时霍约斯则与柏林政府外交办公室副秘书长阿瑟·齐默尔曼会面。

威廉二世与瑟杰尼大使在波茨坦皇宫花园最西边的新宫会面了，这是一座巨大的巴洛克风格的建筑。德皇一边听着瑟杰尼的介绍，一边浏览了一下两份文件，之后明确表示他已经“对于共同向塞尔维亚做出制裁有所准备”，但同时他必须考虑这样的行动可能会导致“整个欧洲的复杂局势”，因此他“在与首相协商并达成一致之前，还无法给出一个明确的答复”。之后德皇就离开了餐桌。瑟杰尼这样写道：

> 饭后，当我再次强调此次情况的严重性时，陛下让我告知我们的最高统帅（弗朗茨·约瑟夫一世），在这件事上我们可以依靠德国的全力支持。正如他所说，他必须听听首相的意见，但他认为贝特曼·霍尔维格不会有与他完全一致的观点，特别是在我们对塞尔维亚采取制裁方面。但是，在他（德皇威廉二世）看来，这一行动刻不容缓。俄国不管在任何事务上都与我们持敌对的态度，但他对此已有多年的准备，而如果奥匈帝国和俄国之间爆发战争，我们完

全有理由相信德国将一如既往地站在我们一边。更不要说在现在这种情况下，俄国绝无开战的意图，而且必然会在任何武力行动之前做足考量。但我们已经实实在在地认识到了对塞尔维亚进行武力制裁的必要性，如果在这种有利的情况下他（德皇）不像我们一样采取行动，就一定会有追悔莫及的那一天。

就在大使与德皇在波茨坦会面的同时，霍约斯与齐默尔曼在位于柏林的外交办公室举行了非正式会谈。外交部秘书长戈特利布·冯·贾高由于还在度蜜月，未能出席此次会见。霍约斯与齐默尔曼在德国将对奥匈帝国制裁塞尔维亚一事上达成了原则上的一致。齐默尔曼看了两份文件，表示他无权提供代表官方的观点，而根据霍约斯后来的回忆，齐默尔曼在向大使表示德国将向奥匈帝国提供支援之前，又强调如果奥匈帝国对塞尔维亚展开行动将“有90%的可能引发一场波及整个欧洲的战争”。不管怎么说，齐默尔曼曾在7月4日于维也纳表现出的那种忐忑不安的情绪，此时已经烟消云散了。

当天下午5点，一伙人在新宫举行会谈讨论当天的事件，并达成一致意见。出席此次会谈的有德皇、他的副官普勒森将军、国防大臣林克将军，以及战争部长法金汉，齐默尔曼和首相也出席了。普勒森在他的日记中记载了此次会谈的细节。德皇当众读出了弗朗茨·约瑟夫一世写给他的信，从中众人得出一致的观点：奥匈帝国已经“准备好向塞尔维亚开战”，而又想“先确认德国是站在自己这边的”。“我们当中的大部分人都觉得奥匈帝国越早向塞尔维亚开战越好，至于俄国，其虽然与塞尔维亚很亲近，但也不会掺和到这场战争当中”。

第二天，7月6日，霍尔维格与齐默尔曼会见了霍约斯伯爵和瑟杰尼大使，并正式告知德国将给予奥匈帝国支持（德皇威廉二世此时已离开柏林去观看每年在斯堪的纳维亚举行的快艇比赛）。霍尔维格先阐述了一些针对巴尔干地区的总体局势的看法：保加利亚应该加强与三国同盟的紧密关系，布加勒斯特应该减少其在特兰西瓦尼亚对罗马尼亚的支持，等等。之后他才转入拟议的军事行动话题：

在我们与塞尔维亚的关系当中，（根据瑟杰尼后来的报告）他指出德国政府认为我们必须理顺如何处理这个关系；不管我们的决定是什么，我们都应该相信德国作为我们的盟友和奥匈帝国王权的支持者，将站在我们一边。我在之后的谈话中总结出来，德皇和首相都认为针对塞尔维亚的行动将成为解决巴尔干问题的良好途径之一。从一个国际的视角来看，他将当前的这个局势看得非常重要。

与其他内容相比，关于这个问题的陈述显得少得可怜，瑟杰尼只用了54行文字表述了将针对塞尔维亚采取的具体措施，且其中并未提到俄国方面——这个方面实际上是至关重要的。这一次德国政府内部也达成了一致，德皇和首相（他也曾是外交大臣）达成一致，外交部副秘书长也与秘书长贾高的意见相同。国防大臣告知并建议德皇，德军已经对所有情况做好了准备。其结果就是德国给予的支持许诺变成了“空头支票”。

鉴于这种对于同盟关系的支持容易让人产生误解，对德国方面的以上形容并不为过。德皇和首相相信奥地利人完全有理由对塞尔维亚展开武力行动，且不必忧虑俄国方面的威慑。更大的麻烦是，德国对奥匈帝国的信息领会得过于严重了，以至于做出了驱使奥匈帝国迈向战争的支持性行为。虽然弗朗茨 · 约瑟夫一世在信中并没有直接提到针对塞尔维亚的“战争”，但从字里行间中读者都能领悟到维也纳政府正在准备采取最激进的行动，不然人们还能怎么理解两国之间“冲突的调解”已经不可能，而且只有在塞尔维亚“作为巴尔干一支争霸势力被消灭”才能解决问题等此类字眼？霍约斯伯爵的所作所为也让人相信维也纳政府确实是这么考虑的，他在柏林执行“任务”期间，加入了过多的个人行为；后来他向历史学家路易吉 · 阿尔贝蒂尼表示，是他，而非大使，把瑟杰尼总结的霍尔维格的话做出那种解读的。

德国领导层如何评估奥匈帝国向塞尔维亚宣战可能带来的俄国威胁，以至于让德国卷入同盟之中并激怒法俄同盟，进而引发欧陆战争这种风险？一些历史学家认为威廉二世、贝特曼和他们的军方参谋们将萨拉热窝事件视为与其他大国挑起冲突并从中为德国带来利益的机会。几年来，由于三国同盟逐渐失去军事上的优势，德国军方都在尽力避免战争，留给德国的时间不多了。而现在若要打一仗，还是有可能胜利的，但5年来的军事装备发展上的差距让协约国的获胜概率也增大了。

像这样的权衡在德国领导层中究竟又做了多少呢？为了回答这个问题，我们应该首先注意到，关键决策者不相信俄国可能对此做出干预，同时也不想挑起俄国的参战。根据7月2日撒克逊驻柏林特使萨尔扎·利希特瑙（Salza Lichtenau）的报告，虽然某些高层军官强调“现在立刻开战”是非常可取的，俄国也毫无准备，但似乎德皇并没有接受这个建议。之后由撒克逊军队代表递交的一份报告中指出，与那些迫不及待想要开战的人相比，“德皇表示自己是一个和平主义者”。7月5日下午在波茨坦与威廉二世举行会谈的人都认为俄国虽然与塞尔维亚关系亲密，“但并不会加入这场战争”。因此，当法金汉在会上向德皇问及他是否希望针对大国之间的冲突“进行某种形式的准备”时，威廉二世表示了否定。德国没有进行军事准备，并维持这种姿态直到7月底，这一方面显示出德军对于已有的准备工作的信心，另一方面也反映出德国领导层希望将冲突限制在巴尔干地区，即便目前的备战情况非常冒险。

德皇自己也坚信冲突只会发生在巴尔干地区内。7月6日早上，在他离开柏林之前，他告诉海军将领阿德米拉尔·冯·卡佩勒（Admiral von Capelle），鉴于“沙皇不会与出现弑君行为的国家站在一起，并且俄国和法国都没做好准备”，“他相信不会出现更多军事问题了”。对其他军方高层人士，他也是这样说的。这并不是什么新鲜事，德皇一直以来都认为虽然俄国方面的军事准备在推进，但距离冒险开战还需要很长一段时间。在巴尔干危机之后的1913年10月底，他就曾劝慰瑟杰尼大使，“这一刻俄国没有给他带来任何威胁感，接下来6年里也完全不必为之感到畏惧”。

这种推论并不是反对战争，相反，这也同主战思想交织在一起。主战思想由两个独立分开的要素组成：首先是人们已经能够察觉到，德国在欧洲军事上的能力已经减退；其次是德国看起来必须在为时不晚之前通过战争解决这一问题。德皇所考虑到的主要是第一点要素。毕竟鉴于德国本身的实力不及当年，俄国干涉进来的可能性更小了。如果与1914年相比，俄国在战争中胜利的可能性真的在这三年中远远超过了德国，那圣彼得堡又何必冒险在还未做万全准备的时候就挑起欧陆冲突呢？

基于这样的考量，出现了两种可能的发展情况。第一种是，俄国对奥匈帝国的行为不进行干预，放任其攻打塞尔维亚，或许会在之后召开外交发布会，向其他国家阐述其这样做的原因，而这也是霍尔维格等人认为比较有可能的；第二种看起来出现的可能性较小的情况是，俄国会质疑奥匈帝国，并不顾自身备战尚未完成的状况，参与到战争当中。正因为出现了第二种情况的假设，让预防战争的思想发生了转变：如果不管怎么说都要爆发战争，那倒不如现在立刻开战。

我们现在回过头来看，这种认为俄国不会干预的假设显然是错误的。造成这种过度错误考量的原因并不难找。俄国在1913年10月接受的奥匈帝国的最后通牒引发了当时德国的种种想法，再有就是当时对俄国强权根深蒂固的认知。在柏林政府看来，萨拉热窝事件是对君主制的一种政治文化上的巨大冲击（这种观点在一些英国媒体上也能看到）。而如同俄国的泛斯拉夫主义一样，德皇认为沙皇不会“与谋反者”狼狈为奸。除此之外，当时我们必须记上一些关于俄国的意图问题。德国人并没有意识到奥匈帝国与塞尔维亚之间的斗争已经成为法俄同盟所关注的问题，他们也难以想到，对俄国和法国来说，谁挑起战争并不重要。

此外，德国人也没能意识到科科夫佐夫离开俄国内阁之后在俄国国内产生的新的重大政治变化。在这一点上，不只是他们犯了糊涂，英国人也误以为科科夫佐夫为首的反战派已然占据上风。而在法国，谢尔盖 · 维特所领导的“亲德派”也受到侧目。从前的成见加上现在的种种谣传，让局势变得越发危险。与此同时，鉴于此前曾与伦敦政府合作处理巴尔干问题，德国人想当然地认为即便自己与英国人之间在海上存在利益纷争，但在这件事上，英国会支持德国的理念，并对俄国施压。这种缓和风险无异于“温水煮青蛙”：德国的决策者们为此低估了可能存在的风险。

因此就像一些历史学家所说的，需要对风险的正确评估，但在当时的德国人那里正少了这一环。那就是，俄国将借此机会向中欧大国宣战，借奥匈帝国的力来发力，达到打破三国同盟的目的。从这个角度来看，奥匈帝国与塞尔维亚的危机倒不像是战争，而是俄国建立其帝国的一步。而如果俄国也是渴望战争的（从其当时的一系列动作中，在德国眼里看来也确实如此），那么与其退缩逃避，倒不如面对俄国挑起的这场战争。毕竟，如果德国选择逃避，那么就将面临输掉盟友、丧失在欧洲的军事优势的局面。

因此，严格地说，这就不是一个以危险为中心的评估，而是面对俄国所带来的危机进行的一次应对。换句话说，如果俄国选择对德国发动欧陆战争，那么并不是因为德国，而是俄国为了重新平衡欧洲大国关系所采取的一个渠道。从这个角度来说，德国并不是在冒险，而是在验证威胁。这也是霍尔维格在战争爆发前的最后几个月一直坚持的观点。

为了进一步理解这一内容，我们需要简单回顾一下1914年春夏之交世界各国政客和媒体对此事的评论。1914年1月2日，巴黎《晨报》以很大的篇幅发表了一篇名为“庞大的俄国”的文章，撰写该文的是总编辑斯特凡娜·洛桑（Stéphane Lauzanne），他刚刚从莫斯科和圣彼得堡旅行归来，透过他细腻的文笔，柏林的读者们形象地感受到了俄国对于战争的挑衅意味。其中最令人担忧的是一幅名为“俄国的备战情况”的图，在这张图上，波罗的海到黑海之间，密密麻麻的部队被铁路线连起来。图的附注中表示这些是“俄国截至1913年12月31日的确切部队部署情况”，并提醒读者们注意“这些武装力量对俄国和普鲁士边境地区产生的特别影响”。夸张地描述了俄国的军事力量的这篇文章，实际上是为抵制俄国的贷款寻找的借口，但在德国读者眼中，这篇文章却起到了不同的警戒作用。这些原本源自官方的信息被错误地放大了，《晨报》代表的是普恩加莱的口舌，而洛桑也曾在其赴俄期间与萨佐诺夫以及俄国的高级军事指挥官会面。此外还有一些类似的虚张声势的内容被写入报道，几乎在同一时期，被看作总参谋部官方刊物的军事杂志也为与德国的战争表达了一个耸人听闻的观点：

> 不仅是部队，俄国的所有民众都必须清楚，我们要为了消灭德国的战争而全副武装，即便为此我们将付出上万人伤亡的代价，德意志帝国也必须被消灭。

这种半官方的恐怖舆论一致持续到夏季。尤其令人不安的是6月13日《商业日报》（*Birzheviia Vedomosti*）上刊登的头条：“我们准备好了。法国也必须准备好了。”这篇文章也在法国和德国被广泛传播。而真正引起柏林政府领导层警惕的是来自驻圣彼得堡大使普塔莱斯的（准确）建议，而他的灵感则完全来自俄国军政大臣弗拉基米尔·苏霍姆利诺夫。他描绘出一个在战争爆发后德国将面临庞大战争机器的情景：俄国军队人数很快将达到232万（相比之下德国和奥匈帝国只有约180万的兵力）；而借助目前四通八达的铁路网络，调兵也更加方便了。

苏霍姆利诺夫的主要目的并不是吓唬德国人，而是想告诉法国俄国已经尽了两国协约中应尽的义务，同时提醒法国人也做出一些应有的“表示”。但不管怎么说，这一信息给德国人带来的是更多的担忧。德皇更是写下了这样的随笔：“哈！俄国佬终于摊牌了！这时候如果还有德国人觉得俄国和高卢人并没有和我们开战的想法，那真算是脑子有毛病了！”贝特曼·霍尔维格首相也获知了来自苏霍姆利诺夫的信息。在6月16日写给驻伦敦大使利赫诺夫斯基的信中，首相指出，俄国“军国主义党徒”的战争欲望从来没有“如此赤裸裸地暴露出来”过。同时他表示，到现在为止只有那些“极端分子”、泛德意志分子和军国主义分子对俄国为侵略德国备战一事有所认同。而现在，“就连那些淡定的政客们”（在这里霍尔维格应该也把自己算在内）也“开始相信俄国对德国的侵略性了”。戈特利布·冯·贾高也认为，即便俄国现在似乎还没有准备开战，但很快它就将以其庞大的军队、波罗的海舰队以及战略铁路网等多方军事优势“淹没”德国。在1913年11月27日和1914年7月7日德军总参谋部报告中提供的针对俄国战略铁路设施的最新分析中，深入俄国腹地并把与德国和奥匈帝国边境接壤的一些关键铁路线路用粗笔重点标示了出来。

1914年6月英俄海军的会谈让协约国之间的战略合作进一步深入，也让德国的担忧进一步加剧。1914年5月，为了应对来自法国外交部的压力，英国内阁决定加入与俄国的海军高层对话。尽管这次会见是秘密进行的，但德国依然通过潜伏在俄国驻伦敦使馆的间谍本诺·冯·西伯特（Benno von Siebert）详尽了解了会谈的相关内容。柏林政府从中了解到，英国和俄国正在密谋一旦战争爆发，英国的军舰将载着俄国的先遣部队在波美拉尼亚登陆。这一消息引发了柏林政府的高度警戒。1913~1914年，俄国在海军方面的军费支出首次超过了德国，德方开始担心俄国更富有侵略性的外交政策和与协约国之间的稳固关系将很快使德国陷于束手束脚的不利境地。爱德华·格雷给利赫诺夫斯基提供的闪烁其词的回复与西伯特所阐述的细节大相径庭，这让人不得不警惕英国的刻意隐瞒，让德国与英国间一度产生了信任危机。对于贝特曼·霍尔维格来说，这件事情非常严重，毕竟在他过去制定政策时，一直认定即便英国与协约国之间有瓜葛，也绝不会支持一场由协约国发起的侵略德国的战争。

作为霍尔维格最亲密的顾问和知己，外交官库尔特·里茨勒（Kurt Riezler）的日记里记载了这位首相当时是如何做出支持维也纳政府的决定的。在结束了与瑟杰尼和霍约斯于7月6日的会见之后，里茨勒陪同霍尔维格回到了位于霍恩芬诺的府邸。里茨勒回忆起当晚他与霍尔维格的一段对话：

夜色之下，谈话就发生在阳台上。他透露给我的那些秘密信息（德国间谍偷听到的关于英俄海军谈话的相关内容）令人无比震惊。他认为英俄海军关于波美拉尼亚合作行动一事非常严重，事关重大。一方面，俄国的军事实力持续增长；另一方面，稳固德国在波兰的阵地已经于事无补。此外，奥匈帝国的实力也在逐步减弱。

随着对俄国方面的担忧，对于与奥匈帝国的同盟关系的可靠性和长久性也受到了挑战。

首相谈到了一些重要决定：刺杀弗朗茨·斐迪南的凶手，塞尔维亚官员的涉入，奥匈帝国想要重整旗鼓，以及弗朗茨·约瑟夫一世的信件里提到的关于联军的战斗。

奥匈帝国在巴尔干地区的动作一直以来都让我们觉得进退两难：如果我们鼓励他们，他们就会说是我们逼迫他们这么做的；如果我们反对他们，他们就会说我们视他们于困境而不顾，之后他们就将投入早已伸开双臂迎接他们的西边其他大国的怀抱，而我们也将失去最后一个可靠的盟友。

在7月7日与里茨勒的一次谈话中，霍尔维格更是表示，奥匈帝国不可能“作为我们的盟友参与任何一场因德国的原因而爆发的战争”。相比之下，一场源于巴尔干地区紧张局势且事关奥匈帝国利益的“来自东部的战争”则将让维也纳政府倾其全力：“如果战火从东边烧来，随后我们加入战争，为奥匈帝国而战，而不是奥匈帝国为我们而战，那我觉得还是有一定成功的希望的。”德国的这种想法恰恰与法国领导层的想法如出一辙，即一场源于巴尔干的战争将让俄国全力加入欧洲大国对抗德国的战争之中。法国和德国的领导人都不相信其盟友会在只涉及法国或德国利益的战争中全力以赴。

奥匈帝国的最后通牒

一个决策在参考了多方形势后被确定下来：奥地利人，或者说至少是贝希托尔德一派，力求通过军事手段解决与塞尔维亚的冲突。但在其他各项事务上，维也纳政府内部却始终没能达成一致。直到霍约斯出发前往柏林时，还没有形成各方面的一致意见，例如，如果奥匈帝国在战争中胜利，该如何处置塞尔维亚等问题。当齐默尔曼询问关于奥匈帝国战后的打算时，霍约斯给予了一个让人吃惊的回复，他宣称，塞尔维亚的领土将由奥匈帝国、保加利亚和罗马尼亚瓜分。而实际上霍约斯并无权限向齐默尔曼阐述此类国策，同时期奥匈帝国的同僚们也绝无此意。在后来回忆自己为何会提出这种瓜分政策时，霍约斯表示，因为他当时怕德国会因为感觉到“我们（奥匈帝国）没有针对塞尔维亚设置具体的政策且缺少一个明确的目标”而失去对奥匈帝国的信任；有着怎样的目标并不是最重要的，真正关系重大的是让自己的盟友感觉到自己具备坚定的信念和胸有成竹的计划。蒂萨在得知霍约斯的言论后勃然大怒，因为相比维亚纳的那些政治精英们，匈牙利人更关注的是南斯拉夫对哈布斯堡家族带来的威慑。维也纳政府随后表示，并没有侵吞塞尔维亚领土的意图。但霍约斯失态的言论已经显现出奥匈帝国在危机之下的政策有失考量。

时机是另一个问题。德国人坚持认为，如果要对塞尔维亚采取反制行动，必须尽快进行，最好赶在人们对萨拉热窝事件的愤怒还没完全消散的时候。但奥匈帝国的政治字典中“雷厉风行”这个词并不多见，很明显，如果想要采取军事行动，绝不是立刻就能做到的，这里面主要有两方面原因，首先是政治方面的。在霍约斯从柏林回来的第二天，也就是 7 月 7 日，举行的部长级联合会议上，就下一步该如何进行的问题，高层决策者中还存在分歧。贝希托尔德表示，如果想保证波斯尼亚和黑塞哥维那的稳定，就必须首先解决塞尔维亚的问题。如果对此无动于衷，奥匈帝国对于俄国发起的南斯拉夫及罗马尼亚抵抗运动也将丧失主动权。他的这一言论也是在刻意迎合将特兰西瓦尼亚的利益看得最重要的匈牙利首相蒂萨伯爵。而蒂萨无动于衷，他回复贝希托尔德，他非常关注塞尔维亚媒体对此形势的报道以及萨拉热窝事件的调查结果对军事打击的可能性的影响，但首先必须尽可能地通过外交手段解决问题。必须先向贝尔格莱德政府发出奥匈帝国的最后通牒，其展示的要求也必须是“没有商量的余地但也并非不能完成的”。同时要对特兰西瓦尼亚增兵，防止罗马尼亚借机发动侵略。之后维亚纳政府必须寻求在巴尔干霸权的争端国之间找到自己正确的位置：维也纳应该寻求与保加利亚和奥斯曼帝国之间更为亲密的关系，用以制衡塞尔维亚的力量，同时“迫使罗马尼亚回到三国同盟”。

他的这种言论并非出乎意料的，将特兰西瓦尼亚放在头等位置是匈牙利一贯的政治理念。但蒂萨眼前的这些政府人士则更希望贝尔格莱德政府拒绝奥匈帝国提供给塞尔维亚的相关条件。国防大臣克罗巴廷警告，通过纯粹的外交手段取得成功，会给贝尔格莱德、布加勒斯特、圣彼得堡政府以及南斯拉夫地区带来一个维也纳政府已经变得软弱的印象，因此是毫无可取之处的。留给奥匈帝国的时间不多了——帝国在巴尔干半岛的统治地位已经日趋衰弱。霍约斯的会议记录中也反映出这一紧迫的形势。所有人都认为“不管是通过军事还是和平手段”，首先要解决与塞尔维亚的争端。此外，大臣们接受了蒂萨的提议，即只有在贝尔格莱德政府对最后通牒依然无动于衷的情况下才施以军事打击。最后，除了匈牙利首相蒂萨之外，所有人都认为即便纯粹的外交手段能给予塞尔维亚“深重的羞辱”，依然没有任何意义，因此最后通牒必须规定得足够苛刻，以使得贝尔格莱德政府难以接受，“这样一来，解决问题的方法就只有军事手段了”。

午餐后，康拉德和海军参谋部代表卡尔 · 凯勒（Karl Kailer）参加了大臣们共同出席的军事行动会议。在国防大臣克罗巴廷的质疑之下，康拉德解释说，虽然针对塞尔维亚的战争部署［被称作“B 计划”，“B”代表“Balkan”（巴尔干）］需要大量部队前往南部，但与俄国的冲突也将迫使奥匈帝国的注意力向东北部转移。至于这种转移是否有必要，并且何时做出部署，尚需时日加以确认，但康拉德希望在行军之后的第 5 天能知道是否需要将俄国视为威胁，而这一迟疑甚至就可能冒着将加利西亚北部拱手让给俄国的危险。至于如何在这两场看起来完全不同的战争中转换，并没有得出一个明确的答案，与会的大臣们也并没有提出疑问。

这次会谈起着一个分水岭的作用，会议结束的时候，和平解决此事的希望变得更加渺茫了。但依然没有任何付诸行动的迹象，不宣而战的做法遭到了否定。在决定中有着巨大发言权的蒂萨始终认为应当先通过外交手段对塞尔维亚进行鞭策。直到一个星期后，他才屈从于大多数人的意见，而那也是因为他开始担忧如果塞尔维亚问题不能得到妥善的处理，将对匈牙利特兰西瓦尼亚地区产生不利的影响。但对于立刻采取行动，奥匈帝国还有一个更棘手的障碍。在哈布斯堡家族统辖的农村地区，正值收获时节，青壮年劳动力并不是那么愿意立刻放下手里赖以生存的农活走上战场。为了解决这个问题，奥匈帝国总参谋部针对农忙时节做出了调整，允许这些士兵抽时间回家打理农活，之后再回到部队参加夏季的军事演练活动。在 7 月 6 日，也就是会议开始的前一天，康拉德就已经获悉阿格拉姆（萨格勒布）、格拉茨、普雷斯堡（布拉迪斯拉发）、克拉科夫、泰梅什堡（蒂米什瓦拉）、因斯布鲁克和布达佩斯的部队因农忙而 7 月 25 日才能回归服役。

因此康拉德别无选择：他可以禁止再出现新的离队行为（他也确实这么做了），但他如果召回各地的兵源，就必须面临干扰农作物收割、扰乱铁路网秩序并因为一系列大动静导致欧洲各国都知道奥匈帝国在策划一次突袭等弊端。而出乎意料的是，作为这一军队新政的创造者的康拉德并没有看到这一问题，而是在萨拉热窝事件发生的第二天晚上就吩咐贝希托尔德，要像 1904 年日军突袭俄国舰队时那样不宣而战。

与此同时，维也纳方面也对下一步行动达成了一致。在 7 月 14 日召开的一次峰会上，与会者一致认为，针对塞尔维亚的最后通牒将于 7 月 19 日周日逼迫内阁大臣检查并获得通过。而贝尔格莱德政府在 7 月 23 日才能见到这份最后通牒，这是为了防止雷蒙 · 普恩加莱总统和他的新总理勒内 · 维维亚尼于 7 月 20~23 日前往圣彼得堡的时候见到这份文件。贝希托尔德和蒂萨一致认为：“如果这份最后通牒暴露在圣彼得堡，将被视为对大国的一种挑衅行为，进而增加俄国和法国对此进行军事干预的可能性。”

从这一刻开始，无论是战略方面还是外交方面，保密都是最重要的。康拉德于 7 月 10 日告诉贝希托尔德，绝不能让塞尔维亚得到任何风声，从而扰乱了奥匈帝国的进军计划。从奥匈帝国近期对塞尔维亚军事实力的评估来看，一旦开战，塞尔维亚将是一个难缠的对手。（当 1914 年冬塞尔维亚军队打败奥匈帝国军队时，这一评估也被验证了。）保密行动的成功与否也能决定维也纳政府能否在其他欧洲大国没做出防备时神不知鬼不觉地将自己的要求传达到贝尔格莱德，因此刻意避开普恩加莱和维维亚尼在圣彼得堡的这段时间是非常有必要的。因此贝希托尔德也下令媒体禁止谈到关于塞尔维亚的内容。这步棋显然是有效的：在危机酝酿期间的几周里，关于塞尔维亚的消息并不再那样频繁见诸报端，这让舆论产生了片刻的镇静，而在此之下实际埋藏着一触即发的危机。在面对俄国的关系上，维也纳政府尽其所能地避免任何可能出现的摩擦，奥匈帝国驻圣彼得堡大使绍帕里使出浑身解数与俄国外交部周旋，让他们以为一切都风平浪静。

然而不幸的是，这一精心掩藏的政治意图却出乎意料地在柏林露出了马脚。7月11日，德国外交部秘书长戈特利布·冯·贾高告知德国驻罗马大使关于奥匈帝国的种种意图，弗洛托（Flotow）将这个消息又转达给了意大利外交大臣桑·朱利亚诺，同时将这一信息加密之后向意大利驻圣彼得堡、布加勒斯特和维也纳的使领馆发了电报。奥匈帝国方面一直在密切关注着维也纳和罗马政府之间的外交关系，他们破译了该电文，并立刻了解到意大利已得知奥匈帝国向德国寻求支援的计划，甚至已经将此计划告知了两个不太友好的国家——俄国和罗马尼亚将为此做出“威胁式的举动”。奥地利人也有理由相信，掌握着先进解码技术的俄国人也已破解了意大利的电文，并知道了关于奥匈帝国最后通牒的内容。事实上俄国并非破解了意大利的电报才能知道这些，他们早已从德国和奥匈帝国的相关知情人那里知道了最后通牒的信息。7月16日，在与德国前任外交官（原驻罗马大使）吕措（Lützow）伯爵的谈话中，俄国驻维也纳大使得知了奥地利人正在起草一份“任何主权国家都不可能接受”的“极其不堪入目的条款”。令人吃惊的是，吕措是在维也纳与贝希托尔德和福尔加奇谈话的时候知道这些事的。舍别科将这一惊人的消息直接通过俄国外交部告知了沙皇尼古拉二世。沙皇对此的评论值得我们牢记：“在我看来，没有任何国家可以对别的国家提出要求，除非它已经决定发动战争。”这也清楚地表明了俄国支持贝尔格莱德政府、抵制奥匈帝国的态度。

奥匈帝国保密工作上的漏洞产生了两个巨大影响。第一个方面的影响是，大约在7月20日前后，俄国和其大国盟友们就已经完全了解了奥匈帝国在策划什么。而通过7月17日英国驻贝尔格莱德大使克莱肯色普的报告，塞尔维亚对此也已经一清二楚。在圣彼得堡和贝尔格莱德，对这一情况的提前掌握有助于他们在最后通牒被真正呈到贝尔格莱德之前就采取相应的应对工作，也正如此，7月19日的圆桌会议上，帕希奇义正词严地表达了自己的观点：“我们绝不接受这些任何其他独立主权国家都不会接受的要求。”除此之外，这也让法国领导人和其总理在7月20日到达圣彼得堡之后，有充分的时间对最后通牒有所准备。萨佐诺夫所声称的俄国和法国在7月23日得知关于最后通牒被呈送到塞尔维亚外交部的消息之后无比震惊，完全是无稽之谈。

第二个方面的影响是关于维也纳对其德国盟友的处理上。贝希托尔德指责德国人将他的秘密战略曝光了，为了不让漏洞进一步扩大，他干脆中断了与柏林政府的联络，这也使得德国甚至不如其他大国更了解奥匈帝国最后通牒的具体内容。奥匈帝国方面对于这次危机的非常奇怪的处理方法还包括，直到 7 月 22 日晚才将最后通牒的副本发送给德国。而这更让其他大国认为奥匈帝国与德国之间在密谋着什么大计划，让危机进一步升级。

我们应该对奥匈帝国的决策过程再做一次分析。贝希托尔德虽然在很多鹰派眼中是软弱的，但他终归在 6 月 28 日控制了政治走向。但他只有通过艰巨的磨砺和长时间的努力才能达到人们的共识。

或许奥匈帝国决策过程中最大的弊端是个人和团体的狭隘视野。奥地利人经常像井底之蛙一般表现出一副惊慌失措的样子，在他们看来，俄国的出兵和欧洲大陆的战争是不可避免的，他们也就此讨论过多次，但他们从没有真正客观审视过当时的情况，更没有评估过奥匈帝国与其他一个欧洲大国或多个欧洲大国爆发战争之后的具体后果。这其中有很多可能的原因，其中一个可能就是奥匈帝国对德国军力的巨大信任，他们相信如果爆发战争，德国将很快击败俄国；奥匈帝国政界的组织架构也不利于一项决策在经过全面的考量之后得到确认。决策者们往往只关注当时舆论的走向而不是维也纳的实际国情。奥匈帝国决策的唯我主义也反映出地缘隔离政治的弊端。奥匈帝国的政治家们从没有“对于欧洲的责任”，因为在他们眼中，“根本不存在什么欧洲，即使塞尔维亚大军侵略我们，俄国和法国的舆论也将永远认定我们是有罪的”。而最大的问题是，奥匈帝国政府始终觉得他们对塞尔维亚的制裁是理所应当的，就连蒂萨也在后来认同了贝尔格莱德应该为此付出代价，而且无所作为只会让人们觉得奥匈帝国气数已尽。从另一方面来说，鹰派的举动将让奥匈帝国找回自信，就如同“我思故我在”。

总而言之，奥地利人在决策过程中所经历的是一种被理论界称为“选择性决定”的过程，这充满了非客观之下的奉献，并且会受个人情绪的左右。这种决策因为其表面看起来遵从民意而具备一定的市场。但这也并不是说奥匈帝国的决策都是“非理性”的，毕竟在整个过程中，他们也是在综合考量了各方面的因素之后才做出决定的。

尼古拉·哈特维希的离奇死亡

就在奥匈帝国酝酿其政策期间，俄国驻贝尔格莱德公使突然暴毙而亡。哈特维希长期以来一直受心绞痛的折磨，由于本身肥胖的体格和易怒的性格，加之工作压力带来的高血压，导致了这一结果。以往他每年都会到巴特瑙海姆修养，同时进行减肥。在他的下属巴西尔·斯坦德曼（Basil Strandmann）听说了萨拉热窝事件的消息之后，立刻结束了他在威尼斯的假期，回到贝尔格莱德，恰巧发现哈特维希的健康状况欠佳。哈特维希告诉斯坦德曼，“鉴于秋天之前都不会发生什么重大事件”，他已经提交了一份 7 月 13 日开始休假的申请。

而 7 月 10 日，就在距离他休假开始的三天前，哈特维希得知奥匈帝国的吉斯尔男爵刚刚回到了贝尔格莱德，他随即致电奥匈帝国使领馆，并安排了一次到访，想对此前的种种误会做一个释疑。7 月 3 日，贝尔格莱德的媒体曾广泛报道称，俄国使领馆是城里唯一一个没有对大公之死降半旗表示默哀的单位，意大利和英国驻贝尔格莱德大使都注意到了这一问题。此外，还有知情人士称，就在大公遇刺的当晚，哈特维希还在自己的府邸举办了一场宴会，欢声笑语响彻周围的街道。因此，俄国公使也着急了，他不想让这些消息传到奥地利人的耳朵里。事实上，这次会见还是非常和谐的，吉斯尔耐心听取了哈特维希的解释，甚至在自己的办公室里与他促膝长谈。

在谈过了自己欠佳的健康状况和假期计划之后，哈特维希将话题引入了重点——为塞尔维亚政府辩护。但就在他刚刚开口还没说出一句话时，大概晚上 9 点 20 分，他失去了知觉，从沙发上瘫软下来，手里的香烟甚至还燃着。随后哈特维希的马车接来了他的女儿柳德米拉（Ludmilla）和一名塞尔维亚当地的医生，哈特维希的私人医生也立刻赶到了，但无论什么方法，都无法再次唤醒他了。吉斯尔男爵的夫人想安慰哈特维希的女儿，但被决然地以“没心情听奥地利人说话”回绝了。柳德米拉·冯·哈特维希刚刚在晚上同塞尔维亚王储亚历山大会面，此时她在父亲死去的房间里焦急地四处查看，并问旁人此前是否有给他喝过什么水或吃过什么食物。吉斯尔表示，哈特维希只是抽了几根自带的俄国香烟。柳德米拉随即找到了残留的烟头，并自己收了起来。哈特维希之死引发了巨大的猜想，更有一家报纸将吉斯尔和他的妻子称为“当代波吉亚”——毒死自己不欢迎的客人。几天后吉斯尔自己也无意中听到理发店里两个客人之间的谈话：

> 奥匈帝国派来的大使都非常奇怪。一开始是个低能儿（指前任福尔加奇大使），现在倒好，来了个杀手。吉斯尔从维也纳带来了电椅，谁坐上去都会立即死亡，并且不会留下任何痕迹。

幸运的是，这两个说话的人都没有认出邻座的吉斯尔。在哈特维希家人和贝尔格莱德政府的要求下，萨佐诺夫同意破例将哈特维希安葬在塞尔维亚。葬礼当天，前来哀悼的市民夹道相送，足以见得他在贝尔格莱德的巨大影响力。不管怎么说，从哈特维希在巴尔干地区造成的影响来看，这位俄国公使在吉斯尔的沙发上昏死一刻之前，已经充分地达到了自己的目的。用法国公使德斯克斯的话来说，在哈特维希“不屈的意志”已经成功“影响了塞尔维亚意识形态，并让欧洲的塞尔维亚问题进一步升级”的情势之下，他死去了。

第九章　法国人在圣彼得堡

德罗宾伯爵换了火车

1914年7月6日，26岁的法国外交官路易·德罗宾（Louis de Robien）离开法国前往圣彼得堡，就任法国大使馆参赞一职。为了在当地就普恩加莱总统即将于7月20日进行的国事访问进行筹备工作，他提前出发了。为了争取时间，德罗宾没有搭乘并非每天都发车的北方快车，而是乘坐一趟普通的卧铺长途车前往科隆赶快轨，路上也有机会在路过鲁尔工业区时一睹莱茵河畔那座哥特式大教堂“永远令人印象深刻且美丽异常”的芳容。火车从那里取道东边，直到抵达东普鲁士的东部边界维尔巴伦。在这里，德罗宾不得不离开舒适的德国车厢，换乘其他列车，因为俄国和欧洲的普通铁轨是不一样的。他与边界之外的人的第一次接触令人印象深刻：火车一停，一群穿着大靴子的“大胡子部落成员”就闯进车厢拿走了他的行李。德罗宾和其他乘客还经过一个旁边站满了“持巨大军刀的士兵”的检查站，在这里，他们的护照被逐一检查，这一过程让德罗宾颇为震惊，因为“在那个自由无阻的年代，人们只有去俄国旅行时才需要携带护照”。在提交了他的旅行相关文件后，德罗宾被安排在一间装潢颇为奇怪的大等候室里。一切手续办妥之后，列车再次出发，穿过一片“带着可怕的悲伤感”的乡村，村中最显眼的是一些洋葱状尖顶的教堂。他曾尝试与一些看起来像是工程师的人交流，但这些人只能说几句德语。“我们感觉，”他这样回忆道，“我们好像是在中国一样。”

他抵达圣彼得堡之后（在这里他将度过战争年代并见证两次革命带来的灾难般的后果）并没能消减自己的陌生感，相反，这几乎算是“加剧了我们的失望”。这座俄国的首都处处是“可怕的小马车、又长又破的街道和长得非常有异域风情的大胡子车夫”。他最初下榻在法国大酒店，那里的房间虽大，但家具丑陋破旧，“与我们在欧洲所习惯的全然不同”，所以后来他决定退订房间，并改为住进位于“著名的内夫斯基·普罗斯佩克特大街”上的欧洲大酒店。但即便是欧洲大酒店，也并不是那么“欧洲”，河岸两遍的店铺都非常让人失望。这位来自巴黎的贵族写道：即便是里面最好的店，也只能跟法国的乡镇店铺相比。

想融入当地是非常困难的，因为路人几乎都听不懂他说的话，这让德罗宾感到非常意外，因为在巴黎时他的同事都肯定地告诉他，当地人人都会法语。当地的饮食也让这名挑剔的伯爵感到不堪忍受：在他的报告中，他记录称俄国的食物都非常糟糕，尤其是鱼汤，简直是“令人深恶痛绝”，只有罗宋汤是“值得保留在菜单里的菜品”。至于“他们的伏特加”，则太容易让人醉了，“完全不能与我们这些接受过良好教育的文明人慢慢品味的红酒相提并论”。

在对城市有了一个大体的熟悉之后，德罗宾开始着手他的工作。法国大使馆坐落在美丽的涅瓦河畔，是在多尔戈鲁基家族的府邸旧址上扩建的，这一点起码还能让人感到些许的欣慰，令德罗宾最为印象深刻的还有使馆驻守部队那清一色的蓝色制服和短款马裤。大使办公室位于一层，正对着河岸，办公室里挂有范德尔·莫伊伦（Van der Meulen）的画作。隔壁是一间放着电话的小房间，使馆的工作人员每次都齐聚于此喝下午茶。再隔壁是法律顾问M·杜尔塞（M. Doulcet）的办公室，这里挂满了历任法国驻俄国司法人员的画像。在使馆的后部，在堆着各种文件的后面是使馆的保险库，这里存放的是机密文件和密码函。而使馆里装饰得最奢华的地方，还要数一楼的接待处了。

莫里斯·帕莱奥洛格大使自1月起就到任了，并将工作三年，德罗宾也认识他，从1914年的照片上我们可以看到，大使中等身材，头发整齐地打理过，且“深邃的眼眶下是一双炯炯有神的眼睛”。在德罗宾看来，帕莱奥洛格更像是一个

“小说家，而非外交官”。他任何时候都从艺术和文学的角度审视事物。“每当他看到什么事情或遇到一个事件，他会凭想象再次塑造它们的特征，让这些事物变得更为理想化，而非真实。”帕莱奥洛格还特别以自己的名字为自豪，他曾（特别）强调这有可能是从拜占庭时期的一个皇帝那里直接继承下来的，同时他也认为他骨子里就带着细腻的文艺和思想的血液（他的父亲是一个希腊的政治难民，他的母亲是一个比利时音乐家）。

由于此前从未任职过这么高阶的职务，帕莱奥洛格在到达圣彼得堡之后，在自己的办公室里显得有些格格不入。德罗宾注意到，这位大使以自己的习惯充分诠释了一个“更小的”国家的形象：每当秘书宣布比利时特使或荷兰大使来访时，帕莱奥洛格都会从后门出去先溜达一会儿，之后才回到接待室，一边张开双臂迎上去，一边说“有失远迎，我今天实在是太忙了……”即便在面对高级外交官的场合，他也竭尽所能地显示自己奢华的排场。就连使馆晚宴所准备的食材都是帕莱奥洛格从巴黎带来的，这在圣彼得堡前所未见。而在德罗宾看来，帕莱奥洛格的“东方”血统造就了这样的他，同很多暴发户一样，他喜欢这种华而不实的东西。

在俄国任职期间，帕莱奥洛格总喜欢以自己的叙述替代外交活动中客观的报道。德罗宾回忆起大使在一个特殊的日子里被沙皇召见前去洽谈关于重要的军事工作方面的事宜。帕莱奥洛格希望相关报道在他回到使馆的时候就发出去，这样消息就能在“起到最大影响的时候”到达巴黎。为了实现这一效果，他提前结束了使馆的会议，前往沙皇那里，德罗宾和他的同事则随便编了一些根本不存在的会议记录。在这些虚假的报道里，德罗宾回忆起一个最能代表帕莱奥洛格风格的句子：“会见的谈话内容进入了转折点，而皇帝在此时递给我一支香烟。”

德罗宾对于这位大使的评价虽然并不甚好，但或许是客观的。帕莱奥洛格是法国外交界最“传奇”的官员之一。起初他年复一年地在巴黎进行枯燥的基础工作，后来被调去管理秘密档案，其中主要包括关于法俄同盟和军队情报部门的一些工作，对此他干得乐此不疲。常年的工作让他对军事方面的内容深有了解，例如关于法国与德国的关系等方面。他的笔记中展现出以一个伟人的姿态对历史性决策所做出的那些浪漫的描述：

（在他所写的卡武尔伯爵传记中，他这样写道）在某些情况下，智者往往留下很多机会，并避免自己超越理智，每每做出正确的决定，这就像是一种天赋。这不是谁教给他们的，也并没有什么固定的规律，而是一种特殊的感知让他们这样做。

帕莱奥洛格对德国的厌恶之感充斥着夸张的情绪，这也被他的很多同事认为是危险的信号。在他前往圣彼得堡任职之前，曾于1907~1912年在索非亚工作，当时他的一个同事就指出，帕莱奥洛格的报告和谈话中充满了诸如“地平线、云彩和狂风暴雨”等狂野的意向。实际上后来也很难找到任何关于他的正面评论了。一位高级外交官也在1914年5月注意到，关于这个新大使，有太多的负面报道。伊兹沃尔斯基将他评价为“故事制造者，一个狡猾的幻想家”。帕莱奥洛格过去在索非亚认识的同事甚至也于1912年谈到他的时候将他形容为“偏执”、“传播谣言”的人。

而帕莱奥洛格被委派至驻圣彼得堡大使这样一个对法国外交来说显得尤为重要的位置上，也就值得关注。他是通过拉拢普遍的政治群体，而非通过特别的实力一步步爬上来的。德尔卡塞发现了帕莱奥洛格并大力提拔了他，之所以这样是因为他们都认为德国是法国的威胁——德尔卡塞从帕莱奥洛格那里找到了共鸣。帕莱奥洛格的仕途随着德尔卡塞在1905年的下台也走入低谷。而普恩加莱拯救了他，他们二人从学生时代起就是好友。德罗宾曾不客气地评价道，帕莱奥洛格中学时代作为普恩加莱和米勒兰的同窗，真的是他“巨大的能力”——“他之所以能有后来的事业，完全是因为这些朋友从中疏通的缘故。”普恩加莱任总理期间，于1912年将帕莱奥洛格从索非亚召回，并将其升迁至外交部负责全权工作。这样一个缺少资历而又饱受争议的人物突然得到如此的待遇，让很多老资格的大使颇为震惊。法国驻马德里大使认为帕莱奥洛格“并不能成为一个合格的领导”，法国驻日本大使也将这形容为一个“不明智的选择”。在外交界，这些评价已经非常严厉了。

普恩加莱其实也深知帕莱奥洛格的声誉和所作所为，但由于他们二人在所有关键的问题上都出奇的一致，他也不忍制止帕莱奥洛格的过激行为，甚至变成听取其建议。事实上，正是帕莱奥洛格让普恩加莱在巴尔干地区也掺一脚。帕莱奥洛格不相信奥匈帝国和俄国能就地区利益问题达成和解，而他个人对奥匈帝国和德国的憎恶也让其对俄国的居心叵测视而不见。他将两次巴尔干战争视为俄国为了巩固在巴尔干半岛的势力而发起的。出于与普恩加莱的亲密关系，萨佐诺夫也对帕莱奥洛格就任驻圣彼得堡大使一事没有表示异议。德尔卡塞离任之后，帕莱奥洛格于 1914 年 1 月接任驻圣彼得堡大使一职。在出发前往俄国就职之前，帕莱奥洛格曾向一位恰巧在巴黎的俄国外交官表示，他将结束法国一直以来对外软弱的政策，并且“他将为建立一种强硬的对外政策而不懈奋斗”。“这一切已经持续得够久了，现在我们应该让德国看到我们的实力！”这位新大使就秉承着这样的理念和态度走马上任了。

普恩加莱乘船前往俄国

7 月 15 日星期三晚上 11 点 30 分，总统专列离开巴黎北站，前往敦刻尔克。车上坐着的有雷蒙 · 普恩加莱、新总理勒内 · 维维亚尼和外交部新任长官皮埃尔 · 德马尔热里（Pierre de Margerie）。第二天一早，三人又搭乘法国号战舰穿过波罗的海前往喀琅施塔得和圣彼得堡。维维亚尼出任总理只有 4 周，还没有什么实际经验。对于普恩加莱来说，他的主要作用在于协助相关法令的制定，并维护自己的防守策略。随着对俄访问的展开，他的水平也显得有些差强人意了。皮埃尔 · 德马尔热里则是在 51 岁时被普恩加莱亲自提拔的。普恩加莱将德马尔热里视作看门狗，让他注意帕莱奥洛格的一举一动，监督其可能做出的出格举动。而这在后来被证明毫无意义。帕莱奥洛格深得普恩加莱的赏识，于是在其升迁到圣彼得堡后，德马尔热里接替了他原有的职位。在这个新职位上，他也证实了自己的能力以及忠诚，后面一点是尤其被所有最高领导者所看重的。而维维亚尼和德马尔热里在政治上终归还是难有作为。

普恩加莱在 7 月 16 日早上 5 点登陆法国的敦刻尔克时，思绪万千。首先是关于查尔斯 · 安贝尔（Charles Humbert）对法国军方管理层震惊四座的控诉。7 月 13 日，在参议院的一次递交军需用品特殊预算选举报告的演讲中，作为默兹河议员（该地位于法国和比利时边界），安贝尔对法国军方管理层进行了猛烈的抨击。他声称，法国的要塞质量低下，工事配备的枪支缺少弹药，要塞与要塞间的无线通信装备常常出现差池。他说，但凡德国在梅斯的无线装置处于传输中，凡尔登的接收站就会出故障。法国的大炮数量大大逊色于德国，尤其是重型机枪。有一个细节最能够吸引法国民众，尤其是生活在这个国家的母亲们的注意力，即军队急需供应靴子；安贝尔称，一旦开战，法国士兵只能带一双靴子上战场，顶多再在他们的军用背包里带上一只存放了30年之久的旧靴子。这场演讲触动了政治神经。在陆军大臣阿道夫·梅西米（Adolphe Messimy）的回应中他并没有否认这些指控的内容，但坚持认为所有的前线情况都在迅速地改善。到1917年，大炮的不足可以得到有效缓解。

雷蒙·普恩加莱

更让人头疼的是这样一个现实：身处议会风波的风口浪尖上的人正是普恩加莱的宿敌乔治·克里孟梭，他声称报道中揭露的现象说明应当对新的军事财政政策加以阻止。只有解决问题，并及时通过新的军事预算，才能够避免推迟总统的离任。在他们赶往敦刻尔克的那天，维维亚尼似乎有些紧张，满脑子都是阴谋论的阴影——尽管普恩加莱竭尽全力地安慰他。

勒内·维维亚尼

如果这些还不够，对卡约夫人的审讯工作将于7月20日开展；我们有理由担心法庭上的检举和曝光可能会引发一系列丑闻，这些丑闻足以撼动政府的安全。当谣言四起时，丑闻的规模便开始膨胀：人们传言被杀害的报刊编辑卡尔梅特掌握了线索，破译了德国人的电报，电报中清楚地揭露了卡约与德国方面在1911年第二次摩洛哥危机期间的谈判事宜。在沟通中，至少根据电报内容是如此的，卡约向柏林方面提及了双方结好的希求。同时，卡约还信誓旦旦地表示，普恩加莱已经在进行精心策划，以针对他本人。7 月 11 日，就在总统离开俄国之后的第三天，卡约威胁道，如果普恩加莱不释放他的夫人，那么他就将一切公之于众。巴黎政治阴谋的隐秘机制仍然开足马力地运行着。尽管有这些顾虑，普恩加莱还是以出奇的冷静和果断的神态踏上了横跨波罗的海的旅程。这必定是在非常时刻逃离巴黎进行喘息的机会——对卡约的审判已经逐渐引发了媒体的狂乱。前三天他几乎都在甲板上度过，并给维维亚尼写信，告知在圣彼得堡的任务；后者对外交政策的冷漠态度曾让他觉得"十分惊讶"。他对这些事物的总结让我们更加清晰地看到了普恩加莱在离开巴黎时的所思所想，包括"联盟问题的细节"、对"1912 年在圣彼得堡谈及的诸多话题"的回顾、"法国和俄国之间的军事条款"、俄国在海军条约上与英国的处理方法以及"和德国的关系的处理"。普恩加莱宣称："我从未在德国的问题上犯难，因为我对他们的态度一直非常坚决。"

"1912 年在圣彼得堡谈及的诸多话题"包括加强战略性铁路的建设、波兰地区进行大规模防御性攻击的重要性，以及将德国视为头号敌人的必要性。提到英国的内容暗示了普恩加莱不仅考虑了与俄国的联盟，而且高瞻远瞩，酝酿着三国协约的雏形。如若将普恩加莱的信念一言以蔽之，即联盟是我们的牢固基础、是我们的军事防御力量中必不可少的关键，它的维系只能通过在敌对势力的需求面前不妥协来达成。这是表达他对于巴尔干危机的认识的基本公理。从他的日记中可以判断，普恩加莱在海上的数日感到格外轻松。当维维亚尼因为巴黎丑闻以及从巴黎发出的无线电报所揭示出的密谋片段而感到焦虑不安时，普恩加莱却在甲板上享受着温暖的天气，在"细浪"冲刷着的湛蓝海面上与阳光嬉戏。仅有一个小小的问题困扰他：在 7 月 20 日靠近法属喀琅施塔得港时，船只以 15 节的速度在黎明前的黑暗中前进，却撞上了一艘牵拉着护卫舰驶向泊港的俄国拖船。这起事故惊醒了船舱里的普恩加莱。接海军舰队的指令在公海上行驶的一艘法国战舰竟然撞上并损毁了盟国的拖船，这是何等令人懊恼的事情。他在日记中气愤地写道，这是一个"缺乏技巧和庄重的姿态"。

在船只驶入喀琅施塔得港后，总统的情绪因人们的热情而缓解。海军船只、装点得如同过节一样的邮船以及欢快的小渔船从四面八方倾巢驶出，欢迎来客和被拉到一边的皇家汽艇——该艇用来将普恩加莱运送到沙皇的“亚历山德拉”号游艇上。普恩加莱记录道：“带着时常困扰我的情绪，我离开了法国，在加农炮的聒噪中，我离开了我们的一艘战舰。”在对面的亚历山德拉桥上（在该桥上能够饱览周围所有的景色），沙皇身边的莫里斯·帕莱奥洛格或许已经在脑海中为他的回忆录打好了腹稿：

> 场景是何等的蔚为壮观。在晃动的银白闪光中，法国人缓缓地乘着青绿和翡翠色的浪头朝我们驶来，船身后面泛起了一道长长的白色皱波。然后船优雅庄重地停住了。载着法国最高领导人的雄伟战舰名副其实。法国人终于踏上了俄国的土地。我感到自己的心脏仿佛小鹿撞胸。

博弈

之后三天进行的峰会备忘录全数丢失。在20世纪30年代，《法国外交文件》的编辑们进行了搜寻工作，却徒劳无功。或许人们对此不会感到吃惊：俄国在会上的记录也丢失了；在战争和内战的年代，档案工作出现了中断。然而，通过阅读普恩加莱日记里的描述、帕莱奥洛格的回忆录以及外交官在关键的日子保留下来的记录，我们还是可以对发生的事情有一个基本清晰的了解。

此次会议关注的焦点是中欧地区日益升级的危机状况。作为一次早有计划的国事访问，这一内容应当作为主要议题，同时也必须着重讨论关于塞尔维亚的问题。但事实上，结果恰恰相反。就在普恩加莱还没从“法国”号军舰上走下来的时候，沙皇就已经向帕莱奥洛格大使表示了自己对此次会议的强烈期待：“我们将讨论一系列重要的问题。我相信我们将在各项事务上达成共识……但现在我觉得有一个问题尤其重要——我们与英国的关系。我们必须让英国加入我们的同盟。”

在相关手续完成之后，沙皇和他的法国客人就来到“亚历山德拉”号的船舱里开始对话。“或者我应该将之称为讨论，”帕莱奥洛格这样写道，“很明显，他们在像谈生意一样互相交换问题并争论着。”在他看来，普恩加莱主导着此次会谈，很快就只有他“侃侃而谈，而沙皇只是边听边不住地点头，表现出他由衷的赞同”。根据普恩加莱的日记记载，在游艇上的此次谈话首先涉及的便是同盟关系问题，对此沙皇表现得“尤为强硬”。沙皇询问他关于安贝尔丑闻的事情，他认为这件事给俄国留下了非常糟糕的印象，并敦促普恩加莱尽一切可能阻止《三年法案》的失效。普恩加莱对此做出了回应，向对方保证，新的法国议会已经通过投票继续保留法律表现出其真正的决心，且维维亚尼也会对此予以坚定的支持。之后沙皇又谈到关于谢尔盖·维特和约瑟夫·卡约之间的关系，这在当时也被认为是事关俄国、法国、德国和英国之间的外交关系。但他们两人都认为这对于地缘政治并不会产生根本性的影响。

总之，尽管之后他们并没有搭乘同一艘舰艇回到岸上，但普恩加莱和沙皇已经达成了共识。这其中最关键的一点就是同盟的团结性，这不仅意味着外交方面的支持，更有军事行动方面的内容。次日（7 月 21 日），沙皇前往普恩加莱下榻的夏宫府邸看望他，二人又进行了一个小时的面对面交流。这次，会谈首次集中在关于俄国和英国在波斯问题的紧张关系上。普恩加莱做出调解的姿态，表示这些小矛盾不应影响英俄关系的友好发展。两人也均认为问题的根源不在于伦敦政府或圣彼得堡政府，而在于一些含糊不清的“地区利益”。沙皇带着些许轻松的情绪称，爱德华·格雷没有允许柏林因为觉察到海军谈判而破坏协议的达成。还有一些其他方面的事务也被涉及，即阿尔巴尼亚问题、希腊和奥斯曼帝国在爱琴海地区的争端以及意大利的有关政策，但根据普恩加莱的笔记，沙皇的“心头之患”还要数萨拉热窝事件之后奥匈帝国的动向。在普恩加莱看来，沙皇在这一点上表达了一个非常发人深省的观点：“他一次次跟我强调，在目前的形势下，法俄之间完整的同盟关系对他来说显得前所未有的重要。”之后不久沙皇就离开了。

可见这次谈话的主题再次锁定在面对奥匈帝国的挑衅行为，法俄同盟所应表现的无可动摇的团结。但在实际行动中，这又将意味着什么呢？是否意味着如果奥匈帝国对塞尔维亚采取军事行动，法俄同盟将在必要的时刻发动一场欧洲大陆范围的战争？在当天（7 月 21 日）下午，普恩加莱在与维维亚尼和帕莱奥洛格一同接见多名大使的时候，用加密的信息回答了这一问题。大使中排在第二个的就是奥匈帝国驻俄国大使绍帕里，他刚处理完夫人的丧事从维也纳归来。在对斐迪南大公遇刺表示了几句慰问之后，普恩加莱向他询问塞尔维亚方面是否有新的消息。“相关的司法调查正在进行当中。”绍帕里回答道。根据帕莱奥洛格的记录，普恩加莱是这样回应的：

> 我当然对此非常关注。我记得近期的两个事件也并没能促进你们与塞尔维亚的关系……你不记得了吗？弗里德永事件和普罗哈斯卡事件？

一个国家元首在他国期间所做出如此表态，在此前并不多见。且不说其中的讥讽意味，这实际上是提前否认了奥匈帝国方面对于萨拉热窝事件调查的权威性。这表明法国没有也不会承认塞尔维亚政府将对萨拉热窝事件负任何责任，同时针对贝尔格莱德政府的任何要求都将是非法的。弗里德永和普罗哈斯卡事件完全只是法国为了让自己对奥匈帝国的反对变得更加合理的借口。为了把话说得更明白，普恩加莱进而做出了如下举动：

> 我以强硬的态度提醒奥匈帝国大使，塞尔维亚在欧洲的朋友们不会让其受到如此不公的待遇。

帕莱奥洛格还记录了下了一些普恩加莱的言论：

> 塞尔维亚跟俄国人的关系非常亲近，而俄国和法国是同盟。这里面的复杂关系牵一发而动全身，劝君不可轻举妄动！

绍帕里也向奥匈帝国领导人汇报了这些关于奥匈帝国的行动将导致“危害和平局势”的言论。不论萨佐诺夫具体说了什么，产生的效果也是令人震惊的，而且不仅是对绍帕里来说，就连作为其同盟的德罗宾也在笔记中表示：“并没表现出俄国对奥匈帝国众所周知的反感。”在会见的最后，绍帕里记录道（他的判断一向非常准确）法国总统作为一名“处在别国领土上的外国官员”，其“过激的言论”与“萨佐诺夫先生尚且克制的言论”产生了强烈的对比。这一切都表明，普恩加莱的圣彼得堡之行对目前的事件“只会引发更激烈的争端”。

绍帕里在将萨佐诺夫和普恩加莱的言辞加以对比之后，发现了法俄关系当中某些貌合神离的方面。在当晚于使馆举行的晚宴上，普恩加莱坐在萨佐诺夫旁边。在闷热的房间里（房间的通风很差），他们讨论了奥匈帝国与塞尔维亚的局势。令普恩加莱颇感失望的是，萨佐诺夫显得心事重重，并没有给出什么确定的观点。“这个时机对我们来说不太有利，”萨佐诺夫说道，“我们国内的农民都还在忙于农活。”与此同时，在其他客人所在的隔壁的小厅里则弥漫着一种不同的情绪氛围。在这里，普恩加莱的一名随行上校则听到了“为了下一次战争的必胜”等诸如此类的祝酒词。萨佐诺夫优柔寡断的态度让普恩加莱感到不安。“我们必须，”他叮嘱帕莱奥洛格，“向萨佐诺夫警告关于奥匈帝国的邪恶意图，并激励他保持强硬的态度、履行对我们所做出的支持承诺。”当天晚上，普恩加莱与维维亚尼以及刚刚从巴黎回来的伊兹沃尔斯基一起在沙皇的游艇上见了面。维维亚尼表现得“非常悲伤”。游艇沿着河岸静静地行驶着，普恩加莱仰望着夜空并思考着：“奥匈帝国到底在针对我们策划着什么？”

第二天，7 月 22 日，更是难熬的一天。维维亚尼几近崩溃，尤其到了下午更是到了最危急的时刻，这名坐在沙皇左侧的法国总理对于俄国提出的问题哑口无言。午后，他的行为变得愈加古怪起来。当沙皇和普恩加莱坐在一起欣赏军乐演奏时，维维亚尼却独自在附近自言自语，甚至一度嘀咕咒骂的词语，似乎是在强迫自己集中精神。帕莱奥洛格也无法让他平静下来。普恩加莱的日记里对此也略有记录：“维维亚尼的情绪变得越来越糟糕，所有人都注意到了这一点。当天的晚饭还是非常完美的。”事后，维维亚尼被诊断出有“肝脏方面的严重问题”并需要尽早退休。

我们尚不可知到底是什么让这名总理当时陷入如此糟糕的心理和生理状况。有历史学家指出他之所以精神崩溃，是由法国国内的危机事件导致的。但作为鸽派来说，维维亚尼似乎更像是被当时法俄双方在会谈期间日益增强的好战情绪刺激到了。德罗宾当时就是这么认为的。在德罗宾的记录里他谈到，7 月 22 日双方的会谈中，所涉及的内容其实完全是关于战争方面的，“人们能感觉到，气氛从前一天晚上开始就发生了转变”。有“法国”号的船员开玩笑称可能在回国的路上就遭到攻击，但这显然已经是一种不祥的预兆了。7 月 23 日，事态发展到了最高潮，这也是普恩加莱此行在俄国停留的最后一天，这位法国元首在俄国人特别为其准备的法语进行曲中检阅了 7 万人的俄国军队。特别值得注意的是，参加检阅的军队所穿的并非传统的礼仪用军装，而是平时训练时的卡其色军装，德罗宾将这视为渴望战争的另一种表现。

7 月 22 日晚，身为俄国帝国卫队司令的尼古拉 · 尼古拉耶维奇公爵在圣彼得堡郊区风景如画的豪华宫殿里设宴款待普恩加莱和帕莱奥洛格，这让他们仿佛感受到了同盟关系最为亲密的时刻。在晚宴上迎接两位法国客人的是尼古拉的妻子阿纳斯塔西娅和妹妹米丽提娅，这两姐妹是黑山国王尼古拉的女儿。“你意识到了吗，”她们（异口同声地）说，“我们正在经历历史性的时刻！”

> 我收到了一封来自父王的加密电文，他说我们在月底之前将面临一场战争……我父亲才是真正的英雄！……他是当之无愧的领袖！看看这个我一直随身携带的小盒子，这里面装着来自洛林的泥土，这是两年前我和我丈夫一起从法国边境带回来的。你看那边的桌子上摆的都是洛林奶蓟草，我不想养其他的花，这些荆棘是我特意将种子带回来种植的……米丽提娅，继续跟咱们的大使讲讲，讲讲今天的这一切对咱们来说意味着什么，我得去迎接沙皇了……”

米丽提娅的话并不是象征性的。在一封 1912 年 11 月来自驻圣彼得堡的法国军事随员的信中，拉吉什（Laguiche）将军证实，1912 年夏，公爵夫人在她的丈夫参加法国南锡附近的演习时，曾派了一个人跨越边境，来到德国控制下的洛林地区，并命令该人带回了一朵蓟草花和些许土壤。她将蓟草花带回了俄国，悉心培育它发芽，然后把种子种到洛林的泥土里，浇水灌溉直到新的花朵长出来。之后，她将洛林的土壤和俄国的土壤混合起来，象征法国和俄国组成联盟，并将其转交给园丁继续培育，还警告他如果花死掉的话，他将被赶走。正是在这个花园里，她采摘了后来在 1914 年 7 月向普恩加莱展示的花卉样本。这种过度热情的姿态的确在政治上发挥了作用：阿纳斯塔西娅的丈夫尼古拉耶维奇公爵（一位泛斯拉夫主义者，并且是沙皇隔代的大表兄）就是那些在向尼古拉二世施加压力、以塞尔维亚的名义进行军事干预（如果奥匈帝国逼迫贝尔格莱德接受“根本无法接受”的要求）的人之一。

当阿纳斯塔西娅在晚宴时招待她的邻居并预言“‘那里’将要发生战争……奥匈帝国将荡然无存……你们将重新收复阿尔萨斯和洛林……和我们的敌人在柏林见吧……德国将遭到毁灭云云”时，餐厅里一直播放着黑山狂想曲。普恩加莱也目睹了夫人们的行动。他在一场舞会的幕间休息时刻坐在萨佐诺夫旁边，这时阿纳斯塔西娅和米丽提娅走了过来，开始责备这位外交大臣在支持塞尔维亚的问题上缺乏激情。这位外交大臣的软弱举止让人浮想联翩，但普恩加莱还是十分满足地写道："沙皇这边虽然没有两位公爵夫人那般热情，但似乎在保卫塞尔维亚的外交问题上比萨佐诺夫坚定得多"。

这种不和谐并没有妨碍双方盟友在行动方针上达成一致。在7月23日晚6点，法国人离开的前一天晚上，维维亚尼似乎从他的肝病中恢复了一些，并与萨佐诺夫在发往俄国和法国驻维也纳大使的指示上达成共识。这一友好的合作行动方针旨在对奥匈帝国采取温和的行动，并表达了这样的希望：奥匈帝国不会损害塞尔维亚的荣誉和独立。诚然，这些言辞是经过精心选择的，以提前打破这样的印象：双方早就知道奥匈帝国的问题会出现。乔治·布坎南同意他的政府也发出类似的信息。

在当天晚上于"法国"号上举行晚宴时，维维亚尼和帕莱奥洛格就对媒体公布怎样的政策决议产生了很大分歧，最后帕莱奥洛格就塞尔维亚问题写下了这样的话：

> 法俄两国政府此次在维护欧洲的和平局势，尤其是巴尔干地区的平衡方面，达成了完全的一致。

维维亚尼对此表示不满，他说："我认为这涉及太多关于俄国的巴尔干政策了。"他之后做了如下修改：

> 共和国总统造访俄国沙皇的举动，给予双方之间友好且相互结盟的政府一个良机，使双方意识到，他们在关乎和平的诸多问题上有着完全一致的观点，且欧洲各国势力的平衡在于诸国的努力，尤其是巴尔干国家。

这是一篇言辞非常委婉的公报，但依然被自由派和泛斯拉夫主义的俄国媒体加以扭曲报道，成为推动贝尔格莱德政府采取军事行动的催化剂。

普恩加莱对于这顿晚宴不是非常满意。他在笔记中写道，午后就开始下起大雨，厨师并没有对此做出充足的准备，菜都上迟了，而且"没人觉得菜做得好吃"。但对于本次出访，他总体上还是满意的。他此行就是希望俄国能拿出更强硬的态度，显然对方也很认同。这种强硬的姿态主要是当奥匈帝国政府表现出任何对塞尔维亚的威胁行为时所应做出的。他已经到处宣扬要摆出强硬姿态的理念，他的言辞被有意的人听到了。这里所说的强硬是针对奥匈帝国对塞尔维亚的采取行为进行毫不妥协的反抗。根本没有证据表明，普恩加莱或是他的俄国对话者或多或少地考虑过奥匈帝国会采取什么手段，才能够名正言顺地在萨拉热窝事件之后行事。人们已经不需要即兴创作或新的政策声明——普恩加莱只是坚持他自1912年夏所做的计划。这也许能够解释为何与他周围的人不同，在造访期间明显地保持冷静。这是许多法俄对话中设想的巴尔干局面。如果俄国同样保持强硬态度，那么事情就会按照政策预期进行。普恩加莱将此称为和平政策，因为在他的设想中，德国和奥匈帝国会在如此坚定不移的团结中一败涂地。但是如果其他一切都落空，那么强大的俄国以及作为军事、海上、商业和工业强国的大英帝国将会面临更糟糕的局面。

德罗宾作为一个全程的近距离的见证者，并不完全同意这些观点。他觉得普恩加莱已经剥夺了维维亚尼的权利。正如总统和外交大臣，他也是身负职权的公务员，向尼古拉二世施压，使其做出保证和承诺。就在他们离开前，普恩加莱还再次提醒沙皇："这一次，我们必须保持强硬。"

> （据德罗宾回忆）几乎是在同一时间，来自奥匈帝国的最后通牒被发到了贝尔格莱德政府手中。看来我们的对手也决定"保持强硬"。双方都觉得用虚张声势的手段就能让对方认输。没有任何一个人觉得要做得太过火。悲哀的博弈开始了。

帕莱奥洛格日后可能会这样写：只有真正伟大的人，才敢于玩这么命运攸关的游戏。他眼中的"实干家"此刻已然成为"一个赌徒，一举一动不仅决定着未来的走向，更决定了重大事件的转折"。

第十章　最后通牒

奥匈帝国的要求

就在普恩加莱和维维亚尼乘船驶向喀琅施塔得港口时，奥地利人也开始对最后通牒进行最后的修订，并准备发给贝尔格莱德政府。7 月 19 日周日，为避开关注，部长联合委员会的成员乘坐着一辆无牌照的车，秘密前往贝希托尔德的私人公馆讨论“即将对塞尔维亚展开的抵制行动”。众人对即将发往贝尔格莱德的文件进行了一次非正式的讨论，并得出了最终的确定方案。众人一致决定最后通牒将于 7 月 23 日下午 5 点发布（后来又被推迟到了 6 点，以确保在普恩加莱离开后才发布）。贝希托尔德想当然地称他相信“我们的相关言论不会在普恩加莱离开圣彼得堡前就被外界所了解”，但由于他注意到维也纳的计划已经传到了罗马，现在有必要加快速度了。塞尔维亚政府将有 48 小时进行回应，而如果他们不能达成一致，最后通牒将于 7 月 25 日周六晚到期。

接下来将会发生什么事？此次非正式讨论其余的内容也涉及了最后通牒发布之后的事宜。康拉德向蒂萨保证，他们将有足够的兵力保护特兰西瓦尼亚应对可能遭受的来自罗马尼亚的攻击。蒂萨坚持要求奥匈帝国一开始就宣布“对抵制塞尔维亚没有进一步的计划”，并且无意吞并任何国家的领土。这位匈牙利首相之所以如此反对，是因为在此前的一系列会议上他都感觉到，任何反对塞尔维亚的行为都将导致南斯拉夫人对奥匈帝国的反抗情绪加剧；同时他也担心俄国不会对奥匈帝国政府的侵吞行为坐视不管。他的这一要求引发了激烈的争论。贝希托尔德坚持认为在冲突发生之后，也许塞尔维亚领土的减少是减少奥匈帝国所带来的威胁的不可或缺的方法。蒂萨坚持自己的立场，并最终在会上达成一个折中的方案：维也纳将在适当的时候宣布，奥匈帝国并非企图侵占塞尔维亚的领土。但这也会让其他国家，特别是保加利亚，产生借机侵占塞尔维亚领土的念头。

奥匈帝国召开的所有会议都没有涉及在整个事件中如何做到全身而退。塞尔维亚所处的地区一直不太平：相邻的阿尔巴尼亚局势始终不稳定，保加利亚也有可能在出现战乱之后回归亲俄的政策，而保加利亚政局的变化与罗马尼亚领土的变化之间又该如何得到平衡？亲奥的卡拉乔尔杰维奇王朝能否稳坐江山，如果不能，谁将替代它？另外还有一些次要的问题：如果奥匈帝国被迫与德国断绝关系，又该由谁来接管其位于贝尔格莱德和采蒂涅的使领馆？所有这些问题都悬而未决。而直到7月7日会议结束，对于俄国对此可能做出的反应，始终没有得出应有的准确评估。康拉德对于军事情况的评估完全集中在奥地利的B计划而非R计划，前者是一个纯粹针对巴尔干地区的军事战略，然而后者则是对于俄国可能对奥匈帝国加利西亚地区所发动的攻击做出了防御预案。即便如此，也没有任何一个高层官员提醒康拉德：俄国一旦发难，奥匈帝国该如何应对，包括相应的战略转变会有哪些困难。奥匈帝国的高层一直在聚焦贝尔格莱德的边境问题。即便普恩加莱曾向绍帕里发出特别警告称塞尔维亚也是有“朋友”的——法国和俄国将对奥匈帝国的侵犯行为做出反击，贝希托尔德在知道这些消息后，依然没有改变既定的策略。

相关文件和最后通牒是由男爵穆苏林·冯·戈米（Musulin von Gomirje）起草的，他并不是一位高级官员，只是自1910年开始担任宗教和东亚政策的相关顾问。穆苏林之所以被任命为最后通牒的起草者，是因为他出色的文笔。正如刘易斯·内米尔（Lewis Namier）后来所说，他是“引发欧洲那段灾难般历史过程中的一个普普通通的诚实的、善良的却因噩运被选为这场‘游戏’兵前卒的人”。穆苏林像一名珠宝商对待价值连城的钻石一样精雕细琢这个文件。在文件的最开始提到，塞尔维亚曾承诺将在结束波斯尼亚危机之后与奥匈帝国做“友好的邻居”。文件进而指出，塞尔维亚政府一直以来都在包庇其境内源自“恐怖主义行为、一系列暴动与谋杀”的“颠覆运动”——这实际上将此前的多起南斯拉夫恐怖分子暴行与萨拉热窝事件联系起来。同时文件指出，塞尔维亚政府还“包庇多种社团形式的犯罪活动”，并“包庇某些塞尔维亚舆论向青少年所灌输的对奥匈帝国皇室的仇恨情绪”。针对萨拉热窝事件的初步调查显示，刺杀者是在贝尔格莱德计划的此次行动并受到相关支持，而其通向波斯尼亚的道路则是在买通了塞尔维亚边检官员之后才打通的。因此，奥匈帝国“放任”塞尔维亚种种不负责任的做法的时代已经一去不复返了。通牒文件最后要求，贝尔格莱德政府必须将这份文件所提到的内容在全国范围内广而告之，并抵制泛塞尔维亚的领土收复主义。

或许这份文件最有意思的部分也是在奥匈帝国向贝尔格莱德宣战 5 天之后就立刻被其他国家在原文件中抓到了口实的部分，即文件中并没有提到塞尔维亚官方与萨拉热窝事件有关；相反，它只是用极其隐晦的语句谴责塞尔维亚政府的“包庇”导致了萨拉热窝事件的发生。这些谨慎的用词只简单地体现出什么是奥匈帝国政府所知的和不知的。维也纳的外交部已经派出弗里德里希·冯·维斯纳（Friedrich von Wiesner）参赞前往萨拉热窝，整理并分析整个事件的相关背景。7 月 13 日，经过一系列缜密的调查，维斯纳在结论中指出并没有证据指向贝尔格莱德政府与萨拉热窝事件有关联或需负任何直接责任。鉴于这份调查报告，后世很多人认为萨拉热窝事件纯粹只是奥匈帝国发动战争的借口。但当时的情况也是颇为复杂的。正如维斯纳后来向美国历史学家伯纳多特·埃弗利·施米特所解释的，他的报告内容被“广泛地误解了”。

据（维斯纳）回忆，当时他所找到的证据很明显能从道德层面上指向萨拉热窝政府应对刺杀事件负责，但鉴于此类证据并不能被法庭接受，他也就没将这些内容用于对塞尔维亚的质疑上。他说他在回维也纳的路上搞清了这一切。

既然奥匈帝国一向以最严格的法律手段来处理这个事件，那么毫无疑问塞尔维亚对其来说就与萨拉热窝事件有直接的关系。关于受过训练的凶手及入境塞尔维亚等方面的相关证据已经掌握得够多了，只差确认具体是塞尔维亚的哪些组织与之相关。在追踪关于民族自卫组织的相关线索时，奥匈帝国政府却漏掉了更重要的黑手会，后者实际上在塞尔维亚国内的影响更加根深蒂固。他们不仅没能追踪到“阿匹斯”的线索，也没有找到塞尔维亚政府与这次阴谋的关联，或许是因为比林斯基与塞尔维亚大使的对话内容让贝希托尔德觉得很尴尬，相关的调查遇到瓶颈。如果他们对全局有更多的了解，奥匈帝国方面无疑将更准确地判断局势并采取相应的措施。一时间，弗里德永案（该案成为俄国和法国扬扬得意地拒绝接受维也纳声明的理由）所带来的耻辱使得最后通牒的起草人不得不修饰他们的言辞，试图以萨拉热窝调查中收集到的贫乏的信息为基础，证明事实、消除疑窦。

随之而来的是最后通牒中的10大要求。前三条关注于要求塞尔维亚政府对领土收复主义进行打压，并叫停任何反奥匈帝国的国策。第4、6和8条提到关于镇压萨拉热窝可能出现的涉及军界及边境官员的暴乱。第7条更为具体：要求“立即”逮捕沃亚 · 坦科西奇和米兰 · 齐加诺维奇将军。奥匈帝国所不知道的是，坦科西奇是黑手会的骨干成员，是“阿匹斯”的亲信，也正是他招募了刺杀小组的三名核心成员。齐加诺维奇在奥匈帝国看来是 “刺杀事件初步调查之后显示为和事件有所牵连的政府人员”，但实际上根据后来柳巴 · 约万诺维奇的证词，他也是黑手会混在帕希奇麾下的间谍。第9条要求贝尔格莱德向维也纳对“身在塞尔维亚国内和国外的塞尔维亚高官的不正当表达方式做出解释。这些人虽然有着官方身份，但仍然在6月28日战争爆发后毫不犹豫地在采访中表达了他们对奥匈帝国的敌意”。这一点最主要涉及来自圣彼得堡的斯帕拉伊科维奇的采访；此外它还提醒我们，奥匈帝国的态度已经深深受到塞尔维亚对战争反应的影响。第10条则要求贝尔格莱德政府应“毫不迟疑”地贯彻如上各条内容。

最具争议的当属第5条和第6条的内容。第5条要求贝尔格莱德政府“与奥匈帝国合作，共同镇压对帝国皇室有害的活动”，第6条要求奥匈帝国的“有关部门”也要“参与相关犯罪活动的调查”。与往常一样，这份文件的条款是由各方共同提议设立的，但是贝希托尔德坚持将奥匈帝国方面对相关调查的参与权加到要求当中。原因很明显：维也纳政府不相信塞尔维亚当局能在没有奥匈帝国当局的监督和核查的情况下进行有效的调查。必须指出的是，从6月28日到最后通牒的发布期间，塞尔维亚政府也没采取什么有效的举动让奥匈帝国改变这一固有想法。

而这些要求对于法国、俄国和塞尔维亚本身在其主权问题上所达成的一致必然存在不可调和的矛盾。一个国家当然可以依据法律来规定其公民在自己的领土上可以做的事。但在塞尔维亚主权不可侵犯的形势之下，这显得有些走样了。首先是对等问题。塞尔维亚（或者说至少是国家领导人）接受塞尔维亚以及其在奥匈帝国生活的民族同胞的最终的“统一”。这意味着帝国的领土与未被界定的“塞尔维亚化”的领土之间存在模糊的界限。而帕希奇领导之下的塞尔维亚很难地争取到收复这些领土。塞尔维亚与奥匈帝国之间夹杂着的民族及领土问题时常让二者出现摩擦，而且当时对于此类问题的相关国际仲裁机构也尚未建立。

当爱德华·格雷看到奥匈帝国最后通牒的全文后，他将其形容为“一个国家给另一个独立自主的国家的最强硬的文件”。温斯顿·丘吉尔在一封写给他妻子的信中也将它描述为“有史以来此类文件中最为猖狂的一个”。我们不知道格雷和丘吉尔是在和什么相比较的情况下才产生这种想法的，而且由于萨拉热窝事件，也让这个文件本身变得难以被完全客观地评判。但这些评价会让人们觉得奥匈帝国的这些要求简直和蛮荒时代野蛮人的行径无异，是对他国主权的践踏。而实际上奥匈帝国的这份文件所要求的并不过分，例如，它与 1999 年 3 月北约发给塞尔维亚和科索沃的最后通牒相比简直就是小巫见大巫。那份文件中有如下内容。

> 北约的人员需享有在搭乘车辆、飞机、轮船并携带任何设备时自由进出南斯拉夫共和国国境并在国境内开展相关事务的权力。这些事务应包括但不限于驻扎营地、工业生产、军队训练等活动。

亨利·基辛格将朗布依埃描述为“一个挑衅和开始轰炸的借口”无疑是正确的，因为当时这些条款即使对于最为温和的塞尔维亚也是难以接受的。相比之下，奥匈帝国的最后通牒中所要求的内容也就显得微不足道了。

可以确定的是，维也纳政府的最后通牒就是从塞尔维亚可能不会接受为假设而制定的。这并不是一次挽救两国之间和平的最后尝试，而是奥匈帝国用来表示出自己毫不让步的立场的工具。另外，不像朗布依埃所想象的那样，通牒的内容并非是想完全击垮塞尔维亚而提出的；这些条款的内容和抵制塞尔维亚领土收复主义息息相关，第 5 条和第 6 条甚至直接就反映出这些问题，条款的起草者也很看重这方面。值得注意的是，直到 7 月 16 日，英国公使戴雷尔·克莱肯色普才将这份文件交给塞尔维亚外交部秘书长斯拉夫科·格鲁伊奇，并指出塞尔维亚此时应当针对刺杀事件展开独立调查，格鲁伊奇则坚持“在萨拉热窝事件的准确调查结果出来之前，不采取任何其他应对奥匈帝国的措施”。格鲁伊奇表示，一旦调查结果公布，塞尔维亚政府将遵从“不惜任何代价按国际惯例协助调查”的规定。格鲁伊奇还称，即便出现了最坏的情况，“塞尔维亚也不会孤军奋战。至少俄国不会在塞尔维亚遭受大规模攻击之时坐视不管”。这种模糊的表述表明拒绝屈从敌邻邦的威胁的确是不太可能的。在 1912 年巴尔干国家进攻奥斯曼帝国时，塞尔维亚政府正是以强制和顺从问题为由，向其他国家为他们的行为进行辩护的。他们认为，奥斯曼帝国在马其顿进行改革的尝试多次失败，这意味着他们拒绝“外国势力”参与到这样的改革中来，并且“整个世界”对于他们“独立地进行严肃的改革”的承诺充满着“深切的不信任感”。贝尔格莱德是否有人在 1914 年 7 月注意到了这种相似之处，仍然值得验证。

塞尔维亚的回应

7 月 23 日早上，奥匈帝国驻贝尔格莱德公使吉斯尔男爵致电塞尔维亚外交部，告知他们维也纳政府将与塞尔维亚总理于当晚进行一次“重要的沟通”。帕希奇当时因参加选举而离开了贝尔格莱德，财政大臣拉扎尔 · 帕丘（Lazar Paču）在此期间代理他的职务。在提前得到关于最后通牒的信息后，帕丘试图通过电话联系帕希奇，让他尽快回来。但帕希奇并不想为此回到贝尔格莱德，并指示帕丘“在我的住处接待吉斯尔”。当吉斯尔于下午 6 点抵达时（最后的期限被推迟了一个小时），帕丘和作为翻译的格鲁伊奇接见了他，因为财政大臣本人并不会说法语。

吉斯尔交给帕丘最后通牒、最后通牒的两页附录以及一份写给代理总理帕丘的说明，并告知他需要在 48 小时内做出答复。如果在给定期限内塞尔维亚没能给出让人满意的答复或根本没有答复，吉斯尔将断绝两国的外交关系，并带着所有使馆的外交人员回到维也纳。在浏览最后通牒的内容之前，帕丘就直接表示目前国内大选正在如火如荼地进行，很多高层官员都不在贝尔格莱德，客观条件上来说就很难让这些决策者们及时聚在一起做出决定。对此吉斯尔表示：“在这样一个铁路和电报高度发展的年代，对这样一个小国家来说，召集这些官员应该只需几小时就足够

尼古拉 · 帕希奇（1919 年）

（来源：美国国会图书馆，哈里斯与尤因馆藏）

了。”同时他表示：“这是塞尔维亚的内政问题，对此他自己无须发表看法。”在吉斯尔发给维也纳的电报中，结尾处表示“不会再有商量的余地”，但在战后与意大利历史学家路易吉 · 阿尔贝蒂尼的谈话中，吉斯尔回忆称，帕丘当时迟疑了一下，说他无法接受这些条款。在当时的情况下，吉斯尔说他将文件放在了桌上，“帕丘想怎么处置它都可以”。

吉斯尔一走，帕丘就召集了仍在首都的大臣们，并一起浏览最后通牒的全文。帕丘大为震惊，因为他曾认为德国最终将冒着“将自己也拖入战争”的风险来支持奥匈帝国。很长一段时间里，在场的人读完文件后陷入了“死一般的寂静，因为没人敢第一个说出自己的想法”。第一个开口的是教育大臣柳巴 · 约万诺维奇，他先是在屋里来回踱步，之后表示：“除了开战，我们别无选择。”

后来出现了一个值得一提的小插曲。鉴于这份文件的极端重要性，在场的人都清楚帕希奇必须立刻返回贝尔格莱德。为准备将于 8 月 14 日进行的选举，帕希奇已经在塞尔维亚南部的尼什城准备了一上午。在进行了一个演讲之后，这位总理似乎突然对竞选失去了兴趣。“如果我们能稍微休息一下，应该是件好事，”他告诉同行的外交部政策大臣沙伊诺维奇（Sajinović），“你觉得去萨诺尼卡（即塞萨洛尼基，据 1913 年的《布加勒斯特条约》该地被希腊吞并）待两三天怎么样？那边也没什么人认识我。”而就当帕希奇和沙伊诺维奇在车站等着乘坐开往塞萨洛尼基的总统专列的时候，有列车员告知帕希奇，他们接到了来自贝尔格莱德的紧急电话。电话正是拉扎尔 · 帕丘打来的，恳请帕希奇回到首都。然而帕希奇并无意立刻就赶着回去。“我告诉拉扎尔，等我回到贝尔格莱德之后，自然会给出答复。但拉扎尔告诉我这并非一个普通的文件。但我坚持我的意见。”之后，他就和沙伊诺维奇登上了开往塞萨洛尼基的列车。当火车抵达尼什南部 50 公里外的莱斯科瓦时，这位总理才被摄政王子亚历山大的电报劝了回来。

这确实奇怪，但并非不合常理。我们也许可以想象在1903年夏，当帕希奇提前得知谋反者将刺杀亚历山大国王和德拉加王后时，他就带着全家坐火车前往了亚得里亚海岸，在那里坐等结果。我们已经无法还原他在7月23日下午究竟在想些什么。在阿尔贝蒂尼看来，他可能只是希望能远离接受最后通牒的条款所带来的沉重的责任。有趣的是，贝希托尔德已经从秘密渠道获悉，帕希奇打算在收到最后通牒之后就立刻辞职。他可能只是乱了阵脚，或者他觉得无法理清头绪了。全国大选加上塞尔维亚所遇到的最为紧迫的外部危机，已经让他陷入极大的压力。无论如何，最终总理和随行的沙伊诺维奇于7月24日早上5点抵达了贝尔格莱德。

塞尔维亚花了一段时间对最后通牒做出具体的回应。7月23日晚上，在帕希奇返回首都的路上，帕丘向塞尔维亚使馆发去了一份密函，表示奥匈帝国政府列出的这些要求"过于苛刻，塞尔维亚政府不可能全部接受"。帕丘在会见临时代办斯坦德曼（他在哈特维希去世后接任了驻俄国大使）时再次重申了这一观点。帕丘走后，亚历山大王子又来与斯坦德曼讨论了这次危机事件。他也坚持表示，接受这样一份最后通牒，"对任何一个国家来说都是莫大的侮辱"，并称他将希望寄托于沙皇，相信"他强大的话语权可以解救塞尔维亚于危难之中"。第二天一早，帕希奇又去面见了斯坦德曼。这位总理认为，塞尔维亚既不应该立刻接受这些条款，也不应该反对奥匈帝国的这些要求，而应该立刻想办法推迟回应最后通牒的期限。在这个时候向国际社会申诉支援，对塞尔维亚无疑是很好的。"但是，"帕希奇补充道，"如果战争不可避免，那我们也将战斗。"

从这些内容来看，似乎塞尔维亚领导层都立刻一致认为，塞尔维亚如果必要的话对此必须反抗并以战争的手段来解决问题。但这些言论都是从斯坦德曼的报告中转述得知的。看起来贝尔格莱德政府急于寻求俄国的支持。从其他报告中还能看出，塞尔维亚的决策者们都对奥匈帝国可能发起的攻击深感畏惧，同时又觉得似乎没有选择的余地了。而1913年10月萨佐诺夫曾建议贝尔格莱德政府在面对阿尔巴尼亚利益方面的问题时应向奥匈帝国妥协，这不禁让人担忧俄国这次能否支持塞尔维亚度过此次危机。至于法国的态度，也难以了解，因为法国的领导人正在从俄国返回的路上，而法国特使德斯克斯由于国内问题被召回巴黎之后，还没有人来接替他的位置。

7月23日晚上由帕丘组织召开的第一次内阁会议上，没有得出任何结论，而这一情况也一直持续到帕希奇归来的那个早上。帕希奇只是表示，在俄国人发表他们的意见之前，不应轻举妄动。除了与斯坦德曼的会谈被报告给了圣彼得堡政府之外，还有两个官方的要求需声明。帕希奇致电斯帕拉伊科维奇，要求他搞清楚俄国政府的观点。同一天，摄政王子亚历山大向沙皇发电报表示，塞尔维亚"无法孤军战斗"，而贝尔格莱德政府将接受"陛下（沙皇）所认为我们可以接受的"最后通牒中的任何条款。意大利历史学家卢西亚诺·马格里尼通过对当时的塞尔维亚决策者们以及其他相关的见证人的了解，认为当时贝尔格莱德政府为了避免战争，不得不接受最后通牒的内容。带着将辞职的情绪，帕希奇最终于7月25日向塞尔维亚当局建议贝尔格莱德政府应当"同意各项条款"并让维也纳政府"完全满意"。这与他前两天颇为坚定的言辞相比明显是退让了。而在一份于7月25日午后克莱肯色普发出的电报显示，此时的塞尔维亚政府甚至愿意接受条款中最为过分的第5条和第6条，组建一个联合委员会，"并宣称该组织符合国际惯例"。

还是俄国人的支持让塞尔维亚吃了颗定心丸。7月23日，大约早上8点半，一封斯帕拉伊科维奇前一天晚上发出的电报到达了塞尔维亚，报告了他与普恩加莱在出访期间的谈话。普恩加莱向这位塞尔维亚特使询问关于贝尔格莱德的最新消息，当斯帕拉伊科维奇告知情况非常糟糕时，普恩加莱表示："我们会帮你们改变这种现状。"这是可喜的，但并不代表着特别的改观。在7月24日午夜前后，又有一封电报发到贝尔格莱德，称"一个大胆的决定"迫在眉睫。

一封发于7月24~25日，来自斯帕拉伊科维奇最为轰动和重要的电报，详细说明了他和萨佐诺夫于7月24日晚上7点前所进行的对话的内容，在此期间，这名俄国外交大臣将下午3点进行的俄国大臣会议的内容转告给了塞尔维亚特使。斯帕拉伊科维奇在报告中称，俄国外交大臣"厌恶地谴责了奥匈帝国的最后通牒"，并宣称任何国家若接受这样一份文件的要求，还不如"自杀"。萨佐诺夫向斯帕拉伊科维奇承诺，塞尔维亚可以"非正式地依赖俄国的支持"。但他还无法确定具体的帮助形式，因为这些问题需要"由沙皇决定，并征询法国的意见"。在此期间，塞尔维亚应避免任何不必要的挑衅行为。如果遭受攻击又无力自保，塞尔维亚应当立刻将部队由东南部调进俄国领土。这样做的目的不是任由奥匈帝国占领国土，而是保存塞尔维亚部队实力，以备日后的反攻行动。

7 月 25 日晚上 8 点，斯帕拉伊科维奇又发来一份电报称他与刚从沙皇官邸归来的塞尔维亚国防部官员进行了会见。这名官员此前与俄国总参谋长有过会谈，他告诉斯帕拉伊科维奇，俄国防部已经表现出“充分的备战状态”，并准备好“最大限度地保护塞尔维亚”。沙皇对此的决心更是让所有人震惊。此外，俄国已经下令，下午 6 点整，也就是塞尔维亚被要求回应最后通牒的截止时间，所有俄国军校的应届学员都将被提升为军官级别，这也是即将开始做全军动员的清晰信号。“在各个方面，沙皇政府的所作所为都让人欢欣鼓舞。”在发至贝尔格莱德的其他电报中则报告了各项已经着手进行的军事准备措施，“荣誉感和（可以做出任何程度的）牺牲的精神”充斥在俄国国内，而关于英国的舰队也开始备战的消息则让人更为振奋。

俄国提供军事支持这一振奋人心的消息消除了弥漫在贝尔格莱德的悲观情绪，也打消了一些大臣试图接受最后通牒的条款以防止战争爆发的念头。斯帕拉伊科维奇于 7 月 24 日发出的关于萨佐诺夫承诺支持贝尔格莱德政府的电报分成了两个部分，第一部分于凌晨 4 点 17 分到达，第二部分于 7 月 25 日上午 10 点到达。关于报告斯帕拉伊科维奇与国防部官员于 7 月 25 日下午的会谈内容的电报，于 7 月 26 日某个时间被送达了贝尔格莱德。这封电报是前一天晚上 8 点发出的，所以这应该是在贝尔格莱德政府对奥匈帝国做出最终回应之前被送达的。

即便呈现这样的形势，塞尔维亚的大臣们还是做了很大的努力去好言缓和与维也纳政府的关系，以最大限度地防止塞尔维亚的主权受到侵害。帕希奇、柳巴 · 约万诺维奇以及当时大多数身在贝尔格莱德的高官共同起草了相关的文件。塞尔维亚外交部秘书长斯拉夫科 · 格鲁伊奇后来向路易吉 · 阿尔贝蒂尼描述了当局是如何忙于应对奥匈帝国进行答复的。7 月 25 日周六下午，众多官员在上面进行着反复的修改，以至于到最后连最初的字迹都难以辨认了。

最后到了下午 4 点，文件似乎终于顺利完成，人们试图将其打印出来。但是打字员缺乏经验，打字机也出现了故障，因此该回复不得不用誊写墨水手抄而成，文件用胶版批量印刷出来……最后半小时的工作最为慌乱。回复文件上到处是钢笔修改的痕迹。插入的句子又被墨水勾掉，面目全非。到下午 5 点 45 分，格鲁伊奇将文件放在信封里，呈给了帕希奇。

帕希奇曾希望格鲁伊奇或其他下属能将这份回函交给吉斯尔男爵，但没人愿意去，他说道："好吧，我自己去拿给他。"之后他走下楼梯并加入了与吉斯尔的会议，与此同时高官们都慌忙地乘火车赶往尼什，塞尔维亚政府已经迁到该地，以应对可能遭受的冲击。

塞尔维亚的回复可能看起来一团糟，但它可算是外交事务中含糊其辞做法的"杰出体现"。曾负责起草最后通牒初稿的穆苏林男爵将其形容为他所遇到过的"最精明的外交技巧示范"。有人指出塞尔维亚政府曾在巴尔干战争期间等多个场合表现出其温和、顺从的态度。事实上，"塞尔维亚为了维护欧洲的和平已经做出了很大的牺牲"。因此这份回函的起草者们也相信，他们的回复将消除两国间所有的误解。由于政府无法追究每个个体的行为责任，也无法对媒体或是"社会的和平工作"直接施加控制，因此它为来自维也纳的指责感到讶异和痛苦。

在这份回函中，起草者们将对于条件的接受、逃避与拒绝等微妙地混合交织在一起。第一，他们同意官方谴责一切针对奥匈帝国侵吞塞尔维亚领土的内容的宣传（而他们在此处用了动词的情态形式，以避免表明曾经其实有过类似的宣传）。第二，在关于抑制领土收复主义方面，回复中称，塞尔维亚政府没有掌握"任何证据能证明民族自卫组织或其他类似的社会组织"犯有"此类罪行"，不过他们愿意解散民族自卫组织及其他"可能有此类反奥匈帝国意识的"组织。第三，政府很愿意"在帝国提供相关证据的情况下"消除任何反奥匈帝国的教育宣传。第四，同意撤销军方可疑人员的职务，但也只能在奥匈帝国能提供这些人的"姓名以及他们的具体罪责"的情况下。在关于成立奥匈帝国—塞尔维亚联合委员会的事情上（最后通牒中的第 5 条），回函中表示塞尔维亚政府"没有充分了解这一要求的明确意思"，但他们将同意此类规划，前提是这符合"国际法、刑事诉讼法，并能维护良好的邻国关系"。第 6 条要求（允许奥匈帝国官员参与对相关违法人员的协同检查）被回绝了，因为这与塞尔维亚的宪法相违背。这事关塞尔维亚主权问题，为此萨佐诺夫也强烈要求贝尔格莱德政府守住底线。关于第 7 条里所要求的逮捕坦科西奇和齐加诺维奇，塞尔维亚政府表示他们已经"在这份回函发出的当晚"逮捕了坦科西奇，而"还无法抓住齐加诺维奇"。奥匈帝国政府也被再次要求提交"推断犯罪的证据以及证物，以便后续的调查”。这是一个比较狡猾的回应：一旦在萨拉热窝城里发现有名叫齐加诺维奇的人，警察就会把他遣送出去，同时官方则会表示城里找不到名为齐加诺维奇的人。关于第 8 条和第 10 条里谈到的对反对奥匈帝国的行为做出查办并通报帝国，被无条件地接受了。但第 9 条关于对萨拉热窝事件发生后塞尔维亚官员不当言论做出惩戒，则得到了一个模棱两可的回应：如果奥匈帝国政府“具体指出哪些段落有这类内容，并能证实确实是塞尔维亚官员所说的”，那么塞尔维亚政府将“很乐意给出”相应的解释。

也难怪穆苏林大加赞赏这篇回函的用词。其实这篇回复并非完全屈从于奥匈帝国的要求。该文件是为塞尔维亚的朋友塑造的，而非敌人。它给奥地利人所提供的便利非常小。首先，它将对萨拉热窝事件的调查责任推到了维也纳政府身上，同时又没有明确表示这样合作的调查真能达到预期的效果。这样看来，这实际上延续了塞尔维亚当局自 6 月 28 日以来的政策：避免被卷入事件当中，同时概不承认任何与之有关的言行。回函中所提到的“国际法”其实只是障眼法，因为当时还没有任何相关的国际法可以对此类联合机构的行为加以裁决判定。但不管怎么说，文中已经完美地展示出一种不明就里却仍要尽一切便利条件来接受最后通牒的表象。

因此，实际上，在很大程度上来讲，这是一个经过高度掩饰的拒绝。既然帕希奇的拒绝先发制人，对民族主义集团势力进行打压，使得事情发展到了这种地步，那么人们就有足够的理由发问，他是否还有其他的路可以选择。在第一章中，我们探讨了导致总理在 6 月 28 日之后表现出让人匪夷所思的被动性的多种原因，这种被动性体现在最近与军事派和黑手会集团的交锋中一直处于下风；在塞尔维亚政局处于危险的巅峰时，他 30 多年的政治生涯深深地将含蓄寡言和行事隐匿的作风烙在了他的性格中；此外，帕希奇和他的同僚在民族主义问题上，其基本思想中还是对此抱有同情的。在这些问题上我们可以进一步做出设想。帕希奇必定有非常充分的理由担心对这个案件的任何彻底调查，因为这可能牵涉塞尔维亚政坛一系列有着千丝万缕联系的核心当事人。说得好听一点儿，对“阿匹斯”集团的任何调查都会损害贝尔格莱德的政治事业。但更令人担心的是，对双重间谍齐加诺维奇（他已被奥匈帝国方面列为嫌疑人）的追踪和调查可能会暴露帕希奇和他的大臣们提前知晓真相的事实；在 7 月 7 日接受晚报采访时，帕希奇曾激烈地否认自己提前知道内幕。或许在某种程度上，奥地利人确实在缘木求鱼，即要求符合政治版图的塞尔维亚官方对扩张主义的塞尔维亚民族统一势力进行打压。问题在于，这两方实际上是相互勾连、自成一体的，它们是一个体系的两个方面。在贝尔格莱德的战争部（如果确有这样一个官方部门的话），在主接待大厅前面挂着一张塞尔维亚的地图；地图前竖立着一个颇有讽刺意味、全副武装的女性形象，在她所持的盾牌上罗列着“仍需要被解放的省”：波斯尼亚、黑塞哥维那、达尔马提亚……

就在接到塞尔维亚的回函之前，吉斯尔就已经料到他们不会无条件接受这些要求。当天下午 3 点开始，塞尔维亚的军事总动员令就已经生效了，部队已经大张旗鼓地出发并占领了城市周围的高地，国家银行及重要档案都已经撤出贝尔格莱德，外交使团已经做好准备遵循政府的指令，途径尼什，来到其在克拉古耶瓦茨的临时地点。对参与起草这份回函的高官们也发出了相应的警告。在最后期限到来的最后 5 分钟，也就是 7 月 25 日（周六）下午 5 点 55 分，帕希奇出现在奥匈帝国使馆并移交了回函文件，并用蹩脚的德语说道（他没说法语）：“我们已经接受了你们提出的部分要求……至于其他部分，我们希望你们能表现出一名奥匈帝国大将应有的骑士精神。”然后他就离开了。吉斯尔瞥了一眼文件，随后签署了一份已经准备好交给总理的关于他将与部下于当晚一同离开贝尔格莱德的信件。身在塞尔维亚的奥匈帝国公民的权利保障交给了德国大使馆，使馆里相关的密件都已被焚毁，而已经打包好的行李被装到了等候在门口的车上。下午 6 点 30 分，吉斯尔偕妻子及部下搭上了离开贝尔格莱德的火车。10 分钟后，奥匈帝国封锁了国境线。

这是否意味着战争开始了？在 7 月 24 日发给身在伦敦的门思多夫的一封电报里，贝希托尔德要求这位大使转告爱德华 · 格雷，奥匈帝国的文件并非正式的最后通牒，而是一个“有时间限制的行动方针”，如果在到期之后没有得到令人满意的答复，就意味着外交关系的破裂以及可能开始的相关军事准备。但战争终归是不可避免的，如果之后塞尔维亚退缩了，“在我们的大军压境之下”，贝希托尔德说道，他们将偿还奥匈帝国所遭受的一切损失。第二天，就在贝希托尔德前往巴特伊施尔会见弗朗茨 · 约瑟夫一世时，在途经莱姆巴赫时，收到了一封身在维也纳的第一分队长官马基奥（Macchio）发来的电报。马基奥报告称，维亚纳的俄国大使馆临时代办库坦舍耶夫（Kudashchev）已经官方提请延长奥匈帝国最后通牒的期限。贝希托尔德回复表示，延长最后期限的截止时间是不可能的，但他补充说，即便超过了最后期限，塞尔维亚也可以通过接受奥匈帝国的要求来避免战争。在历史学家阿尔贝蒂尼看来，或许这些话表现出贝希托尔德一时的糊涂，也或许从另一方面来说，这只是逢场作戏——谁都能看出奥匈帝国已经急于在军事上有所行动。

现在回想起来，这些最后的辩解并没有什么好处。7 月 26 和 27 日，斯帕拉伊科维奇带来了令人为之一振的消息：俄国正在动员 170 万人的部队，并计划“一旦奥匈帝国攻击塞尔维亚，就立刻向奥匈帝国发起进攻”。斯帕拉伊科维奇在 7 月 26 日报告称，沙皇称塞尔维亚人将“像雄狮一样战斗”，甚至有可能摧毁奥匈帝国的铜墙铁壁。虽然德国的态度尚不明确，如果德国人没有加入战斗，沙皇认为这将是一个“让奥匈帝国分崩离析”的绝佳机会；如果德国参战，俄国将“执行与法国的联合军事行动计划，这样战胜德国也完全不在话下”。

斯帕拉伊科维奇作为前任塞尔维亚外交部政策大臣，对这些消息无比激动，以至于他也开始建议相应的政策：“在我看来，如果我们善用这个千载难逢的机会，甚至可能促成塞尔维亚真正的统一。因此，奥匈帝国对我们的攻击也将是一个契机，我们应以上帝的名义回击！”这些来自圣彼得堡的激进情绪让紧张局势进一步升级。奥匈帝国也不会再对开战有所迟疑了。帕希奇一直以来就坚信，塞尔维亚及其盟国不会得到安宁，而将借助强国的力量展开伟大的战争。这并非从来未曾经过谋划，而是一个即刻就会爆发的局面。虽说两周之前或许还有办法避免严重争端的发生，但战争已经近在咫尺。对塞尔维亚来说，已经没有回头的机会了。

“局部战争”开始

1914 年 7 月 28 日早晨，弗朗茨 · 约瑟夫一世在他位于巴特伊施尔的皇家别墅的书房写字台前，用一支鸵鸟毛做成的羽毛笔签署了对塞尔维亚的宣战声明。在他面前的是他已故妻子的大理石半身像。在他的右手肘边，是一支造型十分具有艺术感的电动雪茄点火机，它是铜质的，十分笨重，带有深色木质底座，线路引向桌后的壁式插座。声明文件的格式参考了奥匈帝国在 1866 年宣告对普鲁士开战时的模板。

> 承蒙上帝保佑，我的强烈的愿望依然如是——将这虽已被判决的几年时光神圣化，继续开展和平的工作，继续保护我的人民免遭战争的牺牲和重负。然而事与愿违，一个恶毒的敌手却在威逼我，让我不得不为了维护我人民的权利和财产，在度过了长久和平的时期之后再次拔出我的利剑。

但这次，贝尔格莱德已经接近于无人区了。所有适龄的男性都被征召入伍，许多家庭已经逃往国内的其他地区找亲戚避难，大多数外籍人员也已经离开。7 月 28 日下午 2 点，关于大战一触即发的传言像野火一样蔓延在整座城市当中。街道上零售的报纸都被立刻抢购一空。当天更有两艘塞尔维亚籍的船只携带弹药和地雷在多瑙河上被奥匈帝国的侦察兵截停。第二天凌晨 1 点刚过，塞尔维亚部队就炸毁了连接塞姆林和贝尔格莱德之间的大桥。奥匈帝国炮艇向岸边开火，在经历了短暂的交锋之后，塞尔维亚部队撤退了。

时年 58 岁的西格蒙德 · 弗洛伊德当时也了解到了开战的消息，他对此非常欣喜："30 年来我第一次感觉到自己是个奥地利人，并觉得应该给这个垂暮的帝国一个机会。我对奥匈帝国又充满了自豪。"

第十一章　枪声响起

毫不让步

在经历了充斥着招待会、军事评论、演讲、晚宴祝酒词的忙碌的4天后，莫里斯·帕莱奥洛格需要休息。在7月23日晚上于“法国”号舰船上见过了普恩加莱之后，他告诉仆人第二天早上不要打扰他。但事与愿违，早上7点就有紧急电话，通报关于奥匈帝国最后通牒的消息。对于这位当时还躺在床上、处于半睡半醒状态的大使来说，这些内容就好像一个似真似幻的梦进入了他的脑海：

> 这些内容在我听来是那么的不真实，却又是客观存在的。我又感觉自己仿佛还在继续着昨天和沙皇的对话，陈述着自己的观点。同时我又强烈地感觉我只是在一场噩梦之中。

帕莱奥洛格当即取消了他的午餐安排，改为与俄国外交大臣萨佐诺夫和英国驻俄大使乔治·布坎南会面，此次会面在法国大使馆举行。根据他的回忆，帕莱奥洛格向两位来客回顾了前一天晚上法国总统和沙皇的谈话内容，并重申三个大国必须保持“毫不让步”的政策。萨佐诺夫回应道：“但如果这样的政策将导致战争呢？”帕莱奥洛格对此表示，只有在“德意志势力”已经“打定主意靠武力手段来维护其在欧洲东部的利益”时，毫不让步的姿态才可能引发战争。（这位法国大使在此极佳地演绎了 7 月的第二个星期里，霍尔维格向里茨勒所表达的观点。）

萨佐诺夫似乎也并不像帕莱奥洛格所形容的那样畏首畏尾：在与乔治 · 布坎南的一次会谈中，正是萨佐诺夫宣称“俄国将不惜一切动用武力”。不论他们的观点如何，三个人此时都从奥匈帝国呈献给贝尔格莱德政府的最后通牒中看出了形势的危急。萨佐诺夫和帕莱奥洛格一同开导布坎南，让他去劝说英国政府放弃“无异于自杀式行为的”中立政策。布坎南表示同意并承诺将“严词”劝告格雷，让他实行“抵抗德国”的政策。曾与大使在那天午后有过交流的德罗宾伯爵为此震惊，他回忆道：“在这个气氛紧张的午餐时间里，他们都彼此刺激、怂恿。帕莱奥洛格更是夸大了他与普恩加莱的谈话内容……”

事实上，萨佐诺夫并不需要帕莱奥洛格或其他任何人的怂恿。就在他前往法国使馆共进午餐之前，他就已经向奥匈帝国驻俄大使写信阐述了他如何看待目前的情况，以及他将如何对此进行反馈。在绍帕里大声读出了奥匈帝国最后通牒的内容之后，萨佐诺夫愤怒地咆哮道：“我懂了。你们就是想与塞尔维亚开战！德国的舆论也在怂恿你们这么做。你们这是要让欧洲陷入战争。你们这样做将会导致严重的后果，很快你们就将看到英国、法国和其他一些国家的反应了。”绍帕里表示愿意提供证明维也纳政府这样做的合理性的证据，但萨佐诺夫大手一挥，表示自己没兴趣知道：“是你们自己想要战争的，而且只是你们自己。”当绍帕里表示奥匈帝国有维护自身利益，而且是“世界上最热爱和平的国家”时，萨佐诺夫讽刺地回应道：“像你们现在这样在欧洲燃起战火，人们确实能看出你们有多么爱好和平。”就这样，绍帕里愤愤不平地离开了，他立刻回到了奥匈帝国使馆，并将如上信息加密回报给了奥匈帝国。

这位奥匈帝国大使刚走，萨佐诺夫就叫来了俄国总参谋长亚努什科维奇（Yanushkevich）将军。他宣称，俄政府将很快发布一份新闻公告，将告知外界，如果“塞尔维亚同胞的尊严和主权受到威胁”，俄国将不会再保持“坐视不管”的状态（第二天又针对此内容发布了进一步的说明）。之后，他和亚努什科维奇讨论了关于“针对奥匈帝国展开局部战争”的计划。在最后通牒发布的那天，这位俄国外交大臣坚持自己毫不动摇的政策，摆出一副好战的姿态，并做出了让危机进一步升级的一系列决定。

那天下午 3 点，召开了一场持续两小时的大臣会议。萨佐诺夫在刚刚结束与帕莱奥洛格和布坎南的午餐会面后，在理事会上第一个发言。他以描述目前所处的危机四伏的欧洲形势作为开场。他指出，德国一直以来都在进行“系统的准备工作”，其目的不仅在于扩大其在中欧的影响力，更在于铲平“包括三国同盟所带来的影响在内的所有国际问题”所带来的安全隐患。在过去 10 年中，俄国在面对其挑衅时一直都保持着克制，而这恰恰“鼓励”德国产生了更多“侵略性的企图”，到了该摆明自己的立场的时候了。奥匈帝国的最后通牒正是“在德国的纵容之下”写就的，如果贝尔格莱德政府接受这些条约，实际上就意味着臣服于德国。如果俄国此时放弃属于自己的“历史使命”，不维护塞尔维亚同胞的利益，那么俄国自己也将丧失“所有的权威”，进而“在巴尔干地区陷入被动”，并且“只能屈居于第二大国”之位了。为此他也警示道，一个坚定的立场可能引发与奥匈帝国和德国的战争，而更让人不安的是，目前还不知道英国将站在哪一边。

在他后面发言的是农业大臣克里沃舍因，他是一名坚决反对弗拉基米尔 · 科科夫佐夫的观点的大臣。当时他是沙皇面前的红人，同时也与杜马民族主义有着密切的联系。身为农业大臣，他与地方自治机关的联系也非常紧密，这些人的势力遍布俄国。他曾经为《新时报》工作多年，这是一家在巴尔干和土耳其海峡问题上有着强烈民族主义倾向的媒体。他曾支持苏霍姆利诺夫在 1912 年 11 月提出的针对奥匈帝国出兵的提议。他也和黑山的米利察（Militsa）过往甚密。在科科夫佐夫离开后，克里沃舍因是大臣会议中最有权势的人。这名鹰派成员在外交问题上也显得越来越反德意志。

7 月 24 日，在这次大臣会议的发言中，克里沃舍因首先大段阐述了关于军事行动的利与弊，但最终表示应对奥匈帝国的行为予以坚决的回击。他强调，俄国在经历了 1904~1905 年的变故之后，目前已经进入一个空前的政治、经济、军事大发展的时期。但重整军备的进程尚未完成，这也让人担忧俄国目前的军事力量能否与德国和奥匈帝国“现代高效的科技”武装相抗衡。但反过来说，“总体条件”在近几年里已经有所改善（或许他指的是法俄关系的巩固），这样看来，帝国自己也很难向公众解释为什么在如此好的情况下还表现得“畏首畏尾”。接着出现了争论的核心问题。过去，俄国“过于审慎的态度”没能“稳定”中欧的动荡局势。可以肯定的是，一旦开战，俄国也将冒很大的风险，日俄战争就是前车之鉴。但永无止境的“调解”并不能为俄国换来其想要的和平。“纵使我们再怎样调解，战争也在所难免。”因此，在目前情况下最好的政策应该是“以一个更为坚定、充满活力的态度面对中欧地区的动荡局势”。

克里沃舍因的发言在会上产生了巨大反响，后面发言的人也没有对他的结论表示异议。陆军大臣苏霍姆利诺夫和海军大臣格里戈洛维奇承认，重整军备的进程确实没有完成，但二人“都表示不能再这样犹豫着任人宰割了”，而且在他们看来，“毫不让步的姿态没什么不好”。财政大臣彼得·巴克表达了自己对于俄国发动欧陆战争后所需承担的经济财政冲击的担忧，即便如此，他也承认，一再让步并不能保障和平，而且“既然俄国的荣誉、尊严和权威受到挑衅”，他认为没有理由不坚持目前大多数人所认可的决策。戈列梅金在最后总结道：“立刻帮助塞尔维亚，是俄国的责任。”毫不让步的姿态比调解更有可能争取到和平，即便不能顺利走向和平，“俄国也应该准备好为和平做出牺牲”。最后，大会达成了以下五点共识：（1）将要求奥匈帝国延长最后通牒的最后期限；（2）将建议塞尔维亚不要在边境地区交火，而是将军队撤到国家内部备战；（3）将要求沙皇“原则上”同意随时准备动员基辅、敖德萨、喀山和莫斯科军区的部队；（4）将责成国防大臣加紧军事物资的储备；（5）将紧急撤回目前俄国在德国和奥匈帝国进行的一切投资资金。

“这次战争真的开始了”

第二天（7月25日），又举行了一次更为隆重的大臣会议，由沙皇亲自主持，总参谋长亚努什科维奇和尼古拉斯公爵都参加了会议，后者作为圣彼得堡行政区的执行长官，也曾在普恩加莱到访期间在其面前直言不讳地交换观点。此次会议不仅确认了此前所做的决定，还制定了更具体的军事行动措施。最重要的是，理事会决定授权一系列所谓的“战争筹备阶段”的准备工作。这些包含着复杂的军事准备措施的工作，不仅在与奥匈帝国接壤的地带生效，而且是为了俄国在欧洲所有领土准备的。

7月24日及25日的会议确实有着不容置疑的历史性重要意义。从某种意义上说，这代表着大臣会议在斯托雷平去世之后再次恢复了其在外交政策制定方面的影响力，这在外交方面是相当不寻常的。为了让其他政客将德国视为灾祸的始作俑者，萨佐诺夫后来表示他甚至修改了法俄同盟的一些核心内容，即德国才是“主要敌人”，而非奥匈帝国。至于这是一场奥匈帝国还是德国引发的危机，其实没有差别，因为奥匈帝国一直被认为与德国是一丘之貉，且其除了“称霸近东地区”之外的终极目标尚不为人知。至于俄国对于战争的准备相对不足的问题，大臣们以含糊其辞的借口表示，即便俄国采取“调解”的姿态，不攻击德国的盟友奥匈帝国，但战争“终归”还是会爆发。这种论点很像是霍尔维格在7月初所持的一系列观点：萨拉热窝危机实际上是在试探俄国的意图，如果俄国为此不顾一切地挑起欧陆战争，那就说明他们只是以此为借口。但这里面有一个关键的区别：在霍尔维格的想法中，这是用来辨别俄国是否有意发动战争的，而并非用以辨别德国的军事企图。相反，在圣彼得堡所判断的标准并非出于被动，不是在俄国受到直接威胁的情况下，而且也似乎（还不能确定）正使危机进一步升级。

两次会议所确定下来的军事措施也尤为让人感到费解。首先，在7月24日的会议上被萨佐诺夫和亚努什科维奇所认可的开始着手进行局部备战动员的方案，实际上非常不切实际，而且存在较大的潜在风险。即便是局部动员，如果向奥匈帝国展示了威胁性，那就将不可避免地带动整个奥德同盟做出反应。而让德国也开始反击，这就好比德国针对俄国进行局部动员，即便没有在西侧动兵，也一样会引起法国的警戒与还击。如果这些反击的动作出现，在南部军区向奥匈帝国发起攻击的右翼部队将在前线迎战来自两个国家的敌军。因动员的局部性所带来的大部分战略空间也因此成为泡影。更令人担忧的是，俄国原本的计划中是不包含局部动员的，并没有计划直接针对奥匈帝国一国发兵。目前这个被称为19号命令的军事动员计划是同时针对奥匈帝国和德国的“整体计划”，“不成功便成仁”。不同区域的人口密度变化意味着绝大多数军队都吸收了来自其他动员区的后备役士兵。此外，在全面出兵的同时，有一部分毗邻奥匈帝国的军队被预留作为防备波兰地区德军势力的力量。因为如果所有一切都不算足够糟糕的话，限定在某些地区的动员则只会使那些进入或穿越中心区的铁路运输调度陷入巨大灾难（这些调度十分复杂）。因此，奥匈帝国的动员不仅对其自身来说是冒险之举，也会让俄国在随后必要之时向全体动员的转变中受阻。

鉴于这些弊端，局部的动员计划恐怕还缺少周密的考虑，但为什么萨佐诺夫还对此坚定不移呢？显然，全面出兵很可能引发一场全面战争。萨佐诺夫无疑也记得 1912~1913 年的那场危机，那正是由一次针对奥匈帝国的紧急出兵而引起的。军事人员受到格外关照，而军事和民政人员之间的沟通又不甚充分，在这样的大环境中，身为文官且对军事事务十分反感的萨佐诺夫不会掌握更多消息。当时萨佐诺夫就从亚努什科维奇那里得到了极其糟糕的建议。亚努什科维奇作为一个文臣而非武将，在战略方面并不突出，他之所以受到重用，更多的是因为沙皇个人的喜爱，而非其真正的能力。但此时，就连亚努什科维奇本人及其下属都认为局部的军事动员是非常不可取的。萨佐诺夫还是坚持己见，或许他觉得需要给沙皇提供一个替代全军出动的方案，或许他寄希望于仅以局部的军事力量就让奥匈帝国和德国屈服，或许另一方面来看，他希望通过局部动员让沙皇的决策也朝着对他有利的方向发展。这些不确定因素中最起码有一点是确定的：俄国高层中出现了脱节。沙皇被允许将波罗的海舰队增加到萨佐诺夫的局部动员计划中，这更印证了这一事实，即尽管对外交大臣来说，这在他避免与德国对抗的打算中没有起到丝毫作用。

但不管怎么说，从目前来看，局部军事动员的政策只是一个转移注意力的工具，起码在 7 月 28 日政府正式宣布这一政策之前是这样的。与此同时，大臣会议也达成了一个更重要的决议，即重新启动“关于在 1913 年 3 月 2 日备战期间的规定”。这种战前动员方案适用于舆论、铁路等多个方面，加之还有其他的多项相关措施：在基地之外进行训练的部队被即刻招了回来；大约有 3 000 名军校候补生被提升为军官，以在军官数量上满足战时需要；港口严阵以待，马匹和马车随时备战，华沙、维尔纽斯和圣彼得堡地区的所有堡垒都被转至战时状态，以便在任何时候听从当局调遣，即时进行战略部署。而且，这些措施不仅生效于临近奥匈帝国的边境地区，而是整个俄国在欧洲的国土。

当然，这些措施是充满了风险的。德国人和奥地利人又怎么判断俄国到底是在进行战前动员，还是已经开始了军事行动呢？ 3 月 2 日的一份用于行动规范的相关文本传达出了军事动作的指向。根据这份文件的规定，部队被召回并被指示按照对敌状态的情况穿好制服严阵以待。

> 马匹被聚集起来，从士兵到军官都结束了休假。一些被怀疑有间谍倾向的人相继被捕。马、牛和农作物的出口活动也受到了限制。钱财和有价证券被从靠近边境的银行转移到了远离边境的银行。海军舰艇都已各就各位，随时准备好出击。

为防止可能产生的误会，亚努什科维奇告知各地区的指挥官，在必要的时候，也可以打破3月2日行动规范的规定。

之后，很显然，很多其他势力也将这次战前动员理解为了局部动员。比利时驻圣彼得堡的外交武官在7月26日的报告中就指出，沙皇已经下令调动“位于基辅和敖德萨的10个军团”，并称这一命令已经受到俄国军界的普遍支持，并指出之后媒体关于“军事动员”的报道恐怕都将被封杀。德国和奥匈帝国的外交官也开始发回带有警示性的报告。奥匈帝国驻哥本哈根大使塞切尼（Széchényi）伯爵在7月26日的报告中称，丹麦外交大臣埃里克·史卡维尼斯（Eric Scavenius）已经从圣彼得堡得到消息，称俄国开始了军事动员——尽管塞切尼认为对于这种明目张胆的挑衅行动，英国和法国不会出来助长俄国的气焰。第二天，奥匈帝国驻基辅领事海因（Hein）报告称，目击大批军官进行集结，且有庞大的炮兵部队从基辅军事基地向西边行进，其目的地不明。同一天晚些时候（7月27日），他报告称有16列运载着大炮和哥萨克骑兵的火车离开基辅，且有26列运载着大炮和工兵的火车已经从敖德萨出发，这些列车的目的地都是俄奥边境。占地广阔的基辅军营此刻空空如也：部队要么已经被调往其他战区，要么就已经上船。从波兰的彻卡科瓦发来的一份加密报告显示，该地区的演习被中断，所有部队回到了城里集结；“大批的”大炮已经被装上了列车的车厢，并在开往维也纳方向的车站待命；而在几天前，7列满载工兵的列车已经离站。从莫斯科发来的报告称，规模仅次于法国空军的沙俄帝国空军已经开始向西进发，而骑兵团已经来到距叶卡特琳诺斯拉夫（即今日的第涅伯佩特罗斯克）南部约600英里的地方进行集结。奥匈帝国驻加利西亚的外交官报告称有包括大炮和哥萨克骑兵在内的“巨大规模的”部队已经越过边境。从黑海东岸的巴统传来消息称，哥萨克骑兵团已经在前往华沙的路上了。俄国向驻圣彼得堡的德国大使馆发出的领事文件报道了各种部队准备迎战的信号，包括河流采矿、扣押车辆、一整支从基辅向西挺进的俄国炮兵部队、被莫斯科电报厅阻截的德国加密电报、结束演习的军队、开赴卢布利林和科韦利的步兵和骑兵、成群的马匹、大批护送军用机车，以及部队准备应战的其他准备信号。早在7月25日傍晚，当帕莱奥洛格前往圣彼得堡的华沙车站和“非常热切地想要”回到巴黎的伊兹沃尔斯基告别时，二人就被周围接连不断的骚动所震惊了：

> 站台上传来巨大的喧嚣声。火车上挤满了官兵，这看起来像是军事动员。我们交换了一个眼神，并在同时得出了同样的结论：“这次战争真的开始了。”

俄国人的情理

在实施了以上的种种措施后，萨佐诺夫和其幕僚们使得危机进一步恶化，并大大增加了爆发欧陆战争的可能性。一方面，俄国的战前动员改变了塞尔维亚的政治氛围，贝尔格莱德政府原本是想考虑接受最后通牒的要求的，但现在也只能硬着头皮往上冲了。这也加剧了俄国国内的压力，舆论纷纷表示俄国不会在面对塞尔维亚所受到的压迫面前“保持无动于衷的态度”。这给奥匈帝国敲响了警钟。最重要的是，这些措施让德国也感到了威胁，虽然此前德国一直坚持寄希望于这次危机只在奥匈帝国和塞尔维亚之间迸发。

为什么萨佐诺夫要这么做？他不是一个坦诚的人，也从没有在那些日子里明确表明自己的动因，但他得到最后通牒的消息时的第一反应似乎暴露了他的想法，当时他就激动地表示：“这将是一场全欧洲的战争！”萨佐诺夫从一开始就认为，俄国必须对别国针对塞尔维亚的军事行动做出回击。他对于最后通牒所给出的回应与他此前的言论完全一致。萨佐诺夫从不承认奥匈帝国有权对塞尔维亚进行领土收复主义的制裁。相反，他赞同巴尔干领土收复主义，并认为塞尔维亚才是继承奥匈帝国君主制的正确人选，在他看来，这样一个多民族构成的国家才应当成为正统。他似乎并没有看到俄国专制下的民族压迫其实正与他自己的理论相悖。

在萨拉热窝事件后，奥匈帝国就有权采取任何行动，抵制贝尔格莱德政府，这一点是萨佐诺夫从一开始就反对的。他曾经在各种场合多次表示，他将对针对塞尔维亚的威胁行为做出军事上的反击。早在 7 月 18 日，那时奥匈帝国的最后通牒的内容还未揭示，萨佐诺夫就已经告诉乔治 · 布坎南，“对于任何奥匈帝国针对贝尔格莱德提出的类似最后通牒等形式的要求，俄国都不会坐视不管，可能将会被迫采取适当的军事措施加以回击”。萨佐诺夫一定也已经注意到了这里面所隐含的巨大风险，因为在 1912 年 11 月巴尔干危机进入白热化阶段时，他也同科科夫佐夫一样反对所谓的局部动员，正如科科夫佐夫所说的：“不管我们怎么称呼，动员就是一次动员，是为了真正的战斗而准备的。”

当然，1914 年的情况就完全不同了。风险变得更大，而且随着科科夫佐夫的退休，政界的情绪也变得难以控制。但还有另一个更大的区别：1912 年 11 月，萨佐诺夫曾给自己的支持加上了一个前提，即“即便我们已经准备好了开战，我们也应该首先争得我们的同盟国家的理解”。至于这个理解，至少是对法国来说，在 1914 年夏的此时此刻是毫无疑问的。在塞尔维亚问题上的强硬姿态并非只是普恩加莱和帕莱奥洛格费尽心思所阐述的，目前的这一危机也是自巴尔干危机以来所面临的最严重的情况。俄国驻巴黎的一名军事随员伊格纳季耶夫就曾在 7 月 30 日满怀喜悦地报告，在与法国国防部高层有过多次接触之后，他发现“在法国看来，此次俄法两国的战略合作将有很好的前景”。比利时驻法国的大使也表示了同样的看法：“法国高层普遍看好战争。”他在 7 月 30 日这样写道：“他们渴望战争，因为在他们看来，这个时机非常合适，而且也是时候让一切做个了结了。”

帕莱奥洛格并没有像一些人所说的那样，曲解了法国的意图，并且未经巴黎政府的授权就对圣彼得堡方面做出种种承诺；他也并没有误导巴黎政府对俄国的动员行动展开错误的反应，以至于最终无法抑制俄国的动作。相反，他在俄国政府采取种种措施期间，一直在向法国外交部提出警示。一封发于 7 月 24 日晚上 6 点 30 分的电报里确认了关于“通过军事手段争取和平”以稳固联盟关系的必要性，当晚 11 点的另一份电报提到了俄国“将在塞尔维亚的主权和领土完整受到威胁时毫无疑问地有责任”采取的种种措施。之后，次日凌晨 4 点 45 分的一份被标明了“紧急”和“机密”的电报中指出，大臣会议在那天已经“原则上”同意了针对“13 支对奥匈帝国展开反击的部队”的军事动员。最后有这么几句关键的话：

> 只有在奥匈帝国尝试对塞尔维亚采取军事手段的情况下，军事动员才立刻公开执行。但是，从今天开始就要进行秘密的准备。

维维亚尼事后才知道这一切，并强烈谴责了帕莱奥洛格的越级行为，但即便维维亚尼的权力已经名存实亡（普恩加莱也正希望如此），如果帕莱奥洛格的笔记还不足以描述，那么来自法国军事大使随员拉齐什（Laguiche）将军的类似的大量报道则可以进行弥补。比如，他于 7 月 26 日称，“秘密的军事部署”已经在华沙、维尔纽斯和圣彼得堡展开，所有地区都与德国毗邻。然而法国外交部则没有表态。尽管普恩加莱之后篡改了他参与这场危机的关键细节，他同样也没有呼吁对此进行遏制，甚至向帕莱奥洛格抵赖，不承认他曾在圣彼得堡极力鼓吹此政策。

可以肯定的是，萨佐诺夫曾几何时也相信危机是可以通过和平的手段加以解决的。奥地利人的动作曾在 7 月 25 日收到最后通牒的回复之后有过片刻的停滞，他们是希望或许能在最后一刻收到贝尔格莱德反悔的决定。萨佐诺夫将此误以为是维也纳政府在寻求一种冷处理以及谈判的方式。“直到最后一刻，”他在 7 月 26 日告诉法国大使，“我将为谈判一直做好准备。”当他召来绍帕里并听取其“坦诚和忠实的解释”时，他的这些想法也展露无遗。在读过奥匈帝国的最后通牒的内容后，萨佐诺夫坚持认为这篇文件充满了“让人难以接受的、荒谬的、带有侮辱性的”词句，并表示：“收回你们的最后通牒，修改你们的措辞，我保证你们将得到想要的结果。”如此“谈判”之下，很难有进一步的进展。不管怎么说，奥匈帝国之所以会有短暂的迟疑，并非是对自己的要求的合理性有所疑虑，而是希望贝尔格莱德政府能就此屈服。俄国战前动员的消息让这些希望烟消云散了。没有人比斯帕拉伊科维奇看到登上火车的哥萨克骑兵部队而更激动了，他见证了塞尔维亚民族在最后时刻为了统一与自由所做的斗争。加之沙皇敦促塞尔维亚人要“像狮子一样”去战斗，贝尔格莱德政府似乎不会对最后通牒有所屈服了。而且，在此期间，萨佐诺夫曾特别指示贝尔格莱德政府不要接受英国在其中的调解。

即便他们就这样放任危机不断升级，俄国人也必须保有必要的谨慎。不管俄国的行动是否有必要，法国都从始至终地支持俄国在巴尔干地区做出的任何干预行为。但安抚法国与英国的舆论并且尽量不激怒德国仍然是非常有必要的。自 1912

年 11 月开始，对于俄国的军事动员一直存在一种设想，即即便军队都已集结完毕，“如果没有受到敌方的攻击，依然是能避免战争爆发的”。在军事动员的初期，“巧妙的外交周旋”将使“敌人放松对于威胁的警惕性”。就在俄国的军事动员令发出后，帕莱奥洛格于 7 月 25 日与萨佐诺夫进行了一次会谈后向巴黎政府报告称，俄国将只针对奥匈帝国开战，并将避免其他挑衅行为，“以此让德国不至于加入战争”。对于俄国来说很重要的一点是，法国和英国的舆论把奥匈帝国而非俄国视为战争的发起者。萨佐诺夫在 7 月 24 日这样告诉帕莱奥洛格：“我们必须让奥匈帝国完全陷入不义之战的境地。”这种必须让对手被视为战争发起者的想法，将在大战爆发前的最后几天里在各种关键决定中产生影响。

这些所作所为都只是为了塞尔维亚吗？俄国真的为了保护其远方的友好国家的主权而不惜冒战争的风险？我们不难看出，塞尔维亚当时在俄国眼里变得越发重要，部分原因是索非亚地区的异化，部分原因是与保加利亚相比，塞尔维亚更能对奥匈帝国的统治产生影响。对塞尔维亚的同情情绪在俄国的泛斯拉夫人群和民族主义者中非常强烈，这也让政府借此与国内的中产阶级达成了良好的沟通。同时，奥匈帝国要求塞尔维亚人从阿尔巴尼亚北部撤军，这与俄国曾经于 1913 年 10 月将这一地区交给贝尔格莱德政府控制的初衷相悖。而且与俄国的邻国、拥有部分黑海沿岸地区控制权的保加利亚不同的是，塞尔维亚本身对俄国的地缘政治没有任何威胁。

如果我们深入了解一下俄国领导层对土耳其海峡未来发展日渐强烈的焦虑情绪，或许我们也就能理解为何俄国对此的回应是如此强硬了。俄国人（或者更准确地说是俄国海军司令部）自 19 世纪 90 年代起就在追求对博斯普鲁斯海峡的控制权。同样，我们也看到保加利亚是如何浩浩荡荡逼近君士坦丁堡，巴尔干战争期间粮食出口的中断，以及利曼事件是如何让这一事件列入 1912~1914 年的重要议事日程的。1914 年夏，俄国进一步深化了对土耳其海峡的忧虑。更重要的是，奥斯曼帝国和希腊之间后来针对爱琴海群岛北部地区的控制权开展了海军军备竞赛，为了保持领先优势，奥斯曼海军从英国购买了两艘无畏级战舰，第一艘将于 1914 年 7 月抵达。

这一地区性的争端特别让俄国人为之担忧。首先，如果地区矛盾进一步升级，海峡的不平静将使俄国在此地区的商船活动受到巨大影响。其次，一些小国（希腊或保加利亚）可能从奥斯曼帝国的领土里夺走俄国也想夺取的部分。再次，希腊与奥斯曼帝国之间的战争可能使英国海军也掺和进来，而俄国人一直极力压制英国海军的规模。最后，其中最为令人担忧的是奥斯曼帝国将有无畏级战舰进入黑海，而俄国并没有这种级别的战舰。俄国海军司令在 1914 年 1 月时警告，奥斯曼帝国无畏舰的到来将制造出一种“毁灭性的，近乎是 6 倍强于”俄国黑海舰队的军事力量。“对黑海控制权的丧失，将给我们带来怎样严重的后果，显而易见。”萨佐诺夫于 1914 年 5 月告诉俄国驻伦敦大使，“因此我们不能就这样坐视奥斯曼海军力量持续快速地扩张。”直到 1914 年 7 月底，萨佐诺夫仍在向英国提请收回向奥斯曼帝国出售的无畏级战舰。

以上这些问题在“七月危机”中对俄国到底有多大影响，我们无法准确评估。由于正式文件都侧重于对奥塞冲突的关注，俄国之所以做出这些决定，有可能主要还是为了团结斯拉夫的“小伙伴们”，并借此在巴尔干地区获得合法的控制权。萨佐诺夫已经有了足够的前车之鉴，他深知不可能与其盟友共同管理海峡。然而，由于让海军尤为着迷的博斯普鲁斯海峡没有为军队参谋长共享，事件开始变得复杂起来。

另外，海峡问题对克里沃舍因来说也非常重要。作为农业大臣，他很清楚这一地区在俄国农作物出口方面的巨大商业效益。巴尔干近期的不稳定局面正通过海峡问题点燃巴尔干战场的导火线，因此，人们逐渐将巴尔干半岛视为海峡的关键战略后方。同时，俄国如果在巴尔干半岛获得控制权，也将防止博斯普鲁斯地区受到更多的侵扰。对于海峡地区的利益谋划因此也在俄国针对塞尔维亚的问题上产生了影响。

不管这些因素孰轻孰重，俄国已经走上发起战争的道路。从这一点上来说，其他可能性已经微乎其微。1914 年 8 月前几日爆发的战争变得几乎（虽然并非不能）不可避免了。这也正是为什么 1914 年 7 月 24~25 日结束了圣彼得堡的会谈之后，负责军事动员的俄军长官多波罗斯基（Dobrorolsky）将军在 1921 年回忆称：“战争已经在所难免，俄国与德国之间频繁往来的电报都在促成这一历史性的时刻。”然而 7 月的决定性的第四个星期里，俄国人和他们的法国盟友还在继续探讨和平的政策。用沙皇的话来说，普恩加莱、萨佐诺夫、帕莱奥洛格等人所坚持的“毫不让步”的政策是“以武力的手段确保和平”。

这种婉转的说法对俄国和法国乃至英国的侵略性都有所掩盖，我们在一些内部文件和私人信件中也发现了同样的说法。很有意思的是，在德国的一些文件里，反倒经常性地将战争视为一种必要的手段。然而如果我们仔细看看俄国和法国的政治家们所说的维护和平的手段，我们就不难发现这实质上和德国所说的并无不同。我们尚不清楚为什么在表述上会有所区别，但或许我们从中就能看出德国当时就已经表现出对战争的渴望。这可能正反映出克劳塞维茨对德国的政治语言所产生的深刻影响。在 1914~1918 年的战争中，克劳塞维茨始终认为战争是必要手段，而战争作为政治的一种方式也将最终服务于政治；相比之下，俄国和法国的决策者们言语中所反映的则是战争与和平都是可以选择的手段。不管怎样，两者的想法都没能阻止他们于 1914 年 7 月将欧洲卷入战火。

第十二章　最后的日子

笼罩在欧洲的奇怪光影

在1914年7月的危机酝酿期间，英国决策者们更多地将注意力放在了北爱尔兰阿尔斯特地区的9个县上。1914年5月21日，一项关于爱尔兰自治的规定被下议院在第三次审议时通过，但遭到上议院的反对。为了争取爱尔兰民族主义者的支持，以阿斯奎斯为首的自由党决定利用议会法案，在这种情况下可以避开上议院直接通过该项决议。爱尔兰地区风雨欲来。或许有解决的办法能让双方——爱尔兰天主教徒和基督教工会——都满意，但他们还是开始了争斗。同年春天，爱尔兰地区即将爆发内战。这一问题持续发展，成为21世纪初期北爱尔兰地区政局最为不稳定的因素。

阿尔斯特地区的问题对英国的政治环境产生了深刻的影响，因为这一问题触及了英国政治体制过去、现在和未来的方方面面。保守党激烈地反对自治。英国军队则深受工会的影响，他们当中很多人都来自盎格鲁-爱尔兰家庭。实际上，如果地方自治被强制要求执行，这些军队恐怕都难保忠诚。在1914年3月20日的卡拉事件中，57名驻扎在基尔代尔郡的卡拉营地的英国军官宁愿辞职，也不愿加入自治的行列与工会势力相抗衡。

赫伯特 · 阿斯奎斯

在领导层中暗中支持工会的抵抗行动的是指挥官亨利 · 威尔逊，他曾为英国的领土政策做出过巨大的贡献。威尔逊越来越明显地对“醉鬼”（他是这样称呼阿斯奎斯的）和其“肮脏的内阁”表现出不屑一顾的态度。他以地方自治问题来要挟这位首相满足工会的相关需求。1914 年 6 月 29 日，威尔逊和他的同僚在内阁会议上提交给陆军一份备忘录，在其中，他们指出，如果要想收回地方自治的权力，应当把英国远征部队整个安置在爱尔兰。换句话来说，如果英国政府希望收回地方自治的权力，那就意味着需要在未来很长一段时间内放弃在欧洲大陆部署军力的打算；相反，如果对欧洲大陆部署兵力，就意味着放纵地方自治势力的滋长。或许在整个欧洲，除了奥匈帝国之外，还没有任何其他国家能像英国这样，由军官势力影响政治决策。

当萨拉热窝事件发生时，英国还在为阿尔斯特地区的争端而苦恼。首相没有记日记的习惯，但他与年轻貌美的社交名媛维尼夏 · 斯坦利无话不谈，包括其日常事务。从他们的某些信件中可以看出，“奥匈帝国皇族”于 6 月 28 日惨死令首相极为震惊，让他不再只是一门心思放在“阿尔斯特所发生的那些琐事”上。直到 7 月 24 日，阿斯奎斯都没有再提及国际形势的变化，只是一直汇报从阿尔斯特地区传来的种种负面消息。直到首相经历了漫长的关于北爱尔兰问题的讨论研究之后，才注意到奥匈帝国刚刚“向塞尔维亚送去了一个难以让人接受的最后通牒”：

> 我们确定距离一场真正的末世大战只有一步之遥，且这场战争真正的规模足以震惊阿尔斯特和那些民族主义的拥趸。庆幸的是，我们似乎可以不被牵涉其中。

这封信是以“光明陷落”这样让人诧异的字眼开始的，但阿斯奎斯指的是维尼夏是在早上离开伦敦回到她的家乡安格尔西郡，而不是欧洲的文明危在旦夕。

对爱德华·格雷来说，这些天也是很难熬的：他的视力在下降，在球场上他已经难以准确接到飞来的壁球，也难以用肉眼直接辨认出天上的星星。他打算花更多时间待在乡下，更有传闻说他准备去找一名很有名气的德国眼科医生治疗。但不管怎么说，与阿斯奎斯不同的是，格雷立刻就察觉到了在欧洲东南部酝酿着的危机。

7月，在他与一些大国的驻英大使会谈时，格雷像往常一样委婉地表达了自己的意见。7月8日，他警示保罗·康邦，如果奥匈帝国皇帝不顾国内的舆论，一意孤行要对塞尔维亚发动战争，那么法国和英国就需要尽其所能地防止俄国也加入战争。对此，康邦表示“强烈支持”。当天，格雷还提醒俄国大使，德国对于近期的英俄海军会谈非常警惕，而且俄国能否让德国不怀疑自己面临一场政变，将是至关重要的。7月9日，格雷向德国大使利赫诺夫斯基保证，英、法、俄之间绝没有达成任何秘密协定或结成固定的盟友关系。但他也补充说，英国现在与其他大国的关系已经度过了“蜜月期”，而利赫诺夫斯基需要注意的是，即便“没有挑衅的态度”，自1906年开始，这些国家的陆军、海军元帅就已经开始了某种“谈话”。

这位外交大臣很礼貌地与奥匈帝国大使会谈，但对事情的定性不置可否。当门思多夫伯爵在7月17日向他抱怨贝尔格莱德媒体的不当言论时，格雷回应称，这些塞尔维亚的报纸似乎从来就没有言论得体过。门思多夫承认或许是这样的，但继续表示，奥匈帝国不会再允许出现如此不负责任和挑衅的言行。“爱德华·格雷爵士承认这一点。”门思多夫在报告中指出，“但对此事再无进一步的讨论进展。”在当晚9点收到了奥匈帝国发给贝尔格莱德的最后通牒后，格雷于7月24日再次会见了门思多夫，也是在那个时刻，他将最后通牒形容为他所见过的最“让人束手无策”的文件。而也是在当时，这位外交大臣表示，奥匈帝国提出的一些关于塞尔维亚部门改革的要求是“合乎情理”的。就在同一天，在经过内阁的批准后，他建议4个不在事件中心的大国——英国、法国、意大利和德国——应该干预俄国和奥匈帝国之间可能爆发的冲突。

以上这一切信息都没有表现出格雷有想要掺和进冲突之中的想法。他经常强调民意（在这里，他更多的是指公开的舆论意见）是英国政府做出决定的最高参考，而且在此方面不会有其他干预。几乎所有的大型媒体都对英国加入欧洲战争不看好。《曼彻斯特卫报》(*Manchester Guardian*)刊文表示，基于“联盟条约”的保护，英国不用担心被卷入奥匈帝国与塞尔维亚的争端，并宣称，曼彻斯特一点儿也不在乎贝尔格莱德的情况，就如同贝尔格莱德毫不在乎曼彻斯特一样。7月29日，对英国可能将“为了实现俄国在斯拉夫地区的霸权统治”而做出牺牲，《每日新闻》(*Daily News*)表示了极大的抵制。8月1日，一个名为阿尔弗雷德·乔治·加德纳的自由撰稿人写了一篇题为“我们为什么一定不能开战”的文章。文章主要有两个中心思想：一是英国与德国之间没有利益冲突，二是如果英国遏止了德国，将从侧面让俄国建立“从欧洲到亚洲”的霸权。除了代表自由党人的媒体之外，保守党的大部分媒体也纷纷表示应当冷处理。例如《约克夏邮报》(*Yorkshire Post*)就刊文指出，不论是奥德同盟胜利还是法俄同盟胜利，对英国来说都毫无区别，因此“英国完全没有理由加入这一争端”。《剑桥每日新闻》(*Cambridge Daily News*)于7月28日认为，英国对这场迫在眉睫的冲突兴趣寡淡。《牛津编年史》(*Oxford Chronicle*)也于7月31日称，政府的责任是将争端局部化，并明哲保身。只有《泰晤士报》一直以来都在主张英国应该出兵干预：尽管威克姆·斯蒂德于7月17日对奥匈帝国表示强烈的同情，但该报从7月22日起就卷入了这场大陆冲突，并于7月27日、29日和31日公然支持英国的介入。其中尤以喜好自我炒作的霍雷肖·博顿利(Horatio Bottomley)为首，他在自己创办的报纸《英国佬》的7月第1期上这样写道：“我们一直视塞尔维亚为邪恶势力滋生的温床，”并要求“必须消灭塞尔维亚”，但相反的，英国民众也应该要求英国政府“利用这一危机为契机”去“消除”德国舰队对英国的威胁。塞尔维亚驻英国大使博斯科维奇在看到《英国佬》的文章后大为震惊，他甚至向英国外交部提交了正式文件，要求起诉这种对塞尔维亚的“恶意中伤”。

至少直到8月初，还没有公众舆论要求英国政府对此次危机进行干预。而且内阁似乎也并不打算这么做，大部分高官也都赞成不干预政策。正是同一拨人煽动内阁，使得后者于1911年11月将矛头对准了格雷的政策。这是格雷不得不去面对的一个根本性问题：他的外交政策连他自己政党里的一大部分人都反对。一直以来他都能对保守党在国会上的支持抱以期望，但在1914年夏天，随着反对地区自治制度情绪的高涨，这一支持也显得岌岌可危。面对种种压力，此刻他只能依赖于阿斯奎斯、霍尔丹和丘吉尔这三位同僚了。

直到7月24日的内阁会议后，在经过了对阿尔斯特边界问题的长时间讨论之后，他才将欧洲正在酝酿的危机提上讨论日程，并指出4个位于事件边缘的大国应该出面协调两个当事国之间的关系。这也是英国内阁第一次为外交政策方面的问题讨论了超过一个月的时间。后来，丘吉尔用一段颇有文艺气息的话引起了内阁对于格雷的观点的关注："弗马纳和蒂龙的土地消失在薄雾之中，来自爱尔兰的狂风和奇怪的光影开始肆虐并笼罩在欧洲的版图上。"内阁在那个周末终于做出决定，通过了格雷所提出的4个国家对俄国和奥匈帝国关系进行调解的方案。

7月第4个星期的周末，格雷开始进一步向政府施压，要求明确规定在哪些情况下将出手调解。7月27日（周一），他询问内阁，如果法国遭到德国的攻击，英国政府是否会出面进行调解。格雷的老对手莫利、西蒙、伯恩斯、比彻姆和哈考特纷纷威胁表示，如果政府进行调解，自己将立刻辞职。在7月29~30日进行的一次晚间会议上，在经过了长久的讨论之后依然得不出结论的情况下，格雷要求政府承诺会在必要的情况下对法国提供支援。对此只有4位内阁成员表示支持（其中包括阿斯奎斯、霍尔丹和丘吉尔）这一提议，其他人全都表示反对。

甚至就连在比利时的问题上也不太容易让英国政府出面干预。人们普遍认为，德国将会违背1839年规定比利时为中立国的国际公约，穿过比利时入侵法国。但英国内阁对此的看法是，即便英国也是这一公约的签署国之一，但维护公约所规定的内容应该是所有签署国共同的责任，凭什么单独要求英国要为此而出力呢？同时英国表示，即便问题真的出现，英国回应的将是"一个政策，而非一种义务"。事实上，英国的军事高官和政界领袖们普遍不相信德国会跨过中立的比利时直捣法国。在1911年英法对话的基础上，亨利·威尔逊所得出的结论是，德国人会选择经由阿登山区穿过比利时南部这一路线，范围在桑布尔河和马斯河以南。这一结论也被呈递到了帝国防务委员会的第114次会议上。针对相同的情况，内阁在7月29日也做了讨论，劳合·乔治在讨论中通过地图展示了之所以德国军队"只会选择比利时最南端的角落通过"的原因。英军的战略要点主要集中在安特卫普和斯海尔德河，这两个地方都被视为是事关英国安全的门户要道。"我不明白。"丘吉尔表示："如果德国真的只是擦边经过比利时，我们为什么还要掺和进去。"劳合·乔治后来声称，如果德国只是经过阿登山区而进入比利时，他将拒绝加入战争。英国的决策者们认为，比利时人不管怎样都不会以南部地区作为最后的防线，而是会在进行一定的抵抗之后退守北部，因此也就不存在什么德国入侵比利时、英国从中调解争端的可能了。

但无论如何，都不能以此就推断格雷和他的同僚们将放弃对协约国的长期承诺。相反，格雷几乎完全是从协约国的身上看到了欧洲正在逐渐酝酿的危机。在法国面临危难时，英国政府可能袖手旁观，这让格雷感到格外焦虑。他打心眼儿里不喜欢他的同僚们对贝尔格莱德实行的冒险主义政策，并且对新征服地区人民所遭受的屠杀和痛苦感同身受。毫无疑问，他也充分了解到了此次塞尔维亚对于奥匈帝国皇储延续方面所产生的威胁。他认为任何大国都不应“被拖入一场由塞尔维亚发起的战争当中”，然而他也无意对奥匈帝国所提出的最后通牒事件进行调解。7 月 24 日在内阁会议上提出的四国调解机制夭折了。这里面所涉及的四国当中（英国、德国、意大利和法国）只有一个国家可能会去捍卫奥匈帝国的权益。最终，最直接地对塞尔维亚民族统一进行资助的列强，并没有卷入或受限于达成一致的决定。虽然自 1913 年在伦敦成功举办大使会议后，格雷对自己调和国际局势的能力很有信心，但与当时各国间针对阿尔巴尼亚边境问题的争端相比，这次的大国之间战争与和平的问题就是完全不同的事了。

在应对这次危机时，格雷经常将奥匈帝国与塞尔维亚的争端当作整个协约国需面对的问题，这实际上也正应了俄国的政策。格雷确实曾在发言中表达过“安抚”俄国的重要性，他也确实要求圣彼得堡政府避免不必要的挑衅行为，但他表现得对于奥匈帝国的最后通牒公布之后，在俄国究竟引起了怎样的风波，完全是一知半解，或者说是毫不在意。这种无知并不完全是他的错，因为俄国一直以来都在故意向乔治 · 布坎南隐瞒其“秘密准备”的进度，而是于 7 月 26 日告诉他，目前莫斯科和圣彼得堡已经开展的“防卫措施”只不过是为了应对国内罢工的浪潮。布坎南并没有完全相信：在他于 7 月 26 日写给格雷的一份简报中，他报告称，鉴于罢工已经“基本结束了”，他所看到的种种行为一定“毫无疑问”与“军事动员的企图”密切相关。但格雷对此不以为意，而布坎南方面也并没有跟进这些线索，伦敦政府也没有要求他这么做。7 月 26 日，也就是在布坎南递交了报告之后，格雷已经面见了利赫诺夫斯基伯爵，伯爵也带来一份紧急电报，报告称俄国似乎正在准备“一定程度上的储备工作”，也就意味着俄国开始了军事动员。格雷回应称，英国政府“没有得到关于总动员的消息”。但之后他补充道：

> 不管怎么说，在奥匈帝国也开始在军事上有所动作时，我们很难劝说俄国停止军事动员；我们不该这么做。如果可能的话，我们主要所应该做的是防止军事行动的真正实施。

这是对于当时情况的一种奇特的反应，至少可以说，它忽略了奥匈帝国与俄国军事动员的差别，即奥匈帝国的举措完全是针对塞尔维亚的，而俄国则是针对奥匈帝国和德国，由于1913年3月2日的规章适用于几乎所有俄国西部的军事地区，并且动员的范围已经扩展至波罗的海舰队。在那个军事攻击的速度是胜败关键的时代，格雷的此番回应也暴露出他对于军事方面的无知。最后，如果格雷曾经把心思放在解决本国国内的民族纠纷上，或许他也能花更多心思去审视奥匈帝国和塞尔维亚之间的深层矛盾，并防止俄国从中作梗，引起边境冲突。但遗憾的是，他并没有这么做。在7月8日他与贝肯多夫的会见上，格雷最终还是默许了俄国的观点，即“塞尔维亚的战争不可避免地意味着一场欧洲大陆的战争”。

格雷大概了解法国领导人访问俄国时发生了些什么。在7月24日的一份报告中，布坎南指出，法俄之间的会晤透露出在“欧洲总体的和平与局势均衡”方面，俄国和法国所达成的“完美的共识”，为此这两个国家已经能够做出“出于它们联盟关系义务之下的庄严承诺”；萨佐诺夫也曾要求布坎南转告格雷，俄国希望英国也能“宣布和法国与俄国的同盟关系”。在艾尔·克劳对该报道的评论中，他的言辞较格雷的更为犀利，但是其内在逻辑却与这位外交大臣的如出一辙：

> 无论我们如何评价奥匈帝国针对塞尔维亚的行为，法国和俄国都会认为这些只是托词，三国同盟针对三国协约的动机已经很明显了。我认为英国试图在圣彼得堡和巴黎的任何场合驳斥或是掩盖这一观点的行为都是不合时宜的，更不用提这样做的危险性……我们在这场争端中的利益与法国和俄国息息相关，这场争端并不是为了塞尔维亚，而是在欧洲进行独裁的德国和那些争取个人自由的国家之间的较量。

格雷向利赫诺夫斯基保证，英国没有任何义务与那些协约国合作。但他在 7 月 29 日也告诫这位德国大使（未经内阁正式授权），如果德国和法国开战，英国可能会采取必要的冒险举措。当贝特曼 · 霍尔维格 7 月 30 日联络伦敦政府称，只要英国同意保持中立，德国就将放弃此前吞并的法国领土，格雷发电报给戈申表示，这个提议“暂时难以接受”。

格雷的所作所为表现出协约国的思维方式已经深切地影响了他对于此次危机的看法。实际上，这是最开始巴尔干局面的新循环，它成为法俄联盟的生动逻辑，同时也体现在格雷于 1912 年 12 月初向德国大使提出的警告中（见第五章）。在巴尔干地区将会出现争端（这无关于谁先挑起的），俄国将加入，并让德国也卷进来，法国也将“不可避免地”站到其盟友一边，英国则不能站在一旁眼睁睁地看着法国被德国消灭。这正是格雷在 1914 年所执行的政策思路，尽管有着暂时的质疑和推诿。他没有权衡奥匈帝国与塞尔维亚的争端，实际上他对此没有丝毫兴趣，并非是因为他觉得塞尔维亚是无辜的，而是因为他和法国、俄国一样，认为奥匈帝国对塞尔维亚的威胁成为再次激活这个同盟的“借口”。

这一战略的主要内容是英国接受，或者起码不反对俄国通过进攻奥匈帝国来解决奥匈帝国与塞尔维亚的争端，以及在此过程中法国不可必要的对俄国进行支援的行为。奥匈帝国与塞尔维亚争端的具体的进一步发展并不是主要的影响因素；最重要的是一旦俄国（和法国）加入，形势将发生怎样的变化。而这样来看，德国也在其中占有巨大的分量，因为其对奥匈帝国的支援必将导致法国采取军事行动，进而引发欧陆战争。

普恩加莱回到巴黎

就在格雷在 7 月 24 日的内阁会议上提出他的四国调解机制时，普恩加莱和维维亚尼正在俄国鱼雷舰的护送下，乘坐“法国”号舰船穿过芬兰湾。当他们于次日到达瑞典后，普恩加莱通过加密线路使用电报，以确保只有他和（名义上）维维亚尼对政策改变有所掌握。他指示总理向法国媒体发表声明，通告称维维亚尼已经与各方进行了良好的沟通，恢复了各项事务的正常运转。普恩加莱的笔记中曾写道：“绝对不能让他们知道比安弗尼–马坦（Bienvenu-Martin）（缺乏经验的法国代理外长）已经没有了实权。”在过去的24小时里，他们一直通过“法国”号上的无线电台接收关于奥匈帝国与塞尔维亚危机发展的各种细微的进展。随着对局势更为全面的掌控和了解，普恩加莱也更加坚持他在圣彼得堡期间所陈述的观点：奥匈帝国的所作所为是不合法的，维也纳政府的要求“对于塞尔维亚来说显然是让人难以接受的”，确实构成了“对人权的侵犯”。维护和平的责任不再由俄国担负了，其军事准备行动已经在法国领导人访问期间全面开始，现在关键要看德国的了，它必须让奥匈帝国盟友们冷静下来。如果德国没能做到这一点，普恩加莱在7月25日的日记里写道：“他们将把自己置于一个极其错误的境地，并将为奥匈帝国的鲁莽行为付出代价。”

普恩加莱对他自己在事件中的角色的看法十分积极，最能够体现这一点的是他面对新闻时的反应。萨佐诺夫要求塞尔维亚面对奥匈帝国的边境进犯勿做抵抗，而是向国境内转移兵力，他会向国际社会抗议入侵行为，并呼吁多方制裁，这一消息传到当时正在斯德哥尔摩的普恩加莱耳中时，他也颇为关注。萨佐诺夫醉翁之意不在酒，他这样要求的目的一方面是为塞尔维亚争取到国际社会的支持，但另一方面也是让奥匈帝国军队尽可能地进入到俄国B计划的包围圈，并减少俄国在加利西亚地区可能遭到的抵抗。普恩加莱误会了这一目的，他以为萨佐诺夫已经丧失了理智，并打算把俄国所应尽的职责全权交给巴尔干地区。“我们确实不能做到比俄国更

尼古拉二世和普恩加莱

（来源：Hutlon Royals Collection / Getty Images图库）

‘勇敢’了。”他这样写道，“塞尔维亚已经为此受尽了一切羞辱”。这简直是，或者说看起来像一切都回到了1912~1913年冬天，当时法国决策者们要求俄国在巴尔干地区以更强硬的姿态对抗奥匈帝国。同时，在巴黎的俄国军事随员对法国军方的好战言论十分费解。当然，现在的情况是不同的。俄国的相关政策已经得到了通过，普恩加莱没有理由担心萨佐诺夫会再次迟疑。

鉴于当时中欧危机持续升级，普恩加莱却依然没有取消在回国路上顺道访问瑞典的行程，这让人觉得很诧异。他在斯德哥尔摩的短暂停留有时也被视作法国领导人对危机局面被动处理的一个表现。那么如果说普恩加莱有意在整个事件中扮演一个积极的角色，他又为什么和维维亚尼在回国的途中在瑞典逗留呢？这个问题的答案是，对瑞典的访问绝非简单的游览，而是考虑到瑞典在圣彼得堡所陈述的联盟战略中是重要的组成部分。普恩加莱曾和沙皇讨论了关于在战争来临时，确保瑞典保持中立的必要性。瑞典与俄国的关系近年来持续恶化，这主要是由于俄国在斯德哥尔摩开展的间谍行动以及可能对两国边界或波罗的海地区所做出的挑衅行为。在他们于圣彼得堡会面的最后一天，尼古拉斯二世要求普恩加莱亲自向瑞典国王古斯塔夫五世转达他对俄国与瑞典间和平的意愿。普恩加莱将告诉瑞典国王，沙皇对波罗的海的邻国绝对没有冒犯的意图，并且至今对间谍活动毫不知情，并会严令禁止一切此类行为。而且很重要的一点是，瑞典决不能与德国成为伙伴，组成战略合作关系。7月25日，在与古斯塔夫五世进行了一下午的会见后，普恩加莱成功地转达了这些内容，并得到了瑞典国王欣然接受了沙皇所希望的瑞典保持中立局面的回报。

当然，在欧洲危机进一步加强的情况下不得不待在瑞典的酒桌旁，确实让人觉得无可奈何，尤其是对焦急的维维亚尼来说。但法国的公众舆论依然很冷静——注意力依然集中在卡约一案的审判上，直到7月28日卡约夫人出人意料地被无罪释放才结束。普恩加莱自己也深知，在这种情况下如果打乱行程提前回国，反倒会引起法国乃至欧洲的不安。此外他可能会“给人以法国可能也被卷入了争端的印象”。但当法国政府在7月27日得知德皇已经提前结束了波罗的海的行程返回柏林的消息时，普恩加莱也被国内一封接一封的紧急电文召回巴黎，再没有时间继续原本安排的丹麦与挪威的行程，毕竟这两国的行程安排从战略上考虑也没那么急迫。就此，“法国”号舰船直接返回敦刻尔克。

它们几乎没有改变航线，但"法国"号和其护送舰艇在穿越基尔外围的梅克伦堡湾时，与一艘德国的战列巡洋舰相遇了。德国战舰为此给予特别礼遇，甲板上所有士兵鸣枪致礼，法国的护送舰艇也给予了回礼，法国号作为一艘搭载国家领导人的舰艇，没有回应此礼节。几分钟后，法国号的电报接收台截获了一份从德国舰艇上发出的加密电文，大概内容是警示柏林方面，法国总统正在返回巴黎的路上。

普恩加莱和维维亚尼发现他们在国际形势上有着越来越巨大的分歧。普恩加莱注意到，这位总理看起来"越来越忧虑且困惑"，而且忙于通过一些"极其矛盾的设想"。7 月 27 日的一封电报表示爱德华 · 格雷已确定英国不会在巴尔干地区爆发战争时袖手旁观，普恩加莱"将这种坚定不移的例子展示给维维亚尼"，想借此让他振作起来。当天，总统花了大量的时间，就像当初在圣彼得堡的时候那样，向维维亚尼阐释"软弱就意味着迟早要崩溃"，而唯一明智的做法是"坚持一如既往的毫不让步的态度"。但维维亚尼依然"紧张、激动，不断地自言自语，表达自己对当前外交政策前景的忧虑"。皮埃尔 · 德马尔热里也对维维亚尼所表现出的"神智不稳定的状况"而感到不安。让普恩加莱感到惊愕的是，总理似乎对任何事的观点都无法保持一致，除了关于社会主义领导人让 · 饶勒斯（Jean Jaurès）政党大会和政治联盟。

其实普恩加莱自己也感受到了压力。尤其令人苦恼的是 7 月 27 日爱德华 · 格雷发来的令人迷茫或者说是不知所云的电文。在警告了奥匈帝国大使英国不会在巴尔干地区爆发战争时袖手旁观之后，格雷又警告法国大使保罗 · 康邦，英国的公众舆论不会支持英国加入针对塞尔维亚问题而引发的战争当中。但总的来说，维维亚尼惧怕的是走向战争的局面，普恩加莱惧怕的是在交战时不能战胜奥匈帝国。

> 如果奥匈帝国试图进一步扩大其胜利（普恩加莱的"胜利"指的是贝尔格莱德可能接受奥匈帝国的要求），如果它向其宣战或是进入贝尔格莱德，那么整个欧洲会允许它这样做吗？欧洲仅仅会干预奥匈帝国和俄国之间的事态以防止其升级吗？这意味着站在奥匈帝国的一边，公然针对塞尔维亚。我向维维亚尼阐述了所有这些反抗的声音。

7 月 28 日，当他们进入北海并靠近法国海岸时，普恩加莱提前通知敦刻尔克取消接待：总理专列已经准备就绪，一行人将直接从港口前往巴黎。北海上空乌云密布、遮天蔽日，海面波涛汹涌，并伴着细雨。从最新收到的电报消息来看，英国支持大国之间的“集体行动方针”，以化解危机，这对法国总统无疑是个好消息，因为这意味着只有在奥匈帝国退缩的情况下，俄国才会退缩了。最后，从巴黎又传来了一个让人振奋的消息：在对德国大使冯 · 舍恩（他坚称奥匈帝国和塞尔维亚的问题是仅限于这两个国家的问题）做出回应时，代理外长比安弗尼 · 马坦宣布，除非德国制止奥匈帝国，否则法国也不会对俄国做出干预。普恩加莱对此大为赞赏，并指示德马尔热里让普恩加莱向巴黎发电报，表扬代理外长的这一回应。这件事其实也映射出 1914 年 7 月底法国制定外交政策时的关系链。

就在他回到法国时，普恩加莱已经打定了主意——虽然德国还没有表现出要采取军事反击措施的迹象——一场欧陆战争已经无法再避免了。他欣慰地看到部长们的情绪依然镇定而坚决，而且他们的态度也比怯懦的维维亚尼更加坚定。普恩加莱已经发电报给比安弗尼 · 马坦，指使他与在国防部、海军署、内政部和财政部的同僚们取得联系，以确保在关键情况下采取所有“必要的预防措施”。令他感到欣喜的是，所有有关部门的相关活动都已经取得了很大的进展。外交部副秘书长艾贝尔 · 法瑞（Abel Ferry）和此前前往敦刻尔克参加总统欢迎仪式的公共工程部部长勒内 · 雷努尔（René Renoult）告知普恩加莱，休假中的士兵都已经被召回，在外训练的军队也已返回自己驻扎的营地，各处均已进入警戒状态，各地相关公务员也已经被命令留守在自己的岗位上确保各项支援物资的就位；“总之，目前已经做到的就是在任何必要的情况下都可以立即出兵。”在从敦刻尔克返回巴黎的火车上，雷诺特问普恩加莱是否还有可能通过政治手段缓解各国之间的矛盾，普恩加莱回答道：“不，不可能和平解决了。我也不可能再做出类似的安排了。”最值得一提的还有普恩加莱在日记中所描述的当天欢迎他回归巴黎的那些人群，从中我们不难看出他的心态已经完全放在了战争上：

> 我们立刻发现，人们的士气非常高涨，特别是码头的那些装卸工人和水手们。大量群众聚集在这里，他们高呼，‘法国万岁！’‘普恩加莱万岁！’我极力控制着自己激动的情绪，并与市长和议员们说了几句话。他们都告诉我，在

这种时刻，国家上下必将团结一心，同仇敌忾。

俄国政府也早已实施了影响巨大的战前动员措施。巴黎方面也从帕莱奥洛格 7 月 25 日发来的简报和之后不久驻圣彼得堡的参赞拉齐什将军的报告里得知了这些消息。7 月 29 日早上伊兹沃斯基大使又带来消息，称俄国打算在同一天对奥匈帝国展开局部动员。我们现在很难再找到当时普恩加莱是如何回应此事的了，因为他后来（在整理自己的回忆录时）删掉了 7 月 29 日信件的一半内容，而这几页正是与对俄政策有关的。此外，当天的部长级理事会所讨论的内容也没有保存下来。但根据约瑟夫 · 卡约的一份记录所表示，部长级理事会明确对俄国的措施表示认同。26~27 日以及 29 日，巴黎政府也没有做出遏制同盟国所作所为的举动。

所有这一切都与各国在巴尔干战争之后达成的协定相符，也符合法国的战略设想，这也让俄国的军事动员的步伐进一步加快了。但在这过程中也必须考虑到英国的干预。7 月底，英国政府对于是否以及以何种方式、在何种时机下加入即将到来的欧陆战争仍然悬而未决。有一件事是可以肯定的：如果法国与俄国显露出是侵略战争的姿态，英国作为历来“不打不义之仗”的国家，不会对它们提供支援。然而，法国在与德国西部地区接壤的防线上又需要俄国尽快做出军事上的行动。这听起来就像这样一个熟悉的悖论：一场在西部的防卫战需要从东部的侵略战开始打起。这种矛盾给巴黎的领导人也带来了很大压力。7 月 29 日晚上，当德国宣布如果俄国不停止军事动员，德国也将开始出兵时，这种压力变得尤其巨大。

7 月 30 日凌晨时分，伊兹沃斯基在俄国驻巴黎大使馆收到了一封来自萨佐诺夫的电报，警告他关于德国的这一通告。既然俄国不会退缩，萨佐诺夫写道，看来他们有意“加速我们防御措施的执行，并对即将到来的战争做出准备”。萨佐诺夫指示伊兹沃斯基感谢法国政府曾说过的“我们完全可以将法国视为可靠的盟友”的这种承诺。既然俄国已经建议法国像此前计划的那样开始一个局部动员（仅针对奥匈帝国），由此也可看出萨佐诺夫的“加速进程”实际意味着俄国立刻进行全军总动员，而这一举措事实上将导致几乎不可避免的欧陆战争。不出所料，这一消息在巴黎引发骚动。伊兹沃斯基派秘书在夜深人静之时悄悄前往外交部，同时自己与维维亚尼会面，向他展示萨佐诺夫的电报。之后不久，7 月 30 日早上 4 点，维维亚尼与陆军部部长阿道夫·梅西米和普恩加莱在爱丽舍宫就电报的内容进行了讨论。最终他们拟定了一个措辞谨慎的回应，并在当天一早发出。

> 法国决心履行同盟的全部义务。但是，考虑到维护和平方面的问题以及尚没有做出站队的那些小国，我相信最可取的一种形式是，在俄国做出必要的军事准备和防卫工作的同时，也不至于惊动德国，使它全面或局部出兵。

这一回复后来也常常被视为法国政府当时愿意为了和平而可以无视法俄同盟的表现。当然在维维亚尼看来就是如此：在当天晚上与前外交部长加布里埃尔·阿诺托的一次会谈中，他抱怨俄国对法国完全是“先斩后奏”。但这一回复的目的其实比它看上去的更为复杂。它实际上是要告诉英国，法国正在努力遏制俄国的动作——也正因为此，该回复的内容也同时被抄送发往了身在伦敦的保罗·康邦。之所以说这份文件与英法关系也紧密相连，是因为在普恩加莱的日记里记载着，发往圣彼得堡的消息是“考虑到英国举棋不定的态度”而撰写的。然而与此同时，德马尔热里和梅西米奉普恩加莱之命——显然维维亚尼对此不知情——向伊兹沃斯基表明法国政府真正的意愿。在伊兹沃斯基后来的报告中，法国的真实态度与此前所发出的回复消息大相径庭：

> 刚刚我与德马尔热里聊了聊，他告诉我法国并没有打算对我们的军事行动做出干预，但他相信考虑到和平问题，这些军备行动应该尽可能地避免过于公开或带有挑衅意味。法国国防部长也向伊格纳季耶夫伯爵（俄国驻巴黎外交官）传达了同样的意思，即我们可以发表一份声明，表示我们愿意为了和平起见而暂时放缓我们的军事动员措施，但另一方面，我们并不需要真的放缓我们的军备行动，甚至可以在需要的情况下进一步增大军事动员的力度。

这两封电报都发自7月30日，从中我们不难看出法国在法俄同盟和英法同盟的框架下，在三国的微妙关系当中是如何寻找一个平衡点的。口口声声表示自己“考虑到要维护和平问题”，实际上是让对手放慢脚步——虽然看来并不会达到这种效果。与此同时，俄国的战备仍在如火如荼地进行当中。阿贝尔·费瑞在7月30

日早上于外交部举行的部长级会议期间，在笔记中这样总结了法国的政策："不制止俄国的军事动员。进行军事动员，但并不花太大精力在这上面。"在普恩加莱记载发给圣彼得堡回复内容的同一天，他这样写道："与此同时，我们采取必要的措施组织起我们在东部的武装力量。"

俄国的军事动员

7 月 29 日傍晚，俄军总参谋长将全面军事动员的会签文件发给塞尔盖 · 多波罗斯基将军。作为动员的指挥官，多波罗斯基的任务是得到高官们的会签，否则命令就不能被视作生效。将军后来回忆起他与国防部部长、海军上将和内政大臣会见并索要他们的签字时的情形。当时的气氛非常沉闷，就连曾以脾气暴躁著称的苏霍姆利诺夫最近也变得格外安静了。或许，多波罗斯基为自己烧掉了几个月前所写的关于俄国《准备好开战了》的文章感到后悔。海军上将格里戈洛维奇在看到总参谋部部长的会签文件后很震惊："什么？与德国开战？我们的舰队恐怕难以与德国的舰队相抗衡啊。"之后他给苏霍姆利诺夫打电话，对此消息进行了证实，然后还是"怀着沉重的心情"签字了。多波罗斯基在内政大臣尼古拉 · 马克拉科夫的办公室里则感受到了"教堂里一样的气氛"：在柔和的灯光下，狭窄的桌子上摆满了巨大的神像。"在俄国，"部长说道，"国内的广大民众永远不会支持战争。比起战胜德国，革命更符合他们的口味。但人终归逃脱不了自己的命运……"马克拉科夫说着在胸前划了个十字架，然后也在会签文件上签了字。

大约晚上 9 点，在得到了所有会签之后，多波罗斯基辗转来到圣彼得堡的中央电报局，而电报局局长早已接到命令，准备为他发出这份"极其重要"的电报。文件的内容被小心翼翼地打出多份副本，这样一来就能从圣彼得堡同时发往俄国的各个主要电报中转站，之后就将传送到各个区的所有乡镇里。为了确保这份文件能被送达，电报局甚至暂时关闭了所有其他电报的流量通道。晚上 9 点半，就在电报要开始发送时，电话响了：是总参谋长亚努什科维奇，命令多波罗斯基暂时不要发出电报，而是等待进一步的指示。之后一个信使带着参谋官图甘–巴拉诺夫斯基（Tugan-Baranowsky）的命令来了。沙皇改变了主意。局部动员的命令将取代全军总动员的命令，以顺应7月24~25日的会议上所达成的“原则”。新的命令已经起草完成，并在29日当晚午夜时分发出，基辅、敖德萨、莫斯科和喀山地区就此进入了军事动员状态。

这一突如其来的转变让法国驻俄使馆感到哗然。法国外交官拉齐什将军在10点过后就被告知了军事动员的消息，但俄国人让他不得向帕莱奥洛格大使透露此事，以免后者不慎走漏了风声。但帕莱奥洛格在一个小时之后就从其他人那里得知了这个消息，并立即派遣他的一等秘书尚布伦前往俄国外交部，发送紧急电报给驻巴黎的俄国使馆，告诉他们俄国已经开始秘密的军事动员（之所以选择去俄国外交部发电报，是因为他担心法国使馆的电报系统已经遭到监视；与此同时，帕莱奥洛格向外交部发送了一封加密的电报：“请从俄国使馆接收一封紧急的电报，勿通过我们的电报系统。”）就在查姆布伦前往外交部的途中，他遇到了拉圭彻，而后者刚刚得知沙皇又取消了军事动员的命令。拉圭彻命令查姆布伦删掉电文中提到的“开始秘密军事动员”的内容。而这样一来，这封发往俄国驻巴黎使馆的电报里就基本上没有俄国针对奥匈帝国进行军事动员的内容了，因此维维亚尼和他的幕僚们也依然不知圣彼得堡政府对于军事总动员已经做好了万全准备。第二天的早晨，帕莱奥洛格对军事随员以及他的一等秘书所做出的阻挠他与巴黎进行沟通的努力表现出强烈不满。

不管怎么说，7月29日所宣告的局部动员并没有继续开展。局部动员对于俄国参谋部也阻碍重重，因为这相当于打乱了其后的全面军事动员的安排。除非该命令被撤销，或总动员的命令在24小时之内再次提上日程，否则俄国西线将难免受到重创。7月30日早上，萨佐诺夫和克里沃舍因通话——他们都“对全军总动员的取消感到极大的震惊”。萨佐诺夫告诉克里沃舍因，有必要安排说客去向沙皇告知全军总动员的迫切性了。上午11点，萨佐诺夫和亚努什科维奇在后者的办公室里会面，这名总参谋长再次陈述了立刻进行全军总动员的必要性。萨佐诺夫在总参谋长的办公室里直接打电话到夏宫联系沙皇，在焦急地等待了几分钟后，终于有人接听了，对方的声音起初让人难以辨认，“似乎很久没有打过电话了，并想知道自己是在和谁通话”。沙皇同意于当天下午3点面见萨佐诺夫（他拒绝同时面见克里沃舍因，因为他不喜欢同时面对多名高官时，对方所带来的压迫感）。

在夏宫，萨佐诺夫被直接召唤到沙皇的书房，在那里，他发现这位俄国的最高统治者看起来“劳累而心事重重”。在沙皇的要求下，即将返回俄国驻德国使馆的外交官塔季谢夫将军也见证旁听了此次会见。萨佐诺夫说了 50 分钟，讲到了关于技术上的种种困难，提醒尼古拉二世，德国人已经拒绝了“我们所有的和解条件，这对于一个有着完整主权的大国已经远远超出了所能容忍的范围”，同时他对此总结道：“已经没有维持和平的希望了。”在会见的最后，沙皇说道：“你是对的，现在我们只能专心备战了。传我的命令给总参谋长，开始军事动员。”

终于，亚努什科维奇接到了他期盼已久的电话，悬着的一颗心落地了。“发出你的命令吧，将军。”萨佐诺夫在电话中这样告诉他，“然后——剩下的时间暂时回避一下。”但萨佐诺夫还是担心又会出现另一个无理由撤回命令的要求。多波罗斯基将军再一次前往中央电报局，发送出全军总动员的指令。这次，每个人都知道自己处在千钧一发的时刻了。当多波罗斯基在大概下午 6 点时走进电报局的大楼时，“电报局里的工作人员都神情严肃”。每个人都端坐在自己的电报机前，等待着输入这份电报的副本。沙皇没有发来其他消息。6 点过了几分，虽然人们都保持着沉默，但电报机键盘敲打的声音已经响彻整个大厅。

俄国的军事总动员是“七月危机”中里程碑一样的重要事件，俄国是首个发动总动员的国家。在当时那个阶段，德国政府甚至还没正式宣布国家进入备战状态，俄国的战争准备从 7 月 26 日开始发挥作用，而奥匈帝国则仍然专注于为击败塞尔维亚而进行的局部军事动员。这件事后来也成了法国和俄国政客之间的一个尴尬的话题。在战争爆发后所发布的橙皮书中，作者还将奥匈帝国下令军事总动员的时间提前了三天，这样看上去俄国只是对此做出对应的总动员行为。在维也纳的舍别科大使所发的一封日期为 7 月 29 日的电报中表明，全军总动员的命令“预计”在第二天发出，但这被篡改为是 7 月 28 日所发出的，电报的内容也被改为“全军总动员令已经签署”。事实上，奥匈帝国的全军总动员令最早是在 7 月 31 日才下达，真正执行则是在第二天。法国的黄皮书在对待文件记录上十分冒险：其中插入了一段虚构的公报，公报于 7 月 31 日出自帕莱奥洛格，称俄国的命令是“奥匈帝国进行全面动员的结果”，同时“也是德国在过去 6 天内暗中持续进行的动员措施的结果……”实际上，从军事方面来看，德国在危机期间发生始终都表现得相对冷静。

俄国人为何要走这一步？对于萨佐诺夫而言，导致这种决策的决定性因素无非是7月28日奥匈帝国向塞尔维亚宣战，对此他曾立即向俄国驻伦敦、巴黎、维也纳、柏林和罗马的大使馆发电报，通知它们俄国政府将在第二天宣布在临近奥匈帝国的地区进行（局部的）军事动员。（这也正是7月29日法国部长级理事会上所讨论过的那封电报。）从这一点上来说，对于萨佐诺夫而言，让德国人明白“俄国没有进犯德国领土的意思”，是非常重要的——也正因为此，他强调局部的军事动员。那么为什么他又如此迅速地从局部动员转变成了全军总动员呢？这里面有4个原因。其中一个我们已经谈过了，即局部动员在技术层面上难以在需要的情况下转变为全军总动员（根本不存在类似的合适的计划）。

另一个原因是萨佐诺夫自己的定论——从危机萌芽阶段便开始接手，一路走过深有体会——奥匈帝国的强硬态度其实是有德国做靠山情况下的狐假虎威。这也是深深地根植于俄国的巴尔干政策之中的想法，曾经一度抑制奥匈帝国在欧洲事务中的话语权：1912年夏天在波罗的港，萨佐诺夫向霍尔维格下达了警告不要鼓励奥匈帝国的冒险行为。而根据相关报告显示，德国仍在持续支持奥匈帝国，而不是压制。在他的回忆录里，萨佐诺夫回忆起在7月28日，也就是奥匈帝国向塞尔维亚宣战当天，他收到驻伦敦的贝肯多夫大使发来的电报，报告称从他与利赫诺夫斯基伯爵的谈话中，“证实了他的定论”，即德国“还在‘支持奥匈帝国摆出强势的姿态’”。这是一个非常重要的想法，因为它让德国成为俄国发起这场战争的理由，也让德国成为有责任维护和平的一方。正如贝肯多夫简洁地总结的那样：“柏林才是一切的关键之所在。”

在一份7月28日发往巴黎和伦敦的电报中，萨佐诺夫表示自己从德国驻俄大使普塔莱斯伯爵那里得知，“是德国助长了奥匈帝国的嚣张气焰”。第二天，当普塔莱斯给俄国外长看过一份关于德国首相的通告后，外长姿态也变得更加强硬了。这份通告指出，如果俄国执意进行军事动员，那么德国也将被迫开始出兵。萨佐诺夫将此视为德国首相的最后通牒，并简略地回应道：“现在我对于奥匈帝国没有妥协的原因已经心知肚明了。”这让波达尔斯惊得险些从椅子上蹦起来，并表示：“我强烈抗议这种恶意诋毁的造谣！”会见在一片冷漠的氛围当中结束了。对于俄国来说，现在的关键问题在于，如果说德国正是奥匈帝国政策的背后支持者，那么进行局部动员就是毫无意义的，反而会让德奥联盟变得更加巩固——那么何不正视威胁，并调动一切力量与这两国抗衡呢？最后，萨佐诺夫对于全军总动员的提议，还在7月28日得到了帕莱奥洛格的支持，“法国政府做出指示”，俄国可以在“必要的情况下……寻求来自已经做出完全准备的法国的支持，法国必将履行同盟的义务”。俄国甚至还有信心获得英国的支援。“今天他们都在圣彼得堡被说服了，事实上他们甚至直接做出了承诺。”比利时外交官伯纳德·德艾斯卡勒（Bernard de l’Escaille）在7月30日这样写道：“英国将支持法国。这份支援力量的意义重大，并让主战派进一步占了上风。”他所说的这种支持指什么，何时将揭晓，人们还不太清楚，但至少从长远的角度来看，他关于俄国领导人仍然对英国的干预抱有信心的看法几乎是完全正确的。

然而，虽然全军总动员的命令立刻就得到了确认并被沙皇所通过，但与针对奥匈帝国的局部动员相比，它还是夭折了。根本原因是沙皇恐惧并厌恶战争，而现在他正面临着真正发起战争的局面。事实上所有了解沙皇的人都知道，他的个性本身就存在矛盾：一方面，他担心战争将对自己的国家造成深重的破坏与伤害；另一方面，他又是个极其感性的民族主义者，有着浓烈的爱国使命感。7月29日，就在全军总动员的命令准备从中央电报局发出时，一封于晚上9点20分从德皇威廉二世那里发出的电报引起了沙皇的注意。电报中，这位沙皇的德国表亲表示，德国政府仍然希望在维也纳和圣彼得堡政府之间建立起“直接的理解”，并在电文最后这样写道：

> 当然，俄国所进行的军事动员可能被奥匈帝国视为威胁，而我们都希望战争得以避免，而我作为调解人，也非常愿意接受你的意见。

就这样，沙皇一边说着“我才不会成为一个刽子手”，一边执意取消全军总动员令。亚努什科维奇通过电话让多波罗斯基脱不开身，与此同时，信使赶赴电报局，告知局部军事动员将取而代之的消息。

作为沙皇的表亲，德皇的一封简单的电报竟然就让全军总动员的命令推迟了将近24小时，这确实令人震惊。1917年2月的革命后，有人发现了沙皇的私人信件，其中就包含当时沙皇与德皇的书信，书信的署名均为“威利”和“尼基”。这两位皇帝曾一直在用英语互通书信，并且一度极其亲密。这一发现曾引起极大轰动。

1917 年 9 月，曾经在革命活动期间进行报道的记者赫尔曼 · 伯恩斯坦（Hermann Bernstein），将其报道内容发表在《纽约先驱报》（*New York Herald*）上；4 个月之后，这些内容被重新收录成书（西奥多 · 罗斯福为该书作序）。

这些被后世习惯性地称为“威利–尼基电报”的书信内容，曾一度对学者们有着巨大的吸引力，部分原因是因为从这些只言片语中，人们可以真切地感受到战前的欧洲两个皇帝之间的对话；另一部分原因是，从这些信件中也能深刻体会到，当时的世界命运仍然掌控在几个极权国家的手中。实际上，这两种原因都是误解，至少从 1914 年的那些著名电报来看是这样的。那些在“七月危机”期间交换的内容既不是密码（因为这些内容早已被广为人知）也不是隐私，它们实际上是以私人信件式的措辞所写成的外交电文。所有相关内容都是经过外交部的相关人员仔细审查之后才被发出的。这表现出的是，在“一战”爆发前，君主之间直接书信往来的形式依旧在欧洲的政治体制中占有一席之地，虽然君主制早已徒有虚名。它们的存在反映出欧洲政治体制中君主立宪的结构，而绝非君主制本身对政策的影响力。7 月 29 日德皇发给沙皇的那封电报则是个例外：它是在一个非常特殊的情况下出现的，在那个时刻，沙皇掌握着最终的决定权，而这并非因为他是政策决定中的关键人物，而是因为他的许可（和签字）是下达全军总动员令的一个必要步骤。这表现出的不是权力的问题，而是君主专制制度遗留的问题。当时沙皇本来就觉得很难对总动员做出首肯（考虑到其中的危险性，这是值得理解的），而“威利”的电报则正好让他“借刀杀人”。但这效果只持续了不到一天的时间，毕竟德国和俄国的政策还是对立的。7 月 30 日早上，当沙皇收到威廉二世发来的电报，文中重申了普塔莱斯大使前一天的警告时，尼古拉斯二世放弃了和自己的表亲之间商议和平事宜的想法，转而选择了全军总动员。

关于俄国军事动员，还有一点：在萨佐诺夫于 7 月 30 日下午面见沙皇时，他发现沙皇对于奥匈帝国军事动员对俄国所表现出的威胁非常担忧。“它（德国）不想承认奥匈帝国在我们之前就已经出兵了。现在它又要求我们停止军事动员，而绝口不提奥匈帝国方面的事。现在，如果我接受了德国的建议，那就相当于我们将赤手空拳对抗奥匈帝国的枪炮。”而我们知道，虽然来自俄国的威胁日益严峻，奥匈帝国的备战行动到目前为止仍然完全聚焦在针对塞尔维亚的战斗上。沙皇的焦虑并非是他个人的问题，倒更能从中体现出当时俄国对别国军事威胁性分析的普遍警觉。俄国的军事情报部门一直以来都对奥匈帝国的军事实力有所高估，更重要的是，奥匈帝国曾在1912~1913年的巴尔干危机中不宣而战，突然加强加利西亚地区的兵力，这也给俄国留下了前车之鉴。而矛盾的是，由于现在俄国详尽掌握了奥匈帝国的军事部署计划，俄方的戒备心更强了。这并非是一个新问题：早在1910年，新出任国防部部长的苏霍姆利诺夫就曾夸口说，他见证了奥匈帝国军队的严整军容和其海军舰队的“征服马其顿”计划。他声称这些都表现出奥匈帝国在巴尔干地区的扩展对俄国所带来的巨大威胁，使所有的外交保证都变成了一纸空话。而这些奥匈帝国的陈旧设想实际上根本没有被付诸行动，其实只是当时苏霍姆利诺夫要求政府进一步提高军费预算的借口罢了。对于此类政策的过度解读，直到1914年都对俄国的安全政策制定产生了负面影响。正是因为对于奥匈帝国的军事动员计划太了如指掌了，俄国一方面将奥匈帝国目前的局部动员视为其将来整体动员的一部分，另一方面则将一些奥匈帝国计划的内容都视为已经存在的潜在威胁。

例如，1913年，俄国情报部门得知，奥匈帝国已经部署了7个兵团执行对塞尔维亚的作战任务。但在1914年7月，俄国舍别科大使和武官温内肯（Vineken）的报告（准确度尚存怀疑）指出，兵团数目可能达到8个或者9个。以这些情报作为参考，俄国情报部门认为康拉德可能已经从他的针对塞尔维亚的B计划转为针对俄国的R计划，换句话说，已经开始“秘密布署全军或接近全军的总动员”。现在回顾起来，我们知道奥匈帝国对塞尔维亚的军力水平评估确实在上升，这也让塞尔维亚提高了自己所需动用的军力水平。而从“一战”爆发后第一年的情况来看，即便奥匈帝国提升了预期的军力，但还是不足以战胜这个真的如沙皇所激励的一样在“像狮子一样战斗”的塞尔维亚。从这个例子也足以看出，错误的情报分析对于时局有着多么重要的影响。在当时充满了偏执心态的氛围中，想对所面临的威胁做出客观评估，几乎是不可能的。而每天都看总参谋部的情报调查结果的沙皇，也对这些对奥匈帝国的错误评估信以为真，这就带来了极坏的影响。这样也就不难理解俄国人为什么一直认为自己的全军动员是在奥匈帝国的全军动员之后才进行的了。这也是为什么俄国像所有被卷入这场危机中的人一样，声称自己是迫不得已、背水一战了。

跃入黑暗

1914年7月中旬，德国人都固执地坚持着他们将冲突限制在局部地区的政策。最初几天里，危机看似很容易得到解决。威廉二世在7月6日告诉弗朗茨·约瑟夫一世，“情势会因为塞尔维亚的屈服而在一周之内得到缓解……”当时他确实也是这么想的，因为他曾对战争部长法金汉表示，“紧张时期”或许会持续更长一段时间，大概有“三个星期”那么长。但即使到了7月的第三个星期，当危机得到轻易解决的希望已经渺茫时，德国的领导人依然坚持固有的政策。7月17日，柏林撒克逊使馆的临时代办得知“可能只会爆发局部战争，因为英国是绝对的和平主义者，而法国和俄国也同样不想被卷入战争”。在7月21日于驻罗马、伦敦和圣彼得堡的德国大使进行的圆桌会议上，霍尔维格表示：“我们迫切希望冲突仅限于局部地区，如果任何其他大国不顾同盟的协约强行介入此次冲突，都可能导致不可估量的严重后果。”

特奥巴登·冯·贝特曼·霍尔维格

（来源：Hulton Archive / Getty Images图库）

如果想将冲突限制在局部地区，德国人自身就要先采取一切手段避免战备的升级行为。一方面是出于这个考虑，另一方面也是让德皇在霍尔维格的建议下对波罗的海舰队进行巡视期间不至于被打扰。出于同样的考虑，军队里的高级将领们也被建议与德皇同行，或去休假。总参谋部部长赫尔穆特·冯·毛奇、海军大臣冯·蒂尔皮茨和海军上将雨果·冯·波尔都已经休假了，军需官瓦德西将军则在其梅克伦堡的岳父家里休假，战争部长法金汉正外出进行例行的巡视，此后也将开始休假。

让这么多关键将领离岗，实际是一个错误。他们之中的有些人也已经对危机有所警觉，但对德国的军力很有信心。在他们看来，除非奥匈帝国直接对贝尔格莱德政府采取行动，否则紧张局势不会进一步升级。另外，德国人绝非像某些言论所说的那样，是在佯装涣散，实则暗自四处备战。当时的内部备忘录和书信都表明，德国的领导人和军方都认为是可以将冲突控制在局部地区的。德国高级军官并没有召开会谈，而且赫尔穆特·冯·毛奇直到7月25日才从波西米亚休假归来。7月13日，他曾写信给德国驻奥匈帝国外交官，表示奥匈帝国将被默许"击败塞尔维亚并立刻让局势回归稳定，并与其形成奥匈帝国—塞尔维亚同盟，就像普鲁士在1866年对奥匈帝国所做的那样"——在这一点上，他显然仍然相信奥匈帝国有能力在不引起俄国干预的情况下，对塞尔维亚发起攻击。

尤其值得一提的是德国军事情报网的涣散。负责情报和反间工作的总参谋部Ⅲb部门的主管沃尔特·尼古拉上校，当时正在哈尔茨山区与家人度假，且并未被军方召回。在波茨坦会议后，东部边境情报搜集工作负责人的职位依然没有落实，且完全没有得到足够的重视。仅在7月16日才有相关部门的人意识到，或许"在这个看似波澜不惊的政治局面之下，很有必要更加密切关注俄国的动作"，但即便如此，德国依然没有做出"任何特别的举动"。在一些与俄国领土毗邻的地区，当地的情报官员被允许继续休假到7月25日，例如毛奇。

为了不干扰将冲突限制在局部地区的政策，贝特曼和德国外交部反复多次敦促奥地利人有所行动，但维也纳的政客们没有能力或者没有意愿去遵从德国人的意思。腐朽的哈布斯堡家族控制之下的这个烦琐的政治机器已经很难迅速果断地做出决策了。早在7月11日，霍尔维格就已经开始担心奥匈帝国的举棋不定会让情势有变。他在一份日记中记载库尔特·里茨勒这样总结问题："显然（奥地利人）需要相当长的时间去进行军事动员。康拉德曾说需要16天。这是很危险的。立刻做出反应并向协约国示好——只有这样，紧张局势才能被及时止住。"等到7月17日，德国驻维也纳使馆的秘书施托尔贝格告知霍尔维格，贝希托尔德和蒂萨之间仍在进行"磋商"。为了尽量加快速度，同时减少国际社会的负面情绪，贝希托尔德才把最后通牒的回复期限设为在48小时之内。出于同样的原因，贾高也要求奥地利人将向塞尔维亚宣战的日期从29日提前到28日。

如果奥地利人的这些相应的政策日程改变不利于将局势控制在局部冲突的范围内，那为什么德国人又要这么坚持呢？其中一个原因是，他们一直相信是更深层的结构性原因，例如俄国军备计划的不完整性，抑制了武装干预的扩大。法国政府的态度很难捉摸，更何况法国总统、总理和外交部政治部门长官在 7 月第 4 个星期的时候都在俄国或在海上。但从安贝尔针对法国军备工作的报告中，德国政府更深信协约国不会掺和到战争当中。

德国高层略带怀疑地看了安贝尔的报告，但实际上这份报告更多的是通过其中的激烈言辞对陆军部部长梅西米和其部下进行政治攻击。德国的军事专家很快就指出，法国的小口径火炮实际上比德国的武器杀伤力更大。鉴于法军将战术从防守变成了更多的积极进攻，其看似荒废的边境守备线实际上成为转移视线的把戏。不管怎么说，在毛奇受到安贝尔的启发所写下的秘密备忘录里，他指出法军在东部边境的军事准备确实不足，特别是在重炮、迫击炮和防爆弹药储存方面。最起码，安贝尔的报告指出法国政府，特别是法国的军事指挥，不会让法俄同盟为了塞尔维亚而卷入战争；俄国也一样不会轻举妄动。

对德国来说，另一个必须将冲突限制在局部地区的原因是缺少其他选择。德国不可能放弃与哈布斯堡家族的结盟关系，这不仅是出于声誉和政治权利的原因，同时也是因为德国的政策决策者们打心眼里支持奥匈帝国对塞尔维亚的裁决。如果目前军事实力的均衡转变成了对德国不利的局势，德国为此失去奥匈帝国这个唯一的大国盟友，情况就太糟糕了。由于意大利太不可靠，德国领导者已经不再将它视作可以信赖的盟友。由于意大利的摇摆不定，格雷所青睐的通过 4 个外围大国调解争端的计划也变得不太可行了：如果意大利由于其反奥地利巴尔干政策，而与英国和法国这两个协约国站在一起，那么对奥匈帝国还有什么公平可言？德国愿意向维也纳政府转达英国的建议，但在霍尔维格看来，德国只应该在俄国和奥匈帝国之间，而非在奥匈帝国和塞尔维亚之间进行多边干预。

对霍尔维格来说，比局部冲突的策略或其他选择更好的发展方向是，俄国决定不顾一切地为了塞尔维亚而悍然发动战争，让局势超出德国所能控制的范围，让俄国和协约国同盟被戴上入侵者的帽子，成为整个欧洲的敌人。从外交部秘书长贾高于 7 月 12 日写给德国驻英国大使利赫诺夫斯基的信件中，我们不难发现这种思路：

> 我们需要将奥匈帝国和塞尔维亚的冲突控制在局部地区。能否达成这一目

的，首先要看俄国和协约国的各国有何动作。我们不会有计划地发起战争，但如果战争最终还是开始了，我们也不会退缩。

我们再一次可以从危机中诸多“主角”的推论中洞悉事情的发展趋向：认为自己受到外部的不可抗拒力，不得已而为之，同时将决定战与和的责任坚定地放在对手肩膀上。

通过他们对奥匈帝国的支持和他们对将冲突控制在局部地区的信心，德国领导人的种种决策实际上也让危机局势进一步恶化了。而从他们对1914年夏天的事件所做出的反应，并不能表现出他们有这样一个计划，即将这场危机作为将邻国卷入一场有预谋的战争的机会。相反，齐默尔曼、贾高和霍尔维格均在努力放慢灾难发展的步伐。直到7月13日，齐默尔曼仍然相信不会出现“整个欧洲范围的冲突”。到了7月26日，外交部的高官们还认为法国和英国都不会卷入任何巴尔干地区的冲突当中。德国的领导人显然完全没有成为局面的主导者，倒是在努力跟上形势的发展。在危机发展过程中占到决定性意义的几天里，贾高给其他人的印象是“焦虑、犹豫不决、胆怯”以及“无法胜任他的职责”，霍尔维格则向提尔皮茨提到了“溺水之人”的典故。

在炎热的7月里，德皇乘船前往斯堪的纳维亚半岛附近巡游。在波罗的海进行这样一趟固定的行程，早已成为威廉二世在夏天的固定安排。这让他有机会从烦琐而让人焦虑的政府工作当中获得短暂的休憩与解脱。在这艘皇家游轮“霍亨索伦”号上，围绕在人们的赞颂声当中，德皇总能感受到巨大的自我满足感。在基尔赛艇会期间度过了几天时光之后，威廉二世一行前往挪威的沿海小镇巴尔霍姆，并在那里一直待到7月25日。在7月14日，他正是从这个地方对弗朗茨·约瑟夫一世向德国的求助做出回复的。信中重申了他曾做出的支持奥匈帝国的承诺，并谴责了“狂热的泛斯拉夫主义分子”对奥匈帝国的威胁，但并没有提到因此就要发动战争。威廉二世表示，虽然他必须“继续对奥匈帝国和塞尔维亚的关系持观望的态度”，但在他看来，对抗反君主制制度主义者是“每一个文明国家的责任”，并值得为此“使用大国的一切必要的手段”。而信的其他内容则完全关注于巴尔干地区局势以及如何遏制“在俄国驱策之下的巴尔干同盟”的出现。信的最后，德皇还对奥匈帝国皇帝的丧侄之痛致以深切的慰问。

从德皇对这些国务文件的反应中可以看出，就像柏林的其他高官，他不想听维也纳政府的唠叨。他主要关心的在于，如果这样拖延下去，萨拉热窝事件给奥匈帝国所带来的国际上一致认可的正义性将不复存在，奥匈帝国也可能最终失去追责的决心。在7月15日前后，他欣喜地得知一个“积极的决策”正在酝酿当中。唯一让他感到遗憾的是，在奥匈帝国的要求被送到贝尔格莱德之前，还会耽搁一段时间。

不管怎么说，在7月19日，威廉二世被外交部秘书长贾高发往霍亨索伦号上的一封电报震惊得“说不出话来”。这封电报里基本上没有什么新内容，但文中提醒道，一份最后通牒被计划于7月23日执行，同时还实施了一系列的有关措施，以保障“万一出现不可预料的情况，”皇帝“可以及时做出（军事动员）的决定”，这让威廉二世感受到了隐藏的危机。他立即下令当时正在公海航行的舰队取消前往斯堪的纳维亚的行程，随时准备返航。他的忧虑是可以理解的，因为英国海军此刻也在对军事动员进行评估，而且处在高级的备战状态当中。但霍尔维格和贾高也正确地评估到了，如果干涉英国的军事动员，情况将变得更糟，因此，在7月22日，他们没有接受威廉二世的想法，并要求驻扎在挪威的舰队继续按照既定的计划出发了。从这一点上来看，外交仍然比战略占有更为重要的地位。

尽管局势已变得日趋紧张，但威廉二世仍相信危机的波及范围不会进一步扩散了。在看过奥匈帝国发给贝尔格莱德政府的最后通牒的副本后，他这样评价：“事情恐怕没有看起来这么严峻吧，这毕竟只是一份言辞激烈的文件罢了。”威廉二世显然已经和他的随行人员一样，认为奥匈帝国最终还是会对塞尔维亚妥协。当海军上将穆勒指出最后通牒意味着战争已经迫在眉睫时，德皇甚至决绝地反驳了他。他坚称，塞尔维亚人绝不会冒险与奥匈帝国开战。穆勒这样解释这种现象——事实上也确实是如此——德皇在心理上对战争毫无准备，一旦他意识到真的可能开战，他就会变得畏首畏尾、不愿意承认现实。

威廉二世于7月27日下午回到了波茨坦。第二天一早，他就看到了塞尔维亚5天前回复给维也纳政府的关于最后通牒的内容。他的回答至少可算是出人意料的，他这样写道：“48小时（截止时间）之后的一个完美的结果。这比我们所预期的情况都要复杂得多！但这确实让战争成为不可能。”而在了解到奥匈帝国已经发布了局部军事动员的命令后，威廉二世表示十分震惊：“如果是我，在这种情况下绝对不会做出这种决策的。”当天上午10点，德皇匆匆地给贾高写了一封信，在信中表示，既然塞尔维亚已经“完全放下了姿态，委曲求全”，“没有任何理由再为这个问题发动战争了”。他还写道，奥地利人此时不应该直接向塞尔维亚宣战，而应该考虑暂时占领贝尔格莱德市区，以确保塞尔维亚确实能够履行承诺。更重要的是，威廉二世命令贾高通知奥匈帝国政府，德皇希望“战争不要爆发”，而且准备“就维护和平的问题与奥地利进行磋商”。“我将尽一己之力促成此事，同时也将照顾奥匈帝国朋友的民族荣誉感。”此外，他还写信给毛奇，表示如果塞尔维亚按照对奥匈帝国的承诺履行了各项措施，那么就不存在开战的必要了。据国防大臣的回忆，在那一天里，德皇还进行了一场“让人迷惑不解的演讲，从中人们感到他不想让战争爆发，并且下决心即便可能让奥匈帝国陷入尴尬的境地，也要尽一切力量避免战争”。

在历史学家看来，德皇的这些突如其来的谨慎，恰恰表现出他当时的情绪已经开始不受控制。早在德皇于7月6日与古斯塔夫·克虏伯在基尔会见时，他曾再三告诉这位企业家：“这一次，我不会退缩。”而在克虏伯看来，德皇这样说只是在故作强势。正如路易吉·阿尔贝蒂尼所说的：“当距离危险的情况很远的时候，威廉二世充满着满腔的愤怒与士气；但一旦他发现战争的威胁近在眼前，他反而变得像泄了气的皮球一样。”而到了7月28日，这种威胁已经迫在眉睫了。在利赫诺夫斯基最近从伦敦发来的电报中，他报告称爱德华·格雷表示塞尔维亚所表现出来的良好姿态“远远超出他的设想”，并提醒目前最关键的问题是在于奥匈帝国能否摆正自己的位置了。威廉二世一直以来很看重英国政府的观点，因此他也一定认真听取了这些提醒。但在某些方面，威廉二世在7月28日的笔记倒是与以往他的失态表现大相径庭：与维也纳和柏林政府的那些将最后通牒单纯视为一个开战借口的人不同，德皇将之视为在危急关头起到决定性作用的重要外交文件，为此他还在坚持以政治手段解决目前在巴尔干地区的问题。

德国的决策者们之间开始出现分歧。最高领导人在主权问题方面存在分歧，但这分歧很快又消失了。德皇于7月28日写给贾高的信并没有起到作用。如果威廉二世曾经关注过自己命令的落实情况以及大国政策的发展状况，那么他的这封信则可能改变危机发展的轨道，甚至是世界历史。但他对维也纳政府的所想所为充耳不闻，而与此同时维也纳政府已经急切地准备向塞尔维亚发起攻击了。而且更重要的是，由于在此前危机发展的最关键的几周里他一直在外，他已经对柏林政府的政策发展失去了应有的了解。他写给贾高的信件完全没有改变德国对奥匈帝国的态度。霍尔维格也没有及时将威廉二世的意见转达给奥匈帝国，也就导致奥匈帝国并没有推迟的7月28日宣传日期。而在德皇给写信贾高仅15分钟后，霍尔维格也给契尔什基发了一封紧急电报，提到了威廉二世的一些观点与诉求，但省略了关于对战争的抵制态度等重要内容。相反，霍尔维格还在电文的一开始写道，德国必须“避免给奥匈帝国留下德国想劝阻他们的印象”。

我们很难搞清楚霍尔维格为什么要这样做。该文件并没有体现出对这种观点的支持——他的外交思想已经演变成防御战的政策了。很可能是他只是已经承诺将工作重点转移到了与维也纳政府合作，防止俄国对奥匈帝国的种种举动做出过激的反应。7月28日晚上，霍尔维格说服德皇给尼古拉斯二世发出一封电报，向他保证德国政府正在尽最大的努力促成维也纳与圣彼得堡政府之间的相互理解；而就在24小时之前，他还认为这样的举动是欠考虑的。后来所发生的就是前文所提到的写给“尼基”的信了，告诉他不要把“威利”只当做调解人。霍尔维格所期望的是在局部地区爆发冲突，而不是避免冲突，而他也在致力于化解上层对他在政策制定上所造成的影响。

从7月25日开始，越来越多的迹象表现出，俄国已经开始进行军事部署了。柯尼斯堡的情报官员报告称，截获了一批在法俄之间传输的“超乎寻常的冗长的”加密情报。7月26日（周日）早上，驻俄皇官邸的德国军事代表彻留斯（Chelius）中将报告称，俄国当局似乎已经开始运作“针对奥匈帝国的一切反制措施”。为了获得俄国的更多相关军事情报，情报局IIIb部门的尼古拉上将提前结束了休假返回柏林，同时发布命令称“特别的旅行者”将被调动起来。这些人其实是以游客或商人的身份进入俄国和法国境内，进行秘密间谍行动，并如同尼古拉上将所说的，“不论法国还是俄国在备战”，都要由他们进行密切监视。他们之中的一部分人经常往返于较近的国家与德国之间，传递情报，例如赫诺蒙特先生就曾在三天内两次前往华沙，并且一度因为国界的关闭而被困在俄属波兰境内。另一部分人则被派往更远的地方，将情报通过加密的电文传输回德国。当时的局面看起来还无须太过着急——情报部的官员于7月25日告知这些“旅行者”，紧张的局势还将持续相当长的一段时间。而如果局势得到缓和，这些“旅行者”也将真的被安排回家休假。

“特别的旅行者”和在东部边境驻扎的其他情报人员很快开始对俄国的军事准备情况进行侦查。从柯尼斯堡发来报告称，有空的货运列车向东部行驶，科夫诺地区的俄军兵力集结也值得警惕。7月26日晚上10点，德军间谍温特斯基从德维纳伊发来电报称，城市里已经开始了备战。在整个27~28日，持续不断的情报由“特别的旅行者”和情报人员发送给德军总参谋部新成立的“情报评估委员会”。7月28日下午，委员会将所取得的所有最新消息总结如下：

> 俄国显然已经开始了局部军事动员，但准确规模尚不能确定。已经可以确定敖德萨和基辅两个军区已经被调动起来；莫斯科军区的动作还未确认；华沙军区尚待单独的评估报告结果；在德维纳伊等其他军区，动员令尚未下达。不过可以确认的是，俄国在德国边境地区驻扎的一些边防军队一定也在备战。或许关于其“站前准备期”的声明，是面向整个帝国的。随处可见的前线士兵都已拿起武器、严阵以待了。

在情况如此恶化之下，德国的外交又因为7月29日更多关于局部动员的确认消息而陷入恐慌：出于对伦敦的意见和俄国军备情况的担忧，霍尔维格突然改变了他的策略。在7月28日辜负了威廉二世的和平期望之后，他现在又希望向契尔什基转达德皇曾经劝奥匈帝国和谈的意愿。但由于俄国的军事准备工作进行得过于迅速，德国几乎被打乱了阵脚，也无法再顾及这些和谈的事宜了。

在7月30日俄国军事动员的消息传出后，德国对此做出军事上的回击，已经只是个时间问题了。两天前，战争部长法金汉在经过与霍尔维格的一番理论之后，已经成功地将在外参加训练的部队调回了他们的驻地。这个时候，早起的准备工作——在西部地区储备粮草，在铁路沿线加强驻军力量——还在秘密进行当中，因此也就能与德国表面上的外交手段共同应对紧张局势的发展。但这些内容到了“战争爆发前的最后阶段”时，也变得毫无意义了。德国是否要采取军事动员、何时采取军事动员，成为柏林政府在战前最后几天争论的核心问题。

在7月29日，也就是俄国开始局部军事动员的那天进行的一场会议上，德军高层之间仍对此存在分歧：法金汉认为应当宣布，当前已经进入了战争爆发前的最后阶段，而总参谋长赫尔穆特·冯·毛奇和首相贝特曼·霍尔维格认为目前种种措施只是为了确保交通运输网的安全。德皇则似乎始终在这两种意见之间举棋不定。柏林政府就如同圣彼得堡政府一样，君主仍然在政策的最终确立过程当中扮演着重要的角色。威廉二世当天早上收到沙皇发来的电报，其中关于威胁“（俄国的）极端措施将把局势引向战争”的观点，一度让他同意国防大臣的意见。但在霍尔维格施压之下，他又改变了想法，认为战争爆发前的最后阶段并没有到来。法尔肯海对这种结论表示失望，但在日记中他写道，他能理解德皇这么说的动机，“因为人们对维护和平的信念，或者至少是期望，能驱散所谓‘战争的威胁’的影响”。

7月31日，在经过了又一段时间的踌躇之后，驻莫斯科的波达尔斯大使发来消息称俄国已经下令从前一天晚上的午夜开始进行全军总动员。德皇这次在电话中宣布了战争已经迫在眉睫，而法金汉在7月31日下午1点向军队转达了德皇的口谕。现在俄国是主动出兵的一方了，这对德国的领导人来说非常重要，因为他们历来很担心被国内舆论抨击为挑起战争的一方。特别值得一提的是社会民主党的领袖们，他们在国会选举中占有超过1/3的席位。霍尔维格于7月28日与社会民主党的右翼领袖阿尔伯特·休特古姆（Albert Südekum）举行了会谈，后者承诺社会民主党将不会就政府对俄国进行的还击做出批评（社会民主党内本身也有着很强的反俄情绪）。7月30日，首相告诉他的幕僚们无须担心，一旦战争爆发，国家内部不会出现政党的内讧。

鉴于目前俄方的动作，威廉二世也无法再拒不承认战争已经迫在眉睫了，但有趣的是，根据巴伐利亚军事代表冯·魏宁格的记录，这些即将开战的论调是法金汉“从他嘴里硬生生掏出来的”。到了下午，德皇又恢复了平静，可能主要是因为他告诉自己，自己是在外界情形逼迫的情况下才做出这些决定的。对于几乎所有的“七月危机”的参与者而言，该情况具有重要意义。在法金汉出席的一次会议上，威廉二世将当前的紧张局势全部归结为是俄国的单方面原因造成的。“他的神情和语言，”法金汉在日记中写道：“不愧为一名德意志帝国的皇帝，不愧为普鲁士的国王。”这是身在前线的鹰派士兵的让人惊愕的言论：他们声讨君主热爱和平、反对战争的观念。就这样，当俄国拒绝停止军事动员令时，德国于1914年8月1日向俄国正式宣战。

"这过程中一定有些误会"

在7月的最后几天里，德皇的注意力也一直放在英国政府身上。部分是因为，像很多德国人一样，他也把英国视作欧洲大陆局势的重要支点之一，同时认为英国有能力阻止一场欧陆战争。威廉二世一方面高估了英国在大陆政策上的影响力，另一方面又低估了和平政策对英国领导层（特别是格雷）所产生的影响。造成这种情况的主观原因有很大影响——威廉二世一直以来都在费尽心思寻求与英国的共识，但只在某些时候能得到认同。对于他来说，英国代表着一切贵族式的生活状态——最好的武器装备、充满了现代科学技术的海军部队、财富与成熟的特质。他欣赏这种世俗的、些许贵族式的（至少与他的来访中所遇到的人相比是这样的）、泰然自若的举止，却很难进行效仿。那里也是他已故的祖母的故乡，威廉二世后来回忆道，她老人家绝不会允许尼基和乔治这样联合起来欺负他。他所嫉妒而憎恶的哥哥——爱德华七世——成功提升了英国的国际水平（而威廉二世并没能在德国身上做到这一点）。而且英国也是他那已去世了30年的母亲的出生地，虽然他和母亲的关系一直不好。每当威廉二世试图去理解英国的政策时，以上种种复杂的情绪总会萦绕于他的脑海，影响他的思绪。

德皇于7月28日收到来自身为普鲁士皇储的弟弟的来信，告知他乔治五世不希望英国被卷入战争当中。在7月26日早上，亨利就从考斯赶回白金汉宫，去向英国国王道别，之后返回德国。两人也有简短的交谈，亨利后来表示，乔治五世对他这样说道："我们要尽可能地置身事外，并保持中立。"皇储于7月28日在基尔港刚一登陆，这些内容就通过电报发给了德皇。威廉二世将这个内容视为是英国对中立的官方正式表态。而当提尔皮茨对于他的这些理解表示质疑时，威廉二世以一种想当然的口气说道："我得到了一位国王的承诺，对我来说这就足够说明一切了。"我们已经无从得知，英国国王究竟有没有说过那些话。从他的日记中我们也看不到任何与此相关的记载，那上面只是这样简单地写道："普鲁士的亨利今天早上来见我；之后他就返回了德国。"但另一个可能出自爱德华·格雷的对此次会见的相关记录，提供了更多细节内容。根据那上面的记载，当亨利寻味乔治五世，英国将在欧洲爆发战争之后做出何种举动时，这位英国国王是这样回答的：

> 我不知道我们应该做什么，我们跟任何人都没有冲突，我希望我们能保持中立。但如果德国对俄国宣战，同时法国加入俄国一方，那么恐怕我们也将被卷入其中。但你放心，我个人和英国政府都将尽我们所能地去避免一场欧洲的战争！

由此我们可以看出，亨利的报告中或许偷换了概念，当然，我们也不能完全确定这份记录的准确性，也可能乔治五世的真实意思是介于这两种说法之间的。但不管怎么说，亨利的电报足够让德皇确信英国不会参战了，而德皇自己也因为英国政府，特别是格雷的退缩，而感到宽慰。

也正因此，7 月 30 日早上格雷和德国大使利赫诺夫斯基之间的谈话让威廉二世感到震惊，在这次谈话中，格雷警告称英国只有冲突被限制在奥匈帝国、塞尔维亚和俄国之间时，才会保持中立，而如果德国和法国也参与了进来，英国就将加入协约国的一方。大使的报告随即让德皇愤然写下了如下的手记：英国人就像"无赖"和"奸商"一样，想让德国置奥匈帝国"于生死攸关的境地而不顾"，谁也不能以自己的靠山来威胁德国。当第二天俄国全军总动员的消息传来时，威廉二世的思绪再次转向了英国政府。将俄国的军事动作与格雷此前的警告结合在一起之后，俄国的军事总动员向威廉二世"证明"了英国打算以不断升级的冲突规模作为"借口"，从而"让所有的欧洲国家按照英国的意

利赫诺夫斯基伯爵

思，与我们为敌”！

之后，8月1日（星期六）下午5点刚过一会儿，一个更为轰动的新闻来了。就在德国政府签署了全军总动员的命令之后不久，利赫诺夫斯基从伦敦发来电报，报告了当天上午与英国外交部秘书长的会议内容。似乎格雷表示，如果德国不进攻法国，英国不仅会保持中立，还能担保让法国也在这场大战之中按兵不动。电文内容如下：

> 爱德华·格雷爵士刚才让蒂雷尔爵士传话给说，说他希望在今天的部长级理事会结束后，向我做出一份声明（利赫诺夫斯基于早11点14分发出），从而有助于避免这场战争灾难的发生。蒂雷尔爵士认为，这似乎意味着如果我们不攻击法国的话，英国就将保持中立，并保证法国也按兵不动。今天下午我应该就能得到更多有关的细节。爱德华·格雷爵士刚刚又给我打电话询问，我是否能保证，如果法国在德国与俄国的战争中保持中立，我们就不会攻击法国。我想他承诺我可以做出这样的保证，而他也表示将在今天的内阁会议上谈到这些问题。附注：蒂雷尔爵士恳求我通过我的权力来阻止我们的部队攻击法国边境。一切都靠这个了。他说，有一次，德国的部队已经穿越了前线，而法国的部队则撤退了。

德国的决策者们对这个突如其来的条件感到意外，并赶忙开始着手就此做出积极的回应。但当天晚上8点左右从伦敦发来的电报打断了这一切：“承接我上一封电报，蒂雷尔爵士刚刚跟我见了面，并告诉我爱德华·格雷爵士希望今天下午就提议英国保持中立，即便我们与法国和俄国交战也无所谓。我将在3点30分见到爱德华·格雷爵士，之后还将即时汇报进一步的情况。”

从伦敦发来的消息引发了德皇与总参谋长之间的激烈争辩。德国的军事动员已经箭在弦上，这也意味着施里芬计划已经开始执行了。在接到了利赫诺夫斯基的第一封电报后，威廉二世打算，即便军事动员令无法立刻终止，他也愿意停止对法国的一切军事行动，以换来英国和法国的中立。在霍尔维格、提尔皮茨和贾高的支持下，他命令在从伦敦发来进一步能说明英国的真实意向的消息之前，停止一切的部队行进进程。而在威廉二世和霍尔维格希望抓住机会避免来自西面的战火的同时，毛奇则认为全军总动员一旦下令了，就不能停下。“这引发了一个极其激烈的争辩，”一个当时也在场的人回忆道：“毛奇当时非常激动，他的嘴唇在颤抖，一直坚持着自己的立场。德皇和首相以及所有其他人对他的劝说都显得徒劳无功。”毛奇认为，将德国的后方毫无戒备地暴露在法国的军事威慑范围之内，无异于自杀；况且第一巡逻队已经进入了卢森堡地区，同时第16师也从特里尔出发紧跟其后。威廉二世对此不为所动。他已向特里尔发布了命令，要求第16师在卢森堡边境外停止进军。当毛奇恳求皇帝不要停止对卢森堡的占领，因为这关系到德国对其铁路的控制权时，威廉二世反驳道：“那就用其他的铁路线！”争辩陷入了僵局。在这个过程中，毛奇变得几近歇斯底里。这名总参谋长私下里曾几乎带着哭腔对法金汉表示：“他已经完全崩溃了，因为德皇的这个决定表现出他还对和平抱有幻想。”

即便在后面一封电报发来后，毛奇仍在继续坚持动员计划不应该在这个节骨眼上因为法国的立场而临时改变，但威廉二世不听了：“如果是你那有着优秀军事才能的叔叔，他一定不会有这样与我相抗衡的态度。只要我做出了命令，那就必须是合理的。”之后威廉二世下令拿瓶香槟来，毛奇彻底震怒了，后来他告诉妻子，他完全做好了准备去与敌人作战，但不能是在有着“这样的一个皇帝”的情况下。毛奇的妻子甚至表示，这次争辩所带来的压力造成了这位总参谋部部长患上了轻度中风。

就在威廉二世开始拿着香槟把酒言欢时，霍尔维格和贾高仍在起草针对从伦敦发来的第一封电报所做的回复。他们写道：“如果英国能全权担保法国确实能在德国与俄国的冲突中保持中立，”德国就会接受英国的提议。德国的进军仍会继续，但部队将等到8月3日下午7点才会穿过法国国境，为的就是等待最终的协定落实。德皇又在自己单独发给英国国王乔治五世的电报里再次强调了这一点，表示他很乐意接受“在大不列颠保障之下的法国的中立”，并且表示不会让法国感到“紧张”。“即将穿过法国国境的前线德国部队已经接到了电报和电话传去的命令，停下了进军的步伐。”贾高也发了一封电报给利赫诺夫斯基，请他代为向格雷的提议致谢。

不久之后，一封来自利赫诺夫斯基的新报告发来了。期待已久的与格雷于下午3点半进行的会见如期召开，但让德国大使惊讶的是，格雷没有提出关于英国和法国保持中立的提议，而且他似乎也从未在内阁会议上提过这类事情。相反，他暗示德国和法国可能只是在“一场俄国所发动的战争当中，极力克制着自己不去攻击对方”，而德国的所作所为则可能引发英国的干预。格雷特别警告称：“想让英国对于（法国或德国）任意一方对中立国比利时所做的暴力行为做出容忍，都是不可能的。”利赫诺夫斯基对此问了一个问题，引起在座的外交部官员一片哗然：如果德国同意其军队不进入比利时的境内，格雷是否也能承诺英国继续维持中立的态度？奇怪的是，这个突如其来的问题让格雷显得有些失措：他表示，由于英国有做出任何选择的自由，他也不能给出这样的承诺。换句话说，格雷看来是在背离他此前的提议。同时他透露——或许是在不经意间的——他在做出自己的提议之前，并没有征询过法国政府的意见。在报告这次混乱的谈话时，利赫诺夫斯基表示英国政府似乎没有打算做出任何会让自己束手束脚的承诺，而格雷还将对法国和德国之间发动战争的可能性进行进一步的评估。他的这封电报在当晚早些时候到达了柏林，引发了巨大骚动，让德国政府无言以对。

然而与此同时，德皇写给英国国王乔治五世的关于他很乐意接受英国提出的法国保持中立的提议的电报也到达了英国，引起了英国政府的恐慌。没人比格雷显得更加惊慌失措，这位外交部秘书长即刻就被召至白金汉宫，被要求对此做出解释，同时起草一份回复。晚上 9 点左右，他用铅笔写下了这封后来成为乔治五世写给威廉二世的回复电报的文字：

> 在利赫诺夫斯基皇储和爱德华 · 格雷爵士今天下午讨论关于如何在奥匈帝国与俄国之间达成和解，进而防止德国与法国之间爆发冲突的事情时，这过程中一定有些误会。爱德华 · 格雷爵士将于明天一早安排一次与利赫诺夫斯基皇储的会见，并阐明在此过程中是否有对他所说的话的误解。

而任何其他尚存的歧义都被利赫诺夫斯基后来的电报所消除了，他在乔治国王收到德皇的电报的几乎同一时间收到了贾高发来的关于“接受”英国政府的“提议”的电报。利赫诺夫斯基这次的电报中清楚地写道：“由于英国政府没有过任何提议，您的电报没有起到作用。因此他们也没有采取进一步的动作。”

但这时候柏林已经过了晚上 11 点。身在总参谋部的毛奇已经差不多可以安心了，虽然他还在为德皇下令停止第 16 师的进军而伤心。临近午夜时，毛奇被命令回到皇宫去听取最新的调遣。等他到达之后，威廉二世向他展示了后来收到的修正了（真正的）英国的立场的电报，并说道："现在你想怎样都随你了。"

格雷这么做的目的是什么？他在 8 月 1 日与利赫诺夫斯基、康邦以及众多同僚的会面并不能被视作促成了战争的爆发。7 月 29 日，格雷曾警告利赫诺夫斯基，如果德国和法国都参与战争，那么英国也将被迫立刻采取行动——正是这个警告激怒了德皇，使他将英国政府称为"无赖"和"奸商"。然而在 7 月 31 日，他又告诫英国驻法国大使伯蒂，英国的公众不希望英国参与到一场与自身利益几乎毫不相关的争端当中。或许格雷确实是在利赫诺夫斯基面前表现出了中立的立场——也就是说利赫诺夫斯基自始至终就没有误会他的本意。这样看来，"误会"变成了格雷开脱自己欠妥当行为的借口。又或者他只是因为英国内阁对法国态度的摇摆不定而做出意见的修正。如果他们没有这么做，那么中立的提议至少会给英国提供一种手段，使德国做出各种保证（比如保证不会先发制人对法国进行攻击）。也可能格雷根本就没有过保持中立的想法，而是鉴于他的自由帝国主义同盟霍尔丹大臣的压力，不得不采取某种方法来尽量延迟法国和德国开战的时间，这样才能更好地为英国远征部队的训练做准备。同时，国际金融市场在 7 月最后一周里的低迷走势也成了他曾一度迟疑不定的原因之一。

不管我们怎么看这个问题（历史学家之间也对此事尚存争论），很显然，格雷的模棱两可的态度让事态处于危机爆发的边缘。在一场包括法国参与在内的欧陆战争爆发的情况下提议英国中立，足以让这位外交部秘书长的态度产生巨大的逆转，以至于转向他本来不想发展的那个方向。同时，关于法国和德国应当保持武装对峙的内容也被明确地记载在相关的档案中。在 8 月 1 日下午 5 点 25 分发给伯蒂的一封电报中，格雷表示他已经让德国大使"停止德国军队的进军，除非法国出兵国境，否则德军也不能越界。我不确定这是否能让法国人放心地开始履行自己在联盟中应尽的责任"。但即便是这样的建议也是让人匪夷所思的，因为它是建立在这样的假设之上的：法国可能会情愿抛弃其与俄国的联盟，而该联盟是普恩加莱及其同僚多年来煞费苦心维护的。这顶多意味着人们对于更大范围内的政治和军事局面之现实的把握能力非常小。而不久，格雷就被命令成为伯蒂的下属，后者曾激动向这位外交部秘书长发泄自己的不满：

我无法想象当俄国与奥匈帝国开战，并遭到德国攻击时，法国会保持沉默。如果法国真的这样做了，德国将首先进攻俄国，之后如果他们打败了俄国，就将转向法国。法国在法俄同盟中的重要地位岂不是不言自明？

正如我们所知，格雷的这种政策夭折了；格雷甚至在伯蒂的话传到自己耳朵里之前就自我否定了这一政策。有一件事我们可以确定的是：在这些日子里，格雷承受着巨大的压力，他常常失眠。他无从了解内阁是否以及什么时候会支持他的倾向于加入战争的政策，同时他也受到来自同僚们的种种压力，包括内阁里的大量鸽派人士的反对，以及保守党里倾向于加入战争的人。

还有一方面的巨大压力来自俄国于7月30日所发出的军事动员令。31日深夜，德国使馆告知英国政府，针对俄国的命令，德国政府已经宣布战争已经一触即发，并通告如果俄国不立刻收回全军总动员的命令，德国也将不得不出兵，而这就将“意味着战争”。这一表态给英国政府敲响了警钟。凌晨1点30分，首相赫伯特·阿斯奎斯和格雷的私人秘书威廉·蒂雷尔爵士乘坐出租车赶到白金汉宫告知了国王这一消息，这样英国国王就可以给沙皇发电报，要求他停止俄国的军事动员。阿斯奎斯后来这样描述了当时的情景：

可怜的国王被从自己的床上拽了起来，当时发生的事对我来说简直是再奇特不过了（你们也知道我经历了足够多奇特的事了）——他穿着棕色的睡袍，脸上的痕迹显现出他刚才正在睡“美容觉”——而我当时就这样在一旁说着刚刚得到的消息。他当时的建议是，应该直接以私人的形式处理此事——例如以‘我亲爱的尼基’这种方式为开头来写信，然后在信的最后署名“乔治”。

外交活动从那天黎明开始就变得愈加活跃起来。

我们或许应该考虑俄国军事动员的消息在“七月危机”最终爆发前的几天中，对于英国外交部的深刻影响。正如我们所见，格雷和蒂雷尔已经一度开始重新考虑与俄国的关系。随着俄国对波斯和其他帝国外围领土的压力，英国方面曾考虑过抛弃英俄协约，改为以一种更为开放的外交姿态，接纳与德国之间的可能的合作。这从未成为英国外交部的政策，但关于俄国军事动员引发了德国反制措施的消息，至少加重了俄国加剧此次危机的罪责。英国的领导人对塞尔维亚并没有特别的兴趣或同情。这是一场东部的战争，与白厅里的政客们并没有太大关系。而即便是这样，是否也加剧了格雷对巴尔干局势的忧虑呢？

7月29日上午，格雷提醒康邦，法国正放任自己被“卷入一场不属于它自己，而是属于其盟友的战争；法国之所以会加入，完全是出于荣誉感和责任感的驱使”；相反，英国则“不受这种束缚，而将不得不决定政府出于何种利益做出何种应对措施”。“我们所希望的，”格雷补充道：“一直以来都是避免被卷入源于巴尔干问题的战争当中。”两天后，在德国政府宣布战争进入迫在眉睫的阶段之后，格雷也持有相同的观点——与康邦的观点相反——现在这种状况与1911年第二次摩洛哥危机完全不同，当时英国和法国都加入了战争，而“在现在这场危机中，法国正被卷入一场跟自己毫无关系的战争”。康邦对此表示了巨大的失望，并询问如果德国攻击法国，英国政府是否将帮助法国。格雷对此的回应更加尖锐：“最新的消息是俄国已经下令所有的舰队和陆军部队进行总动员。在我看来，这将酝酿一场危机，而且将使德国的军事动员看起来是在被逼无奈的情况下才发起的。”只有在这种情况下，才有可能进而发生德国与法国之间的对峙，而同时，俄国也将孤军面对德国和奥匈帝国的攻击。“如果法国没能利用这个机会，”格雷在8月1日下午告诉康邦，“那是因为这个联盟是仅限于法国和俄国之间的，我们对此毫不知情”。在写下这些内容时，格雷所做的工作远远不止这些：通过收回支持态度或为军事准备而拖延时间，来为事件降温。他正在与三国协约无意识的一项特殊共识斗争。格雷在这个特殊的时刻对三国协约的内容也有着特别的理解。一个东南欧的争端能引起一场欧陆战争，即便三国协约的成员里没有任何一个遭受直接的攻击或威胁，但这也把他吓到了。格雷最终还是忠实于他自1912年所遵从的三国协约，但在这段时间里，三国之间发生的种种变故也让我们必须注意“七月危机”所带来的变化，即一个接一个的痛苦抉择不仅让党派之间产生了分歧，也让关键的决策者之间产生了异议。

保罗·康邦的磨难

这些都是保罗·康邦生命中最糟糕的日子。当他看到奥匈帝国政府写给贝尔格莱德政府的最后通牒文件之后，他就明白一场横跨欧洲的战争已经一触即发了。虽然他有时候也不能认同普恩加莱在俄国巴尔干政策上的支持态度，但他现在认为法俄同盟在面对奥匈帝国与塞尔维亚的矛盾之时，必须共同面对可能出现的威胁。事实上，他于 7 月 25 日下午离开伦敦，以便去向代理外长比安弗尼 · 马坦阐明当前的事态。或许正是因为康邦的影响，代理外长才告诉德国驻法国大使，普恩加莱于 7 月 28 日了解到相关消息的时候是极其高兴的。

对于康邦来说，同时也是对于威廉二世来说，所有的一切都取决于英国政府的态度了。“如果英国政府今天真的开始全权参与此次危机事件，或许还有可能挽救和平。”他于 7 月 24 日对记者安德烈 · 热罗这样说道。在 7 月 28 日与格雷的一次会议上，康邦也表示了同样的观点：“如果英国真的就这样对欧洲大陆爆发战争的趋势坐视不管，那么维护和平的机会也就变得岌岌可危了。”其实这也是又一次地将维护和平的责任转嫁给了别人。在康邦看来，法国与俄国共同举兵征讨奥匈帝国并不是下一步所应做的，但这也将是奥匈帝国对塞尔维亚动武之后自然会出现的状况。这样看来，英国现在确实对维护和平有责任，只有它的强大海军和贸易优势可以防止德国政府及其盟友的介入。多年以来，康邦也一直在告诉英国首相，法国完全依靠英国的支持。

他困在一个进退两难的局面里。毕竟，严格来讲这并不是一场自卫战争，而是一次法国被迫加入的，与俄国共同发起的针对巴尔干地区争端的干预——这也是他自己此前就有所关注的问题。为了不惹来更多麻烦，法国也在竭尽所能地不去招惹德国：7 月 30 日早上，在巴黎召开的部长级理事会决定，法国的掩护部队将在孚日山脉到卢森堡一带部署，而不接近距离前线 10 公里以内的地区。这是为了避免任何与德国巡逻队可能发生的冲突而决定的，同时也是为了向英国政府展示法国政策的和平本质。人们都认为，限制区内的道德效果和宣传价值要优先于军事风险。英国方面立刻通过康邦了解到了这一新的政策。然而事实上，英国政府继续如格雷反复强调的那样，既不表现是法国盟友，也对三国同盟的内容不管不顾。俄国和法国都没有被攻击或受到任何直接的威胁。原本康邦打算向格雷申辩，称法国是“在俄国遭受攻击时不得不进行了援助”，但当时奥匈帝国和德国都没有显现出任何攻击俄国的意向。同样不可能的是，英国企图进行干预的声明会使诸列强在不征求英国意见的前提下，放弃它们已经采取的政策。

造成这种局面的是深深扎根在英法协约关系里的历史分歧。康邦一直都一厢情愿地认为英国和法国一样，将协约视为平衡和限制德国的一种工具。他并不知道，对英国的领导人来说，协约有着更为复杂的目的。除了一般规定的内容之外，协约还是转移大英帝国领土威胁的手段，而当时最好的选择就是将可能的威胁都转向俄国。康邦之所以失算的一个原因是，他太相信常务副部长阿瑟·尼科尔森爵士的建议，爵士对于维护俄法同盟有着极大的意愿。但尼科尔森虽然有一定的影响力，在英国政府里就没什么发言权了，而且他的观点已经和格雷一派的观点完全脱节了，后者对俄国有着越来越强烈的反感，并日益热衷于亲德（或者说至少不那么反德）的政策。这是一个经典案例，说明了那些掌握最佳信息的人们若想猜透其同伴和敌人的动机，是多么困难。

因为英国政府里对约束性协议的反感增强，在地缘政治上的分歧又进一步加大了，尤其在自由主义激进派的政客中，更多人开始对俄国抱有敌意。因此英法友好协议对于双方来说也意味着不同的内容。在整个联盟存在的年月里，法国外交部“寻求着友好协议的存在感，并艰难地践行着其中的内容”。而所有这些问题也正是由爱德华·格雷和保罗·康邦的不同政见所引起的。前者对待法国和欧洲时十分小心谨慎、闪烁其词，且彻底忽略了它们，而后者则过度追捧法国，对协约国倾其所能。让康邦取得至高无上的成就的，不是他的政治生涯，而是他一生的爱国行为。

格雷的所作所为也受着限制。他没能在 7 月 27 日就干预战争的问题争取到内阁的支持。当他两天之后征求对法国的正式支持的承诺时，再次失败了，只有他的 4 个幕僚支持他（阿斯奎斯、霍尔丹、丘吉尔和克劳）。在该次会议上，内阁拒绝了这样的观点：英国作为 1839 年《伦敦条约》（承认比利时为中立国）的签署方，有义务反对德国使用军事力量对该条约进行破坏。内阁里的激进分子们认为，同盟协约不能只由英国执行，而应该是所有签署国共同的责任。内阁决议认为，如果问题扩大，该决定的也将是“一个政策，而非一种义务”。而法国和俄国坚持认为，只有当英国政府清楚地表态将坚定地维护英俄同盟时，才能让德国和奥匈帝国“知难而退”。格雷也受到了来自其同僚的压力：尼科尔森和艾尔·克劳都强烈建议他宣布对同盟的坚定维护。在 7 月 31 日的一份备忘录中，记载了克劳为格雷提供了在内阁中与反对者们据理力争的论据。可能英国确实没有义务去帮助法国，他写道："但英国对于自己在海峡彼岸的'朋友'所应有的那份'良知'是不可否定的。"

> 确实，我们与法国从未有过书面约定的内容。我们没有协约规定之下的双方义务。但我们之间协约国的关系是存在的，是经过一定发展的，并用来检验我们的处世之良知。如果英国不能在一场争端发生的时候维护它的伙伴，那协约国的名号也就毫无意义了。此事关系荣辱。要想名声不堕，就应奋勇出战。

相反，尼科尔森则更关注比利时以及英国维护比利时中立性的责任。但格雷一派在政策的制定过程中逐渐丧失了话语权。决策的关键所在已经从外交部转移到了内阁，完全抛弃了格雷一派。

8月1日早上的一次内阁会议后，格雷失望地向康邦转告，内阁反对对此次欧洲危机的任何形式的干预。康邦对此表示不满，并表示不会将这个消息转告法国政府；他只会告知他们，英国政府并没有达成任何决定。但格雷反驳道，目前这个就是决定。内阁已决定，英国不会为与自己无关的利益问题而派远征军前往欧洲大陆。在失望中，法国大使改变了他的提议。他提醒格雷，根据1912年海军协议，法国已经从北部港口撤军，实际上就是将自己的安全交付给了英国皇家海军。虽然英法两国并没有因为该协议而正式结盟，他也恳求道："既然当时是你们建议我们从港口撤军，难道英国政府没有义务帮助我们，至少提供舰队的支援？"格雷对此表示震惊，他承认，如果德国对法国的海岸地区发起进攻，或德国对比利时的中立性视而不见，那么英国的公众舆论或将改变。最重要的是他承诺将向内阁提出关于向法国海岸地区增援的问题。康邦悲伤地结束了这次会见。回到格雷办公室隔壁的大使办公室后，他坐到了尼科尔森旁边，喃喃自语道："他们打算放弃我们。他们会放弃我们了。"

英国介入

事实上，情况并没有康邦想象得那么糟。在1914年8月初危机形势急转直下之时，公众情绪就已经高涨了。康邦对于被英国政府抛弃的恐惧和格雷关于在政府中失势的担忧，都可能让我们错误地领会当时的真实情况：英国政府内部已经开始倾向于对欧洲大陆形势采取干预的态度。7 月 29 日，内阁任命丘吉尔为海军大臣，着手准备舰队的动员。而当天晚上，阿斯奎斯通过与丘吉尔的眼神交流传达给了他对于将舰队转入战时状态的默许态度。8 月 1 日，在没有确认得到内阁同意之前（但已经有了首相的默许），丘吉尔就开始对舰队进行军事动员。

与此同时，保守党也开始对干预行动进行游说。代表保守党利益的媒体也刊文阐述英国干预欧洲大陆危机所带来的好处。当《曼彻斯特卫报》、《每日新闻》等报刊都坚持对中立政策的维护时，以《泰晤士报》为首的保守党报刊则强烈要求对抗奥匈帝国和德国，并参与到即将爆发的欧陆战争当中。而在幕后，坚定地支持英国干预的军事行动总指挥亨利·威尔逊，由于他连日以来频繁来往于法国使馆与外交部，也让保守党的领导层感到英国政府的态度可能是要放弃法国。

8 月 1 日，在康邦与格雷会见不久之后，保守党领袖劳埃德勋爵给法国大使打了电话。康邦仍然处于愤怒之中：他问道，英法军事协议对于英国总参谋部来说到底意味着什么？英国多年以来所承诺的支援又表现在哪里？“我们所有的计划都有共同之处，”大使强调，“我们的总参谋部已经寻求过意见。你所看到的就是我们的全部计划和预期的指令安排。”康邦尽力控制着自己的情绪，灵活地应对着劳埃德。他表示，法国外交部认为英国保守党并不能坚持自己所希望的对战争采取干预措施的设想。劳埃德坚决地否定了这一点，在结束了会见之后，他决定发起一次保守党内的对干预政策的演说。当天晚上，在张伯伦的家里举行了一场会议，等到第二天（8 月 2 日）上午 10 点，已有包括议会领袖人物兰斯多恩和博纳·劳（Bonar Law）在内的多名保守党人士对积极的干预政策表示支持。在一封写给阿斯奎斯的信中表明，反对派们将支持干预的政策，并警告他，如果英国政府依然决定保持中立的观望态度，不仅将损害国家的声誉，更可能危及自身的安全。

但最关键的还是要争取内阁对此的首肯。在内阁，主流意见还是不对欧洲的战争进行干预。多数人仍然对与法国的协约关系持质疑的态度，并且对与俄国的公约有着敌视的态度。“每个人都希望在一旁观望，”阿斯奎斯于 7 月 31 日这样告诉维尼夏。丘吉尔后来回忆称，至少有 3/4 的内阁成员都不希望被卷入一场“欧洲大陆的争端”，除非英国自身也受到攻击，“而这似乎是不可能的”。而反干预主义者们也可以得到伦敦的银行和商业机构的财政支持：在7月31日，阿斯奎斯会见了一个由城市金融家们组成的代表团，他们警告他不要让英国被卷入欧洲的战争当中。

8月1日早上的内阁会议上出现了两极分化的意见。以莫利和西蒙为首的反干预主义者们发表了一份声明，英国政府“从现在开始”，“不论出现何种状况”都绝不会出手。相比之下，丘吉尔则“非常好战”并要求“立刻进行军事动员”；而如果内阁依旧保持中立的姿态，格雷则可能辞职；“霍尔丹困惑不解。”内阁否决了立刻部署英国远征部队前往欧洲大陆的提议——格雷和自由党也反对这个决定。（正是这个决定让保罗·康邦陷入了绝望之中。）约翰·莫利则在丘吉尔面前得意地宣布了“和平主义者”的胜利，他说道：“最终我们还是打败了你们。”

然而，到了第二天——8月2日（星期日）——快要结束时，英国政府已经采取了进行干预的关键步骤。内阁会议从上午11点一直开到下午2点，格雷被授权告知法国大使，如果德国舰队穿过北海或进入英吉利海峡，阻断了法国的航道或对法国的海岸线展开攻击，那么英国的舰队将对法国提供全面的保护。农业和渔业委员会委员长沃尔特·朗西曼爵士后来将此事形容为“内阁还是认为，与德国的战争在所难免”。在于晚上6点半到8点召开的会议上，与会者又达成一致，表示如果比利时的中立性遭到“实质性的破坏”，“我们也将被迫采取行动”。而后来的这个情况显然是不可避免的，因为德国曾经明确对英国表示，他们将穿过比利时朝法国进军。在意识到局势已经开始朝着干预政策的方向发展时，伯恩斯在第一次会议之后宣布辞职；第二次会议之后，莫利也立刻提请辞职。这在“和平主义者”里掀起了巨大波澜。

这样一个戏剧性的大逆转是怎样做到的？为了回答这个问题，我们应该先关注主张干预的人士在这个过程中的辩论能力。内阁大臣赫伯特·塞缪尔提前制定了两次会议的议程，首先讨论关于德国的轰炸对法国海岸的威胁，其次是将比利时的中立性的“实质性的侵害”转换为引发英国出兵的原因。这两项提案还有一个重要之处是，都为了确保成为“德国的行动而非我们的”，所以“罪责在于德国”。在8月2日上午的会议上，格雷满怀深情地提出，英国政府对于在即将到来的战争中支援法国，有着道德良心上的义务，并表示，“我们告诉法国，可以依靠我们，而如果我们现在又不能在法国身陷危险时提供帮助，那我也没有脸面继续待在外交部了……”

而在倾向干预政策的人们与格雷和首相持相同意见的同时，“和平主义者”没能争取到其他各党和议会的更多支持，无力再在面对目前众望所归的形势之时逆流而上了。

自由主义者们所提出的观点到底有多么重要？由于英国是在德国进入比利时境内后，于8月4日对德宣战的，而且由于协约国之间自然而然地就形成了同盟，历史学界普遍认为比利时和法国是让英国的内阁、国会与民众选择加入战争的主要原因。这种观点确实没错。于8月3日在下议院进行的一次精彩的演讲中，格雷将英法同盟也纳入了支持战争一派的内容中。他表示，英国经常在“一遇到战争中需要提供支援时”就放弃对法国的援助。但两国海军之间的合作实际上更多表现出的是道义上的内容：

> 法国的舰队目前部署在地中海地区，而法国北部和西部的海岸则完全处在海军兵力真空的状态。法国的舰队在地中海集结，这跟之前相比意味着更多的差别，因为英法两国之间长久以来增进的友谊让法国觉得无须害怕英国。法国朝向英国的海岸线是完全不设防的。法国的舰队长年以来一直都只在地中海集结，因为信任与友谊一直在英法两国之间扮演着很重要的角色。

鉴于此，格雷向康邦和普恩加莱建议法国撤回其在东地中海的舰队，因为意大利也可能在合适的时机到来之后加入到战争中来，而英国则可能在不久之后为了保护地中海的“如同国家命脉一般的”商路，而加入战斗。这是格雷政治生涯中最为成功的一次演说——人们在读过了这篇讲稿之后，都会从中领略到格雷那巧妙的措辞中为帝国主义给出的道义上的借口。对此最有说服力的证明来自反对干预战争局势的自由主义者克里斯托弗·艾迪所说的话：“格雷的演讲让内阁里包括我们在内的所有人感到满意，除了可能有3~4个反对意见。”而一旦决定被做出，英国就立刻以惊人的速度开始按部就班地部署，创造了包括各个工会党派甚至是爱尔兰种族主义者在内的不列颠神圣联盟。随后，康邦也丧失了在英国外交办公室的威信。这确实让人感到痛苦，但这位法国大使才是真正正确的，虽然这种情况只维持了几天的时间。

然而，鉴于比利时和法国的因素并没有在内阁7月底的决定中起到很重要的影响，我们需要再仔细审视一下英国做出这个最终决定的过程。一定还有其他重要因素导致了内阁的态度从中立到干预的转变，尤其是在部委中的那些“骑墙派”对内阁最终决议的确定产生了巨大影响。面对着这个复杂的环境，自由党在承受了格雷和阿斯奎斯的辞职之痛后，将如何在党派政治斗争中存活下去，成了另一个巨大的问题。而这反过来又在一定程度上取决于人们对爱尔兰问题的态度，如果出兵干预，那么地方自治政策就不得不无限期地推迟，随着格雷的政策被采用，自由党的内阁也显然将面临垮台的境地。对于那些坚持比利时中立及英法海防协议的人，这是一个避免因干预与否的辩论而让政府崩溃的有力论据。

在这些考虑的背后，是对于逐渐浮现出来的争端对英国可能造成的威胁的忧虑。自 1900 年左右开始，抵御俄国的威胁就一直是英国政府在制定政策中所考虑的中心主题。1902 年，英国就曾利用英日同盟以制衡俄国在远东地区的实力；1904 年组建的英法协约关系又进一步地打压了俄国的气焰，至少作为英国的竞争对手来说是这样的；1907 年，在英国无法继续有效驻防的帝国外围所发生的冲突为与俄国的公约提供了——至少是在理论上提供了——管理的手段。但来自俄国的威胁直到 1914 年都从未消失，事实上它甚至在战争爆发的前一年更大了。当时，俄国在波斯和中亚地区的极端霸道和挑衅的举动让英国政府的一些高层人士认为，英俄协约关系可能已经名存实亡，也有一部分人要求在与俄国联盟方面做出更多努力。正如布坎南于 1914 年 4 月在给尼科尔森的信中所写的："俄国正在迅速崛起，所以我们也必须不惜一切代价争取与它的友好关系。如果它认为我们不可靠，或者没有利用价值，它就可能转而与德国亲善，谋取奥斯曼帝国地区的利益。"尼科尔森在 1912 年也曾更具体地谈道：

……如果不能与法国和俄国搞好关系，那情况会比与德国搞不好关系更加糟糕。德国会给我们带来很多困扰，但它无法威胁到我们真正重要的利益，而俄国则能在这方面让我们陷入极其尴尬的境地，确切地说就是在中东和印度地区对我们造成威胁，有可能让局面退回到 1904 年和 1907 年以前的状态。

而英国之所以在 1914 年参战，也是为了抑制德国，而非俄国。对于两种大相径庭的安全保障思路，史学界一直存在争论——此前的一些研究（以及部分最新研究）强调英国以大陆均势政策作为中心的政治思想，最近的研究则把英国的外交政策制定方面放到了更为全球化的视野，指出英国当时作为一个在世界强国中并不靠前的国家，将俄国视为最为根本的基本威胁。大陆均势政策确实在1905和1911年的危机之后对英国政府在政策制定方面产生了巨大的影响。但实际上这两种观点是混杂地存在于英国政府高层当中的。从艾尔·克劳对7月25日布坎南大使从圣彼得堡发来的电报所做的笔记中就可见一斑。克劳始终是一名奉行大陆均势政策的人，并将抑制德国放在首要的位置。但他也做出了其他针对英国安全性的呼吁：

> 如果在战争到来之时，英国只是在一旁袖手旁观，那么以下两种可能性中必然会发生一种：1. 德国或奥匈帝国赢得战争，占领法国，击溃俄军。英国在那种孤立的状况之下又将被置于怎样的位置？2. 法国和俄国赢得战争。他们对英国的态度将发生怎样的转变？印度和地中海地区是否又将易主？

总之，英国关键的政策决策者们并非在1914年被迫从大陆政策主义和帝国政策之间做出选择。不论是将俄国或德国作为首要的威胁，其结果都是一样的，因为英国对协约国的援助将意味着既对俄国抱持绥靖和包容的态度，又对德国产生抵制和遏止的效果。在1914年的情景下，英国政府的决策出于对全球和大陆安全形势的考虑，决定支持协约国共同对抗德国和奥匈帝国。

聚焦比利时

法国的政策是对敌国威胁的主动出击以及对自身的安全进行被动防御相结合的；对德国来说，则正好相反。由于腹背受敌，德国政府必须决定先攻破哪一边。西线的攻势更为重要，因为德军认为在这一侧会受到更为强烈的抵抗；而在东线，只保持了能够拖住俄军前进步伐的力量。在战争爆发前的几年里，鉴于毛奇费尽心思地阐述了俄军在军事装备和工业发展方面的进步，在东、西战线之间对平衡的把握有所改变，但战略计划的基本思路依然不变：在向东与俄军开战之前，德国将先集中大量兵力消灭西边法国的军事力量。而自1905年起，德国的领导层就认为只有取道中立的卢森堡和比利时，才能在对法国的军事行动上获得成功。该攻击会通过阿登森林旁的两条道路进行，一条穿过卢森堡国境，另一条则包围着被称为荷兰的咽喉要道的马斯特里赫特阵地的凸出部分。穿过比利时南部地区。德军的各路部队将从法国北部绕过凡尔登、南锡、埃皮纳勒和鲍尔弗等重要防御据点，从东北部直取巴黎，从而立刻结束西线的威胁。

毛奇与其他总参谋部的军官都将这个计划视为对法军事行动中当之无愧的制胜计划，所以他们也没有设定其他方案。唯一的一个备选方案，即只对俄国进行军事行动的东征计划于1913年被搁置。很显然，德国的军事领导层完全不关心对比利时中立性的破坏可能在外交方面造成的政治影响。史学家们也曾对德国军事计划的这种死板表示过质疑，认为这完全是军队为了实现“绝对的毁灭效果”所做出的违反政治与舆论规则的行为。但之所以将计划的方案设置得如此有局限性，也是有一定原因的：鉴于法俄同盟之间日益增进的共同防务合作关系，只针对一边的战斗显然是不可能的，因此东征计划被废止。此外，德国军方并没有对英国的干预问题做出很多考虑，因为在大多数德军高层人士看来，英军是不可能参战的，这成了德军战略和政策上的另一个失误。

随着德国8月1日军事动员日期的临近，德国领导层又做出了两个空前巨大的错误决策。西线的进攻计划需要立即迅速向比利时出兵。毛奇表示，进军绝不能有任何延迟，因为如果等到比利时在列日要塞的防御工事完成了，就将阻挡德军前进的道路，并造成巨大的人员伤亡。而这种立即行动的决策在政治上出现了程序问题，导致了在德国正式开始向比利时进军、穿过比利时国境之前，比利时和法国的军队将有更多的时间加固自己的防御工事。另外，格雷和他的幕僚们要想做出干预战争的决策，原本应该很难，但并非不可能。格雷的政敌可能已经指出，俄国和法国才是此次战争的挑起者，而非德国；而英国如果出兵干预，则将让俄国和法国陷入更为不利的舆论旋涡中。在认识到这一点后，海军上将提尔皮茨就曾愤怒地质疑：“为什么我们没有再等等？”

8月2日发给比利时政府的最后通牒，是德国犯下的另一个灾难性的错误。既然决定了要破坏比利时的中立性并且加快进军的速度，或许更好的处理方法（对德国来说）是直接入侵并穿过比利时国境，并在事后对此进行相应的赔偿措施。这正是英国政府期待德国人做的。而阿斯奎斯内阁中的部长们——包括丘吉尔——一直以来都在重复一个观点，那就是英国不能将德国借道比利时作为干预战争的理由，前提是德军只驻扎在桑布尔—马斯一线，不进入安特卫普及斯海尔德河口等战略敏感地区。

然而另一方面，德国领导层则认为除了最后通牒之外，没有别的方式开始对比利时的进军，并让英国袖手旁观。最后通牒由毛奇于7月26日起草，并由德国外交部修订：鉴于参战部队中出现了严重的不平衡，以呼吁在比利时问题上根据国家利益进行周密考量。最后通牒的开篇表示，德国认为法国即将穿过比利时国境，对德国发起攻击，而“如果德国这种出于自保才出兵进入比利时境内迎战法国的行为，被比利时政府视为敌对行为，那对德国政府来说将是巨大的遗憾”。之后是几点内容：第一，德国将保障比利时所有领土和主权的完整；第二，一旦对法战争结束，就立刻撤出比利时；第三，全额赔付在比利时境内所造成的任何伤害；第四，如果比利时抵抗德国部队，“德国将遗憾地将比利时视为敌国”，但如果比利时没有抵抗德军，“两个邻国之间的友好关系”就将“更加深厚而持久”。

后来关于最后通牒的内容又有两个显著的变化。在毛奇的要求下，留给比利时政府的回复时间从24小时缩短到12小时，因为他急于快速开展军事行动。此外，关于指出比利时在保持“友好态度”的情况下，将可以“从法国的领地”获得割让领土的条款被删除了，因为德国外交部突然觉得这可能会让英国政府也蠢蠢欲动。霍尔维格一开始并没有意识到这一点，但这并不能解释他在危机的白热化阶段所做出的政治判断。

从德国外交官贝洛·萨雷斯克（Below Saleske）把最后通牒交给比利时外长达维南的那一刻开始，对德国来说一切都开始变得糟糕了。如果毛奇直接从比利时南部穿过，或许直接就能形成军事上的突破口。但最后通牒让比利时政府对此有所防备。这个任务现在落到了比利时国王和政府首脑布罗克维尔伯爵的头上。布罗克维尔在晚上8点前往皇宫面见国王时，带上了最后通牒的法文翻译版。这两个人将如何回应，是毫无悬念的。比利时国王一向以正直的为人和坚定的信念而闻名，布罗克维尔则是一个老牌的爱国者。他们将最后通牒视为对比利时荣誉的一种侮辱——除了这个他们还能怎样看呢？一小时后，晚上9点，比利时的部长级理事会和议院都对德国最后通牒的内容进行了讨论。整个过程中没有出现任何异议：大家从一开始就明确认为，比利时将奋起抗争。在当晚几个小时之后，比利时外交部给德国写就了一个维护自身尊严的掷地有声的回复：“如果比利时政府接受了这些条款，那么将成为国家的耻辱，并背叛比利时在欧洲的责任。”

8月3日早上，法国驻布鲁塞尔外交官M·克罗布科斯基（M. Klobukowski）看到了最后通牒的原文和比利时的答复，他立刻将此消息告知了哈瓦斯通讯社。随后一场舆论风暴横扫比利时和所有协约国，引得群情激奋。在比利时，爱国情绪被点燃了。在布鲁塞尔和其他大城市里，大街小巷都挂上了国旗；所有的党派都表示要同仇敌忾，捍卫祖国和荣誉，与入侵者做抗争。国王于8月5日在众议院做了关于维护国家团结、保卫祖国的演讲，并询问在座的议员："你们是否将不惜一切代价守护我们祖先延续下来的神圣领土？"欢呼声如雷鸣般响彻大厅。就这样，德国的最后通牒变成了一次"可怕的情绪感染"。它在战时宣传的过程中让人们产生了共鸣，甚至掩盖了战争的合理性和后果，让协约国的战争被赋予了一种坚不可摧的道德正义感。

很多德国人都对比利时誓死抵抗的决定表示震惊。"唉，可怜的傻瓜们，"一名德国外交官在布鲁塞尔的德国使馆惊呼，"唉，可怜的傻瓜们！他们为什么不知难而退呢？我们并不想伤害他们，但如果他们挡在我们前进的路上，那他们必将被消灭。唉，可怜的傻瓜们！"也许因为他们认识到了这一点，德国人在6天之后，才在8月8日再次对比利时发起呼吁。被毛奇视为眼中钉的列日要塞与此同时也完成了进一步的加固措施。在一份给美国驻比利时外交官布兰德·惠特洛克（Brand Whitlock）的笔记中，德国政府表示了对"将要遭受血洗的列日要塞"的遗憾之情，并附注：

> 现在，鉴于比利时的军队将为了维护军队的荣誉感而对抗与自己过于悬殊的力量，德国政府恳请比利时国王和比利时政府及时收手，挽救比利时于未来的战争之灾。德国再次在此给出庄严的承诺，绝不会借此机会对比利时的主权有任何侵犯。德国随时都准备着将在战争情况发展到合适阶段时撤出比利时。

这份提议，也被拒绝了。

迈入战争

随着全军动员、最后通牒和宣战的一步步实施，本书的内容也进入了尾声。在于8月1日（星期六）在圣彼得堡与萨佐诺夫举行的最后一次会面上，波达尔斯大使嘀咕着“不可理喻的话”，泪流满面，之后费力地说了句“这就是我任务的结果了”就跑出了屋。当利赫诺夫斯基伯爵在8月2日给阿斯奎斯打电话时，他发现首相“几近崩溃”，泪水“从他的脸颊滑落”。在布鲁塞尔，即将离开的德国外交官们坐在一堆已经打包的盒子和文件当中，摸着额头，抽着烟，努力缓解着心理压力。

外交斡旋的阶段已经进入尾声，下面该通过士兵和舰队来“交流”了。德国的军事动员令发出后，巴伐利亚的军事全权代表前往柏林与外交大臣长举行了会见，他发现“到处都是喜气洋洋的面庞，人们在走廊上碰面时会激动地握手，大家都在庆祝成功克服障碍”。7月30日，在巴黎的伊格纳季耶夫上校报告了法国人“对于有机会获得战略优势的”那种“不加掩饰的喜悦”。第一海军大臣丘吉尔对即将到来的战斗充满期待。“一切都走向灾难、趋于崩溃。”他于7月28日写给自己妻子的信里这样描述道：“对此我异常兴奋而愉悦。”在圣彼得堡，亚历山大·克里沃舍因向由杜马议员组成的代表团承诺，德国的军队将很快被粉碎，而战争对俄国来说是一个“福音”：“我们将造就这场战争的一切胜利。”

曼塞尔·梅里，一名来自牛津圣米歇尔镇的牧师，在7月中旬前往圣彼得堡，准备在那个夏季担任当地英国教会的神父。当军事动员令发布后，他曾尝试乘船逃往斯德哥尔摩。但他的船——“多贝尔恩”号被限制在港口不得出海。芬兰湾的所有灯塔都被摧毁了，喀琅施塔得的所有堡垒也接到命令，向所有穿过雷区的船只开火。7月31日，圣彼得堡的天空灰暗而多风，梅里与其他旅客都被限制在船上，看着预备役的士兵成群结队地走过。几个人迈着“轻盈的步伐”走着，但大多数人都“拖着沉重的步伐，身旁跟着的女人则发出撕心裂肺的哭喊，送她们的丈夫、孩子或爱人奔赴战场”。

在8月1~2日的这天晚上，巴黎市中心的大道上也弥漫着这种哭喊声，成群结队的士兵向火车站集结。现场没有音乐、歌唱或欢呼声，只有靴子摩擦的声音、马蹄走过的声音、卡车发动机轰鸣的声音，和搭载着火炮的车厢驶过楼下与鹅卵石摩擦所发出的噪声，而窗内，很多人睡眼惺忪地望着前往前线的部队。

公众对开战消息的反应因为虚假的报道而受到扭曲，所以政府发言人们总是宣称，政府是被公众舆论逼着加入战争行列的。可以确定的是，人们也都没有对檄文产生太多反感，几乎所有地方的人都或多或少自愿地前往集结地点。造成这种准备为国家奉献的状况的并不是出于对战争的渴望，而是出于保家卫国的爱国热情。由于冲突的内在原因十分复杂，让士兵和民众都相信他们是出于自卫才加入了战争，都认为他们的国家受到了敌人的攻击和挑衅，认为他们自己是为了维护和平才这样做的。就在协约国的同盟部队备战的同时，事件本身的导火线却很快地被人们忽略了。“看来没人记得，”美国驻布鲁塞尔的一名外交官在 8 月 2 日的日记里这样写道：“几天前塞尔维亚还在这次的事件中扮演着最重要的角色。现在看来，它已经退出了这个舞台了。”

对于即将到来的战争，也出现了一些沙文主义的热情，但这都是偶然现象。关于欧洲的英雄人物欣然抓住机会打败仇敌的神话早已化为泡影。在大多数地方，对大多数人来说，军事动员的消息让人震惊，如同“乌云密布的天空中突然炸响的惊雷”。城里的富人纷纷撤离，并没有觉得动员令所引领人们进入的战争将让士兵们失去亲人、致残，甚至死亡。在俄国的农村，经历了片刻“死一般的寂静后”，得知军事动员的人们“无论男女老少都痛哭起来”。在法国东南部的小镇瓦蒂利厄，钟声将工人和农民们召集到镇上的广场。有些刚刚从田里回来的人甚至还没来得及放下手里的干草叉。

> “这意味着什么？我们将面临什么？”妇女们问道。妻子们、孩子们、丈夫们，所有人都被激动的情绪所淹没：妻子们紧紧地抱着自己的丈夫；孩子们看到自己的母亲哭了，也跟着哭了起来；只有惊慌与不安包围着我们。这是多么可怕的一幅景象啊。

一名英国游客回忆在阿尔泰（塞米巴拉金斯克）哥萨克地区住宿时，旗手扛着“蓝色的旗帜”，伴着军号，带来了军事动员的消息。哥萨克士兵传达了沙皇的命令，“拼尽全力击败敌人”。但谁是敌人？没人知道。发来军事动员令的电报里也没有提供更多细节。流言四起，起初大家觉得这场战争一定是针对中国的：“俄国在蒙古的进军太深入了，中国为此宣战。”后来又有流言称：“是跟英国打仗，跟英国。”这种观点也曾盛行了一段时间。

> 直到 4 天之后，一些进一步的真实消息才传到我们这里，然而没人相信。

结　语

“我永远都不可能搞明白这一切究竟是怎么发生的。”1936 年，小说家瑞贝卡 · 韦斯特（Rebecca West）站在萨拉热窝市政厅的阳台上对她的丈夫这样说道。她表示，这不是因为相关的史实太少，而恰恰是因为有太多的事实摆在那里。1914 年那场危机的复杂性也正是本书的核心内容。出于当时的复杂原因而出现的一些行为，在当今的政治现象中同样存在。在写本书最后一部分时，正值欧洲 2011~2012 年经济危机的最高峰——这也是当今社会的一个复杂的现象。值得注意的是，陷入欧债危机的国家，像 1914 年那些国家一样，也都注意到了有可能出现的普遍的灾难性结果——欧元崩溃。所有的大国都不希望产生这种结果，但除了这个共同的利益，它们也各自有着特殊且矛盾的、属于各自的利益关注点。基于错综复杂的国际关系，每个国家的举动都可能引发他国进一步的反应，而由于政策决定的不透明，其产生的连锁反应很难被预估。与此同时，身陷于欧债危机的各国领袖们还在尝试利用普遍性危机作为杠杆，以争取他们自己的利益。

从这个意义上说，1914 年的那些人跟我们是同一代人。但我们之间的不同之处也和我们之间的共同之处一样显著。至少负责解决欧债危机的各国领导们对问题的关键有着相同的认识。与此相反的是，1914 年关于道德与政治的争端磨灭了各国间的共识和信任。况且 1914 年也还没有如此强大而成熟的国家体系，可以准确制定应对策略、调解冲突、实施有效的补救措施。此外，1914 年危机的复杂性并非源

普林西普的足迹（萨拉热窝，摄于 1955 年）
（来源：Hulton Archive / Getty Images 图库）

于各国之间单一的政治经济体系交流，而是源于各国之间频繁出现的军事动作和面对高风险、低信任所做出的对威胁的反应。

国际关系体系中发生的飞速变革，对形成 1914 年复杂的事件也有着至关重要的影响：阿尔巴尼亚地区的异军突起，黑海地区进行的奥斯曼帝国与俄国间的军备竞赛，俄国对从索非亚到贝尔格莱德政府的重新定位等，类似的例子不胜枚举。这些不是长期的历史变革，而是短期内发生的变化。所产生的后果由于欧洲各国之间密切的关联性而扩散：例如格雷与自由党之间的斗争、普恩加莱和其同僚们推行的政策或是苏霍姆利诺夫对科科夫佐夫发动的战役。根据一份未出版的回忆录所记载的，科科夫佐夫在 1914 年 1 月卸任后，沙皇尼古拉二世首先想到将他的职位交给行事风格非常保守的彼得 · N · 杜尔诺沃，这是一个强势而有着坚定信念的人，他坚决反对任何形式的巴尔干纠纷。但杜尔诺沃并没能胜任，后来位置又让给了戈列梅金，由于他的软弱，克里沃舍因和一些高级军官们于 1914 年 7 月掌握了议会的实际权力。过于关注这个细节可能有失偏颇，但这也确实是引发 1914 年危机的原因之一。

这反过来让国际关系变得更加不透明且难以预测，以至于使同盟国之间产生了巨大的不信任感，这对和平都是非常不利的。在 1914 年，俄国和英国领导人之间的信任度相对较低，并且还在继续下降，但这并没有让英国外交部拒绝加入这场俄国发起的欧洲战争；相反，它还加强了增援。这同样也适用于法俄同盟：对于未来发展的疑虑让两国的心气更加高涨，而不以避让的姿态对待危机。各国政府间关系的变化以及外部条件的多变导致了政策上的变革和信息的复杂交错，这成为战前危机阶段的显著特点。而鉴于 1914 年前后类似的文件或承诺过于多变，用“政策”

这个词似乎也确实不合适。俄国或德国在1912~1914年是否有过一个巴尔干政策，是值得推敲的——我们所看到的只是一些多样的措施、方案和表态，难以下一个总体的定论。对于各国领导人来说，大国关系的变动也意味着制定政策者将承受巨大的国内压力，这不仅来自于媒体舆论、工业和金融团体，也来自于他们各自的政党内部。而这也加剧了各国决策者们在1914年夏天焦虑的情绪。

我们需要区分一下对决策者产生影响的客观因素，以及他们对本国及他国所说的关于他们认为他们自己在做什么、为什么这么做。本书中所涉及的关键国家领导人的内心都曾经充满了恐惧、不安以及对各自利益的追求。在维也纳上演的是一个关于年轻暴徒弑君之后，政府教唆邻国共同抵制贝尔格莱德的故事；在塞尔维亚，被受害妄想症所困扰的贪婪而强大的哈布斯堡王朝也做过同样的应对举动；而德国则是因对未来被入侵、分割的恐惧导致了1914年夏天的决策。俄国多次在轴心国那里蒙受羞辱同样产生了影响，对过去的认知不复存在，人们更加认清了现在的局势。其中最重要的是，奥匈帝国出于历史发展角度必然会出现衰败趋势（这十分有利于奥匈帝国的敌人），这也逐渐改变了此前人们对奥匈帝国扮演中欧和东欧霸主的看法。它破坏了这样一种观念：正如其他列强，奥匈帝国为保护现有利益而不顾一切地进行抵抗。

巴尔干地区是战争爆发的中心，似乎是不言而喻的，因为巴尔干地区也正是斐迪南大公遇刺事件发生之地。但还是有两个特别之处值得关注。首先，巴尔干战争以一种非常危险的方式重新确定了强国和弱国之间的关系。在奥匈帝国和俄国领导人看来，如果对巴尔干半岛的归属权加以干预，将带来新的威胁，特别是在1912~1913年冬季危机期间。后果之一就是法俄同盟的巴尔干化。法国和俄国以不同的步伐、出于不同的原因，在奥匈帝国和塞尔维亚边境地区设置了地缘政治的敏感地带。巴尔干问题并不是由逐渐成形的政策或阴谋引发的，1912年和1913年的遗留问题也和此后的“一战”爆发没有必然的或线性的联系。这并不能说巴尔干问题的形成实际上是由塞尔维亚问题导致的，并将整个欧洲卷入了1914年的战争，正相反，一旦战争爆发，它便可以提供能够对危机做出解释的概念框架。世界上两个差异巨大的大国俄国和法国也为了这一地区的稳定联合起来。

对于地区安全已经被巴尔干战争破坏了的奥匈帝国来说，萨拉热窝事件的刺客们也不是发动战争的借口。这是带有变革意义的事件，带着实实在在而又无从捕捉的威胁。如果以我们现在的时代背景来评判，维也纳政府是可以通过和平的手段与贝尔格莱德政府就萨拉热窝事件寻找和平的处理方式的，但在1914年就不可能了。同样，爱德华 · 格雷爵士所提倡的“四国调解”机制也不可能真正实施，因为他所代表的党派自身就对奥匈帝国局势的发展走向漠不关心。并非塞尔维亚当局不愿意或者不能抑制由盛行起来的领土收复主义者策划的萨拉热窝事件，而是塞尔维亚的盟友们并没承认维也纳政府对贝尔格莱德政府进行监控和疏导的权利。他们之所以拒绝维也纳政府的要求，是因为他们认为塞尔维亚的主权是不容侵犯的。这与2011年10月联合国安理会对一项提案的争议有相似之处，该提案是北约国家支持的，即应加强对叙利亚的阿萨德政权的制裁，以防止其对该国公民中持不同政见者的进一步屠戮。俄罗斯代表当时对此持反对态度，认为这表现出一种不太恰当的“对抗方式”，是典型的西方做法；中国的代表则认为强加制裁是不合适的，因为这是对叙利亚“主权”的干预。

那么罪责又该在谁那儿呢？鉴于断言德国及其盟友对战争的爆发有着道义上的责任，战后的《凡尔赛条约》第231条规定，战争的罪责在于战争起源。类似的对德国的指责从未停止过。其中最有影响力的当属“费舍尔论文”，这份由弗里茨 · 费舍尔、伊曼努尔 · 盖斯和几名年轻的德国同事共同撰写的20世纪60年代的文件里，他们将德国视为引发战争的主要责任国。根据他们的观点（抛开费舍尔一派内部的诸多变化不谈），德国并非身不由己地被卷入战争，而是主动选择了战争，或者应该说是一种更糟的情况，即德国人事先就策划了此次战争，以图借助战争的爆发打破欧洲其他国家对自己的孤立，并跻身世界大国之列。对费舍尔论文的近期研究强调了，德国学者之所以认为德国对“一战”负有罪责是源于他们对纳粹时期的反思；费舍尔的观点在许多方面遭人诟病。但即便如此，“费舍尔论文”的简化版仍然被当作学习德国“一战”时期心态的重要文献。

我们真的有必要将战争的罪责怪到某个国家头上吗，或者我们真的有必要按照那些参战国的责任程度列出他们应该为战争的爆发所承担的罪责？在一份根据当时的文件所做的研究中，保罗 · 肯尼迪指出通过指责全部的国家或不指责任何的交战国，来解决相关的战争缘由问题都是“站不住脚的”。肯尼迪暗示，强硬的做法不应该回避问题。人们如果只是为了责备而责备，并不能最终达到责备错误一方的目的。围绕责备而进行的解释则更能够构成假设。人们普遍倾向于首先假设在冲突中一方是正确的，另一方是错误的。塞尔维亚人寻求民族的统一是错误的吗？奥地利人坚持阿尔巴尼亚的独立性是错误的吗？这两个国家哪个错误更大？这些问题都是毫无意义的。这种思维方式的另一个错误是，它将问题局限在了某个特定的政府或者国家，而非相互影响的复杂的国际关系中。因此出现的一个问题是，对批判对象的探索使得人们容易将决策者的举动看作有计划而为之，并有着连贯的意图。而实际上你需要证明，确实有人渴望战争并引发了战争。在极端情况下，这样的过程中就诞生了阴谋论式的叙述：一小撮掌权的人（比如那些穿着天鹅绒夹克的恶棍们）依照一个恶毒的计划，从幕后操纵着事情。无可否认，这样的解释确实传递出一种道德满足感，而且从逻辑上看，1914 年夏爆发的大战也是由这种方式开始的，但是本书认为以上论点并不能由切实的史实证据支撑。

1914 年战争的爆发过程绝非像阿加莎 · 克里斯蒂的小说那样：最后，我们发现罪魁祸首站在温室里的尸体旁，手里拿着一支冒着烟的手枪。在这个故事里，没有冒着烟的手枪，或者应该说每个主要角色的手里都拿着枪。从这一点来看，战争的爆发是一场悲剧，而非罪行。认识到这一点也并不意味我们要为奥匈帝国和德国领导人穷兵黩武的姿态和帝国主义的野心开脱。关于这一点，费舍尔和他的历史学家们是对的。而同时，德国也绝非唯一的帝国主义者，也并不是唯一一个受帝国主义思想控制的国家。引发“一战”的那场危机是各国政治文化交织在一起所导致的。这是一场多极化的事件，是一种大范围内的相互影响。也正因此，“一战”的危机成为当代最复杂的事件之一，同时也让“一战”爆发的根本原因在刺客普林西普射出那两颗致命的子弹之后成为悬而未决的谜题。

有一件事是清楚的：与后来“一战”所带来的灾难性后果相比，1914 年危机期间政客们尔虞我诈所得到的任何所谓权益都是微不足道的。当时的各国领袖们知道他们在冒着怎样的风险吗？有种说法是，欧洲人普遍毫无根据地相信下一次的大陆冲突将是类似 18 世纪那样的短暂而尖锐的内阁之争，就如俗语中所说，人们将“来得及回家过圣诞节”。最近，这种“对于短期战争的幻想”的说法也遭到质疑。德国的施里芬计划是以大规模的闪电突击对法国进攻，但就连施里芬的下属都认为，接下来的战争无法取得快速的胜利，而恐怕会演变为“步履艰难的充满血腥的道路”。赫尔穆特·冯·毛奇也希望，如果欧洲爆发战争，能迅速结束战斗。但他也承认这场战斗有可能旷日持久，并带来不可估量的损失。英国首相赫伯特·阿斯奎斯在 1914 年 7 月底也曾将此形容为“世界末日”临近了。一些法国和俄国的将领则将其称为一场“灭绝人类的战争”以及“文明的湮灭”。

他们都对这一点心知肚明，但他们真的切身感受到了吗？这或许也是 1914 年之前和 1945 年之后最大的区别。在 20 世纪五六十年代，国家领导人和舆论都深刻地认识到核战争意味着什么——广岛和长崎升起的两朵蘑菇云是那个时代普通民众永远的噩梦。也正因如此，后来大国之间的军备竞赛再也没有发展到核战争的程度，但在 1914 年则完全不同。在许多政治家看来，对短期内结束战争的期望和对长期战争的恐惧相互抵消，让人们不怯于冒险。1913 年 3 月，《费加罗报》的一名记者发表了一系列关于巴黎军医界领军人物的报道。其中包括雅克–安布鲁瓦兹·蒙波菲特（Jacques-Ambroise Monprofit）教授，他刚从希腊和塞尔维亚的军事医院完成一项特殊任务归来，在那里，他协助当地的军医建立了更高水平的手术标准。蒙波菲特注意到“被法国大炮（这些炮在第一次巴尔干战争爆发前就已经被卖到了巴尔干地区国家）炸伤的情况不只是死亡人数最多的，同时也会导致最恐怖的死亡方式——骨头被震碎、肌肉组织被撕裂、胸部和头部被炸开了花”。由于这种武器的杀伤效果过于残忍，军医中的另一名杰出的专家安托万·德佩（Antoine Depage）教授甚至提出对这种武器实施国际禁运，防止其出现在未来的战争当中。“我们理解他的用心良苦，”记者评论道，“但只要我们有一天还可能陷入寡不敌众的境地，我们就必须让敌人知道我们有如此厉害的武器保卫自己，让敌人恐惧……”这篇文章在结尾表示，法国应该为同时拥有让人感到恐怖的武装力量以及“一个能化腐朽为神奇的医疗组织”而感到高兴。在“一战”前的欧洲，诸如此类的文章比比皆是。从这个意义上来看，1914 年的这些主角们就是一群梦游者，他们悬着一颗心，但又视而不见，他们被自己的梦困扰着，却没有一个人睁开眼去看看，他们将带给这个世界的是一场怎样的灾难。

致 谢

1916年5月12日，住在新南威尔士北部的牧羊人詹姆斯·约瑟夫·奥布莱恩（James Joseph O'Brien）在陶伍德驻地应征入伍，加入了澳大利亚帝国军队。在悉尼接受了两个月的训练之后，士兵奥布莱恩被分配到了澳大利亚皇家军队第3师第35营，并登上了开往英格兰的本内拉号蒸汽船。在英国，他进一步接受训练。在1917年8月18日，他加入了法国部队，当时适逢第三次伊普尔战争，他成为作战士兵中的一员。

吉姆（James的昵称）是我的伯父。当我的伯母琼·普拉特（Joan Pratt）（她的娘家姓氏是芒罗）将他的战争日记交给我的时候，他已经去世20年了。这本棕色的小本子记满了装箱单、地址、说明，以及极其简洁的日记。在评价1917年10月4日的布鲁德桑德山脊一役时，吉姆写道："这是一场血战，我再也不想参加其他任何一场战斗了。"以下是他于1917年10月12日记录的关于第二次帕斯尚尔战役的情况：

> 我们离开了歇息的营地（营地离伊普尔已经很近了），向前线的帕斯尚尔地区前进。我们用了10个小时才到达那里，在冗长的行军后，我们都身心俱疲。25分钟后（即12日早上5点25分），我们跳过了障碍袋。一切都进展顺利，直到我们遇到了一片给我们制造了大量麻烦的沼泽地。当我们成功穿越这

片沼泽地后，我们的掩护火力已经在我们前面有一英里的距离了，我们不得不加快步伐跟上。大约上午 11 点，我们来到了第二个目标地点，并在那里作战到下午 4 点，直到我们不得不撤退……我之所以能活下来，多亏了上帝保佑，因为机枪子弹和榴弹飞得到处都是。

吉姆积极的从军生涯在 1918 年 5 月 30 日凌晨 2 点画上句号。用他在日记中的话说，当时他“遇到了一发来自自己国家的炮弹，双腿都负伤了”。炮弹正好落在他的脚边，他腾空飞起，他旁边的人因而殒命。

我第一次见到他时，吉姆已经是老态龙钟，他的记忆力开始减退。他很少谈到他的战争经历，但是我仍然清楚地记得我 9 岁那年和他的一次对话。我问他，那些士兵是害怕战争还是渴望参加战争。他回答，有些人害怕战争，有些人则希望参加战争。当我继续追问那些希望参加战争的人是否在战场上表现得更英勇时，他回答道：“不，正是这些满怀热情的人最先吓得尿了裤子。”他的回答给我留下了深刻的印象，有好长一段时间，我都对此感到十分困惑，尤其是“最先”这个词。

这场遥远的战争之恐怖仍然牵扯着我们的神经，但它的秘密却隐藏在使得这场屠杀得以发生的隐晦而复杂的事件中。在探究这些秘密的过程中，我得到了太多人的帮助，以至于我可能都无法悉数偿还这些好意。与许多学者的对话帮助我形成了自己的观点，他们是丹尼尔·安德斯（Daniel Anders）、玛格丽特·拉维尼亚·安德森（Margaret Lavinia Anderson）、克里斯·贝利（Chris Bayly）、蒂姆·布兰宁（Tim Blanning）、康斯坦丁·博世（Konstantin Bosch）、理查德·博斯沃斯（Richard Bosworth）、安娜贝尔·布莱特（Annabel Brett）、马克·康沃尔（Mark Cornwall）、理查德·德雷顿（Richard Drayton）、理查德·埃文斯（Richard Evans）、罗伯特·埃文斯（Robert Evans）、尼尔·弗格森（Niall Ferguson）、伊莎贝尔·V·赫尔（Isabel V. Hull）、阿兰·克雷默（Alan Kramer）、君特·克罗宁比特（Günther Kronenbitter）、米歇尔·莱杰尔-洛马斯（Michael Ledger-Lomas）、多米尼克·列文（Dominic Lieven）、詹姆斯·麦肯齐（James Mackenzie）、阿洛伊斯·马德施巴谢尔（Alois Maderspacher）、马克·米格蒂（Mark Migotti）、阿妮卡·孟保尔（Annika Mombauer）、弗兰克·洛伦兹·穆勒（Frank Lorenz Müller）、

威廉 · 马利根（William Mulligan）、保罗 · 芒罗（Paul Munro）、保罗 · 罗宾逊（Paul Robinson）、乌琳卡 · 路布莱克（Ulinka Rublack）、詹姆斯 · 希恩（James Sheehan）、布伦丹 · 希姆斯（Brendan Simms）、罗伯特 · 图姆斯（Robert Tombs）以及亚当 · 图兹（Adam Tooze）。艾拉 · 卡兹尼尔森（Ira Katznelson）为我提供了关于决策论的建议，安德鲁 · 普雷斯顿（Andrew Preston）为我提供了外交政策制定的对立结构的建议，霍尔格 · 阿福勒巴赫（Holger Afflerbach）为我提供了里兹勒日记、三国同盟以及关于德国在“七月危机”的政策的详细内容，基斯 · 杰弗里（Keith Jeffery）为我提供了关于亨利 · 威尔逊的资料，约翰 · 洛儿（John Röhl）为我提供了关于德皇威廉二世的资料。哈特穆特 · 波格 · 冯 · 施塔德曼（Hartmut Pogge von Strandmann）使我得以关注罕为人知的但对研究十分有益的巴泽尔 · 施塔德曼（Basil Strandmann）回忆录（巴泽尔 · 施塔德曼是他的一位亲戚，当战争在 1914 年爆发时，他时任俄国驻贝尔格莱德的临时代办）。基斯 · 尼尔逊（Keith Neilson）为我提供了一份关于英国外交部高层决策者的未被公开的研究；布鲁斯 · 门宁（Bruce Menning）允许我拜读他关于俄国军事情报的重要作品，该作品即将在《现代历史杂志》（*Journal of Modern History*）发表；托马斯 · 奥特（Thomas Otte）和于尔根 · 安吉洛（Jürgen Angelow）分别将他们还未出版的最新研究《外交部思维》（*The Foreign Office Mind*）以及《通往前灾难之路》（*Der Weg in die Urkatastrophe*）以PDF的形式让我先睹为快；约翰 · 凯格尔（John Keiger）和戈尔德 · 克鲁麦西（Gerd Krumeich）将关于法国外交政策的选刊和参考书目发给了我；安德里亚斯 · 罗斯（Andreas Rose）将他新鲜出炉的作品《帝国与大陆之间》（*Zwischen Empire und Kontinent*）；扎拉 · 斯泰纳（Zara Steiner）的作品在该领域具有里程碑意义，他在百忙之中抽出时间和我交谈，给我分享了许多文章和笔记。在最近的 5 年中，萨穆尔 · R · 威廉姆森（Samuel R. Williamson）关于国际危机和奥匈帝国外交政策的经典研究为本书提供了素材，萨穆尔本人也为我提供了尚未出版的章节和参考，并允许我采用他关于奥匈帝国政策的观点，这本书的写作也让我通过邮件和他建立了一段友谊。

此外，我还想向帮我克服语言障碍的朋友表达感谢：米罗斯拉夫 · 道森（Miloslav Došen）在塞尔维亚文资料翻译上给予我很大帮助，赛吉 · 约万诺维奇（Srdjan Jovanović）在贝尔格莱德为我提供了档案资料；感谢鲁门·肖拉科夫（Rumen Cholakov）帮我寻求保加利亚文的二手资料，感谢在拥有悠久历史的葡萄园工作的慷慨的劳动者谢尔盖·波德波洛托夫（Sergei Podbolotov），他的智慧、知识和幽默感让我在莫斯科的工作即愉快又有启发性，同时又硕果累累。此外，感谢那些在作品完成的不同阶段部分或全部阅读它的那些辛勤的人：乔纳森·斯坦伯格（Jonathan Steinberg）和约翰·汤普逊（John Thompson）两人进行了逐字阅读，并进行了很有见解的评论和建议。大卫·雷诺（David Reynolds）在那些最有挑战性的章节中给予我灵感。帕特里克·希金斯（Patrick Higgins）阅读并评论了第一章，在一些易误处予以提醒。阿米塔夫·高希（Amitav Ghosh）也给予我宝贵的反馈和建议。对于书中仍然未被发现的错误，我负有全责。

很幸运，我有一名很棒的代理人——安德鲁·威利（Andrew Wylie），他的支持我无以回报。我还要感谢企鹅出版社的西蒙·文德尔（Simon Winder），他给予我鼓励、引导和热情；感谢理查德·杜吉德（Richard Duguid）以极高的效率对本书进行了浏览。兢兢业业的编辑贝拉·库尼亚（Bela Cunha）找出并修改了她所能够发现的所有错误、不恰当的表达、前后矛盾的地方以及赘述之处，我无数次地对文章进行了修改，但她仍然对此保持耐心。1917 年参加帕斯尚尔战役的朱利叶斯·吕博伦（Julius Lübbren）的孙女妮娜·吕博伦（Nina Lübbren）以宽容的中立态度接受了我的工作。我怀着深切的爱意和赞赏将此书献给我们的两个儿子——约瑟夫和亚历山大，希望他们永远不会遭受战争之苦。